Wirtschaftsinformatik

Grundlagen und Anwendungen

Physica-Paperback

Basler, Herbert
Aufgabensammlung zur statistischen Methodenlehre und Wahrscheinlichkeitsrechnung
3. erweiterte Aufl. 1984. 147 S.

Basler, Herbert
Grundbegriffe der Wahrscheinlichkeitsrechnung und statistischen Methodenlehre
9. wesentl. erweiterte Aufl. 1986. 248 S.

Eilenberger, Guido
Finanzierungsentscheidungen multinationaler Unternehmungen
2. vollständig überarbeitete und erweiterte Aufl. 1987. 356 S.

Ferschl, Franz
Deskriptive Statistik
3. korr. Aufl. 1985. 308 S.

Hax, Herbert
Investitionstheorie
5. bearbeitete Aufl. 1985. 208 S.

Huch, Burkard
Einführung in die Kostenrechnung
8. Aufl. 1986. 229 S.

Kistner, Klaus-Peter
Produktions- und Kostentheorie
1981. 216 S.

Kistner, Klaus-Peter
Optimierungsmethoden
Einführung in die Unternehmensforschung für Wirtschaftswissenschaftler
1988. XII, 222 S.

Koch, Joachim
Betriebliches Rechnungswesen
1 Buchführung und Bilanzen
1987. XIII, 340 S.

Koch, Joachim
Betriebliches Rechnungswesen
2 Finanzbuchhaltung für den DV-Anwender
1988. X, 217 S.

Möllers, Paul
Buchhaltung und Abschluß
2. überarbeitete Aufl. 1987. 181 S.

Peemöller, Volker und März, Thomas
Sonderbilanzen
1986. X, 182 S.

Rapoport, Anatol
Mathematische Methoden in den Sozialwissenschaften
1980. 377 S.

Schmidt, Walter
Arbeitswissenschaftliche Arbeitsgestaltung
1987. 146 S.

Schneeweiß, Hans
Ökonometrie
1. Nachdruck 1986 der 3. durchgesehenen Aufl. 1978. 391 S.

Schneeweiß, Hans und Mittag, Hans-Joachim
Lineare Modelle mit fehlerbehafteten Daten
1986. XVIII, 504 S.

Schulte, Karl-Werner
Wirtschaftlichkeitsrechnung
4. Aufl. 1986. 196 S.

Schultz, Reinhard
Einführung in das Personalwesen
1981. 226 S.

Seicht, Gerhard
Bilanztheorien
1982. 195 S.

Stenger, Horst
Stichproben
1986. XIII, 318 S.

Swoboda, Peter
Betriebliche Finanzierung
1981. 267 S.

Vogt, Herbert
Einführung in die Wirtschaftsmathematik
6. durchgesehene Aufl. 1988. 250 S.

Vogt, Herbert
Aufgaben und Beispiele zur Wirtschaftsmathematik
2. Aufl. 1988. 184 S.

Weise, Peter u. a.
Neue Mikroökonomie
4. Nachdruck 1985 der 1. Aufl. 1979. 291 S.

Roland Fahrion

Wirtschafts-informatik

Grundlagen und Anwendungen

Mit 95 Abbildungen

Physica-Verlag Heidelberg

Prof. Dr. rer. nat. Roland Fahrion
Lehrstuhl für Wirtschaftsinformatik
Wirtschaftswissenschaftliche Fakultät
Universität Heidelberg
Grabengasse 14
D-6900 Heidelberg

ISBN-13: 978-3-7908-0421-8

CIP-Titelaufnahme der Deutschen Bibliothek

Fahrion, Roland:
Wirtschaftsinformatik : Grundlagen u. Anwendungen / Roland Fahrion. – Heidelberg :
Physica-Verl., 1989
(Physica-Paperback)
ISBN-13: 978-3-7908-0421-8   e-ISBN-13: 978-3-642-88716-1
DOI: 10.1007/978-3-642-88716-1

Vorwort

Das vorliegende Buch gibt eine Übersicht zu wichtigen Themenschwerpunkten der Informatik, die heute Gegenstand einer modernen wirtschaftswissenschaftlichen Ausbildung sind. Im Rahmen eines umfassenden Überblicks wird das breite Spektrum der Methoden und Werkzeuge moderner Informationsverarbeitung abgedeckt, wie es heute in der Wirtschaftsinformatik und Angewandten Informatik benötigt wird.

Der Band enthält drei Hauptteile mit insgesamt 13 Kapiteln: Nach den Grundlagen und Grundfunktionen der modernen Datenverarbeitung in Teil 1 befaßt sich der Teil 2 mit elementarer Daten- und Dateiorganisation, dem Aufbau von Datenbank- und Informationssystemen, und den Grundlagen der Datenfernübertragung. In Teil 3 werden Anwendungen der Informationsverarbeitung im industriellen und administrativen Bereich besprochen, anschließend werden Ansätze für die Realisierung moderner wissensbasierter Systeme, insbesondere auch im Hinblick auf die technologische und sozio-ökonomische Akzeptanzproblematik, diskutiert.

In Kap. 1 bis 7 wird der Weg vom 'Bit bis zur Datenbank' beschritten. Möglichkeiten zur rechnerinternen Zahldarstellung, Elementarbegriffe der Logik als Grundlage für den Aufbau von Rechnerarchitekturen und für die Realisierung von Schaltkreisen sind der Übersicht zu den verschiedenen x-ware (x=hard, soft, usw.) vorangestellt. In Verbindung mit den beiden häufig verwendeten 16- und 32- Bit Mikroprozessoren Intel 8086 und Intel 80386 werden die zugehörigen Standardbetriebssysteme MS-DOS, PC-DOS und UNIX für Personal Computer und Mehrplatzsysteme in ihren wichtigsten Komponenten ausgeführt. Neben der rasanten Leistungsverbesserung der Einprozessorsysteme zeichnet sich für die Großrechnerentwicklung seit Mitte der 70-er Jahre eine Entwicklung ab, die unter dem Begriff Parallelverarbeitung subsumiert werden kann. Eine Klassifikation der verschiedenen Typen von Parallelrechnersystemen mit einer Beschreibung der Funktionsprinzipien schließt den Abschnitt über den allgemeinen Aufbau von Rechneranlagen ab.

Abschnitt 5 befaßt sich mit dem Aufbau und der Funktionsweise von Peripheriegeräten und den seriellen und parallelen Schnittstellen für die Kommunikation zwischen den Peripherieeinheiten und der Zentraleinheit. Es schließen sich Ausführungen über die Funktionsweise von Magnetplatten-, Disketten- und Magnetbandspeichern an. Die Vorstufe zur eigentlichen Programmentwicklung stellt die Systemanalyse und der Systementwurf dar. Hierunter versteht man die Festlegung von Fakten und Objekten mit ihren wechselseitigen Beziehungen untereinander. Nach Hinweisen zur Vorgehensweise bei der Systementwicklung im Rahmen eines Projektmanagements werden neben den Standardbausteinen zur normierten und strukturierten Programmierung weitere Software-Tools für die Entwicklung integrierter Kommunikationssysteme gezeigt.

Im Anschluß an die Methoden des Systementwurfs wird in Kapitel 7 die vielschichtige Problematik der Software erläutert. Software stellt die Gesamtheit der System- und Verarbeitungsprogramme für die Ablaufsteuerung einer Datenverarbeitungsanlage dar. Nach einer klassifizierenden Unterscheidung der Programmierspachen wird auf die Darstellungselemente von Turbo-Pascal und die Editiermöglichkeiten mit dem Turbo-Editor eingegangen. Wichtige Unterschiede von Sprachen der logischen Programmierung, elementare Datenmodelle für Datenbanksysteme, die Bedeutung des Datenschutzes und der Datenintegrität beim Betrieb von DV-Anlagen und -systemen werden herausgestellt. Zu Ausbildungszwecken wird auf einige Datenbanksysteme auf Mikrocomputern und Workstations eingegangen. Eine dBase III-Programmgestaltung für ein betriebliches Informationssystem schließt sich an. In Kapitel 10 folgen die Betriebsarten der Datenfernübertragung, öffentliche und private Übertragungsdienste, Datenübertragungsprotokolle für lokale Netze, Kommunikationsmöglichkeiten mit Großrechnern, internationale Netze und verteilte Datenbanken.

Der Anwendungsteil beginnt in Kapitel 11 mit einer generellen Übersicht über DV-Anwendungen in Wirtschaft, Verwaltung und Wissenschaft. Anschließend wird die Frage der Ermittlung einer adäquaten LAN-Konfiguration bei vorhandener Betriebsorganisation wie auch künftige Organisationsstrukturen (CIM) behandelt. In Kapitel 12 werden bekannte Verfahren aus dem Bereich des Operations Research im Rahmen eines Softwaresystems von computergestützten Planungsverfahren inhaltlich, programm- und datentechnisch besprochen. Im letzten Kapitel werden verschiedene Ansätze für wissensbasierte Systeme diskutiert und bestehende in- und ausländische Expertensysteme in der Übersicht kommentiert.

Abschließend möchte ich noch einige Worte des Danks aussprechen. Das rasche Zustandekommen einer druckfertigen Version war nur aufgrund der tatkräftigen Mithilfe meiner wissenschaftlichen und studentischen Mitarbeiter möglich. Für die äußere Gestaltung des Manuskripts ist ihr Einsatz und Fleiß besonders hervorzuheben. Mein besonderer Dank gilt Herrn Dipl.Volksw. A. Grünewald, der mir in allen Phasen der drucktechnischen Erstellung mit seinen Spezialkenntnissen im Umgang mit dem Textverarbeitungssystem und Laserdrucker mit Rat und Tat zur Seite stand. Herr Dipl.Volksw. J. Malzacher unterstützte mich bei der Textformatierung, M. Wrede und J. Schwede haben viele der Abbildungen erstellt, W. Gothein und M. Steidel waren an der Programmaufbereitung beteiligt, J. Schwede und G. Dollanski waren bei Korrekturarbeiten behilflich. Allen möchte ich für ihren Einsatz danken, insbesondere auch Frau E. Mechelke, die vor allem in der letzten Phase der Bucherstellung eine wertvolle Hilfe war. Ebenso möchte ich meiner Sekretärin, Frau Edler, für ihre Mithilfe bei der Indexerstellung und Korrekturarbeiten an früheren Fassungen danken.

Schließlich bedanke ich mich beim Physica-Verlag und seinem Verlagsleiter Dr. W. Müller für die Aufnahme des Buchs in die Reihe Physica Paperbacks.

Heidelberg, im Oktober 1988

Inhaltsverzeichnis

TEIL I: Grundlagen, Hardware, System Engineering, Software

TEIL II: Datenorganisation, Datenbanken, Datenfernübertragung, Rechnernetze

8.   Grundlagen der Daten- und Dateiorganisation

9.   Aufbau von Datenbank- und Informationssystemen

10. Grundlagen der Datenfernübertragung und Rechnernetze

TEIL III: Anwendungsbereiche der Informationsverarbeitung

11. DV-Anwendungen im industriellen und administrativen Bereich

12. Computergestützte Anwendungen im Planungsbereich

TEIL I: GRUNDLAGEN, HARDWARE, SYSTEM ENGINEERING, SOFTWARE

1. Historie: Entwicklung bis zur heutigen Informatik

Die Anfänge des Rechnens gehen bis ca. 5000 Jahre v. Chr. zurück, als der Mensch bereits Zahlsysteme verwendete, obwohl er sich dieser bestimmt nicht bewußt war. Das Zählen mit den Fingern einer Hand stellen ein einfaches Quinärsystem dar, verwendete er beide Hände, so hatte er sogar eine Art Dezimalsystem. Schon wesentlich fortschrittlicher war das Suan-Pan Verfahren, das man etwa seit 1100 v. Chr. kennt und im Kulturkreis des römischen Reiches, wie auch bis heute noch, als Abakus bekannt ist. Hierfür wurden Perlen auf Drähte oder Drahtstäbe aufgefädelt. Seit etwa 500 v.Chr. kennt man das arabische Zahlsystems mit den Ziffern 0,1,...,9, das sich gegenüber dem römischen Zahlsystem bereits durch seine Stellenschreibweise unterscheidet, aufgrund derer von der Position einer Ziffer innerhalb einer Zahl auf den Wert der Zahl geschlossen werden konnte. Auch die Null gab es im römischen Zahlsystem nicht. Die erste einfache mechanische Rechenmaschine konstruierte im Jahre 1623 der Tübinger Mathematiker Schickard. Diese auf einem Zählradprinzip basierende Additions- und Subtraktionsmaschine rechnete mit sechs Stellen und Übertrag, und stellt auch für unsere heutigen mechanischen Tischrechenmaschinen das mechanische Funktionsprinzip dar. Um 1650 wird dann der Rechenschieber erfunden, und in der Zeit zwischen 1671 und 1694 konstruierte der Mathematiker G.W. Leibniz Rechenwerke und entwickelte das Dualsystem, welches heute die Grundlage des Rechnens in elektronischen Datenverarbeitungsanlagen bildet. Die Ursprünge der Lochkarte gehen auf das Jahr 1808 zurück. Damals verwendete J.M. Jaquard für die Steuerung von Webstühlen bereits einfache Kartons, in die ein Webmuster eingestanzt war. Für die weitere Entwicklung war die mechanische Rechenanlage "Difference Engine" des englischen Mathematik-Professors Charles Babbage wichtig. Er hatte auch bereits eine "analytische" Maschine geplant, die aus Speicher, Rechen- und

Steuerwerk, Ein-/Ausgabeeinheit, bestehen, und das Programm bereits über Lochkarte eingegeben werden, sollte. Aufgrund der unzureichenden Technik der damaligen Zeit konnte Babbage diese Pläne nicht verwirklichen. Im Jahre 1890 führt der Deutsch-Amerikaner H. Hollerith bei der 11. amerikanischen Volkszählung eine Lochkartenmaschine ein, etwa 1920 hat die Firma Bull einen bereits sehr leistungsfähigen Büro- Lochkartenrechner entwickelt. Im Jahre 1936 baut Konrad Zuse in Berlin den Rechner Z1, mit der er zunächst häufig auftretende Standardberechnungen in der Baustatik automatisieren wollte. 1941 folgt dann der Rechner Z3, der ein Rechenwerk mit 600 Relais hatte, und das Ausführungsprogramm über einen Lochstreifen eingegeben wurde. 1944 wird der an der Harvard Universität in Boston von H.H. Aiken entwickelte Rechner MARK I fertig.

Das grundlegende Funktionsprinzip für eine elektronische Rechenanlage, das weitgehend auch für unsere heutigen Rechner noch gilt, wurde von John von Neumann angegeben und geht auf das Jahr 1946 zurück. Im Gegensatz zu der bisherigen Eingabe des Programms über Schalttafeln oder Lochstreifen, wird in einem von Neumann-Rechner das Programm wie die eigentlichen Problemdaten im Speicher abgelegt und ist damit veränderbar. Rechner ab dem Jahre 1946 gehören zu den Datenverarbeitungsanlagen der ersten Generation: Die Schaltelemente sind Elektronenröhren, die Ausführungszeit für eine Operation liegt noch im Bereich einer Millisekunde. Zur ersten Generation gehören der Rechner Z22 von der Zuse KG, der Magnettrommelrechner IBM 650, und die ENIAC (Electronic Numerical Integrator and Computer). Letzterer besaß 17 000 Röhren, hatte einen Stromverbrauch von 174 kWh und ein Gewicht von 30 t. Ab 1954 beginnen dann auch Siemens, Standard Elektrik Lorenz und Telefunken mit dem Bau von elektronischen Datenverarbeitungsanlagen.

Bei den Rechnern der zweiten Generation seit etwa 1957 wurden die Elektronenröhren durch Transistoren ersetzt. Die Operationszeiten lag nun im Bereich von 100 Mikrosekunden (Mikro = 1 Millionstel), wichtige Vertreter dieser Generation sind die 1400-er Serie von IBM und der volltransistorisierte Rechner 2002 von Siemens.

Wesentliches Charakteristikum der dritten Generation sind sogenannte integrierte Schaltkreise (integrated circuits) als Schaltelemente. Integriert sind hierbei verschiedene elektronische Bauteile wie z.B. Transistoren und Widerstände, wobei im Rahmen der sogenannten Monolith-Technologie durch elektrochemische Aufdampfungsverfahren eine wesentliche Leistungsverbesserung hinsichtlich der Miniaturisierung erreicht wurde. Diese Technologie erlaubte daher eine wesentlich kompaktere Bauweise, weiterhin konnten in einer Art Baukastensystem aus elementaren Rechnerkomponenten größere Rechnersysteme (Familiensysteme) zusammengestellt werden. Beispiele für solche Rechnerfamilien sind die 360-er Reihe von IBM, die 3000-er Reihe von Control Data, die 9000-er Serie von UNIVAC und die Siemens 4004. Die Operationszeiten für Rechner der dritten Generation liegen im Bereich von 1 Mikrosekunde, dies bedeutet gegenüber der zweiten Generation eine Leistungsverbesserung um den Faktor 100 und gegenüber der ersten Generation um den Faktor 1000.

Etwa 1975 erfolgte der Übergang zur LSI-Technologie (LSI = Large Scale Integration) mit Operationszeiten im Bereich von 100 Nanosekunden und einer weiteren Leistungsverbesserung um den Faktor 10. Der Übergang zur vierten Rechnergeneration ist fließend, der Beginn läßt sich etwa mit der seit 1980 vorhandenen VLSI(=Very Large Scale Integration)-Technologie gleichsetzen. Rechenanlagen, die man ursprünglich zur vierten Generation gezählt hatte, bezeichnet man heute als "3-plus"-Generation, hierzu würde man beispielsweise die Reihen 370 von IBM, 1700 von Burroughs, Cyber von Control Data, 7700 von Siemens und 90 von Univac rechnen.

Auch zukünftig wird die Mikroelektronik die Schlüsselkomponente zur Computer- und Datentechnik darstellen, sie wird in Zukunft stärker der Schrittmacher für die generelle industrielle Entwicklung sein, sie stellt noch zunehmend den technisch funktionsbestimmenden Schlüsselfaktor für neue Systeme und neue Geräte dar. Die Konstruktion kleinster und widerstandsfähigster Bauelemente, die sich auf engstem Raum unterbringen lassen, führen auch weiterhin zu einer verstärkten Minituriarisierung. Richtungsweisend in dieser Spitzentechnologie sind heute die USA und Japan. Während früher der Maßstab für den Entwicklungsstand eines Landes der Stahlverbrauch pro Kopf der Bevölkerung war, entspricht dieser heute mehr und mehr dem Verbrauch der elektronischen Bauteile. Regional gesehen sind heute nicht mehr die Reviere der Stahlproduktion die Zentren für Innovation und Wachstum, sondern vielmehr die "Silicon Valleys". Die Mikroelektronik wird neben ihrer Schlüsselrolle in der Elektronik selbst vor allem auch eine Art Lokomotivfunktion für die gesamte Wirtschaft haben. Die prognostizierte Entwicklung der Elektronikproduktion in der BRD zeigt die Abb. 1. Hier ist im Bereich der integrierten Schaltungen innerhalb

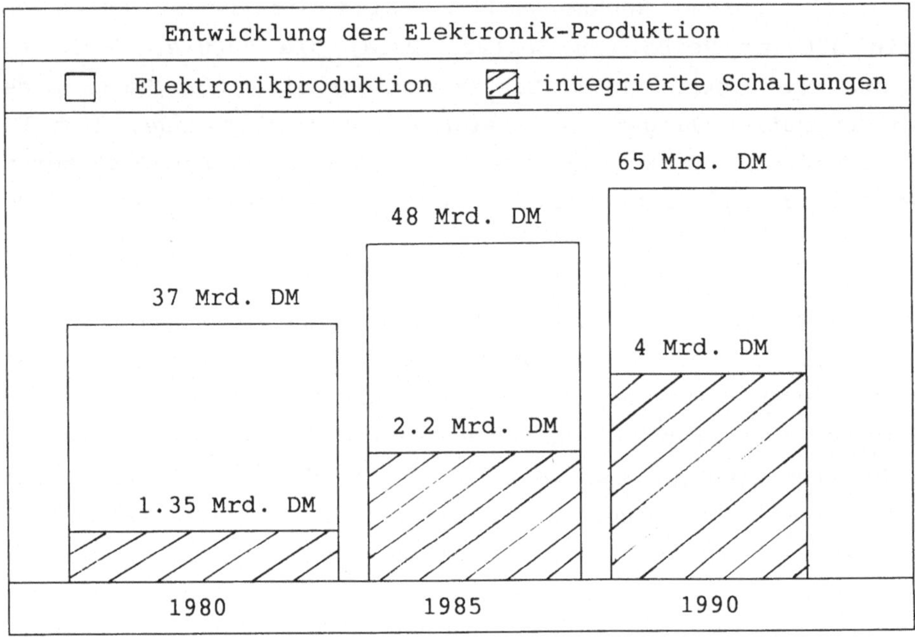

Abb.1: Elektronik-Produktion (Quelle: IfW Kiel)

der nächsten fünf Jahre mit einer Verdopplung der Produktion zu rechnen, die gesamte Elektronik-Produktion wächst nicht ganz so schnell an. In Abb. 2 ist die bisherige und zukünftige Entwicklung der Minituriarisierung bzw. der integrierten Schaltkreise darge- stellt. Die VLSI-Chips beinhalten heute ca. eine Million Bauele- mente pro Chip, d.h. die Größe der Leiterstrukturen liegt also im Mikrometer-Bereich. Allgemein dürfte die physikalische Grenze der

Integrations-stufe	Abkürz.	Zahl der log. Gatter pro Chip	Entwick-lungspe-riode	Beispiele
Small Scale Integration	SSI	3-30	Anfang d. 60-er J.	Gatter Flip-Flops
Medium Scale Integration	MSI	3-300	Mitte b. Ende der 60-er J.	Zähler,Schie-beregister, 256 Bit-Sp.
Large Scale Integration	LSI	300-3000	Anfang b. Mitte d. 70-er J.	4 Bit-u. 8 Bit-Mikro-proz., 16 Kbit-Speicher
Very Large Scale Inte-gration	VLSI	3000-30000	Mitte d. 70-er b. Anf. d. 80-er J.	Multiplizie-rer, 16-Bit Mikroprozes-soren
Very High speed Inte-grated Speicher Circuits	VHSIC	mehr als 30 000	Seit An-fang der 80-er J.	32 Bit-Mikro computer,256 Kbit

Abb.2: Entwicklung integrierter Schaltungen
(Quelle: Nefiodow (1984))

Silizium-Technologie wahrscheinlich bei 100 Nanometern liegen. Ein entscheidendes Hindernis bei weiterer Minituriarisierung ist die derzeitige Silizium-Planartechnologie, die nur zweidimensionale Strukturen zuläßt.
Seit kurzem werden bereits 1-Megabit-Chips auf dem Markt angebo-ten, die beispielsweise in dem größten IBM-Rechner 3090, einge-setzt werden. Auch sind bereits 4-Megabit-Chips angekündigt, die als immer komplexere Logik-Chips oder Kommunikationsbausteine in künftigen Digitalnetzen wie z.B. ISDN benötigt werden. Allerdings sind erhebliche technologische Schwierigkeiten bei der Herstellung des 4-Megaspeichers zu überwinden, da hier zum erstenmal Mi-krostrukturen unterhalb der Grenze von 1 μm (10^{-6} m) erzeugt wer-den müssen. Da die Muster für die Strukturen der Chips von com-putergesteuerten Elektronenstrahl-Schreibern optisch auf die Sili-zium-Wafer aufgetragen werden, stößt man hierbei an physikalische Grenzen. Man bewegt sich im unmittelbaren Bereich des sichtbaren Lichts von ca. 0,5 μm und ist damit an der Grenze des Auflösungs-

vermögens lichtoptischer Operationen gestoßen. Eine weitere Schwierigkeit ist, daß die Kondensatoren der einzelnen Speicherzellen, dessen elektrische Ladung jeweils den Speicherinhalt eines Bits repräsentieren, bei der Strukturverkleinerung eine zu geringe Fläche bekommen und daher eine zu geringe Ladung speichern können. Daher ist man gezwungen, die bisherigen zweidimensionalen Strukturen um eine Dimension zu erweitern, indem der Kondensator über den Transistor der Zelle geschichtet wird (stacked capacitor cell). Die Mikrostrukturen erhalten somit eine Höhe, bei der es besonders schwierig ist, die relativ tiefen Kontaktlöcher, die von höhergelegenen Leiterbahnen zu den Transistoranschlüssen führen, metallisch auszufüllen. Diese müssen Stromdichten von Hunderttausenden von Ampere pro Quadratzentimeter aushalten, das sind Größenordnungen, wie sie etwa in Starkstromleitungen auftreten. Ob zukünftig hier eine weitere Steigerung der Megabit-Leistung um jeweils einen Faktor 4 möglich ist, mag - zumindest auf der Basis der existierenden Technologie - bezweifelt werden. Vielleicht führen die im Bereich der biotechnologischen Forschung in der Entwicklung befindlichen Bio-Chips, das sind Bauelemente, bei denen kleinste Molekülstrukturen als stromführende Komponenten verwendet werden, zu einer weiteren Miniaturisierung und Leistungssteigerung.

Lehrbücher zu diesem Kapitel

Bauer F.L., Goos G. (1974): Informatik. Eine einführende Übersicht. Band 1 und 2, Springer Verlag Berlin, Heidelberg, New York.

Beauclair W. de (1974): Geschichtliche Entwicklung. In Steinbuch K., Weber W. (Hrsg.); Taschenbuch der Informatik Bd. I, 1-38, Springer Verlag.

Biethahn J. (1980, 1986): Einführung in die EDV für Wirtschaftswissenschaftler. Oldenbourg-Verlag, München.

Dworatschek S. (1977): Grundlagen der Datenverarbeitung, 6. Aufl., W. de Gruyter, Berlin, New York.

Ebner D. (1988): Technische Grundlagen der Informatik. Springer Verlag, Berlin et al.

Goldschlager, Lister (1984): Informatik: Eine moderne Einführung, 176 - 224, Carl Hanser Verlag München, Wien.

Hansen H.R. (1986): Wirtschaftsinformatik, 5. Aufl., 260 - 265, Gustav Fischer Verlag Stuttgart.

Nefiodow L.A. (1984): Europas Chancen im Computer-Zeitalter, Kindler Verlag München.

2. Darstellungsformen von digitaler Information

2.1 Vom Bit bis zur Datenbank

Die kleinste Informationseinheit, die sich in einem Rechner darstellen läßt, ist das sogenannte Bit (Kurzform für "Binary Digit")
mit nur zwei möglichen Werten "0" und "1" als den beiden Zeichen
zur binären Zeichendarstellung. Technisch ist diese Art Information darzustellen, besonders einfach, da man nur Schaltelemente benötigt, die zweier verschiedener Zustände fähig sind, z.B.
"Strom fließt"/"Strom fließt nicht", "Impuls ist vorhanden"/ "Impuls ist nicht vorhanden", "Schalter ist an"/"Schalter ist nicht
an". Um nun verschiedenartige Information darzustellen, z.B. ein
Zeichen, ist es notwendig, daß man mehrere Bits zu größeren Einheiten zusammenfaßt. Man bezeichnet die Zuordnung von beliebigen
Zeichen oder Begriffen zu speziellen Bit-Kombinationen als Kodierung, und die spezifische Zuordnungsvorschrift als Code. Ein Code,
der sich aus Bits aufbaut, heißt Binärcode.

Gibt man sich nun eine bestimmte Anzahl n von Bits für die Darstellung eines Zeichens vor, so lassen sich $N = 2^n$ verschiedene
0/1-Kombinationen der Länge n, d.h. 2^n verschiedene Zeichen erzeugen. Jede Kombination kann also zur Kodierung eines Zeichens verwendet werden. Während früher 5- und 7-Bit-Zeichenkodierungen insbesondere in DV-Anlagen der sogenannten mittleren Datentechnik
(MDT) verwendet wurden, gibt es heute im wesentlichen nur noch die
beiden 8-Bit Codes ASCII (American Standard Code for Information
Interchange) und den für IBM-Großrechner gültigen EBCDI-Code
(Extended Binary Coded Decimal Interchange). Die nachfolgenden Abbildungen 4 und 5 zeigen die jeweilige Bitkombination für die Darstellung von maximal $N = 2^8 = 256$ Zeichen.

rechte Tetrade (Spalten) / **linke Tetrade** (Zeilen)

linke Tetrade: hexadezimal	dual	0	1	2	3	4	5	6	7	8	9	A	B	C	D	E	F
(rechte: dual)		0000	0001	0010	0011	0100	0101	0110	0111	1000	1001	1010	1011	1100	1101	1110	1111
0	0000																
1	0001																
2	0010																
3	0011																
4	0100	blank										¢	.	<	(	+	|
5	0101	&										!	$	*	)		¬
6	0110	-	/									∧	,	%	_	>	?
7	0111											:	#	@	'	=	"
8	1000		a	b	c	d	e	f	g	h	i						
9	1001		j	k	l	m	n	o	p	q	r						
A	1010			s	t	u	v	w	x	y	z						
B	1011																
C	1100		A	B	C	D	E	F	G	H	I						
D	1101		J	K	L	M	N	O	P	Q	R						
E	1110			S	T	U	V	W	X	Y	Z						
F	1111	0	1	2	3	4	5	6	7	8	9						

Abb.3: Der EBCDI-Code

Ausgehend von einem Bit läßt sich nun mit Hilfe dieser Kodie-
rungstabellen die digitale Information folgendermaßen klassifizieren:

linke Tetrade: hexadezimal	dual	0	1	2	3	4	5	6	7	8	9	A	B	C	D	E	F
(rechte: dual)		0000	0001	0010	0011	0100	0101	0110	0111	1000	1001	1010	1011	1100	1101	1110	1111
0	0000																
1	0001																
2	0010	blank	!	"	#	$	%	&	'	(	)	*	+	,	-	.	/
3	0011	0	1	2	3	4	5	6	7	8	9	:	;	<	=	>	?
4	0100	@	A	B	C	D	E	F	G	H	I	J	K	L	M	N	O
5	0101	P	Q	R	S	T	U	V	W	X	Y	Z	[	\	]	^	_
6	0110	`	a	b	c	d	e	f	g	h	i	j	k	l	m	n	o
7	0111	p	q	r	s	t	u	v	w	x	y	z	{	|	}	~	
9	1000																
9	1001																
A	1010																
B	1011																
C	1100																
D	1101																
E	1110																
F	1111																

Abb.4: Der ASCII-Code

Acht Bits ergeben ein Byte, das ein Zeichen darstellt und zugleich
die kleinste direkt adressierbare Informationseinheit im RAM-

und/oder ROM-Speicher darstellt. Man spricht in diesem Falle von einem Byte-orientierten Speicher. Das Byte kann also

- eine 8-stellige Dualzahl
- eine 7-stellige Dualzahl mit Vorzeichen
- ein alphanumerisches Zeichen
- ein Vorzeichen und Charakteristik oder Mantissenteile von Gleitkommazahlen (-----> Zahldarstellungen)

bedeuten. Die nächste Einheit ist das Wort, wobei w Bytes ein Wort mit der Wortlänge w ergeben. Mehrere Worte ergeben einen Satz (record), wobei sich gerade im Umgang mit Arbeitsplatzcomputern eine Standard-Satzlänge von 80 Zeichen festgesetzt hat, weil sich auf den meisten Datensichtgeräten 80 Zeichen in einer Zeile darstellen lassen, und sich somit der Inhalt eines Satzes mit der betreffenden Zeile identifizieren läßt. Viele Sätze, meist von gleicher Satzlänge werden in einer Datei (file) zusammengefaßt, und die Zusammenstellung von verschiedenen Dateien würde man entweder als Dateisystem oder als Datenbank bezeichnen. Allerdings sind im letztgenannten Fall die Dateien von unterschiedlichem Typ mit einer jeweils unterschiedlichen anforderungsspezifischen Funktion (---> Datenbanken).

2.2 Genereller Aufbau von Zahlensystemen

Jede beliebige ganze oder gebrochen ganze Zahl mit der Basis B >= 2 und den Ziffern b_i, 0 <= b_i < B, läßt sich in Stellenschreibweise in der Form

$$z = z^n\ z^{n-1}\ \ldots\ z^1\ z^0\ ,\ z^{-1}\ z^{-2}\ \ldots\ z^{-m},$$

in Potenzschreibweise in der Form

$$z = b^n\ B^n + \ldots + b^0\ B^0 + b^{-1}\ B^{-1} + \ldots + b^{-m}\ B^{-m}.$$

Man nennt die b_i, i=n,n-1,...,0,-1,-2,...,-m , Nennwerte, und die Potenzen der Basis die Stellenwerte. Mit Hilfe dieser Zahlendefinition lassen sich für jede Basis jeweils ein Zahlensystem ange-

ben, von denen hier einige, für die Zahlendarstellung in Computern
wichtige, erwähnt seien:

Zahlensystem	Basis B=	Größter Nennwert	mögliche Ziffern
Dualsystem	2	1	0,1
Oktalsystem	8	7	0,1,2,...,7
Dezimalsystem	10	9	0,1,2,...,9
Hexadezimal-system	16	F	0,1,2,3,4,5,6,7,8,9, A,B,C,D,E,F

Zum Beispiel ist

$$
\begin{aligned}
16_{(10)} &= 1\cdot 10^1 + 6\cdot 10^0 \; , \\
1001_{(2)} &= 1\cdot 2^3 + 0\cdot 2^2 + 0\cdot 2^1 + 1\cdot 2^0 = 9 \; , \\
22{,}22_{(2)} &= 2\cdot 2^1 + 2\cdot 2^0 + 2\cdot 2^{-1} + 2\cdot 2^{-2} \\
&= 4 + 2 + 1 + 0.5 \\
&= 7.5_{(10)} \; .
\end{aligned}
$$

Zwischen dem Dual-, Oktal- und Hexadezimalsystem bestehen wegen
der 2^n-Basis für n=1,3,4 ein gewisser Zusammenhang, der sich in
einfachen Konvertierungen zwischen Elemente dieser Zahlensysteme
manifestiert. Da man mit einer dreistelligen Dualzahl den Ziffern-
vorrat des Oktalsystems, mit einer vierstelligen Dualzahl den Zif-
fernvorrat des Hexadezimalsystems darstellen kann, besteht die Umrechnung darin, daß man jede Ziffer des Oktal- bzw. des Hexadezimalsystems einzeln in die entsprechende Dualzahl umrechnet. Umgekehrt erreicht man die Umwandlung einer Dualzahl in eine Zahl des
Oktal- oder Hexadezimalsystems dadurch, daß man innerhalb der
Dualzahl Dreiergruppen oder Vierergruppen der Dualziffern bildet,
und jede Dreiergruppe bzw. Vierergruppe stellt dann die entsprechende Ziffer im Oktal- bzw. Hexadezimalsystem dar:

```
┌─────────────────────────────────────────────────┐
│ Dualzahl   ---> 1 1 1 0 0 0 1 0 1                │
│                  \___/ \___/ \___/               │
│ Oktalzahl  --->    7     0     5                 │
└─────────────────────────────────────────────────┘


┌─────────────────────────────────────────────────┐
│ Oktalzahl  --->    4     1     4                 │
│                   /‾‾\  /‾‾\  /‾‾\               │
│ Dualzahl   ---> 1 0 0 0 0 1 0 1 0                │
└─────────────────────────────────────────────────┘


┌─────────────────────────────────────────────────┐
│ Dualzahl      ---> 1 1 1 1 0 0 1 0 0 0 1 0 1     │
│                     \_____/ \_____/ \_____/      │
│ Hexadezi-                                        │
│ malzahl       --->    F       2       9          │
└─────────────────────────────────────────────────┘


┌─────────────────────────────────────────────────┐
│ Hexadezi-                                        │
│ malzahl       --->    4       D       2          │
│                     /‾‾‾‾\  /‾‾‾‾\  /‾‾‾‾\        │
│ Dualzahl      ---> 0 1 0 0 1 1 0 1 0 0 1 0        │
└─────────────────────────────────────────────────┘
```

Die Umwandlung einer Dezimalzahl in eine Dual-, Oktal-, oder Hexadezimalzahl erreicht man durch fortgesetzte Division durch die entsprechende Basis 2, 8, oder 16:

Dezimal ----> Dual:

    1. Beispiel: $17_{(10)}$ ---> $10001_{(2)}$

```
17 / 2 = 8                                  Rest 1
 8 / 2 = 4                            Rest 0
 4 / 2 = 2                     Rest 0
 2 / 2 = 1              Rest 0
 1 / 2 = 0 Rest 1
──────────────────────────────────────────────────
           1      0      0      0      1
```

2. Beispiel: $3{,}25_{(10)}$ ---> $11{,}01_{(2)}$

2 Schritte:

a) 3 / 2 = 1   Rest 1   b) 0,25 * 2 = 0,5
   1 / 2 = 0 Rest 1   0.5 * 2 =   1.0
____

                     1   1   ,   0   1

Dezimal ----> Hexadezimal:

3. Beispiel: $1234_{(10)}$ ---> $4D2_{(16)}$

    1234 / 16 = 77   Rest 2
      77 / 16 = 4   Rest 13
       4 / 16 = 0   Rest 4
    ____
                     4   D   2

2.3 Rechnerinterne Darstellung von Zahlen: Fixpunkt-, Gleitkomma- und BCD-Darstellung

Damit alphanumerische Daten (= Buchstaben und/oder Zahlen) in einer Rechenanlage verarbeitet werden können, müssen diese in eine der bereits genannten Kodierungen umgewandelt werden, oder in der entsprechend kodierten Form bereits eingegeben werden. Im EBCDI-Code wie im ASCII-Code unterscheidet man für die interne Zahlendarstellung

a) die Festkomma-Darstellung, bei der die Zahlen in einer fest vereinbarten Länge, entweder als Halbwort (=2 Bytes) oder als Wort (=4 Bytes) kodiert sind. Das Vorzeichen wird durch das höchstwertige Bit dargestellt (0 = Vorzeichen positiv, 1 = Vorzeichen negativ). Negative Zahlen werden durch Komplementbildung im Dualsystem und durch Addition einer Eins erzeugt. Zum Beispiel ist bei Halbwortdarstellung (16 Bits)

$$1234_{(10)} = 4D2_{(16)}$$
$$= 0000\ 0100\ 1101\ 0010_{(2)},$$

$$-1234_{(10)} = -4D2_{(16)}$$

$$= \quad 0000 \quad 0100 \quad 1101 \quad 0010 \quad \text{<-- ohne Berücksichtigung}$$
$$\text{des Vorzeichens}$$

$$= \quad 1111 \quad 1011 \quad 0010 \quad 1101 \quad \text{<-- Komplementbildung}$$

$$= \quad 1111 \quad 1011 \quad 0010 \quad 1110 \quad \text{<-- Addition einer 1}$$

Vorzeichenbit

Im Halbwortformat ist die größte darstellbare ganze Zahl $2^{15} - 1 = 32767$, im Wortformat $2^{31} - 1 = 2\ 147\ 483\ 647$.

b) die Gleitkomma-Schreibweise (floating point notation), bei der entweder 4 Bytes oder 8 Bytes (bei doppelt genauer Rechnung) für die Darstellung einer (Dezimal-) Zahl verwendet werden. Die generelle Darstellung einer Zahl ist von der Form

$$z = +- m\ B^{+-i},$$

wobei m als Mantisse, i als Exponent, bezeichnet wird und B die Basis der Gleitkommadarstellung bedeutet. Zur Vermeidung negativer Exponenten i werden diese zunächst um eine geeignete feste ganze Zahl k erhöht, der sogenannten **Vorgabe**. Diese beeinträchtigt, wie wir gleich sehen werden, weder den Exponenten, noch die arithmetischen Rechenoperationen. Die Addition von Exponent und Vorgabe ergibt die sogenannte **Charakteristik**

$$c := i + k,$$

wobei nun die Vorgabe so groß zu wählen ist, daß die Charakteristik nicht negativ wird. Um nun bei den Rechenoperationen mit Dezimalzahlen eine möglichst hohe Rechengenauigkeit erzielen zu können, wird eine Normierung der Mantisse m in der Weise vorgenommen, daß die höchste Stelle der Mantisse von Null verschieden ist, und $m < 1$ gilt. Das bedeutet, daß die Zahl soweit nach links oder nach rechts verschoben, und gleichzeitig der Exponent entsprechend mitverändert wird, bis die erste Ziffer rechts vom Komma von Null verschieden ist. In der Mantisse werden also die Nachkommastellen der normierten Gleitkommazahl erfaßt:

z	$m \cdot B^i$
1234	$0,1234 \cdot 10^4$
0,1234	$0,1234 \cdot 10^0$
0,0001234	$0,1234 \cdot 10^{-3}$
-0.0001234	$-0,1234 \cdot 10^{-3}$

Nehmen wir an, man wollte den Zahlenbereich zwischen 10^{-38} bis 10^{38} für arithmetische Operationen zulassen, so müßte für die Zahl $0,0001234 = 0,1234 \cdot 10^{-3}$ die Charakteristik wenigstens den Wert $c = -3 + 38 = 35$ haben, um die genannte Nichtnegativitätsbedingung zu erfüllen. Bei der Gleitkommaschreibweise im Wortformat (32 Bits) stellt das erste Byte das Vorzeichen (1 Bit) und die Charakteristik (7 Bits) dar, somit wäre bei dualer Darstellung ein Maximalwert von $127 = 1111111_{(2)}$ für die Charakteristik möglich. Im allgemeinen treten aber bei 32-Bit Darstellungen und bei hexadezimaler Verschlüsselung Exponenten von der größtmöglichen Ordnung 64 auf, sodaß für die Charakteristik auch eine Bit-Stelle weniger ausreichen würde. Für die Mantisse verbleiben dann noch 24 Bits, sodaß sich für eine Gleitkommazahl folgender Aufbau ergibt:

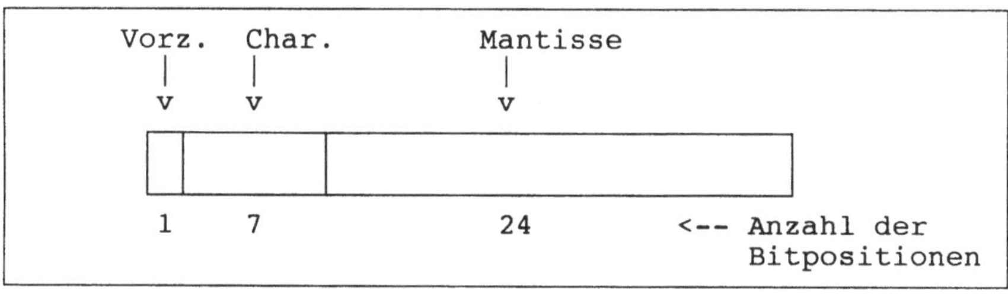

Abb.5: Aufbau einer 32-Bit-Gleitkommazahl

c) die BCD-Darstellung einer Dezimalzahl (BCD = Binary Coded Decimal). Da man bei der Binärdarstellung der Ziffern 0 bis 9 jeweils vier Bit-Stellen benötigt (nämlich $0000_{(2)}$, $0001_{(2)}$, $\ldots$,$1001_{(2)}$), verwendet man die übrigen Dualzahlen $1010_{(2)}$ bis $1111_{(2)}$ für die Darstellung der beiden Vorzeichen. Da man heute vor allem aus Speicherplatzgründen die Hexadezimaldarstellung wählt, soll hier auf die Binär-Verschlüsselung von Dezimalzahlen nicht weiter eingegangen werden.

2.4 Elementare Begriffe der Logik als Grundlage für die Boole'sche Schaltalgebra

Die Logik ist die Grundlage der Mathematik und die Anwendung der Gesetze der mathematischen Logik ist in allen naturwissenschaftlichen Fachdisziplinen, in der Kybernetik, in Operations Research und vor allem in der theoretischen Informatik und der EDV von fundamentaler Bedeutung. Jede natürliche Sprache besteht aus Aussagesätzen, Fragesätzen und Wunschsätzen. Aussagesätze erlauben die Charakterisierung der Realität als **wahr** oder **falsch**, während diese Wahrheitswerte einem Frage- oder Wunschsatz nicht zugeordnet werden können. In der zweiwertigen Logik ist jede Aussage entweder wahr oder falsch, eine dritte Möglichkeit gibt es nicht (tertium non datur). Man unterscheidet die folgenden Aussageverbindungen:

Aussageverbindung	Bezeichnung	Schreibweise
Nicht A	Negation von A	$A, \neg A$ (A)
A und B	Konjunktion (von A und B)	$A \wedge B$
A oder B	Disjunktion (von A und B)	$A \vee B$
Aus A folgt B, Wenn A, dann B	Implikation (A=Prämisse, B=Konklusion	A ===> B
A genaudann, wenn B	Äquivalenz von A und B	A <==> B

Für die Wahrheitswerte dieser Aussageverbindungen gilt: A ist wahr, wenn A nicht wahr ist. A ^ B ist wahr, wenn A und B wahr ist. A v B ist wahr, wenn wenigstens eine der beiden Aussagen wahr ist. Die Implikation A ===> B ist falsch, wenn A wahr und B falsch ist, in allen anderen Fällen ist sie wahr. Man sagt auch "A ist hinreichend für B" und "B ist notwendig für A".

Für jede der Aussageverbindungen läßt sich eine **Wahrheitstabelle** wie folgt angeben:

Negation:

A	$\overline{A}$
w	f
f	w

Konjunktion:

A	B	A ∧ B
w	w	w
f	w	f
w	f	f
f	f	f

Disjunktion:

A	B	A v B
w	w	w
f	w	w
w	f	w
f	f	f

Implikation:

A	B	A ==> B
w	w	w
f	w	w
w	f	f
f	f	w

Äquivalenz:

A	B	A <==> B
w	w	w
f	w	f
w	f	f
f	f	w

Besteht eine Aussageverbindung aus n Aussagen, so hat die zugehörige Wahrheitstabelle 2n Zeilen. Weiterhin nennt man eine Aussageverbindung eine **Tautologie**, wenn sie für jede Wahrheitswertzuordnung bezüglich der Grundaussagen A, B, ... wahr ist. Wird die Aussageverbindung stets falsch, so nennt man sie eine Kontradiktion. Zum Beispiel ist A ===> A eine Tautologie, ebenso A v A. Eine Aussageverbindung B ist eine logische Implikation von einer Aussageverbindung A, genaudann wenn für jede Zuordnung von Wahrheitswerten, für die A wahr ist, auch B wahr ist. Zwei Aussagenverbindungen A und B heißen logisch äquivalent, genaudann wenn die beiden Aussageverbindungen dieselben Wahrheitswerte besitzen, und zwar für jede Zuordnung von Wahrheitswerten für die Einzelkomponenten der Aussageverbindungen. Daher sind A und B dann und nur dann logisch äquivalent, wenn A <==> B eine Tautologie ist. Der Vorteil des Begriffs der logischen Äquivalenz liegt darin, daß es häufig logisch äquivalente Aussageverbindungen gibt, die von wesentlich einfacherer Gestalt sind. Wichtig sind die folgenden logischen Äquivalenzen:

(1) Gesetze von de Morgan:

    (a)   ¬(AvB)   logisch äquivalent mit ¬A^¬B

    (b)   ¬(A^B)   logisch äquivalent mit ¬ ¬A^¬B

(2) Absorptionsgesetze:

  I   (a)   Av(A^B)   logisch äquivalent mit A

      (b)   A^(AvB)   logisch äquivalent mit A

II   (a)   (A^B) v ¬B logisch äquivalent mit A v ¬B

      (b)   (AvB) ^ ¬B logisch äquivalent mit A ^ ¬B

III (Sei T eine Tautologie und F eine Kontradiktion)

      (a)   (T^A)   logisch äquivalent mit A

      (b)   (TvA)   logisch äquivalent mit T

      (c)   (F^A)   logisch äquivalent mit F

      (d)   (FvA)   logisch äquivalent mit A

(3) Kontraposition:

        A ===> B   logisch äquivalent mit ¬B ===> ¬A

(4) Elimination der Implikation:

      (a)   A ===> B   logisch äquivalent mit ¬A v B

      (b)   A ===> B   logisch äquivalent mit ¬(A ^ ¬B)

(5) Elimination der Äquivalenz:

      (a)   A <==> B   logisch äquivalent mit (A^B)v(¬A^¬B)

      (b)   A <==> B   logisch äquivalent mit (¬AvB)^(¬BvA)

(6) Distributionsgesetze:

      (a)   A^(BvC)   logisch äquivalent mit (A^B)v(A^C)

      (b)   Av(B^C)   logisch äquivalent mit (AvB)^(AvC)

(7) Idempotenz:

      (a)   A^A   logisch äquivalent mit A

      (a)   AvA   logisch äquivalent mit A

(8) Kommutativität:

      (a)   A^B   logisch äquivalent mit B^A

      (b)   AvB   logisch äquivalent mit BvA

(9) Assoziativität:

      (a)   A^(B^C)   logisch äquivalent mit (A^B)^C

      (b)   Av(BvC)   logisch äquivalent mit (AvB)vC.

Was nun die Informationsverknüpfung in einem Rechner angeht, werden im Rechenwerk (siehe Abschnitt 4: Aufbau von Rechenanlagen) die Daten binärkodiert und nach vorgegebenen Zuordnungsvorschriften zu Ergebnisdaten verknüpft. Jede Verknüpfung von Daten, z.B. eine Multiplikation von zwei Dezimalzahlen, läßt sich auf elementare Verknüpfungsregeln zurückführen, die wir oben bereits kennengelernt haben (Negation, Konjunktion, Disjunktion usw.). Wendet man also diese Verknüpfungsregeln auf binäre Variable (=Variable, die nur die beiden Werte 0 oder 1 annehmen können) an, sodaß das Ergebnis einer logischen Operation wiederum einen der beiden Werte 0 oder 1 ergibt, so kann man beliebige Verknüpfungen in übersichtlicher Form in Funktionstabellen, wie wir dies in diesem Abschnitt bereits exemplifiziert haben, darstellen. Die Verknüpfung von binären Variablen und Aufstellung solcher Funktionstabellen ist Inhalt der sogenannten Boole'schen Algebra (George Boole, 1815 - 1864). Wichtig ist, daß sich mit Hilfe elementarer Boole'scher Verknüpfungen auch komplexe und umfangreiche Verknüpfungen ausdrücken lassen. Schaltalgebraisch werden die binären Wertesätze der Eingangsvariablen und deren elementare Verknüpfung zu einem Wertesatz von Ausgangsvariablen in Flip-Flops und Gattern realisiert. Auf diese technischen Aspekte des Aufbaus von Schaltungen soll hier nicht weiter eingegangen werden, wenn sich der Leser für eine Kurzbeschreibung und -erläuterung interessiert, kann er die wichtigsten technischen Details der Realisierung von Schaltkreisen zum Beispiel einem Handwörterbuch der Datenverarbeitung (etwa Armkreutz C. (1981)) entnehmen.

Verknüpfung	Schreibweise	Funktionstabelle		
NOT	a oder -a	a	e	
		0	1	
		1	0	
AND	a & b	a	b	e
		0	0	0
		0	1	0
		1	0	0
		1	1	1
OR	a v b	a	b	e
		0	0	0
		0	1	1
		1	0	1
		1	1	1
NOT AND (NAND)	$\overline{a\ \&\ b}$	a	b	e
		0	0	1
		0	1	1
		1	0	1
		1	1	0
NOT OR(NOR)	$\overline{a\ v\ b}$	a	b	e
		0	0	1
		0	1	0
		1	0	0
		1	1	0
EQUIVALENCE	a <=> b $(\overline{a}\&\overline{b})v(a\&b)$	a	b	e
		0	0	1
		0	1	0
		1	0	0
		1	1	1
EXCLUSIVE OR	$(\overline{a}\&b)v(a\&\overline{b})$	a	b	e
		0	0	0
		0	1	1
		1	0	1
		1	1	0

Abb.6: Elementare Boolesche Verknüpfungen

2.5 Entscheidungs- und Informationsgehalt, Entropie

Wird ein Zeichen mit n Bits dargestellt, so lassen sich - wie wir in diesem Abschnitt bereits gesehen haben - $N = 2^n$ verschiedene Zeichen erzeugen. Die Anzahl n der Bits, nämlich

$$n = \log_2 N = ld\ N \qquad [bit],$$

bezeichnet man als den **Entscheidungsgehalt** einer Menge von N Zeichen. Dieser Zusammenhang besagt - wie wir das auch noch später bei der Binärbaumsuche kennenlernen werden - daß ein ganz bestimmtes Zeichen (oder ein durch dieses Zeichen charakterisierter Zustand) durch n Binärentscheidungen (= ja/nein-Entscheidungen) aus der Gesamtheit der N Zeichen eindeutig bestimmt werden kann.

Der Entscheidungsgehalt einer Information (eines Zeichens) bezieht sich auf eine Menge von Informationen, während sich der sogenannte **Informationsgehalt** auf ein einzelnes Zeichen bezieht. Der Informationsgehalt n_i eines Zeichens Z_i, $i=1,\ldots,2^n$, ist definiert durch

$$n_i := ld\ 1/p(Z_i) \qquad [bit],$$

wobei $p(Z_i)$ die Wahrscheinlichkeit für das Auftreten des Zeichens Z_i ist. Hat man sämtliche Auftretenswahrscheinlichkeiten für sämtliche Zeichen des Zeichensatzes, so läßt sich auch ein Mittelwert des Informationsgehalts angeben, den man als mittleren Informationsgehalt oder auch als **Entropie** bezeichnet:

$$E := p(Z_1)\ ld\ 1/p(Z_1) + \ldots + p(Z_N)\ ld\ 1/p(Z_N).$$

Die Entropie ist am größten, wenn alle Zeichen gleichwahrscheinlich sind, d.h. $p(Z_i) = 1/N$. Dann ist wegen $ld\ N = n$

$$n_i = ld\ 1/p_i = ld\ 1 - ld\ 1/N = ld\ N = n\ [bit]$$

und

$$\begin{aligned}
E &= 1/N\ ld\ (1/(1/N)) + \ldots + 1/N\ ld\ (1/(1/N)) \\
&= N\ (1/N)\ ld\ N = ld\ N = n \qquad [bit],
\end{aligned}$$

also der Entscheidungsgehalt eines Zeichens und der mittlere Informationsgehalt der gesamten Zeichenmenge ist gleich.

Mit Hilfe dieser Vorbetrachtungen können wir nun das Quantum der Information, die **kleinste Informationseinheit**, die formale Definition eines Bits sehr einfach angeben, indem wir nur die beiden "Zeichen" 0 und 1 betrachten (also n=2). Jedes dieser beiden Zeichen tritt mit der Wahrscheinlichkeit 1/2 auf, daher ist der mittlere Informationsgehalt

$$E = 1/2 \text{ ld } 2 + 1/2 \text{ ld } 2 = \underline{\text{ld } 2 = \quad 1 \text{ [bit]}}$$

Treten die Zeichen der möglichen Zeichenmenge mit unterschiedlichen Wahrscheinlichkeiten auf, dann ist der Entscheidungsgehalt eines Zeichens und der mittlere Informationsgehalt verschieden. Dies gilt auch, wenn einige Zeichen überhaupt nicht auftreten, also die Wahrscheinlichkeit Null haben, und die restlichen Zeichen gleichwahrscheinlich sind. In diesen Fällen bezeichnet man die Differenz zwischen Entscheidungsgehalt und der Entropie als Redundanz.

Lehrbücher zu diesem Abschnitt

Armkreutz C. (1981): Wörterbuch der Datenverarbeitung in Deutsch Englisch-Französisch. Hardware, Software, Textverarbeitung, Datenfernübertragung und Elektronik (2 Bände). Datakontext Verlag Köln.

Biethahn J. (1981): Einführung in die EDV für Wirtschaftswissenschaftler. R.Oldenbourg Verlag, München und Wien.

Ganzhorn K.E., Schultz K.M., Walter W. (1981): Datenverarbeitungssysteme. Aufbau und Arbeitsweise. Springer Verlag Berlin, Heidelberg, New York.

Grob H.L., Reepmeyer J.-A. (1985): Einführung in die EDV. Verlag Vahlen, Reihe WiSt-Taschenbücher.

3. Allgemeine Grundfunktionen der Datenverarbeitung

3.1 Die verschiedenen x-ware in der Übersicht[1]

Elektronische Datenverarbeitungsanlagen sind solche Anlagen, die ganz allgemein Daten verarbeiten. Der Begriff Daten ist hierbei sehr weit gefaßt, man versteht hierunter Benutzerinformation, die entweder als

- Benutzerdaten (wie z.B. Umsatzzahlen einer bestimmten Zeitperiode, Parameter für eine auszuwertende Funktion, Kundenadressen, Artikelstammdaten) in die Datenverarbeitungsanlage (i.f. DV-Anlage) eingegeben werden, dort gespeichert und verarbeitet werden,
- eine Folge von in einer höheren Programmiersprache erstellten Anweisungen (Benutzer- oder Anwendungsprogramm) welche die vom Benutzer gewünschte Verarbeitung vornimmt,
- Ergebnisdaten, welche dem Benutzer in geeigneter Form, z.B.auf Papier, einem Datensichtgerät (=Bildschirm), einer Datei auf einem geeigneten Datenträger (Magnetplatte, Magnetband, Diskette), zur Verfügung gestellt werden.

Allgemein lassen sich die Verarbeitungsschritte, die innerhalb einer DV-Anlage von der Eingabe der Daten bis zur Ausgabe der gewünschten Ergebnisdaten, in die Grundfunktionen

1. Ein- und Ausgabe
2. Transport der Daten innerhalb der DV-Anlage und zwischen DV-Anlage und den Ausgabeeinheiten
3. Speicherung der Daten intern im Haupt- oder Kernspeicher (memory, auch storage) der DV-Anlage, und extern auf den genannten Datenträgern
4. Verarbeitung (processing) der Eingabedaten gemäß der durch das Benutzerprogramm gegebenen Vorschrift
5. Steuerung (control) der Verarbeitungsabläufe

untergliedern. Sind mit der Realisierung dieser Grundfunktionen Geräte oder allgemein technische Einrichtungen verbunden, so

---

[1] (x=Hard,Soft)

spricht man von der **hardware**, werden diese durch Anweisungen eines Benutzerprogramms aktiviert, so spricht man von **software**.

Die Hardware umfaßt
  a) die Zentraleinheit (central processing unit) mit
    - Steuerwerk
    - Speicher (RAM = random access memory)
    - Mikroprogrammspeicher (ROM = read only memory)
    - Datenleitungen (auch Datenbus genannt, z.B. Adreßbus, interner und externer Bus, Steuerbus)
  b) die Peripheriegeräte mit
    - den Ein-/Ausgabeeinheiten (z.B. Bildschirmgerät, Drucker)
    - den Massenspeichern (z.B. Magnetplatte und Magnetband)
    - Ein-/Ausgabekanäle.

Software läßt sich grob in
  a) die Systemsoftware mit
    - dem Betriebssystem
    - den Kompilierern (Übersetzern)
    - den Dienstprogrammen (utilities)
  b) die Anwendungssoftware mit
    - den Benutzer- bzw. Anwendungsprogrammen
    - den Standardprogrammen

klassifizieren, weiterhin bezeichnet man als Firmware im ROM fest gespeicherte System-Software (also Systemkomponenten des Betriebssystems) in Form von Mikroprogrammen. Um den Begriffsreigen der verschiedenen x-ware abzuschließen, gibt es noch den Begriff brainware, der sich aus der
  a) Orgware (Analysemethoden und andere methodische Hilfsmittel)
  b) Manware (verschiedene Formen des Personals)

zusammensetzt.

3.2 Betriebsarten der DV unter räumlichem Aspekt

Was die räumliche Anordnung der Komponenten einer DV-Anlage angeht, unterscheiden wir in die
  a) **Zentrale Datenverarbeitung,** bei der die Ein- und Ausgabe der
     Daten, die Speicherung und die Verarbeitung am selben Ort
     stattfindet
  b) **RJE-Verarbeitung** (Remote Job Entry = Auftragsfernverarbei-
     tung), bei der die zu verarbeitenden Programme und insbeson-
     dere auch die Benutzerdaten nicht am Ort des Zentralrechners
     eingegeben werden, sondern an Datenendgeräten, welche an ei-
     nem mit einer Datenleitung (Standleitung, Wählleitung) ver-
     bundenen Ort aufgestellt sein können.
  c) **Datenfernverarbeitung** (Teleprocessing), bei dem die Datenein-
     und Datenausgabe-Einheiten vom Zentralrechner räumlich ge-
     trennt sind.
  d) **Rechnerverbund** (distributed processing), wobei DV-Anlagen an
     verschiedenen Orten über die von der Deutschen Bundespost an-
     gebotenen Datenübertragungsleitungen gekoppelt sind. Hierbei
     besteht die Möglichkeit, die einzelnen Rechnerkapazitäten
     gleichmäßig auszulasten (siehe Abb.7).

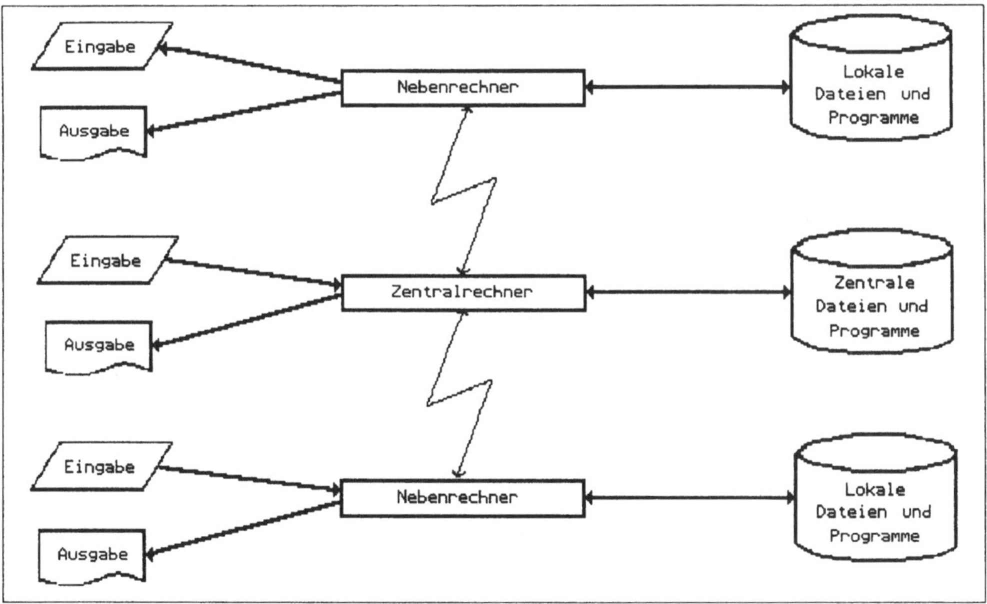

Abb.7: Rechnerverbundsystem

3.3 Betriebsarten der DV unter zeitlichem Aspekt

Bei der Abarbeitung eines Programms sind die Ausführungszeiten für die Ein-/Ausgabeoperationen häufig wesentlich länger als die eigentliche Rechenzeit, d.h. die Ausführungszeit der Zentraleinheit. Daher sind verschiedene Betriebsarten entwickelt worden, die sich hinsichtlich der zeitlichen Abarbeitung von Teilschritten eines Jobs unterscheiden. Als Job bezeichnet man hierbei das vollständige, vom Benutzer zusammengestellte Programm mit Daten und Steuerbefehlen. Wir unterscheiden den

a) **Stapelbetrieb** (Batch-Betrieb), bei dem die einzelnen Benutzer Aufträge (jobs) entweder außerhalb (auf einer Systemplatte) oder innerhalb der DV-Anlage "gestapelt" werden, und im allgemeinen nach dem sogenannten FIFO-Prinzip (first-in-first-out) vom Stapel abgearbeitet werden. Im allgemeinen wird jedoch kein reines FIFO-Prinzip praktiziert, da aufgrund der vom Benutzer eingegebenen Maximalwerte für Rechenzeit und Hauptspeicherplatz-Bedarf vom Betriebssystem eine Prioritätenregelung für die Ausführungsreihenfolge festgelegt wird.

b) **Spooling** (Spulverfahren), das zu einer besseren Auslastung des Prozessors führt, indem die bereits erwähnten langsameren Ein-/Ausgabeoperationen von der sehr schnellen Verarbeitung des Prozessors losgelöst wird. Hierzu werden die zur Ausführung anstehenden Programme auf einen separaten Plattenspeicher gebracht, und von dort der Reihe nach dem Prozessor zugeführt. Umgekehrt wird die Ausgabe wiederum zunächst auf dem Plattenspeicher aufgespult, sodaß von dort dann die Ausgabe auf eine Ausgabeeinheit erfolgen kann. Wartezeiten für die Zentraleinheit entfallen hiermit, da dieser bereits den nächsten Job des Stapels zur Ausführung bringen kann.

Ohne Spulverfahren:

<table>
<tr><td>Auftrag 1</td><td colspan="4">Auftrag 2</td><td>Auftrag 3</td></tr>
<tr><td></td><td>E1</td><td>A1</td><td>E2</td><td>A2</td><td></td></tr>
<tr><td>Prozessorintensiv</td><td colspan="4">Ein-/Ausgabeintensiv</td><td>Prozessorintensiv</td></tr>
</table>

Mit Spulverfahren:

<table>
<tr><td>Auftrag 1</td><td colspan="4">Auftrag 2</td><td>Auftrag 3</td></tr>
<tr><td></td><td>E1</td><td>A1</td><td>E2</td><td>A2</td><td></td></tr>
</table>

Abb.8: Prozessorauslastung mit und ohne Spulverfahren
       (Quelle: Ganzhorn et. al. (1981))

Beispielsweise sind folgende Einzelschritte bei der Jobabarbeitung
auszuführen:

    -> Anmeldung
    -> Anforderung des für die Übersetzung des Programms erforderli-
       chen Kompilierers
    -> Anforderung des Linkers (Systemprogramm), der in das über-
       setzte Programm (object code) die erforderlichen Standard-
       funktionen (Systemprozeduren) einbindet
    -> Anforderung des Laders, der das erzeugte Maschinenprogramm in
       den Hauptspeicher lädt, um es zusammen mit den Benutzerdaten
       auszuführen
    -> Abmeldung.

Ein von der Zentraleinheit getrennter, eigenständiger, Ein-
/Ausgabeprozessor übernimmt hierbei das Einspulen der Jobs auf dem
Spooling-Plattenbereich und das Ausspulen der Jobs von der
Ausgabewarteschlange auf die Ausgabeeinheit, z.B. den Drucker. Der
sogenannte "Job-Sequencer" legt nach dem Kriterium Rechenzeit und
erforderlicher Speicherplatz die Auswahl der Abarbeitungsreihenfolge fest. Der "Execution-Monitor" (ebenfalls eine Be-
triebssystemkomponente) übernimmt die

        -> Zuteilung der erforderlichen Systemkomponenten,

        -> die Überwachung und Steuerung der Programmausführung,

        -> das "Job accounting" (Feststellung der Abrechnungsein-
           heiten (AEB) für die benutzten Betriebsmittel).

c) **Dialogbetrieb**, bei dem der Benutzer mit der DV-Anlage in direktem Kontakt steht, und das System möglichst umgehend die Benutzeranforderung ausführt (z.B. Editiersysteme). Bei einem Mehrbenutzerbetrieb können hierbei allerdings Schwierigkeiten auftreten, wenn zum Beispiel zwei Benutzeranforderungen praktisch gleichzeitig eintreffen. Hierfür sind im Betriebssystem Kontrollmechanismen vor gesehen, welche die Anforderungen in eine Reihung bringt und diese dann nacheinander - und für den Benutzer scheinbar zeitparallel - ausgeführt werden.

d) **Echtzeitverarbeitung** (Realtime-Betrieb), die vor allem beim Einsatz von Prozeßrechnern eine wichtige zeitliche Betriebsart darstellt:

   - Ablaufsteuerung von Automaten und NC-Maschinen
     (NC=Numerical Control),
   - Fließband- und Materialflußsteuerung,
   - Robotersteuerung,
   - automatisiertes Ein- und Ausbringen von Waren in einem
     Lagersystem (Hochregallager),
   - Meßsysteme in der Physik, Chemie,
   - Meßdatenerfassung und On line-Auswertung.

Der Rechner muß also immer dann aktiv werden, wenn tatsächlich ein mechanischer Prozeß ausgeführt werden muß (daher "Echtzeit"). Für solche Anwendungssystembezogene Verarbeitungsvorgänge sind im allgemeinen fest vorgegebene Zeitschranken für die Antwortzeiten einzuhalten, dies kann in Form von zeitlichen Toleranzintervallen oder durch einen ganz bestimmten Zeitpunkt geschehen. Damit ein Rechner dieser Forderung entsprechen kann, ist ein meist sehr schneller Zugriff auf die notwendigen Prozeßdaten notwendig. Dies bedeutet, daß die hierzu erforderlichen Programme und Daten weitgehend im Hauptspeicher gehalten werden müssen, und damit meist der Einsatz eines Großrechners verbunden ist.
Auch muß die Möglichkeit gegeben sein, daß zum Beispiel einem sehr dringend auszuführenden Prozeß eine höhere Priorität eingeräumt wird. Meist wird in der Praxis eine Prioritätenstaffelung in der Weise vorgenommen, daß man Prozeßanforderungen von höherer Dringlichkeit in momentan laufende Prozesse "einschiebt". Der gerade sich in Bearbeitung befindliche Prozeß wird unterbrochen, und nach Ausführung des dring-

licheren Prozesses wieder aufgenommen. Entscheidend ist, daß der Rechner die Bedienung des Prozesses ohne Verzögerung in der vorgegebenen Zeit leistet. Dialogsysteme sind in gewisser Weise Echtzeit-Verarbeitungssysteme, da die Benutzer in einer angemessenen Zeit (natürlich möglichst rasch) bedient werden wollen. Generell wird der Begriff Echtzeit aber meist in Verbindung mit technischen Prozessen verwendet, daher bezeichnet man die in Echtzeit verarbeitenden Rechner auch als Prozeß-rechner.

Als Programmierwerkzeug für Echtzeitverarbeitungsprogramme wird zum Beispiel PEARL eingesetzt, das gerade im Zuge des zunehmenden Einsatzes von Arbeitsplatzcomputern (den allweit bekannten PCs) in Automatisierungssystemen mit Echtzeitverhalten an Bedeutung gewinnt. Aufgrund des starken Anwachsens der Softwarekosten geht man heute von der Assemblerprogrammierung immer mehr zur strukturierten Programmierung in höheren Echtzeitprogrammiersprachen über. PEARL bietet eine Modultechnik, bei der Programme in Module aufgeteilt werden, diese für sich selbst entwickelt und kompiliert, einzeln getestet, und dann zum gesamten Programm zusammengebunden werden. Diese Modultechnik hat viele Vorteile, z.B. ist die Fehlersuche immer nur auf ein Modul beschränkt, auch können die verschiedenen Module parallel von verschiedenen Software-Ingenieuren entwickelt werden.

e) **Multiprogramming** (= Mehrprogrammbetrieb), bei dem es möglich ist, daß mehrere Programme gleichzeitig im Hauptspeicher resident sind, und quasi-gleichzeitig abgearbeitet werden. Die Programme oder Programmteile werden in sogenannten "partitions" im Hauptspeicher gehalten, dadurch kann zwischen den Programmteilen sehr schnell umgeschaltet werden, zum Beispiel wenn ein gerade ausgeführtes Programm eine Ein-/Ausgabeoperation verlangt und der Prozessor ein anderes Programm ausführen könnte. Hierbei sind dann die Betriebssystemkomponenten Scheduler, Memory Manager und der Lader aktiv. Der "Scheduler" (Einplaner) bestimmt unter den gerade residenten Programmteilen nach vorgegebenen Kriterien das hinsichtlich der Prozessor-Auslastung beste aus, der "Memory Manager" (Speicherverwalter) übernimmt die optimale Speicheraufteilung und Speicherplatzzuweisung, der Lader schließlich bringt die Programmteile an die im Speicher vom Speicherver-

walter fest gelegte Position und führt auch die für den Ver-
arbeitungszugriff des Prozessors erforderliche Adreßrechnung
durch.

f) **Timesharing-Betrieb** (Timesharing=Zeitzuteilung), bei dem mehreren Benutzern von einem Bildschirmgerät oder einem Schreib-
terminal aus der direkte Dialog mit der Maschine ermöglicht
wird. Man nennt den Timesharing-Betrieb auch Mehrbenutzer-,
Teilnehmer-, und Teilhaberbetrieb. Diese gleichzeitige Zuteilung von Prozessorleistung an die einzelnen Benutzer wird
durch ein sogenanntes **Zeitscheiben- Verfahren** bewirkt. Hierbei wird jedem Benutzer der Reihe nach ein fester Zeitabschnitt, ein Zeitscheibchen (time slice), für die Nutzung des
Prozessors zugewiesen. Da ein solches Zeitsegment nur einen
Bruchteil einer Sekunde ausmacht und in einem solchen zeit-
konstantem Rhythmus die Benutzer der Reihe nach und - abhängig von der Anzahl der Benutzer - unter Umständen mehrfach in
jeder Sekunde bedient werden, entsteht für jeden Benutzer der
Eindruck, daß der Rechner nur von ihm genutzt wird. Was die
Dauer der time slices angeht, hängt diese von der Anzahl der
augenblicklich im System residenten Benutzer ab. Es ergeben
sich allerdings hierbei zwei gegenläufige Forderungen: Zum
einen sollte der Zeittakt so kurz sein, daß möglichst häufig
bedient werden kann, andererseits entsteht aber durch ein
häufiges Wechseln ein zusätzlicher Zeitaufwand für die Koordination der Partitionierung, also für den Einsatz der
erwähnten Betriebssystem-Komponenten. Bei einem "gerechten"
Zeitscheibenverfahren würde der Anzahl von n Benutzern ein
Zeitscheibentakt von 1/n Sekunde entsprechen.

g) **Multiprocessing** (Mehrprozessorbetrieb), bei dem der Scheduler
die Möglichkeit hat, mehrere Prozessoren bei der Zuteilung
von Prozessorleistung einzusetzen. Rechner mit mehreren Prozessoren, die parallel verschiedene Programme ausführen, werden in Zukunft bei der weiteren Entwicklung von Großrechenanlagen zunehmende Bedeutung erlangen. Gerade in dem zur Zeit
laufenden Projekt Japans für die Entwicklung von Hardware-
und Softwaresystemen der fünften Generation ist der Bau von
sehr schnellen Parallelrechnern vorgesehen.

h) **Multitasking-System** (Mehrprozess-System), das besonders bei
Mehrplatzsystemen zum Einsatz kommt, z.B. bei Minicomputern
unter dem Betriebssystem UNIX. Solche Systeme sind in der

Lage, daß ein Benutzerprogramm andere Programme starten und zur Ausführung bringen kann. Die Benutzung des Prozessors erfolgt hierbei seriell, also die anstehenden Prozesse (oder auch tasks) werden nacheinander ausgeführt. Prozesse sind hierbei abgegrenzte Funktionsschritte z.B. des Betriebssystems. Sollen beispielsweise zwei Programme mit demselben Kompilierer übersetzt werden, so besteht aufgrund der Aufgliederung in einzelne tasks in einem Multitasking-System die Möglichkeit, daß beide Programme quasi-gleichzeitig den Kompilierer aufrufen.

3.4 Aufbau und Funktionsweise eines Betriebssystems

Wir wollen zu Übersichtszwecken bereits an dieser Stelle auf Betriebssysteme eingehen, obwohl diese streng genommen in dem Abschnitt 6 (Software) einzuordnen sind. Der Grund dafür ist, daß einige der DV-Grundfunktionen nur im Verbund von Hard- und Software erläutert werden können. Sowohl für diesen Abschnitt als auch für die Erklärung der Funktionsweise der einzelnen Rechnerkomponenten im nächsten Kapitel ist die Kenntnis der wichtigsten Betriebssystem-Funktionen erforderlich.

Nach der Deutschen Industrienorm (DIN) 44300 umfaßt ein Betriebssystem alle diejenigen Programme eines digitalen Rechensystems, die zusammen mit den Eigenschaften der Rechenanlage die Basis der möglichen Betriebsarten bilden, die Programme steuern und überwachen. Die Arbeitsgrundlage eines Betriebssystems ist der Prozess, der grundsätzlich in den folgenden drei Zuständen sein kann: Ein Speicherverwaltungsprozeß übernimmt hierbei die Hereinnahme und Auslagerung von gerade nicht aktiven Prozessen auf einen Hintergrundspeicher ("swapping"), wobei der für einen Benutzer reservierte Speicherplatz im Hauptspeicher bei modernen Timesharing-Verfahren häufig nur auf 4 sogenannte "Seiten" (pages) zu je

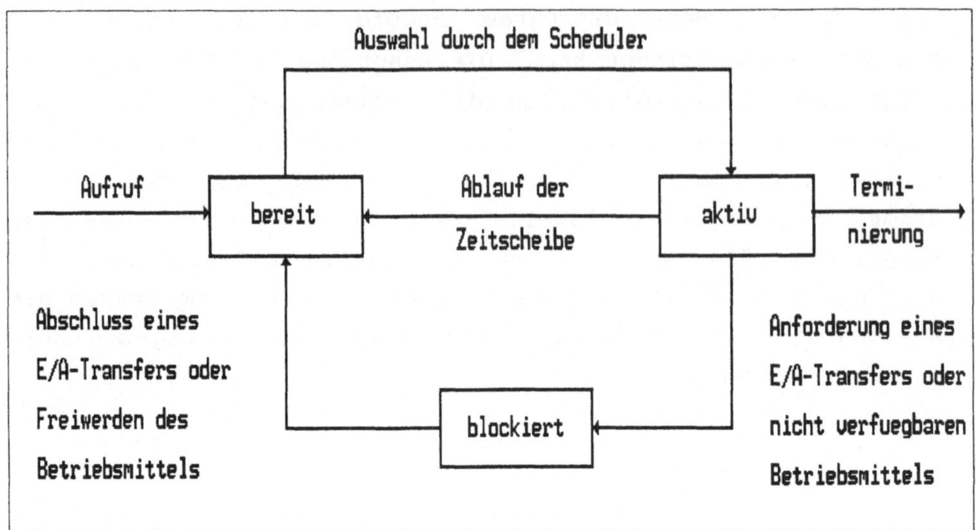

Abb.9: Zustandsdiagramm eines Prozesses
       (Quelle: H. Nemeczek, Skriptum über Betriebssysteme)

4K Bytes (=4 mal 1024 Bytes) beschränkt ist. (Siehe -----> Virtuelles Speicherkonzept). Durch das Swapping von gerade nicht benötigten Seiten steht dem Benutzer praktisch ein beliebig großer
Adreßraum zur Verfügung.
Eine weitere wichtige Aufgabe des Betriebssystems (Operating System) ist die Sekundärspeicherverwaltung, d.h. die effiziente Bereitstellung von Speicherkapazitäten auf den Sekundärspeichern
(Magnetplatte, -band, Diskette).

Für Mikrocomputer sind die bekanntesten Betriebssysteme:
   -> MS-DOS für 16-Bit Prozessoren, DOS steht hierbei für "Disk
      Operating System", MS ist die Abkürzung für Microsoft, einem
      bekannten Softwarehaus in den USA,
   -> PC-DOS, das von IBM vertriebene lizensierte Microsoft- Pro-
      dukt,
   -> CP/M 80 für 8 Bit-Rechner von Digital Research Inc.,
   -> CP/M 86 für 16 Bit-Rechner von Digital Research Inc.,
   -> Concurrent CP/M von Digital Research Inc. für Mehrplatzsy-
      steme,
   -> Xenix, das von IBM vertriebene und auf IBM PC AT02/03 lauffä-
      hige Mehrplatz-Betriebssystem Unix,

für Minicomputer und Großrechner
  -> UNIX (für ca. 200 Rechner verschiedener Hersteller verfügbar)
     mit den Linien
       AT&T (AT&T),
       Xenix (Microsoft),
       BSD (Berkeley) und den Bezeichnungen der verschiedenen Her-
       steller (UNIX ist eine geschützte Markenbezeichnung),
       MUNIX (Firma PCS (Periphere Computer Systeme München),
       SINIX (Siemens),
       ULTRIX (Berkeley Unix Version 4.2, Digital Equipment Corp.),
       HP-UX (Hewlett Packard),

für Großrechnersysteme von IBM
  -> SSX/VSE: für die Reihe 43xx
  -> VSE/SP: Für Batch- und Dialogbetrieb
  -> VM/SP: VM=Virtual Machine, Leistungsverbesserung zu VSE
  -> MVS/370: MVS=Multiprogramming Virtual Storage, für 370/xxx
  -> MVS/XA: XA=Extended Addressing

für Großrechnersysteme von Siemens
  -> BS2000: für alle Rechner der Serien 75xx mit Multiprogramming
     und virtuellem Speicherkonzept

für Großrechnersysteme von Digital Equipment Corp. (DEC)
  -> RSX11: für die Reihe PDP-11
  -> VMS: für VAX 11/750 und VAX 11/780

für Großrechnersysteme von Hewlett Packard
  -> MPE: MPE=Multiprogramming Executive)

für Großrechnersysteme von Sperry UNIVAC
  -> OS 1100: Multiprogramming und Multiprozessorsystem für das
     System 1100

für Großrechnersysteme von Prime
  -> PRIMOS: Virtuelles Mehrbenutzerbetriebssystem mit Batch-Ver-
     arbeitung für 9750

für Großrechnersysteme von Wang
  -> VS: Virtuelles Mehrbenutzer- und Mehrprogrammsystem für VS85,
     VS90, VS100.

In neuerer Zeit scheint sich das ursprünglich für Minicomputer
konzipierte Betriebssystem UNIX immer mehr auch für Mikrocomputer
durchzusetzen, sodaß zunächst eine Konkurrenzsituation zwischen
MS-DOS und UNIX zu entstehen schien. Zwischenzeitlich zeichnet
sich jedoch immer stärker ab, daß MS-DOS immer UNIX-"ähnlicher"
wird, z.B. sind in den neuesten Releases von MS-DOS bereits auch
die von UNIX her bekannten Möglichkeiten zur Bildung von
Pfadstrukturen enthalten, sodaß es vermutlich zu einer Art
"Koexistenz" beider Systeme kommen wird. Diese Entwicklung scheint
auch dadurch belegt zu sein, daß in Zusammenarbeit verschiedener
großer amerikanischer Softwarehäuser an einer "Open Net"-Konzep-
tion gearbeitet wird, welche den gleichzeitigen Betrieb unterschiedlicher Systeme/Betriebssysteme in einem Rechnerverbund ermöglichen soll.

Die größten Vorteile von UNIX liegen zweifelsohne in der Gleichbe-
handlung von Geräten und Dateien innerhalb des hierarchischen Dateisystems, in dem sehr effizienten Prozeßkonzept, der weitgehenden Herstellerunabhängigkeit, in der Einsatzmöglichkeit einer sehr
effizienten Kommandosprache als interpretativer Programmiersprache. Gewisse Schwächen zeigt UNIX hinsichtlich der Datensicherheit, z.B. werden die Speicherpuffer für Dateien nur alle 30 Sekunden auf die Magnetplatte geschrieben, zwischenzeitlich könnten
daher Dateizugriffe erfolgen, die nicht dem aktuellsten Dateizu-
stand entsprechen. Auch sind keine höheren Dateiorganisationsformen wie zum Beispiel die indexsequentielle Organisation
(ISAM=Index Sequential Access Method) (---> Daten- und Dateiorganisation) möglich. Auch die Benutzerfreundlichkeit hinsichtlich
Fehlermeldungen und Rückfragen läßt zu wünschen übrig. Was die
Verwendung von Programmiersprachen unter UNIX angeht, ist UNIX
praktisch vollständig in C geschrieben, daher ist auch die Programmiersprache C die am besten getestete und effizienteste
Programmiersprache unter UNIX. Aber auch Fortran, Pascal, Modula
(eine Weiterentwicklung von Pascal), Cobol, Basic, Snobol
(Zeichenkettenverarbeitung), und die in neuerer Zeit sehr in Mode
gekommenen Programmiersprachen PROLOG und LISP zur Entwicklung von

sogenannten Expertensystemen (siehe Abschn. 7.8 und Kapitel 13) stehen auf Workstations unter UNIX oder auch auf PCs unter MS-DOS zur Verfügung.

Lehrbücher zu diesem Abschnitt

Ganzhorn K.E., Schultz K.M., Walter W. (1981); Datenverarbeitungssysteme, Aufbau und Arbeitsweise. Springer Verlag Heidelberg, Berlin, New York.

Goldschlager, Lister (1984): Informatik: Eine moderne Einführung, S. 176 - 224

Gulbins J. (1985): Unix, Version 7, System III und System V. 2. Auflage, Springer Verlag, Berlin, Heidelberg.

Hansen R. (1986): Wirtschaftsinformatik, 4. Aufl., S. 260 - 265

Nemeczek H. (1985): Einführung in die EDV, Vorlesungsskriptum im Fachbereich Wirtschaftsinformatik, Fachhochschule für Technik und Wirtschaft, Reutlingen.

4. Allgemeiner Aufbau von Rechenanlagen

4.1 Das von Neumann'sche Rechnerkonzept

Damit ein DV-System seine Aufgaben bei der benutzeradäquaten Informationsverarbeitung erfüllen kann, müssen die verschiedenen Komponenten des Systems spezielle Funktionen übernehmen, um ein Anwendungsziel erreichen zu können. Wir wollen zunächst die allgemeine Systemkonzeption in der Übersicht behandeln, bevor wir dann die Einzelkomponenten des Systemaufbaus besprechen.

Wie bereits in der Historie der Informatik (Abschnitt 1) erwähnt wurde, stellt das Jahr 1946 ein wichtiges Datum für die Rechnerentwicklung dar, als John von Neumann einen fundamental neuen Gedanken in die bis dahin bestehende Rechnerkonzeption eingebracht hatte. Während bei Rechenautomaten vorher das eigentliche Verarbeitungsprogramm aus Lochstreifen oder über Schalttafeln in den Rechner gebracht wurde, machte John von Neumann den Vorschlag, die Programmanweisungen selbst in den Hauptspeicher des Rechners zu bringen und dort wie die eigentlichen Benutzerdaten zu speichern. Der fundamentale Unterschied zu den "festen, von außen eingegebenen" Programmen besteht darin, daß das Programm genauso wie die

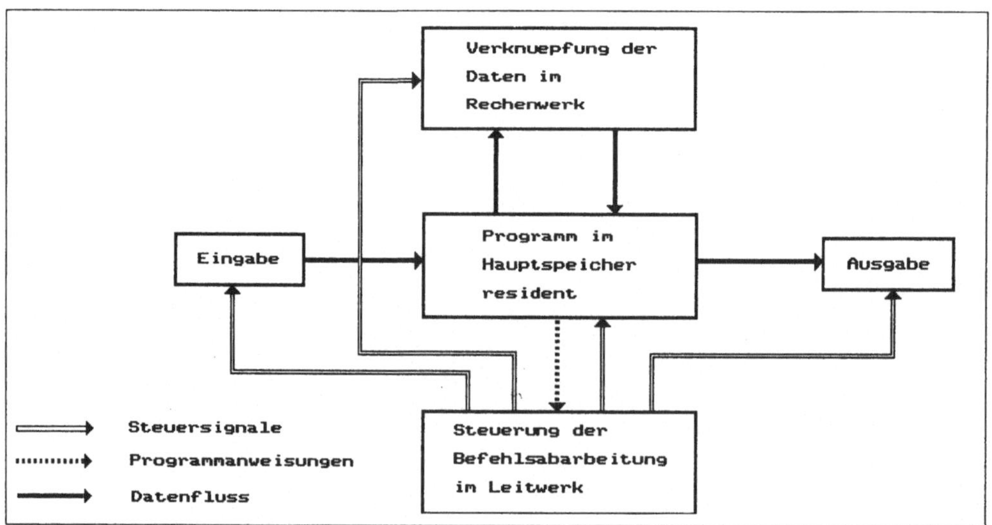

Abb.10: Konzeption eines Rechners nach von Neumann (1946)

Daten im Hauptspeicher verändert werden kann und nach der Kodierung die Programmbefehle und die Daten nur noch in Form von numerischen Adressen vorhanden sind, d.h. kein Unterschied mehr zwischen den Eingabedaten als "Programmbefehle" und als "Benutzerdaten" besteht. Das Programm wird also wie die zu verarbeitenden Anwendungsdaten gleichermaßen eingegeben, in Maschinencode umgewandelt und im Speicher gehalten. Außerdem kann die Folge von Programmanweisungen auch solche Befehle enthalten, die Bedingungen bezüglich anderer Befehle ausdrücken. Diese Bedingungsanweisungen können den logischen Programmablauf in Abhängigkeit von erzeugten Zwischenergebnissen in andere Programmteile verzweigen, und zwar sowohl rückwärts zu bereits ausgeführten Anweisungen (Wiederholung) als auch nach vorne (Überspringen bestimmter Programmbefehle). Damit war man also nicht mehr an das "starre" Programm gebunden, sondern der Rechner konnte erstmals den die Logik der Befehlsabarbeitung selbst steuern. Es wird also in diesem von Neumann'schen Konzept die Funktionalsteuerung des Rechners durch das im Hauptspeicher residente Programm bewirkt. Somit ist also "Steuerung" und "Programm" weitgehend äquivalent und stellt das bis heute gültige Grundprinzip für den Rechneraufbau dar.

Bei den heutigen Rechenanlagen unterscheidet man in sogenannte Analogrechner und Digitalrechner. Der Begriff "analog" leitet sich aus dem griechischen "ana logon" ab und bedeutet soviel wie "im richtigen Verhältnis", während das lateinische "digitus=Finger" die Wortherkunft für den "Finger"-Rechner (vielleicht besser: Ziffern-Rechner) darstellt. Ein ganz elementares Analog-Rechengerät wäre zum Beispiel der Rechenschieber, während der bereits in der Historie erwähnte Abakus ein "Finger"-Rechner ist.

Analogrechner werden insbesondere in den Naturwissenschaften überall dort eingesetzt, wo sich physikalische Größen kontinuierlich verändern. Die Bewegung eines Massenpunkts zum Beispiel zeichnet sich im zeitlichen Verlauf durch eine bestimmte Stetigkeit aus, und mit Hilfe eines Analogrechners kann eine solche Bewegung simuliert werden.

In Digitalrechnern werden die Werte der physikalischen Größen ziffernmäßig verarbeitet, die Zustandswerte der Größen verändern sich nicht mehr stetig vor, sondern nur zu diskreten Zeitpunkten.

Allerdings kann im Gegensatz zur analogen Verarbeitung mit hoher Genauigkeit gerechnet werden. Gerade auch bei der Nachrichtenübertragung gewinnt die Digitaltechnik zunehmend an Bedeutung, das ISDN-Projekt (Integrated Services Digital Network) strebt ein die bisherigen Übertragungsdienste integrierendes Kommunikationsnetz an, das auf digitaler Zeichenübertragung basiert.Eine Kopplung der beiden Rechnertypen stellt der sogenannte Hybridrechner dar, welcher sowohl die Analog- wie auch die Digital- Rechentechnik unterstützt.

4.2 Elementarer Grundbaustein von Rechnern: Der Chip

Die Entwicklung von Chips auf der Basis der Halbleitertechnologie hat in den letzten fünfzehn Jahren eine stürmische Entwicklung erlebt, und welche Grenzen den weiteren Miniaturisierungstendenzen gesetzt sind, bleibt abzuwarten. Bisherige Prognosen mußten stets revidiert werden. Ein Chip ist ein Halbleiterplättchen[1] (meist aus Silizium), das Tausende bis Hunderttausende von elektronischen Bauelementen (Widerstände, Dioden und Transistoren) für Logik- und/oder Speicherfunktionen enthält. Er besteht überwiegend aus einem kristallinen Silizium, dessen Hauptbestandteil Sand ist. Bei der Herstellung der Chips werden durch Aufdampfen und Ätzen Transistoren, Widerstände und Leitungsverbindungen mit Linienbreiten von bis zu weniger als 1 μm (1 Mikrometer = 1/1000 mm)erzeugt. Die verschiedenen Halbleiter eines Chips treten in regelmäßigen Mustern auf, die kleinste Einheit eines solchen Musters ist ein Transistor. Die elektrischen Halbleiter-Eigenschaften verleihen einem Transistor die Funktion eines elektrischen Schalters. Eine geeignet angeordnete Gruppe von Transistoren heißt **Gatter** oder Schaltelement. Solche Schaltelemente sind aufgrund ihrer wechselseitigen Verbindungen untrennbar, daher spricht man auch von integrierten Schaltungen (Integrated Circuits (**IC**)). Abhängig von der Anzahl der Gatter, die auf einem Chip integriert sind, spricht man von

---

1 Ein Halbleiter kann entweder nur negative oder nur positive Ladung leiten.

```
-> SSI (small  scale integration,   2 bis  15 Gatter)
-> MSI (medium scale integration,  15 bis 100 Gatter)
-> LSI (large  scale integration, 100 bis 500 Gatter)
-> VLSI(very large scale integr,. über 500 Gatter )
```

Eine wichtige Eigenschaft von Schaltelementen ist es, daß sie nur zwischen zwei verschiedenen elektrischen Spannungen unterscheiden. Obwohl die den Transistoren zugeführten Spannungen kontinuierlich in einem Wertebereich variieren können, werden für die Eingabespannung bei Schaltelementen nur die beiden Spannungszustände niedrig (0) oder hoch (1) unterschieden. Auf diese Weise lassen sich alle Daten als Folgen von "0" und "1" (Bit-Zuständen) rechnerintern darstellen (Binär-Code). Eine Folgeschaltung mit genau zwei stabilen Ausgangskonfigurationen bezeichnet man als **Flip-Flop**. Ein Flipflop kann also zwei stabile Zustände annehmen, die sich nur durch äußere Einflüsse (Setz- bzw. Rücksetzimpuls) verändern lassen. Die wichtigste Funktion liegt in der Umwandlung von elektrischen Impulsen in Dauersignale, daher kann in einem Flip-Flop immer jeweils einer der beiden Binärzustände gespeichert werden.

Speicherchips lassen sich in Bausteine für

```
-> Schreib-/Lesespeicher (RAM = Random Access Memory)
-> Nur-Lesespeicher oder Festwertspeicher
   (ROM = read only memory).
```

unterteilen. Der RAM ist ein Speicher, bei dem jede einzelne Speicherstelle über ihre fest zugeordnete Adresse beliebig oft gelesen oder beschrieben (und damit auch gelöscht) werden kann. Der RAM heißt deshalb auch Speicher mit wahlfreiem Zugriff. Die Zugriffszeit ist für alle Speicherstellen in etwa gleich lang. Der RAM ist ein flüchtiger Speicher, d.h. er verliert bei Ausfall der Betriebsspannung die gespeicherte Information. ROM-Halbleiterspeicher sind alle nichtflüchtige Speicher, d. h. ihr Inhalt bleibt auch bei Stromausfall bzw. Stromabschaltung erhalten. Solche Festwertspeicher dienen vorzugsweise zur Speicherung der Steuerinformationen für elementare Maschinenoperationen. Man unterscheidet irreversible und reversible Festwertspeicher. Der Inhalt von **irreversiblen** Festwertspeichern (ROM) wird beim Hersteller durch eine sogenannte Maskenprogrammierung aufgebracht. Auch gibt es Geräte, welche das "Einbrennen" (kurze, kräftige Stromstöße) von Programmen ermöglichen. Bei einem **reversiblen** Festwertspeicher kann der Inhalt vom Anwender mehrmals gelöscht und ein anderes Programm "eingebrannt" werden. Man spricht von lösch- und programmierbaren ROMs (EPROM = Erasable Programmable ROM).

4.3 Funktionsweise der einzelnen Rechnerkomponenten

Beim von Neumann'schen Rechnerkonzept haben wir bereits wichtige Komponenten einer Rechnerarchitektur kennengelernt. In diesem Abschnitt wird eine weitere Detaillierung der verschiedenen Funktionseinheiten eines Rechners erfolgen und deren Funktion im Gesamtsystem gezeigt.

Den Kern eines Rechners stellt der Prozessor dar, der aus dem Rechenwerk und dem Steuerwerk besteht, und zusammen mit dem Speicher(werk) die Zentraleinheit (CPU = Central Processing Unit) bildet. Außerdem haben moderne Rechner Ein-/Ausgabe-Steuerwerke mit den Gerätesteuereinheiten, einen Festwertspeicher (ROM-Speicher, ROM=Read Only Memory) für die Speicherung von Systemfunktionen und Mikroprogrammen. Neben diesen "inneren" Komponenten gehören auch "äußere" Komponenten wie Ein- und Ausgabegeräte und Massenspeicher zu einer Rechenanlage. Diese Grundeinheiten sind durch Steuer- und Datenleitungen (Steuer-, Daten- und Adreßbusse) miteinander verbunden. Die Steuerleitungen dienen dazu, die durch die Programmbefehle implizierten Steuerungssignale an die entsprechenden Funktionseinheiten weiterzuleiten. Die Datenleitungen verbinden die Peripheriegeräte mit der Zentraleinheit des Rechners und gewährleisten den Transport der Daten im weiteren Sinne (Programmbefehle und Nutzdaten). Man unterscheidet den Datentransport innerhalb des Prozessors (interner Datenbus) und zwischen Prozessor und RAM-, ROM-Speicher und Peripherie (externer Datenbus) (siehe Aufbau von Mikrocomputern).

Die modernen Speicher innerhalb der Zentraleinheit einer Datenverarbeitungsanlage, einer Steuereinheit (Controller) oder innerhalb eines Prozessors sind heute vorwiegend monolithische Speicher, die durch hohe Zugriffsgeschwindigkeit, sehr geringes Volumen und niedrige Herstellkosten ausgezeichnet sind. Es sind integrierte Schaltungen, die sehr dicht gepackt auf einem kleinen Siliziumplättchen (Chip) angeordnet sind. Zu Beginn der technologischen Entwicklung der modernen Speicher hatte man die bipolaren Magnet-/Ferritkernspeicher als Schreib-/Lesespeicher (ROM), heute ist die Halbleiterspeichertechnik (MOS-Technik, MOS=Metal Oxide Silicon, und CCD-Technik, CCD=Charged Coupled Device) vorherrschend.

Als Speicher kommen verschiedene Möglichkeiten in Betracht, die in einer DV-Anlage durchaus gleichzeitig verwendet werden können und sich im wesentlichen durch
  - die Kosten der Speicherung,
  - die Schnelligkeit des Zugriffs auf die Speicherzellen,
  - Speicherkapazität
unterscheiden, und da die Kosten für die Datenspeicherung überproportional mit der Schnelligkeit des Zugriffs ansteigen, verwendet man unterschiedliche Speicherungsformen und Speicherkennziffern. Speicher mit sehr kurzer Zugriffszeit sind die sogenannten Register, die allerdings nur wenige Bytes speichern können. Wie die Register ist auch der Pufferspeicher für den Prozessor direkt zugänglich und stellt diesem die jeweils aktiven Daten und Befehle zur Verfügung. Die nächst größere Speicherkategorie stellt der Hauptspeicher dar, der zwar dem Prozessor ebenfalls noch direkt zugänglich ist, aber doch wesentlich langsamer als der Pufferspeicher ist. Die Daten und Befehle werden immer zuerst blockweise in den Pufferspeicher gebracht, und von dort dann der eigentlichen Verarbeitung zugeführt. Bei kleineren Rechnern sind im allgemeinen Pufferspeicher und Hauptspeicher identisch. Jede Speichereinheit des Hauptspeichers besteht aus einer bestimmten Anzahl von Speicherzellen, jede dieser Speicherzellen ist mit einer Adresse versehen und kann über diese aufgefunden werden. Die kleinste adressierbare Speichereinheit ist das Byte (man spricht hier von "Byte- Maschinen") oder das Halbwort, Wort und Doppelwort ("Wortmaschinen"). Zum Beispiel ergibt sich durch Aneinanderreihen von mehreren Worten mit jeweils einer festen Anzahl Bits (16, 32 oder

64) ein linearer Wortspeicher, bei dem die Worte in Reihe hintereinander angeordnet sind (jede Spalte entspricht einem Wort) und
deren Adressen durch einen sogenannten Adreßkodierer ermittelt
werden. Wenn jedes Wort gleichschnell erreicht werden kann, so
spricht man von einem wahlfreien Zugriff (Random Access).

Ein spezielles Speicherungsprinzip eines linearen Wortspeichers
ist die "Warteschlange", bei der die Datenelemente derart gespeichert werden, daß das nächst erreichbare bzw. zugängliche Element
immer dasjenige ist, das sich schon am längsten in der Warteschlange befindet (Prinzip des "First In First Out" = FIFO). Eine
weitere Generalisierung eines linearen Wortspeichers stellt der
Matrixspeicher dar, bei dem praktisch acht spaltenorientierte
Linearspeicher parallel aufgebaut werden und so jede Speicherzelle
bzw. jedes Byte durch Angabe der betreffenden Zeile und Spalte
adressiert werden kann. Jede Adresse besteht aus zwei Teilen, der
x-Adresse und der y-Adresse. Diese Matrix-orientierte Anordnung
erlaubt den schnellsten wahlfreien Zugriff auf die einzelnen Speicherelemente.

Im allgemeinen wird bei wortorganisierten Speichern der Speicherplatz schlechter ausgenutzt als bei Byte-orientierten Speichern,
da ja als kleinste Speichereinheit immer nur zwei, vier oder acht
Byte angesprochen werden können, und die Speicherzellen häufig
viele Leerstellen enthalten.

Der Arbeits- oder Hauptspeicher (main storage) hat die Aufgabe,
die Daten von den Peripheriegeräten aufzunehmen, zu halten, oder
an die Peripheriegeräte und Massenspeicher abzugeben. Weiterhin
werden im Hauptspeicher das(die) Programm(e) gehalten, und die im
Rechenwerk erzeugten Zwischen- und Endergebnisse von arithmetischen Operationen werden für den Weitertransport resident gehalten. Der Hauptspeicher ist also Sammelstelle sämtlicher Informationen, die entweder die Verarbeitung steuern (Programmanweisungen), oder die zu verarbeiten sind (Daten). Damit die Verarbeitung möglichst rasch erfolgen kann, müssen die Zugriffe auf die im
Hauptspeicher liegenden Daten schnell erfolgen. Hierzu ist eine
Speicherordnung erforderlich, bei der jede Speichereinheit aus
einer bestimmten Anzahl von "Speicherzellen" besteht.

Größere Datenmengen lassen sich auf Magnetplattenspeichern (siehe Abschnitt "Periphere Geräte") ablegen. Eine Art "trade-off" für diese Form von Daten(hilfs)speichern liegt darin, daß zwar die Zugriffszeiten um den Faktor 100 000 langsamer sind als bei einem Hauptspeicher, aber eine - vom Rechnertyp abhängige - vielleicht um den Faktor 10 000 größere Speicherkapazität besitzt. In diesem hinsichtlich der Zugriffsgeschwindigkeit hierarchisierten Speicheraufbau ist das Magnetband und/oder die Magnetbandkassette zwar der langsamste Speicher, aber von besonders hoher Speicherkapazität. Magnetplatte und Magnetband sind dem Prozessor allerdings nicht mehr direkt zugänglich, sondern der Zugriff zu diesen Speichern erfolgt durch Aktivierung der Ein-/Ausgabekanäle über entsprechende Lese- und Schreibbefehle.

Der Zugriff zu Daten und Programmbefehlen auf einer bestimmten Ebene dieser Speicherhierarchie erfolgt immer in der Weise, daß die Daten von einer Ebene zu der nächst schnelleren Ebene "weitergereicht" werden müssen, bis sie schließlich im Pufferspeicher angelangt sind und dort vom Prozessor verarbeitet werden können. Dies geschieht weitgehend automatisch, sodaß dies der Anwender überhaupt nicht bemerkt und für ihn der Eindruck einer einheitlichen Speichereinheit entsteht, welche in ihrer Größe einem Massenspeicher entspricht und hinsichtlich der Zugriffszeit so schnell wie ein Hauptspeicher ist.

Die verschiedenen Speicherarten lassen sich hinsichtlich der Zugriffszeit, der Kosten und der Speicherkapazität unterscheiden. Unter Zugriffszeit versteht man die Zeitspanne zwischen dem Absetzen eines Lese- oder Schreibauftrags an die Speichersteuerung und dessen Verfügbarkeit im Schreib-/Leseregister. Die Kosten für die Speicherung gibt man im allgemeinen als Kosten je Speicherelement an, wobei die Kosten für die Speichereinheit insgesamt durch die Anzahl der vorhandenen Speicherelemente zu dividieren ist. Die Speicherkapazität ist eine Maßzahl für das Fassungsvermögen des Speichers, die in Bytes angegeben wird. Bei größeren Kapazitäten führt man wie bei vielen anderen physikalischen Maßgrößen die Abkürzung K für Kilo (hier gleich 1024 = 2^{10}), M für "Mega" (= 2^{20}) oder "Giga" (= 2^{30}) ein, also z.B. würde ein MByte (= MB) 1 048 576 Bytes umfassen.
Die Speicher unterscheiden sich auch hinsichtlich der unterschied-

lichen Energiezufuhr, welche für permanente Haltung der Daten erforderlich ist. Es gibt Speicher, die sogenannten permanenten Speicher, deren Inhalt nicht ständig durch Energiezufuhr "aufgefrischt" werden muß, und es gibt solche, die eine stetige Energiezuführung benötigen. Letztere nennt man temporäre Speicher (z.B. Halbleiterspeicher), die mit dem großen Nachteil behaftet sind, daß im Falle einer plötzlichen Unterbrechung der Energiezufuhr, etwa bei einem vorübergehenden Stromausfall, die augenblicklich gehaltenen Speicherinhalte zerstört werden. Magnetkernspeicher dagegen sind permanente Speicher.

Kommen wir nun zur nächsten wichtigen Komponente einer Rechenanlage, oder besser eines Prozessors, dem **Rechenwerk.** Dort werden die eigentlichen arithmetischen und logischen Operationen durchgeführt und es heißt daher auch "Arithmetic and Logic Unit" (ALU). Unter arithmetischen Operationen sind die vier Grundrechenarten Addition, Subtraktion, Multiplikation und Division zu verstehen, die jeweils auf die elementaren Dualoperationen "Addieren", "Komplementbildung" und "Bitweise Verschiebung" zurückgeführt werden. Die logischen Operationen lassen sich ebenfalls auf die elementaren Wertvergleiche zweier Datenelemente zurückführen.
Die elementaren Dualoperationen werden im "Addierwerk" ausgeführt. Weiterhin enthält das Addierwerk vier Speicherregister mit unterschiedlicher Funktion: Das erste spezielle Register ist der sogenannte "Akkumulator", der zum Beispiel bei einer Grundrechenoperation mit zwei Operanden den ersten Operanden enthält, und nach der Operation das Ergebnis beinhaltet. Ein weiteres spezielles "Speicherregister" hält für die Rechenoperation den zweiten Operanden bereit, während ein "Hilfsregister" als Speicher für Zwischenergebnisse und Steuerungsinformation fungiert. Ein "Statusregister" enthält die Information über den jeweils momentanen Zustand des Rechenwerks, indem spezielle Bits bzw. Bit-Kombinationen gesetzt werden. (Siehe hierzu die Ausführungen über die Abarbeitung eines einfachen Befehls in einem Mikrocomputer, Abschnitt 4.3)

Die nächste wichtige Funktionseinheit ist das **Steuerwerk,** welches den gesamten Ablauf der Prozessorfunktionen überwacht und steuert. Das Steuerwerk legt die Reihenfolge der Abarbeitung der einzelnen Befehlsinstruktionen fest, und aktiviert die an der Ausführung der Instruktionen beteiligten Funktionseinheiten. Auch das Steuerwerk besteht aus einer Anzahl von Speicherregistern, die nach ihrer Funktion als Befehlszähler, Befehlsregister und Dekodierer bezeichnet werden.

Ein augenblicklich auszuführender Befehl, welcher sich gerade im Befehlsregister befindet, wird vom Dekodierer entschlüsselt und in entsprechende Steuersignale umgesetzt, welche dann die Ausführung des Befehls in den verschiedenen Funktionseinheiten bewirken. Das Befehlsregister selbst besteht aus zwei Teilen, einem Operationsteil, welcher die auszuführende Rechenoperation (z.B. Addition) festlegt, und einem Adreßteil, welcher die Adresse des zweiten Operanden enthält. Der Befehlszähler enthält die Speicheradresse des nächsten auszuführenden Befehls, und wird immer praktisch gleichzeitig mit dem Laden eines neuen Befehls in das Befehlsregister aktualisiert.

Das Steuerwerk hat die sehr schwierige und komplexe Aufgabe der zeitlichen Koordination der an der Ausführung eines Befehls beteiligten Prozessorkomponenten. Um diesen zeitlichen Ablauf zu steuern, unterscheidet man im wesentlichen zwei Betriebsarten, nämlich den "synchronen" und den "asynchronen" Betrieb.

- Beim synchronen Betrieb werden die einzelnen Schaltvorgänge in zeitlich äquidistanten Taktintervallen ausgeführt. Hierzu ist ein Taktgeber in Form einer elektronischen Schaltung an die Schwingungsfrequenz eines Quarzes gekoppelt, welcher durch zeitlich konstant aufeinanderfolgende Taktsignale feste Taktperioden erzeugt. Zwischen zwei Taktsignalen erfolgen die spezifischen schalttechnischen Vorgänge, welche für die Ausführung einer Instruktion erforderlich sind. Die Anzahl der Takte oder Taktperioden, die in jeder Sekunde ausgeführt werden können, bezeichnet man als Taktfrequenz. Die Taktfrequenz stellt eine charakteristische Kenngröße für die Rechen- bzw. Arbeitsgeschwindigkeit eines Rechners dar. Zum Beispiel "takten" 16-Bit Mikrocomputer zwischen 4 und 10 MHz (IBM PC XT: 4,77 MHz, Olivetti M24: 8 MHz und 10 MHz). 4 Millionen "Takte" pro Sekunde bedeutet also eine Taktperioden-Dauer von 1/4 000 000 Sekunde, dies entspricht 250 Nanosekunden. Ob man die Taktfrequenz eines Prozessors in Zukunft noch wesentlich steigern wird können, bleibt fraglich, wahrscheinlich wird vielleicht bei 25 Mhz eine Art physikalische Obergrenze erreicht sein, sodaß man zukünftig wesentliche Steigerungen der Rechnerleistung wohl weniger durch eine weitere Erhöhung der Taktfre-

quenzen erreichen wird, sondern vielmehr durch neue Rechnerarchitekturen, etwa durch Parallelisierung von vielen Einzel-
prozessoren.
- Bei manchen Rechnern koexistiert neben dem synchronen Betrieb
  auch eine asynchrone Betriebsweise für bestimmte Funktionseinheiten, insbesondere für das Rechenwerk. Beim asynchronen Betrieb hat man keine zeitäquidistanten Taktintervalle, sondern
  jeweils beim Start und nach Beendigung einer Operation wird
  von der gerade aktiven Funktionseinheit ein Steuersignal an
  das Steuerwerk abgeschickt. Man hat bei der asynchronen Betriebsweise den Vorteil, daß man keinen Taktgeber benötigt,
  allerdings werden die Anforderungen an das Steuerwerk höher,
  denn sämtliche Funktionseinheiten sind in ihrem jeweiligen augenblicklichen Betriebszustand zu überwachen, und gleichzeitig
  die Aufgabenverteilung für die Ausführung nachfolgender Instruktionen vorzubereiten. Dies führt zu einer solchen Komplexität des Steuerwerks, daß ein reiner asynchroner Betrieb
  praktisch nicht realisiert wird.

Für die Steuerung der Arbeitsabläufe in einer Rechenanlage sind
die Mikroprogramme zuständig, die sich im Mikroprogrammspeicher
(ROM-Speicher, aber auch "programmierbare" ROM-Speicher, sogenannte PROM's, und löschbare und für andere Mikroprogramme ver-
wendbare PROM-Speicher, sogenannte "erasable" ROM-Speicher
(EPROM)) befinden und nicht verändert werden können. Ein Mikroprogramm umfaßt die Summe aller verketteten Elementaroperationen,
welche eine Instruktion steuern, und bewirkt hierdurch
- die Steuerung der logischen Verknüpfungen und arithmetischen
  Operationen,
- die Ausführung von sich häufig wiederholenden
  Standardfunktionen des Betriebssystems,
- die Steuerung von externen Peripheriegeräten.

Eine wichtige Funktionseinheit innerhalb der Zentraleinheit ist
der Ein-/Ausgabeprozessor, der in eigener Regie den Datenaustausch
zwischen dem Hauptspeicher und den peripheren Einheiten durchführt. Dieser eigenständige Prozessor wurde eingeführt, um die
langsamen Ein-/Ausgabeoperationen von den schnellen "Rechenoperationen" des Zentralprozessors abzukoppeln. Das Ein-/Ausgabewerk
kann wie das Steuerwerk des Zentralprozessors genauso auf den

Haupt- und ROM-Speicher zugreifen und die im ROM-Speicher residenten mikroprogrammierten Ein-/Ausgabeprogramme aktivieren. Die Ein-/Ausgabeprozessoren werden auch als "Kanäle" bezeichnet, außerdem wird die Ansteuerung der peripheren Endgeräte jeweils durch eine spezielle Gerätesteuereinheit, einem sogenannten "Controller" bewirkt. Ist zum Beispiel die momentan auszuführende Anweisung eines Anwenderprogramms eine Ein-/Ausgabeoperation, so sieht die zeitliche Abfolge der Steuerungsfunktionen folgendermaßen aus:

a) Das zentrale Steuerwerk erkennt einen in das Befehlsregister geholten Befehl als Ein-/Ausgabebefehl.

b) Das zentrale Steuerwerk delegiert die Ausführung dieses Befehls an den Ein-/Ausgabeprozessor/Kanal, indem es die Mikroprogramm-Adresse mit dem Beginn des erforderlichen Kanalprogramms mitteilt.

c) Das zentrale Steuerwerk gibt nun an den Zentralprozessor die Steueranweisungen für die Ausführung des nächsten Programmbefehls, während der Ein-/Ausgabeprozessor selbständig das Kanalprogramm interpretiert, den für die Peripherieeinheit zuständigen Controller ansteuert, und diesem die für den Transport des Ein-/Ausgabebefehls notwendige Steuerinformation mitteilt. Der Controller übernimmt nun den Datentransfer zu den Ein-/Ausgabegeräten, wobei er u.U. die Daten puffern muß, wenn zum Beispiel das verlangte Endgerät gerade nicht frei ist. Die zeitliche Koordination der(des) Peripheriegeräte(s) gehört daher in den Funktionsbereich des Controllers.

d) Sind die Mikroprogrammanweisungen des Kanalprogramms ausgeführt, meldet dies der Kanal an das zentrale Steuerwerk.

e) Das zentrale Steuerwerk unterbricht kurzzeitig die Prozessortätigkeit, um eventuell eine weitere, zur Ein-/Ausgabe anstehende, Operation an den Kanal weiterzugeben.

Weil die einzelnen Peripheriegeräte in ihrer Arbeitsgeschwindigkeit sehr unterschiedlich sind, verwendet man verschiedene **Kanäle**:

1. Der **Selektorkanal** wählt den für die Ein-/Ausgabeoperation bestimmten Controller aus, welcher dann den Datentransfer veranlaßt. Da immer nur ein Endgerät aktiviert werden kann (daher "Selektor"kanal) und keine weiteren Koordinierungsfunktionen erforderlich sind, kann der Datentransport sehr

schnell erfolgen. Bei der Übertragung jedes Zeichens ist daher keine Adressierung des betreffenden Peripheriegeräts erforderlich, sodaß sich der Selektorkanal besonders für sehr schnelle Peripheriegeräte, wie zum Beispiel den Magnetplattenspeicher, eignet.

2. Der **Multiplexkanal** kann gleichzeitig mehrere Peripheriegeräte, welche aber im allgemeinen langsamer sind, bedienen. Solche langsamen Endgeräte sind zum Beispiel der Drucker oder der Bildschirm. Die Übertragungsrate beträgt hier noch maximal 300 bis 500 KB je Sekunde. "Gleichzeitig" bedeutet hierbei wiederum eine zyklische Reihumbedienung, wie wir dies beim Zeitscheibenverfahren (Timesharing-Betrieb) bereits kennengelernt haben. Durch den schnellen Wechsel entsteht der Eindruck der zeitgleichen Bedienung.

3. Der **Bytemultiplexkanal** überträgt die Daten Zeichen- oder Byte-weise jeweils an die betreffenden Endgeräte, hierbei läßt sich eine Übertragungsrate von 300 bis 500 KB pro Sekunde erreichen.

4. Beim **Blockmultiplexkanal** erfolgt die Übertragung in Zeichenblöcken, innerhalb derer die Zeichen jeweils ohne Unterbrechung übertragen werden. Die Transferrate liegt im Bereich von 0.1 bis 3 MB pro Sekunde.

Nachdem wir nun die einzelnen Funktionseinheiten und deren prinzipielle Funktionsweise kennen, wollen wir jetzt die Verbindungen zwischen den einzelnen Rechner- bzw. Prozessorkomponenten kennenlernen, die als Datenleitungen mit unterschiedlicher Funktion realisiert sind. Diese Kommunikationsverbindungen basieren auf dem sogenannten **Bus-Konzept**. Unter einem Bus ist hierbei eine Datensammelleitung zu verstehen, die aus mehreren Leitungen bestehen kann. Entsprechend seiner Funktion für den Datentransport unterscheidet man den Daten-, Adreß- und Steuerbus.

Auf dem **Datenbus** werden die Nutzdaten übertragen. Der Datentransport erfolgt hierbei bidirektional, d.h. in beiden Richtungen zwischen den angeschlossenen Funktionseinheiten. Der Datenbus besteht aus mehreren parallelen Leitungen, auf denen die Zeichen Bit-weise übertragen werden. Die Anzahl der Leitungen bestimmt daher die Leistungsfähigkeit des Prozessors. Bei acht Leitungen kann zum Beispiel maximal eine Byte übertragen werden, bei 32 Leitungen wäre eine Maximallänge von 32 Bit für ein Datenwort möglich. In diesem Bereich liegt auch die Leistungsfähigkeit der heutigen Prozessoren, also in Anlehnung an die Anzahl Leitungen des Datenbusses spricht man daher auch von 8-Bit, 16-Bit- und 32-Bit Mikrocomputern (= Personal Computern).

Der **Adreßbus** verbindet den Prozessor mit dem internen Speicher und teilt dem Speicherwerk die Adresse derjenigen Speicherzelle mit, welche für die Speicherung einer auf dem Datenbus befindlichen Dateneinheit (Byte, Wort) vorgesehen ist. Auch hier bestimmt die Anzahl der Adreßleitungen die Leistungsfähigkeit des Rechners, da die Anzahl der möglichen Adressen (Adreßraum) umso größer ist, je mehr Bitstellen für eine Adresse festgelegt werden können. Beispielsweise können bei 16 Adreßleitungen Adressen mit der Länge von 16 Bits übertragen werden, und bei 16 Bits gibt es 2^{16} = 65536 verschiedene 0/1-Kombinationen, d.h. der Adreßraum umfaßt dann 65536 verschiedene Adressen. Bei 16-Bit Mikrocomputer wird der Adreßraum durch eine "Verschiebetechnik" auf 20- und 24-Bit Adreßlänge erheblich vergrößert (siehe Abschnitt über "Mikrocomputer"). Der Adreßbus arbeitet unidirektional, da der Transport der Adressen immer nur vom Steuerwerk des Prozessors zum Speicherwerk erfolgt.

Der **Steuerbus** soll hier in diesem Abschnitt nur kurz angesprochen werden, da wir dessen Funktion im Abschnitt über Mikrocomputer noch detailliert erläutern. Der Steuerbus veranlaßt die richtige Zuordnung von Daten und Speicheradressen, arbeitet bidirektional und ist für die Übertragung der für die zeitliche Koordination der Verarbeitungsvorgänge erforderlichen Steuersignale zuständig.

Abschließend wollen wir in diesem Abschnitt noch den - insbesondere für Großrechner relevanten - Zusammenhang zwischen der im Hauptspeicher beschränkten Anzahl von adressierbaren Speicherzellen und einem im Prinzip beliebig großen Adreßraum herstellen. Man spricht hierbei von virtuellen Speichern bzw. vom **virtuellen Speicherkonzept**. Für viele Großrechenanlagen, die einen Timesharing-Betrieb unterstützen, ist das virtuelle Speicherkonzept realisiert.

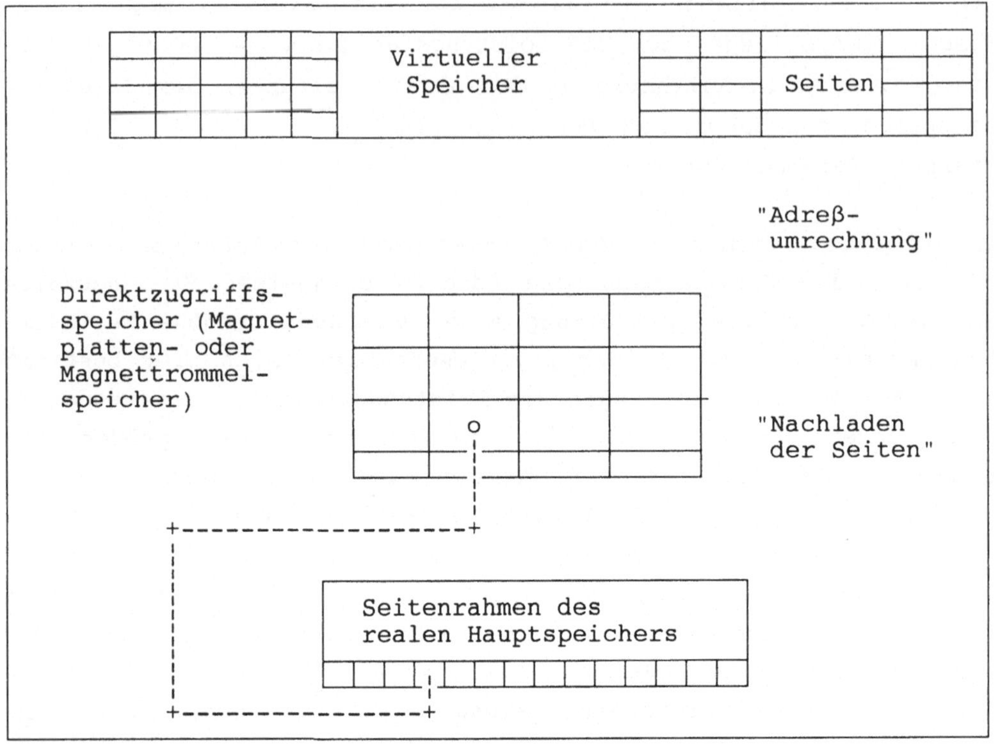

Abb.11: Das virtuelle Speicherkonzept

Eine gängige Adressierungsbreite für Hauptspeicher von Großrechenanlagen sind 24 Bits, daher sind 2^{24} = 16 777 216 direkte Byte-Adressen möglich. Ein Hauptspeicher mit der Kapazität von 16 MB ist zwar in Zukunft sicherlich nichts Außergewöhnliches mehr, aber aus Kostengründen heute noch zu teuer. Um dennoch den gesamten Adreßraum ausnützen zu können, wird

- der Magnetplattenspeicher mit dem Vorteil einer riesigen
  Speicherkapazität
- und der Hauptspeicher mit dem Vorteil schneller Zugriffszeiten, aber beschränkter Kapazität,

in der Weise kombiniert, daß jeweils nur Teile eines auszuführenden Programms sich im Hauptspeicher befinden, und der übrige Teil außerhalb auf der Magnetplatte gehalten wird. Dabei wird der gesamte Adreßraum auf dem Magnetplattenspeicher wie bei einem Buch in "Seiten (pages)" von 4K Bytes Größe eingeteilt. Der einer Seite entsprechende Bereich im realen Hauptspeicher heißt "Seitenrahmen (page frame)". Der Hauptspeicher umfaßt also nur einen kleinen

Teil des gesamten "virtuellen" Adreßraums. Zwischen den Adressen der virtuellen Seiten auf der Magnetplatte und den "realen" Rahmenadressen im Hauptspeicher bestehen keine logischen Beziehungen. Diese werden über spezielle Adreßtabellen hergestellt.In diesen Tabellen ist die Information darüber festgehalten,

- wo eine Seite auf dem Direktzugriffsspeicher gefunden werden kann,
- wo im Hauptspeicher der entsprechende Rahmen liegt,
- wie häufig ein virtuelle Seite geändert wurde.

Wird nun bei der Programmausführung eine Seite gebraucht, die sich nicht oder noch nicht im Hauptspeicher befindet, so muß diese in den Hauptspeicher gebracht werden. Man spricht von "Nachladen", wobei ein Wechselalgorithmus (also eine Vorschrift dafür, wie dieser Nachladeprozess zu erfolgen hat)

- bestimmt, in welchen Rahmen des Hauptspeichers die virtuelle Seite gelegt wird,
- festlegt, welcher momentan nicht benötigte reale Rahmen auf den externen Magnetplattenspeicher ausgelagert werden kann. (Ist der nicht benötigte Rahmen im bisherigen Programmablauf verändert worden und nicht mehr mit der entsprechenden virtuellen Seite identisch, so muß der auszulagernde Rahmen in die virtuelle Seite gespeichert werden. Erst dann kann nachgeladen und der ausgewählte Rahmen mit der neuen Seite überschrieben werden.)
- und die Änderung der Adreßtabellen vornimmt.

Dieser Nachladeprozeß, auch "paging" genannt, wird vom "Seiten-Supervisor" gesteuert und überwacht. Die Umsetzung der virtuellen in die realen Adressen erfolgt über eine **dynamische Adreßumsetzung**. Nehmen wir exemplarisch einen virtuellen Speicherbereich (Adreßraum) von 16 MB = 2^{24} Bytes an. Dann ergeben sich 4K = 2^{12} virtuelle Seiten. Dem Beispiel bei Ganzhorn et al. (Abb.12) folgend, lassen sich die 4K Seiten in 2^8 = 256 Segmente mit je 2^4 = 16 Seiten unterteilen. Eine virtuelle Adresse mit der Länge von 24 Bits besteht daher aus

- einer 8-Bit Segmentnummer,
- einer 4-Bit Seitennummer,
- einer sogenannten "Distanz", welche innerhalb einer Seite den Abstand zum Seitenanfang angibt, d.h. die Anzahl der Bytes vom

Seitenanfang an gezählt. Die Distanz kann maximal 4096 betragen, da eine Seite 4096 Bytes umfaßt, also sind 12 Bit-Stellen für die Bestimmung der Distanz erforderlich.

Wie bereits erwähnt wurde, ist der Rahmen im Hauptspeicher und die virtuelle Seite gleich groß, daher ist eine Rahmenadresse genauso wie eine Seitenadresse aufgebaut. Insbesondere ist die Distanz in der Seite und im Rahmen gleich.

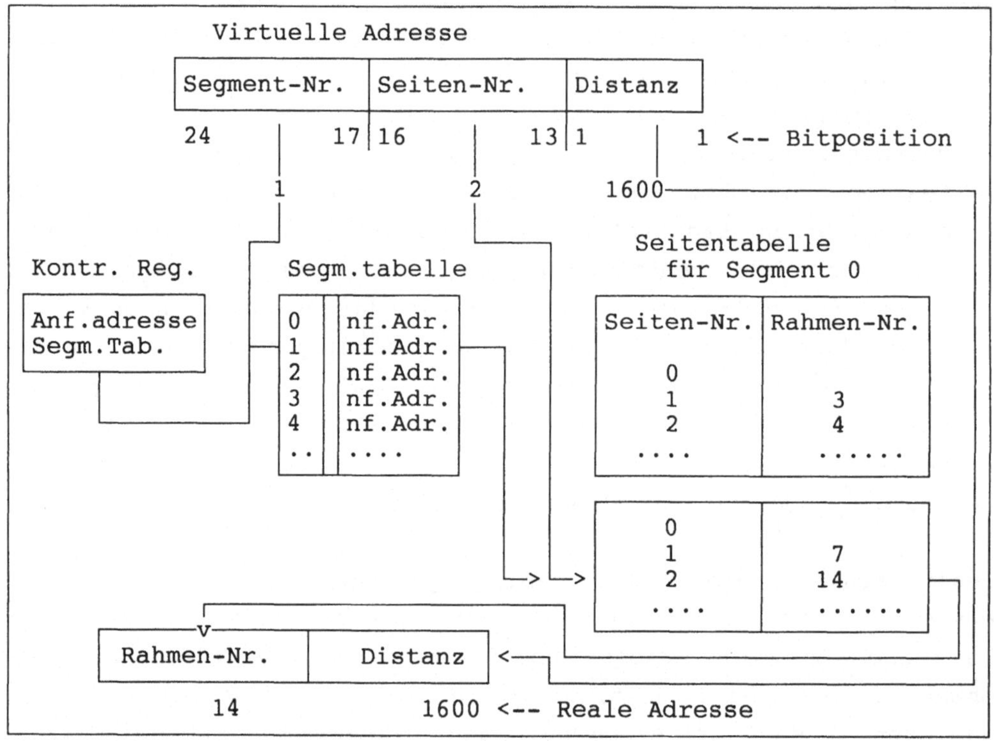

Abb.12: Dynamische Adreßumsetzung
(Quelle: Ganzhorn et al. (1981), Abb.80)

Die Anfangsadresse der Segmenttabelle ist in einem Kontrollregister gespeichert, während die Segmenttabelle die Anfangsadressen der Seitentabellen enthält, und jede Seitentabelle die Anfangsadressen der jeweiligen Seiten umfaßt. Zur Ermittlung der realen Adresse im Beispiel der Abbildung 12 wird

1. die Segmentnummer der virtuellen Adresse zur Anfangsadresse der Segmenttabelle addiert. Das Ergebnis ergibt die Adresse des Eintragungsfelds der Segmenttabelle, in welcher die Anfangsadresse der zugehörigen Seitentabelle enthalten ist.
2. Zu dieser Anfangsadresse wird die Seitennummer aus der virtuellen Adresse hinzuaddiert. Dies ergibt die Adresse des Eintragungsfelds in der entsprechenden Seitentabelle.
3. In diesem Eintragungsfeld steht die Rahmen-Nummer des Hauptspeichers, in dem sich die gesuchte Seite befindet. Zu der Rahmen-Nummer wird schließlich noch die Distanz aus der virtuellen Adresse hinzuaddiert. Es ergibt sich somit aus der virtuellen Adresse 1-2-1600 die gesuchte Adresse 14-1600 eines Bytes im Hauptspeicher.

Für die Umsetzung der virtuellen Seitenadressen in reale Rahmenadressen erfolgt in einem sogenannten Adreßumsetzspeicher.

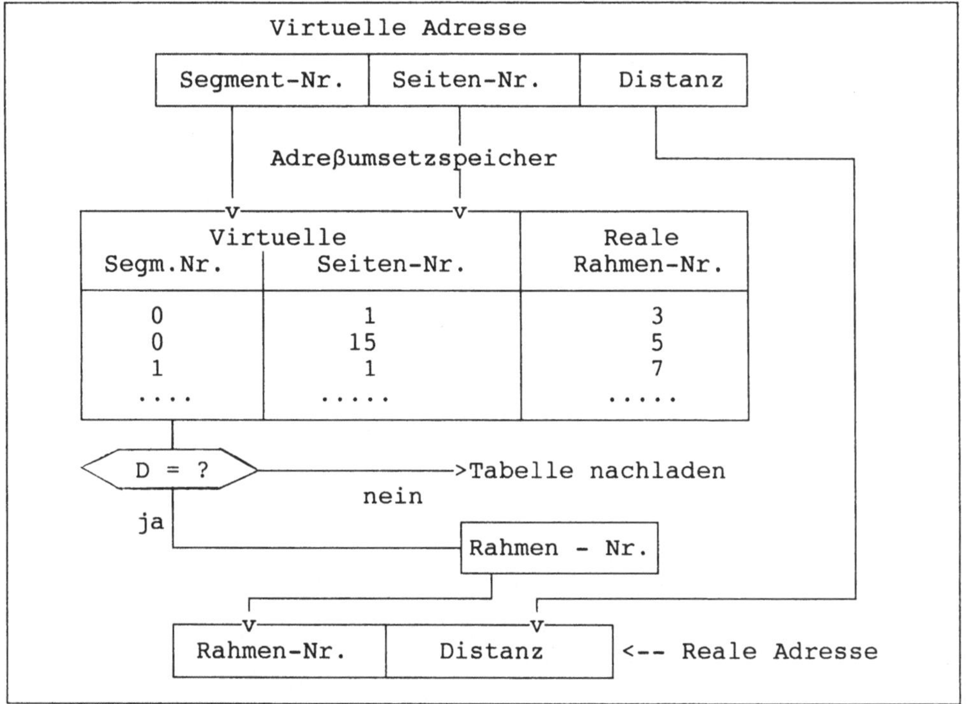

Abb.13: Adreßumsetzspeicher
    (Quelle:Ganzhorn et al.(1981,Abb.81)

Dieser Adreßumsetzspeicher stellt einen Assoziativspeicher dar. Hierunter versteht man, daß die Speicheradressen durch die Inhalte der Speicherzellen festgelegt sind. Bei einer Adreßanforderung wird überprüft, ob die Seiten- und Segmentnummer bereits vorhanden ist. Ist dies der Fall, so wird lediglich die Rahmennummer notiert und die Distanz aus der virtuellen Adresse hinzuaddiert. Falls die Seite nicht im Assoziativregister des Umsetzungsspeichers, so ist sie auch nicht im Hauptspeicher, d.h. die Seite muß vom Magnetplattenspeicher in den Hauptspeicher hereingeladen werden. Für diesen Nachladeprozeß muß die Prozessortätigkeit vom Steuerwerk unterbrochen werden. Es wird in den Seiten-Supervisor verzweigt, der

- einen freien Rahmen im Hauptspeicher ermittelt, in den die benötigte Seite geladen werden kann,
- die Auslagerung der augenblicklich in dem Rahmen sich befindenden Seite vornimmt, sofern diese verändert wurde,
- das Laden der benötigten Seite bewirkt,
- die Seiten- und Segmenttabellen aktualisiert.

Wie erwähnt, besteht der Adreßumsetzspeicher aus mehreren Assoziativregistern, welche die aktuellsten Zuordnungen mit der größten Zugriffshäufigkeit enthalten. Diese Zuordnung erfolgt durch die Verbindung des Adreßumsetzspeichers mit einem festen, in der Firmware enthaltenen, Algorithmus. Jede der Adreßanforderungen wird praktisch gleichzeitig mit allen gespeicherten Segment- und Seitennummern verglichen. In den meisten Fällen stimmen diese überein, sodaß die Suche in den Segment- und Seitentabellen entfällt, und die Rahmennummer dem entsprechenden Eintragungsfeld unmittelbar entnommen werden kann.

Die Adresstabellen bilden den wichtigsten Bestandteil bei der Adreßumsetzung. Diese Tabellen enthalten die realen Rahmenadressen der Seiten, Angaben über die Häufigkeit der Änderung einer virtuellen Seite, außerdem die Adresse des Speicherplatzes der Seite auf dem Magnetplattenspeicher. Für die Realisierung dieser Status-Information dient ein "Präsenzbit", ein "Wechselbit" und ein "Referenzbit" (user bit). Steht das Präsenzbit auf "1", so befindet sich die gesuchte Seite im Hauptspeicher, ist es "0", so kann die externe Speicheradresse in den entsprechenden Eintragungsfeldern entnommen werden. Sobald eine Änderung in einer im Hauptspeicher befindlichen Seite erfolgt, wird das Wechselbit auf "1" gesetzt. Dadurch wird dem Wechselalgorithmus angezeigt, daß diese Seite vor dem Austausch mit einer anderen Seite zuvor auf die Platte zurückgeschrieben werden muß. Das Referenzbit wird bei jedem Zugriff auf die Seite auf "1" gesetzt und von einer speziellen Firmware-Systemfunktion in kurz aufeinanderfolgenden Zeitabständen auf "0" gesetzt.Aufgrund der Häufigkeit der Wechsel kann hierdurch vom Betriebssystem erkannt werden, wie oft in einem bestimmten Zeitrahmen auf die Seite zugegriffen wurde.

Die Effizienz eines virtuellen Speichers hängt wesentlich von den Strategien ab, die den Informationstransport zwischen Haupt- und Plattenspeicher festlegen. Man unterscheidet die Ladestrategie (fetch policy), welche den Zeitpunkt des Nachladens bestimmt, die Positionierungsstrategie (placement policy), welche den freien Rahmen im Hauptspeicher für eine nachzuladende Seite bestimmt, und die Ersetzungsstrategie (replacement strategy), die über die auszulagernde Seite entscheidet. Wichtige Ersetzungsstrategien sind

- Belady's Strategie, bei der die im Entscheidungsmoment am längsten nicht mehr verwendete Seite ausgelagert wird,
- die LFU - Strategie (LFU = least frequently used), bei der diejenige Seite ausgetauscht wird, auf die in einem vorgegebenen Beobachtungszeitraum am wenigsten zugegriffen wurde.
- die LRU - Strategie (LRU = least recently used), bei der diejenige Seite ausgelagert wird, auf die am längsten nicht mehr zugegriffen wurde.
- die FIFO-Strategie (FIFO = First in first out), bei der diejenige Seite ausgelagert wird, die am längsten im Hauptspeicher verweilt. Man tauscht hierbei die Seiten einfach in der Reihenfolge ihrer Hereinnahme in den Hauptspeicher aus.

Eine Erweiterung des einfachen virtuellen Speichers stellen insbesondere im Zusammenhang mit einem Multiprogramming-Betrieb die mehrfachen virtuellen Adreßräume (MVS = Multiple Virtual Storage) dar. Jeder Benutzer erhält hierbei einen eigenen Adreßraum. Beispielsweise für die IBM 3081 kann die Größe eines virtuellen Adreßraums bis zu 16 MB betragen, wobei allerdings für die Benutzerprogramme etwa nur die Hälfte des Hauptspeicherplatzes zur Verfügung steht, und die andere Hälfte weitgehend durch das im Hauptspeicher residente Betriebssystem beansprucht wird. Beim MVS-Betrieb erfolgt das paging nicht mehr seitenweise, sondern es werden ganze Adreßräume ausgetauscht.

Wenn der gesamte Arbeitsspeicher eines Benutzers durch einen anderen Adreßraum ausgetauscht wird, bezeichnet man dies als "swap-in" und "swap-out" oder allgemein als "swapping". Es gibt verschiedene Kriterien für das swapping, die von den Antwortzeiten im Dialogbetrieb und den Wartezeiten der einzelnen Jobs im Auftragsstapel abhängen. Daher werden die Adreßräume hinsichtlich des Benutzungsanteils von Zentraleinheit, Hauptspeicher und Kanälen inspiziert und entsprechend dieser Status-Kennzahlen aus- bzw. eingelagert.

Der Einsatz eines virtuellen Speichers kann durchaus auch mit Schwierigkeiten verbunden sein, die insbesondere bei einer zu starken Verplanung des Hauptspeichers auftreten können. Sind zum Beispiel die Programmteile einer Programmschleife in zwei verschiedenen Seiten gespeichert, so muß bei jedem Durchlauf der Schleife u.U. einmal ein- und ausgelagert werden. Dieses "Seitenflattern" (thrashing) kann zu einem starken Leistungsabfall der Maschine führen, und bei Zusammenfallen weiterer ungünstiger Speicherkonstellationen kann dies sogar zu einem Systemzusammenbruch führen.

4.4 Aufbau und Funktionsweise von Mikrocomputern

Da der Mikrocomputer am Arbeitsplatz und im privaten Bereich zunehmende Bedeutung erlangt, erscheint es wichtig, daß die im letzten Abschnitt charakterisierten Eigenschaften der Rechner- und Prozessorkomponenten am Beispiel des Mikrocomputers präzisiert werden.

Zunächst soll auf den Unterschied zwischen einem Mikrocomputer und einem Minicomputer eingegangen werden. Der Übergang vom 32-Bit Mikrocomputer zu einem Minicomputer ist heute fließend und eine scharfe Abgrenzung ist wohl nicht mehr möglich. Es gibt Super-Mikrocomputer die sich in ihrer Leistungsfähigkeit von einem Minicomputer nicht mehr unterscheiden. Dennoch liegt ein grundlegender Unterschied in der Prozessor-Realisierung. Während die Prozessoren der Mikrocomputer auf einem einzigen Chip realisiert sind, werden die Prozessoren der Minicomputer aus mehreren Chips zusammengeschlossen.

Der heute am häufigsten in Mikrocomputern benutzte Mikroprozessor ist der Z80, zu dem das Betriebssystem CP/M gehört. Für dieses Betriebssystem gibt es am meisten fertige, und auch sehr preisgünstige Software. Der Z80 ist wie der 6502 (Apple) ein Mikroprozessor mit 8-Bit Wortbreite (siehe Abbildung 14), die heute noch immer einen Marktanteil von fast 60 Prozent haben, während die 16-Bit Prozessoren, wie zum Beispiel der Z8000 von Zilog oder der 8086 von Intel etwa 18 Prozent erreichen. Erst im Jahre 1981 ist IBM in den Mikrocomputermarkt *eingedrungen, und seither versuchen viele kleine Hersteller "IBM-kompatibel" zu werden, d.h. dieselben Hardware-Komponenten und dasselbe Betriebssystem anzubieten. Der heute weitverbreitete IBM PC XT hat 256 KB RAM und ist auf dem 8/16-Bit Prozessor 8088 von Intel aufgebaut. Für diesen Prozessor ist von dem amerikanischen Softwarehaus Microsoft das Betriebssystem MS-DOS bzw. PC-DOS (für IBM) entwickelt worden. Alle wichtigen Programmpakete für die Textverarbeitung, Datenbanken, Tabellenkalkulation als einzelne Software-Produkte oder als sogenannte integrierte Software (z.B. Lotus 1-2-3, Symphony, Open Access u.a.) sind unter diesem Betriebssystem funktionsfähig. 8-/16-Bit Prozessoren haben zwar nur 8 Adreßleitungen, aber durch Zusammenfassung von zwei Bytes (=16 Bits) zu einer Adresse, wobei Byte für Byte nacheinander übertragen wird, können intern wie bei 16-Bit Prozessoren ebenfalls 64K Bytes direkt adressiert werden. Diese interne "Verdopplung" der Adreßbreite gibt es auch bei 16-/32-Bit Mikroprozessoren (siehe Abbildung 14). Damit der Prozessor alle gespeicherten Informationen finden kann, sind die Speicherzellen im RAM-Speicher durchnumeriert. Zum Beispiel entsprechen die 64 KByte bei 16-Bit Mikrocomputern dem logischen Adreßraum; der tatsächliche RAM-Speicher, der physikalische Adreßraum, kann sich aber vom logischen Adreßraum durchaus unterscheiden (siehe Abb. 14), er kann wesentlich kleiner sein als der logische Adreßraum.

	Z80	6502	8088	Z800
Architektur (Anzahl Bits des Datenbusses)	8	8	8/16	8/16
Direkt adressierbarer Bereich (Anzahl Bytes)	256	256	64K	16M
Taktfrequenz (MHz)	2,5	0.5	5	10/18/25
Anzahl Befehle	158	56	134	183
Lieferbar seit	1976	1977	1979	1984
Leistungsverbrauch (Watt)	1	0,58	1,5	< 2
Hersteller	Zilog	MOS-Tech.	Intel	Zilog

	Z8003	iAPX 188	NS 16008	MC 68008
Architektur (Anzahl Bits des Datenbusses)	8/16	8/16	8/16/32	8/16/32
Direkt adressierbarer Bereich (Anzahl Bytes)	32K	1M	16M	1M
Taktfrequenz (MHz)	4/6/10	8	6-10	6/8/12,5
Anzahl Befehle	110	95	86	56
Lieferbar seit	1981	1982	1982	1982
Leistungsverbrauch (Watt)	0,8	2,5	1	1,2
Hersteller	Zilog	Intel	Nat.Semic.	Motorol

	8086	Z8000	Z8004	iAPX 186
Architektur (Anzahl Bits des Datenbusses)	16	16	16	16
Direkt adressierbarer Bereich (Anzahl Bytes)	1M	64K	32K	1M
Taktfrequenz (MHz)	5/8/10	4/6/10	4/6/10	8
Anzahl Befehle	134	110	110	95
Lieferbar seit	1978	1981	1979	1982
Leistungsverbrauch (Watt)	1,5	0,8	0,8	2,5
Hersteller	Intel	Zilog	Zilog	Intel

	iAPX 286	MC 68000	NS 16016	NS 16032
Architektur (Anzahl Bits des Datenbusses)	16	16/32	16/32	16/32
Direkt adressierbarer Bereich (Anzahl Bytes)	16M	16M	16M	16M
Taktfrequenz (MHz)	8	6/8/12,5	6-10	6-10
Anzahl Befehle	111	56	86	86
Lieferbar seit	1982	1979	1983	1982
Leistungsverbrauch (Watt)	2,5	1,2	1	1
Hersteller	Intel	Motorola	Nat.Semi.	Nat.Semic

	MC 68010	HP Focus	Bell-Mac 32	NS 32032
Architektur (Anzahl Bits des Datenbusses)	16/32	32	32	32
Direkt adressierbarer Bereich (Anzahl Bytes)	16M	500M	32M	16M
Taktfrequenz (MHz)	6/8/12,5	18	6,2/7,2	6-10
Anzahl Befehle	58	230	?	86
Lieferbar seit	1982	1981	1982	1984
Leistungsverbrauch (Watt)	1,2	7	4	1
Hersteller	Motorola	Hew.Pack.	Bell Lab.	Nat.Sem

	MC 68020	Z80000	iAPX 386
Architektur (Anzahl Bits des Datenbusses)	32	32	32
Direkt adressierbarer Bereich (Anzahl Bytes)	256M	32M	32M
Taktfrequenz (MHz)	8/10/16	10/18/25	8
Anzahl Befehle	65	?	111
Lieferbar seit	1984	1984	1984
Leistungsverbrauch (Watt)	1,8	?	2,5
Hersteller	Motorola	Zilog	Intel

Abb.14: Mikroprozessoren und wichtige Kennzahlen

Es gibt verschiedene Techniken, um den RAM-Speicher zu adressieren. Zum Beispiel werden beim Prozessor 8086 von Intel zwei 16-Bit Zahlen für eine Adresse verwendet, wobei die erste die Segmentadresse, die zweite die Offset-Adresse darstellt. Beim 8086 wird die Segmentadresse um vier Bits nach links verschoben, danach die Offset-Adresse hinzuaddiert. Man erhält hierdurch eine 20-Bit Zahl (=20-Bit Adresse), sodaß 2^{20} = 1 MByte direkt adressiert werden kann. Der Prozessor 68000 von Motorola benutzt 24-Bit-Adressen und kann damit 16 MByte adressieren, 32-Bit Prozessoren können theoretisch über 4 Milliarden Bytes (= 4 Gigabytes = 4 GB) adressieren, dieser riesige logische Adreßraum wird heute aber physikalisch noch nicht realisiert. Die Segmente entsprechen den im vorigen Abschnitt im Rahmen des virtuellen Speicherkonzepts erwähnten Seiten, allerdings ist man bei den Segmenten nicht auf eine feste Länge von 4 KB festgelegt, sondern diese kann durchaus variieren (häufig aber 64 KB). Auch können verschiedene Segmente des Hauptspeichers verschiedenen Benutzern zugewiesen werden (bei 32-Bit Mikrocomputern), sodaß bei Anschluß mehrerer Datensichtgeräte ein Mehrplatzsystem entsteht. Beispielsweise erlaubt der Prozessor

NS32032 (Abb. 14) den Anschluß von acht Datensichtgeräten oder Datenterminals, die gleichzeitig vom Rechner bedient werden können. Auch können mehrere Programme vom Prozessor gleichzeitig abgearbeitet werden, wenn jedem Programm ein eigenes Segment zugewiesen wird. Allerdings muß diese quasi-parallele Mehrfachnutzung auch vom Betriebssystem unterstützt werden, z.B. UNIX ist das bekannteste Betriebssystem für Mehrplatzsysteme.

Eine größere Wortbreite hat zur Folge, daß Zahlen mit einer größeren Anzahl von Bits über den Datenbus geschickt werden können und damit eine Genauigkeit auf mehr Stellen möglich ist. Weiterhin ist die Ausführungszeit schneller. Eine 32-Bit Multiplikation dauert beim NS32032 etwa 8,3 Mikrosekunden, gegenüber etwa 4 Mikrosekunden bei einem 8-Bit Prozessor. In der zweifachen Zeit werden also die vierfache Menge von Daten verarbeitet, sodaß in diesem Fall der NS32032 die doppelte Verarbeitungsgeschwindigkeit gegenüber einem 8-Bit Prozessor aufweist. Diese Relation gilt nicht grundsätzlich für alle 32-Bit Prozessoren, sondern sie hängt vor allem auch von der Taktfrequenz des Prozessors ab. Eine Erhöhung der Taktfrequenz läßt sich nicht durch eine Erhöhung der Bit-Stellen erreichen, sondern durch die Reduzierung des Abstands der Leiterbahnen im Chip. Der Z80 "taktet" mit 2,5 MHz, während der moderne Z80000 eine Taktfrequenz von 25 MHz aufweist und damit fünf Millionen Instruktionen pro Sekunde (5 MIPS) ausführen kann und etwa um das Zehnfache schneller ist.
Der Prozessor 68000 von Motorola, welcher ein 16-Bit Prozessor mit einer Taktfrequenz von 16 MHz ist, wird heute besonders für den Einsatz von UNIX-Betriebssystemen für die Mehrprozeßverarbeitung verwendet. Er hat eine Arbeitsgeschwindigkeit von etwa einem MIPS und erlaubt einen virtuellen Adreßraum von 16 MB.
Der Prozessor eines Mikrocomputers besteht im wesentlichen aus drei Komponenten

    -> der ALU, dem "Gehirn des Mikroprozessors

    -> der Registereinheit, die zusammen mit der ALU auf einem Chip aufgebracht ist. Die IBM-Kompatiblen besitzen 14 Hauptregister der Breite 16 Bit = 2 Byte,

    -> der Steuereinheit mit den Datenleitungen (Busse)

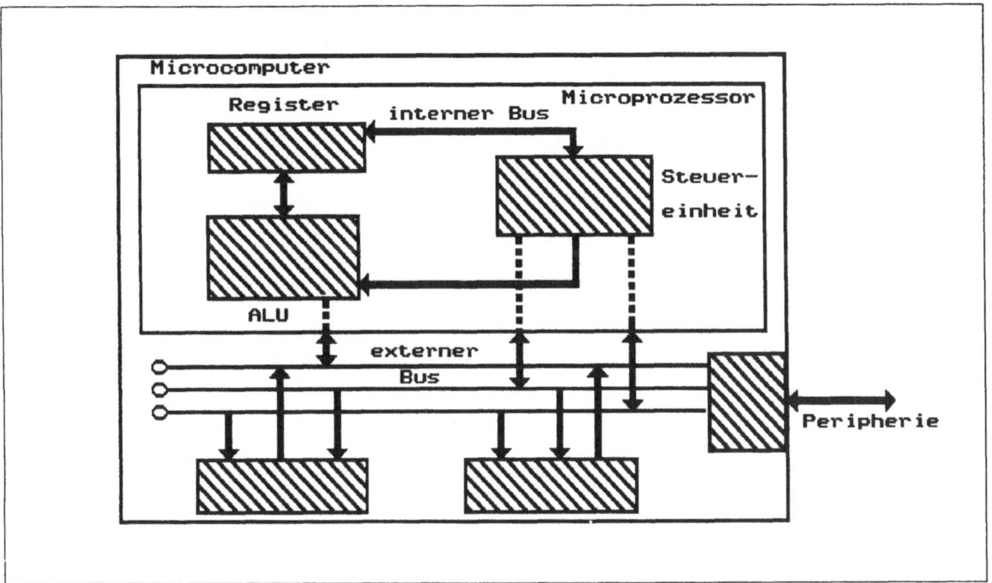

Abb.15: Prinzipieller Aufbau eines Mikrocomputers

Bei den Datenleitungen unterscheidet man
   a) den internen Datenbus, auf dem der Transport der Bytes
      zwischen ALU und Registern erfolgt,
   b) den externen Datenbus, der für den Transport der im Prozessor
      verarbeiteten Daten an die Speicher zuständig ist,
   c) der Steuerbus, welcher Steuersignale zwischen Steuereinheit
      und den anderen Funktionseinheiten transferiert.

Ein 8-Bit Prozessor hat einen 8 Bits breiten Datenbus, 16 Adreßleitungen, 9 bis 12 Steuerleitungen und 4 Leitungen für die Span-
nungsversorgung (also ca. 40 Anschlüsse).
Was die Funktionsweise des **externen** Busses angeht, laufen die Bits
seriell von der Tastatur, Diskette oder Magnetplatte im Eingabe-
Chip ein. Der Eingabe-Chip sammelt 8 bzw. 16 einlaufende Bits und
schickt diese parallel, d.h. über parallel laufende Leitungen
(paralleler Bus) an eine andere Funktionseinheit, z.B. an den RAM-
Speicher. Hier werden die Bytes gehalten, bis sie vom Prozessor
über einen internen Datenbus abgerufen werden. Sogenannte **Treiber**
versorgen die Bits mit Energie, damit sie im Bus nicht stecken-
bleiben, bevor sie die nächste Einheit erreichen. Bestimmte Puf-
fer-Chips stellen eine Art "Haltestelle" im Bussystem dar. Hier

werden die Bits zwischengespeichert, falls die angesteuerte Einheit nicht frei ist. Der **interne** Bus verbindet die drei oben genannten Prozessoreinheiten.

Wie erfolgt nun der Bit-Transport auf den Bussen? Wie bei einer Reise mit dem Reisebus werden die Bits in regelmäßigen Abständen in den Bus gesetzt. Die "Regelmäßigkeit" wird hierbei mit einem Taktgenerator erreicht, der mit einem Quarz-Oszillator gekoppelt ist, welcher 4-25 Schwingungen pro Sekunde durchführt und die Taktfrequenz (MHz, siehe voriger Abschnitt) festlegt. Je nach Komplexität benötigt ein auszuführender Programmbefehl zwischen 4 und 200 Takteinheiten. Die Bewegung eines Bits mit dem Wert 1 auf der Busleitung wird dadurch erreicht, daß für weniger als einer Millionstel Sekunde eine elektrische Spannung an die Leitung gelegt wird. Der Spannungsstoß erzeugt einen kurzen Stromimpuls, welcher der Übertragung einer Eins entspricht. Die Unterscheidung zwischen 0 und 1 erfolgt dadurch, daß die Taktzeiten bzw. Taktintervalle gleich groß sind und die Empfangseinheit während eines solchen Intervalls feststellt, ob ein Stromimpuls empfangen wurde oder nicht.

Über den externen Datenbus können Daten vom ROM-Speicher zu einem der Ein-/Ausgabegeräte geschickt werden. Die Steuerung und Verwaltung der Ein-/Ausgabedaten erfolgt nach dem sogenannten "Polling" (Abfragemethode) oder nach der "Interrupt-Methode". Beim Polling setzt die Ein-/Ausgabeeinheit ein bestimmtes Bit auf Eins ("flag"). Der Prozessor, besser das Steuerwerk, fragt über eine Steuerleitung **regelmäßig** alle Ein-/Ausgabeeinheiten ab, ob sie bereit oder beschäftigt sind. Die Abfrage wird über die Steuerleitung quittiert, man spricht hierbei vom "handshaking"-Prinzip. Die Betriebsweise beim polling ist synchron, d.h. in jedem vom Taktgenerator erzeugten Takt oder Prozessorzyklus wird eine der Ein-/Ausgabeeinheiten gefragt, ob sie Daten übertragen will. Durch den synchronen Betrieb werden Steuerleitungen eingespart, nur ein Prozent der zu übertragenden Daten sind Steuerungsdaten.

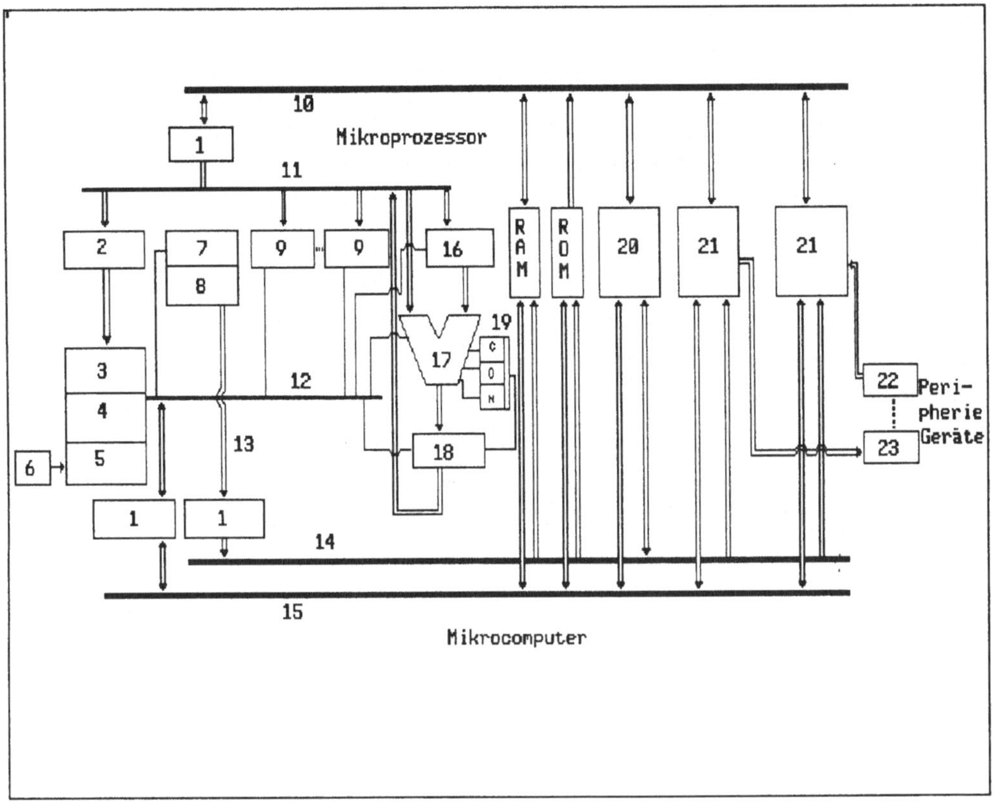

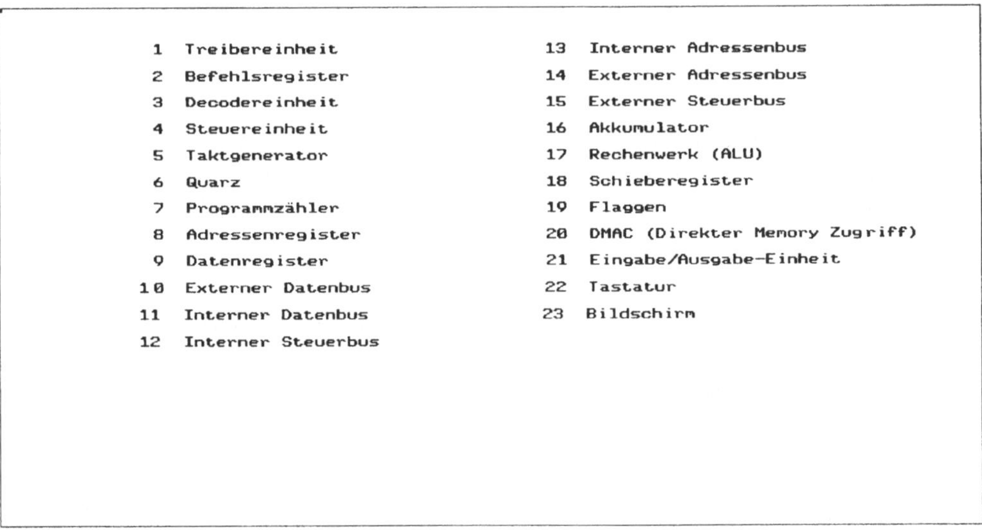

1	Treibereinheit	13	Interner Adressenbus
2	Befehlsregister	14	Externer Adressenbus
3	Decodereinheit	15	Externer Steuerbus
4	Steuereinheit	16	Akkumulator
5	Taktgenerator	17	Rechenwerk (ALU)
6	Quarz	18	Schieberegister
7	Programmzähler	19	Flaggen
8	Adressenregister	20	DMAC (Direkter Memory Zugriff)
9	Datenregister	21	Eingabe/Ausgabe-Einheit
10	Externer Datenbus	22	Tastatur
11	Interner Datenbus	23	Bildschirm
12	Interner Steuerbus		

Abb.16: Funktion der Datenbusse in einem Mikrocomputer

Bei der Interrupt-Methode erzeugt die Ein-/Ausgabeeinheit, nachdem sie aktiviert wurde, einen Impuls, welcher den Prozessor unterbricht. Diese Unterbrechung erfolgt über eine spezielle Unterbrechungsleitung des Steuerbusses. Hierbei sind besondere Systemfunktionen des Betriebssystems erforderlich, die überprüfen, ob nicht mehrere Einheiten gleichzeitig eine Unterbrechung des Prozessors verlangen, und gegebenenfalls eine Prioritätenreihenfolge aufbauen. Durch Einsatz einer weiteren Steuerleitung läßt sich eine gewisse Zeitersparnis erzielen. Fordert nämlich eine Einheit eine Unterbrechung des Prozessors an, so schickt der Prozessor über diese Zusatzleitung ein Bestätigungssignal (acknowledge). Gleichzeitig mit der Anforderung setzt die Ein-/Ausgabeeinheit eine Erkennungsnummer auf den Datenbus. Die Betriebsweise bei der Unterbrechungsmethode ist asynchron, also keine Abfrage im Takt, sondern nur bei Anforderung einer Übertragungsleitung. Neben den bereits im vorigen Abschnitt genannten Vorteilen hat der asynchrone Betrieb aber den Nachteil, daß er langsamer als der synchrone Betrieb ist und zusätzliche Steuerleitungen erforderlich sind. Zwanzig Prozent der zu übertragenden Information ist Steuerungsinformation.

Für den direkten Zugriff auf den Speicher sind spezielle Prozessoren entwickelt worden, die "Direct Memory Access Controllers" (DMAC). Diese können den Prozessor von Daten- und Adreßleitungen abtrennen und dann Adressen und Daten über die verschiedenen Busse direkt an den ROM-Speicher schicken bzw. von dort holen. Hierzu müssen die Busse in der sogenannten Tri-State Technik realisiert sein:

- Ein Bit-Signal versieht die zum Prozessor führenden Leitungen mit einem hohen Widerstand, sodaß der Weg von den Ein-/Ausgabeeinheiten zum Prozessor gesperrt ist. Die Ein-/Ausgabeeinheiten senden also ihre Interrupt-Anforderungen über den Steuerbus zum DMAC.
- Der DMAC sendet über eine weitere Steuerleitung ein Stop-Signal (HOLD) an den Prozessor.
- Der Prozessor beendet den Befehl und schaltet den Daten- und Adreßbus ab, er versetzt den Bus in eine Art Schwebezustand (floating).

Der Prozessor sendet über den Steuerbus ein HOLD-ACKNOWLEDGE, um dem DMAC mitzuteilen, daß die Busse zum Speicher frei sind und der Prozessor gesperrt ist.

Um Leitungen im Steuerbus zu sparen, werden auch Leitungen des Datenbusses für Steuersignale verwendet. Der Z8000 von Zilog zum Beispiel verwendet den gesamten 32-Bit Adreßbus gleichzeitig auch als 32 Bits breiten Datenbus, denn es ist praktisch nicht möglich, 64 Leitungen aus dem Prozessor herauszuführen, das Maximum der äußeren Prozessoranschlüsse liegt bei 40. Wenn die Daten, Adressen und Steuersignale über "gemeinsame" Busleitungen geschickt werden, muß der Prozessor für jeden Übertragungsvorgang eine bestimmte Zeitspanne reservieren. Man nennt die Übertragung von Daten über eine Leitung für verschiedene Datenarten "Multiplexing" oder Multiplex-Betrieb. Der Vorteil liegt darin daß man weniger Anschlüsse für den Prozessor benötigt und dieser dadurch billiger wird. Der Nachteil liegt in der langsameren Verarbeitungsgeschwindigkeit des Prozessors.

Abschließend wollen wir unter Zuhilfenahme von Abbildung 16 noch die einzelnen Schritte ausführen, in welcher Weise die Prozessorkomponenten und die verschiedenen Datenleitungen bei der Abarbeitung eines Programmbefehls aktiv werden:

1. Im Programmzähler befinde sich augenblicklich die Adresse des abzuarbeitenden Befehls, welche Bestandteil der Adresse des vorhergehenden Befehls war.
2. Mit dieser Adresse kann der Befehl aus dem ROM geholt werden. Hierzu wird über den externen Adreßbus die Adresse zum ROM-Speicher geschickt, damit der Speicherplatz, welcher den auszuführenden Befehl enthält, ermittelt werden kann.
3. Der Befehl wird nun über den externen Datenbus in das Befehlsregister des Prozessors geschickt.
4. Über den internen Datenbus wird er nun vom Befehlsregister in den Befehlsdekodierer gebracht, wo er entschlüsselt und interpretiert wird.
5. Das Steuerwerk verteilt nun über die Steuerleitungen des internen Steuerbusses die dem Befehl zugrundeliegenden Instruktionen an die beteiligten Prozessoreinheiten. Zum Beispiel wird bei einer Rechenoperation der Inhalt des Akkumulators

und eines Registers in das Rechenwerk geladen und der Rechen-
schritt ausgeführt.

6. Das Ergebnis wird über den internen Datenbus in ein reser-
   viertes Datenregister gebracht, und von dort über den externen Datenbus und der vorausgeschickten Adresse über eine
   Adreßleitung an den Speicher oder eine Ausgabeeinheit weitergeleitet.

7. Der Programmzähler des Prozessors wird weitergeschaltet und
   die Adresse des nächsten Befehls in das Befehlsregister gebracht.

Die weitere Entwicklung der Bussysteme ist von der Weiterentwicklung der Prozessoren abhängig, denn bei fortschreitender Leistungssteigerung, etwa auf dem Weg vom 8-Bit zum 32-Bit Prozessor
(siehe Abschnitt 4.3), werden auch an den Datentransport größere
Anforderungen gestellt. Das Datenleitungssystem ist daher ebenfalls entsprechend weiterzuentwickeln und an die Prozessoranforde-
rungen anzupassen, sodaß der Datenaustausch zwischen den Dateneinheiten fehler- und störungsfrei ablaufen kann. Während in den
besten zur Zeit verfügbaren PC's (IBM AT, HP Vectra) der Prozessor
80286 von Intel eingesetzt wird, wird der 80386 entwickelt, ein
32-Bit Prozessor mit einer 150-fachen Übertragungs- und Adressierungsgeschwindigkeit und einer Taktfrequenz von 16 MHz. Auf ihm
werden alle bekannten Betriebssysteme wie MS-DOS (Microsoft-DOS),
PC-DOS (IBM-DOS), CP/M, XENIX (UNIX) und das neue Multitasking
Concurrent-DOS lauffähig sein. Mit Hilfe einer internen Pipeline-
Struktur wird für diesen Prozessor eine Verarbeitungsgeschwindigkeit von 4 MIPS (Mega Instructions per Second) und eine
Adressierungsgeschwindigkeit von 32 MByte pro Sekunde auf dem
Adreßbus möglich sein. Für diese extrem schnelle Adressierung sind
keine Spezialspeicher erforderlich, die bisherigen RAM-Bausteine
sind ausreichend. Die Datentransferrate von 32 MB verlangt aber
von den RAM-Chips Zugriffszeiten von 20 Nanosekunden, diese extrem
hohe Verarbeitungsgeschwindigkeit kann aber nur mit Hilfe eines
sogenannten, extern installierten, Cache-Speicher erreicht werden.
Mit seinen 32 direkten Adreßleitungen ist ein physikalischer
Adreßraum von 4 GByte und einer virtuellen Adressierung von 64000
GByte möglich. Um dieser neuen Dimension von Prozessorleistung
entsprechen zu können, sind die Controller und die den Prozessor

verbindenden Bussysteme anzupassen, was durch die Orientierung an einer Quarzfrequenz von 32 MHz erreicht wird.

Im Rahmen der Fachdisziplin "Künstliche Intelligenz" werden seit etwa zehn Jahren spezielle Rechner zur Listen- und Symbolverarbeitung (LISP-Maschinen, LISP = List and Symbol Processing) eingesetzt, deren Prozessoren einen speziell auf die KI-Programmiersprache LISP ausgerichteten Befehlsvorrat und einen 24-Bit virtuellen Adreßraum haben. Der Datenbus dieser Prozessoren hat eine Breite von 32 Bits, wobei 24 Bits für die Adresse reserviert sind, 5 Bits für die Charakterisierung der jeweiligen Speicherinformation, und 3 Bits für speicherspezifische Information verwendet werden. Spezielle Kompilier- und Interpretierfunktionen sind mikroprogrammiert, die Zugriffszeit auf Speicherzellen der Größe von 32 Bits beträgt 1 Mikrosekunde. Seit 1982 gibt es eine von der LISP Machine Inc. entwickelte LISP-Maschine, die sogenannte LAMDA-Maschine, die mit einer Wortbreite von 40 Bits arbeitet, wobei 32 Bits für die Adreßbildung verwendet werden. Damit steht ein virtueller Adreßraum von 4 Gigaworten zur Verfügung. Im folgenden Abschnitt wollen wir uns mit dem Intel 80386 eingehender befassen, neben dem Motorola 68020 und 68030 der zur Zeit auf dem Markt wichtigste 32-Bit Prozessor, befassen.

4.5 Architektur eines 16-Bit Mikroprozessors: Intel 8086

Wie man der nachstehenden Abbildung entnehmen kann, besitzt der 8086-Prozessor sogenannte Register, das sind RAM-Speicherzellen, die prinzipiell wie die Speicherzellen des Hauptspeichers aufgebaut sind. Jede dieser Speicherzellen besteht aus acht einzelnen Bits ("0" oder "1") und kann somit Werte zwischen 0 und 255 (bzw. -128..+127) aufnehmen. Bei den meisten Modellen der IBM-PC Serie sind die Register als zwei aufeinanderfolgende Speicherzellen (16 Bit) angeordnet, die daher Werte zwischen 0..65535 bzw. -32768..32767 aufnehmen können im Unterschied zu den Speicherzellen des Hauptspeichers.

Register sind nicht fortlaufend durchnumeriert und haben keine Adressen wie "Speicherzelle 0", "Speicherzelle 1" usw.,sondern werden über Namen wie AX, BX, CX, usw., angesprochen. Zudem laufen

die Zugriffe auf die Register schneller ab, da die Register Teil
des Prozessors sind. Der Aufbau der Register ist schematisch von
der folgenden Gestalt:

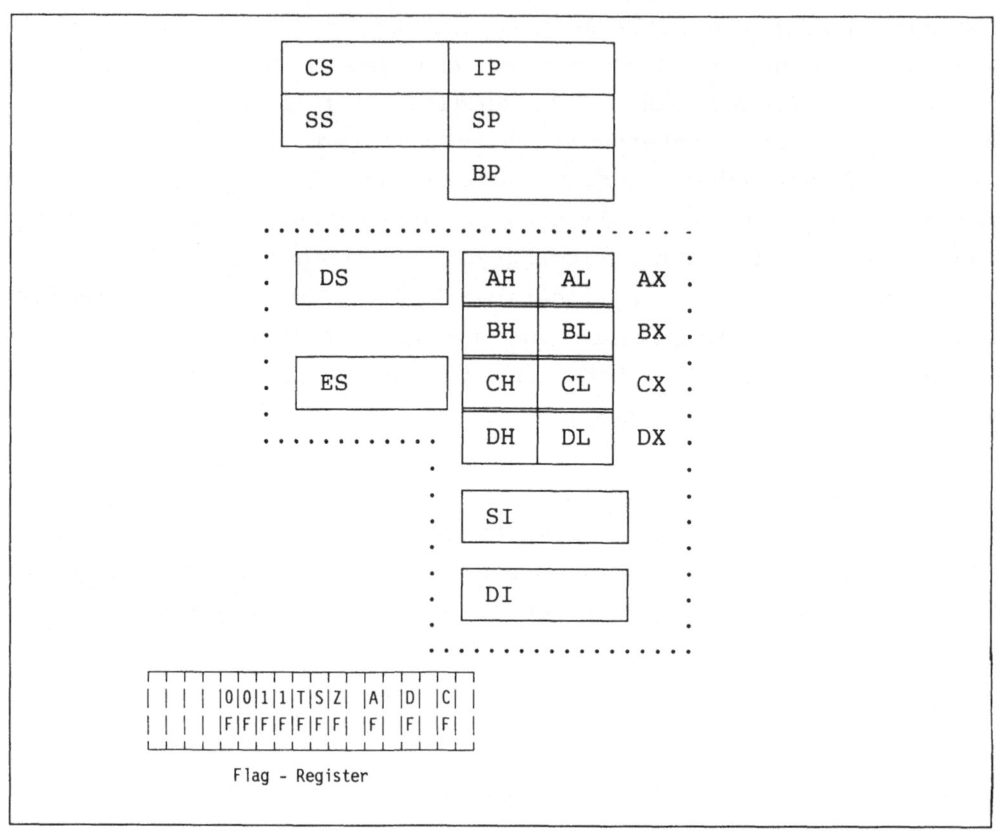

Prinzipiell lassen sich alle Speicher- und Rechenoperationen mit
jedem dieser Register durchführen. Jedes Register ist aber für
eine ganz bestimmte Funktion vorgesehen. Man unterscheidet in die
Allzweckregister

   -> AX, welches das zentrale Register für arithmetische Opera-
      tionen wie Addition, Subtraktion darstellt, außerdem werden
      in diesem Register einzelne Bit-Operationen für logische Ver-
      gleiche mit AND, OR, XOR usw., durchgeführt,
   -> CX, das die Funktion des Schleifenzählers übernimmt. Mit ei-
      nem einzigen Befehl wird der Wert in diesem Register um eins
      erniedrigt, danach folgt eine Prüfung, ob bereits der Wert 0

erreicht wurde. Abhängig vom Ergebnis dieser Prüfung erfolgt dann der Sprung auf die nachfolgende Anweisung.
-> BX und DX werden für das Lesen und Beschreiben von I/0-Ports, bei dem DX die entsprechende I/0-Adresse festlegt, verwendet.
-> Der Austausch und Vergleich von Inhalten ist zwischen allen vier Registern in beiden Richtungen möglich ("Lade BX mit dem Inhalt von CX", "Vergleiche, ob DX einen größeren Wert als CX enthält" usw).

Segmentregister, welche die Segmentadressen von Code, Daten und Stack enthalten. Sie lösen das Problem, wie man mit einem 16 Bit breiten Register auf einen Speicherbereich von einem Mbyte zugreift:

-> Bei jeder Adreßzuweisung eines Befehls über den "instruction pointer" (Register IP) wird der Inhalt des Registers CS vorangestellt,
-> Die Adressierung von Daten erfolgt über das Register DS,
-> die Zugriffe auf den Stack werden über das Register SS gesteuert,
-> ES ist ein "Extrasegment" und wird auch zur Adressierung von Daten verwendet werden.

Spezialregister sind IP (Instruction Pointer), SP (Stack Pointer), SI (Source Index), DI (Destination Index), BP (Base Pointer) und die Flags. IP, SP und die Flags werden automatisch gesetzt. SI, DI und BP sind praktisch Allzweck-Register mit 16 Bits, es ist aber keine Aufteilung in das "higher" und das "lower" Byte (durch Anhängung von "H" und "L" im obigen Registerschema angezeigt) vorgesehen:

-> IP enthält innerhalb des Codesegments die Adresse des nächsten Befehls und wird nach jedem Befehl um eins erhöht. In IP werden bei Prozedur- und Funktionsaufrufen, ebenso bei Programmsprüngen, die entsprechenden Befehlsadressen eingetragen.
-> SP zeigt auf den augenblicklichen Anfang des Stacksegments, der im Programmablauf dynamisch verändert wird. Im SP ist der

Befehl enthalten, dessen Adresse augenblicklich im IP-Register ist.

-> BP wird für die Indizierung spezieller Daten verwendet, z.B. für Übergabeparameter bei Funktions- und Prozeduraufrufen.

-> SI und DI werden beim Kopieren von Speicherbereichen verwendet und enthalten den Beginn- und Endeindex. In Turbo Pascal werden sie auch für die Speicherung von Array-Indizes verwendet.

-> Das Flag-Register dient als bitweise organisiertes Statusregister, in dem die 0/1-Statusinformation (flags) bei Vergleichsinformationen eingetragen wird.

Fast sämtliche Manipulationen von Daten laufen über diese Register des Prozessors ab. Dies soll am Beispiel der Umsetzung einer Pascal-Wiederholungsanweisung in einzelne Prozessorbefehle demonstriert werden:

```
VAR
    i : integer;
BEGIN
  i := 0;                 { IP <-- 100 }
  REPEAT
    i := i + 1;           { IP <-- 101 }
  UNTIL x = 100;          { IP <-- 102 }
                          { IP <-- 103 }
....{Weitere Befehle...   IP <-- 104, 105 usw.}
  END.
```

Die Prozessorbefehle (d.h. der Code des Programms) sei ab Speicheradresse 100 abgelegt. Für die Variable i werden zwei Bytes ab der Adresse 500 reserviert. Dann wird das Register IP beim Start des Programms auf den Wert 100 gesetzt: Der Prozessor liest also den nächsten Befehl von dieser Adresse. Danach werden die folgenden Schritte ausgeführt:

-> Der Befehl wird von der Adresse 100 gelesen, IP wird dadurch automatisch um 1 erhöht, und der instruction pointer zeigt anschließend auf die Adresse 101. Die Ausführung des Befehls besteht aus zwei Schritten: 1.) "Lade das Register AX mit dem Wert 0" 2.) "Speichere den Inhalt des Registers AX in die

Speicherzellen 500 und 501". Damit ist i auf den Wert 0 gesetzt.

-> Von der Adresse 101 wird jetzt der nächste Befehl gelesen. IP wird wiederum automatisch um 1 erhöht und zeigt danach auf die Adresse 102. Die Ausführung dieses Befehls besteht aus drei Schritten: 1.) "Lade das Register AX mit dem Inhalt der Speicherzellen 500/501" 2.) "Erhöhe den Inhalt von AX um eins" 3.) "Speichere den Inhalt von AX in die Speicherzellen 500/501". Danach ist der Wert der Variablen i um eins erhöht.

-> Von der Adresse 102 wird der nächste Befehl gelesen, der instruction pointer IP zeigt jetzt auf die Adresse 103. Die Befehlsausführung besteht wiederum aus zwei Schritten: 1.) "Lade das Register AX mit dem Inhalt der Speicherzellen 500/501" 2.) "Vergleiche AX auf den Wert 100". Bei diesem Vergleich wird durch das Setzen verschiedener Bits im Flag-Register das Vergleichsergebnis (größer, kleiner, gleich, usw.) festgehalten.

-> Der Befehl in Adresse 103 enthält eine bedingte Sprunganweisung: 'Springe zur Adresse 101, wenn das Flag Bit "ist gleich" nicht gesetzt ist'. Solange i also nicht den Wert 100 hat, wird ein Sprung zur Adresse 101 ausgeführt und der im stack-pointer (SP) zugehörige Befehl (Erhöhung von i) erneut bearbeitet. Der Sprung besteht lediglich aus einer direkten Veränderung des Registers IP. IP wird auf den Wert 101 gesetzt. Der nächste Befehl wird also wiederum von dieser Adresse gelesen.

-> Wird bei dem Vergleich das Flag-Bit "ist gleich" gesetzt, so wird der Sprungbefehl einfach ignoriert. Der nächste Befehl wird dann von der Adresse 104 gelesen.

4.6 Architektur eines 32-Bit Mikroprozessors: Intel 80386

Bevor wir uns mit diesem Prozessor befassen, wollen wir uns kurz mit der bisherigen Prozessor-Entwicklung befassen. Intel entwickelte 1974 wohl den ersten Mikroprozessor überhaupt, den 8080-Chip, ein 8-Bit Prozessor mit einer Anzahl von 4500 Transistoren. Die weitere Entwicklung der Prozessoren läßt sich hinsichtlich der

Bit-Breite, Transistordichte und Bus-Architektur aus der folgenden
Übersicht entnehmen:

Prozessor	Hersteller	seit	Anzahl Transist.	Architektur
8080	Intel	1974	4 500	8
8085	Intel	1976	6 500	8
8086	Intel	1978	30 000	16
68000	Motorola	1979	68 000	16
8088	Intel	1980	30 000	8/16
80186	Intel	1984	120 000	16/32
80286	Intel	1984	150 000	16/32
68010	Motorola	1985	150 000	16/32
68020	Motorola	1985	180 000	32
80386	Intel	1986	175 000	32
68030	Motorola	1987	400 000	32

Die 32-Bit Prozessoren erreichen heute eine Verarbeitungsgeschwindigkeit von 3 - 5 MIPS (Mega Instructions Per Second), die heutigen Großrechner erreichen je nach Hersteller und Konfiguration bis
zu 100 MIPS, während man die schnellen Parallelrechner ab 100 MIPS
zur Klasse der Supercomputer zählt (z.B. Cray II, siehe Abschn.
4.5). Die 32-Bit Prozessoren sind durch eine sehr komplexe Architektur und komplexen Instruktionen ausgezeichnet, daher werden in
neuerer Zeit sog. **RISC**-Prozessoren (Reduced Instruction Set Computer) angeboten, also Rechner mit einem reduzierten Befehlsvorrat
und dadurch mit geringerer Komplexität der Rechnerarchitektur. Man
erwartet von diesen Prozessoren eine höhere Leistungsfähigkeit.

Der Prozessor Intel 80386 ist in ein quadratisches Keramikgehäuse
von ca. 4 cm Kantenlänge eingebaut, von dessen Unterseite 132 An-
schlußpins ausgehen. Die Hälfte der Anschlußleitungen sind Adreß-
und Datenleitungen. Diese sind durch einen Datenbus mit den anderen Komponenten des Systems verbunden. Für die Steuerung des Pro-
zessor- und Koprozessorstatus und für die Bussteuerung sind weitere 16 Pins erforderlich. Über 41 Pins erfolgt die Stromversorgung, über eine Anschlußleitung erfolgt die Verbindung zu einem
Quarzoszillator (Taktgenerator), weitere 8 Pins sind noch frei.
Der Prozessor hat eine Taktrate von 16 MHz, das ist eine Zyklus-
zeit von 62 Nanosekunden. Die durchschnittliche Ausführungszeit
eines Befehls dauert 4,5 Zyklen, daher kann der 80386 etwa bis 3

Millionen Befehle pro Sekunde ausführen. Für die Addition zweier ganzer 32-Bit-Zahlen werden 2 Zyklen benötigt, für eine ganzzahlige Multiplikation, abhängig von den Anzahl Stellen der Operanden, zwischen 9 und 42 Zyklen. Die in der Tabelle genannten 275 000 Transistoren werden auf die folgenden sechs Komponenten des Prozessors aufgeteilt:

    -> Ausführungseinheit: Register, ALU,
    -> Segmentierungseinheit: Segmentregister, Adreßumsetzung,
    -> Adreßübersetzungseinheit,
    -> Steuerungseinheit: Mikroprogramm, Befehlsdekodierer,
    -> Prefetch-Einheit: Überlappende Befehlsabarbeitung,
    -> Schnittstellen zum internen Bus.

Solange die Ausführungseinheit mit Hilfe eines Mikroprogramms einen Befehl ausführt, wird von der Steuerungseinheit bereits der nächste Befehl dekodiert. Parallel hierzu holt die Prefetch-Einheit bereits die nachfolgenden Befehle über den internen Bus aus dem Speicher. Für die Berechnung der Speicheradressen wird hierbei in der Segmentierungseinheit eine geeignete Segmentierung vorgenommen, außerdem eine Umrechnung der ermittelten virtuellen Adressen in reale Rahmenadressen des Hauptspeichers vorgenommen. Die Segmentierung und die Umrechnung kann überlappend erfolgen. Der 80386 besitzt 8 Mehrzweckregister (EAX, EBX, ECX, EDX, ESI, EDI, EBP, ESP) für aus 32 Bits bestehende Daten und Adressen. Diese Register können auch als 16-Bit Register (AX, BX, CX, DX, SI, DI, BP, SP) verwendet werden, daher ist die Aufwärtskompatibilität von den 16/32-Bit Prozessoren weitgehend gewährleistet. Die Adressierung von Daten erfolgt durch Übergabe von 32 Bit-Adressen an die Segmentierungseinheit. Bei der Adressierung von auszuführenden Befehlen wird die Befehlsadresse von der Prefetch-Einheit vorausberechnet, dann aus dem IP-Register (IP = Instruction Pointer, neben den Mehrfachregistern zusätzliches internes Register) geholt, und dann an die Segmentierungseinheit übergeben. Die Datenadressen eines Maschinenbefehls haben die allgemeine Form " **Basis + (Index mal Skalierungsfaktor) + Distanz** " Basis und Index werden einem der 8 Mehrzweckregister entnommen, während die Distanz und der Skalierungsfaktor im Befehl enthalten sind. Die Befehle und Daten eines Programms werden in **Segmenten** gehalten, die über eine Betriebssystemtabelle verwaltet werden. Diese Tabelle kann bis zu 16 000 Segmenteinträge enthalten. Eine logische Adresse umfaßt 48 Bit, wobei 16 Bit für den Segmentselektor, und 32 Bit für die

Distanzadresse innerhalb des Segments verwendet werden. Daher kann ein Segment maximal die Größe 2^{32} Byte = 4 Gigabyte haben, und theoretisch kann ein Segment 2^{16} Einträge enthalten. Dies ergibt einen gigantischen logischen Adreßraum, der heute bei weitem nicht ausgenutzt werden kann. Die Segmenteinträge sind virtuelle 32 Bit-Adressen, die über eine Adreßumsetzungstabelle in reale Hauptspeicheradressen umgesetzt werden müssen, da im Speicherwerk im Adreßregister reale Adressen der Länge 20, 24 oder 32 Bit benötigt werden, um die Speicherbereiche entsprechend von 1 MB, 16 MB und 4 GB ausschöpfen zu können. Die Speichersteuerung, die beim 80386 die virtuellen Adressen in die realen Adressen umsetzt, ist bereits auf dem 80386-Chip enthalten. Der Adreßumsetzungs-Algorithmus arbeitet im Prinzip wie in 4.2 beschrieben. Es steht ein Pufferspeicher zur Adreßumsetzung zur Verfügung (TLB = Translation Lookaside Buffer), der bis zu 32 Einträge enthalten kann.

Der Prozessor 80386 besitzt Befehle zur Abarbeitung der folgenden Datentypen:

-> Bit (einzelnes Bit)
-> Bit-Feld (zusammenhängende Bit-Gruppe in einem 4-Byte Datenfeld
-> Bit-Kette (eine maximal 4 GigaBit lange Bit-Gruppe)
-> Ganze Zahlen ohne Vorzeichen in den Längen 8, 16, 32 Bit
-> Ganze Zahlen mit Vorzeichen in Zweierkomplement-Darstellung
   (siehe Abschn. 2.3) mit 8, 16 oder 32 Bit
-> Byte-Ketten, interpretiert als ASCII-Zeichenketten, BCD-Zahlen
 · oder als gepackte BCD-Zahlen
-> 32-Bit Pointer
-> Logische Adressen (48 Bit)
-> Floating point-Zahlen mit Exponenten (8 Bit) und Mantisse (23
   Bit), falls Koprozessor 80287 oder 80387 vorhanden
-> Floating point-Zahlen mit Exponenten (11 Bit) und Mantisse (52
   Bit), falls Koprozessor 80287 oder 80387 vorhanden
-> Temporäre floating point-Zahlen mit einem 15 Bit Exponenten und
   63 Bit langer Mantisse, falls Koprozessor 80287 oder 80387
   vorhanden
-> 64 Bit ganze Zahlen

Der 80386 kann im 32 Bit-"protected mode" als auch im 20 Bit-"real mode" betrieben werden. Im letzteren Fall entspricht er dann einem 8086. Im "real mode" können daher Programme von 8086-PCs wesentlich schneller ablaufen. Im "protected mode" können neue 80386-Programme, aber auch 80286-Programme verarbeitet werden. Außerdem können verschiedene Programme als tasks oder Prozesse quasi-simultan bearbeitet werden, da beim 80386 Datenstrukturen für die Verwaltung von Prozessen vorgesehen sind, wie sie beispielsweise unter dem Betriebssystem UNIX für den Betrieb konkurrierender Prozesse benötigt werden.

4.7 Standard-Betriebssystem für Personal Computer: DOS

DOS ist ein Akronym und steht für den englischen Ausdruck "Disk Operating System" (Disketten/Platten-Betriebssystem). DOS ist das Betriebssystem für IBM-PC (PC-DOS) und Kompatible (MS-DOS). Die Programme des Betriebssystems werden nicht ständig im Computer gehalten, sondern sie werden stets beim Einschalten (Kaltstart) oder beim Warmstart des Computers von Diskette oder Festplatte neu eingelesen.

Wie wir im letzten Abschnitt bereits gesehen haben, dient ein Betriebssystem dazu, den Betrieb des Rechners zu überwachen und zu steuern. Ein Computer ist für den Laien ein höchst komplexes Gerät, das ohne Betriebssystem nicht funktionsfähig ist. Ein Betriebssystem ist nicht nur das erste und wichtigste Programm eines Computer-Systems, sondern auch das komplexeste. Für den Benutzer ist meist wenig einsichtig, daß gerade die kompliziertesten, und am besten durchdachten Programme, lediglich dazu dienen, den Computer zu steuern und zu überwachen, und weniger dazu, die eigentlichen Arbeiten des Benutzers zu erledigen.

Bei Großrechnern ist das Betriebssystem ein Programm, das den Betrieb der Maschine steuert. Wie wir gesehen haben, bedienen die meisten Großcomputer viele Benutzer (multiprogramming), von denen jeder die jeweiligen Betriebsmittel der Rechenanlage verwenden möchte. Das Betriebssystem entscheidet darüber, welcher Benutzer welche Betriebsmittel zu welcher Zeit benutzen darf. Es verhindert dadurch, daß sich die verschiedenen Benutzer gegenseitig stören. Das Betriebssystem bietet außerdem Dienstleistungen an, die es dem Benutzer ersparen, sich mit der Hardware befassen zu müssen. Ein Benutzerprogramm kann nicht direkt auf die Hardware einwirken. Bei kleinen Computern wie dem PC dient das Betriebssystem einem anderen Zweck, denn ein PC wird immer nur von einer Person gleichzeitig benutzt. Die vornehmliche Aufgabe von DOS ist es, ein Dateisystem und eine betriebsfähige Ausführungsumgebung für Programme anzubieten. Mit Hilfe des Dateisystems können Daten auf einer Diskette oder Festplatte abgelegt und von dort zurückgeholt werden. Am Beispiel des DOS-Befehls COPY, sei hier demonstriert, wie eine Vielzahl von Einzelschritten automatisch erledigt wird. Folgende Schritte sind bei der Kopierfunktion in logischer Hinsicht durchzuführen:

-> Gibt es auf der Quelldiskette (Diskette, von der kopiert werden soll) eine Datei mit dem angegebenen Namen?

-> Ist die Zieleinheit eine Diskette oder beispielsweise ein Drucker?

-> Gibt es noch genügend Platz auf der Zieldiskette?

-> Welches Format haben Quell- und Zieldiskette?

-> Existieren die angegebenen Laufwerke?

In physikalischer Hinsicht sind vom Betriebssystem bei Aktivieren der Kopierfunktion folgende Überprüfungen durchzuführen:

-> Läuft der Motor des Disketten-Laufwerks?

-> Befindet sich der Lesekopf auf der richtigen Spur?

-> Wieviele Daten-Sektoren sollen auf dieser Spur gelesen/geschrieben werden?

-> Ist das Laufwerk befehlsbereit?

-> Gibt es Schwierigkeiten mit der Diskette? Muß neu gestartet, der Disketten-Zugriff wiederholt oder die Diskette neu eingelegt werden?

-> Im Falle der Wiederholung: Ist eine entsprechende Meldung auszugeben? (Wiederholen, ignorieren, abbrechen?)

-> Wurde das Lesen/Schreiben/Suchen erfolgreich abgeschlossen?

-> Ist die Zieleinheit schreibgeschützt?

Dieser Fragenkatalog zeigt, daß schon bei einer relativ einfachen DOS-Operation wie der Kopierfunktion eine Reihe von Einzelproblemen zu lösen sind. Ein Betriebssystem hat also hier die Aufgabe, die Vielzahl von Teilschritten, die zur Steuerung der Ein-/Ausgabegeräte (Disketten-Laufwerke, Drucker) dienen, selbständig und ohne explizite Einflußnahme durch den Benutzer, auszuführen.

Die Funktionen von DOS lassen sich im wesentlichen in sechs modulare Teile aufteilen:

```
-> ROM-BIOS
-> "Boot-Record" einer Diskette
-> IO.SYS
-> MSDOS.SYS
-> COMMAND.COM
-> Sämtliche externen Befehle
```

Das **ROM-BIOS** (Read Only Memory - Basic Input Output System) wird als ein fest in den PC eingebautes System geliefert und kann als Bestandteil eines beliebigen Betriebssystems eingesetzt werden. Es liefert einige der grundlegendsten Dienstprogramme des Betriebssystems. Der erste Teil des Namens gibt an, wo sich dieser Teil von DOS befindet, nämlich im ROM (Read Only Memory = Festwertspeicher). Dies ist ein Teil des Speichers, dessen Dateninhalte nicht mehr geändert werden können. Von diesem Speicher kann nur gelesen werden. Das ROM-BIOS selbst besteht im wesentlichen aus Programmen und Tabellen. Das erste ROM-BIOS-Programm, das nach dem Einschalten ausgeführt werden muß, ist der Selbsttest des PC. Dieses Programm überprüft den Arbeitsspeicher und die angeschlossenen Peripheriegeräte (= Externe Geräte, die nicht Bestandteil des Rechners sind). Da die Überprüfung des Arbeitsspeichers die meiste Zeit beansprucht, ist die Dauer des Selbsttests um so länger, je mehr Arbeitsspeicher das System besitzt. Bei der Überprüfung des Arbeitsspeichers wird auf dem Bildschirm die Anzahl der augenblicklich überprüften Speicherblöcke angezeigt. Als nächstes wird ein Programm des ROM-BIOS ausgeführt, welches das Betriebssystem startet. Dieser Vorgang wird auch als System-'Boot' bezeichnet und entspricht dem erwähnten IPL (Initial Program Loader) bei Großrechenanlagen. Man spricht häufig auch vom "Hochfahren" des Systems. Der Begriff "Booten" stammt von dem englischen Ausdruck 'Lifting yourself at your own boot straps' und bedeutet soviel wie dem "System in die Stiefel helfen". Das Programm überprüft, ob ein Diskettenlaufwerk installiert ist, und liest anschließend den "Boot-Record" auf der Diskette. Danach übergibt das Programm, das im Deutschen auch als "Kaltstart-Programm" bezeichnet wird, die Kontrolle an den Boot-Record. Hierdurch wird das Laden des Betriebssystems fortgesetzt, und der Rest des Betriebssystems kann eingelesen werden. Die übrigen Programme des ROM-BIOS unterstützen die Standard-Peripherie-Geräte, also die wichtigsten Funktionen der Tastatur, des Bildschirms, der Laufwerke und des Druckers.

Der **"Boot-Record"** enthält genau die Programme, die das Lesen und den Start der wichtigsten Teile des Betriebssystems bewirken. Insbesondere besteht die Hauptaufgabe des Boot-Record bei DOS, die beiden Dateien IO.SYS und MSDOS.SYS in den Hauptspeicher zu laden. Da sich diese beiden Dateien an vordefinierten Speicherplätzen auf der Diskette befinden, müssen sie nicht wie andere Dateien gesucht werden. Dies ist auch ein Grund dafür, daß sich eine gewöhnliche Diskette nicht einfach in eine System-Diskette umwandeln läßt, denn die für die beiden speziellen Systemdateien vorgesehenen Plätze können schon von anderen Dateien belegt sein. Bei der Formatierung von Systemdisketten ist eine entsprechende System-Option zu berücksichtigen: FORMAT /S. Wenn die beiden Dateien im Disketten-Inhaltsverzeichnis vermerkt sind, werden sie durch eine entsprechende Markierung vor einem möglichen Löschen geschützt und erscheinen nach dem DOS-Kommando DIRECTORY (kurz: DIR) auch nicht im Disketten-Inhaltsverzeichnis.

Die System-Datei **IO.SYS** dient der Erweiterung des ROM-BIOS und verwaltet mit diesem die Ein-/Ausgabe. Es unterscheidet sich vom ROM-BIOS dadurch, daß es leicht geändert werden kann. Wie oben schon erwähnt, ist das ROM-BIOS Bestandteil aller Betriebssysteme, die auf dem PC laufen (z. B. auch von CP/M), d.h. sämtliche Betriebssysteme können das BIOS des ROM-Speichers verwenden. Für die Bereiche, in denen sich die Betriebssysteme unterscheiden, benötigen sie ihren spezifischen BIOS-Teil. Dies ist die Aufgabe der Datei IO.SYS (Adaption der Verwaltung von E/A-Geräten auf die spezifischen Anforderungen von DOS).

Eine weitere Aufgabe dieser Datei ist es, Fehler im ROM-BIOS zu beheben. Sollte ein Fehler im ROM-BIOS auftreten, besteht keine Möglichkeit zur Korrektur, da das Programm fest im ROM-Speicher installiert ist. Etwaige Fehler werden durch Änderungen in der Datei IO.SYS korrigiert. Hierbei ist der Zugriff so zu ändern, daß die BIOS-Operationen zuerst auf IO.SYS zugreifen und erst anschließend auf das ROM-BIOS. Eine dritte Aufgabe von IO.SYS betrifft die Unterstützung neuer Peripherie-Geräte. Das kann eine Festplatte mit einer besonders hohen Speicherkapazität sein, ein spezieller Drucker oder ein Gerät, das möglicherweise in Zukunft an den PC angeschlossen wird. In diesen Fällen kann die entsprechende Unterstützung in der IO.SYS-Datei oder ihren Hilfsdateien ergänzt werden, ohne daß die ROM-Speicher-Chips, die das ROM-BIOS enthalten, ausgetauscht werden müssen. Die Vorgehensweise besteht darin, daß IO.SYS zuerst eine Konfigurationsdatei (CONFIG.SYS) auf der Diskette überprüft. Wird diese gefunden, wird sie auf entsprechende Instruktionen durchgesehen, welche verschiedene System-Parameter festlegen. Die Instruktionen der Konfigurationsdatei enthalten die Namen aller Programme zur Geräte-Steuerung, die im BIOS enthalten sein müssen. Umgekehrt wird auch jedes dieser Programme zusätzlich in IO.SYS geladen. Mit diesem modularen Prinzip ist es möglich, neue Geräteeinheiten anzuschließen, ohne die DOS-Systemdateien zu verändern.

Die Datei **MSDOS.SYS** enthält die DOS-Routinen, die von der direkten Ein-/Ausgabe-Unterstützung abgekoppelt sind. Obwohl eine Trennung der Funktionen von IO.SYS und MSDOS.SYS nicht unbedingt erforderlich ist, wird hierdurch doch die Modularität von DOS verbessert. Außerdem werden die hardware-spezifischen Teile von den hardware-unabhängigen Teilen getrennt. Die Datei beinhaltet vor allem Ein-/Ausgabe-Dienstprogramme für das Lesen von Tastatureingaben, für die üblichen Bildschirm- und Druckerausgaben. Für Disketten werden logische Operationen zur Verfügung gestellt: Öffnen und Schließen von Dateien, Suchen im Datei-Inhaltsverzeichnis, Löschen und Neuanlegen von Dateien sowie Lesen und Schreiben von Dateien. Diese Routinen unterstützen praktisch alle elementaren Operationen, die ein Programm für die Verarbeitung von Dateien, oder spezieller Daten innerhalb der Dateien, benötigt.

Die Datei **COMMAND.COM** stellt bei DOS den sog. "Befehls-Prozessor" dar. Dieser ist für das Einlesen der über die Tastatur eingegebenen Befehle zuständig. COMMAND.COM enthält eine Tabelle mit Befehlsnamen, welche ein in COMMAND.COM eingebautes Dienstprogramm aufrufen und unmittelbar ausführen können. Diese Befehle bezeichnet man auch als interne Befehle (z. B. DIR, COPY, TYPE). Falls ein Befehl nicht in der Tabelle der internen Befehle enthalten ist, handelt es sich um einen externen Befehl. Bei Aufruf eines externen Befehls durchsucht COMMAND.COM die Diskette nach der Datei mit diesem Befehlsnamen und leitet die Befehlsausführung dadurch ein, daß das Programm in den Arbeitsspeicher geladen, und die weitere Ablaufsteuerung an dieses Programm übergeben wird.

Es gibt drei Arten von befehlsverarbeitenden Dateien, die durch ihre Dateinamens-Erweiterung unterschieden werden:

```
a) *.COM   b) *.EXE   c) *.BAT
```

(Reihenfolge gemäß dieser Priorität, d. h. bei Vorhandensein mehrerer Dateien mit gleichem Namen, wird vom Befehlsprozessor die Steuerung an die COM-Datei übergeben. Gibt es weder eine *.COM- noch eine *.EXE-Datei, wird die *.BAT-Datei abgearbeitet).

*.COM- und *.EXE-Dateien sind Programm-Dateien in einem speziellen Programmformat. Die Erweiterung *.BAT stammt von dem englischen Term BATCH (= Stapel) und kennzeichnet eine sogenannte Stapel- oder auch Batch-Datei. Eine solche Datei enthält eine Reihe von Befehlen, die in der Reihenfolge ausgeführt werden, in der sie über die Tastatur eingegeben worden wären. Eine der Aufgaben von COMMAND.COM besteht darin, in einer Stapeldatei den entsprechenden Befehl zu markieren, damit nach Beendigung dieses Befehls der nächste Befehl in der Datei gelesen werden kann. Eine weitere Aufgabe besteht darin, nach dem Systemstart eine Datei mit der Bezeichnung AUTOEXEC.BAT zu suchen und gegebenenfalls auszuführen. (Daher auch die Wortkontraktion von AUTO und EXEC, um die automatische Ausführung zum Ausdruck zu bringen).

COMMAND.COM besteht aus einem residenten und einem halb-residenten Teil. Der halb-residente Teil enthält den Befehlsinterpreter einschließlich der Programme zur Ausführung der internen Befehle. Er wird in einem Teil des Arbeitsspeichers plaziert, in welchem er von anderen Programmen überschrieben werden kann. Auf diese Weise kann Speicherplatz eingespart werden. Wenn der Befehlsinterpreter verwendet werden muß, überprüft der residente Teil von COMMAND.COM, ob der Befehlsinterpreter noch unverändert ist. Ist dies nicht der Fall, wird er von der Diskette neu geladen.

Die **externen Befehle** sind nicht im residenten Teil von DOS enthalten, sondern befinden sich als Programm-Dateien auf der Diskette/Platte. Sie haben, wie alle Programmdateien die Erweiterung COM oder EXE. Beispiele für externe Befehle sind DISKCOPY (Kopieren von Disketten), FORMAT (Formatieren von Disketten/Platte) und

CHKDSK (Überprüfen der Diskette/Platte). Bleibt abschließend festzustellen, daß DOS derjenige Teil der System-Software ist, welcher direkt mit der Hardware des Computers zusammenarbeitet und auf den verwendeten Mikroprozessor abgestimmt ist. DOS bildet die Schnittstelle zwischen Anwender, der Hardware und anderer Systemsoftware (siehe die Abschnitte über Programmiersprachen, integrierte Software, Textverarbeitungssysteme und Anwendersoftware)

4.8 UNIX versus MS-DOS

Nach der Ankündigung des Betriebssystems CP/M-86 von Digital Research im Jahre 1978 entwickelte Seattle Computer Products ihr Betriebssystem QDOS speziell für Intel-8086 Systeme. Im Jahre 1981 übernahm Microsoft dieses System und seither ist es unter dem Namen MS-DOS bekannt. Das PC-DOS von IBM ist weitgehend mit MS-DOS identisch. MS-DOS kann auf allen 16-Bit Mikrocomputern implementiert werden. Der wesentliche Vorteil von MS-DOS im Vergleich zu CP/M ist, daß der Systemkern auf die unteren Adressen des Arbeitsspeichers geladen wird. Damit ist bei einer Speichererweiterung a) eine Verschiebung des Systemkerns nicht mehr erforderlich, b) brauchen die Programme nicht mehr neu gebunden werden. Die Belegung des unteren, herstellerabhängigen, Speicherbereichs erfolgt über die Systemtabelle CONFIG.SYS, außerdem werden in dieser Datei die Größe des Buffers und die Namen der Treibersoftware geführt. Der Systemkern stellt als unterste Schicht des MS-DOS-Schichtenmodells sämtliche Systemaufrufe bereit, welche bei der Ausführung eines Anwendungsprogramms den Zugriffsmechanismus auf die Hardware-Komponenten steuert. Die Schnittstelle zwischen MS-DOS und der Benutzerschicht/Anwendungsschicht erfolgt über den Kommandointerpreter COMMAND.COM. Die built-in Kommandos werden hierbei direkt vom COMMAND.COM ausgeführt, die sog. transienten Kommandos (wie z.B. FORMAT, PRINT) müssen von der Platte in Hauptspeicher geladen werden und können erst dann ausgeführt werden.

Bei UNIX ist der Systemkern und die Benutzeroberfläche (UNIX-shell und der C-Compiler) scharf getrennt. Es gibt eigentlich keinen separaten Kommandointerpreter, sondern Kommandos sind jede ausführbare Datei selbst. Dies kennt man bei MS-DOS ebenfalls: Batch-Da-

teien mit der Dateierweiterung *.bat werden durch Eingabe des Da-
teinamens ausgeführt, die Batch-Datei AUTOEXEC.BAT wird beim Boot-
Vorgang sogar automatisch ausgeführt. *.bat-Dateien entsprechen in
UNIX den mit dem 'shell'-Kommando erzeugten Dateien. MS-DOS ist
mit jeder der letzten Versionen 2.11, 3.0, 3.2 immer UNIX-ähnli-
cher geworden. Viele UNIX-Elemente sind in den DOS-Kommandointer-
preter aufgenommen worden. Zu nennen ist

-> das sog. 'wildcarding' mit der Verwendung der Symbole '*' und
   '?' in DOS-Kommandos,

-> die Speicherung der jeweils letzten Eingabezeile zur Wiederholung der letzten Befehlseingabe mit der Funktionstaste F3,

-> die Umleitung der Ein- und Ausgabe von Dateien auf andere Dateien oder Geräte mit den Zeichen '<' und '>',

-> die Pipeline-Verkettung mit dem Zeichen '¦', indem die links-
   genannte Ausgabedatei als Eingabedatei für die rechtsgenannte
   Datei verwendet werden kann.

MS-DOS ist ein reines Single User - System. Zu einem bestimmten
Zeitpunkt kann also nur ein Benutzer vom System bedient werden.
Dagegen unterstützt UNIX ein Mehrbenutzersystem (Multi-User System). MS-DOS stellt nur einem Benutzer alle Rechte zur Nutzung
des Speichers, der Dateien und der angeschlossenen peripheren Geräte zur Verfügung. Ursprünglich waren daher auch keine Schutzmechanismen mit Hinsicht auf die Nutzung durch andere Anwender vorgesehen. UNIX kann im Mehrprozeßbetrieb viele Benutzer gleichzeitig bedienen (d.h. quasi-gleichzeitig in einem vom System gesteuerten Zeitscheiben-Prozeßtakt). Es gibt außerdem Möglichkeiten eines abgestuften Schutzmechanismus, mit dem die Zugriffsauthorisie-
rung der Dateien festgelegt werden kann (drei Ebenen mit der jeweiligen Möglichkeit zur Festlegung des x=Ausführen, r=Lesen,
w=Überschreiben). UNIX erlaubt im Gegensatz zu MS-DOS die gemeinsame Nutzung von Betriebsmitteln. UNIX ist zu anderen Systemen hin
offen, kann mit anderen Rechnern vernetzt zusammenarbeiten und
gleichzeitig verschiedene Aufgaben (Tasks) ausführen. UNIX kann
mit Rechnern jeder Größe kommunizieren, sei es eine VAX von DEC
oder ein Supercomputer von CRAY (siehe nächsten Abschnitt). Auch
zu MS-DOS hin kann UNIX kompatibel sein. Auf der Basis des Intel-
80386 sind PCs heute erst richtig UNIX-fähig geworden. Damit eröffnet sich für die Softwarehäuser ein riesiges Marktpotential für
Anwendungssoftware im PC-Bereich. Allerdings steht die Benutzer-

freundlichkeit im Augenblick noch eindeutig auf der Seite von MS-DOS, auch das riesige Angebot an benutzerfreundlichen Anwendungs-programmen ist in der UNIX-Welt noch nicht vorhanden. Mitte dieses Jahres haben einige wichtige Computerunternehmen (Apollo, Hewlett-Packard, DEC, IBM, Siemens, Bull, Nixdorf, Philips) die OSF (Open Software Foundation) mit dem Ziel gegründet, ein einheitliches UNIX zu schaffen. Zwischenzeitlich hat praktisch jeder Hersteller sein eigenes UNIX (z.B. Xenix von Xerox, AIX von IBM, HP-UX von Hewlett-Packard, Sinix von Siemens, usw.), das zwar im Kern noch dem originären Berkeley-Standard entspricht, aber jeder Hersteller seine eigene Schale erzeugt hat, die weitgehend inkompatibel sind. Der OSF-Gruppe stehen die Anstrengungen von AT&T und SUN entgegen, die bereits bedienerfreundliche, grafische Benutzeroberflächen für UNIX entwickelt haben. Für den Benutzer erscheint diese Situation geradezu paradox: Zum einen wird ein sehr leistungsfähiges Be-triebssystem mit der Maßgabe entwickelt, herstellerunabhängig und portabel zu sein, zum andern wird von den Herstellern versucht, diese Unabhängigkeit durch Vorschalten nicht-kompatibler Software-Schalen zu erschweren oder gar aufzuheben. Bleibt zu hoffen, daß die Bemühungen der OSF-Gruppe erfolgreich sein werden, Skepsis ist im Spannungsfeld von Produkt- und Marktmacht dennoch erlaubt.

4.9 Gegenwärtige und zukünftige Entwicklung von Großrechenanlagen

Trotz der rasanten Entwicklung der Einprozessor-Systeme und der hiermit verbundenen technologischen Leistungsverbesserung zeichnet sich seit Mitte der 70-er Jahre eine Entwicklung ab, die durch die Schlagworte Parallelverarbeitung und Parallelrechner charakteri-siert sind. Durch die teilweise drastische Kostenreduktion der Hardware-Komponenten hat man bereits in der dritten Computergene-ration Rechner gebaut, die zwei und mehr Prozessoren besaßen. So z.B. die IBM 370/168 MP mit zwei identischen und eigenständigen Prozessoren, oder der C.mmp-Rechner, der aus 16 PDP-10 Minicompu-tern besteht. Seit Verwendung der VLSI-Technologie bei Computern der vierten Generation ist die parallele Verarbeitung in einer ganzen Reihe von weiteren Systemen realisiert: Cray X-MP, Univac 1100/80, Fujitsu M382, u.a. Die Entwicklungen auf dem Gebiet neuer

Rechnerarchitekturen haben zu einer Vielzahl von Systemen geführt, die M.J. **Flynn** im Jahre 1972 in ein Schema von vier Klassen eingeteilt hat. Als Klassifizierungsmerkmal verwendet er zwei Informationsströme, den **Befehls**strom vom Hauptspeicher zum Prozessor und den **Daten**strom vom Hauptspeicher zum Prozessor und zurück. Diese beiden Informationsströme können hierbei **einfach** oder **mehrfach** sein. Dadurch erhält man vier Klassen von Rechnern, die anschließend in einer kurzen Übersicht charakterisiert werden sollen:

```
-> SISD (Single Instruction stream Single Data stream)
-> SIMD (Single Instruction stream Multiple Data stream)
-> MISD (Multiple Instruction stream Single Data stream)
-> MIMD (Multiple Instruction stream Multiple Data stream).
```

SISD-Rechner entsprechen der von Neumann-Architektur, wobei der Befehlsstrom sequentiell verarbeitet wird. Auch Rechner mit mehreren Prozessoreinheiten würde man noch zur SISD-Klasse zählen, wenn sie von einer Kontrolleinheit gesteuert werden. Zur Klasse der SIMD-Rechner gehören die Array- oder Vektorrechner. SIMD-Rechner bestehen aus einer bestimmten Anzahl von Prozessorelemente (processing elements), die von einer zentralen Kontrolleinheit gesteuert werden. Ein solches Prozessorelement entspricht einer ALU (arithmetic and logic unit) und einem lokalen Speicher. Alle Prozessorelemente erhalten von der Steuereinheit denselben Befehlsstrom, führen diesen aber mit unterschiedlichen Daten aus. Die Verarbeitung eines Programms erfolgt folgendermaßen: Der Compiler durchsucht das Programm nach Programmsegmenten, die parallel ausgeführt werden können. Solche parallel ausführbare Segmente werden von der Steuereinheit übersetzt, und der Programmcode wird den Prozessorelementen zur Ausführung übergeben. Die Verarbeitung der Befehlsströme erfolgt hierbei synchron, indem die Daten aus den Speichersegmenten in die einzelnen Prozessorelemente geladen werden. Die restlichen Programmteile, die nicht parallel ausgeführt werden können, werden von der Kontrolleinheit selbst ausgeführt. SIMD-Rechner sind umso leistungsfähiger, je effizienter sich ein Vektorisierungsalgorithmus auf das Programm anwenden läßt. Von entscheidender Bedeutung ist auch die Qualität des Verbindungsnetzwerks zwischen Prozessorelementen und Speichereinheiten.

Bei den **SIMD-Rechnern** unterscheidet man zwischen den **Pipeline-** oder Vektorrechnern und den **Arrayprozessoren.** Unter dem Begriff pipelining (Fließbandverarbeitung) versteht man das Zerlegen eines Prozesses in mehrere Teilprozesse. Die Ausführung der Teilprozesse geschieht in separaten Hardware-Einheiten. Die Teilprozesse werden sukzessive ausgeführt, indem sie in die Pipeline aufgenommen werden. Der Vorteil der Pipeline liegt in einer überlappenden Ausführbarkeit der Teilprozesse. Hat ein Teilprozeß die zweite Stufe der Pipeline erreicht, so kann in die erste Stufe bereits ein neuer Prozeß geladen werden. Das Pipeline-Prinzip läßt sich anhand der instruction pipeline (Abarbeitung eines Befehls nach dem Fließbandprinzip) verdeutlichen, indem man die Befehlsausführung in vier Stufen zerlegt:

```
1. Befehl vom Hauptspeicher einlesen
2. Befehl erkennen und übersetzen
3. Gegebenenfalls Operanden einlesen
4. Befehl ausführen
```

Jeder Befehl muß diese vier Stufen durchlaufen. Eine nachfolgende Stufe kann erst aktiv werden, wenn die Vorgängerstufe ihre Aufgabe vollständig erledigt hat. Zwischen den Stufen einer Pipeline sind sog. Interfaces geschaltet, das sind Register, die als Datenpuffer einen schnellen Zugriff erlauben, sodaß die Daten ohne Verzögerungen weitergereicht werden können. Für die Ausführung eines Befehls sind meist mehrere Pipeline-Durchläufe erforderlich. Haben die Pipeline-Stufen unterschiedlich lange Bearbeitungszeiten, so ist die Stufe mit der längsten Bearbeitungszeit kritisch. Daher versucht man über eine Zeittakt-Steuerung eine möglichst gute Synchronisation hinsichtlich gleich langer Bearbeitungszeiten. In jedem Zeittakt wird in die erste Stufe der Pipeline ein Befehl eingelesen, oder ein Zwischenergebnis an eine Nachfolgerstufe weitergereicht. Bei einem Rechner ohne Pipeline wird nur nach jedem 4. Takt ein Befehl eingelesen werden können, mit Pipeline in jedem Takt. Wenn die Pipeline nach vier Takten gefüllt ist, wird mit jedem Takt ein Zwischenergebnis geliefert:

Eine Pipeline aus k Stufen kann eine Aufgabe mit n Prozessen in $T_k = k + (n-1)$ Zeittakten bearbeiten. Hierbei benötigt das Rechenwerk

k Takte um einen von n Prozessen auszuführen. Nach k Takten ist
die Pipeline gefüllt und nach n-1 weiteren Takten können die ver-
bleibenden n-1 Prozesse ausgeführt werden. Ein Rechner ohne Pipeline benötigt für die gleiche Aufgabe T_1=n·k Zeittakte.

Eine Maßzahl für den aufgrund des pipelining erzielten Zeitge-
winns (**speed-up**) ergibt sich aus dem Verhältnis von T_1 zu T_k,
S_k=(n·k)/(k+(n-1)). Ist n wesentlich größer als k, so strebt S_k
gegen k. k ist daher der bestmögliche Speed-up, der theoretisch
erreicht werden kann.

Pipeline-Rechner lassen sich in zwei Klassen einteilen, die Ein-
funktions- und Multifunktionspipelines. Bei einer **Einfunktionspi-
peline** kann die Pipeline immer nur dieselben Operationen durchführen. Die **Multifunktionspipeline** kann über eine Steuerung verschiedene Operationen ausführen. Man unterscheidet hierbei weiterhin
die **statischen** Pipelines, bei denen die Funktion der Pipeline
praktisch nie geändert wird. Beispiele hierfür sind die **Vektorpi-
peline**-Rechner. Ist die Pipeline einmal konfiguriert, so kann die
gesamte Datenmenge durch sie hindurchfließen. Dagegen kann die
Funktion sog. **dynamischer** Pipelines für jeden neuen skalaren Input
verändert werden. Dynamische Pipelines werden bei der hardware-
mäßigen Realisierung von Maschinenbefehlen angewandt.

Eine weitere Klasse von SIMD-Rechnern sind die **Array-Rechner**. Bei
diesen Rechnern handelt es sich eigentlich um Multiprozessorsy-
steme und damit um MIMD-Rechner. Das entscheidende Kriterium aber,
weshalb sie zu den SIMD-Rechnern gezählt werden, ist die Funktionsweise, wie das Betriebssystem die einzelnen Prozessoren steuert. Bei SIMD-Rechnern führen alle Prozessoren synchron denselben
Maschinenbefehl mit verschiedenen Daten aus, bei MIMD-Rechnern
kann jeder Prozessor unterschiedliche Prozessoren ausführen. Am
Beispiel der Addition von zwei nxn-Matrizen lassen sich die Vorteile von Arrayprozessoren verdeutlichen: Hier wird an n^2 Matrix-
positionen die gleiche Operation mit unterschiedlichen Daten
durchgeführt. Bei n^2 Prozessoren könnte die Addition in einem
Schritt durchgeführt werden. Dagegen wären auf einem SISD-Rechner
n^2 Schritte erforderlich.

MISD-Rechner besitzen ebenfalls eine bestimmte Anzahl von Prozessoren, mit dem Unterschied, daß diese den gleichen Datenstrom bearbeiten können. Jedem Prozessor wird von der Kontrolleinheit ein Befehlsstrom zugeteilt, der sich von den Befehlsströmen der anderen Prozessoren unterscheidet. Bis heute ist diese Rechnerarchitektur noch nicht konkret realisiert worden. Es ist aber denkbar, daß zukünftig durch die sehr unterschiedlichen Anforderungen an integrierte Architekturen auf SIMD-Komponenten zurückgegriffen wird.

Zur Klasse der **MIMD-Rechner** gehören die heutigen Mehrprozessorsysteme. Mehrere Prozessoren können über ein Verbindungsnetzwerk auf einen gemeinsamen Speicher zugreifen, wobei jeder der Prozessoren einen eigenen Maschinenbefehlssatz besitzt (Mikroprogramme) und ein Programmsegment selbständig bearbeiten kann. Der Vorteil bei MIMD-Rechnern liegt zweifelsohne in einer höheren Flexibilität, aber dem Leistungsgewinn (speed-up) steht ein erhöhter Koordinierungsaufwand bei der Steuerung des Mehrprozessorsystems gegenüber. Zwischen speed-up und Aufwand für die Koordination besteht in gewisser Weise ein trade-off, sodaß nicht beliebig viele Prozessoren zusammengeschaltet werden können, ohne daß der Steuerungsaufwand überproportional ansteigen würde. Auch ist in der Literatur das Amdahl'sche Gesetz bekannt. Dieses nach Gene Amdahl benannte Gesetz besagt, daß ein Zusammenhang zwischen der Leistungssteigerung durch zusätzliche Prozessoren und dem nicht parallelisierbaren, also sequentiellen, Programmcode besteht: $L = 1/(F+(1-F)/N)$. Hierbei ist F der sequentielle Anteil des Programmcodes, N die Anzahl der Prozessoren und L der erzielte Leistungsgewinn. Beispielsweise bedeutet eine Verdopplung der Prozessoranzahl keinesfalls eine Verdopplung der Leistung. Bei 16 Prozessoren und 20% sequentiell ausführbarem Programmcode (F=0.2) beträgt die Leistungszunahme nur das Vierfache eines Uniprozessorsystems.

Mit der Anzahl der kommunizierenden Prozessoren innerhalb eines Multiprozessorsystems steigt auch der Komplexitätsgrad des Betriebssystems. Die wichtigen Funktionen eines Betriebssystems (reibungsloser Systemablauf, Datensicherung, Bereitstellung von Systemkomponenten) erfahren bei Multiprozessorsystemen noch eine zusätzliche Dimension. Gegenüber Einprozessorsystemen ist der Datenverkehr zwischen den Systemkomponenten intensiver und verlangt daher ausfallsichere Mechanismen für einen fehlerfreien Datentransfer. Man unterscheidet bei Betriebssystemen für MIMD-Rechner im wesentlichen drei Organisationsformen:

1. Die **Master-Slave** Beziehung: Hier sind in einem ausgezeichneten Master-Prozessor, der ausschließlich Betriebssystemfunktionen ausübt, die Funktionen des Supervisors abgelegt. Die Slave-Prozessoren verfügen nur über ganz wenige Betriebssystemfunktionen.

2. **Separater Supervisor**: Jeder Prozessor besitzt einen eigenen Supervisor, daher können die Systemanforderungen auf einer höheren Ebene verwaltet werden. Jeder Prozessor hat eine eigene Tabellenverwaltung, außerdem gibt es globale Tabellen, auf die jeder Prozessor zugreifen kann. Nachteilig ist, daß durch die separaten Supervisor sehr viel Platz im Hauptspeicher belegt wird, außerdem können - im Gegensatz zum Master-Slave Prinzip - Kollisionen beim Zugriff auf die globalen Tabellen entstehen. Dennoch ist diese Organisationsform flexibler als die Master-Slave Beziehung. Der häufig genutzte Teil des Betriebssystems kann in schnellen Cache-Speichern, weniger häufig benötigte Betriebssystemfunktionen können im gemeinsamen Hauptspeicher, abgelegt werden.

3. **Wechselnder Supervisor**: Hier wird die Aufgabe des Supervisors an jeweils einen oder mehrere Prozessoren verteilt. Jeder Prozessor kann hierbei die Master-Funktion übernehmen. Anforderungen an den Supervisor werden über Prioritätenfestlegung geregelt.

Die Topologie des Verbindungsnetzwerks zwischen den Prozessoren definieren im wesentlichen die Architektur des Multiprozessorsystems. Zur Gruppe der **statischen Netze** zählen ein-, zwei- und dreidimensionale Anordnungen der Prozessoren. Als Beispiel eines eindimensionalen Netzwerks wäre der **lineare Array** zu nennen, etwa bei Pipeline-Rechner. Ring-, stern-, baum- und gitterartige Prozessoranordnungen gehören zur Klasse der zweidimensionalen Netzwerke. Speziell bei Gittern unterscheidet man das regelmäßige Gitter (**nearest-neighbor-mesh**) und das hexagonale Gitter (**systolic array**). Netzwerke in Gestalt von Würfeln gehören zu den dreidimensionalen Netzwerken. Hierbei werden die Ecken des Würfels von einer vorgegebenen Anzahl von Prozessoren gebildet. Es gibt den **3-**

cube-connected-cycle, an dessen Ecken sich jeweils drei Prozessoren befinden. Diese Anordnung besitzt also insgesamt 2^3 mal 3 Prozessoren (Anzahl Ecken mal Anzahl der Prozessoren in jeder Ecke). Ist n die Dimension des "Würfels" (hypercube), dann besteht der **n-cube-connected-cycle** aus 2^n mal n Prozessoren. Andere höherdimensionale Prozessorstrukturen können sich aus Gittern und Würfeln zusammensetzen. Für weitere Einzelheiten wird auf die Literatur am Ende des Kapitels verwiesen.

Bei **dynamischen Netzwerken** unterscheidet man zwischen einstufigen (single stage), mehrstufigen (multi stage) und dem Kreuzschienennetzwerk (cross-bar). Bei einstufigen Netzwerken ordnet man die Schaltelemente in einer Reihe hintereinander an. Dadurch ist mehr als ein Durchlauf der Daten durch das Netzwerk erforderlich. Bei mehrstufigen hat man mehr als eine Reihe von Schaltelementen, daher können die Daten in einem Durchlauf von beliebigen Eingabekanälen zu beliebigen Ausgabekanälen geleitet werden. Man spricht von einseitigen und zweiseitigen Netzwerken, wenn sich die Ein- und Ausgänge auf gleichen bzw. auf gegenüberliegenden Seiten der Anordnung befinden. Die einfachste Möglichkeit zur Verbindung der Systemkomponenten liefert ein Bussystem mit den uni- und bidirektionalen Varianten (wie in 4.3 beschrieben). In einem **Kreuzschienen**netzwerk ist jeder Prozessor an einen eigenen Bus gekoppelt, sodaß zwischen je zwei Prozessoren eine direkte Bus-Verbindung aufgebaut werden kann. Diese Verbindungen bleiben - ähnlich wie im Fernsprechnetz - nur für die Zeitdauer des Datentransports aufgebaut. Die Anzahl der parallelen Datentransfers ist daher direkt proportional zur Anzahl der Prozessoren.

Neben der oben genannten Klassifikation von Flynn gibt es eine andere **Klassifikation von Tse-yun Feng** aus dem Jahre 1984, welche die Rechner nach dem **Grad der Parallelität** unterscheidet. Er orientiert sich am maximalen Grad der Parallelität, definiert durch die maximale Anzahl Bits, die innerhalb einer vorgegebenen Zeiteinheit parallel verarbeitet werden kann. Die Unterscheidungsmerkmale verschiedener Computer werden durch Wertepaare (m,n) dargestellt, wobei n die Anzahl der Bits innerhalb eines Wortes, m die Anzahl der Worte bedeutet, die parallel verarbeitet werden können. Der maximale Parallelitätsgrad ist dann das Produkt von n und m: $P(C) := n \cdot m$. Dieser Ansatz ist nicht unproblematisch, da die Struktur eines Rechners weniger durch die Anzahl m der Worte, als vielmehr durch die Anzahl der Prozessoren oder die Anzahl der ALUs bestimmt ist.

Ein anderer Vorschlag ist in der Literatur als **ECS**-System von **Händler** bekannt (ECS = Erlangen Classification System). Das ECS unterscheidet sich von den oben genannten Vorschlägen in der genauen Darstellung der Struktur von Parallelrechnern und Pipelines. Er verwendet die Unterscheidungsmale

1. Program Control Unit (**PCU**), dem Leitwerk, welches verschiedene Register, einen Programmzähler, eine Funktionseinheit für die Befehlscodierung besitzt, und das Programmsegment sequentiell interpretiert.
2. ALU, dem Rechenwerk, das den von der PCU erzeugten Befehlssequenzen ausführt
3. Elementary Logic Circuit (**ELC**), einer Funktionseinheit im Rechenwerk, in der 1-Bit Operationen ausgeführt werden können. Die Anzahl der ELC in der ALU nennt man Wortbreite. Der Rechner kann aus mehreren PCU aufgebaut sein, von denen jede für mehrere ALUs zuständig sein kann. Alle von einer PCU gesteuerten ALUs führen dieselben Operationen aus.

Mit einer Tripel-Notation T(Computertyp) = (k,d,w), k=Anzahl der PCUs des Rechnersystems, d=Anzahl der ALUs, w=Wortbreite einer ALU, erfolgt die Klassifikation der Parallelrechner. Für den oben erwähnten Rechner C.mmp mit 16 PDP-11 Minicomputern gilt dann T(C.mmp) = (16,1,16). Der unterschiedliche Parallelisierungsgrad wird durch mindestens eine der Variablen k,d,w erfaßt, jedoch wird die Struktur von Pipelines nicht berücksichtigt. Daher ist die Klassifikation erweitert worden:

- Eine ALU wird in Segmente unterteilt (**arithmetic pipelining**). In der Notation wird die Anzahl w der ELC mit der Anzahl w' der Stufen einer Arithmetic Pipeline durch ein x-Zeichen verknüpft.
- Bei der simultanen Bearbeitung eines Befehlsstroms von verschiedenen Prozessoreinheiten werden die verschiedenen Operationen (wie Befehlsdecodierung, Holen der Operanden aus dem Speicher, usw.) überlappend ausgeführt (**instruction pipelining**). Hierbei werden verschiedene ALUs in eine Pipeline ge-

bracht. Die Notation wird um d', d.h. der Stufen einer instruction pipeline, erweitert.

- **Macropipelining** nennt man die Pipelinetechnik auf der Prozessorebene, auf der mehrere Prozessoren einen Datenstrom bearbeiten. Hat ein Prozessor seine Aufgabe ausgeführt, so übergibt er das Ergebnis an einen vordefinierten Speicherbereich, auf den alle nachfolgenden Prozessoren zugreifen können. Damit kann das Ergebnis an den Nachfolger-Prozessor weitergegeben werden. In der anschließenden Notation ist k' die Anzahl der Stufen in einer Macropipeline. Die obige Tripelnotation ist nun von der Form T(Computersystem) = (k x k', d x d', w x w') und enthält die Struktur der verwendeten Pipelines.

Abschließend seien noch einige der bekanntesten wissenschaftlichen und kommerziellen MIMD-Rechnerarchitekturen zusammengestellt (siehe Hockney (1985)):

CEDAR (D.Kuck, D.Lawrie, D. Gajski, University of Illinois at Urbana-Champaign): Diesen Rechner soll es in zwei Ausführungen geben. Einen vorläufigen Prototypen mit vier Clustern zu je acht Prozessoren für den Test der Architektur- und Softwarekonzeption, und die endgültige Version (Fertigstellung 1990) mit 64-128 Clustern zu je 8-16 Prozessoren und einer Leistung von mehreren Gigaflops.

CHIP (Configurable Highly Parallel Computer, L. Snyder, Purdue University, Indiana): Dieser Rechner besteht aus einem regelmäßigen Netz von n Mikroprozessoren, einem Schaltknoten-Gitter und einer Steuereinheit für die Schaltzustände des Gitters. Die PE (Prozessorelemente) sind nicht direkt, sondern in regelmäßigen Abständen über die Schaltknoten miteinander verknüpft. An die am Rande des Netzes liegenden Knoten sind die Ein-/Ausgabekanäle angeschlossen. Konzipiert ist der Rechner auf eine Größe von 2^8 bis 2^{16} Prozessorelemente, jedes PE führt einen eigenen Befehlsstrom aus, die Kontrolle erfolgt aber synchron (synchroner MIMD-Betrieb). Die CHIP-Architektur erlaubt auch die simultane Bearbeitung von verschiedenen Anwendungen, die jeweils einer bestimmten Region des CHIP-Netzwerks zugeordnet sind.

C.mmp (Carnegie-Mellon University, Pittsburgh, Pennsylvania): Dieser Rechner besteht aus 16 PDP11/40 Minicomputern mit einer Hauptspeicherkapazität von 2.7 MByte. Jeder Prozessor besitzt einen 8 KB lokalen Speicher, in denen praktisch alle Betriebssystemfunktionen abgelegt sind. Über den PDP11 Unibus sind die Prozessoren mit den Speichereinheiten verbunden.

Cm* (Carnegie-Mellon University, Pittsburgh, Pennsylvania) ist der Nachfolger von C.mmp. Die Computermodule (Cm) sind die kleinsten Systemeinheiten und bestehen aus CEC-LSI-11 Mikroprozessoren mit 64 KB dynamischem Speicher. Jeweils 14 der Computermodule können in einem Cluster zusammengeschlossen werden. Die Cluster sind hierarchisch angeordnet. Jedem Cluster ist ein spezielles Prozessormodul, bestehend aus drei Prozessoren, zugeordnet, welche die Kommunikation zwischen den Clustern regeln. Der erste Cm*-Rechner wurde bereits 1977 realisiert, seit 1985 gibt es einen Cm*-Rechner mit 5 Clustern zu jeweils 10 Computermodulen, der vor allem selbst für die Simulation von anderen MIMD-Architekturen eingesetzt wird.

Der **Cosmic Cube** (Nearest Neighbor Concurrent Processor, NNCP) ist ein experimenteller Rechner zur Untersuchung von parallelen Verarbeitungsmechanismen. Die Prozessoren sind in Form eines 6-dimensionalen Würfels angeordnet. Jeder Knoten des Würfels ist bidirektional mit jeweils sechs weiteren Knoten verbunden. Jeder Knoten besteht aus einem Intel 8086-Mikroprozessor, einem Intel 8087-Koprozessor für Gleitkommaoperationen, 128 KB RAM und 8 KB ROM. Die Gesamtleistung des Cosmic Cube liegt bei 3 MFlops (64 Prozessoren). Diese entspricht etwa der zehnfachen Leistung einer VAX 11/780 und den Kosten von nur einer VAX 11/780. Verwendet man die im IBM AT vorhandenen 80286- und 80287-Prozessoren, angeordnet in einer zehndimensionalen Kubus-Struktur, so erzielt man eine Gesamtleistung von bis zu 100 MFlops und liegt hiermit bereits im Leistungsspektrum von Supercomputern der Klasse Cray-1 oder Cyber 205.

Der **Cray X-MP** (S.Chen, Cray Research Inc., Mendota Heights, Minnesota) besitzt bis zu vier Vektorprozessoren, die sich einen gemeinsamen Hauptspeicher von 4 M 64-Bit Worte teilen. Jeder Prozessor kann ein eigenes Programm ausführen (Multitasking) oder Programmsegmente eines einzigen Programms. Die Maximalleistung liegt bei 630 MFlops.

Cray-2, Cray-3 sind Weiterentwicklungen von Cray X/MP, bestehen aus vier Prozessoren, können Multitasking und die simultane Ausführung von Programmsegmenten. Die Funktionspipelines sind aber stärker unterteilt und können daher mit der kürzeren Taktzeit von 4 ns betrieben werden. Die Leistung beträgt bis zu 1 GFlops, Erweiterungen auf 16 Prozessoren sind teilweise heute schon realisiert. Die Cray-2 wurde bereits 1984 installiert, die Cray-3 ist zur Zeit noch nicht installiert und wird sich von der Cray-2 im wesentlichen nur durch die Verwendung der Gallium-Arsenid Technologie unterscheiden.

EMSY 85 (Erlangen Multiprocessor System; IMMD, Universität Erlangen-Nürnberg): Dieser Rechner setzt sich aus Prozessor-Speichermodulen (PMM) der Form iPax286/287 mit 0.5 MB RAM zusammen. Das Betriebssystem ist im wesentlichen UNIX und wurde der hierarchischen Anordnung der PMM angepaßt. Das System ist daher besonders für in C geschriebene Anwendungen geeignet.

FEM (Finite Element Machine): Die 36 Prozessoren (16-Bit Mikroprozessoren TI 9900) dieses MIMD-Rechners sind als zweidimensionales Gitter angeordnet.

Der **MIDAS**-Rechner (Modular Interactive Data Analysis System) ist als hierarchisches, pyramidenähnliches Prozessor-System aufgebaut. An der Spitze steht der Primärprozessor, der die Sekundärprozessoren auf der mittleren Ebenen kontrolliert. In der dritten Ebene sind 128 Prozessoren in Gruppen zu 16 als Cluster angeordnet. Jeder Cluster ist einem Prozessor der mittleren Ebene zugeordnet. Durch diese Architektur verlaufen die Synchronisations- und Kommunikationsströme horizontal in der Ebene, während die Informationsströme sich vertikal durch die Ebenen bewegen.

Der **NYU**-Ultracomputer (R. Gottlieb, New York University, New York) umfaßt 4096 Prozessoren. Die Besonderheit bei diesem Rechner ist, daß bei der Programmierung die Segmentierung in die parallel zu verarbeitenden Segmente berücksichtigt werden muß.

PASM (Partitioned SIMD/MIMD Machine) ist ein Multiprozessorsystem, das sowohl als SIMD- oder als MIMD-Maschine, oder in beiden Betriebsarten gleichzeitig, laufen kann. Der Rechner dient vor allem als Forschungswerkzeug für Experimente in der Bildverarbeitung. Der Einsatz als SIMD-Rechner ist dann sinnvoll, wenn sich ein Bild in Segmente einteilen läßt, die alle in derselben Weise verändert werden sollen. Dagegen ist der MIMD-Einsatz angezeigt, wenn z.B. mehrere verschiedene Objekte eines Bilds gleichzeitig bearbeitet werden sollen. Jedem Prozessor kann hierbei ein Objekt zugeordnet werden.

PAX (T. Hoshino, T. Shirakawa, Institute of Engineering Mechanics, University of Tsukaba, Japan) ist ein MIMD-Rechner mit einer zweidimensionalen Gitteranordnung der Prozessoren. Die PAX-Varianten wurden vornehmlich für wissenschaftliche Anwendungen konzipiert.

POLYP (R. Maenner, Universität Heidelberg, R.L. Shoemaker, P.H. Bartels, University of Arizona) ist ein rekonfigurierbarer Rechner, der für physikalische Experimente eingesetzt wird. Er besteht aus 30 Prozessormodulen, welche über ein multiples Bussystem verbunden sind. Module des gleichen Typs bilden hierbei einen Pool, wobei Größe und Anzahl der Pools vom Benutzer selbst festgelegt werden kann. Ein Prozessormodul besteht aus einer CPU, einem Cache-Speicher, einer Schnittstelle zum Host, einer lokalen Speichereinheit und einer Bus-Schnittstelle. Die Prozessoren sind vom Typ Motorola 68000 mit 24-Bit Adreßbreite. Ein Paging-Algorithmus überträgt die 24-Bit Adressen auf die 32-Bit Adressen des POLYP-Rechners. Die CPU kann auf den eigenen als auch auf die lokalen Speicher der anderen Prozessormodule direkt zugreifen. Die Speichermodule sind praktisch wie die Prozessoreinheiten, nur ohne CPU und ohne Cache-Speicher, aufgebaut. Das Betriebssystem wurde in C geschrieben und auf UNIX getestet. Die Leistung des Rechners liegt bei etwa 60 MFlops (bei 30 Prozessoren).

RP3 (Research Parallel Processor, IBM T.J. Watson Research Center, Yorktown Heights, N.Y.) wurde in Zusammenarbeit mit dem NYU-Projekt für die Untersuchung des Hardware- und Softwareaufwands bei extremer Parallelverarbeitung konzipiert. 512 Mikroprozessoren mit einer Gesamtleistung von 800 MFlops sind die angestrebten Zielwerte bei diesem sehr flexiblen Rechnerkonzept.

SUPRENUM (W. Giloi, U. Trottenberg, P.Behr, H. Mühlenbein, Gesellschaft für Mathematik und Datenverarbeitung, St. Augustin, Supre-
numgesellschaft für numerische Superrechner mbH, Bonn) ist ein aus
256 Knoten bestehender SIMD/MIMD-Superrechner mit einer angestrebten Leistung von 5 GFlops. Jeder Knoten ist ein Vektor-Pipeline-
Rechner mit 20 MFlops Leistung bei doppelter Genauigkeit. Jeder
Knoten arbeitet unter einem eigenen Betriebssystem und besitzt
eine eigene Kommunikationseinheit und besteht aus einer/einem

- -> CPU (Motorola MC 68020, 20 MHz) mit einer Einheit für Spei-
  cher-Paging (MC 68851) und einem Koprozessor (MC 68882) für
  Skalararithmetik,
- -> lokalen Speicher mit 8 MB (35 ns),
- -> Vektor-Pipeline-Prozessor mit doppelter Genauigkeit und 64 KB
  Cache-Speicher,
- -> Prozessor für Speicherzugriffe,
- -> Koprozessor für die Kommunikation zwischen den Knoten.

Von diesen Prozessorknoten werden jeweils 16 zu einem Cluster zusammengefaßt. Zu jedem Cluster gehört ein weiterer stand-by Prozessor, der als Steuereinheit für Plattenzugriffe von Cluster-Pro-
zessoren dient. Das Verbindungsnetzwerk besteht aus zwei Ebenen:
Den Intra-Clusterverbindungen auf der Basis des parallelen Clu-
ster-Busses, und den Inter-Clusterverbindungen, welche die Kopplung der Cluster ermöglichen. Die Cluster sind in einem zweidimensionalen Gitter angeordnet, wobei jeweils vier Cluster in einer
Dimensionsrichtung zu einem "slotted ring" zusammengeschlossen
werden, und jedes Cluster mit einem horizontalen und einem vertikalen Ring verbunden ist. Diese zweifache Verknüpfung ermöglicht
eine gewisse Fehlertoleranz des Systems, denn bei Ausfall eines
Busses können die Cluster dennoch erreicht werden. Die Übertragungsrate des Busses beträgt 280 MBits. PEACE (Process Execution
and Communication Environment) ist das multitasking-fähige Betriebssystem in den Prozessorknoten. Zu verarbeitende Programme
müssen in einzelne Prozesse aufgeteilt werden und können dann zur
parallelen Ausführung kommen. Für die Programmierung der Prozeß-
aufteilung und -synchronisation hinsichtlich der Verwendung von
gemeinsamen Variablen sind bereits Fortran-Programme entwickelt
worden.

Durch die zunehmenden Anforderungen an die Ausfallsicherheit von
Rechnern und Rechnersystemen im Online-Betrieb ist in der Informa-

tik eine eigene Forschungsdisziplin entstanden, die sich mit sogenannten **fehlertoleranten** Systemen befaßt. Bei immer mehr Anwendungen wird die Online-Verarbeitung, d.h. die sofortige Verarbeitung,
von laufenden Geschäftsvorfällen oder von Fertigungsabläufen verlangt. In der Datenbank-Terminologie würde man von der Online-
Transaktionsverarbeitung sprechen. Die Verarbeitung von Transaktionen ist zeitkritisch, d.h. bei Ausfall des Rechnersystems würden die zwischenzeitlich getätigten Transaktionen für die Zeit des
Systemausfalls praktisch nicht rekonstruiert werden können. Hierdurch bedingt werden die Anforderungen an die Ausfallsicherheit
von Computern so hoch gestellt, daß bei einem durchgehenden Betrieb von einem Jahr im statistischen Mittel höchstens etwa eine
Stunde ausfallen dürfen, das ist eine Ausfallsicherheit von
99.9885 Prozent.

Die ersten fehlertoleranten Systeme wurden bereits in den 70-er
Jahren implementiert. Die Fehlertoleranz war software-orientiert,
mit dem großen Nachteil, daß die Rechnerkapazitäten durch die zusätzliche Software erheblich eingeschränkt wurde. Zum damaligen
Zeitpunkt war aber die softwaretechnische Lösung des Fehlertole-
ranzproblems die einzig mögliche, da die Entwicklung hochinte-
grierter Hardware-Komponenten noch keine kostengünstige Alternative zuließ. Dies änderte sich aber im Zuge der seit Ende der 70-
er Jahre verfügbaren VLSI-Technologie, die zum einen eine wesentliche Leistungssteigerung der Hardwarekomponenten, zum anderen
teilweise drastisch sinkende Hardwarepreise zur Folge hatte. Dies
führte auch zur Entwicklung von Rechnerarchitekturen mit Hardware-
implementierter Fehlertoleranz. Diese Systeme beruhen auf zwei
Prinzipien, welche die geforderte Ausfallsicherheit gewährleisten:
Das Prinzip der selbstprüfenden Logik und das Prinzip der mehrfachen Auslegung der relevanten Systemkomponenten (Prozessoren,
Speicher, Steuereinheiten, Datenbusse). Sämtliche Rechneraktivitä-
ten werden demzufolge mehrfach und zeitparallel auf verschiedener
Hardware durchgeführt, dies gilt für die Prozessor- und Speiche-
rungsoperationen wie auch für die Ein-/Ausgabeoperationen. Jeder
Befehl wird also zeitgleich von verschiedenen Prozessoren bearbeitet (abhängig vom Grad der Mehrfachauslegung). In jedem Zeittakt
erfolgt eine logische Abprüfung der momentanen Bitmuster auf Über-
einstimmung (z.B. 16 Millionen Zeittakte pro Sekunde bei den Stra-
tus/32-Systemen). Stimmen die erzeugten Bitmuster auf allen Pro-

zessoren überein, so wird dieses an die entsprechenden Datenbusse der Mehrfachkomponenten weitergegeben, und zwar wiederum zeitgleich. Weicht eines der momentan erzeugten Ergebnisse von demjenigen der übrigen Komponenten ab, so läuft der Rechenbetrieb auf den intakten Komponenten unterbrechungsfrei weiter. Die fehlerhafte Komponente wird aus dem Verkehr genommen, mit einer entsprechenden Meldung an die Systemkonsole und, über eine automatische Datex-P-Wählleitung auch an die Wartungszentrale des Rechnerherstellers. Von dort werden anschließend Maßnahmen zur Fehlerbehebung in der defekten Komponente eingeleitet, die meist darin bestehen, ein funktionierendes Hardware-Board mit dem defekten Board auszutauschen. Aufgrund des modulorientierten Schubkastenprinzips für die einzelnen Hardware-Komponenten ist der Austausch während des laufenden Rechnerbetriebs möglich.

Lehrbücher und Literaturhinweise zu diesem Abschnitt:

Axmann H.-P. (1979): Einführung in die technische Informatik. Wien, New York.

Behr P.M., Giloi K., Mühlenbein H. (1986): Suprenum: The German Supercomputer Architecture - Rationale and Concepts. IEEE 1986 International Conference on Parallel Processing, 567-575.

Bode A., Händler W. (1980, 1982): Rechnerarchitekturen. Grundlagen und Verfahren. Band 1 und 2, Springer Verlag, Berlin.

Brinch-Hansen P. (1977): Betriebssysteme. Hanser Verlag München.

Bode A., Händler W. (1980): Rechnerarchitektur. Springer Verlag Berlin, Heidelberg, New York.

Ebner D. (1988): Technische Grundlagen der Informatik. Springer Verlag, Berlin et al.

Ganzhorn K.E., Schulz K.M., Walter W. (1981): Datenverarbeitungssysteme. Aufbau und Arbeitsweise. Springer Verlag Berlin, Heidelberg, New York.

Gentzsch W. (1987): Vergleich der Vektorrechner Cray-2, Cray X-MP, Fujitsu VP-200, IBM 3090-VF und Unisys-ISP. In: Praxis der Informationsverarbeitung und Kommunikation (PIK), 10(2), 93-102, Hrsg.: W. Meurer, Carl Hanser Verlag, München.

Giloi W.K. (1987): Suprenum - A Trendsetter in Modern Supercomputer Development. IBM Symposium on Parallel and Vector Processing, Rome.

Grünewald A. (1988): Skriptum zur Veranstaltung "Einführung in die EDV", Universität Heidelberg.

Haindl T. (1982): Einführung in die Datenorganisation. Konventionelle Dateiverarbeitung, Datenbanken, TP-Monitore. Physica Verlag Würzburg.

Händler W. (1981): Standards, Classification and Taxonomy. Experiences with ECS, Workshop on Taxonomy in Computer Architecture (Hrsg.: Blauw G., Händler W.).

Hockney R.W. (1985): MIMD-Computing in the USA. In: Parallel Computing, vol.2, no.2, S. 119-136, North-Holland Publ.Comp., New York, Amsterdam.

Hwang K., Briggs F.A. (1984): Computer Architecture and Parallel Processing. McGraw-Hill, New York.

Larson J.L. (1984): Multitasking on the Cray X-MP/2. In: IEEE Computer, 17(6), 62-69.

Miklosko J., Kotov V.E. (1984): Algorithms, Software and Hardware of Parallel Computers. Springer Verlag, Berlin et al.

PC-Magazin, CHIP-Das Mikrocomputer-Magazin (1983-1986): Zusammenstellung der wichtigsten Mikroprozessoren.

Richter L. (1986): Supercomputer-Prinzipien, Entwicklung, Stand und Perspektiven. In: Praxis der Informationsverarbeitung und Kommunikation (PIK), Hrsg.: W. Meurer, 9. Jhrg., Juli-Sept.,S.8-15, Carl Hanser Verlag, München.

Schaaf B.-D. (1988): Digital- und Mikrocomputer-Technik, 3. Aufl., Carl Hanser Verlag, München.

Seitz C.L. (1985): The Cosmic Cube. In: Commun. of the ACM, 28(1), 22-33.

Sommer M. (1987): Informatik - Eine PC-orientierte Einführung. McGraw-Hill Book Comp., Hamburg et al.

Turley J.L. (1988): Advanced 80386 Programming Techniques. Osborne McGraw-Hill, Berkeley, California.

Wettstein H. (1978): Aufbau und Struktur von Betriebssystemen. Carl Hanser Verlag München.

Wyes H.-W. (1988): Die Omega/CReStA-Maschine. Eine RISC-Architektur für die Echtzeit-Datenverarbeitung. Hüthig Verlag, Heidelberg.

5. Peripheriegeräte

5.1 Grobklassifikation der Peripheriegeräte

Zu einer Datenverarbeitungsanlage gehört neben der Zentraleinheit
auch die "Peripherie", also sämtliche Geräteeinheiten, welche die
verschiedenen Funktionen der Verarbeitung der Daten außerhalb der
Zentraleinheit übernehmen. Man unterscheidet die peripheren Geräte
ihrer Funktion entsprechend in

a) Eingabegeräte, die ausschließlich zur Dateneingabe dienen und
   die Daten von einem gerätespezifischen Datenträger lesen und
   sie für die Übertragung in den Hauptspeicher aufbereiten. Die
   wichtigsten Eingabegeräte sind der Lochkarten- und Lochstreifenleser, der Beleg- und Ausweisleser, der Digitizer.

b) Ausgabegeräte, die für die Ausgabe der vom Zentralspeicher
   kommenden Daten zuständig sind. Solche Ausgabegeräte sind der
   Lochstreifen- und Lochkartenstanzer, der Drucker und das Zeichengerät (Plotter).

Übersicht zu Peripheriegeräten der Datenein- und -ausgabe			
Eingabe-Einheiten	Ausgabe-Einheiten	kombinierte Ein-/Ausgabeeinheiten	kombinierte Ein-/Ausgabeeinheiten
Lochkarten- und Lochstreifen-leser, Markierungsleser, Magnetschrift-leser, Optische Leser, Tastaturen, Lichtgriffel	Drucker, Datensichtge-räte, Mikrofilmaus-gabe (COM=Com-puteroutput on Microfilm), Plotter, Loch-karten- und Lochstreifen-stanzer	Datensicht-geräte mit Tastatur, Konsol-schreib-maschinen, Lochkarten-Leser und -Stanzer	Magnetband-einheiten, Disketten-Laufwerke, Magnetplat-teneinhei-ten, Magnetstrei-fen-Speicher Magnettrom-melspeicher, Magnetbla-senspeicher

Abb.17: Übersicht über Peripherie-Einheiten

c) Ein-/Ausgabegeräte, also Geräte, in welchen die beiden zuvor genannten Funktionen in einem Gerät kombiniert werden. Dies sind die Druckterminals die Bildschirmterminals, die als Plotter und Digitizer kombinierten Ein-/Ausgabegeräte, moderne Sprachein- und -ausgabegeräte.

d) Externe Speicher zur Speicherung von großen Datenmengen mit Direktzugriff. Zu diesen zählen der Magnetplatten-, der Magnettrommelspeicher, das Magnetband und die Diskette (Floppy-Disk).

Man bezeichnet die peripheren Geräte auch als Datenendgeräte/Datenendeinrichtungen (DEE), weil sie die "End"punkte einer Kette von Verarbeitungsschritten darstellen. Bedienungskonsole, Fernschreiber, Datensichtgeräte und Datenfernübertragungseinrichtungen (DFÜ-Geräte wie Modems) sind solche DEE, die wir in den nächsten Abschnitten noch im einzelnen charakterisieren werden.

5.2 Parallele und serielle Schnittstellen

Der Datenaustausch und die Kommunikation zwischen den Peripherie-Einheiten und der Zentraleinheit erfolgt über die Ein-/Ausgabe-Datenbusse. Wie wir bereits wissen, übernehmen die Controller (Gerätesteuereinheiten) die Koordination und Steuerung des Datenstroms, indem sie die schnelle Prozessoreinheit von den langsamen Peripheriegeräten loskoppeln. Die Gerätesteuereinheiten stellen eine "Schnittstelle" zwischen Prozessor und Endgerät dar. Allgemein versteht man unter dem Begriff Schnittstelle die Verbindungsstelle zwischen zwei verschiedenen Funktionssystemen, etwa zwischen dem Controller und dem Endgerät. Meist sind die Schnittstellen der Controller zum Prozessor wie auch zum Endgerät hin normiert, d.h. verschiedene Herstellertypen von Endgeräten können an die Zentraleinheit angeschlossen werden. Als Interface (= Anpassungsschaltung) bezeichnet man die Schaltung, welche die Folge der Steuersignale zum Zwecke der Datenübergabe an der Schnittstelle festlegt. Diese Schnittstellennormung (z.B. V.24 oder X.25, siehe spätere Ausführungen) erlaubt es dem Endbenutzer, daß er oft hinsichtlich der Leistungsfähigkeit der Endgeräte, z.B. bei Druckern, gleichwertige, aber wesentlich billigere Geräte von anderen Herstellern anschließen kann. Bei Druckern erfolgt die Übertragung der Daten meist parallel, d.h. die einzelnen Bits eines Bytes oder Datenworts werden über parallele Leitungen zeitgleich übertragen. Man spricht hier von einer parallelen Schnittstelle. Bei der seriellen Übertragung der einzelnen Bits spricht man von einer seriellen Schnittstelle. Diese beiden Schnittstellenarten wollen wir im folgenden ausführlicher behandeln.

Parallele Schnittstellen sind sowohl für die internen Datenbusse des Prozessors realisiert, wie auch für die bereits erwähnten externen Datenbusse zwischen Prozessor und Endgeräte. Die bekanntesten dieser externen Schnittstellen sind die
- Centronics-Schnittstelle
- der IEC-Bus (International Electrotechnical Commission)
- der IEEE-488-Bus (Institute of Electronical and Electrical Engineers)
- der IEEE-583-Bus (CAMAC = Computer Automated Measurement and Control Standard)
- der IEEE-696-Bus (S-100).

Der IEC-Bus und der IEEE-488-Bus sind hinsichtlich der Pin-Belegung praktisch gleich, lediglich die Stecker unterscheiden sich, der IEC-Bus verwendet einen 25-poligen, der IEEE-Bus einen 24-poligen Stecker.

Der **IEC-Bus** ist in Form eines Kabels mit 16 parallelen Leitungen realisiert. Die angeschlossenen Gerätesteuereinheiten verwenden diese Leitungen für die Übertragung der reinen Nutzdaten und der für den Datenfluß erforderlichen Datenkontrollinformation. Die an den Bus angeschlossenen Endgeräte werden bezüglich ihrer Funktion in
- Sender
- Empfänger
- Überwacher (= Controller mit der Möglichkeit des Sendens und Empfangens von Steuerungsinformationen)

eingeteilt. Diese Einteilung ist notwendig, weil auf dem IEC-Bus immer nur eine Funktion ausgeführt werden kann. Es kann immer nur ein Controller aktiv sein, es kann immer nur eine DEE senden, während durchaus mehrere DEEn empfangen können. Von den 16 parallelen Leitungen des IEC-Busses dienen acht Leitungen für die Steuerung und Überwachung des Datenaustauschs (Steuerbus), und acht Leitungen für die Übertragung von Nutzdaten, Adressen und Programmbefehlen (Datenbus). Von den acht Leitungen des Datenbusses genügen sieben Leitungen um ein ASCII-Zeichen zu übertragen (Zeichen 0 bis 127 des ASCII-Codes), über die achte Leitung wird im allgemeinen ein Paritäts-Bit geschickt, das zur Erkennung von Übertragungsfehlern dient. Im einfachsten Falle wird entweder eine gerade oder eine ungerade Parität vereinbart. Gerade Parität bedeutet, daß vor der Übertragung eines Zeichens die Anzahl der Bit-Einsen eines Zeichens gezählt wird, und das Paritätsbit so gesetzt wird, daß sich stets eine gerade Anzahl von Bit-Einsen ergibt. Die das Zeichen empfangende Station prüft dann das Zeichen auf gerade Parität, zählt also die Anzahl der Bit-Einsen und prüft, ob diese Anzahl gerade ist. Entsprechend erfolgt die Überprüfung bei ungerader Parität (siehe Abschnitt über Rechnernetze und Datenfernübertragung).

Der Steuerbus besteht aus drei "handshaking"-Leitungen und fünf "polling"-Leitungen. Die Funktion der "polling"-Leitungen sind durch die folgenden Leitungsbezeichnungen (meist drei Großbuchstaben) charakterisiert:

ATN = "Attention": Auf dieser Leitung wird mitgeteilt, ob es sich um Nutzdaten und/oder einen Programmbefehl handelt. Ist ATN logisch gleich Null, so werden Datenbytes oder Programmbefehle übertragen, ist ATN logisch gleich Eins, steht die Übertragung von Adressen und speziellen Funktionskommandos an.

IFC = "Interface Clear": Diese Leitung wird vom Controller aktiviert, IFC logisch gleich Eins setzt das Interface der angesprochenen Geräteeinheit in einen empfangsbereiten Anfangszustand.

REN = "Remote Enable": Mit dieser Leitung können die Endgeräte vom lokalen Betrieb (REN logisch gleich Null) auf den DFÜ-Betrieb (REN logisch gleich Eins) umgeschaltet werden.

SRQ = "Service Request": Diese Leitung kann von jedem Datenendgerät aktiviert werden. Will zum Beispiel eine DEE Daten an den Zentralspeicher übergeben, so setzt diese DEE SRQ auf logisch Eins. Wenn nun beim "polling" (bei der seriellen Reihumabfrage des Controllers bzw. des Steuerwerks) der Controller diese Eins erkennt, kann er eine entsprechende Datenleitung freimachen und die Daten bei der DEE abholen.

EOI = "End Of Identify": Ist ATN logisch gleich Null, so kann eine gerade sendende Station diese Leitung dazu verwenden, um das Ende der Datenübertragung anzuzeigen (EOI logisch gleich 0). Ist ATN logisch gleich Eins, benutzt der Controller diese Leitung für spezielle Steuerungsanweisungen bei der parallelen Abfrage des Endgerätezustands.

Die Funktion der drei "handshaking"-Leitungen besteht in der Überwachung der Datenübertragung auf dem Datenbus. Die drei Leitungen können folgende Funktionszustände annehmen:

DAV = "Data Valid": Diese Leitung wird von einer sendewilligen Gerätestation aktiviert, DAV logisch gleich Eins zeigt an, daß die Daten von der Station auf den Datenbus übernommen werden können.

NRFD = "Not Ready For Data": Diese Leitung kann von allen denjenigen Endgeräten aktiviert werden, die für Empfang anwendungsspezifischer Daten in Frage kommen (z.B. kann eine Datenausgabe auf verschiedenen angeschlossen Druckern erfolgen). Eine empfangsbereite Station setzt NRFD auf logisch Null.

NDAC = "Not Data Accepted": Mit NDAC logisch gleich Eins zeigt eine Empfangsstation an, daß sie eine vom Controller abgesandte Mitteilung/Anforderung nicht erhalten hat.

Der **CAMAC-Bus** wird praktisch nur für die Verbindung von Prozeßrechnern mit den Controllern der im Zeitablauf zu steuernden Einrichtungen (z.B. einem Hochregallager) verwendet. Er besteht aus
24 Datenleitungen, drei Steuerleitungen, fünf Befehlsleitungen,
fünf Adreßleitungen, drei Steuerleitungen, zwei Leitungen für die
Zeitsteuerung und vier Statusleitungen.

Der **S-100-Bus** wird vornehmlich als interner Datenbus eingesetzt
und umfaßt ca. 100 verschiedene Leitungen für den Transport von
Daten, Adressen und Steuerungsinformation. Dieser Bus wird von den
verschiedenen Herstellern sehr gerne verwendet, da er zu den
meisten Anschlußschnittstellen der internen Funktionseinheiten
passend ist.

Gerade für den Anschluß an Druckergeräte wird von den meisten Herstellern eine Centronics-Schnittstelle angeboten. Diese unterstützt die zeitparallele Übertragung der ASCII-Zeichen einschließlich der Paritätsüberprüfung. Die Centronics-Schnittstelle ist
physikalisch als genormter Stecker mit 36 Pins realisiert.

Was die Realisierung **serieller Schnittstellen** angeht, haben sich
in Europa die Schnittstellen-Normen
  - nach DIN 66020
  - V.24 nach dem Vorschlag des CCITT (= Comité Consultatif Inter-
                                     national Télégraphique
                                     et Téléphonique),
und in den USA die Normen
  - ISO 2110 (International Organization for Standardization)
  - RS-232C auf Vorschlag des EIA (= Electronic Industries
                                     Association)

etabliert. Diese Normen sind weitgehend gleich. Für die serielle
Übertragung unterscheidet man neben dem synchronen und asynchronen
Betrieb die folgenden Übertragungsarten:

  a) Beim Simplex-Betrieb ist die Datenübertragung nur in einer
     Richtung möglich, die Empfangsstation hat keine Möglichkeit,
     den Empfang der Daten zu bestätigen, der sendenden Station
     etwaige Übertragungsfehler mitzuteilen und zur Wiederholung
     der Übertragung aufzufordern.

b) Beim Halbduplex-Betrieb ist die Übertragung von Daten in beiden Richtungen möglich, aber wechselweise immer nur in eine Richtung. Entsprechend muß die Leitung umgeschaltet werden.

c) Beim Vollduplex-Betrieb verbinden die Sende- und Empfangsstation zwei getrennte Leitungen, auf denen die gleichzeitige Übertragung in beiden Richtungen erfolgen kann.

d) Bei der synchronen Übertragung wird parallel zur Datenübertragung ein Taktsignal übermittelt, das Sender und Empfänger auf dieselbe Taktfrequenz abstimmt. Dies geschieht dadurch, daß eine feste Anzahl von Bits in einem sogenannten "Rahmen" (frame) übertragen wird, wobei Anfang und Ende des Rahmens durch eine spezifische Anzahl von Bit-Nullen gekennzeichnet ist.

f) Bei der asynchronen Übertragung entfällt das Synchronisations-Signal, sondern Beginn und Ende eines zu übertragenden Zeichens erfolgt durch spezielle Start-/Stop-Bit-Kombinationen.

Zum Beispiel arbeiten die V.24-Schnittstelle und die RS-232C-Schnittstelle asynchron. Die Datenwörter umfassen 11 bzw. 10 Bits, wobei nach dem Startbit sieben Bits für das ASCII-Zeichen folgen, anschließend das Paritätsbit, und das Datenwort mit zwei bzw. einem Stop-Bit abgeschlossen wird. Die Bezeichnung V.24 bezieht sich zum einen auf die Klassifikation der CCITT-Empfehlungen (siehe zum Beispiel CCITT-Empfehlungen der V-Serie und der X-Serie: Datenübertragung. R.v.Decker's Verlag, Heidelberg, Hamburg 1977), zum anderen auf die Betriebsspannung +/- 12 Volt. Ein Bit "Eins" wird durch eine negative Spannung, ein Bit "Null" durch eine positive Spannung erzeugt, wobei ein Strom von 20 mA fließt. Bei der RS-232C-Schnittstelle stellt der Sender und der Empfänger einen UART (= Universal Asynchronous Receiver and Transmitter) dar. Die in den UART parallel einlaufenden Daten werden in ein Schieberegister übernommen. Aus diesem werden die Bits seriell auf die Übertragungsleitung gegeben, und zwar zuerst das niederwertigste Bit (LSB = Lowest Significant Bit) bis zum höchstwertigen Bit (MSB = Most Significant Bit). Der Empfänger besitzt ebenfalls ein Schieberegister, nimmt die seriell ankommenden Bits auf und gibt sie dann parallel ab. Das Absetzen und Quittieren von Daten erfolgt nach einer in einem sogenannten

Übertragungsprotokoll festgelegten Vorschrift (Vorschrift für den "handshaking"-Prozeß). Es wird unterschieden in das

XON/XOFF-"handshake", bei dem der Empfänger über die zweite Datenleitung das Zeichen XOFF schickt, wenn er im Augenblick keine Daten annehmen kann, und XON, wenn er wieder für den Datenempfang bereit ist.

RTS/CTS-"handshake" (RTS = Request To Send, CTS = Clear To Send), bei dem die RTS- und die CTS-Anforderung über getrennte Steuerleitungen erfolgt.

DSR/DTR-"handshake" (DSR = Data Set Ready, DTR = Data Transfer Ready), das wie das RTS/CTS-Protokoll die Datenanforderungen über zwei getrennte Steuerleitungen (hier DSR und DTR) erwirkt. Eine RS232-Schnittstelle eines PC besteht aus insgesamt 25 pins, von denen nur neun belegt sind. Die belegten pins sind die Nummern 1 - Erde (= Schutzerde), 2 - TXD (serielle Sendeleitung), 3 - RXD (serielle Empfangsleitung), 4 - RTS (Einschalten des Sendeteils eines Modems), 5 - CTS (Modem-Bereitschaftsmeldung), 7 - GND (Masse), 8 - DCD (Modemsignal zur Prüfung der Empfangsbereitschaft der Gegenstation), 20 - DTRA (CIA-Chip-Takt, der eine höhere Baudrate bei von außen eingespeisten Daten ermöglicht), 22 - RI (Ringindikator: liefert das Erkennungssignal der einzelnen Stationen bei einem Netzverbund der Rechner).

5.3 Aufbau und Funktionsprinzip eines Magnetplattenspeichers

Der wichtigste externe und für große Datenmengen im Direktzugriff zugängliche Speicher stellt der Magnetplattenspeicher dar. Man spricht von einem Direktzugriffsspeicher, wenn unabhängig vom

Zeitpunkt und der Reihenfolge der Speicherung auf ein bestimmtes Datum (Datensatz einer Datei) zugegriffen werden kann. Magnetplattenspeicher gehören zur Gruppe der Magnetschichtspeicher, welche sich in die Disketten- und Magnetplattenspeicher unterteilen. Hierbei ist die mit einer magnetisierbaren Schicht versehene Platte oder Diskette der Träger der zu speichernden Information. Bei Plattenspeichern kann die Platte fest in das Laufwerk (drive) eingebaut sein (Festplattenspeicher), oder als auswechselbare Kassette in das Laufwerk eingesetzt werden (Wechselplattenspeicher). Die Steuerung der Laufwerke erfolgt über spezielle Controller. Platten-Laufwerke für Großrechenanlagen (z.B. 3350, 3380 von IBM) bestehen aus einem Plattenstapel mit mehreren übereinanderliegenden Platten, welche meist einen Durchmesser von 14 Zoll aufweisen. Die herstellerabhängige Anzahl von übereinanderliegenden Platten beträgt häufig 6, 11, 12 oder 19 Platten. Der Antrieb des Magnetplatten-Laufwerks läßt den Plattenstapel mit etwa 3600 Umdrehungen pro Minute rotieren. Zwischen die rotierenden Platten greifen die Arme eines Zugriffskamms. Auf jedem dieser Arme sitzen zwei Schreib-/Leseköpfe, jeweils einer für die Plattenoberseite und einen für die Plattenunterseite der darüberliegenden Platte. Die Magnetköpfe schweben auf Luftpolstern einige Mikrometer über den rotierenden Platten und können gleichzeitig durch mechanische Bewegung des Zugriffskamms radial nach außen und innen bewegt werden. Wie wir anschließend bei der Erläuterung des "Zylinderkonzepts" erfahren werden, läßt sich der Zugriffskamm auf jede der Spuren (konzentrische Kreise) auf den Platten positionieren. Beim

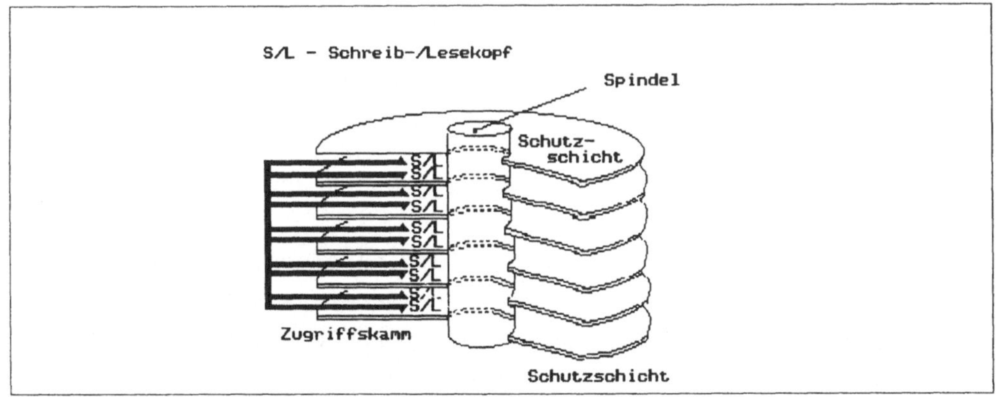

Abb.18: Aufbau einer Magnetplatte

Magnetplattentyp 3380 von IBM sind dies 808 Spuren und damit 808 verschiedene Positioniermöglichkeiten für den Zugriffskamm. Durch die Rotation des Plattenstapels um die Achse (= "Spindel") kann jede Stelle auf einer der übereinanderliegenden Spuren erreicht werden. Damit die sehr empfindlichen Magnetköpfe nicht durch Verunreinigungen beeinträchtigt werden, werden die Platten vor Inbetriebnahme automatisch entstaubt und die Luft durch Filter gereinigt. Außerdem sind die beiden äußeren Platten mit einer Schutzschicht versehen.

Die in Form von konzentrischen Kreisen um die Achse angeordneten Spuren (tracks) mit einer Anzahl von 808 beim Typ 3380 oder 555 beim Typ 3350 enthalten die gespeicherte Information bitseriell. Eine Spur ist radial in Blöcke oder Sektoren aufgeteilt, deren Anzahl bzw. Länge entweder vom Betriebssystem standardmäßig festgelegt wird, oder vom Benutzer frei vereinbart werden kann (mit Hilfe des BLKSIZE-Parameters). Zwischen den Blöcken befinden sich die sogenannten "gaps" (= Klüfte). Die Sektoreinteilung kann hardwaremäßig durch Sektor"löcher" in der Platte realisiert sein ("hardsektorierte" Platte) oder "softsektoriert", indem für jede Spur durch magnetische Markierung ein Anfangspunkt, der sogenannte Indexpunkt, festgelegt wird, weiterhin jeder Sektor mit der Adresse der Spur und einem Spurbeschreibungssatz ausgestattet ist, der die Position des Sektors und Angaben über die Speicherungsart enthält. Das Aufbringen der Sektorinformationen auf die Platte bezeichnet man als "Formatieren", das wir noch ausführlicher bei Diskettenspeichern behandeln werden.
Der Spuraufbau und -beschreibung ist im wesentlichen durch Wiederholung der folgenden Anordnung charakterisiert:

1. Der Indexpunkt zeigt den Beginn einer Spur an.
2. Die Spuradresse liefert die Adresse einer Spur, nämlich Zylindernummer und Spurnummer.
3. Die Adressmarke kennzeichnet den Beginn eines Datensatzes.
4. Dann folgt die Kennung für die Adresse eines Satzes, die sich aus Zylindernummer, Spurnummer und Satznummer zusammensetzt.
5. Der Datenteil mit den eigentlichen zu speichernden Nutzdaten (z.B. ein Block mit 512 Bytes).
6. Der "gap" (= "Kluft) als Zwischenraum für die Datengruppen.

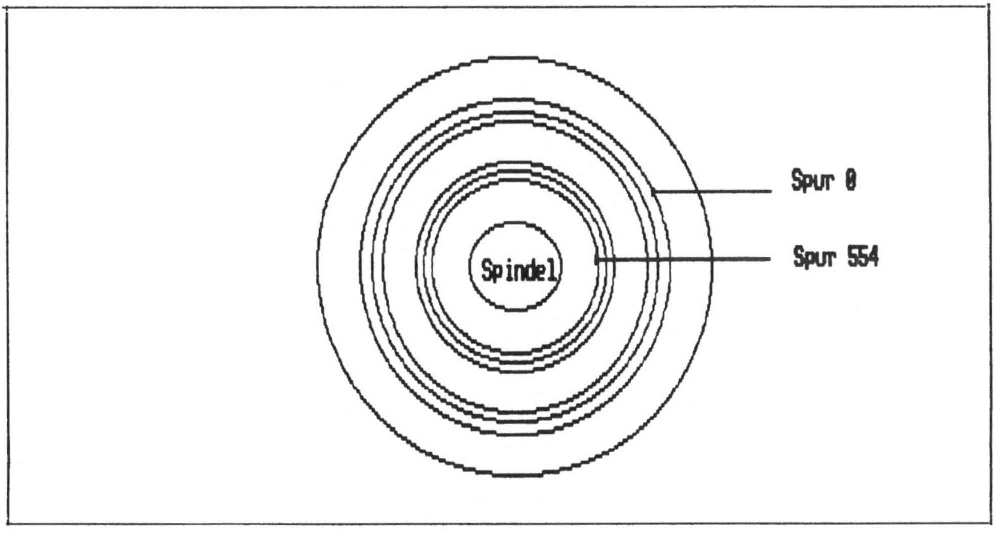

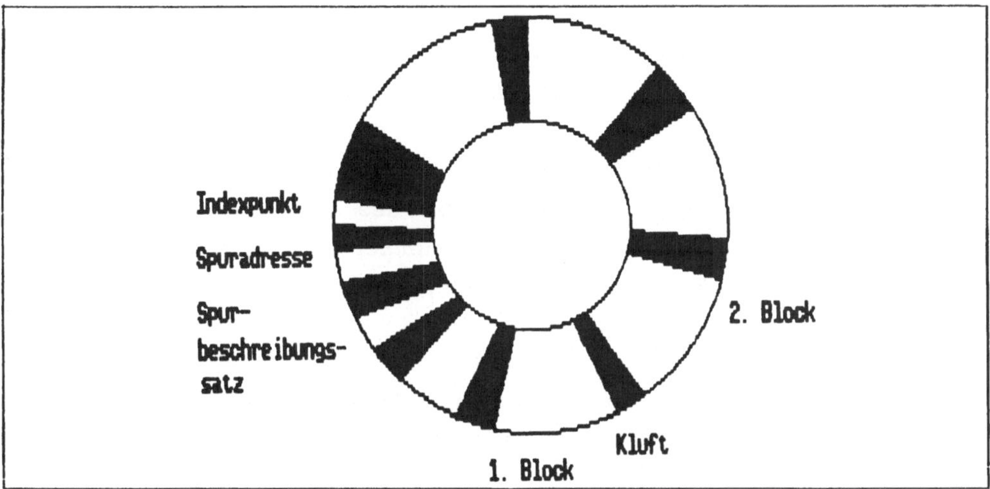

Abb.19: Darstellung der Magnetplattenoberfläche und Aufbau einer Spur

Mittels Zylinderadresse werden die Zugriffsarme auf einen bestimmten Zylinder positioniert, durch die Spuradresse wird ein bestimmter Schreib-/Lesekopf, d.h. eine bestimmte Plattenoberfläche ausgewählt. Ist die Spur nicht in feste Sektoren eingeteilt, so muß der gewünschte Block am Anfang seine Adreßinformation enthalten und durch assoziatives Lesen - indem alle Blockadressen mit der gesuchten Adresse verglichen werden - in der Spur lokalisiert werden. Bei der Unterteilung der Spur in gleiche Sektoren ist dagegen deren Position bezüglich eines Indexpunktes durch die Stellung des Sektorzählers gegeben und kann direkt adressiert werden. Dazu läuft der Sektorzähler synchron zur Platte mit. Er wird beim Passieren des Indexpunktes auf Null gesetzt und nach Ablauf einer Sektorzeit um Eins erhöht.

Insgesamt kann man ohne Bewegung des Zugriffskamms alle übereinanderliegenden Spuren des Plattenstapels lesen bzw. beschreiben. Dies ist insofern ein Vorteil, daß man Datenbestände, die weit mehr als eine Spur umfassen, zweckmäßigerweise auf übereinanderliegenden Spuren speichert, sodaß beim direkten Zugriff keine mechanische Bewegung des Zugriffskamms, welche sehr zeitintensiv ist, erforderlich wird. Da eine Spur der 3380-Platte 19069 Bytes zu speichern vermag, müßte also bei einer Datei vom Umfang 2 mal 19 mal 19069 Bytes der Zugriffskamm nur einmalig auf die betreffende Spur positioniert werden, anschließend kann ein bestimmter Satz nach Feststellung der Platte, auf der sich der Satzanfang befindet, und entsprechender Rotation des Plattenstapels schnell gefunden werden. Man bezeichnet übereinanderliegende Spuren des Plattenstapels als Zylinder. Die 3380-Platte besitzt also 808 Zylinder. Jeder Satz ist somit durch Angabe des Zylinders (der Spurnummer), der Plattenoberfläche (Nummer des Magnetkopfes) und des Sektors eindeutig auffindbar. Die Magnetköpfe werden hierbei dann mechanisch bis zur Zylinderspur bewegt, und der gesuchte Sektor wird durch Rotation der Platten erreicht.

Neben den Magnetplatten-Laufwerken mit beweglichen Schreib-/Leseköpfen gibt es auch sogenannte Festkopfplatten-Laufwerke, bei denen für jede Spur einer Platte ein Magnetkopf zugeordnet ist. Der Vorteil dieser Laufwerke liegt in der schnelleren Zugriffsgeschwindigkeit, da die Positionierzeit für den Zugriffskamm entfällt, jedoch haben Festkopfplatten-Laufwerke eine geringe Speicherkapazität. Daher werden sie teilweise als Pufferspeicher zwischen den Magnetplattenspeichern mit beweglichem Zugriffskamm und dem Hauptspeicher verwendet.

Was die moderne Plattenspeicher-Technologie angeht, werden in neuerer Zeit auch die sogenannten Winchester-Laufwerke angeboten. Diese gibt es für 5 1/4- und 8-Zoll Platten. Bei Winchester-Laufwerken werden die Schreib-/Leseköpfe nicht mehr radial von außen nach innen bewegt, sondern der Zugriffskamm wird tangential - um eine feste Achse schwenkend - über die Platten bewegt (ähnlich der

Bewegung des Ladehebels bei einem Winchester-Gewehr). Durch die neue Winchester-Technologie werden die Abmessungen der Laufwerke immer geringer, die Speicherkapazität immer größer, und wegen des äußeren Schutzes der Magnetköpfe und der Plattenoberflächen ist eine höhere Ausfallsicherheit gewährleistet.

Hinsichtlich der heutigen Speichertechnologie sind die Magnettrommelspeicher weitgehend veraltet, werden aber teilweise noch eingesetzt. Dieser Massenspeicher besteht aus einer um eine Längsachse rotierenden Trommel, auf welche wie bei der Magnetplatte eine magnetisierbare Schicht aufgetragen ist. Der Durchmesser der Trommel beträgt bis zu 45 cm, die Spuren sind als parallele Kreise auf dem Trommelzylinder angeordnet. Es gibt sowohl Zugriffskopf-Leisten, bei denen die Magnetköpfe jeweils einer Spur fest zugeordnet sind. Teilweise kann auch eine bestimmte Anzahl von parallel angeordneten Magnetköpfen längs der Trommelwalze hin- und herbewegt werden. Es gibt die Möglichkeit, ein Byte entweder Bit-seriell auf einer Spur zu speichern, oder die Bytes Bit-parallel auf nebeneinanderliegenden parallelen Spuren abzulegen.

Im Rahmen neuerer Speichertechnologien sind Magnetblasenspeicher (magnetic bubble storage) bekannt geworden. Diese sind dadurch ausgezeichnet, daß kleine, zylinderförmige und magnetisierbare Blasen in dünnen Magnetschichten in einem Magnetfeld bewegt werden können. Wie die Magnetplattenspeicher sind Magnetblasenspeicher zyklische Speicher, die Zugriffsorganisation ist meist in Form einer Hauptschleife realisiert, an der mehrere Nebenschleifen angekoppelt sind.

5.4 Aufbau und Funktionsweise von Diskettenspeichern

Gerade im Zusammenwirken mit Mikrocomputern haben in neuerer Zeit Diskettenlaufwerke als externe Massendatenspeicher eine große Bedeutung erlangt. Eine Diskette ist eine runde flexible Kunststoffscheibe (daher auch "floppy" disk = "schlappe" Scheibe genannt), welche durch Rotation eine gewisse Festigkeit bekommt. Die Kunststoffscheibe ist ein- oder beidseitig magnetisch beschichtet, und ist in eine quadratische Schutzhülle aus Karton eingelegt. In der Mitte befindet sich ein kreisrundes Loch für den Antrieb, der die Scheibe in der Schutzhülle etwa 400 mal pro Minute rotieren läßt. Zwei weitere Aussparungen in der Schutzhülle dienen für den Schreib-/Lesekopf, den Indexpunkt und für den Schreibschutz. Die Schreibschutzkerbe (siehe Abb.20) kann mit nicht-transparenten Klebestreifen abgedeckt werden, um ein unbeabsichtigtes Überschreiben zu verhindern. Weitverbreitet sind Disketten mit 5 1/4 Zoll Durchmesser, aber auch 3 1/2 Zoll-Disketten gewinnen zunehmend an Bedeutung, insbesondere für billigere Home- und Personal

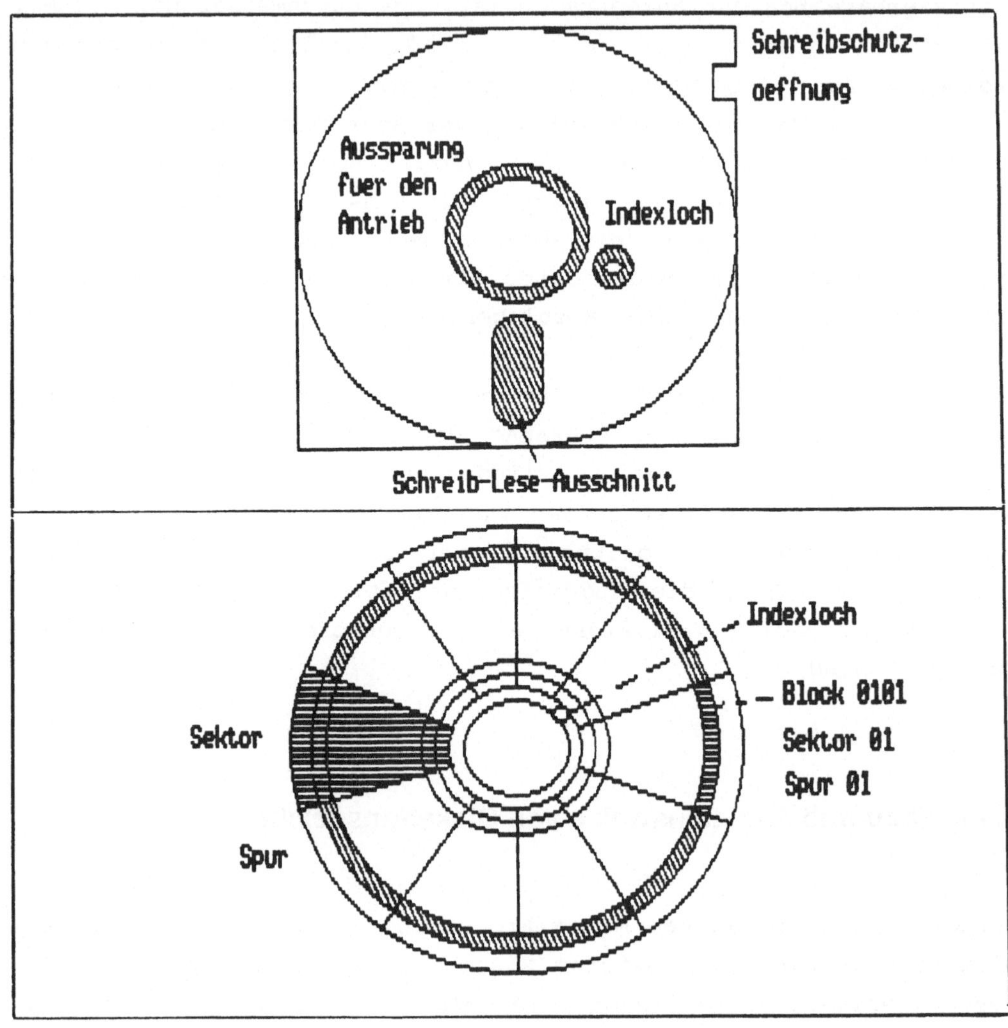

Abb.20: Diskettenspeicherung

Computer werden sie in verschiedenen Ausführungen angeboten. Es gibt einseitig oder doppelseitig (single/double sided) beschreibbar, mit einfacher oder doppelter Aufzeichnungsdichte, welche in bpi (bit per inch) angegeben wird. Weiterhin ist für die Speicherkapazität die Spurdichte tpi (tracks per inch) relevant. Das Lesen und Beschreiben der Diskette erfolgt ähnlich wie bei der Magnetplatte, die Diskettenoberfläche ist ebenfalls in konzentrische Spuren (tracks) um die Achse eingeteilt. Innerhalb der Spuren werden die Daten bitseriell gespeichert. Der Beginn einer Spur wird durch den Indexpunkt gekennzeichnet, der technisch dadurch realisiert ist, daß ein Lichtstrahl bei der Rotation der Scheibe dann von einer Fotozelle im Laufwerk aufgenommen werden kann, wenn das Indexloch der Diskette und die Aussparung in der Diskettenhülle übereinanderliegen. Wie Abb. 20 zeigt, sind die Spuren radial in Sektoren unterteilt. Als Block bezeichnet man die Menge der Bytes einer Spur, die durch einen Sektor aus der Spur herausgeschnitten werden. Im Gegensatz zur Magnetplatte, wo die Blocklänge vom Programmierer festgelegt werden kann, ist bei Disketten die Blocklänge fest. Die Größe der Blöcke ist auf allen Spuren gleich, die Sektorformatierung ist meist herstellerabhängig. Üblicherweise besitzen die Disketten für 360 KB Laufwerke

	Magnetplatte	Diskette
Plattentyp/Diskettentyp	Festplatte, Wechsel-platte, Einzelplatte, Winchesterplatte	Diskette einseitig, doppelseitig
Speicherkapazität	5 - 600 MB	60 KB - 1,2 MB
Aufzeichnungsdichte	800 - 1600 bpi	
Spurdichte	500 - 800 tpi	48, 96 tpi
Mittlere Zugriffszeit	10 - 120 ms	60 - 260 ms
Preis für Magnetplatten-Disketten-Laufwerk	1800 - 60 000 DM	600 - 4000 DM

Abb.21: Wichtige Kennzahlen für Magnetplatten-
und Diskettenspeicher

80 Spuren mit jeweils 8 oder 9 Sektoren à 256 oder 512 Bytes. Es gibt aber auch Disketten mit 35 Spuren oder mit einer Blocklänge von 1024 Bytes. Jeder Block auf der Diskette kann durch Angabe der Spurnummer und der Sektornummer gefunden werden. Im Vergleich zu den Festplattenlaufwerken für Mikrocomputer ist die Anzahl Spuren einer Diskette natürlich gering, die Festplatte des Personal Computer M24 von Olivetti mit dem Gesamtspeichervermögen von 10 MB besitzt 1224 Spuren mit jeweils 32 Sektoren à 256 Bytes, und einer durchschnittlichen Zugriffsgeschwindigkeit von 85 Millisekunden. Als mittlere Zugriffszeit bezeichnet man diejenige Zeit, die durchschnittlich von der Auslösung des Lese-/Schreibbefehls bis zum Lesen/Schreiben des Blockes benötigt wird. Die mittlere Zugriffszeit setzt sich aus

- der Positionierzeit, welche erforderlich ist, um den Magnetkopf auf die verlangte Spur zu positionieren,
- der Latenzzeit, die für die Rotation der Platte bis zu dem
  verlangten Sektor erforderlich ist,
- der Kopfladezeit, die für das Aufsetzen und Anpressen des
  Magnetkopfs auf der Diskettenoberfläche vergeht,

zusammen. Die Diskette ist als Datenträger für größere Datenmengen sehr billig, aber die Datenübertragung ist wesentlich langsamer als bei der Festplatte, auch müssen bei großen Datenbeständen die Disketten häufig gewechselt werden. Die Diskette hat gerade auch im Bereich der mittleren Datentechnik die Lochkarte weitgehend abgelöst. Im Mikrocomputerbereich wird sie sicherlich noch längere Zeit - trotz immer günstiger werdender Kosten für Festplattenlaufwerke - zumindest als Archivspeicher und Speicher zur Datensicherung unentbehrlich sein.

5.5 Aufbau und Funktionsweise von Magnetbandspeichern

Das Magnetband als Datenträger ist auch heute noch der wichtigste Massenspeicher, welcher
- für den Datentransport zwischen verschiedenen Orten,
- für die Langzeitspeicherung und Archivierung,
- für die Datensicherung (Backup-Kopien)

verwendet wird. Alle Speichergeräte auf Magnetbandbasis zeichnen die Daten seriell auf, d.h. die Daten werden in Reihe hintereinander abgespeichert. Wenn also auf einen bestimmten Datenwert zugegriffen werden soll, so muß das Magnetband von Anfang an sequenti-

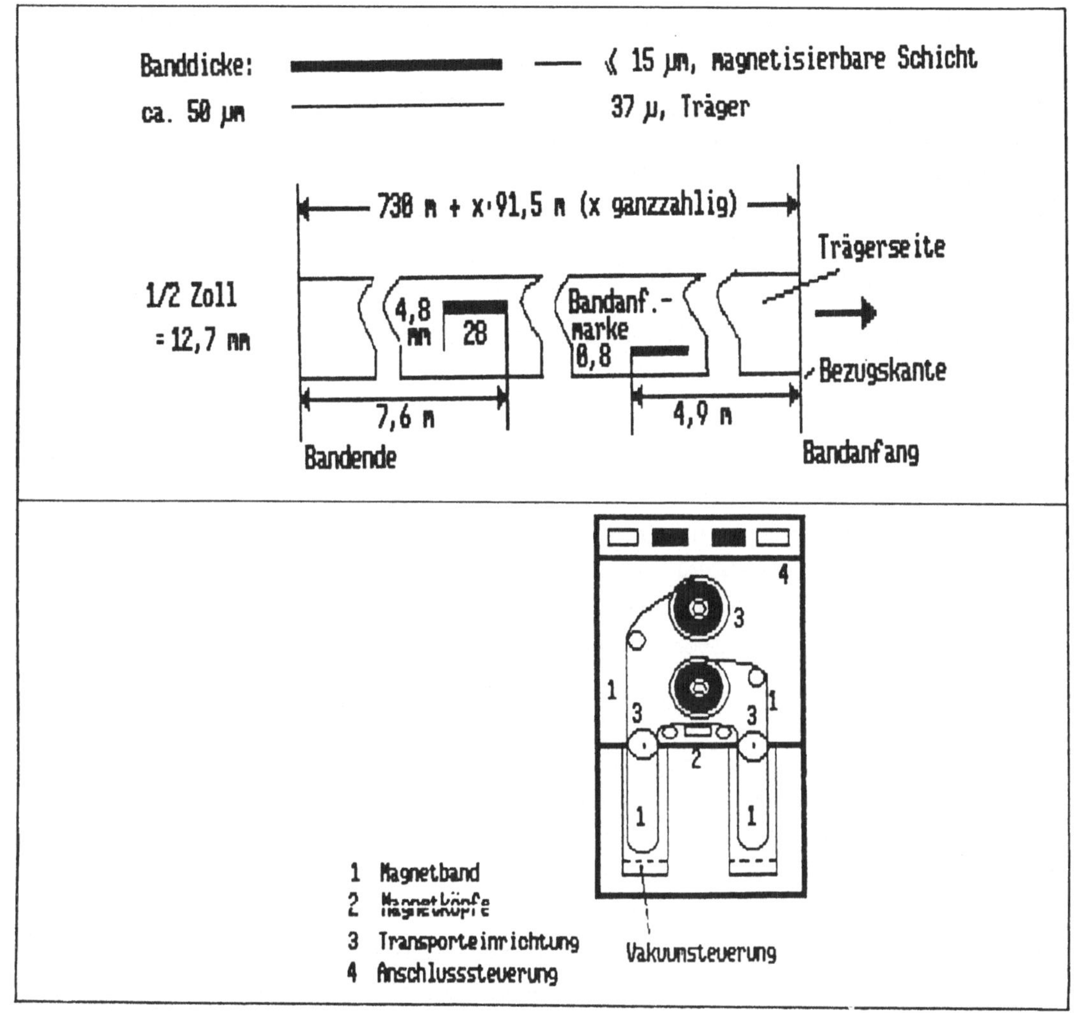

Abb.22: Aufbau einer Magnetbandeinheit, Kennzahlen eines Magnetbands

ell durchgelesen und die Datenschlüssel mit dem gesuchten Datenschlüssel verglichen werden. Die Zugriffszeiten sind deshalb entsprechend langsam, und das Magnetband ist für den schnellen Datenaustausch nicht geeignet. Ein Direktzugriff wie bei den Magnetplatten- oder -trommelspeicher ist beim Magnetband nicht möglich.

In Abb. 22 ist der prinzipielle Aufbau einer Magnetbandeinheit dargestellt. Das Magnetband besteht aus einem Halbzoll breiten nichtmagnetisierbarem Träger (Kunststoff), der einseitig mit einem magnetisierbaren Material (Eisenoxyd) beschichtet ist. Magnetbänder sind international genormt und die technischen Daten können der Abbildung 22 entnommen werden. Das Magnetband wird während eines Schreib- oder Lesevorgangs von einer auswechselbaren Bandrolle über Bandführungsrollen am Schreib-/Lesekopf vorbei auf eine Maschinenrolle geführt. Die Schreib-/Leseköpfe sind ähnlich wie beim Tonband aufgebaut. Die Einrichtung für den Bandtransport sorgt für einen möglichst gleichmäßigen Transport des Bandes. Hierbei verhindert die Vakuumsteuerung, daß plötzliche Start-/Stop-Vorgänge zu einer Überdehnung oder gar zum Zerreißen des Bandes führen. Eine Fotozelle überprüft stets die richtige Einspannung des Bandes. Außerdem stellt ein Fühler in der Bandstation fest, ob ein Schreibring auf der Magnetbandrolle vorhanden ist. Ein Beschreiben oder Löschen des Bandes ohne einen solchen Schreibring ist nicht möglich, zum Schutz gegen Überschreiben wird man also diesen Schreibring entfernen. Der Anfang und das Ende des Magnetbandes werden durch spezielle Reflektormarken angezeigt, die aus aufgedampftem Aluminium oder aus aufgeklebten Spezialfolien bestehen und mit Fotodioden abgetastet werden. Es gibt Bandstationen, die das Band automatisch einfädeln können. Auch wird zur Sicherheit eine Schreib-/Leseprüfung durchgeführt. Hierbei wird beim Beschreiben des Bandes die mit dem Schreibkopf aufgetragenen Daten unmittelbar mit dem dahinterliegenden Lesekopf wieder gelesen und in der Steuereinheit verglichen. Dadurch ist gewährleistet, daß beim Beschreiben keine Fehler auftreten, oder Aufzeichnungsfehler erkannt werden können. Die Anschlußsteuerung der Bandstation an den Rechner erfolgt über spezielle parallele Schnittstellen, damit ist ein möglichst schneller Datenaustausch zwischen der Magnetbandeinheit und der Zentraleinheit gegeben.
Die magnetisierbare Oberfläche des Magnetbandes ist in Längsrichtung in 7, 8 oder 9 Spuren aufgeteilt. Senkrecht hierzu wird das Band in "Sprossen" eingeteilt, sodaß innerhalb einer Spur jedes Sprossenelement gerade ein Bit speichern kann. Sämtliche Bit-Stellen einer Sprosse können also gleichzeitig gelesen oder beschrieben werden. Bei einem 9-Spur Band kann eine Sprosse ein ASCII-

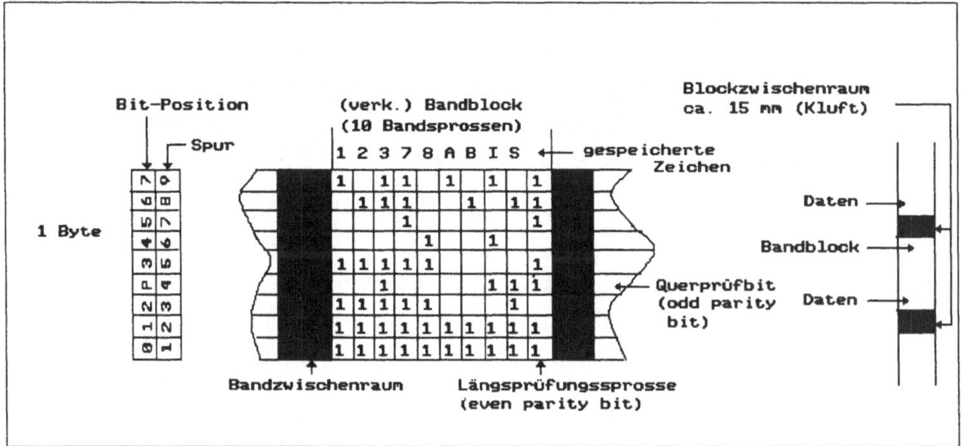

Abb.23: Blockspeicherung auf dem Magnetband

Zeichen oder EBCDIC-Zeichen enthalten, außerdem wird eine Spur des
Bandes als Prüfspur ausgezeichnet, die in jeder Sprosse ein sogenanntes Querprüfbit (parity bit) enthält.
Bei der Übertragung der Daten von der Bandstation zum Hauptspeicher der Zentraleinheit kann immer nur eine bestimmte Anzahl von
Bytes gleichzeitig übertragen werden, welche in einem Block zusammengefaßt wird (Abb. 23). Wie bei der Magnetplatte kann die Blocklänge variabel festgelegt werden. Die einzelnen Blöcke werden
ebenfalls durch unbelegte Zwischenräume der Länge von ca. 1,5 cm
getrennt, da bei Beschleunigung des Bandes vor dem Beginn eines
Schreib-/Lesevorgangs bzw. dem Abstoppen des Bandes nach Beendigung es zu Trägheitswirkungen der Spulen kommt, welche durch diese
Klüfte ausgeglichen werden können.
Die Speicherkapazität eines Magnetbands wird im wesentlichen durch
   - die Schreibdichte (= Anzahl der Bytes pro Zoll), die im
     allgemeinen 800, 1600 oder 6250 Bytes pro Zoll beträgt,
   - die Blocklänge (= Anzahl der Bytes pro Block),
   - die Kluftlänge (ca. 1,5 cm),
   - die Bandlänge (meist 730 m),
bestimmt. Eine geringe Blocklänge hat den Vorteil, daß die sequentielle Durchsuchung eines Blocks im Hauptspeicher nach einem bestimmten Datenteil sehr schnell möglich ist, aber den Nachteil
einer schlechten Speicherplatzausnutzung auf dem Band, da sehr
viel Platz durch Klüfte unbelegt bleibt. Die Wahl der Blocklänge
hängt also immer von der Häufigkeit der Zugriffe auf das Magnet-

band ab. Man bezeichnet die Anzahl von Datensätzen (häufig enthält ein Datensatz die Standardlänge von 80 Zeichen), die in einem Block untergebracht werden können, als "Blockungsfaktor". Je größer also der Blockungsfaktor, desto besser die Bandausnutzung, aber desto länger dauert das Durchsuchen des Blocks nach dem gewünschten Satz, außerdem ist die Speicherplatzbelegung im Hauptspeicher für den hereingelesenen Block größer. Ein weiterer gravierender Nachteil des Magnetbands ist der große Aufwand, welcher mit der Änderung oder Aktualisierung des gespeicherten Datenbestands verbunden ist. Zum Beispiel ist das Einfügen eines Satzes oder Blockes nur unter Zuhilfenahme eines weiteren Hilfsspeichers möglich, auf dem derjenige Teil des Magnetbandinhalts gehalten wird, der nach dem neu einzufügenden Datenteil folgt. Aus diesem Grund ist der Magnetbandspeicher als Träger für Bewegungsdateien, d.h. von Datenbeständen, welche sehr häufig aktualisiert werden müssen, ungeeignet. Der Datenaustausch zwischen Bandstation und Zentraleinheit über parallele Datenbusse erfolgt dagegen relativ schnell, auch ist die Kompatibilität der Magnetbänder mit den verschiedenen Herstellertypen von Magnetbandstationen weitgehend gegeben.

Die Betriebsarten der heutigen Magnetbandeinheiten sind durch den bereits ausgeführten Start-/Stop-Betrieb und durch den "Streaming"-Modus charakterisiert. Magnetbandeinheiten im Streaming-Modus werden auch als "streamer" bezeichnet. Streamer unterscheiden sich von den bisher genannten Magnetbandeinheiten dadurch, daß nach Anlaufen des Bands der gesamte auf dem Band gespeicherte Datenbestand kontinuierlich und ohne abzustoppen gelesen oder geschrieben wird. Gewissermaßen in einem kontinuierlichen Strom fließen die Daten vom Streamer zum Magnetplattenspeicher, oder in umgekehrter Richtung. Häufig sind bei heutigen Minicomputern solche Streamer-Einheiten bereits eingebaut, dadurch kann zum Beispiel der Inhalt einer ganzen Magnetplatte auf einer einzigen Streamer-Bandkassette gesichert werden. Diese Bandkassetten ("cartridges") stellen eine weitere Möglichkeit eines Magnetbandspeichers dar. Eine Kassette enthält ein 1/4 Zoll oder ein 1/8 Zoll breites Magnetband das meist in einem Plastikgehäuse eingebracht ist. Die Spur- und Sprosseneinteilung ist ähnlich wie beim üblichen Magnetband, allerdings werden in der Regel weniger Spuren

(4 bis 6) verwendet. Abschließend seien in der nachfolgenden Abb. 24 die wichtigsten Leistungskennziffern zusammengestellt.

	Magnetband	Kassette
Betriebsart	Start-/Stop-Betrieb	Streaming-Modus
Speicherkapazität	10 - 200 MB	2 - 100 MB
Aufzeichnungsdichte	800, 1600, 3200, 4800, 6250 bpi	1600 bpi
Schreib-/Lesegeschwingeschwindigkeit	10 - 240 ips	30 - 90 ips
Anzahl der Spuren	7 oder 9	4 oder 6
Preis für Magnetbandeinheiten	3000 - 60 000 DM	1300 - 14 000 DM

Abb.24: Wichtige Kennzahlen für Magnetbandeinheiten

5.6 Drucker als Ausgabeeinheiten

Drucker sind Ausgabegeräte, welche die Dokumentation von Ergebnisdaten ermöglichen. Hohe Anforderungen werden von Benutzerseite an die Druckerleistung gestellt. So werden heute Kontoauszüge, Lohn- und Gehaltsabrechnungen, Rechnungen auf vorgefertigte Formulare gedruckt. Dies hat zu einer Effizienzsteigerung im gesamten Büro- und Verwaltungsbereich geführt. Man unterscheidet verschiedene Druckertypen mit unterschiedlicher Druckqualität:

Mechanische Drucker		Nicht mechanische Drucker	
Zeichendrucker	Zeilendrucker	Zeichendrucker	Seitendrucker
Matrixdrucker Typenraddrucker Kugelkopfdrucker	Walzendrucker Kettendrucker	Tintenstrahldrucker Thermodrucker	Laserdrucker

Abb.25: Druckertypen

Bei den mechanischen Druckern werden die Zeichen durch mechanischen Anschlag des Kugelkopfs, des Typenrads oder der Nadeln eines Magnetschreibkopfs auf das Papier gebracht. Bei den nicht-mechanischen Druckern werden die Zeichen auf

- thermischem
- pneumatischem (Tintenstrahl)
- optischem (Laserstrahl)

Wege erzeugt. Man unterscheidet den Zeichen-, Zeilen- und Seitendrucker, je nachdem, ob in einem Druckvorgang ein Zeichen, eine Zeile oder gar eine ganze Seite gedruckt wird. Zeichendrucker arbeiten seriell, d.h. ein Typenrad oder Kugelkopf bringt die Zeichen hintereinander zu Papier, während bei Zeilendruckern für jede Druckposition eines Zeichens eine Druckeinrichtung (Anschlaghammer mit dem entsprechenden Zeichen) vorhanden ist. Bei Zeilendruckern können die Zeichen in einer Zeile daher parallel erzeugt werden, man spricht hier von einem parallelen Druckprinzip. Bei den Seitendruckern werden die Zeichen einer ganzen Seite gepuffert und dann praktisch gleichzeitig ausgegeben.

Beim **Typenrad-Drucker** sind Typenarme sternförmig angeordnet, an deren Spitzen die Zeichen angebracht sind. Durch Rotation des Typenrads wird das zu druckende Zeichen an die Druckposition gebracht. Manchmal sind Typenrad-Drucker auch als Datenterminals mit einer Tastatur versehen und können zur Eingabe, insbesondere zur Eingabe-Protokollierung, verwendet werden.

Beim **Kugelkopf-Drucker** sind die einzelnen Zeichen ähnlich wie bei der Kugelkopf-Schreibmaschine auf einer Metallkugel angeordnet. Diese Kugel kann in der Weise gedreht und auf und ab bewegt werden, daß jedes Zeichen auf dem Kugelkopf an jede Druckposition einer Zeile positioniert werden kann. Bei Verwendung geeigneter Controller lassen sich elektrische Kugelkopf-Schreibmaschinen als Drucker für Personal Computer anschließen.

Bei einem **Matrix-** oder **Nadeldrucker** wird ein Zeichen aus einer Vielzahl von Punkten in Form einer Matrix aufgebaut, die meist aus 7 x 9 oder 9 x 11 Punkten besteht. Ein Nadeldruckkopf kann auf einem Schlitten bewegt werden, beim Drucken eines bestimmten Zeichens aktiviert ein Magnetsystem die erforderlichen Nadeln der Punktmatrix, indem diese nach vorne gegen das Farbband gestoßen werden. Die Rückführung der Nadeln wird ebenfalls durch Magnete bewirkt. Die Druckqualität der Zeichen hängt natürlich von der Anzahl Nadeln in der Punktematrix ab. Eine große Anzahl von Punkten erfordert einen hohen Koordinierungs- und Steuerungsaufwand, der mit entsprechend hohen Kosten verbunden ist. Das Mehrphasendruckprinzip verwendet Punktmatrizen mit wenigen Punkten, um aber dennoch ein ordentliches Druckbild zu erreichen, wird der Nadeldruckkopf mehrfach über dieselbe zu druckende Zeile geführt, wobei stets die gleichen Nadeln, aber leicht versetzt, angeschlagen werden.

Bei **Walzendruckern** ist für jede Druckposition einer Zeile der gesamte Zeichensatz auf dem Kreisumfang einer zylindrischen Walze vorhanden. Außerdem ist jeder Druckstelle ein Anschlaghammer zugeordnet, sodaß bei einer einmaligen Umdrehung der Walze jedes beliebige Zeichen an jeder beliebigen Druckposition einer Zeile mindestens einmal vorbeiläuft und angeschlagen werden kann.

Beim **Kettendrucker** läuft längs einer zu druckenden Zeile eine umlaufende Kette. Auf diese Kette sind die Lettern aufgebracht. Zwischen der vorbeilaufenden Kette und den in einer Zeile angeordneten Anschlaghämmern wird das Druckpapier über eine Stachelwalze durchgezogen. Immer wenn ein bestimmtes Zeichen an der gewünschten Druckposition vorbeiläuft, wird der für diese Druckposition zuständige Anschlag ausgelöst. Die Kette enthält den Zeichensatz mehrfach, hierdurch wird die Druckgeschwindigkeit erhöht. Außerdem werden die Ketten in auswechselbaren Kassetten gehalten, sodaß Ketten mit unterschiedlichen Zeichensätzen auf demselben Drucker eingesetzt werden können.

Beim **Tintenstrahldrucker** entsprechen den Nadeln des Matrixdruckers feine Tintenröhrchen/Tintenkanäle. Diese sind mit einem Tintenbehälter verbunden und stets mit Tinte gefüllt. In den Kanälen herrscht ein Unterdruck, sodaß vorne an den Kanalöffnungen keine Tinte auslaufen kann. Während bei Matrixdruckern einzelne Nadeln gegen das Farbband geschossen werden, um ein Zeichen "punktweise" zu erzeugen, wird dies bei Tintenstrahldruckern mit Hilfe eines Überdrucks in den aktivierten Röhrchen realisiert. Der Überdruck bewirkt, daß vorne an der Kanaldüse eine ganz geringe Menge von Tinte herausgespritzt wird. Es gibt zwei verschiedene Techniken:

Das Dauerstrahlverfahren (Continuous Stream) und das Einzeltröpf-
chen-Verfahren (drop on demand). Beim Dauerstrahlverfahren ist der
Druckkopf nur mit einem Druckkanal bestückt, in dem mit piezokera-
mischen Röhrchen ein Überdruck erzeugt wird. Sofort nach Verlassen
des Kanals wird ein Teil der Tintenkügelchen mit Hilfe einer La-
dungselektrode - abhängig von dem zu druckenden Zeichen - unterschiedlich elektrisch aufgeladen. Ein elektrisches Feld lenkt die
Tintenkügelchen entsprechend ihrer Aufladung verschieden stark ab,
sodaß die Tintentröpfchen auf verschiedenen Stellen des Papiers
auftreffen. Auf diese Weise lassen sich sämtliche Zeichen-Matrizen
erzeugen. Alle diejenigen Tintentropfen, die für die Darstellung
eines Zeichens nicht gebraucht und somit auch nicht elektrisch
aufgeladen werden, fallen in eine Ablaufrinne und werden in einem
aufwendigen Recycling-Mechanismus (Filter und Umlaufpumpe) dem
Tintenstrahlsystem wiederum zugeführt. Beim Einzeltröpfchen-Ver-
fahren ist der Druckkopf mit mehreren Kanälen ausgerüstet. Ein Kanal wird nur dann in den Überdruck-Zustand versetzt, wenn dieser
für die Darstellung eines bestimmten Zeichens benötigt wird. Der
Überdruck in den einzelnen Röhrchen wird mit der sogenannten "Bubble Jet"-Technik realisiert. In jedem Kanal sitzen mehrere kleine
Bläschen, und um den Überdruck zu erzeugen, erwärmt sich der Teil
an der Kanalwand, an dem die "Bubbles" sitzen. Durch die Erwärmung
dehnen sich die Blasen aus, erzeugen den Überdruck und drücken die
Tinte aus der Kanaldüse. Wird die Erhitzung gestoppt, verschwindet
die Blase, die Tinte löst sich infolge des elektrischen
Magnetfelds und wird als Tintenkügelchen gegen das Papier
"geschossen". Die Tintenbehälter reichen für 1500 Druckseiten (Ca-
non BJ-80) und sind bei einigen Typen leicht auswechselbar.

Weniger verbreitet sind die **Thermodrucker**, die ebenfalls nach dem
Punktmatrix-Prinzip arbeiten. Hierbei werden die für die Darstellung eines Zeichens erforderlichen Punkte durch Erhitzung regel-
recht eingebrannt. Allerdings kann hierfür nicht das übliche
Druckpapier verwendet werden, sondern es ist ein im Handel erhält-
liches Spezialpapier erforderlich.

Das Ausdrucken von sehr großen Datenmengen in sehr guter Druckqualität leisten die **Laser-Drucker**. Beim Laser-Druckprinzip werden
die auszudruckenden Zeichen mit Hilfe eines Laserstrahls auf einer
elektrostatisch vorgeladenen Fotohalbleiter-Folie abgebildet.

Feinste Tonpartikel haften entsprechend dem Ladungsmuster des zu druckenden Zeichens auf der Folie, und werden dann - jeweils eine ganze Seite vollständig - auf das Druckpapier aufgebracht. Eine anschließende Erhitzung des Papiers festigt das Druckbild.

Abschließend seien die Druckertypen und ihre wichtigsten Kenndaten in der folgenden Übersicht zusammengestellt:

Druckertyp	Matrix- oder Nadeldrucker
Anzahl Zeichen pro Zeile	80 - 260, i.a. 80 oder 132
Druckergeschwindigkeit	50 - 800 Zeichen pro Sekunde
Zeichenvorrat	beliebig durch Zeichengenerator
Druckqualität	mittelmäßig
Papierart	Endlospapier, Einzelblatt, Rolle
Graphikfähig	ja/durch Einzelnadelsteuerung
Farbfähig/Anzahl Farben	ja/bis zu 7 Farben, i.a. 2 Farben
Schnittstellen	Seriell : V.24, R232C Parallel: Centronics (IEEE-488)
Preis	DM 600 bis DM 10 000

Druckertyp	Typenrad-Drucker
Anzahl Zeichen pro Zeile	80 - 320, i.a. 80 oder 132
Druckergeschwindigkeit	10 - 80 Zeichen pro Sekunde
Zeichenvorrat	beliebig durch versch. Typenräder
Druckqualität	gut
Papierart	Endlospapier, Einzelblatt
Graphikfähig	nein
Farbfähig/Anzahl Farben	ja/max. 2 Farben
Schnittstellen	Seriell : V.24, R232C Parallel: Centronics (IEEE-488)
Preis	DM 1 200 - DM 8 000

Druckertyp	Kugelkopfdrucker
Anzahl Zeichen pro Zeile	80 oder 132
Druckergeschwindigkeit	max. 30 Zeichen pro Sekunde
Zeichenvorrat	beliebig durch versch. Kugelköpfe
Druckqualität	sehr gut
Papierart	Einzelblatt
Graphikfähig	nein
Farbfähig/Anzahl Farben	ja/max. 2 Farben
Schnittstellen	Seriell : V.24, R232C
Preis	bis DM 2 500

Druckertyp	Kettendrucker
Anzahl Zeichen pro Zeile	i.a. 132 oder 162
Druckergeschwindigkeit	100 bis 2000 Zeilen pro Sekunde
Zeichenvorrat	beliebig durch versch. Ketten
Druckqualität	gut
Papierart	Endlospapier
Graphikfähig	nein
Farbfähig/Anzahl Farben	nein
Schnittstellen	Herstellerabhängig
Preis	ab DM 10 000

Druckertyp	Walzendrucker
Anzahl Zeichen pro Zeile	i.a. 132 oder 162
Druckergeschwindigkeit	100 bis 2000 Zeilen pro Sekunde
Zeichenvorrat	eingeschränkt, abh. v.d. Walze
Druckqualität	gut
Papierart	Endlospapier
Graphikfähig	nein
Farbfähig/Anzahl Farben	nein
Schnittstellen	Herstellerabhängig
Preis	mehr als DM 10 000

Druckertyp	Thermodrucker
Anzahl Zeichen pro Zeile	30-230, i.a. 80 oder 132
Druckergeschwindigkeit	bis ca. 160 Zeichen pro Sekunde
Zeichenvorrat	belieb. durch ladbaren Zeich.gen.
Druckqualität	gut
Papierart	Spezial-, Endlospapier, Rolle
Graphikfähig	ja/mit Graphikgen. od. Progr.
Farbfähig/Anzahl Farben	nein
Schnittstellen	Seriell : V.24, R232C Parallel: Centronics (IEEE-488)
Preis	DM 500 bis DM 9000

Druckertyp	Tintenstrahldrucker
Anzahl Zeichen pro Zeile	40-230, i.a. 80
Druckergeschwindigkeit	20 bis ca. 230 Zeichen pro Sekunde
Zeichenvorrat	belieb. durch ladbaren Zeich.gen.
Druckqualität	sehr gut
Papierart	Endlospapier, Einzelblatt
Graphikfähig	ja/mit Tintenkanalsteuerung
Farbfähig/Anzahl Farben	ja/mehrere Tintenbehälter
Schnittstellen	Seriell : V.24, R232C Parallel: Centronics (IEEE-488)
Preis	DM 1000 bis DM 9000

Druckertyp	Laserdrucker
Anzahl Zeichen pro Zeile	bis 320
Druckergeschwindigkeit	bis 8 500 Seiten pro Stunde
Zeichenvorrat	belieb. durch ladbaren Zeich.gen.
Druckqualität	sehr gut
Papierart	Endlospapier, Einzelblatt
Graphikfähig	ja/Graphikgenerator od. Programm.
Farbfähig/Anzahl Farben	ja/verschiedene Tonpartikel
Schnittstellen	herstellerabhängig
Preis	ab DM 8 000 (PC) bis 100 000

5.7 Der Bildschirm als Ein-/Ausgabeeinheit

Für den ständigen Dialog mit dem Rechner werden heute fast ausschließlich nur noch Bildschirmgeräte, allgemein Datensichtgeräte
genannt, verwendet. Bildschirmgeräte sind heute sehr preiswert und
arbeiten nach dem vom Fernsehapparat her bekannten Kathodenstrahlprinzip. Bedingt durch das Kathodenstrahlrohr sind die Gehäuse
sehr ausladend, allerdings gibt es bereits neue, wenn auch noch
sehr teure Techniken, die vermutlich in wenigen Jahren die
Brown'sche Röhre ablösen werden. Es handelt sich hierbei um die
LED-Technik (Light Emissing Diode) und die LCD-Technik (Liquid
Cristal Display). Bildschirmgeräte sind heute bei Mikrocomputern
meist von der Zentraleinheit getrennt, können den Benutzerbedürf-
nissen entsprechend in der Höhe und Neigung verstellt werden und
sind in den letzten Jahren auch in ergonomischer Hinsicht stark
verbessert worden. Auch die Tastatur ist meist vom Bildschirm in
seiner Lage unabhängig und kann den arbeitsplatzspezifischen Erfordernissen bestmöglich angepaßt werden.

Als Maß für die Bildschirmgröße wird meist die Bildschirm-Diago-
nale in Zoll angegeben. Die heute üblichen Bildschirme haben eine
Größe von 12 und 17 Zoll. Was die Anzahl der Zeichen pro Zeile und
die Anzahl der Zeilen angeht, sind heute meist 25 x 80 Zeichen zum
Standard geworden, wobei die 25-te Zeile im allgemeinen für Bedie-
nungsanweisungen und für Statusanzeigen verwendet wird. Es gibt
auch Sonderausführungen für Bildschirm-Konsolen im technischen Be-

reich, die bis zu 132 Zeichen pro Zeile haben, außerdem sind speziell für die Textverarbeitung "Ganzseiten-Bildschirme" des For-
mats 60 x 80 in Normalschrift und 60 x 160 in Engschrift entwickelt worden, welche eine ganze DIN A4-Seite vollständig zeigen
können.

Für die Zeichendarstellung wird wie bei den Matrixdruckern ebenfalls das Punktmatrix-Prinzip angewandt. Meistens werden heute 7 x
9 Punktmatrizen verwendet, aber es gibt auch 15 x 23 Punkte für
die Darstellung eines Bildschirmzeichens, d.h. mit einer sehr
guten Auflösung.

Die Bildschirm-Kontrollfunktionen werden durch die Gerätetreiber
bewirkt und betreffen die

1. Cursor-Funktionen, die es ermöglichen, den Cursor (= Bildschirmmarke) an jede beliebige Zeilen-/Spaltenposition zu
   bringen.

2. Tabulatorfunktionen, welche die schnelle Positionierung auf
   zuvor eingestellte Spaltentabulatoren ermöglicht (vorwärts
   und rückwärts).

3. Editierfunktionen, die von einem Editor oder Textverarbeitungssystem unterstützt werden und die Manipulation von Zeichen, Zeichenketten und Textblöcken erlauben.

4. Darstellattribute, welche die Festlegung verschiedener Gestaltungsmöglichkeiten des Bildschirminhalts ermöglichen. Zum
   Beispiel läßt sich mit dem "Inverse Video"-Modus der übliche
   dunkle Bildschirm-Hintergrund in einen hellen umkehren,
   gewisse Zeichenketten können blinkend gezeigt werden, außerdem können bestimmte Textblöcke mit unterschiedlicher Hellig-
   keitsstufe abgehoben werden.

5. Arbeits- und Kommunikationsfunktionen, die den Arbeitsmodus
   am Bildschirm und die Verbindung zum Rechner regeln. Den Arbeitsmodus betreffend kann im Zeichen-, Zeilen-, und Seiten-
   modus gearbeitet werden. Im Zeichenmodus wird jedes eingegebene Zeichen sofort an den Rechner übergeben. Im Zeilenmodus
   wird nach Betätigen der Enter- oder Return-Taste am Ende einer Zeile der Inhalt der Zeile an den Rechner übergeben, und
   im Interpretier-Modus kann die syntaktische Richtigkeit des

Zeileninhalts überprüft werden. Ähnlich ist es im Seiten-Modus, wo die Übergabe an die Zentraleinheit erst am Ende der Seite erfolgt.

6. Tastatur, die heute weitgehend einen ähnlichen Aufbau hat und neben der Buchstaben-Anordnung auf der rechten Seite eine separate Zifferntastatur besitzt. Programmierbare Funktionstasten sind entweder als Funktionstastenblock auf der linken Seite, oder als Funktionstastenreihe über dem alphanumerischen Tastaturblock, angeordnet. Auch wird bei den heutigen Tastaturtypen darauf geachtet, daß die Tastenflächen hinreichend groß und die Tastatur insgesamt flach ist.

7. Graphikfähigkeit eines Bildschirms. Für jeden Bildschirm sind grundsätzlich auch graphische Darstellungen möglich, wobei die vom Bildschirm unterstützten Zeichenpositionen als graphische Bildpunkt-Positionen aufgefaßt werden können. Allerdings ist aber die übliche "Zeichen"-Auflösung für eine ausreichende Graphikqualität viel zu schlecht. Für besser auflösende Graphik-Bildschirme ist es notwendig, daß jedes einzelne Pixel (= Bildpunkt) adressierbar ist, sodaß die Anzahl der einzeln adressierbaren Bildpunkte ein Maß für die Auflösungsgüte darstellt. Höchstauflösende Graphik-Bildschirme besitzen 4096 mal 4096 Bildpunkte und werden heute vor allem im Bereich des CAD (= Computer Aided Design = Computer-unterstütztes Konstruieren und Entwerfen) für Zeichnungen und Konstruktionspläne eingesetzt. Aber auch Geräte mit einer Auflösung von 1024 mal 1024 Bildpunkten sind für die meisten Anwendungen ausreichend und sind doch wesentlich preisgünstiger.

Die heute angebotenen Graphik-Bildschirme basieren auf verschiedenen Technologien. Man unterscheidet den

- Speicherbildschirm
- Vektor-Refresh-Bildschirm
- Raster-Bildschirm
- Plasma-Bildschirm.

Beim **Speicherbildschirm** wird die Bildinformation in der Phosphor-Zinksulfid-Schicht der Bildröhre permanent gehalten, ohne daß der Bildinhalt ständig aufgefrischt werden muß. Schriftzeichen und Bilder werden mit Hilfe von "Linien"-Vektoren aufgebaut, wobei Punkte als Vektoren mit der Länge

Null dargestellt werden. Man spricht auch von "Linienzeichnern", da der Elektronenstrahl an jede beliebige Position auf dem Bildschirm positioniert werden und in eine beliebige Richtung ausgelenkt werden kann. Die Vorteile sind aufgrund der hohen Auflösung ein praktisch flimmerfreies Bild, ein relativ geringer Speicherbedarf für den Bildspeicher, und die Darstellungsmöglichkeit von Flächen. Nachteilig ist die kurze Lebensdauer der Bildröhre, eingeschränkte Möglichkeiten zur Kontrastbildung, die Nicht-Löschbarkeit von Teilbildern, und der sehr langsame Bildaufbau. Gerade in der Echtzeitverarbeitung ist ein schneller Bildaufbau häufig nötig, daher sind Speicherbildschirme für diese Zwecke weniger geeignet.

Der **Vektor-Refresh-Bildschirm** ist ebenfalls ein "Linienzeichner", kann aber das Bild nicht in der Phosphorschicht speichern. Hier muß der Bildschirminhalt ständig "aufgefrischt" (refresh) werden. Dies geschieht durch ständiges Holen des Bildschirminhalts aus dem Bildspeicher und Schreiben desselben auf den Bildschirm. Der Bildspeicher enthält für jeden Vektor die Koordinaten der beiden Endpunkte. Vektor-Refresh-Schirme sind gut für die Echtzeitverarbeitung geeignet und können den bei den Speicherbildschirmen als nachteilig aufgeführten Charakteristika weitgehend entsprechen. Allerdings ist eine Flächendarstellung nicht möglich, außerdem ist die Anzahl der simultan darstellbaren Vektoren begrenzt. Schnelle Bildwechsel sind zwar möglich, jedoch treten häufig Wischeffekte auf. Der wohl größte Nachteil sind die sehr hohen Anschaffungskosten.
Der **Raster-Bildschirm** arbeitet nach einem anderen Prinzip. Im Gegensatz zu den bisher genannten Graphik-Bildschirmen kann bei diesem Bildschirmtyp der Elektronenstrahl nicht an eine beliebige Position gebracht und der Vektorrichtung entsprechend ausgelenkt werden. Ähnlich wie beim Fernsehschirm wird der Elektronenstrahl zeilenweise von links nach rechts ausgelenkt und jeweils am rechten Ende einer Zeile auf den linken Anfang der nächsten Zeile positioniert. Ist der Elektronenstrahl in der rechten unteren Bildschirmecke angelangt, so erfolgt auf kürzestem Wege diagonal über den Bildschirm die Rückpositionierung auf die linke obere Ecke des Bildschirms.

Die Bildpunkte auf Rasterbildschirmen leuchten nur kurz nach, daher ist es notwendig, daß der Elektronenstrahl die Bildschirmzeilen wenigstens 25 mal in der Sekunde überstreicht, um die einzelnen Bildpunkte aufzufrischen. Während der Rücklaufzeiten des Elektronenstrahls wird der Elektronenstrom abgeschaltet. Für die Bildauffrischung gibt es das

- Nicht-Zeilensprung-Verfahren, bei dem das ganze Bild in einem Zyklus Zeile für Zeile aufgefrischt wird. Flimmerfrei wird das Bild bei etwa fünfzig Zyklen pro Sekunde.
- Zeilensprung-Verfahren, das dagegen das Bild in zwei Phasen auffrischt. In der ersten Phase überstreicht der Elektronenstrahl nur die ungeraden Zeilen, in der zweiten Phase nur die geraden Zeilen. Durch dieses ständige Überspringen einer Zeile wird mit der Hälfte der Zyklen pro Sekunde eine gleichwertige Bildqualität erreicht.

Im Bildspeicher eines Rasterbildschirms sind neben den Endpunkt-Koordinaten eines Vektors für jedes Pixel ein Status-Bit festgehalten (Pixel ist für ein momentanes Bild aktiv oder nicht). Außerdem können verschiedene Helligkeitsstufen für jeden Bildpunkt gespeichert werden. Mit acht Bits lassen sich 256 verschiedene Helligkeitsstufen darstellen, dies bedeutet aber, daß für jedes Pixel zusätzlich 8 Bits zu speichern sind. Bei einer Auflösung von 1024 mal 1024 Bildpunkten braucht man daher allein für die Darstellung der Helligkeitsstufen eine Bildspeicherkapazität von einem MByte. Da zum Beispiel beim Zeilensprungverfahren das Bild mindestens 25 mal pro Sekunde aufgefrischt werden muß, sind extrem hohe Übertragungsgeschwindigkeiten vom Bildspeicher zum Bildschirm erforderlich. Technologisch ist man aber heute in der Lage, mit Hilfe der VLSI- und der VHSIC-Technologie dieser Anforderung entsprechen zu können. Allerdings ist eine Auflösung von 4096 mal 4096 Bildpunkten wie bei den Vektor-Refresh-Bildschirmen auch bei der modernsten Halbleitertechnologie nicht möglich.

Einen wesentlichen Nachteil haben die Rasterbildschirme gegenüber den "Linienzeichnern" bei der Darstellung von diagonal verlaufenden Linien. Diese erscheinen bei geringerer Auflösung treppenförmig gezackt, während die diagonale Vektor-Darstellung exakt erscheint. Der vielleicht größte Vorteil der Rasterschirme liegt in der unabhängigen Behandluung von Teilbildern, die sich vergrößern/verkleinern (Zoom-Effekt), verschieben und beliebig drehen lassen. Weiterhin lassen sich bei Rasterbildschirmen mit einer Farbbildröhre praktisch alle Farbnuancen erzeugen (wie bei dem Farbsystem einer Fernsehbildröhre). Hochwertige Raster-Bildschirme haben heute eine Auflösung von 1280 mal 1024 Bildpunkten und speichern bis zu 12 Bits für die Farbabstufung (also 4096 verschiedene Farbtöne). Einfachere Geräte speichern nur drei Bits je Bildpunkt, womit sich neben den Farben Schwarz, Rot, Grün und Blau noch die Mischfarben Gelb, Magenta, Zyan und Weiß erzeugen lassen.

8. Farbfähigkeit, diese Anforderung wird heute vor allem im Home- und Mikrocomputerbereich gestellt. Bei den sogenannten RGB-Bildschirmen (RGB = Rot/Grün/Blau) werden diese drei Grundfarben zu den mindestens 16 verschiedenen Farben und Farbabstufungen vermischt. Die meisten (nicht-farbigen) Monochrom-Bildschirme können verschiedene Farben durch Abstufung der Grautöne darstellen. Was die Kosten angeht, sind Farbschirme heute noch relativ teuer, durchschnittlich ist im Vergleich zu Monochrom-Geräten ein Mehrbetrag von DM 800 bis DM 1000 erforderlich.

Neben den mit Hilfe der Tastatur auszuführenden Kontrollfunktionen gibt es noch einige Zusatzgeräte für das interaktive Arbeiten an einem Bildschirmgerät.

Als erster sei der **Lichtgriffel** erwähnt, mit dem man beliebige Linien und Konturen auf dem Bildschirm anbringen kann. Durch Aufsetzen des Lichtgriffels auf einen Bildpunkt kann durch den aus dem Lichtstift austretenden Lichtstrahl die Koordinaten-Position des berührten Bildpunkts festgestellt werden. Auch bei endbenutzerorientierten Übersichtsmenüs kann durch Berühren mit dem Lichtstift eine Menü-Auswahl getroffen werden. Weiterhin können Teilbilder mit dem Lichtgriffel auf dem Bildschirm verschoben werden (Translation). Diese "Fadenkreuzsteuerung" mit Hilfe des Lichtgriffels wird heute auch mit dem "Joy-stick" (besonders häufig bei Computer-Spielen auf Home Computern verwendet) und der "Maus" erzeugt. Eine "Maus" besteht aus einem kleinen handlichen Gehäuse mit einem Druckkopf auf der Oberseite und einer Rollkugel auf der Unterseite. Durch Bewegen der "Maus" auf einer glatten Tischfläche werden die Bewegungsimpulse der Rollkugel in digitale Werte umgewandelt und vom Rechner in die der Position der Maus entsprechenden Koordinaten umgerechnet. Auf diese Weise kann der Cursor, die Bildmarke auf dem Bildschirm, die Bewegung der "Maus" auf dem Bildschirm nachvollziehen. Besonders im Bereich des bereits erwähnten CAD wird die Fadenkreuz-Steuerung mit Hilfe des Lichtgriffels und das Rollkugel-Prinzip angewandt. Auch gibt es elektronische Zeichenbretter, mit einem Auswahlmenü für verschiedene Schriftstärken, "Radiergummi", spezielle geometrische Formen wie Kreis, Rechteck, Quadrat usw., für verschiedene Zeichensätze und Schriftarten. Die Menü-Option kann durch Betätigen des Knopfs auf der Oberseite der "Maus" "angeklickt" werden und in die sich momentan auf dem "Zeichenbrett" befindliche Zeichnung eingebracht werden.

5.8 Weitere Geräte zur Ein- und Ausgabe von Daten

Ein computergesteuertes Zeichengerät stellt der Plotter dar, mit dem Linienzeichnungen, teilweise auch mehrfarbig, erstellt werden können. Meist sind Plotter mit eigenen Mikroprozessoren ausgestattet, die bestimmte Basisfunktionen zur Verwaltung und Steuerung des Zeichensystems unterstützen. Man unterscheidet zwei Typen von Plottern, den Flachbett- und den Trommelplotter.

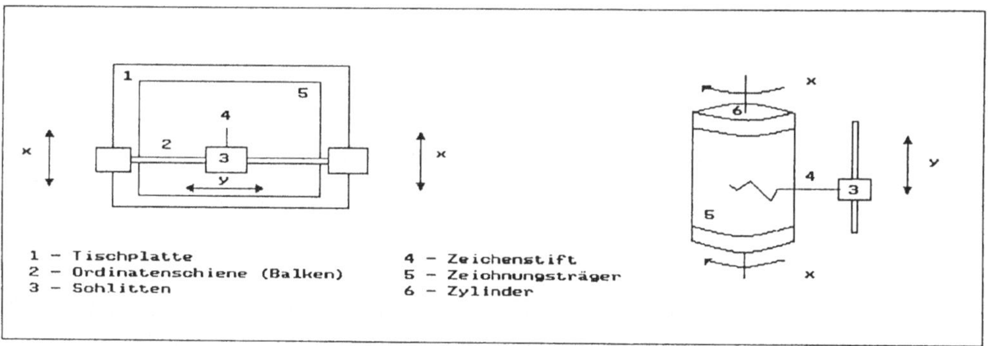

Abb.26: Flachbett- und Trommelplotter

Beim Flachbettplotter wird das Papier auf eine glatte Unterlage aufgelegt. Über der Zeichenfläche läßt sich eine Schiene in x-Richtung bewegen. Auf dieser Ordinatenschiene läßt sich ein Schlitten mit dem Zeichenkopf in y-Richtung bewegen. Beim Trommelplotter wird das Papier über einen zylindrischen Trommelplotter geführt. Über eine feste y-Ordinatenschiene wird der Schlitten mit dem Zeichenstift über die Breite des Zeichenpapiers geführt, während die Bewegung des Zeichenstifts in x-Richtung durch die Drehung des Zylinders bewirkt wird. Wichtige Charakteristika für die Qualität des Plotters selbst und für die Zeichenqualität betreffen die Schrittgröße und die Zeichengeschwindigkeit, die Größe der Zeichenfläche und die Verwendungsmöglichkeit verschiedener Farbstifte. Über die durch das Gerät vorgegebene Zeichenfläche läßt sich der Magnet-Zeichenkopf nicht bewegen, Bereichsüberschreitungen werden durch eine bestimmte Basisfunktion des Controllers ständig kontrolliert. Der Preis eines Plotters steigt mit der Größe der Zeichenfläche an, es gibt Flachbettplotter, deren Zeichenfläche Tischgröße hat, und weit über DM 100 000 kosten. Neben der Größe der Zeichenfläche ist auch die Auflösung, d.h. die kleinstmögliche Schrittweite, für die Zeichenqualität entscheidend. Insbesondere versteht man darunter auch den kleinsten programmierbaren Abstand zwischen zwei Punkten. Ein weiteres Gütekriterium ist die Wiederholgenauigkeit, d.h. die Fähigkeit des Plotters, den Zeichenstift mehrmals exakt auf dieselbe Stelle zu positionieren. Die Wiederholgenauigkeit wird entweder absolut in mm oder relativ in Prozent angegeben. Die Zeichengeschwindigkeit wird meist in mm/sec oder auch in cm/sec angegeben. Manche Plotter können mit einem Zeichengenerator ausgestattet werden, sodaß via Plot-Software verschiedene Schriften- und Zeichenarten verwendet werden können. Die heutige Plotter-Software enthält meist die wichtigsten Grundfunktionen, wie Zeichenstift in abgehobenem oder aufgesetztem Zustand über die Zeichenfläche bewegen, Achsen und Achsenskalierungen zeichnen, als Standardfunktionen. Auch der Einsatz verschiedener Farbstifte ist heute weitgehend programmgesteuert.

In neuerer Zeit wird zur Eingabe von graphischer Information auch das Digitalisiergerät (digitizer) eingesetzt. Hiermit können Zeichnungen und Konstruktionspläne in digitaler Form im Rechner gespeichert werden. Die abzutastende Vorlage wird hierzu auf ein Digitalisiertablett aufgelegt, danach die Linien und Kurven mit Hilfe eines Digitalisierstifts abgefahren. Ähnlich wie beim Rollkugelprinzip der "Maus" wird die Fadenkreuz-Position des Digitalisierstifts in x/y-Koordinaten umgewandelt und im Rechner gespeichert. Die Aufnahmegenauigkeit der heutigen Digitizer schwankt zwischen 0.075 und 0.5 mm. Entsprechend dieser Genauigkeitsgüte liegen die Preise auch zwischen DM 2000 und DM 30 000. Auch kombinierte Plotter-/Digitalisiersysteme werden heute bereits angeboten. Hierbei läßt sich das Magazin mit den Zeichenstiften des Magnet-Zeichenkopfs durch ein Abtastsystem austauschen.

Seit vielen Jahren hat sich in allen Bereichen der Erfassung und Archivierung großer Datenbestände die **Mikroverfilmung** bewährt. Gerade zur Eindämmung der Papierflut und der "Speicherung" in Ablageordnern werden Dokumente und Zeichnungsunterlagen mikroverfilmt. Man unterscheidet heute fünf Varianten der Mikroverfilmung:
  - die konventionelle Mikroverfilmung
  - die Datenausgabe über den Schnelldrucker und der
    anschließenden Ablichtung auf Mikrofilm
  - das COM-Verfahren (COM = Computer Output to Microfilm)
  - das CIM-Verfahren (CIM = Computer Input to Microfilm).

Beim COM-Verfahren erfolgt die Datenausgabe über einen Mikrofilm-Recorder. Dieser kann direkt an die Zentraleinheit angeschlossen werden (online) oder auch unabhängig von der Zentraleinheit im offline-Betrieb. Die Funktion des COM-Recorders besteht darin, die in digitaler Form aufgenommenen Daten in analoge optische Signale umzuwandeln, und diese dann auf den Mikrofilm zu übertragen. Mikrofilme werden in unterschiedlicher Form angeboten, als Filmkarte (microfiche), als Filmrolle oder als Kassettenfilm. Auf einer Mikrofilmkarte, die etwa Postkartengröße hat, können etwa 200 Seiten, das sind 400 000 Zeichen, abgelegt werden. Die Mikrofilmkarten haben außerdem den Vorteil, daß sie sich nach einem bestimmten Ordnungskriterium sortieren lassen, und dadurch praktisch ein manueller "Direktzugriff" möglich ist. Das Funktionsprinzip des COM-Recorders basiert entweder auf dem Kathodenstrahlprinzip oder auf dem Laser-Prinzip. Das CIM-Verfahren legt das Funktionsprinzip für ein Mikrofilm-Eingabegerät fest. Die Verarbeitungsschritte sind dieselben wie beim COM-Verfahren, nur in umgekehrter Reihenfolge. CIM-Geräte lesen die Helligkeitswerte des Mikrofilms, wandeln diese in digitale Signale (Bitfolgen) um und übergeben diese an die Zentraleinheit. Generell liegen die Vorteile der Mikroverfilmung im geringen Raumbedarf im Vergleich zur Papierablage, in den geringeren Materialkosten, wie auch in dem schnelleren Wiederauffinden der gespeicherten Daten.

Die Datenerfassung und Datenausgabe über Lochstreifen und/oder Lochkarten wird heute nur noch wenig praktiziert und wird weitgehend über die erwähnten Datensichtgeräte und Datenausgabegeräte abgewickelt. Neben der manuellen Datenerfassung über die Tastatur gibt es auch Geräte zur automatischen Erfassung von Daten, die in Schreibmaschinenschrift oder einer geeigneten normierten Schrift vorliegen. Diese Erfassungsgeräte lassen sich unter dem Sammelbegriff **"Belegleser"** zusammenfassen. Datenerfassungsgeräte, die handschriftliche Dokumente automatisch aufnehmen können gibt es bereits, sie werden aber hinsichtlich der Auswahlsicherheit ständig verbessert. Man unterscheidet bei der automatischen optischen Zeichenerkennung im wesentlichen vier Arten von Beleglesern:
- Strich-Code-Leser
- Markierungsleser
- Magnetschriftleser
- Klarschriftleser.

Strich-Code-Leser können einen Code, der aus dunklen Strichen unterschiedlicher Dicke und hellen Zwischenräumen besteht, aufnehmen. Die durch unterschiedliche Kombination von Strichstärken und Zwischenräumen kodierten Zeichen können mit Lesestiften oder Lesepistolen ("Scanner") abgetastet und an die angeschlossene Registrierkasse oder an einen angeschlossenen Rechner übergeben werden. Der Balken-Code wird häufig gleich bei der Herstellung der Verpackung mitaufgedruckt, auch können bestimmte Matrixdrucker den Bar-Code auf vorgefertigte Etiketten aufdrucken. Der Strich-Code eignet sich besonders für die Auszeichnung von Konsumartikeln, aber auch zur Kodierung von Werkstücknummern oder Rechnungsnummern. Nach dem automatischen Lesen der Kodierung können zum Beispiel für einen Konsumartikel andere wichtige Informationen wie z.B. der Preis, noch am Lager vorhandene Stückzahl, genaue Bezeichnung u.a., aus dem Speicher der angeschlossenen DV-Anlage abgerufen werden. Es gibt verschiedene Normierungen für die Festlegung des Strich-Codes. Der bekannteste Strich-Code ist der UPC (Universal Product Code) und der EAN (Europäische Artikel-Nummer) auf Lebensmittelpackungen. In manchen Bibliotheken werden die Bücher über Balken-Code erfaßt und katalogisiert. Beim industriellen Einsatz gibt es Datenerfassungsstationen, die Balken-Code auch auf geringe Entfernungen aufnehmen können, z.B. bei einem auf einem Fließband vorbeiziehenden Paket.

Insbesondere im Zusammenhang mit dem modernen Kreditkartensystem sind **Ausweis-Leser** entwickelt worden, welche eine schnelle Überprüfung von Namen, Kontonummer, Personalnummer und Adresse in Berechtigungsausweisen ermöglichen. Diese Information wird entweder als spezielle Lochung oder als Magnetspur auf kleinen Plastik-Karten kodiert. Insbesondere für die Zugangskontrolle zu bestimmten Gebäuden, für die automatische Gleitzeiterfassung, haben sich diese Ausweiskarten bisher gut bewährt.

Die **Markierungsleser** werden meist für die automatische Erfassung von kleinen Datendokumenten, Markierungsbelegen, eingesetzt. Solche Markierungsbelege können sehr unterschiedlich ausgestaltet sein, meist sind die Wahlmöglichkeiten vorgedruckt und müssen nur mit Hilfe eines Bleistifts oder Kugelschreibers markiert werden ("Ankreuzen" eines Lottozettels). Markierungsbelege und deren automatische Erfassung mit Markierungslesern werden häufig auch bei statistischen Erhebungen eingesetzt.

Nicht mehr auf optischer, sondern auf magnetischer Basis arbeiten die **Magnetschriftleser**. Die Schrift wird mit einer magnetisierten Flüssigkeit aufgebracht. Hierdurch kann die mit Magnetschrift versehene Vorlage sowohl maschinell wie auch visuell gelesen werden. Es gibt aber auch speziell magnetisiert aufbereitetes Papier, das nur von einem Magnetschriftleser aufgenommen werden kann. Bei neueren Briefsortieranlagen beispielsweise werden mit Hilfe eines Magnetschriftlesers die auf die Briefe zuvor in Magnetschrift aufgedruckten Postleitzahlen erkannt und in die Verteilfächer geleitet.

Ein weiterer Belegleser ist der **Klarschriftleser,** der heute vor allem bei der Erfassung von Schecks und anderen Bankbelegen eingesetzt wird. Es ist heute bereits möglich, auch handschriftliche Dokumente automatisch zu erfassen, allerdings ist der Aussortierungsanteil noch relativ hoch. Fehlerfreies Lesen ist dagegen bei Verwendung der üblichen Schreibmaschinenschrift und bei der OCR-

Schrift, die man von den Kodierungszeilen der Bankschecks kennt, möglich. Die OCR-Schrift kann sowohl maschinell wie auch visuell gelesen werden und stellt einen guten Kompromiß für die Massenbelegverarbeitung dar. Die Erfassung der Zeichen erfolgt optisch, indem ein Lichtstrahl den zu erfassenden Text zeilenweise überstreicht, und die durch die unterschiedliche Reflektierung entstandenen Helligkeitswerte werden in einer 0/1-Inzidenzmatrix gespeichert. Dieses Inzidenzmuster wird anschließend mit den im Speicher vorhandenen Mustern verglichen. Klarschriftleser können stündlich bis zu 90 000 Belege erfassen, auch gibt es Geräte, die eine ganze DIN A4-Seite in wenigen Sekunden erfassen. Wie teilweise bei den anderen Erfassungsgeräten unterscheidet man bei Klarschriftlesern zwei Typen. Bei Geräten mit festem Lesekopf wird der Beleg bewegt, während bei komfortableren Geräten der Lichtstrahl programmgesteuert über die Text- oder Kodierungszeilen geführt wird.

Die **Lochkarte** als Datenträger ist heute durch die Bildschirm-Datenerfassung weitgehend verdrängt worden. Bei älteren DV-Anlagen wird sie noch verwendet. Die Lochkarte besteht aus einem Spezialkarton mit etwa 0,16 mm Dicke und hat das Format einer Dollarnote. Die linke obere Ecke ist abgeschrägt und dient für den Kartenleser zur Erkennung der richtigen Lage im Lochkartenstapel. Die Lochkarte enthält i.a. 80 Lochungsspalten mit jeweils maximal 12 Lochungspositionen. Jede Lochungsspalte kann entweder ein alphanumerisches Zeichen oder ein Sonderzeichen aufnehmen. Es wird der Ziffernbereich für die Darstellung der Dezimalziffern 0,1,...,9 und der Zonenbereich (Spalte 0, 11, 12) unterschieden. Jeder der 26 Buchstaben des Alphabets wird durch eine Lochung im Ziffern- und einer im Zonenbereich repräsentiert, Sonderzeichen haben eine, zwei oder drei Lochungen in einer Spalte. Der Lochkartenleser arbeitet nach dem Prinzip der fotoelektrischen Abtastung. Jede Lochkarte des in ein Magazin eingebrachten Lochkartenstapels wird an der optoelektrischen Leseeinheit vorbeigeführt und die Zeichen zur weiteren Verarbeitung in einen Speicher gebracht. Lochkartenleser erreichen eine Lesegeschwindigkeit von bis zu 1500 Lochkarten pro Minute.
Für die erstmalige Eingabe der Daten auf Lochkarte benutzt man einen Kartenlocher. Die über die Tastatur eingegebenen Zeichen werden von einer Stanzeinrichtung direkt auf die Lochkarte über-

tragen. Weiterhin gibt es für die automatische Datenausgabe auf Lochkarte den Lochkartenstanzer, der bis zu 400 Lochkarten pro Minute ausbringen kann. Die meisten dieser Stanzgeräte erzeugen die Zeichenkodierungen spaltenweise, d.h. Zeichen für Zeichen, es gibt aber auch Geräte, welche die Lochungen im Ziffern- und Zonenbereich zeilenweise aufbringen.

Teilweise werden heute auch noch **Lochstreifenleser** verwendet. Mit Hilfe eines fotoelektrischen Prinzips wird die auf einem Lochstreifen enthaltene Lochung bzw. Nichtlochung in elektrische Signale umgewandelt. Der Lochstreifen selbst ähnelt im Aufbau dem Magnetband, hier unterscheidet man zwischen 5, 7 und 8 Spuren, und "sprossenweise" läßt sich ebenfalls ein Zeichen darstellen. Allerdings ist die Speicherdichte auf dem Lochstreifen sehr gering, etwa 4 Zeichen pro Zentimeter können auf dem i.a. Ein-Zoll- oder 3/4-Zoll breiten Lochstreifen gespeichert werden. Der Lochstreifen besteht aus pergamentiertem Papier, aus Kunststoff oder bei speziellen technischen Anwendungen auch aus einer dünnen Metallfolie. Die Verarbeitungsgeschwindigkeit beträgt etwa 200 Zeichen pro Sekunde.

Trotz der enormen Fortschritte hinsichtlich der Leistungsfähigkeit der Speichereinheiten sind bei den immer weiter steigenden Anforderungen an die Schnelligkeit der Informationsverarbeitung mehr denn je Engpässe für alle Rechnerkategorien vorhanden, zumindest was den billigen Massenspeicher angeht. Vielleicht ist durch die in neuerer Zeit entwickelte **optische Bildplatte** (Compact Disc Read Only Memory) mit 500 MByte Speicherkapazität ein Weg aus dem Massenspeicher-Engpaß. Gerade auch für Personal Computer sind CD-ROM Laufwerke anstelle eines 10- oder 20 MB Festplattenlaufwerks interessant. Eine solche optische Bildplatte mit einem Durchmesser von nur 12 cm faßt also die Kapazität von 50 bzw. 25 Festplattenlaufwerken. Weiterhin sind diese Bildplatten unempfindlich und austauschbar, aber haben - zumindest im Augenblick noch - den großen Nachteil, daß sie vom Benutzer weder gelöscht noch neu beschrieben werden können. Die Bildplatte ist also ein Informationsspeicher, dessen Information zwar gelesen und verändert werden kann, aber die Speicherung der veränderten Information kann nicht auf der Bildplatte erfolgen, sondern nur auf den bisherigen Magnetspeichern. Bei der CD-ROM werden in eine Kunststoffscheibe mit

Hilfe eines Laserstrahls in einer spiralförmigen Spur dicht hintereinander winzige Löcher eingebrannt. Ein Laserstrahl tastet im CD-ROM Laufwerk die Spur ab, und das Licht wird unterschiedlich reflektiert, je nachdem ob der Lichtstrahl auf ein "Loch" oder auf die "nicht veränderte" Bildplatte trifft. Ein optischer Sensor registriert diese Unterschiede und leitet sie an die Lese-Elektronik weiter. Von dort werden die gelesenen Daten bitweise an den entsprechenden Speicher des Rechners weitertransportiert. Die Rillen- oder Spurbreite beträgt bei den CD-ROM's nur 0,6 Mikrometer, der Spurabstand nur einen Mikrometer. Ein eingebranntes "Loch" (Pit) entspricht allerdings nicht einem Bit, denn sonst könnten derart hohe Speicherdichten nicht erreicht werden. Das System erkennt vielmehr den Übergang zwischen Pit und unveränderter Spurposition und interpretiert diese Phasenänderung als logische Eins. Diejenigen Bereiche, in denen keine Phasenänderung erfolgt, wird als logische Null verstanden. Ein Problem entsteht, falls in einer Binärdarstellung mehrere Einsen hintereinander auftreten und diese aufgrund des Phasenänderungsprinzips nicht getrennt werden können. Dieses Problem wurde durch Übergang vom 8-Bit zu einem 14-Bit Code (EFM = Eight to Fourteen Modulation) gelöst. Durch Zwischenschieben von weiteren logischen Nullen ("merging bits") wird die Separierbarkeit der Einsen erreicht, wobei außerdem noch berücksichtigt ist, daß das Ende eines 14-Bit Datenworts und der Anfang des darauffolgenden Datenworts keine "1" darstellen. Diese künstliche Vergrößerung des Datenworts auf 14 Bits war auch wegen der hohen Geschwindigkeit bei der Laserabtastung erforderlich , denn zwischen zwei Phasenänderungen müssen immer wenigstens zwei Nullen liegen.

Es gibt bereits Interfaces zwischen CD-ROM Laufwerken und IBM-kompatiblen Personal Computern. Der Betrieb des CD-ROM Laufwerks erfolgt genau wie derjenige eines zusätzlichen Laufwerks. Allerdings dürfte eine Schwierigkeit bei den momentan verfügbaren Betriebssystemen liegen. Das Betriebssystem MS-DOS beispielsweise kann maximal nur 32 MB verwalten, sodaß der CD-ROM in Speichersegmente von jeweils 32 MB aufgeteilt werden müßte, die dann jeweils wie ein separates Festplattenlaufwerk angesprochen werden müßten. Dies würde allerdings einen erhöhten Aufwand hinsichtlich der Speicherverwaltung in Directory-Hierarchien implizieren. Auch ist der Zugriff auf den optischen Plattenspeicher sehr langsam im Vergleich zu den bekannten Festplattenlaufwerken. Zwar wird von einigen Herstellern eine mittlere Zugriffszeit von einer Sekunde angegeben, die aber wohl kaum realistisch ist. Denn bereits bei einfachen Zugriffen dauert es aufgrund der teilweise riesigen Datenmengen, die zu durchsuchen sind, mehrere Sekunden bis die gewünschte Information auf dem Bildschirm erscheint. Bei komplexeren Such- und Zugriffsvorgängen ergeben sich hierbei u.U. Wartezeiten, die im Rahmen des direkten Speicherzugriffs nicht akzeptabel sind. Die Entwicklung ist in diesem Bereich noch am Anfang, sodaß mit einer Verbesserung der Zugriffszeiten zu rechnen ist, jedenfalls stellt das CD-ROM das "elektronische Buch" der Zukunft dar. In den USA wird bereits ein Nachschlagewerk auf der Basis eines CD-ROM angeboten. Die Grollier-Enzyklopädie mit einem Umfang von 20 Bänden kostet 200 Dollar im Vergleich zu 800 Dollar der Buchausgabe, sodaß gerade für das "Nachschlagen vom Mikrocomputer" aus die optische Platte ein wesentlich preiswerterer und bequemerer Archivspeicher ist. Auf diesem Wege könnte die CD-ROM dem Personal Computer auf kürzestem Wege das Wissen ganzer Bibliotheken eröffnen und insgesamt zu einer enormen Effizienzsteigerung führen.

An der Entwicklung einer löschbaren optischen Platte wird gearbeitet. Hier werden die Vorteile der optischen Platte mit denen der magnetischen Platte vereint. Für diese reversiblen Speicherplatten gibt es zwei Verfahren, das TMO-Verfahren (TMO = Thermisch-Magnetisch-Optisch) und das Phasen-Wechselverfahren, das im Prinzip bereits oben ausgeführt wurde. Das Phasen-Wechselverfahren benutzt den Effekt der Umwandlung einer kristallinen in eine amorphe Struktur. Die kristalline Struktur hat einen sehr hohen Reflexionswert, die amorphe einen sehr geringen. Während des Lese- oder Schreibprozesses verwandelt der Laser den kristallinen in einen amorphen Zustand, was dem Aufbringen der digitalen Information entspricht. Der Unterschied zum bisherigen nichtlöschbaren CD-ROM besteht darin, daß dieser Prozeß des Übergangs vom kristallinen in den amorphen Zustand umgekehrt werden kann. Um diese Schichtenstruktur zu stabilisieren, ist ein Mehrphasen-Prinzip in Entwicklung, die dann eine hohe Fehlersicherheit gewährleistet. Beim magnetisch-optischen TMO-Verfahren besteht der Schreib-/Lesevorgang aus drei physikalischen Schritten: Einem magnetisch-thermischen Vorgang zum Schreiben, einem magnetischen Vorgang zum Lesen und einem magnetisch-optischen Vorgang zum Lesen der Daten. Letztendlich werden die optischen Speicherplatten in wenigen Jahren aufgrund ihrer extrem hohen Speicherdichte, ihrer Unempfindlichkeit und Robustheit im Vergleich etwa zu Disketten, zum Standard-Massenspeicher werden.

Die löschbaren optischen Datenspeicher scheiterten bisher nicht nur an den genannten technischen Schwierigkeiten, sondern vor allem auch am Fehlen von einheitlichen Standards. Die optischen Speicher der verschiedenen Hersteller waren nicht austauschbar. Allerdings bereitet in den USA ein ANSI-Komitee einen Standard für magnetooptische 5.25 Zoll-Datenspeicher vor. Ein US-Unternehmen hat für Ende 1988 eine diesem Standard entsprechende magnetooptische Diskette mit einer mittleren Zugriffszeit von 43 Millisekunden und einer Datentransferrate von 13 MBit pro Sekunde angekündigt, die auf jeder Seite 500 MByte (das entspricht 250 000 Schreibmaschinenseiten mit je 2000 Zeichen) speichern kann. Um diese Zugriffsgeschwindigkeit zu erreichen, war eine Trennung des Lesekopfs in zwei Teile erforderlich: einem beweglichen Teil, auf dem nur Spiegel und Linsen sitzen, die den Laserstrahl auf die 19000 konzentrischen Spuren der Speicherplatte steuern, und einen festen Teil, welcher alle übrigen Komponenten des Schreiblesekopfs enthält. Diese löschbaren magnetooptischen Datenspeicherträger erlauben zukünftig auf der Mikrorechner-Ebene die Manipulation von Datenmengen, die bisher Großrechenanlagen vorbehalten waren. Speicheraufwendige graphische Anwendungen, Bewegtbild-Verarbeitung und der Aufbau von umfangreichen Wissensbasen für Expertensysteme werden damit für Personalcomputer möglich.

Literatur zu diesem Kapitel

Bauknecht K., Zehnder C.A. (1983): Grundzüge der Datenverarbeitung. B.G. Teubner Verlag Stuttgart.

Grob H.l., Reepmeyer J.-A. (1985): Einführung in die EDV. Verlag Franz Vahlen München.

Hartwig O. (1987): Turbo-Pascal für Insider. Verlag Markt & Technik AG, Haar bei München.

Hofer H. : Datenfernverarbeitung. Springer-Verlag Berlin, Heidelberg, New York..

Nemeczek H. (1985): Einführung in die EDV. Vorlesungskriptum im Fachbereich Wirtschaftsinformatik, Fachhochschule für Technik und Wirtschaft, Reutlingen.

Pest W. (1985): Hardware-Auswahl leicht gemacht. Verlag Markt & Technik, Haar bei München.

6. Grundzüge des Systementwurfs

6.1 Systemanalyse und Systembegriff

Der zentrale Begriff des Systementwurfs ist das System. Darunter
versteht man ganz allgemein die Festlegung von Fakten und Objekten
mit ihren wechselseitigen Beziehungen untereinander. Es gibt keine
einheitliche Terminologie für das "System", häufig werden dieselben Begriffe für unterschiedliche Vorgänge verwendet, und je nachdem, in welchem Sachzusammenhang der Systementwickler die Funktion
und Eigenschaften des Systems hinsichtlich seines späteren Verwen-
dungszwecks sieht, erfolgt die Festlegung der Systemkomponenten
und deren Relationen untereinander. Man spricht von einem abstrakten System, wenn alle Objekte des Systems begrifflicher Natur
sind, etwa mathematische Systeme. Ein abstraktes System konkreti-
siert sich im seinem "Zustand", d.h. in der Gesamtheit aller
tatsächlichen Eigenschaften des Systems zu einem bestimmten Zeitpunkt. Zum Beispiel hätte ein lineares ökonomisches Modell der
Form

$$y_t = A_t \, y_{t-1} + B_t \, x_t \; ,$$

wobei y_t ein m-Vektor von endogenen Variablen zum Zeitpunkt t, x_t
der n-Vektor von exogenen Variablen, A_t und B_t (m,m)- und (m,n)-
Matrizen sind, welche die Struktur des betrachteten ökonomischen
Systems zum Zeitpunkt t beschreiben,
zum Zeitpunkt t den "endogenen Zustand" y_t, wenn die Koeffizientenmatrizen A_t, B_t und der Vektor der exogenen Variablen x_t bekannt
sind.

Man spricht von der Umgebung eines Systems, wenn eine bestimmte
Anzahl von Komponenten nicht unmittelbar zum System gehört, die
Komponenten aber mit dem System verbunden sind und bestimmte
Unterstützungsfunktionen haben. Beispielsweise könnte man eine
Rechenanlage als System (Rechensystem) und die Peripheriegeräte
als Systemumgebung auffassen.

Es sind verschiedene Systemklassifikationen angegeben worden, die
sich im wesentlichen am Komplexitätsgrad, d.h. an der Anzahl der

Systemkomponenten und der zugehörigen Verbindungen, und am Grad der Vorherbestimmbarkeit des Systemverhaltens orientieren. Man unterscheidet einfache und komplexe deterministische Systeme, die etwa wie im obigen Beispiel des ökonomischen Modells bei Vorgabe eines Inputs (x_t) in exakt vorgeschriebener Weise reagieren (y_t). Es gibt einfache und komplexe probabilistische Systeme, deren Reaktion auf einen Input nicht exakt vorherbestimmt werden kann. Beispielsweise würde obiges ökonomisches Modell zum probabilistischen System, wenn die Koeffizientenmatrizen zum Zeitpunkt t nur mit einer bestimmten Wahrscheinlichkeit angegeben werden können, d.h. die Koeffizienten selbst Wahrscheinlichkeiten darstellen. Auch durch additive Einbeziehung von stochastischen Störtermen wird der endogene Systemzustand y_t stochastisch, das ökonomische lineare Modell (System) wird zum ökonometrischen linearen Modell (System). Auf Einzelheiten der stochastischen Annahmen über die zufallsbedingten Störterme kann hier nicht näher eingegangen werden, sondern es muß auf die Lehrbücher der Ökonometrie verwiesen werden. Für die Beschreibung von Systemen gibt es verschiedene formale Instrumente, insbesondere sind die graphentheoretischen Methoden und die Darstellungstechniken für Netzwerke zu nennen, auch matrixorientierte Methoden wie etwa in der Input-/Output-Analyse, Programmablaufpläne und Datenflußpläne für die Darstellung des Funktionsablaufs von Programmen. Diese Darstellungsmöglichkeiten haben meist den Nachteil, daß sie keine ausreichende Dokumentation erlauben, ein Umstand, der für die Systementwicklung in der Praxis unter dem Aspekt der Mitarbeiter-Fluktuation und der dadurch bedingten Einarbeitung neuer Mitarbeiter von großer Bedeutung ist. Daher benötigen wir Entwurfsmethoden, welche diesen Nachteil nicht haben. Im folgenden wollen wir den Begriff des Systems auf Programm- oder Software-Systeme einschränken und uns mit den methodischen Möglichkeiten der Systemdarstellung und des Systementwurfs befassen. Insbesondere sind hierbei Aspekte der Eingliederung der Systemanalyse und Systementwicklung in eine betriebliche Organisation wichtig, auf die wir im anschließenden Abschnitt kurz eingehen wollen, danach besprechen wir die verschiedenen Methoden des strukturierten Systementwurfs.

6.2 Die Systementwicklung im Rahmen eines Projektmanagements

Im Zuge der immer komplexer werdenden Softwaresysteme und der hohen Kosten für die Software-Entwicklung hat sich heute die Erkenntnis durchgesetzt, daß ein Mehraufwand bei der sorgfältigen und gründlichen Analyse für den Entwurf eines Programmsystems eine erhebliche Aufwandsreduktion bei der späteren Wartung und Pflege des Softwareprodukts bedeutet. Man ist heute weitgehend von der ad hoc-Programmierung betrieblicher Systemanwendungen mit dem Ziel des schnellen Einsatzes abgekommen, weil man erkannt hat, daß Programmänderungen und -anpassungen meist nur mit übermäßig großem personellem und damit kostenintensivem Aufwand möglich waren und der Drang zum "schnellen" Programm keine ausreichende "Durchstrukturierung" der Problemsituation erlaubte. Aus diesen Gründen ist der Stellenwert des Grob- und Feinentwurfs im Rahmen des sogenannten "Lebenszyklus" eines Systems (Grobentwurf --> Feinentwurf --> Programmierung --> Programmtest --> Implementierung und Inbetriebnahme des Softwareprodukts --> Dokumentation, Wartung und Pflege --> Ablösung durch ein neues Produkt) im Vergleich zu früheren Software-Entwicklungspraktiken wesentlich höher. M. Vetter (s. Literaturhinweis am Ende des Kapitels) spricht in der Einführung seines neuen Buchs über "Strategie der Anwendungssoftware-Entwicklung" von einem Jahrhundertproblem der Informatik, denn es ist (Zitat von Joseph Weizenbaum) "in der Zwischenzeit eine Situation eingetreten, in der die Zusammenhänge nicht mehr verstanden werden können, weil wir sie nicht mehr überblicken ...". Man hört heute auch aus der Industrie immer mehr die Klage, daß die Datenbestände einen außerordentlich hohen Redundanzgrad aufweisen, man aber kaum in der Lage ist, die Redundanz zu entfernen. Das vorrangige Ziel bei jeder modernen Softwareentwicklung sind überschaubare und gut kontrollierbare Module zu entwickeln.

Software-Entwicklungen werden heute meist im Rahmen von Projekten abgewickelt. Unter einem Projekt versteht man eine mehr oder weniger einmalige Folge von durchzuführenden Projektschritten, welche in einer bestimmten Zeit und im Rahmen eines bestimmten Kostenvolumens erfolgen müssen. Die einzelnen Projektschritte können teilweise zeitparallel ausgeführt werden, teilweise nacheinander, dies hängt von der personellen Situation und der Projektorganisation ab. Die Wahl der geeigneten Projektorganisation wird von der unternehmensspezifischen Anwendung und ihres späteren Einsatzes beeinflußt. Meist wird ein Projektleiter oder Projektmanager mit der Zusammenstellung eines Projekt-Teams beauftragt, welches sich aus DV-Spezialisten und Mitarbeitern bestimmter Fachabteilungen zusammensetzt. Auch ist bei der Aufstellung eines Organisationsplans die Einordnung des Projektteams in die Fachabteilungen innerhalb der Unternehmenshierarchie zu überlegen. Ein Projekt kann vollständig innerhalb einer Fachabteilung durchgeführt werden, bei welcher der Fachvorgesetzte gleichzeitig Projektleiter ist, es kann als selbstständige Organisationseinheit gesehen werden, bei der die Projektmitarbeiter aus den betreffenden Fachabteilungen entweder nur zeitweise oder für die gesamte Projektdauer abgestellt werden. Zu Projektbeginn muß zunächst das meist nur verbal formulierte Projektziel abgegrenzt werden. Dies geschieht im Rahmen einer Ist-Analyse, wo im Sinne der klassischen betrieblichen Organisationslehre die Abgrenzung, Erhebung, Beschreibung und Analyse von Teilaufgaben und -plänen erfolgt.

Unabhängig von der fachspezifischen Anwendung ergibt sich für einen Systementwurf die Forderung nach

- Modularität (Zerlegung des Systems in unabhängige Teilsysteme)
- Kompatibiltät (mit bereits bestehenden Anwendungssystemen)
- Portabilität (Überprüfung der Notwendigkeit zur Übertragung auf andere Rechenanlagen)
- Erweiterbarkeit
- "Offenheit" (Möglichkeit zur Integration des Anwendungssystems in einen größeren Systemverbund).

Im Rahmen des **Grobentwurfs** wird ein Realisierungsplan für u.U. verschiedene Problemlösungsalternativen ausgearbeitet und dem Management zur Entscheidung über die Auswahl einer Alternative und deren Weiterführung im Rahmen eines Feinentwurfs vorgelegt. Falls nicht über die Einstellung des Projekts entschieden wird, folgt nun der **Feinentwurf** mit der weiteren Detaillierung der Problemsituationsanalyse. Hierzu gehört die Beschreibung und Darstellung

- der organisatorischen Abläufe,
- der erforderlichen Organisationsmittel,
- der Datendimensionierung und des -umfangs,

- der logischen und physikalischen Dateiorganisation,
- der Anforderungen an die Hardware,
- der etwaigen Einbeziehung bereits bestehender Software-Applikationen,
- der Wahl einer geeigneten Darstellungstechnik für den Software-Entwurf,
- einer problemadäquaten Programmiersprache,
- die Entscheidung über die Einbeziehung bestehender interner und/oder externer Datenbanken,
- die Einordnung in ein vielleicht bereits bestehendes Bürokommunikationssystem,
- Schätzungen über den voraussichtlichen Personal- und Betriebskostenbedarf.

Nach dem Feinentwurf erfolgt die Kodierung der Programm-Module, je nach Projektumfang durch die interne Programmierabteilung oder durch externe Softwarehäuser und/oder freiberufliche Software-Ingenieure. Nach der Programmierphase ist im Rahmen des **Systemtests** ein Testplan zu erstellen, mit dem das Zusammenwirken der Programm-Module auf deren Korrektheit überprüft werden kann. Eventuell kann parallel zur Testphase auch das erforderliche Dokumentationsmaterial, im Zuge der **Dokumentationsphase**, erstellt werden. Hier werden die praktisch in jeder Phase erstellten Berichte für eine Gesamtdokumentation aufbereitet, sodaß sich die Phase der Dokumentation des Applikationssystems eigentlich nicht so sehr auf den Zeitabschnitt während oder nach dem Programmtest zuordnen läßt, sondern sich mehr oder weniger über den gesamten Projektzeitraum erstreckt.

Nach dem Systemtest kann der Einsatz des Systems in den laufenden Betrieb erfolgen. Häufig wird aus Sicherheitsgründen das neue System parallel mit dem bisherigen, und vielleicht durch das neue System zu ersetzenden, System "gefahren", um bei schwerwiegenden, und in der Testphase nicht erkannten, Fehlern den laufenden Betrieb nicht völlig zum Erliegen zu bringen. Nach diesem Betriebsfunktionstest ist mit der offiziellen Projektübergabe das Projekt beendet. Falls Applikationen sehr umfangreich sind und sich u.U. über mehrere Jahre erstrecken, sollte man sich bereits bei Projektbeginn überlegen, in welche Teilprojekte das Gesamtprojekt zerlegbar ist. Aus Erfahrung hat sich gezeigt, daß Projekte höchstens eine Laufzeit von zwei Jahren haben sollten. Allerdings ist dann auch eine zusätzliche Koordinierungsfunktion zwischen den parallel durchgeführten Teilprojekten erforderlich.

Neuere Literaturquellen (M. Vetter) konzentrieren sich bei der Systementwicklung auf das systemtheoretische Vorgehensprinzip, das durch stufenweise Variantenbildung, -evaluierung und -ausscheidung im Rahmen eines Stufenplans vom Grob- zum Detailentwurf führt. Der Stufenplan unterscheidet

- die Hauptphase der Strategiefestlegung
- die Hauptphase der Entwicklung mit den Detailphasen
  --> Objektsystem-Design (OSD)
  --> Informationssystem-Design (ISD)
  --> Konzeptionelles Datenbankdesign (KDBD)
  --> Prozeß-Design (PD)
- die Hauptphase Realisierung
- die Hauptphase Nutzung.

Der Unterschied dieses Vorgehens zum traditionellen Systementwurf liegt in der gleichzeitigen Betrachtung von Daten, Datentypen und funktionsspezifischen Aspekten. In der Hauptphase **Strategiefestlegung** werden die für die Unternehmensbereiche wichtigen Datenstrukturen und Anwendungen ermittelt, welche später zu einer hinreichend komfortablen Informationsversorgung führen werden. Die Überlegungen dieser Hauptphase sollten sich alle vier bis fünf Jahre wiederholen. In der Hauptphase **Entwicklung** befaßt man sich mit der Entwicklung einer Anwendung, mit den genannten Detailphasen OSD, ISD, KBDB und PD. Im **Objektsystem-Design** (OSD) werden die Anforderungen an das zu entwickelnde System abgegrenzt und Vorüberlegungen über den voraussichtlichen Ressourcenbedarf (personelle Aktivitäten, Material, Kommunikationshilfsmittel u.a.) angestellt. Nach Abschluß des OSD sollte eine Aussage über die Fortführung/Nichtfortführung des Entwicklungsprojekts gegeben werden, verbunden mit

- -> der geplanten Einordnung in die bestehende betriebliche Organisation,
- -> einer Ist-Beschreibung mit einer Schwachstellenanalyse,
- -> einer Soll-Beschreibung durch Aufstellung eines Anforderungskatalogs.

In der **ISD**-Phase konzentriert man sich mehr auf die Benutzeroberflächen und Gestaltung der Ein-/Ausgabemenüs, während das **KDBD** die
Erfassung und Beschreibung der Datenstrukturen von Eingabedaten
behandelt. Das **PD** bestimmt die Logik der Prozesse, welche die im
KDBD in ihrer Struktur definierten Eingabedaten in das im ISD de-
finierte Outlay zu überführen haben. Die Hauptphase der **Realisierung** setzt sich aus der Programmierung und dem Programmtest, dem
Systemtest und der Systemeinführung zusammen. Zur Programmierphase
zählt die Erstellung einer benutzeradäquaten Programmdokumenta-
tion, die Organisation der Informationswege und die sog. Katastro-
phenanalyse (organisatorische Regelungen bei Störung oder System-
ausfall). Der Systemtest betrifft den Test des Gesamtsystems unter
realen Bedingungen, d.h. unter Einbeziehung der Benutzer in den
laufenden Betrieb. Schließlich wird in der **Nutzungsphase** eine Er-
folgskontrolle durchgeführt und die Erfahrungen gesammelt, die mit
der Systemeinführung in Verbindung stehen.

6.3 Der Programmablauf nach DIN 66001

In diesem Abschnitt wollen wir die Möglichkeiten zur Erstellung
von Programmablaufplänen (PAP), deren Programmbausteine und Dar-
stellungssymbole kennenlernen. Viele Programme lassen sich in bestimmte Programmblöcke oder Funktionsblöcke zerlegen, deren Anweisungen in einer Schleife mehrfach, und unter Verwendung unterschiedlicher Funktionsparameter, ausgeführt werden können. Beispielsweise erfolgt das Lesen einer Textdatei in einem
Mikrocomputersystem, bei der die Sätze zeilenweise abgespeichert
sind, durch die wiederholte Ausführung eines READ-Befehls. Die
Funktionsbausteine für diesen einfachen Vorgang lassen sich mit
Hilfe der in Abb. 27 und 28 zusammengestellten Funktionssymbole in
dem Beispiel-PAP in Abb. 29 darstellen. Der Programmbaustein "Vor-
lauf" wird zu Beginn eines Programms immer nur einmal ausgeführt.
Hierin sind Programmanweisungen für das Öffnen der Datei, für das
Setzen bestimmter Startwerte für Programmparameter und für den
Aufbau eines Startmenüs enthalten.

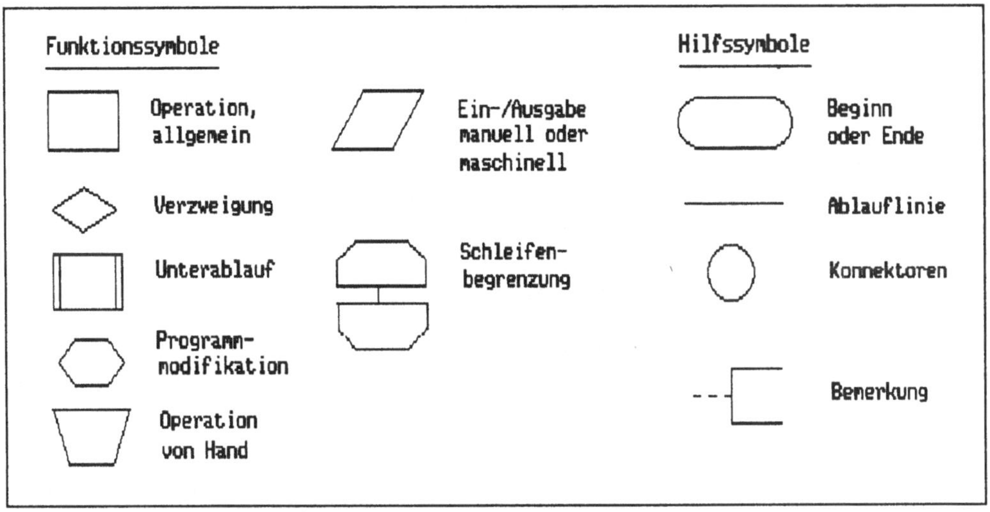

Funktionssymbole

Hilfssymbole

Operation, allgemein

Verzweigung

Unterablauf

Programm- modifikation

Operation von Hand

Ein-/Ausgabe manuell oder maschinell

Schleifen- begrenzung

Beginn oder Ende

Ablauflinie

Konnektoren

Bemerkung

Abb. 27: Funktionssymbole für PAP nach DIN 66001

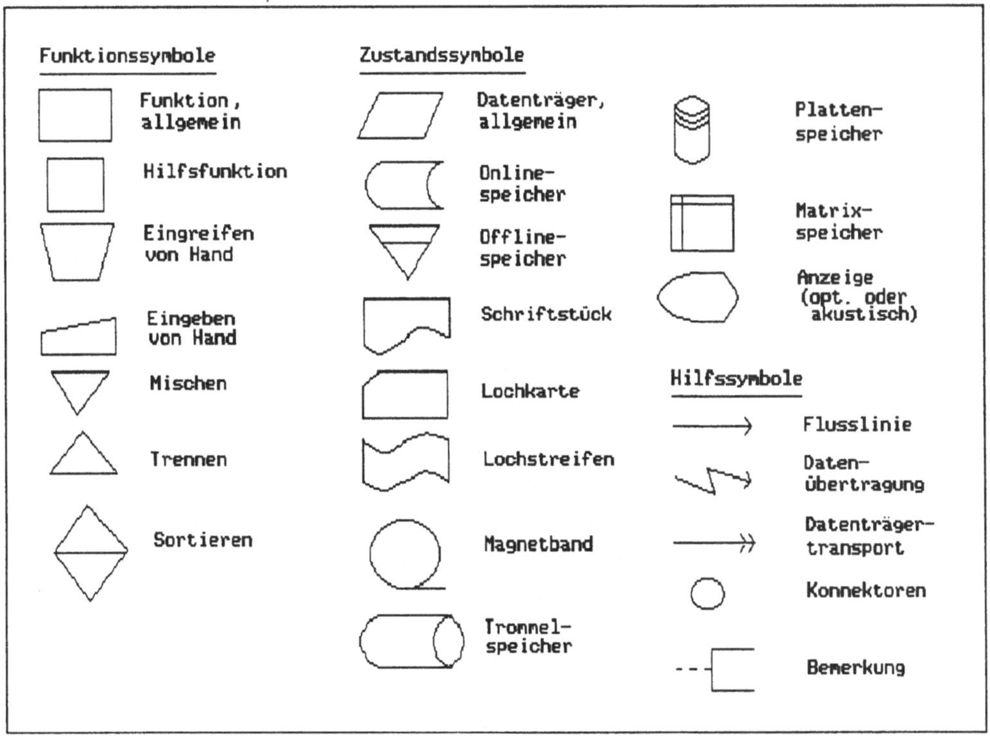

Funktionssymbole

Zustandssymbole

Funktion, allgemein

Hilfsfunktion

Eingreifen von Hand

Eingeben von Hand

Mischen

Trennen

Sortieren

Datenträger, allgemein

Online- speicher

Offline- speicher

Schriftstück

Lochkarte

Lochstreifen

Magnetband

Trommel- speicher

Platten- speicher

Matrix- speicher

Anzeige (opt. oder akustisch)

Hilfssymbole

Flusslinie

Daten- übertragung

Datenträger- transport

Konnektoren

Bemerkung

Abb. 28: Funktionssymbole für Datenflußpläne nach DIN 66001

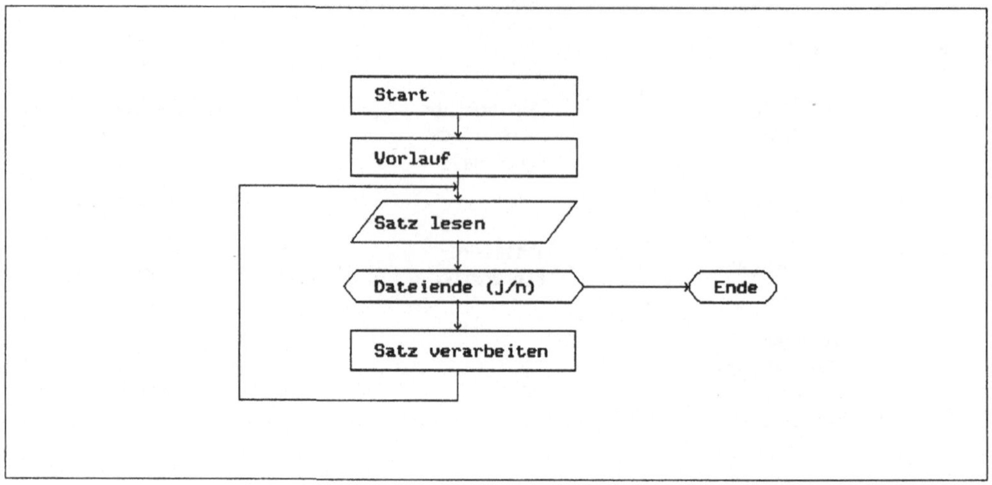

Abb. 29: Beispiel-PAP für einen Programmzyklus (Schleife)

6.4 Strukturierte Programmierung nach Nassi-Shneiderman

Da die programmiertechnische Beschreibung von Problemstellungen
sehr komplex sein kann, ist es wichtig, daß die Programme in ihrer
Darstellung übersichtlich sind. Um dies zu erreichen, gliedert man
die Programmbausteine in verschiedene hierarchische Schichten oder
Stufen auf und legt ihre Schnittstellen untereinander geeignet
fest. Diese Art der Programmentwicklung folgt einem wichtigen
Prinzip der strukturierten Programmierung, nämlich der "Top-Down
Entwicklung durch schrittweise Verfeinerung". Nach diesem Prinzip
wird die zu lösende Aufgabe zunächst als ein Block bzw. Baustein
in den Programmentwurf aufgenommen. Danach wird je nach Komplexität dieser Block in weitere Unterblöcke aufgeteilt. Auf diese
Weise erreicht man eine hierarchische Programmstruktur auf mehreren Schichten, wobei ein Programmbaustein in einer bestimmten
Ebene der Hierarchie an bestimmte Bausteine einer übergeordneten
Ebene weitergereicht werden kann. Dieses Prinzip haben wir auch im
Rahmen des ISO-Referenzmodells bereits kennengelernt, wo eine bestimmte Schicht eine bestimmte Dienstleistung an die nächst
darüberliegende Schicht erbringt. Wichtig ist hierbei auch, daß
die Programmbausteine der übergeordneten Ebene unabhängig davon
sind, wie das Ergebnis zustandegekommen ist, bzw. welche programmtechnische Struktur das untergeordnete Programm-Modul hat.

Bei dieser Vorgehensweise ist die Funktion des Programms auf jeder Programmbaustein-Ebene vollständig beschrieben, und die jeweils nächst untergeordnete Schicht enthält Einzelheiten über die programmtechnische Realisierung. In einem Programmteil einer bestimmten Schicht ist beispielsweise ein Unterprogramm in der darunterliegenden Schicht durch den Unterprogramm-Aufruf vertreten, z.B. durch die Nennung des Prozedurnamens in Pascal, der CALL-Anweisung in FORTRAN, dem PERFORM-Befehl in COBOL usw. Der Aufruf des Unterprogramms bildet also gewissermaßen die Schnittstelle für den Übergang zwischen unter- und übergeordneter Ebene in der Programm-Modulhierarchie. Durch diesen schichtenweisen Aufbau wird das erwähnte Ziel einer möglichst übersichtlichen Programmdarstellung am ehesten erreicht. Auch die Fehlersuche beim späteren Programmtest wird durch dieses Vorgehen erleichtert, ebenso kann der Forderung einer leichten Veränderbarkeit des Programms durch Hinzunahme von weiteren Programm-Modulen an entsprechender Stelle in der Hierarchie entsprochen werden. Das Top-Down-Prinzip ähnelt weitgehend der Baumstruktur, wie wir sie auch schon bei den Datenorganisationsformen bereits kennengelernt haben. Es gibt auch die umgekehrte Entwicklungsstrategie, nämlich die der "Bottom-Up"-Strategie. Hier werden die Programmbausteine in der untersten Ebene der Hierarchie entwickelt und, der Programmlogik entsprechend, in einen oder verschiedene Programmbausteine der nächst übergeordneten Ebene zusammengefaßt. Die beiden Strategien unterscheiden sich vor allem hinsichtlich des Programmtests: Bei der Top-Down-Strategie wird die Hierarchie von oben nach unten durchlaufend getestet, wobei man den Vorteil hat, daß ein Modul noch nicht fertig kodiert sein muß, sondern lediglich der Ablaufteil des Moduls vorhanden sein muß. Dagegen ist der Test bei einer Bottom-Up- oder Bottom-To-Top-Entwicklung aufwendiger, da zusätzlich bestimmte Steuerroutinen entwickelt werden müssen, damit die Programmkomponenten von unten nach oben in der Hierarchie getestet werden können.

Die in der folgenden Zusammenstellung (Abb. 30 a-d) von Darstellungselementen und -formen der strukturierten Programmierung zugrundegelegten Entwurfsregeln betreffen zunächst den Programmbaustein als eine abgeschlossene funktionale Einheit. Hierbei ist wichtig, daß dieser Baustein entweder weitere Programmbausteine vollständig enthält oder diese vollständig außerhalb liegen. Die Strukturbausteine können aneinandergereiht, nebeneinandergestellt

oder ineinandergeschachtelt sein, sie dürfen sich aber nicht über-
lappen, da sie sonst keine vollständigen und abgeschlossenen Funktionseinheiten darstellen. Ein weiteres Merkmal eines Strukturbau-
steins ist der programmlogische Steuerfluß, der immer nur von oben
nach unten verlaufen kann und durch Pfeile angezeigt wird. Daher
hat ein Strukturblock stets nur einen Ein- und Ausgang. Der Infor-
mationsfluß zwischen den Strukturbausteinen erfolgt dadurch, daß
ein untergeordneter Baustein Steuerungsanweisungen eines übergeordneten Bausteins erhält, und nach Ausführung des Programmteils
eine Mitteilung über die korrekte Ausführung zurückgeschickt wird.
Der augenblicklich untergeordnete Programmblock kann in entsprechender Weise Steuerungsanweisungen an die nächst untergeordnete
Ebene erteilen. Der Programmablauf kann also von oben nach unten
gelesen werden, wobei es keine Möglichkeit gibt, daß Strukturblök-
ke auf derselben Ebene miteinander in Verbindung treten können.

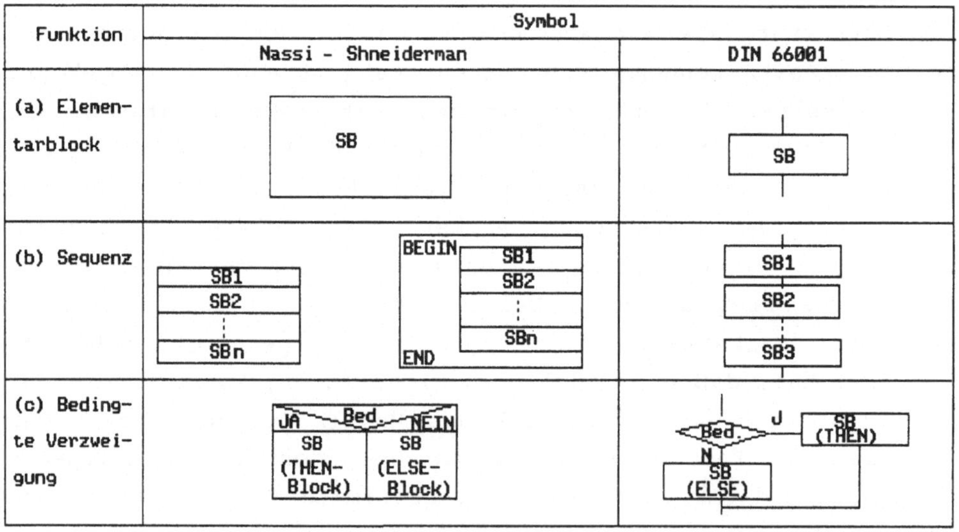

Funktion	Symbol	
	Nassi - Shneiderman	DIN 66001
(a) Elementarblock	SB	SB
(b) Sequenz	SB1 / SB2 / ⋮ / SBn — BEGIN / SB1 / SB2 / ⋮ / SBn / END	SB1 / SB2 / SB3
(c) Bedingte Verzweigung	JA — Bed. — NEIN / SB (THEN-Block) / SB (ELSE-Block)	Bed. — J → SB (THEN) / N → SB (ELSE)

Abb. 30 a

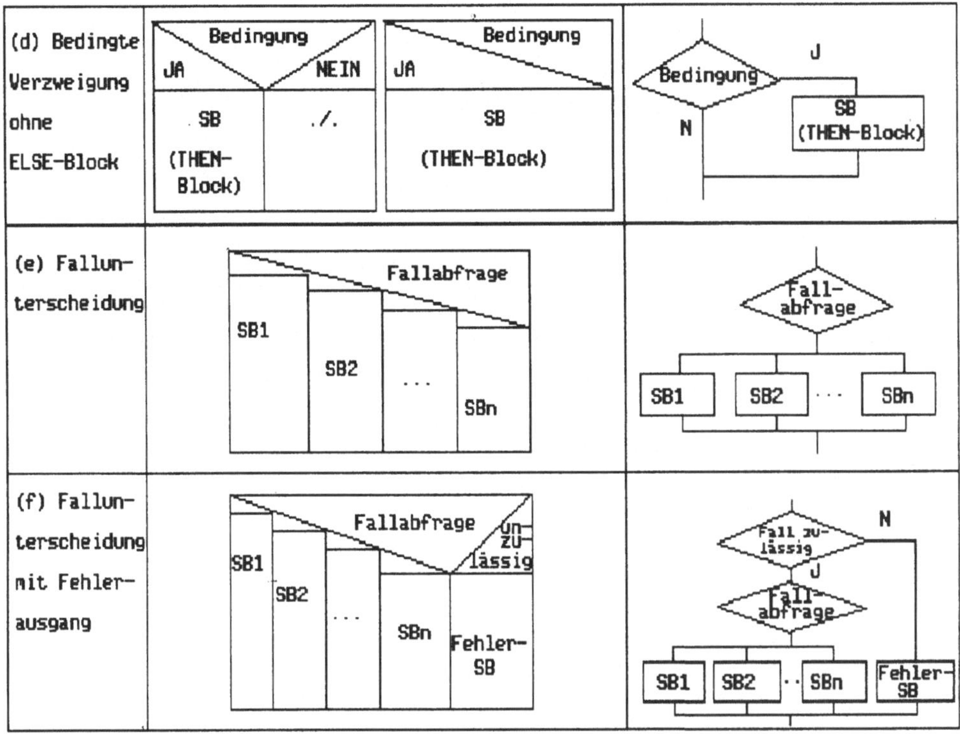

Abb. 30 b

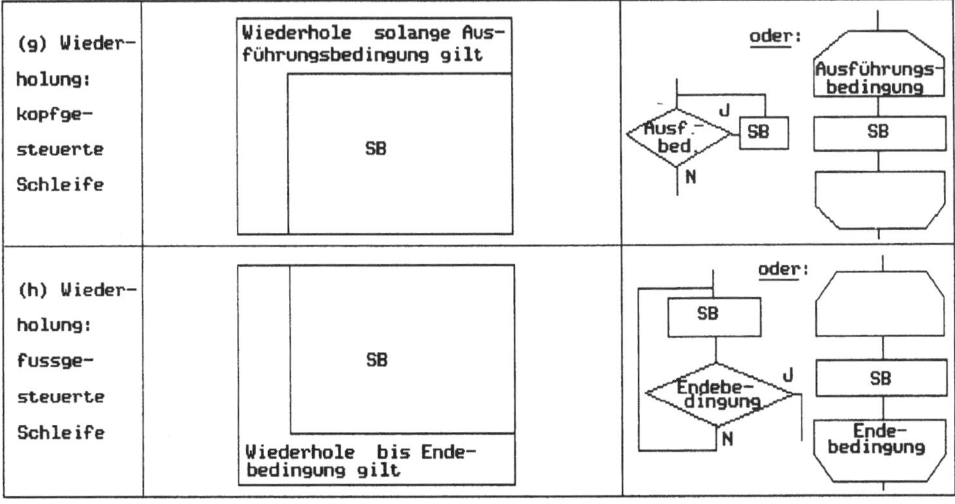

Abb. 30 c

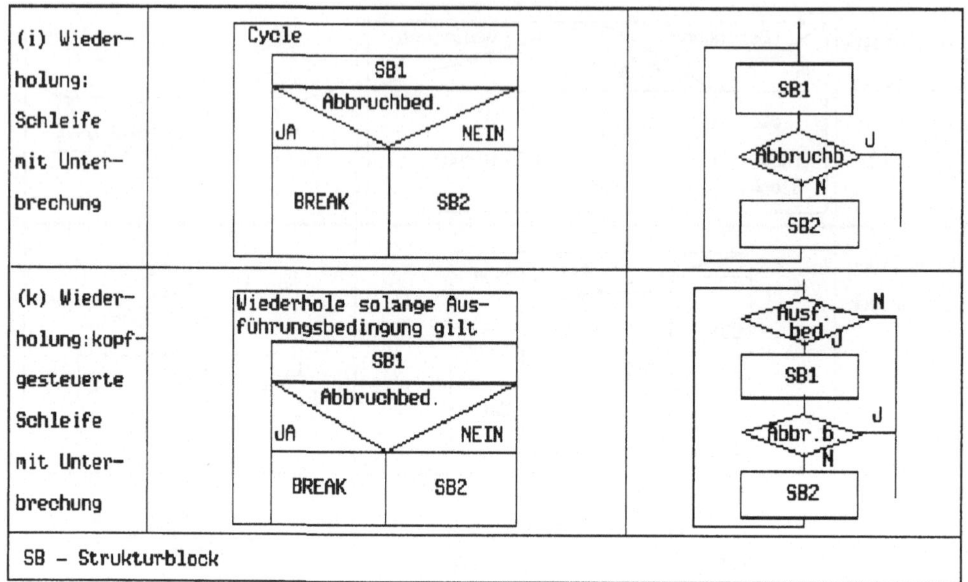

Abb. 30 a-d: Gegenüberstellung der Programm- und Strukturbausteine
der strukturierten Programmierung nach
Nassi-Shneiderman und der normierten Programmierung
nach DIN 66001

Die Vorteile der Nassi-Shneiderman Strukturbausteine liegen in der
strikten Trennung in Blöcke, die keine Überlappung erlauben und
weitgehend selbsterklärend sind, sodaß häufig eine zusätzliche Dokumentation entfällt. Schwierig ist das nachträgliche Einfügen von
weiteren Programmteilen, für die man allenfalls einen Verweis im
bestehenden Ablaufdiagramm anbringen kann. Das hinzukommende
Programmteil selbst muß ausgelagert oder das Diagramm neu erstellt
werden. Auch wenn ein Programmbaustein mehrere Ergebnisausgänge
hat, kann dies aufgrund der Restriktion auf nur einen Ausgang zu
einer etwas umständlichen Ablaufsteuerung führen.

Für beide Darstellungstechniken der strukturierten und normierten
Programmierung gilt,

- daß sie mit zunehmender Programmgröße unübersichtlicher werden,
- daß eine schrittweise Verfeinerung, wie beim Top-Down-Prinzip
  möglich, nur schwer durchführbar ist,

- daß bei der normierten Programmierung in einem PAP nur der
  Steuerfluß des Programmablaufs erfaßt werden kann, nicht aber
  der Datenfluß. Dieser muß getrennt in Datenflußdiagrammen erfaßt werden.

6.5 Software-Entwicklungswerkzeuge für integrierte Kommunikationssysteme

Betriebliche Informationssysteme sind heute für alle relevanten
Unternehmensbereiche erforderlich. Viele Unternehmensfunktionen
können heute nicht mehr isoliert betrachtet werden, sodaß man
heute von sogenannten IKS (= Integrierte Kommunikationssysteme)
spricht. Eine Gesamtkonzeption von IKS untergliedert sich in die
Teilkonzepte

- Entwicklung der Anwendungssysteme, worunter man die Gesamtheit
  der Applikationssysteme für die verschiedenen Unternehmensfunktionen im Bereich der Organisation und der Datenverarbeitung versteht,
- Implementierung der hierzu erforderlichen Hardware-Ausstat-
  tung, wozu sämtliche zentral und dezentral eingesetzten Rechner gehören, außerdem die System- und Datenbank-Software, wie
  auch die spezielle Software für die Steuerung und Abrechnung
  von Organisations- und DV-Leistungen,
- Sicherungs und Schutzmaßnahmen des Informations- und Kommunikationssystems.

Was die gegenwärtigen Methoden und Werkzeuge zur Entwicklung von
IKS angeht, lassen sich diese in ein dreidimensionales Schema einordnen, dessen Dimensionsrichtungen durch die Kriterien

- Abstraktion,
- Grad der sprachlichen Formalisierung,
- Grad der Automatisierung,

charakterisiert werden können.

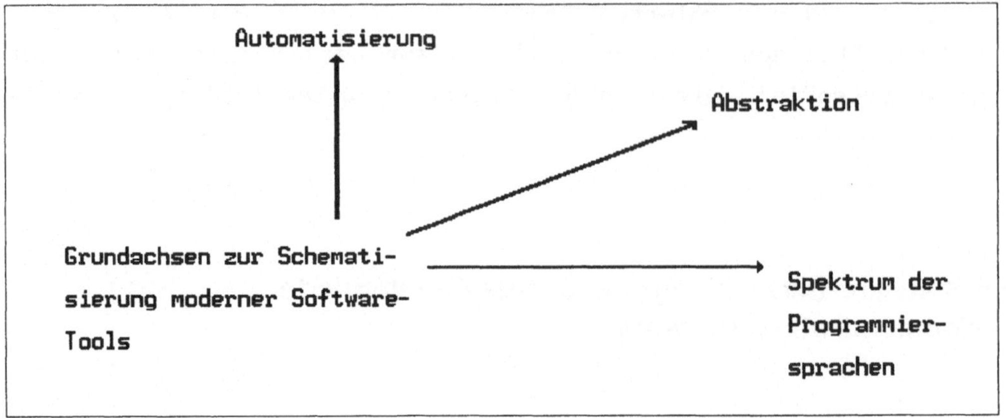

Abb. 31: Dreidimensionales Schema zur Einordnung moderner
Software-Werkzeuge

Auf der Achse der Abstraktion läßt sich die Vielzahl der Programmiersprachen abtragen. Die Programmiersprachen lassen sich in die
traditionellen

- Maschinen-, Assemblersprachen und höhere Programmiersprachen,
- und in die Sprachen zur Problemspezifikation, das sind die
Sprachen der 4. Software-Generation, unterteilen. Diese umfassen mit zunehmendem Abstraktionsgrad

    a) die Software-Generatoren, welche über den Einsatz von
       Makrobefehlen die entsprechenden Programmanweisungen in
       einer höheren Programmiersprache automatisch erzeugen.

    b) Die sogenannten Pseudosprachen, mit denen es möglich
       ist, sehr schnell bestimmte System-Prototypen zu entwik-
       keln, mit denen bereits zu einem sehr frühen Zeitpunkt,
       noch in der Phase des Feinentwurfs, eine vorläufige Be-
       wertung des voraussichtlichen Systemverhaltens möglich
       ist, und die Entscheidung über das weitere Vorgehen im
       Rahmen der Projektausführung erleichtert werden kann.
       Pseudosprachen stellen eine Kombination von formalisier-
       ter und natürlicher Sprache dar.

    c) Die Graphiksprachen in Verbindung mit natürlicher Spra-
       che erlaubt es dem Anwender, seine Problemstellung dar-
       zustellen und mit Hilfe des Systems eine Software-Lösung
       zu erzeugen.

d) Schließlich die natürliche Sprache, mit der die gewünschte Problemlösung vom Anwender formuliert werden
   kann, und anschließend unter Zuhilfenahme der Programmgeneratoren die hierfür erforderlichen Programme erzeugt
   werden können.

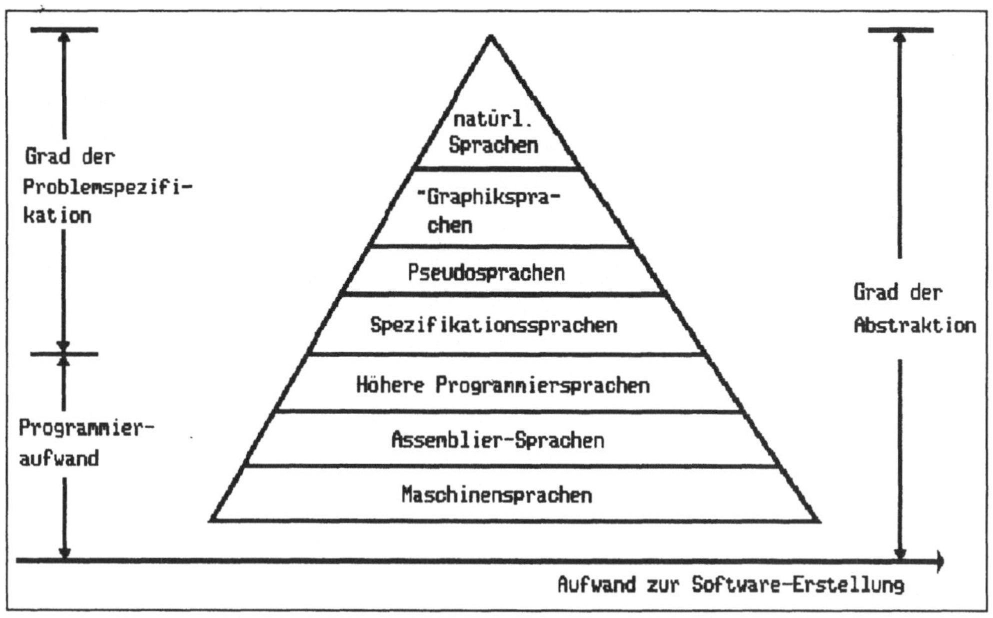

Abb. 32: Aufwandspyramide bei der Software-Entwicklung

Während mit zunehmendem Grad der Formulierung einer Problemspezifikation in natürlicher Sprache der Grad der sprachlichen Formalisierung abnimmt, wird der zukünftige Anwendungs-Entwickler sich
immer weniger mit der Programmalgorithmik unter Zuhilfenahme von
höheren Programmiersprachen befassen müssen, sondern er braucht
sich nur noch auf die richtige Problemformulierung konzentrieren,
die für die Problemlösung zu erstellende Software kann dann in einer Spezifikationssprache formuliert werden, die unterhalb der
Spezifikationsebene liegenden Schichten der Formulierung in einer
höheren Programmiersprache und die Umsetzung via Kompilation in
ein direkt ausführbares Maschinenprogramm kann über Programmgeneratoren erfolgen. Diese wird sich sehr günstig auf die Software-
Entwicklungskosten auswirken, da die Phase des Software-Tests und
der Überprüfung der Software auf ihre Richtigkeit (Programmverifikation) praktisch wegfällt. Gerade im Hinblick auf immer komfortabler werdende Softwarepakete und der damit bei der Erstellung

verbundenen zunehmenden Komplexität der Systeme, ist der Aspekt der automatischen Programmgenerierung mit dem Vorteil einer weitgehenden Fehlerfreiheit von großer Bedeutung. Die beste Softwarequalität, die man heute erreichen kann, beträgt immer noch mehr als ein Fehler in tausend Code-Zeilen. Das bedeutet, daß in großen Anwendungssystemen trotz umfassendster Verifikationstests immer noch einige hundert versteckte Fehler enthalten sein dürften, von denen nur wenige während der Verwendungsperiode des Systems erkannt werden können. Vorausgesetzt daß die Programmgeneratoren hinsichtlich ihrer Qualität hinreichend gut entwickelt sind, wird diese Fehlerrate sich zukünftig erheblich reduzieren lassen.

Neben dem Spektrum für die verschiedenen Abstraktionsebenen für Programmier- und Spezifikationssprachen entsteht als weiteres Entscheidungsproblem für die adäquate Wahl der Entwurfs- und Software-Instrumente das Problem der geeigneten sprachlichen Formalisierungsstufe. Betrachtet man ein zweidimensionales Schema mit den

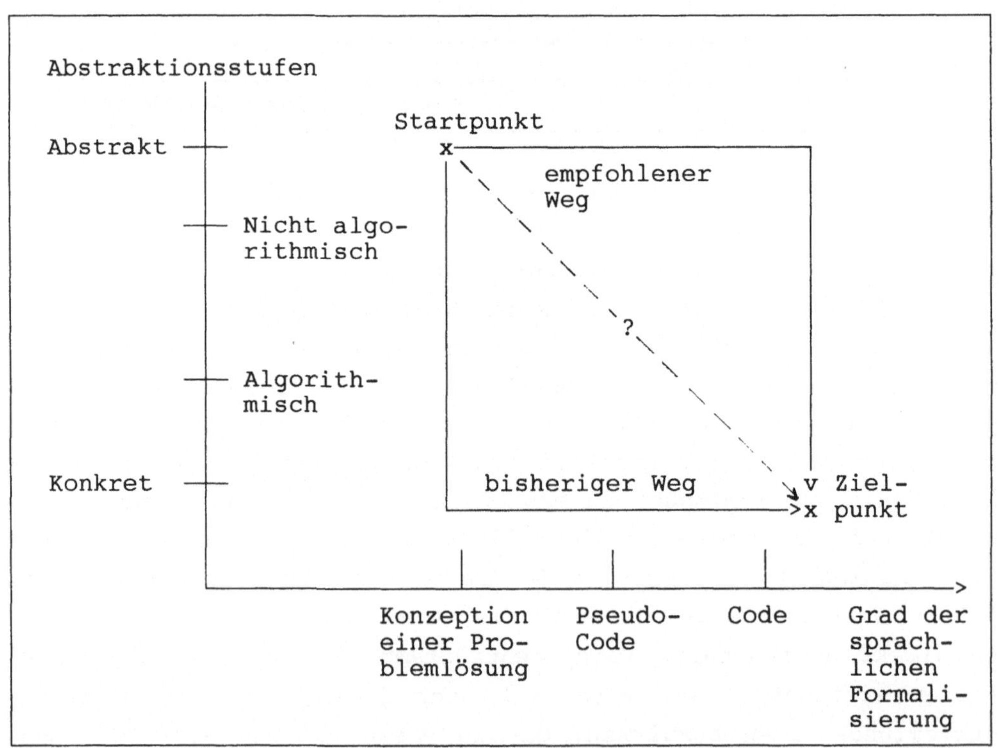

Abb. 33: Gestaltungsmöglichkeiten in der Programmentwicklungsebene

beiden Achsen "Grad der Abstraktion" und "Grad der sprachlichen Formalisierung", so erhält man die sogenannte **Programm-Entwicklungsebene** (PEE) als ein geeignetes Schema für die verschiedenen Analyse-, Entwurfs- und Implementierungstechniken. In der PEE (Abb. 33) liegt der Startpunkt für eine Programmentwicklung in der linken oberen Ecke, die einem noch nicht algorithmisch formulierten Problemlösungszustand entspricht, sondern vielleicht lediglich in verbal skizzierter Form vorliegt. Das Ziel ist ein fertig kodiertes Programm in direkt ausführbarer Form, d.h. in der PEE ist es ein Punkt in der rechten unteren Ecke. Allgemein bedeutet dies, daß die Problemanalyse zunächst in einer abstrakten Form erfolgen sollte, erst die anschließende Programmentwicklung bewegt sich mit zunehmender Konkretisierung hin zum eigentlichen Programmcode.

Das bisherige Vorgehen bei der Programmentwicklung war weitgehend dadurch geprägt, daß man möglichst rasch die Problemlösung auf der Konkretisierungsebene, also in der Programmier- und Maschinenebene angestrebt hat. Die zentrale Frage, die sich nun für den Programmentwickler stellt, ist diejenige, welcher Weg in der PEE zwischen dem Start- und Zielpunkt beschritten werden soll. Beim bisherigen Vorgehen fehlte weitgehend eine sorgfältige Vorbereitung für die Programmierung, dies führte häufig zu einem erheblichen Zusatzaufwand bei den Testarbeiten, da Modifikationen des Programmprodukts nur schwer vorgenommen werden konnten. Aus diesem Grund hat sich heute weitgehend die Erkenntnis durchgesetzt, daß die Programmentwicklung möglichst lange auf einer hohen Abstraktionsebene erfolgen sollte, indem eine möglichst formale Problembeschreibung zu erstellen ist. Erst dann sollte man auf der Basis der formalen Beschreibung die konkrete Realisierung eines ablauffähigen Programms auf der Rechenanlage vornehmen.

Wie lassen sich nun die bekannten Software-Entwicklungstechniken in der Programmentwicklungsebene hinsichtlich ihres Abstraktionsgrades und des Grads der sprachlichen Formalisierung einordnen? Grundsätzlich lassen sich unterscheiden:

- Aufgabenorientierte Methoden, die auf einer relativ hohen Abstraktionsstufe anzusiedeln sind,
- Datenorientierte Methoden, die im algorithmischen Bereich des Abstraktionsrasters einzustufen sind.

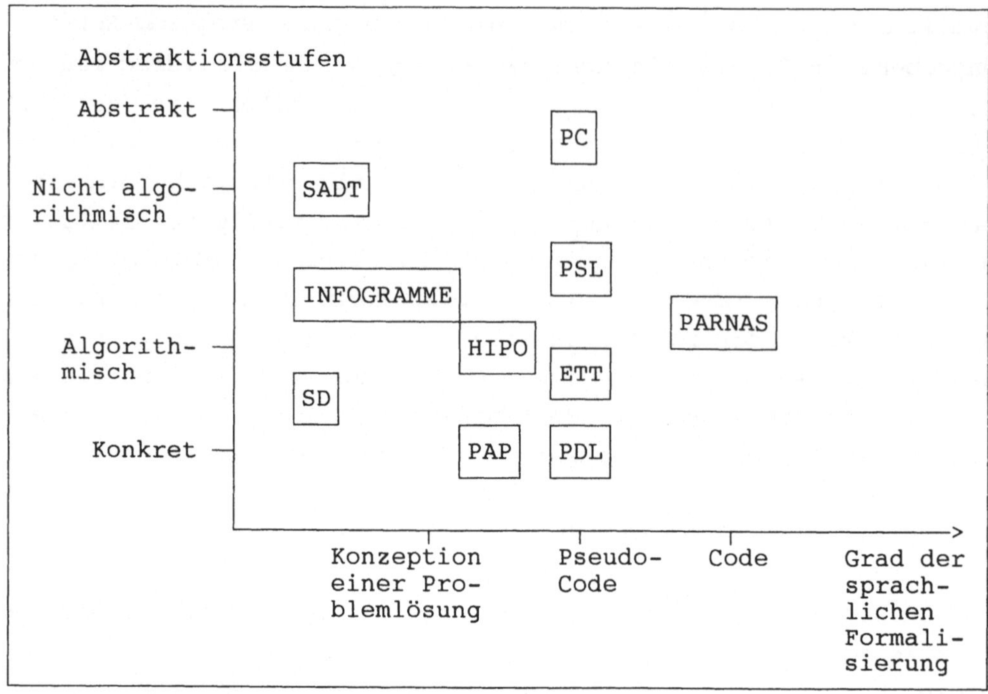

Abb. 34: Software-Entwicklungstechniken in der PEE

1. **SADT** (= Structured Analysis and Design Technique)

Diese top-down-orientierte Entwurfsmethode hat einen stark hierarchisch modularen Charakter. SADT ist ein vorwiegend graphisches
Hilfsmittel zur Darstellung von Tätigkeiten und Daten in sogenannten Aktivitätsdiagrammen, deren Bezug zur Netzplantechnik nicht zu
verkennen ist. Neben der Programmstruktur wird auch die Datenstruktur in der Darstellung berücksichtigt. Anstelle des üblichen
Begriffs des Moduls wird hier von der "Funktionseinheit" gespro-
chen, welche im netzplantechnischen Sinne als Tätigkeiten und im
graphentheoretischen Sinne als Knoten zu interpretieren ist, und
welche graphisch durch ein Rechteck symbolisiert wird. Die Pfeile,
die in eine solche Funktionseinheit ein- oder austreten, repräsentieren unterschiedliche Arten von Datenflüssen. Ein von links eintretender Pfeil stellt Eingabedaten dar, ein nach rechts austre-
tender Pfeil abgehende Datenflüsse. Ein von oben eintretender
Pfeil symbolisiert Eingabedaten mit zusätzlicher Steuerungsinformation, die man auch als "Steuerungscharakteristik" bezeichnet. Es

wird also hier zwischen Eingabedaten mit und ohne Steuerungscharakteristik unterschieden. Ein vierter möglicher Pfeil kann von
unten in die Funktionseinheit eintreten und gibt das Arbeitsmittel
an, das die Tätigkeit ausführt. Generell empfiehlt Ross (von dem
SADT stammt), jede Funktionseinheit hierarchisch in 3 bis 6 Funk-
tionsuntereinheiten zu gliedern.

Im Vergleich zu klassischen Programmablaufplänen unterscheidet
sich SADT dadurch, daß der tatsächliche Programmablauf keine Berücksichtigung in der Darstellung findet, sondern nur eine rein
aufbauorganisatorische, funktionelle Gliederung des Softwareprodukts darstellt. Nachteilig ist auch, daß es keine Darstellungselemente für die üblichen Kontrollstrukturen von höheren Programmiersprachen gibt, wie zum Beispiel die Iteration (Schleife), Auswahl oder den allgemeinen Steuerfluß. Aus diesen Gründen kann man
SADT nur als Werkzeug für den konzeptionellen Systementwurf oder
die generelle Organisationstechnik betrachten.

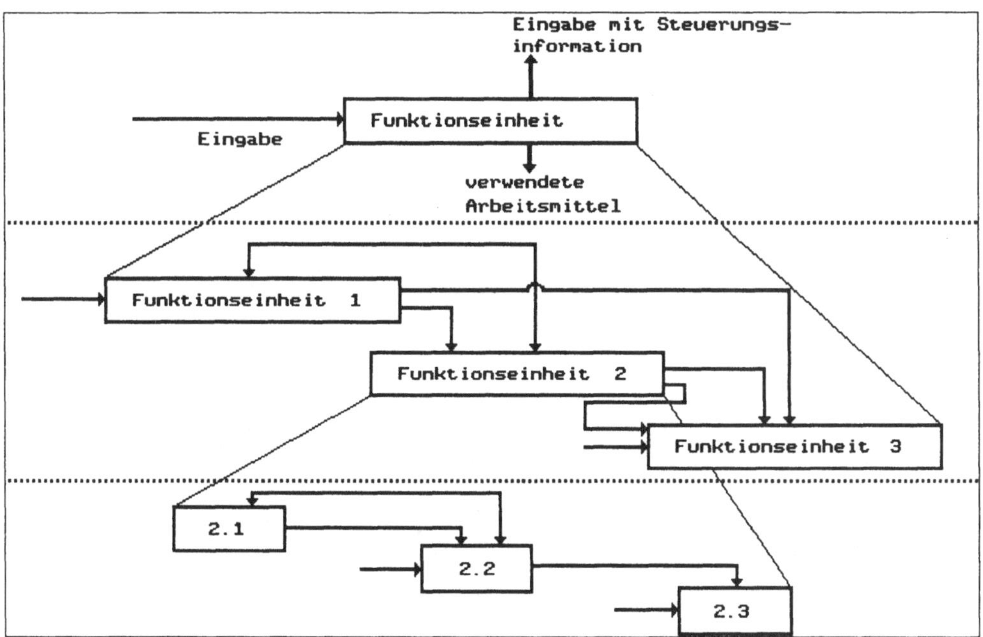

Abb. 35: SADT (= Structured Analysis and Design Technique)

2.**PSL** (= Problem Statement Language)

wurde 1976 an der University of Michigan entwickelt. PSL ist etwa auf demselben Abstraktionsniveau wie SADT einzuordnen, zeigt aber stärkere Züge einer Formalisierung. PSL ist eine Sprache zur Beschreibung von Objekten im Sinne von Prozessen, Datenelementen und Mengen, wie auch für die Beschreibung der Relationen zwischen Objekten. Ähnlich wie bei der Darstellung von Relationen im Kontext von relationalen Datenbanksystemen, in denen die Begriffe Objekt und Relation von grundlegender Bedeutung sind, ist bei dieser Problembeschreibungssprache die enge Anlehnung an das relationale Konzept nicht zu verkennen.

3. **INFOGRAMME** (Softlab GmbH, München 1979)

Hier werden die innerhalb der Problemlösung formulierten Aufgaben für das zu entwerfende System spalten- und zeilenweise angeordnet und die Beziehungen untereinander in einer Inzidenzmatrix festgelegt. Dieses Werkzeug ist weitgehend nur für die Sammlung und Speicherung der Probleminformation in matrixorientierter Form geeignet.

4. **HIPO** (= Hierarchy plus Input - Process - Output)

Die Methode HIPO mit der deutschsprachigen Variante EVA (= Eingabe - Verarbeitung - Ausgabe) wurde Anfang der 70-er Jahre entwickelt und ermöglicht die verbale Beschreibung zwischen den Eingaben, den Verarbeitungsstufen und den Ausgaben innerhalb eines Entwurfssystems. Die Darstellungselemente sind von einer dreispaltigen Blockform und eignen sich grundsätzlich für die Darstellung von funktionalen Zusammenhängen des Typs

Ausgabe = V (Eingabe),

wobei V hierbei die weitgehend verbal gehaltene Verarbeitungsvorschrift symbolisiert. Dabei dient die Säule auf der linken Seite des Diagramms für die für eine bestimmte Funktion erforderlichen Inputs, entsprechend werden in der rechten Säule die ermittelten Ergebnisse (Outputs) angegeben. In der mittleren Säule werden die für die Anwenderfunktion erforderlichen Bearbeitungsschritte dargestellt.

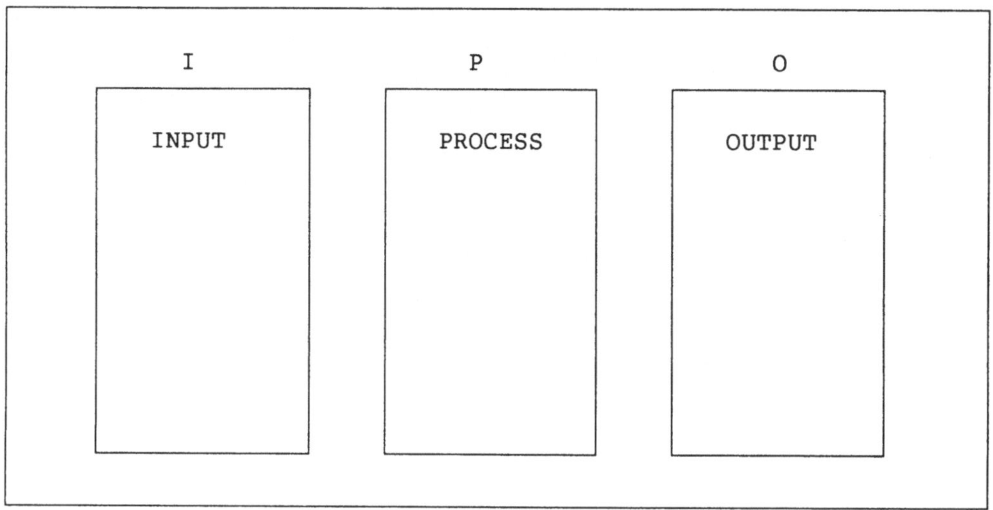

Abb. 36: Das I-P-O-Diagramm der HIPO-Methode

Die Methode HIPO besteht in ihrer ursprünglichen Konzeption aus den drei Komponenten

1. Funktionelle Gesamtübersicht (Hierarchie-Diagramm)
2. Übersichtsdiagramme
3. Detaildiagramme (mit zusätzlichen Beschreibungen).

Ad 1) Mit der funktionellen Gesamtübersicht wird das Ziel verfolgt, das System oder auch ein Programm in Form eines hierarchischen Baums aufzugliedern. Jedes Kästchen im Hierarchie-Diagramm der Gesamtübersicht wird in einem I-P-O-Diagramm, welches die entsprechende Funktion zusammen mit dem Input und Output beschreibt, genauer spezifiziert. Die Gesamtübersicht besteht im allgemeinen aus drei Bausteinen:

- dem Hierarchie-Diagramm
- einer Zeichenerklärung
- einem zusätzlichen Bereich für weitergehende Beschreibungen

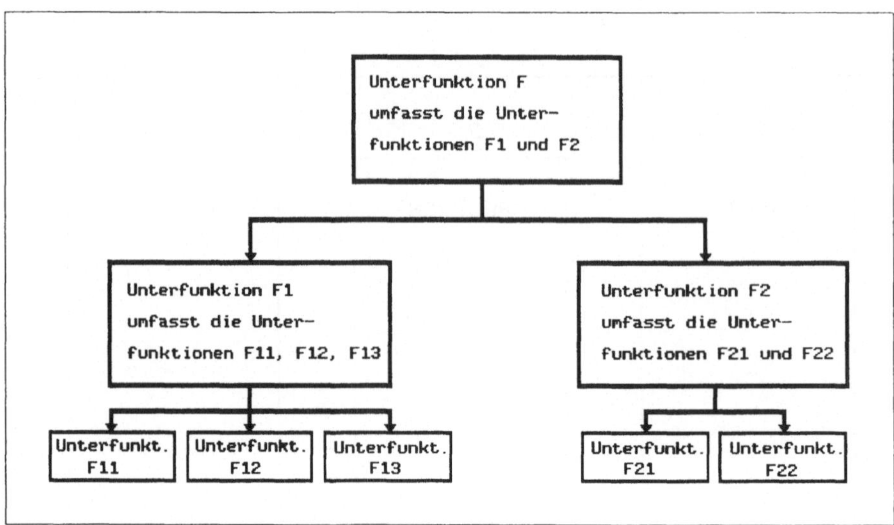

Abb. 37: Funktionelle Gesamtübersicht bei der HIPO-Methode

In komplexeren Diagrammen empfiehlt es sich, die Kästchen
in hierarchischer Weise zu indizieren. Dadurch ist auch
das Einfügen von weiteren Bausteinen zu einem späteren
Zeitpunkt möglich, ohne die Indizierungssystematik ändern
zu müssen. Die Reihenfolge der Ausführung wird durch die
Position der Indexziffer in der Indizierungssystematik
festgelegt, Daten- und Steuerfluß werden durch die
"Pfeil"-Konvention dargestellt (Abb. 38). Ein Steuerflußpfeil mit einer Nummerangabe am oberen oder unteren
Rand des Diagramms gibt an, von welchem Modul bzw. Teilaufgabe in die gerade betrachtete Teilaufgabe verzweigt
wurde, oder welche Teilaufgabe in der Ausführungsreihenfolge als nächste ausgeführt werden soll. Der Hauptvorteil
von HIPO liegt in der Dokumentationshilfe, die sich aus
der IPO-Beschreibung ergibt. Ein Nachteil ist der hohe
Darstellungsaufwand verbunden mit einem großen Platz- und
Arbeitsaufwand. Auch sind aufgrund der strengen EVA-Bezie-
hungen und der starken Datenbezogenheit nachträgliche Änderungen oder Erweiterungen nicht immer einfach durchzuführen. Die Dateneintragungen in einem Prozeßblock können sich auf eine Datei, einen Satz, ein Feld, einen speziellen Speicherbereich oder sogar auf ein Speicherregister beziehen. Die Unterteilung eines Prozeßblocks sollte
der Folge der Verarbeitungsschritte entsprechen, auch die

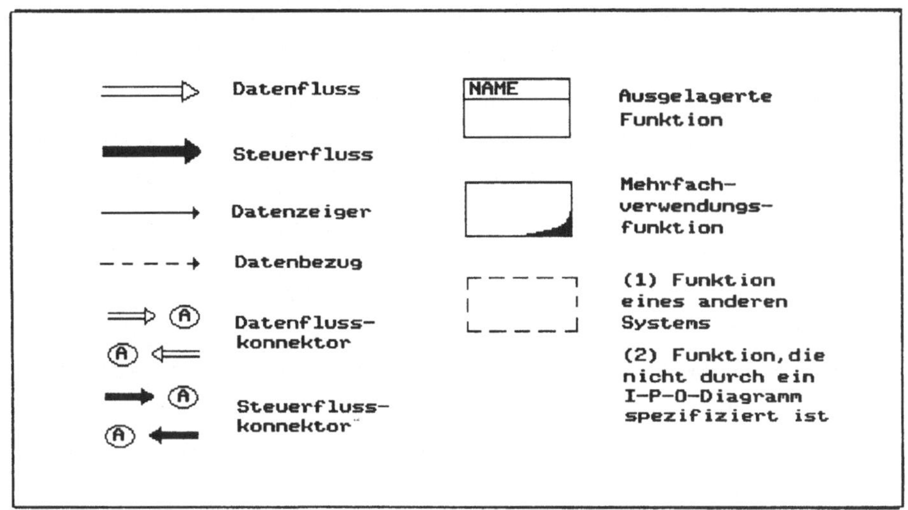

Abb. 38: Wichtige Symbole bei HIPO (Quelle: Katzan (1980))

Reihenfolge der Datenanordnung auf dem Datenträger sollte in entsprechender Form auch im Input- bzw. Outputblock repräsentiert werden. Was weitere Details der Formalstandards bei HIPO angeht, sollten Anfang und Ende der Pfeile klar ersichtlich sein, die Pfeile grundsätzlich in ihrer Richtung von links oben nach rechts unten verlaufen. Auch

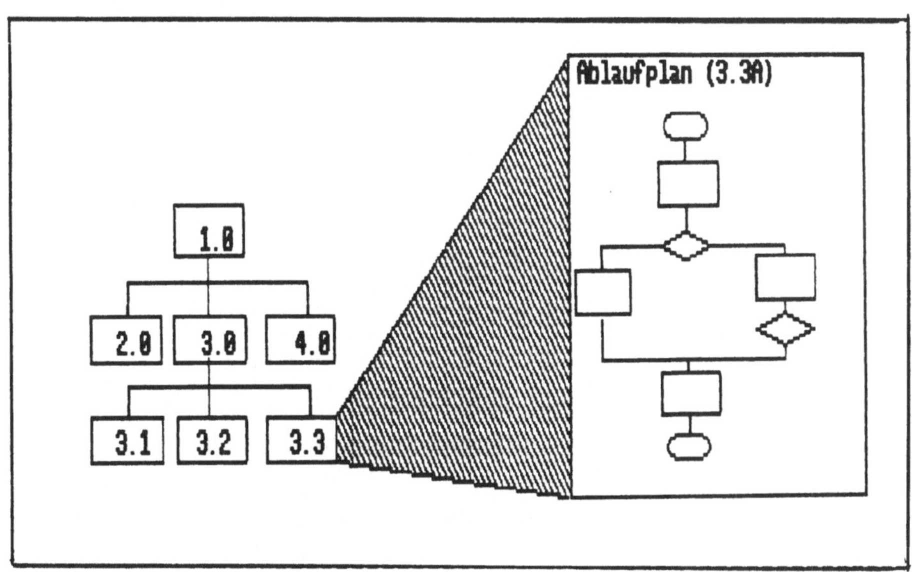

Abb. 39: Ergänzende Querverbindung zu einem PAP (Quelle: Katzan (1980))

kann in einem Hierarchie-Diagramm eine ergänzende Querverbindung zu einem detaillierteren PAP hergestellt werden (Abb. 39). Grundsätzlich schließt der Einsatz von HIPO die Verwendung anderer Darstellungstechniken nicht aus, wie in Abb. 39 können als Ergänzung Datenflußpläne oder Entscheidungstabellen herangezogen werden.

Weiterhin ist der Begriff der "Mehrfachverwendungsfunktion" in Hierarchie-Diagrammen wichtig. Eine Funktionseinheit mit bestimmten Unterfunktionen hat eine Mehrfachverwendung, wenn sie in der Hierarchie an verschiedenen Positionen auftreten kann. Um nun nicht die mit der Mehrfachfunktionseinheit verbundene Teilhierarchie vollständig darstellen zu müssen, kennzeichnet man das Kästchen der Mehrfachverwendungsfunktion durch Abrunden und dickes Ausziehen der rechten unteren Ecke an jeder Position, an der die Mehrfachverwendungsfunktion auftritt. Dieses Vorgehen führt zu einer Verringerung des Diagramm-Umfangs und damit zu einer größeren Übersichtlichkeit.

Ad 2) Während in einem Hierarchie-Diagramm die Funktionsbeziehungen untereinander hervorgehoben werden, zeigen die Übersichtsdiagramme in einer ersten groben Untergliederung die einzelnen Ein- und Ausgabeeinheiten und die Verarbeitungsschritte für eine Funktionseinheit des Hierarchie-

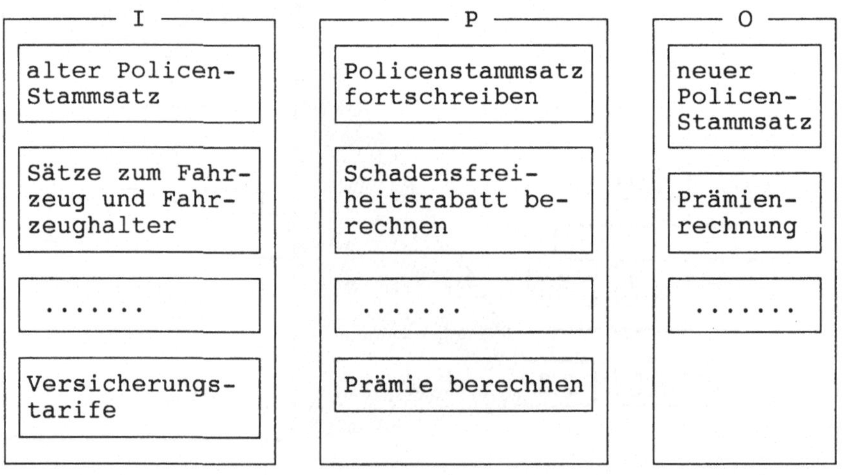

Abb. 40: Beispiel für ein Übersichtsdiagramm aus dem Anwendungsbereich "Kfz-Versicherung" (siehe: Katzan (1980), S.64)

Diagramms an. Sie stellen eine Erweiterung der Beschreibungen des Erstentwurfs dar und dienen zu einer weiteren
Detaillierung und Präzisierung des Systementwurfs.

Ad 3) In der nächsten Entwurfsphase, dem Feinentwurf, werden in
Detaildiagrammen alle Arbeitsschritte bzw. -prozesse beschrieben, die zur Lösung einer Teilaufgabe erforderlich
sind. Für jeden Arbeitsprozeß sind hierbei alle Eingabe-
und Ausgabedaten im entsprechenden Input- bzw. Output-
block zu definieren. Die Reihenfolge der Ausführung innerhalb des Verarbeitungsblocks wird durch die Numerierung
festgelegt. Diese Einzelbeschreibungen der Prozeßschritte
begünstigen eine starke Modularisierung des Entwurfs und
erleichtern die spätere Kodierung. Zu beachten ist, daß
die hohlen Datenflußpfeile nur zwischen dem Output-Block

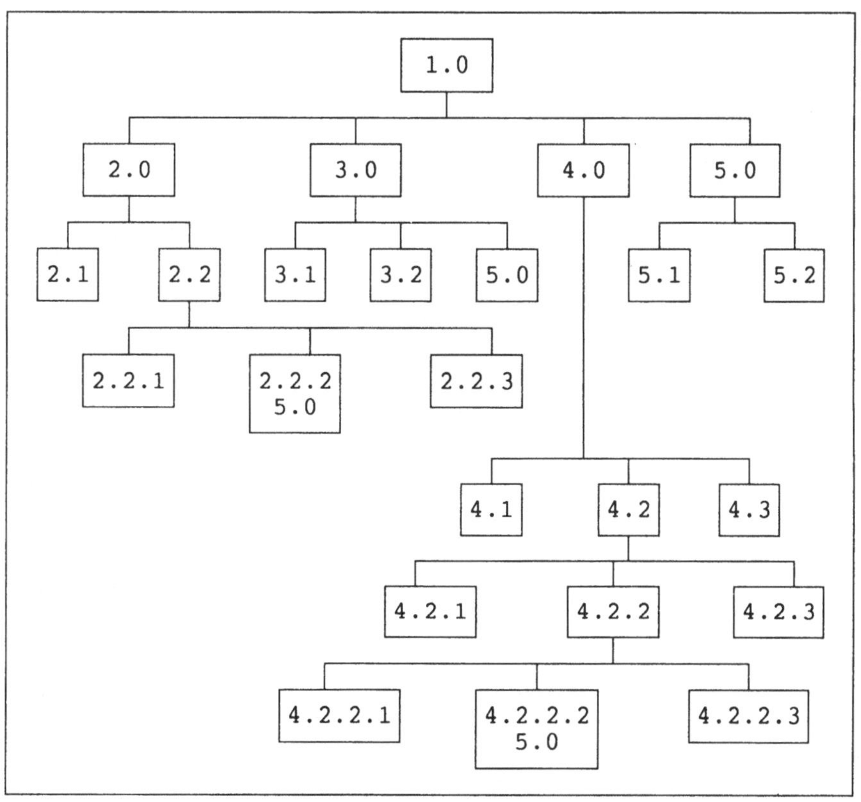

Abb. 41: Die Mehrfachverwendungsfunktion in der HIPO-
Hierarchie (Quelle: Katzan (1980), S.144ff.)

und dem Process-Block einen Rückverweis erlauben, zwischen
Process- und Input-Block ist dies nicht zulässig. Weiterhin kann eine Mehrfachverwendungsfunktion, beispielsweise
die Verwendung von Eingabedaten für verschiedene Prozeßschritte im Process-Block, durch eine Aufteilung des
Datenflußpfeils dargestellt werden, auch können aus Über-
sichtlichkeitsgründen Konnektoren, das sind Verweismarken
in kleinen Kreisen eingeschlossen, verwendet werden. Die
Verwendung von internen und externen Unterprogrammen wird
mit dem in der normierten Programmierung verwendeten Käst-
chen-Symbol und einem fett ausgezogenen Steuerflußpfeil
dargestellt. Bei einem einfachen Steuerflußpfeil geht die
Steuerung nicht an die aufrufende Funktion zurück, während
bei einem Doppel-Steuerflußpfeil nach Ausführung des
Unterprogramms die Weiterverarbeitung an den aufrufenden
Prozeßschritt anschließt. Für interne Unterprogramme ist
das Unterprogramm-Kästchen vollständig innerhalb des

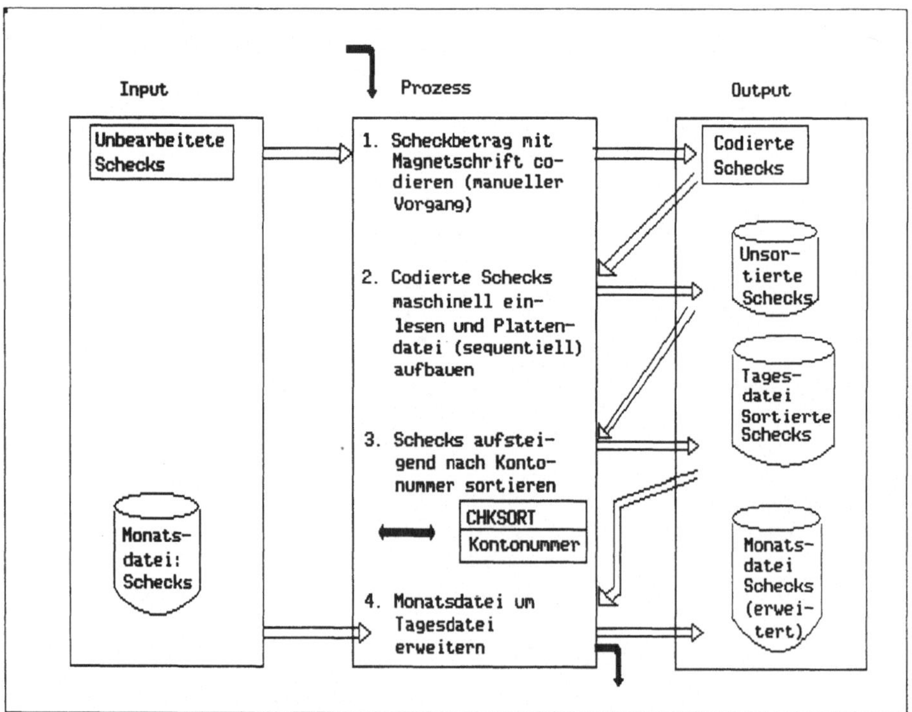

Abb. 42: Detaildiagramm mit externer Unterprogramm-
Referenz (Quelle: Katzan (1980), S.66)

Process-Blocks (Abb. 42), während eine externe Routine von einer internen dadurch unterschieden wird, daß das Unterprogramm-Symbol zu einem Teil außerhalb des Process-Blocks dargestellt wird. Auch lassen sich Detaildiagramme durch ergänzende Beschreibungen in tabellarischen Übersichten hinsichtlich der weiteren Einbeziehung von Referenzen auf Unterprogramme und Datenflußpläne übersichtlich gestalten.

Allgemein bezeichnet man Dokumente, welche während des Feinentwurfs erstellt werden als "Systemdokumente". Hierzu gehören die Managementübersicht über das neue System, die technischen Handbücher mit den erforderlichen technischen Informationen für den Wartungsprozeß, wie auch Benutzer- und Bedienerhandbücher. Die HIPO-Methode selbst liefert keines dieser Systemdokumente, sondern ist vielmehr nur ein Hilfsmittel zur Erstellung derselben. HIPO hat im Vergleich zur PAP-Darstellungstechnik den Vorteil, daß beim PAP die Dokumentation weitgehend ausgeklammert ist und erst im Anschluß an die Programmierung erstellt wird, während sie bei HIPO allein schon durch die Darstellung der Einzelschritte gegeben ist. Auch kann HIPO die "gaps" zwischen den unterschiedlichen Detaillierungsgraden überwinden helfen, die sich häufig zwischen der Detaildarstellung eines Systemanalytikers und der des Programmierers ergeben, und u.U. zu einer unterschiedlichen Bewertung gewisser Systemkomponenten führen können.

HIPO ist weitgehend selbsterklärend und kann ohne Spezialkenntnisse von praktisch jedem Mitarbeiter einer Fachabteilung angewendet werden. HIPO kann ein wichtiges Werkzeug für die Projektüberwachung sein, für den Systemanalytiker ein wichtiges Werkzeug für die Systementwicklung, für die Benutzer eine wertvolle Dokumention der systemtechnischen Realisierung von Anwendungssystemen.

Im Jahre 1976 wurde das in PL/1 geschriebenes Softwarepaket HIPO-DRAW entwickelt, das im Batch-Betrieb und im interaktiven Einsatz unter TSO oder VM/CMS eingesetzt werden kann. Mit diesem Paket steht eine parameterorientierte Makrosprache zur Verfügung, mit der die verschiedenen HIPO-Dokumente auch von Benutzern ohne Programmierkenntnissen maschinell erstellt werden können. Durch Änderung der Parameter können die Diagramme leicht verändert werden, neue Diagramme hinzugenommen werden und dann jeweils in der aktu-

ellen Form auf einem Zeilendrucker ausgegeben werden. Mit der
SETUP-Anweisung können I-P-O-Diagramme erzeugt werden, mit
entsprechenden Parametern die Blockgrenzen und Teilaufgaben-Indi-
zierung vorgenommen werden. HIPODRAW umfaßt Anweisungen für die
Spezifikation des Daten- und Steuerflusses, für die Positionsbe-
schreibung der Prozeßblöcke und für die Gestaltung von Blocküber-
schriften und Prozeßblock-Beschreibungen.

5. **LITOS** (= Linzer Technique of Software Design)

Bei dieser Methode handelt es sich um eine relativ junge Entwurfsmethode, bei der die Unterscheidung zwischen statischer und dynamischer Strukturierung in den Darstellungselementen berücksichtigt
wird. LITOS behandelt den Systementwurf aus rein organisatorischer
Sicht, daher steht die Ablauforganisation mit ihren Teilaufgaben,
deren Beziehungen untereinander und deren Strukturierung im Zeitablauf im Vordergrund. Ähnlich wie bei HIPO gibt es zwei Entwurfs-
phasen, den Grob- und den Feinentwurf. Im Grobentwurf wird die gestellte Aufgabe im Top-Down-Vorgehen in eine Hierarchie von Funktionseinheiten zerlegt, wobei jede Stufe der Hierarchie einem pro-
blemspezifischen Detaillierungsgrad entspricht. Beispielsweise besteht die Hierarchiestufe 0 eines Grobentwurfs für die Entwicklung
eines Dateiverarbeitungssystems aus der Funktionseinheit "Da-
teiverarbeitungssystem". In der Ebene 1 wird nach zwei Klassen von
Programmobjekten unterschieden, dem Vereinbarungssystem (Vereinbarungen), in dem die Daten- und Dateistrukturen festgelegt werden,
und dem operationalen System (den Programmanweisungen). In der
Ebene 2 erfolgt die weitere Untergliederung des operationalen Systems in Unterfunktionen der detaillierteren Ablauforganisation.
Für das genannte Beispiel gehören hierzu die Maßnahmen für das
Öffnen der Dateien, der eigentlichen Verarbeitung der Sätze durch
Zugriff, Änderung und Update, wie auch das Schließen der Dateien.
Die nachfolgenden Ebenen der Aufgabenhierarchie dienen zur weiteren Aufgliederung der im Zeitablauf anfallenden Verarbeitungsschritte. Der Daten- und Steuerfluß erfolgt im Feinentwurf über
die von HIPO bekannten Hohl- und Fettpfeile. Mit LITOS hat das bereits bekannte Vorgehen beim Aufbau einer Hierarchie, unter Einbeziehung gewisser Varianten in den Darstellungssymbolen, einen

neuen Namen erhalten, die Darstellung des dynamischen Ablaufs läßt
sich mit jedem Top-Down-Prinzip erreichen und bedarf keiner zusätzlichen Namensgebung.

6. **JDM** (= Jackson Design Method)

In der Abstraktionsskala ist die Jackson-Methode, die ebenfalls
datenorientiert ist, unterhalb der HIPO-Methode einzuordnen. Die
Datenstruktur steht bei dieser Methode vor dem Algorithmus und der
Programmstruktur. Die Grundidee ist, als erstes die Datenstruktur
festzulegen, und dann analog hierzu die Programmstruktur zu ent-
werfen. Allerdings steht dieses Vorgehen im diametralen Gegensatz
zu der Auffassung, daß die Programme unabhängig von der tatsächlichen Datenausprägung entwickelt werden sollten (Jackson: "Program
structures should be based on data structures ..."). Jackson begründet seine Auffassung damit, daß ein Computer seine "Umgebung"
nur über Daten und Strukturen "wahrnehmen" kann. Bei diesem Entwurfskonzept hat also die Datenstruktur einen größeren Stellenwert
als die algorithmische Programmstruktur. Die Entwurfstechnik besteht in einem dreiphasigen Vorgehen: Zuerst sind die Strukturen
der zu verarbeitenden Daten zu definieren, anschließend erfolgt
die 1:1-Abbildung der Datenstruktur auf die Programmstruktur, wobei sich diese in ihrer Darstellung nur unwesentlich von der Hier-
archie-Übersicht bei HIPO unterscheidet. Die Programmbausteine
oder Funktionseinheiten werden hier anders bezeichnet: JDM unterscheidet in

   a) "atomare" Komponenten, welche nicht weiter zerlegt werden
      können,
   b) zusammengesetzte Typen, worunter man die
         - "Sequenz" als eine Folge von zwei oder mehreren aufein-
           anderfolgenden Funktionseinheiten,
         - "Iteration" im Sinne der Schleife, bei der ein Baustein
           wiederholt ausgeführt wird,
         - "Selektion" im Sinne der CASE-Anweisung bei der Mehr-
           fachverzweigung, wo jeweils nur ein Programmbaustein
           verzweigt werden kann,
     versteht.

Die Jackson-Iterationen, oder einfach die Programmschleifen, werden durch einen "*" in der rechten oberen Ecke eines "Atoms" (oder einfach einer bisherigen Funktionseinheit !) angezeigt, die Selektion entsprechend durch ein "o". Die Mehrfachverwendungsfunktion wie bei HIPO ist allerdings bei der JDM nicht erlaubt, mit der Begründung, daß durch die Einbeziehung von Mehrfachverwendungs-Atomen die eigentliche Baumstruktur nicht mehr zu erkennen ist, und es keinen eindeutigen Weg mehr zwischen der "Wurzel" und den Knoten des Hierarchiebaumes gibt. Dies würde eine erschwerte Fehlersuche implizieren. Die Argumente von Jackson sind problematisch und weitgehend zu widerlegen, allerdings kann dies im Rahmen dieser Zusammenstellung der wichtigsten Software-Tools in der PEE nicht geschehen.

7. **SD** (= Structured Design)

In unmittelbarer Nachbarschaft der JDM ist die Constantine-Methode in der PEE einzuordnen, allerdings ist diese Methode vornehmlich aufgabenorientiert, d.h. im Vordergrund des Entwurfs steht die Aufgabe, die das zu entwickelnde Programm lösen soll. Daher haben bei Constantine die Datenein- und Datenausgabe keine funktionelle

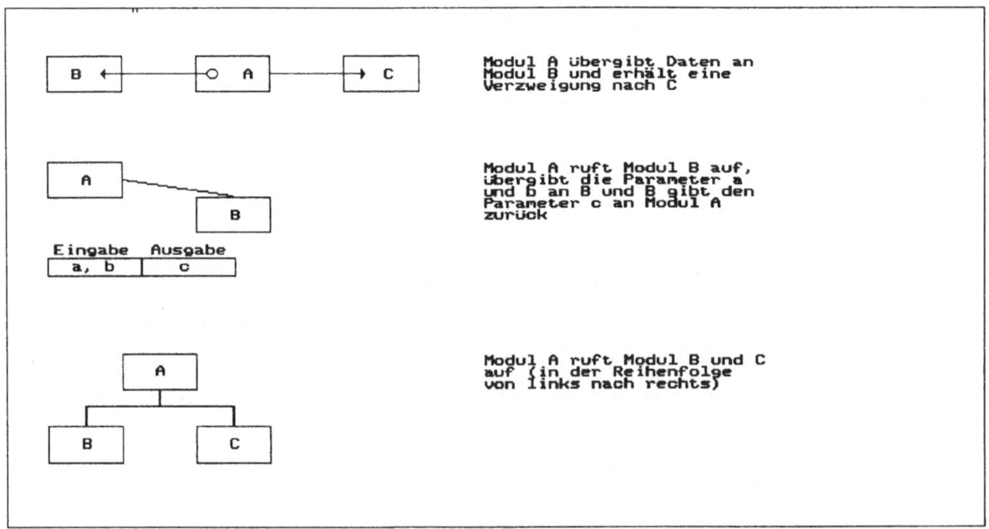

Abb. 43: Entwurfssymbole bei der SD-Methode von Constantine

Bedeutung, sondern sind lediglich als Hilfsmittel aufzufassen. Ziel dieser Methode ist, möglichst einfache und weitgehend unabhängige Programmmodule zu entwickeln. Die Grundidee bei Constantine ist, daß die Aufspaltung in Teilprobleme zu einfacheren und vor allem überschaubareren Teillösungen führt. Solche Teilprobleme setzt Constantine mit dem Begriff Modul gleich. Als Richtwerte gelten bis zu hundert Anweisungen pro Modul und 5 bis 10 Untermodule eines Moduls. Für die graphische Darstellung des Entwurfsverfahrens von Constantine wird ebenfalls ein "Top-Down-Design", also ein spezielles Strukturdiagramm, entwickelt. Die Reihenfolge des Aufrufs von Untermodulen geschieht jeweils von links nach rechts, der Datenfluß wird jeweils durch einen Kreis, der Steuerfluß durch einen Punkt, innerhalb eines Modulrechtecks, markiert (Abb.43). Vordefinierte Module oder Unterprogramme werden wie bei der normierten Programmierung durch zusätzliche senkrechte Striche gekennzeichnet. Außerdem werden die Modulaufrufe mit den zugehörigen Parametern explizit an die Modulrechtecke geschrieben. Die Reihenfolge des Aufrufs der Module erfolgt stets von links nach rechts. Eine ähnlich differenzierte Darstellung gibt es auch für den Steuer- und Datenfluß.

Weiterhin gibt es bei der Constantine-Methode den Begriff der Modulkopplung. Dabei unterscheidet man zwischen zwei Arten, der Datenfluß- und der Steuerflußkopplung. Unter einer Datenflußkopplung wird beispielsweise eine Datenflußbeziehung verstanden, bei der ein Modul von einem anderen bestimmte Daten abruft. Wenn es sich bei diesen Daten um Parameterwerte handelt, welche die Aktivierung von weiteren Modulen veranlassen, so handelt es sich um eine Steuerflußkopplung. Constantine vertritt die Auffassung, daß die Steuerflußkopplung die Module stärker bindet als die Datenflußkopplung, da eine Änderung im Steuerfluß eines Moduls auch Änderungen bei anderen Modulen implizieren kann. Weiterhin gibt es eine interne Modulkopplung, auch mit "Kohäsion" bezeichnet, worunter man die Stärke der Bindung zwischen den Anweisungen innerhalb eines Moduls versteht. Constantine unterscheidet sieben Bindungsstufen mit zunehmender Bindungsstärke:

1) Eine interne Bindung ist zufällig, wenn aufeinanderfolgende Anweisungen eines Moduls keinen erkennbaren Zusammenhang aufweisen.

2) Eine logische Bindung faßt Anweisungen und Vereinbarungen derselben Art zusammen (Anweisungen einer Eingabeprozedur).

3) Bei der zeitlichen Bindung werden logisch zusammenhängende Anweisungen zusammengefaßt, die praktisch zur selben Zeit (in einem bestimmten Zeitintervall) abgearbeitet werden. Dies betrifft die Module zur Programminitialisierung und -terminierung.

4) Die prozedurale Bindung bedeutet, daß bei der Programmausführung eine Folge von Anweisungen existiert, welche alle Prozeduren eines Moduls involvieren, etwa können Anweisungen einer Schleife in diesem Sinne prozedural gebunden sein.

5) Die kommunikative Bindung, bei der bestimmte Anweisungen verschiedener Module auf gleiche Daten (Dateien) Bezug nehmen.

6) Die sequentielle Bindung, bei der Daten eines Ausgabeprozesses zugleich Eingabedaten für ein anderes Modul sind.

7) Die funktionelle Bindung, bei der ein Modul unabhängig von den anderen Modulen ausgeführt werden kann.

Bei diesen Möglichkeiten der unterschiedlichen Modulkopplung stellt sich die Frage nach dem Optimum in diesem weiten Spektrum des Bindungsgrads von Modulanweisungen, d.h. nach einer a priori festlegbaren besten Modulgröße. Die beiden Extreme bestehen darin, daß man ein einziges Modul erzeugt, sodaß die Kohäsion des Moduls sehr groß wäre, aber keine Modulkopplung vorhanden wäre, oder eine Vielzahl von Modulen mit jeweils sehr geringer Kohäsion, aber starker Modulkopplung. Constantine schlägt einen Mittelweg vor, indem er einen "Komplexitätsgrad" als Summe aus Kohäsion und Modulkopplung definiert. Das Mininmum dieses Komplexitätsgrades ist von der Applikation abhängig und liegt zwischen 10 und 100 Anweisungen und einer Aufteilung in 5 bis 10 Untermodule je Modul.

8. **PDL** (= Program Design Language)

Weniger informal als SD und noch ein Stück maschinennäher ist PDL. PDL stellt einen einfachen Pseudo-Code dar, mit der üblichen Schleifen-, Verzweigungs- und CASE-Anweisung als Kontrollstrukturen. Pseudo-Code ist hierbei als Mischung von formalsprachlichen und natürlichsprachlichen Elementen zu verstehen. Pseudo-Code läßt sich nach vier unterschiedlichen Textformen klassifizieren:

1) Code-Elemente (weitgehend die zugrundegelegte Programmiersprache)
2) vom Programmierer selbst festgelegte formale Sprachelemente
3) formatierte Texte
4) formatfreie Texte.

PDL verwendet praktisch nur Darstellungselemente von Typ 1) und 2)

9. **PAP** (= Programmablaufplan)

im Sinne der normierten Programmierung nach DIN 66001 und mit den bekannten Strukturelementen. Flußdiagramme dieser Art sind am weitesten verbreitet und stellen die älteste Form der Programm-Dokumentation dar (siehe Abschn. 10.3).

10. **Struktogramme** im Sinne von Nassi-Shneiderman

sind in Abschnitt 6.4 ausführlich behandelt worden. Diese können als Pseudo-Code aufgefaßt werden, Kontrollstrukturen umfassen die Sequenz, Fallanweisung, Schleife und Verzweigung. Wichtige Werkzeuge sind Generatoren für die automatische Erzeugung von Struktogrammen und der Erzeugung von Makrobefehlen aus den Struktogrammen.

11. **Interaktions-Diagramme**

stellen ein graphisches Beschreibungsmittel für Dialogabläufe dar. Interaktionsdiagramme sind stärker formalisiert als die meisten Pseudo-Codes. Als Werkzeuge gibt es den IAD-Compiler, der lauffähigen Programm-Code aus Interaktionsdiagrammen erzeugt. In die Umgebung von Interaktionsdiagrammen sind auch die bekannten Petri-Netze (siehe 6.7) einzuordnen, die allerdings weniger für den Programmentwurf eingesetzt werden, sondern für die zeitabhängige Darstellung von komplexen parallelen Strukturen.

12. **Parnas**'sche Spezifikationstechnik

wurde 1972 entwickelt und stellt eine Technik mit hohem Datenab-
straktionsgrad dar. Hier ist der Zustandsbegriff von zentraler Bedeutung, wobei die sogenannten zustandsbeschreibenden Funktionen
(V-Funktionen) Datenänderungen definieren können. Wichtig ist, daß
die Präsentation der Daten in der Spezifikation nicht auftritt und
Änderungen an der zugrundeliegenden Datenrepräsentation durch zustandsändernde Funktionen (O-Funktionen) übernommen werden.
Als Software-Tools gibt es die Spezifikationssprache SPECIAL, mit
der Syntax-, Konsistenz- und Vollständigkeitsprüfungen sowie Un-
terstützungshilfen bei der Programmverifikation möglich sind. Die
Weiterentwicklung des Parnas'schen Ansatzes führte zur heutigen
Programmiersprache SIMULA.

13. **ETT** (= Entscheidungstabellentechnik)

Es gibt eine Theorie der Entscheidungstabellen, die heute die allgemeine Grundlage für die Analyse technischer und wirtschaftlicher
Probleme darstellt. Das Standardformat einer Entscheidungstabelle
ist bestimmt durch die Aufteilung der Tabelle in vier Quadranten
(Abb. 44), dem Bedingungs- und Bedingungsanzeigeteil, dem Aktions-
und Aktionsanzeigeteil. Im Bedingungsteil werden die Bedingungen
aufgeführt, welche in einer Entscheidungssituation zu überprüfen
sind.

Tabellenname		Regeln					
	1	2	3	4	5	...	n
Bedingungsteil				Bedingungsanzeigeteil			
Aktionsteil			Aktionsanzeigeteil				

Abb. 44: Aufbau einer Entscheidungstabelle

Im Bedingungsanzeigeteil werden durch die Bedingungsanzeiger (entweder "Ja" oder "Nein", oder auch als verbale oder arithmetische
Ausdrücke formuliert) verschiedene Ausprägungsmöglichkeiten des

Bedingungsteils zusammengestellt. Im Aktionsteil werden alle eine Entscheidungssituation betreffenden Aktionen erfaßt, die in Abhängigkeit von den Bedingungen und den Bedingungsanzeigern jeweils ausgeführt werden können. Die Aktionsanzeiger in dem rechten unteren Quadranten zeigen für eine bestimmte Kombination von Bedingungsanzeigern an, welche Aktion zu erfolgen hat. Dies kann durch bloßes Ankreuzen (X) geschehen, oder aber auch durch eine Ziffernangabe, mit der bei mehreren Aktionen eine Reihenfolge festgelegt werden kann. Jede Kombination von Bedingungsanzeigern und den zugehörigen Aktionsanzeigern nennt man eine Regel, also eine "Wenn-Dann-Beziehung". Man spricht von **begrenzten** Entscheidungstabellen, wenn jede Bedingung im Bedingungsteil und jede Aktion im Aktionsteil vollständig beschrieben ist, sodaß die Bedingungsanzeiger nur als "Ja" oder "Nein", die Aktionsanzeiger nur als "X", darzustellen sind, und die Aktionen in der Reihenfolge von oben nach unten gelesen, auszuführen sind. Man spricht von **erweiterten** Entscheidungstabellen, wenn die Bedingungen im Bedingungsteil und die Aktionen im Aktionsteil nur unvollständig beschrieben sind, und die Vervollständigung im Bedingungs- und Aktionsanzeigeteil erfolgen kann. In **gemischten** Entscheidungstabellen sind begrenzte und erweiterte Einträge erlaubt, allerdings sollte hierbei auf eine gute Übersichtlichkeit geachtet werden.

Das folgende Beispiel könnte dem EDV-Beauftragten einer Fakultät bei der vielleicht schwierigen Entscheidung helfen, wie mit "sündigen" Benutzern des Großrechners bei Überziehen ihres Zeiteinheiten-Kontingents zu verfahren ist (AEE = Abrechnungseinheiten):

	AEE-Kontingent	R1	R2	R3	R4	
B1	AEE-Kontingent überschritten	j	j	j	n	...
B2	Bisher nicht überschritten	j	j	n	−	...
B3	Zusätzlich gewünschte AEE	j	n	j	−	...
A1	Rechennummer wird nicht gesperrt	x	x		x	...
A2	Rechennummer wird gesperrt			x		...
A3	Der EDV-Beauftragte legt neue AEE-Konditionen fest	x				...

Abb. 45: Beispiel einer begrenzten Entscheidungstabelle

	AEE-Kontingent	R1	R2	R3	R4
B1	AEE-Kontingent	über-schritten	über-schritten	über-schritten	nicht über-schritten
B2	Bish. Verhalten	nicht überschr.	nicht überschr.	über-schritten	-
B3	AEE	zusätzl. gewünscht	keine zusätzl.	zusätzl. gewünscht	-
A1 A2	Rechennummer	nicht gesperrt	nicht gesperrt	gesperrt	nicht gesperrt
A3	neue AEE-Konditionen	festlegen	nicht festlegen	Aus-schluß	nicht festlegen

Abb. 46: Beispiel einer erweiterten Entscheidungstabelle

In Bezug auf eine Problemstellung oder Entscheidungssituation werden also im Bedingungsteil die wichtigsten Entscheidungsmerkamle festgelegt, während im Aktionsteil die sich aus den Bedingungen logisch ergebenden Schlußfolgerungen beschrieben sind. Jede Entscheidungstabelle sollte mit einer Identifikationskennzeichnung versehen werden, etwa einem Tabellennamen oder einer Tabellennummer, um sie im Rahmen eines Programms ansprechen zu können. Im allgemeinen sind Entscheidungssituationen in der Praxis sehr komplex, sodaß meist eine Vielzahl von Entscheidungstabellen aufgebaut werden muß. Im einfachsten Fall können die Tabellen in ihrer Verarbeitungsreihenfolge so angeordnet werden, daß sie sequentiell durchlaufen werden können, meist ist aber eine komplexere Verkettung der Tabellen erforderlich. Die Verkettung kann dadurch erfolgen, daß im Aktionsteil die Identifikationskennung ("Adresse") für die nächste Entscheidungstabelle angegeben wird, zu der verzweigt werden soll. Auf diese Weise ist es möglich, sehr umfangreiche Tabellen in kleinere Tabellen zu zerlegen und zu "verzeigern".

Es gibt Entscheidungstabellensprachen, die keine Programmierung in einer höheren Programmiersprache wie FORTRAN oder COBOL erfordert, sondern durch Verwendung von leicht erlernbaren Makroanweisungen auch direkt in den Fachabteilungen für den Aufbau der fachspezifischen Entscheidungstabellen angewandt werden können. Die Makrobefehle selbst werden durch einen Entscheidungstabellenumwandler in FORTRAN- oder COBOL-Anweisungen umgesetzt und kompiliert.

Entscheidungstabellen lassen sich überall dort einsetzen, wo ein kausaler Zusammenhang zwischen der verfügbaren Information über die Entscheidungsbedingungen und den Aktionen hergestellt werden kann. Wenn sich also organisatorische Ablaufschemata in der Form solcher Kausalbeziehungen formulieren lassen, und dies ist sehr häufig möglich, bietet das Konzept der Entscheidungstabellentechnik ein ideales Instrument für die Analyse und Erfassung komplexer Sachverhalte, wichtig ist nur, die potientiell auftretenden Entscheidungsbedingungen zu erkennen und die hieraus resultierenden Aktionen zu erfassen. Theoretisch wächst natürlich die Anzahl der Regeln bei einer begrenzten Entscheidungstabelle wie 2^n, wenn n Bedingungen gegeben sind, in praxi werden aber meist nicht alle theoretisch möglichen Bedingungskombinationen erfaßt, sondern nur diejenigen, welche nach Einschätzung der Fachexperten relevant sind. Diese machen meist nur einen Bruchteil der genannten theoretischen Anzahl aus. Daß bestimmte Bedingungskombinationen nicht berücksichtigt oder daß fehlerhafte Aktionen zugeordnet werden, kommt kaum vor, da die Formalgrundsätze der Entscheidungstabellentechnik und die Orientierung an den Tabellenspalten (Regeln) zu einem schrittweisen Vorgehen und dem damit verbundenen konsequenten Durchdenken der Entscheidungslogik zwingen.

Ein wichtiger Vorteil des Einsatzes von Entscheidungstabellen liegt in der Verfügbarkeit einer "Schnittstelle" oder einer Verständigungs-Plattform zwischen den Mitarbeitern einer Fachabteilung und den Programmierexperten der DV-Abteilung. Häufig ist es doch so, daß die DV-Abteilung zu wenig Fachkenntnisse hat, um die von der Fachabteilung gelieferte, und häufig sehr vage formulierte, Problembeschreibung auf ihre Richtigkeit und Vollständigkeit zu überprüfen. Umgekehrt hat die Fachabteilung meist nur vage Vorstellungen darüber, in welcher Detaillierung Problembeschreibungen ausgeführt werden müssen, sodaß sie von dem(den) Programmierer(n) direkt in Programmvorgaben umgesetzt und funktionsfähige Programme erzeugt werden können. Diese "Diskrepanz" läßt sich mit Entscheidungstabellen aufheben, wenn man die betreffenden Mitarbeiter einer Fachabteilung so weit mit der Entscheidungstabellentechnik vertraut macht, daß sie ihre Problembeschreibungen in Form von Entscheidungstabellen formulieren und damit die Verständigung zwischen DV-Abteilung und Fachabteilung erleichtern. Damit werden von vornherein mögliche Fehlerquellen, die meistens erst beim Betrieb des Programms erkannt und nur mit großem Aufwand repariert werden können, ausgeschlossen. Die Entscheidungstabellentechnik erweist sich immer dann als eine effiziente Methode, wenn Zusammenhänge systematisch erfaßt und dokumentiert werden sollen.

Ein Anwendungsschwerpunkt der Entscheidungstabellentechnik ist die automatische Angebots- und Auftragsbearbeitung bei einer stark aufgefächerten Variantenfertigung. Hier kann die Anzahl der Kombinationen bei der Verwendung verschiedener Baugruppen sehr groß sein, und ein entsprechend großes Angebot an verschiedenen Enderzeugnissen ist dann möglich. Bedingt durch unterschiedlichste Kundenwünsche ist aber auch die Anzahl der Anfragen und die damit verbundene Angebotserstellung entsprechend groß. Hier kann das Leistungsverzeichnis für das Angebot aus den vorhandenen Serienteilen und Baugruppen, dem Kundenwunsch entsprechend, den einmal erstellten und abgespeicherten Entscheidungstabellen entnommen werden. Das Angebot kann also weitgehend maschinell erstellt und in versendbarer Form auf einem Drucker ausgegeben werden.

Auch beim computergestützten Entwurf/Konstruktion (CAD = Computer Aided Design) lassen sich die technischen und physikalischen Konstruktionsmerkmale, wie beispielsweise Abmessungen und geometrische Form, als Bedingungen einer Entscheidungstabelle auffassen. Die Aktionen sind dann die Rechenformeln, aus der sich das Konstruktionsobjekt rechnerisch ermitteln und graphisch darstellen läßt.

Auch für die Erstellung von Arbeitsplänen im Rahmen von Fertigungsaufträgen können Entscheidungstabellen ein wertvolles Hilfsmittel sein. Hierbei müssen die Bearbeitungs- und Fertigungsreihenfolge (Bedingungen) hinsichtlich der Teilarbeitsgänge (Aktionen) in ihrer logischen Struktur erfaßt werden. Bei der Erstellung von Auftrags- und Fertigungspapieren kann die Stücklistenstruktur ebenfalls mit Entscheidungstabellen festgelegt werden.

Für nichtlineare Optimierungsprobleme, die mit den existierenden Verfahren analytisch nicht gelöst werden können, sind ebenfalls Entscheidungstabellentechniken eingesetzt worden. Die Restriktionen lassen sich im Bedingungsteil formulieren, nur relevante Variablenwerte werden in die Bedingungen eingesetzt und kombiniert, hierdurch erhält man (für kleinere Probleme zumindest) eine praktikable Anzahl von Regeln. Die Auswertung der Aktionen und der Ergebnisvergleich kann sehr schnell zu brauchbaren Näherungslösungen führen.

6.6 Validierungstechniken und Automatisierungsaspekte der Softwareproduktion

Die Validierungstechniken umfassen den zweiten Teil des Lebenszyklus eines Systems, nämlich den Test und die Installation des Softwareprodukts. Das Spektrum der Überprüfungsverfahren läßt sich vom formal strengen Nachweis der Richtigkeit des Programms bis hin zur völlig informellen Inspektion und dem weitgehenden "Glauben" an die Korrektheit abstecken. Die Programmentwicklungsebene läßt sich um eine weitere Achse, nämlich der Dimension "Überprüfungsverfahren", erweitern (Abb. 46). Man unterscheidet die formalen **Verifikationsverfahren**, mit denen die Korrektheit überprüft werden

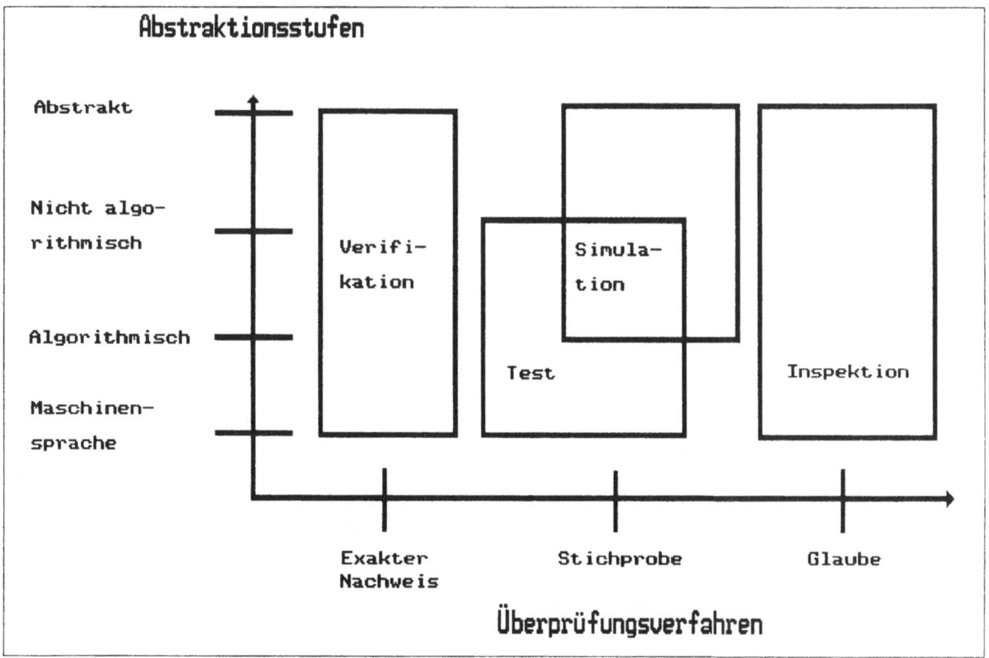

Abb. 47: Die Software-Validierungsebene

kann, und den Test-Verfahren auf Stichprobenbasis. Die stichprobenähnliche Überprüfung erstreckt sich von den sehr systematischen Testverfahren bis zu völlig unsystematischen Test-Strichproben. Auch die **Simulation** wäre hier als Testinstrument einzuordnen, wie auch die Inspektionen im Sinne einer bloßen Programm-Durchsicht. Im allgemeinen beginnt die Validierung im Testbereich mit dem mehr oder weniger systematischen Test von einzelnen Programmbausteinen, die anschließend dann zu größeren Programmbausteinen zusammengefügt und gemeinsam getestet werden. Dies würde der bereits in den vorigen Abschnitten erwähnten Bottom-Up-Strategie entsprechen. Demgegenüber würde man bei der Top-Down-Strategie gleich von Anfang an das Gesamtsystem testen, wobei noch nicht entwickelte Programm-Module nur durch Dummies, für den Zweck des Aufrufs und der Parameterübergabe, repräsentiert werden. Einige Software-Tools für die Programm-Validierung:

- VGC (= Verification Condition Generator) erzeugt bestimmte Zusammenhänge von Programm-Zuständen und erlaubt dadurch bestimmte Aussagen über die Korrektheit des Programmes.
- SPV (= Stanford Pascal Verifier)
- LISP-Verifikationssystem von Boyre und Moore
- COBOL-Verifikationssystem der GMD, Bonn
- ZETALISP-Debugger (Ein Debugger ist ein Software-Werkzeug für die Fehlerentdeckung und -behebung.)
- PROLOG-Debugger (PROLOG ist eine Sprache der Fachdisziplin "Künstliche Intelligenz".)
- Test Drivers (Testtreiber) sind Programme, die den Ablauf von ausgewählten Testfällen steuern und die involvierten Programm-Module mit Testdaten versorgen.
- Trace-Tools geben Auskunft über den Zustand bestimmter Programmvariablen (in allen modernen Hochsprachen enthalten).
- Inspektionsverfahren ("walk through").

Trägt man nun auf einer weiteren Achse den Grad der Automatisierung ab, so ergeben sich die folgenden Automatisierungsmöglichkeiten: Auf der untersten Ebene lassen sich die Dateien oder ein Dateiensystem ansiedeln. Die einfachste Form der Automatisierung wäre dann die **Textverarbeitung** und -verwaltung dieser Dateien. In der nächsten Automatisierungsstufe übernehmen **Texteditoren** die Funktion der Textaufbereitung durch Löschen, Einfügen, Verändern der Dateieninhalte, wie auch bestimmte Such- und Ersetzungsfunktionen und bestimmte Layout-Funktionen wie Randausgleich, Festlegen der Ränder, u.a. Die nächste "Komfort-Stufe" der Informationsverarbeitung stellen die **Produktverwaltungsfunktionen**, mit der Möglichkeit auf Programmbibliotheken zuzugreifen, dar. Hierauf können dann Werkzeuge für die automatisierte tabellarische und graphische Aufbereitung eingesetzt werden. Die höchste Schicht der automatisierten Verarbeitung bilden Werkzeuge für die syntaktische Überprüfung, z.B. "syntax-checker" oder die üblichen "parser" in Kompiliersystemen. Diese können auch Vollständigkeits- und Konsistenzüberprüfungen von formalen Programmspezifikationen durchführen. Meist wird mit der syntaktischen Überprüfung auch die semantische Überprüfung simultan durchgeführt, etwa bei der Kompilation, sodaß zwischen der syntaktischen und der semantischen Ebene kaum mehr unterschieden werden kann. Allgemein versteht man unter semantischer Überprüfung eine Überprüfung der Ausführung des Programms, zum Beispiel im Hinblick auf die Zuweisung nicht definierter Variablen, Division durch Null u.a. Nach der "Kompilationsebene" wäre die heute mögliche, höchste Automatisierungsstufe, zu nennen, welche die Werkzeuge

- zur Entwicklungsunterstützung, die darin besteht, daß Entwicklungsteilschritte automatisch erzeugt werden,
- zur automatischen Codegenerierung (Programmgeneratoren) und Fehlerbehebung (Testtreiber, Debugger-Tools)

umfassen.

Im Rahmen der fünften Software-Generation werden hinsichtlich einer weiteren Automatisierung sogenannte Expertensysteme, auf die wir noch ausführlicher eingehen werden, entwickelt. In diesen wissensbasierten Softwaresystemen wird das Spezialwissen und die Inferenzfähigkeit der Fachexperten nachgebildet. Solche Systeme beschränken sich allerdings heute noch auf sehr eng abgegrenzte Anwendungsbereiche (siehe Kap. 13). In solchen Expertensystemen wird versucht, die Techniken der symbolischen Informationsverarbeitung, also der primär nicht numerischen Informationsverarbeitung für komplexe Entscheidungsprozesse nutzbar zu machen. Die beiden wichtigsten Komponenten eines Expertensystems sind die Wissensbasis mit der Gesamtheit der den Problemkreis betreffenden Fakten, und dem Regelsystem (siehe Kap. 13).

6.7 System-Entwurf mit Netzen

Die nachfolgenden Ausführungen sind dem Buch von W. Reisig:
"Systementwurf mit Netzen" (Springer Verlag 1985) entnommen. Die
von C.A. Petri im Rahmen der allgemeinen Netztheorie entwickelten
Petri-Netze werden heute gerne für die ersten Phasen eines Entwurfs von Systemen unterschiedlichster Art eingesetzt. Sie stellen
ein wichtiges Instrument zur Darstellung unterschiedlicher, sich
im Zeitverlauf ändernder, Systemzustände dar. Ursprünglich nur für
die Netzkonfigurationen von Rechnersystemen gedacht, kommen heute
Petri-Netze für die Systemdarstellung von organisatorischen Abläu-
fen immer stärker zum Tragen. Hier seien einige wichtige Prinzipien des Systementwurfs mit Netzen abgehandelt.

Die beiden ersten wichtigen Grundelemente sind Symbole für die
Darstellung von organisatorischen Beständen und für Benutzer dieser Bestände. Man spricht hier von passiven Komponenten, die man
mit einem Kreissymbol, und von aktiven Komponenten, die man mit
einem Quadrat darstellt. Pfeile zeigen den Fluß von Gegenständen
oder Informationen an und können zwischen den beiden Systemkomponenten in beiden Richtungen verlaufen. Die passiven Komponenten
können Objekte lagern, speichern oder auf einem Datensichtgerät
verfügbar machen. Die aktiven Komponenten können Dinge erzeugen,
transportieren oder verändern. Die passiven Komponenten nennt man
"Kanäle", die aktiven "Instanzen". Ein Netz besteht neben den
Kanälen und Instanzen auch aus "Pfeilen", welche die logischen
Verbindungen darstellen. Eine wichtige Konvention bei Petri-Netzen
ist, daß ein Pfeil immer von einem Kanal zu einer Instanz führt
oder umgekehrt. Weiterhin gibt es den Begriff der "Bedingung", die
als Kreis (O), und des "Ereignisses", das als Kästchen (□) dargestellt wird. Die Darstellung b O->□ e bringt zum Ausdruck, daß b
eine Vorbedingung des Ereignisses e ist, e □->O b besagt, daß b
eine Nachbedingung von e ist. Ist eine Bedingung in einem bestimmten Netzzustand erfüllt, so wird dies durch einen fett ausgezogenen Punkt innerhalb des Bedingungs-Kreises fixiert. Wenn nun ein

Ereignis eintritt, so werden die zuvor erfüllten Bedingungen nicht mehr erfüllt sein, jedoch sind jetzt die Nachbedingungen erfüllt (siehe Abb. 48).

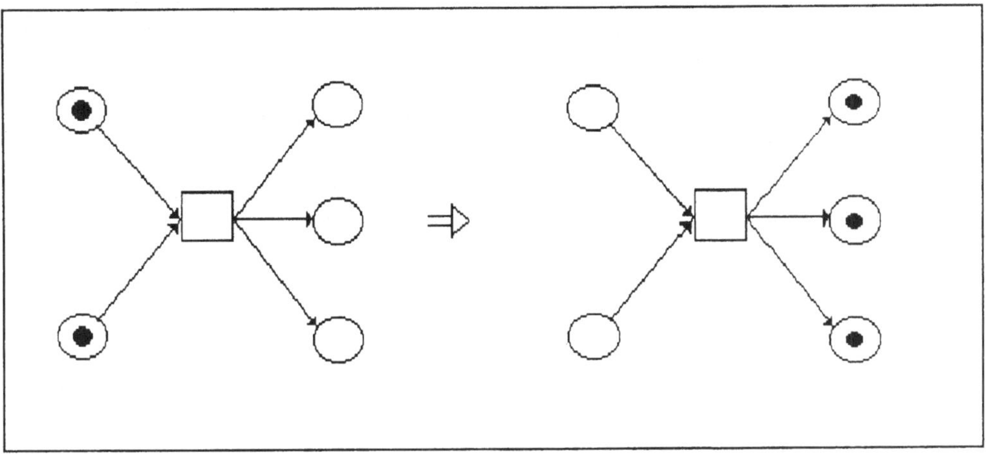

Abb. 48: Die Wirkung des Eintritts eines Ereignisses auf seine Vor- und Nachbedingungen (Quelle: W. Reisig (1985), S.12

Betrachten wir beispielsweise das einfache Produktions-/Konsumsystem, bei dem in einem einfachen wiederholbaren Produktionsprozeß ein Gut erzeugt, auf einem "Kanal" abgelegt und zum Verbrauch

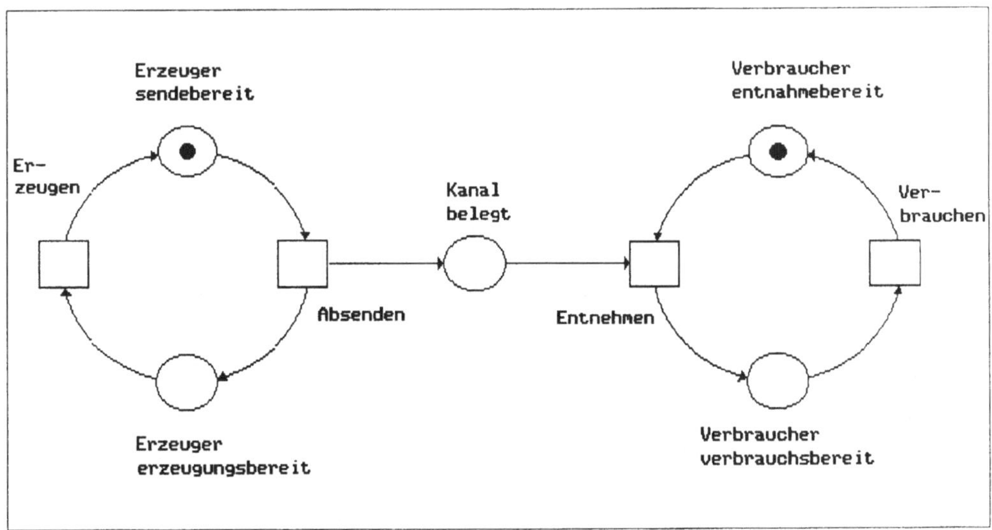

Abb. 49: Lieferant-/Verbrauchersystem als einfaches Petri-Netz

entnommen und verbraucht werden kann. Wenn das Ereignis "Absenden" eintritt, so ist anschließend der Produzent wieder für die Herstellung eines weiteren Guts bereit, und der Kanal ist belegt. Wenn der Verbraucher das Gut vom Kanal entnimmt (wenn also das Ereignis "Entnehmen" eingetreten ist, Abb. 49), so ist der Verbraucher "verbrauchsbereit" und die Markierung "Kanal belegt" verlagert sich nun in "Verbraucher zum Verbrauch des Guts bereit".

Ein Netz aus Bedingungen und Ereignissen ist durch die folgenden Darstellungselemente charakterisiert:

- Bedingungen, als Kreise dargestellt (O),
- Ereignisse, als Kästchen dargestellt(□),
- Pfeile von Bedingungen zu Ereignissen (O->]),
- Pfeile von Ereignissen zu Bedingungen (□->O),
- Marken in bestimmten Bedingungen (O), welche die in einer bestimmten Situation erfüllten Bedingungen anzeigen.

In einem Netz aus Bedingungen und Ereignissen

- ist eine Bedingung b eine Vorbedingung eines Ereignisses e, falls es einen Pfeil b O-> □ e gibt,
- ist eine Bedingung b eine Nachbedingung eines Ereignisses e, falls einen Pfeil e □->O b gibt,
- ist in jeder Situation jede Bedingung entweder erfüllt oder nicht erfüllt,
- wird jede erfüllte Bedingung mit einer Marke gekennzeichnet,
- besteht ein Fall aus den in einer gegebenen Situation erfüllten Bedingungen.

Ein Ereignis eines Netzes aus Bedingungen und Ereignissen kann in einer bestimmten Situation dann eintreten, wenn alle seine Vorbedingungen erfüllt und alle seine Nachbedingungen unerfüllt sind. Solche Ereignisse heißen "aktiviert". Ist ein Ereignis aktiviert und tritt es ein, so werden dadurch seine Vorbedingungen unerfüllt und seine Nachbedingungen erfüllt.

Zwei Ereignisse eines Netzes stehen in einem "Konflikt" miteinander, wenn beide aktiviert sind, und durch den Eintritt des einen Ereignisses das andere nicht mehr aktiviert ist. Eine solche Kon-

fliktsituation ist dann gegeben, wenn die beiden Ereignisse mindestens eine gemeinsame Vor- oder Nachbedingung besitzen.

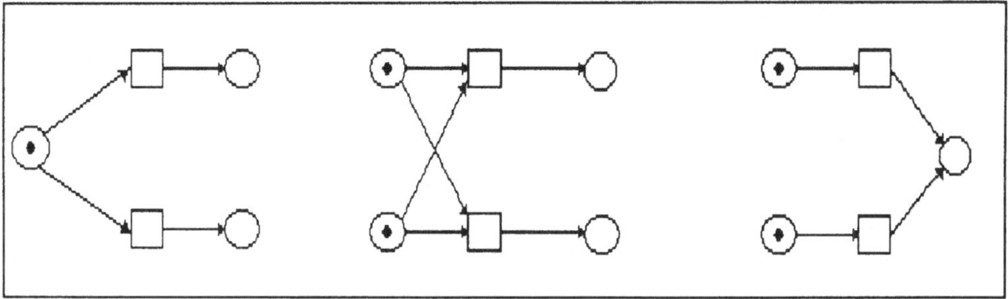

Abb. 50: Beispiele für Konflikte (Quelle: W. Reisig (1985), S. 15)

Das Eintreten eines Ereignisses hängt von seinen Vorbedingungen
und seinen Nachbedingungen ab. Die Abhängigkeit von den Nachbedingungen kann aber dazu führen, daß eine wiederholte Durchführung
einer Ereignisfolge nicht möglich ist. Beispielsweise in Abb. 49
kann die Produktion des Guts nicht wiederholt werden, solange "Kanal belegt" gilt. Man spricht hier von einer sogenannten "Kontakt-
situation". Führt man sogenannte "komplementäre" Bedingungen
(siehe nachfolgende Definition) ein, so läßt sich ein "kontakt-
freies" Netz erzeugen.

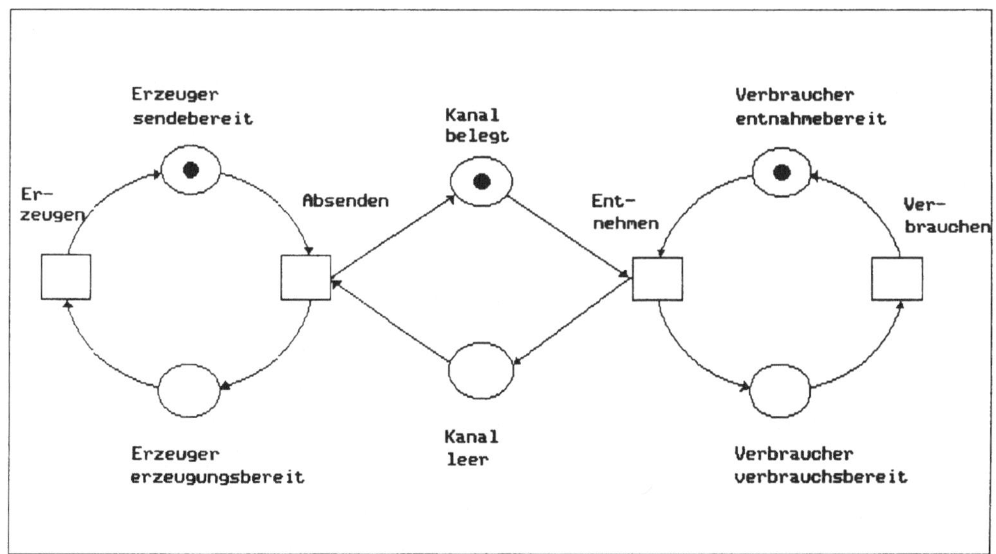

Abb. 51: "Kanal leer" als Komplement zu "Kanal belegt" (Quelle: W.
        Reisig, S. 17)

In einem Netz aus Bedingungen und Ereignissen heißt eine Bedingung b' Komplement zu einer Bedingung b, wenn für jedes Ereignis e gilt:

(1) b ist Vorbedingung von e genau dann, wenn b' Nachbedingung von e ist,

(2) b ist Nachbedingung von e genau dann, wenn b' Vorbedingung von e ist,

Ist b' Komplement zu einer Bedingung b, so ist in jedem Falle eine der beiden Bedingungen (1) oder (2) erfüllt. In einem Netz aus Bedingungen und Ereignissen besteht ein Kontakt, wenn alle Vorbedingungen und mindestens eine Nachbedingung erfüllt ist. Jedes Netz aus Bedingungen und Ereignissen kann durch Komplemente kontaktfrei gemacht werden (siehe Abb 52).

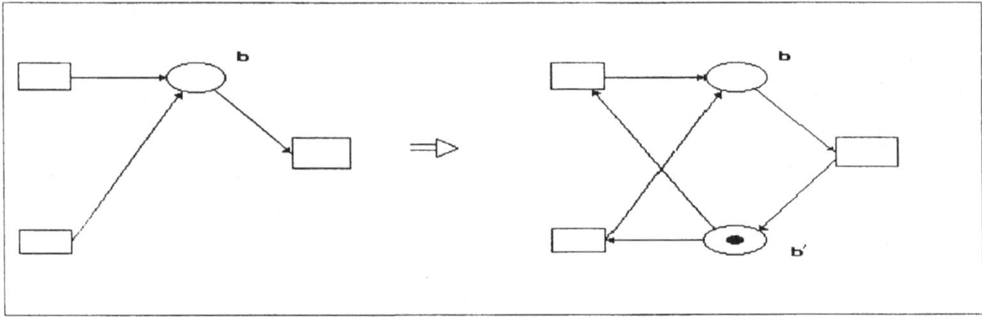

Abb. 52: Konstruktion eines Komplements b' zu einer Bedingung b
        (Quelle: W. Reisig (1985), S. 18)

Zu jedem Netz aus Bedingungen und Ereignissen gehört eine Startbedingung oder auch "Anfangsfall" genannt, durch die das Eintreten einer Folge von Ereignissen ausgelöst werden kann. Hierbei können Ereignisse wiederholt eintreten und sich die Bedingungen wiederholt ändern. Setzt man nun eine zeitliche Reihenfolge voraus, so läßt sich diese unter dem Begriff des "Prozesses" fassen. Die Berücksichtigung einer Reihenfolge setzt voraus, daß die Zeitpunkte für das Eintreten der Ereignisse feststellbar sind und daß sie gegebenenfalls durch Hinzunahme weiterer Bedingungen erzwungen werden können.

Stellt man jeden Eintritt eines Ereignisses als Kästchen und eine erfüllte Bedingung als Kreis dar (Abb. 53), so läßt sich ein

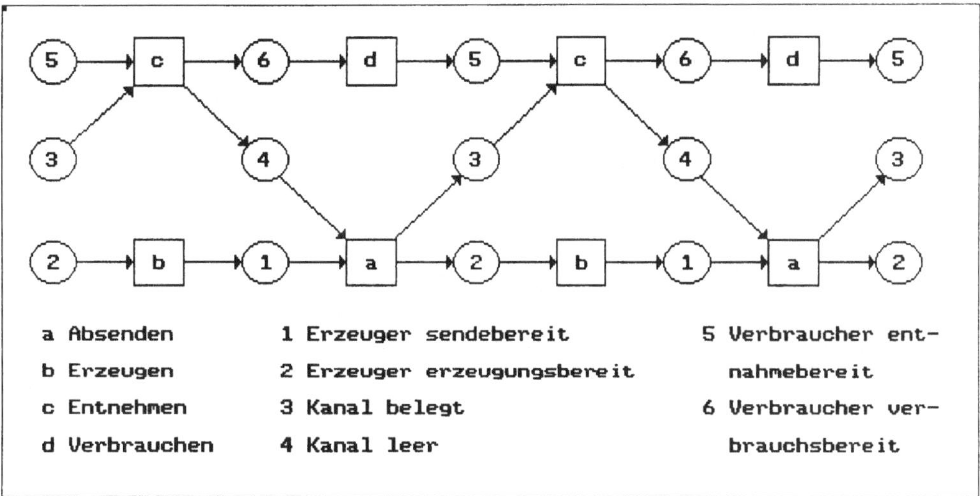

Abb. 53: Prozeß zu Abb. 51

Prozeß auf einem kontaktfreien Netz durch die folgenden Schritte erzeugen (Die eingetragenen Zahlen kennzeichnen die Ereignisse und Bedingungen, die Pfeile geben die Kausalrichtung an):

1. Zeichne für jede erfüllte Bedingung des Anfangsfalles einen Kreis und beschrifte ihn entsprechend.
2. Tritt ein Ereignis ein, so zeichne ein Kästchen und beschrifte es mit dem Ereignis.
3. Zeichne von allen vorhandenen Kreisen, die mit Vorbedingungen von e beschriftet sind, und von denen noch kein Pfeil ausgeht, Pfeile zu dem neuen Kästchen.
4. Zeichne für jede Nachbedingung von e einen neuen Kreis und beschrifte ihn entsprechend.
5. Zeichne Pfeile von dem neuen Kästchen zu den neuen Kreisen.
6. Wiederhole 2. - 5. solange, wie Ereignisse eintreten.

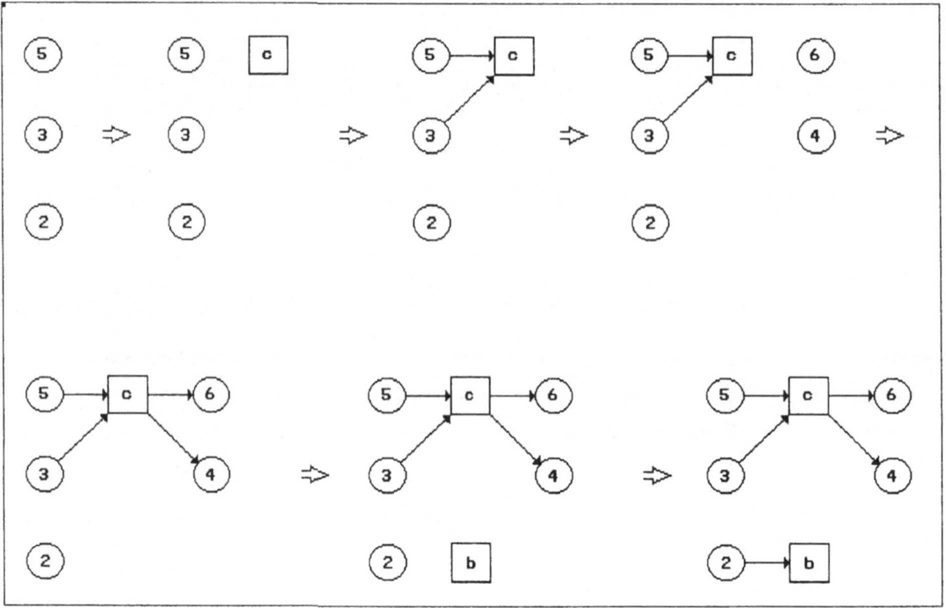

Abb. 54: Konstruktion eines Prozesses für das Erzeuger-/Ver-
         brauchersystem

6.8 Interaktive Erstellung von Programmablaufplänen: Easyflow

Easyflow ist ein interaktives graphik-orientiertes Programm für
die schnelle Erstellung von Programmmablaufplänen im Sinne der
DIN-Norm. Das Programm läuft auf PCs unter MS/PC DOS und benötigt
wenigstens 384 KB Hauptspeicher. Die PAP-Bausteine lassen sich
sowohl mit der Tastatur als auch mit einer angeschlossenen Maus
steuern. Außerdem ist entweder eine IBM Color-Graphics-Bildschirm-
karte (CGA), ein IBM EGA-Adapter (Extended Graphics Adapter) oder
ein Hercules-Monochrom-Adapter erforderlich. Der Chart-Editor, die
Bildschirmtreiber und Druckertreiber sind in Assembler programm-
miert (circa 40 000 Programmmzeilen), während ca. 7000 Programmzeilen in Turbo-Pascal geschrieben sind. Nach dem Aufruf von
Easyflow erscheint das folgende Hauptmenü:

Interactive Easyflow

Work on a Chart Printer Configure File Manager Utilities Exit to DOS

Printer: IBM Graphics Printer Device : PRN:

Current Chart:

Mit der Option 'Work on a Chart', wird der Chart Editor für die Neuerstellung oder Modifikation von Programmablaufplänen akti- viert. Die Option 'Printer Configure' erlaubt die hardwarespezifi- sche Konfiguration der Ausgabegeräte, der 'File Manager' ermög- licht die aus dem DOS-Betriebssystem bekannten Dateioperationen. Die 'Utilities' (Dienstprogramme) erlauben bestimmte Voreinstel- lungen des Bildschirmadapters. Normalerweise wird aber der Bild- schirmtreiber automatisch zugewiesen. Die nächste Utility-Option ist das 'Batch Printing', das die Ausgabe eines Charts im Hinter- grund erlaubt, sodaß im Vordergrund an einem anderen Chart weiter- gearbeitet werden kann. Weiterhin gibt es Optionen für die Ge- schwindigkeitsanpassung der Maus und die Farbanpassung der Vorder- und Hintergrundfarben. Nach Aufruf des Chart-Editors erfolgt die Aufforderung zur Eingabe eines Chart-Files (Datei, welche einen PAP enthält), der in Easyflow grundsätzlich die Dateierweiterung .efs hat. Ist die *.efs-Datei vorhanden, so wird sie in den Haupt- speicher geladen, danach erscheint die folgende Menüoberfläche:

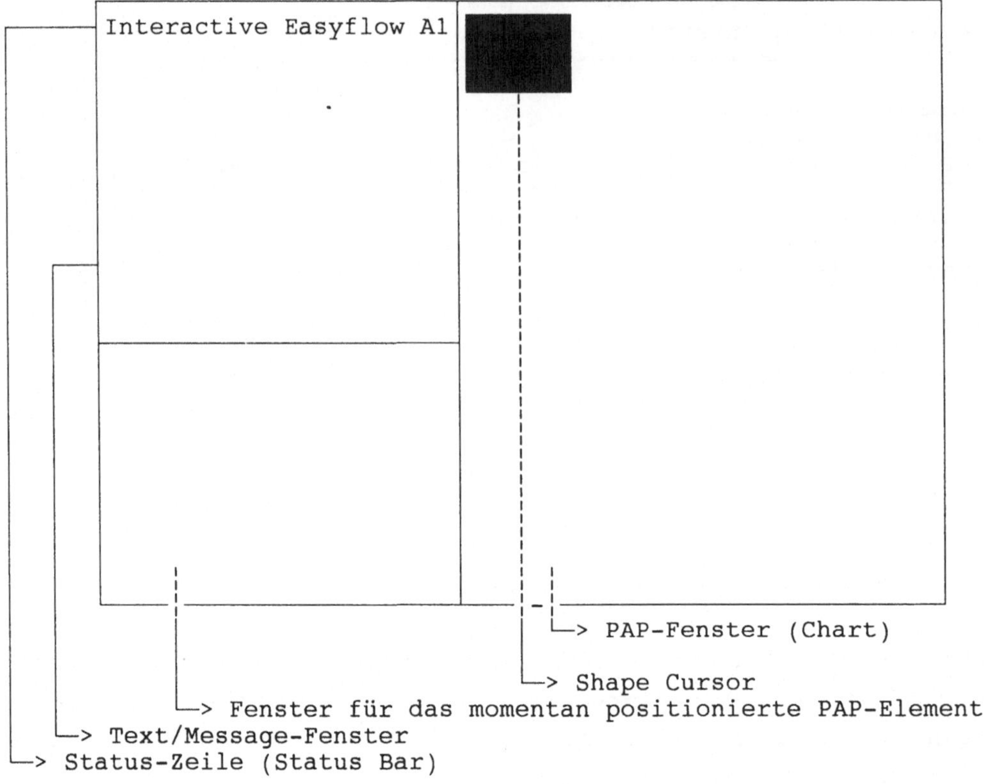

Handelt es sich um eine neue Chart-Datei, so ist das Chart-Fenster leer, ansonsten wird der linke obere Ausschnitt des Datenfiles gezeigt. Im Text/Message-Fenster könnnen die Texte editiert werden, die dann innerhalb der PAP-Symbole eingetragen und justiert werden. Das Fenster in der linken unteren Ecke (Current Shape Window) zeigt in Vergrößerung das momentan gewählte Funktionssymbol mit dem eingetragenen Symboltext. Das Chart-Fenster selbst zeigt entweder das ganze Chart oder einen Ausschnitt. Das Chart-Fenster ist als Spread Sheet mit 16 mal 16 Zellen für den Shape-Cursor (Symbollaufmarke) ausgelegt. Die jeweilige Zellenzeile wird mit Ziffern zwischen eins und sechzehn gezeigt, die jeweilige Zellenspalte mit 'A' bis 'P'. Der Symbolcursor kann mit der Maus oder den entsprechenden Pfeiltasten auf der Tastatur sehr schnell in jede Zellenposition gebracht werden, um dort einen entsprechenden Eintrag vornehmen zu können. Bei Bewegung des Symbolcursors im Chart-Window ändert sich entsprechend die Anzeige des Symbols im laufenden Symbolfenster. Die wichtigsten Funktionen, die im Chart-

Fenster ausgeführt werden können, lassen sich sehr einfach über die Funktionstasten F1 bis F10 oder als Tastenkombination der Funktionstasten F1 bis F10 und der Shift-Taste erreichen:

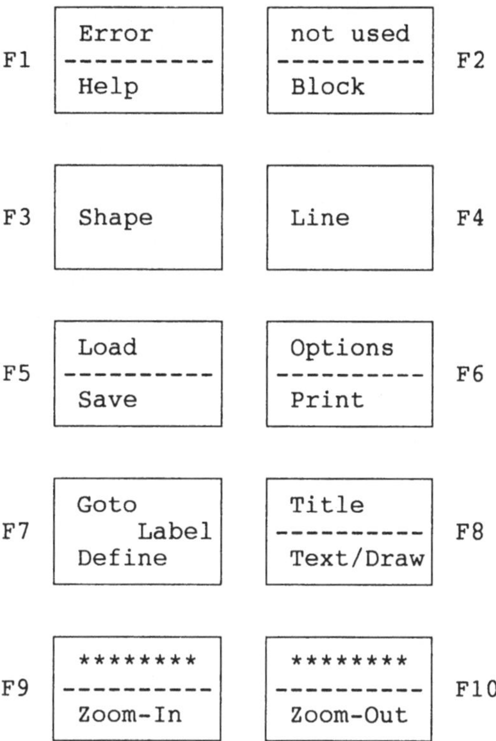

Die nachfolgende Erläuterung der Funktionstastenschlüssel gibt eine kurze Übersicht über die wichtigsten Operationen mit Funktionssymbolen innerhalb des Chart-Fensters. Mit F1 erhält der Benutzer eine Hilfestellung zu jeder momentan ausgewählten Option, mit F3 (Shape Edit) läßt sich entweder ein neues Funktionssymbol editieren oder ein bereits existierendes verändern. Mit F5 (Save) wird der Inhalt des Chart-Fensters als .efs-Datei abgelegt. Mit Shift-F5 wird eine bestehende .efs-Datei in das Chart-Fenster geladen. Mit F2 lassen sich Teile des erstellten Programmablaufplans markieren und mit vorgegebenen Lösch-, Kopier- oder Move-Operationen verändern. Diese Option ist sehr mächtig und erlaubt die beliebige Veränderung bestehender Programmablaufpläne in der Weise, daß vorhandene Linienverbindungen zwischen den Funktionssymbolen der veränderten Situation neu angepaßt werden. Mit F4 kann man eine Verbindungslinie zwischen zwei Funktionssymbolen erzeugen, indem man die gewünschte Linienführung mit Hilfe der Pfeiltasten vorzeichnet. Jeder Programmablaufplan kann mit entsprechenden Titel-Überschriften versehen werden (Shift-F8), ebenso kann mit F8 ein bildschirmorientierter Texteditor aktiviert werden, mit dem eine individuelle Symbol- und Liniengestaltung möglich wird. Mit F9 (Zoom-In) läßt sich der Chart-Fensterausschnitt in drei Stufen vergrößern, entsprechend mit F10 verkleinern. Die Funktionstasten-Kombination Shift-F9 und Shift-F10 sind nicht belegt. Die Ausgabe von einem Programmmablaufplan auf den Drucker erfolgt mit F6 (Print). Hierzu kann man mit Shift-F6 hinsichtlich des Seiten-Layouts und der Größendarstellung eine Vielzahl von Optionen einstellen. Für weitere Einzelheiten wird auf die am Ende des Kapitels angegebene Literaturstelle verwiesen.

Lehrbücher zu diesem Kapitel

Farnell C., McDowell R., Reid B. (1987): Interactive Easyflow. HavenTree Software Ltd., Kingston, Ontario K71 5J9.

Gebhardt F. (1981): Dokumentationssysteme. Springer Verlag Berlin, Heidelberg, New York.

Jackson M.A. (1979): Prinzipien des Programmentwurfs. Toeche-Mittler Verlag, Darmstadt.

Jordan W., Urban H. (1978): Strukturierte Programmierung. Einführung in die Methode und ihren praktischen Einsatz zum Selbststudium. Springer Verlag Berlin, Heidelberg, New York.

Katzan H. (1980): Methodischer Systementwurf. Eine Einführung in die HIPO-Technik. Verlagsgesellschaft Rudolf Müller, Köln.

Kayser P. (1978): EDV-gestützte Produktionsplanung bei Auftragsfertigung: Ein Systementwurf für die industrielle Praxis. E. Schmidt Verlag Berlin.

Niemeyer G. (1977): Kybernetische System- und Modelltheorie. System Dynamics. Verlag Vahlen, München.

Oetinger R. (1988): Benutzergerechte Software-Entwicklung, Reihe Betriebs- und Wirtschaftsinformatik, Springer Verlag, Berlin, Heidelberg, New York.

Platz G. (1983): Methoden der Software-Entwicklung. Carl Hanser Verlag, München, Wien.

Reisig W. (1985): Systementwurf mit Netzen. Springer Verlag Berlin, Heidelberg, New York, Tokio (Springer Compass Reihe).

Vetter M. (1988): Strategie der Anwendungsoftware-Entwicklung. Planung, Prinzipien, Konzepte. B.G. Teubner-Verlag Stuttgart.

Schulz A. (1978): Methoden des Software-Entwurfs und Strukturierte Programmierung. Verlag W. de Gruyter, Berlin.

Schulz A. (1988): Software-Entwurf. Methoden und Werkzeuge. R. Oldenbourg Verlag, München.

Sneed H. (1980): Software-Entwicklungsmethodik. Verlagsges. Rudolf Müller, Köln-Braunsfeld.

Stetter F. (1984): Softwaretechnologie, Eine Einführung. 3. Auflage, Reihe Informatik, Band 33, Bibl. Inst. AG, Zürich.

Weizenbaum J. (1984): Kurs auf den Eisberg, oder nur das Wunder wird uns retten, sagt der Computerexperte. Pendo-Verlag Zürich.

7. Software

7.1 Übersicht und Klassifikation der Software

Unter Software versteht man allgemein die Gesamtheit der System-
und Verarbeitungsprogramme für die Ablaufsteuerung einer DV-
Anlage. Sie umfaßt die Gesamtheit der System- und Anwendungsprogramme, welche mit Hilfe der verschiedenen Programmiersprachen
(siehe Abschn. 7.3) erzeugt werden können. Folgende Übersicht
zeigt die Hauptuntergliederung in Systemprogramme und Verarbeitungsprogramme:

```
Systemprogramme    -->   Betriebsorganisationsprogramme
                         --->    Einleitendes Ladeprogramm
                         --->    Supervisor
                         --->    Zugriffsmethoden
                         --->    Datenkommunikations- und
                                 Datenbank-Prozeduren
                         --->    Job Control (Auftragssteuerung)
                   -->   Betriebsverwaltungsprogramme
                         --->    Programmbinder
                         --->    Programme für die
                                 Bibliotheksführung

Verarbeitungs-     -->   Anwendungsprogramme
programme          -->   Übersetzer  ---->   Assemblierer
                                     ---->   Kompilierer
                                     ---->   Interpretierer
                   -->   Dienstprogramme
```

Abb. 55: Klassifikation von Software

Die Systemprogramme dienen zur Steuerung und Überwachung der Verarbeitungsprogramme. Bei Großrechenanlagen wird zu Beginn des Rechenbetriebs vom Systembediener (Operator) das sogenannte "Einlei-
tende Ladeprogramm" (IPL = Initial Program Loader) aus dem System-
bibliotheksspeicher in den Kernspeicher geholt. Bei Mikrocomputern
entspricht dem IPL die automatischen Ausführung einer AUTOEXEC-Da-
tei beim "Boot"-Start oder unmittelbar nach dem Anschalten des Geräts. Bei IBM-kompatiblen Mikrocomputern erfolgt die automatische
Ausführung der in AUTOEXEC.BAT enthaltenen Befehle und Prozeduraufrufe unmittelbar nach Betätigen des Einschaltknopfes, es
gibt andere Hersteller (z.B. Zenith Data), welche nach dem Ein-

schalten des Geräts für die Aktivierung der Start-Routine die Eingabe eines "Boot"-Kommandos verlangen. Die nachfolgenden Ausführungen beziehen sich zunächst nur auf Großrechenanlagen. Die Hauptfunktion des IPL besteht darin, den "Supervisor", ein Betriebsorganisationsprogramm, welches das "Leitwerk" für die Betriebssystemsoftware darstellt, in den Hauptspeicher des Rechners zu laden. Dieses Software-Leit- und Steuerungssystem hat die Aufgabe, den Anwendungsprogrammen

-> Prozessorzeit und Hauptspeicherkapazitäten,

-> periphere Einheiten

zuzuweisen. Unter Zugriffsmethoden versteht man die Zusammenfassung von Betriebsorganisationsprogrammen, welche den Datenaustausch mit den Peripheriegeräten steuern. Diese Betriebsorganisationsprogramme bestehen aus Makrobefehlen, die teilweise auch im ROM-Speicher mikrokodiert sind. Die Datenkommunikations- und Datenbank-Prozeduren überwachen und steuern die Übertragung und Speicherung der Daten (siehe auch Abschnitt über Datenbanken und Datenübertragungssysteme). Ein wichtiges Betriebsorganisationsprogramm ist die Auftragssteuerung, welche die Koordinierung und Verarbeitungssteuerung der Programm-Transaktionen im Rechner übernimmt. Jedes Anwendungsprogramm besteht aus verschiedenen Teilaufträgen, welche in unterschiedlicher Weise die einzelnen Rechnerkomponenten beanspruchen. Im Zusammenwirken mit dem Supervisor wird von der Job Control jedem der Teilaufträge die erforderlichen Betriebsmittel wie z.B. Hauptspeicherkapazität zugewiesen und die Belegungszeit für den Prozessor ermittelt.

Was die Betriebsverwaltungsprogramme angeht, ist der **Programmbinder** von Bedeutung. Wie wir anschließend bei der Programm-Kompilation im einzelnen kennenlernen werden, hat der "linkage editor" die Funktion, aus verschiedenen Programmteilen ein "Programmbündel" zu schnüren, das direkt ausführbar ist. Die Systemprogramme für die Bibliotheksführung haben die Aufgabe, die auf der Magnetspeicherplatte gehaltenen Systembibliotheken zu verwalten. Solche Systemfunktionen betreffen im Mikrocomputerbereich weitgehend die Standardfunktionen des Betriebssystems (z.B. MS-DOS) für das Einrichten, Verändern, Umbenennen, Löschen von Dateien. Insbesondere die in einer höheren Programmiersprache erstellten Quellprogramme und die bereits übersetzten Zielprogramme (**object code**) befinden sich in Systembibliotheken, von dort werden sie in den Hauptspeicher geladen und dem Prozessor zur Verarbeitung zugeführt. Wichtig ist vielleicht noch, daß der Supervisor zusammen mit den Zugriffsmethoden im Hauptspeicher ständig resident ist, während die Verarbeitungsprgramme und die Job Control nur teilweise im Hauptspeicher verfügbar sind.

7.2 Funktionsschichten für verschiedene Softwareelemente

Als Softwareelemente sind zunächst die Programmiersprachen zu nennen. Mit Hilfe einer solchen Programmiersprache formulierte Befehle können von der DV-Anlage interpretiert und anschließend von einem Übersetzer und einem Assemblierer in Maschinensprache umgewandelt werden. Dieser Weg von der problemorientierten Anweisung über deren Umsetzung zu einem Maschinenbefehl und Auslösung von elementaren Maschinenfunktionen erfolgt nach einem Schichtenprinzip, bei dem in aufeinanderfolgenden Stufen eine weitere Auflösung der Programmanweisungen erfolgt. Jede Programmanweisung wird bei diesem Aufspaltungsprozeß in eine Folge von einfacheren Anweisungen der nächstfolgenden Schicht aufgeteilt. Diese Funktionsschichten (function layers) stellen die Problemlösungsanweisungen in einer ausschließlich in dieser Schicht spezifischen Sprache dar (z.B. Assembler). Die Schichten oder Abstraktionsebenen (Abb. 56) bestimmen im wesentlichen die Hierarchie vom Problem bis zum direkt ausführbaren Mikrocode (Mikroprogramm). Gehen wir von der Situation aus, daß ein in einer höheren Programmiersprache formuliertes Programm vom Auftragssteuerungs-Interpretierer aufgerufen und die Übergabe an die Zentraleinheit veranlaßt wurde. Die problemorientierten Programmanweisungen werden nun mit Hilfe eines Kompilierers (= Übersetzers) in ein symbolisches Maschinenprogramm übersetzt. Dieses symbolische Maschinenprogramm besteht aus Makrobefehlen (Abstraktionsebene 4). Die Durchführung eines weiteren Übersetzungsvorgangs mit Hilfe eines Makroassemblierers überführt die Makrobefehle in ein Programm, welches aus Maschinenbefehlen

```
Abstraktionsebene
===================================================================

1                                        ┌─────────────────────────┐
                                         │        Problem          │
                                         └─────────────────────────┘
- - - - - - - - - - - - - - - - - - - - - - - - - - - - - - - - - -

2                                        ┌─────────────────────────┐
                                         │       Algorithmus       │
                                         └─────────────────────────┘
- - - - - - - - - - - - - - - - - - - - - - - - - - - - - - - - - -

3          ┌──────────────────────────────────────────────────────┐
           │    Programm in einer höheren Programmiersprache       │
           └──────────────────────────────────────────────────────┘
- - - - - - - - - - - - - - - - - - - - - - - - - - - - - - - - - -

4          ┌──────────────────────────────────────────────────────┐
           │       Programm in einer Assemblersprache              │
           └──────────────────────────────────────────────────────┘
- - - - - - - - - - - - - - - - - - - - - - - - - - - - - - - - - -

5          ┌──────────────────────────────────────────────────────┐
           │       Programm in Maschinensprache                    │
           └──────────────────────────────────────────────────────┘
- - - - - - - - - - - - - - - - - - - - - - - - - - - - - - - - - -

6                        ┌────────────────────────────────────────┐
                         │            Mikroprogramm               │
                         └────────────────────────────────────────┘
- - - - - - - - - - - - - - - - - - - - - - - - - - - - - - - - - -

7                        ┌────────────────────────────────────────┐
                         │            Schaltkreise                │
                         └────────────────────────────────────────┘
```

Abb. 56: Abstraktionsebenen "Vom Problem zum Programm"

(instructions) besteht. In diese "instructions" sind die für die Zugriffsmethoden und den Supervisor erforderlichen Systemfunktionen eingebettet. Die "instructions" stellen den Übergang zur Hardware dar. Jedem Maschinenbefehl ist ein Mikroprogramm zugeordnet, das aus Mikro-"instructions" besteht. Für Standard-Systemfunktionen sind viele dieser Mikroprogramme im ROM-Speicher abgelegt. Mikroprogramme können den Maschinenbefehl interpretieren und die Steuersignale für die Schaltkreise erzeugen.

Die Mikroprogramm-Ebene bezeichnet man heute als **Firmware**. Diese ist in logischer Hinsicht eine Art Schnittstelle zwischen Software und Hardware und enthält, wie bereits mehrfach erwähnt, häufig benötigte Funktionen des Betriebssystems. Durch die Möglichkeit des Schreib-/Lesezugriffs auf den ROM-Speicher können heute viele Systemfunktionen, die bisher noch als Software implementiert waren, in die Firmware-Schicht oder Mikroprogramm-Ebene verlagert werden. Unter Bezugnahme auf die Hierarchie von Abstraktionsebenen spricht man heute von "vertikaler Verlagerung" (vertical migration) von Software-Funktionen in die Hardware. Die Vorteile dieser vertikalen Verlagerung liegen in einer effizienteren Strukturierung und Realisierung des Betriebssystems und in einer wesentlich besseren Ausnutzung der VLSI-Technologie hinsichtlich der ROM-Speicherstruktur. Ein weiterer wichtiger Vorzug der vertikalen Verlagerung liegt in einer erhöhten Schutzfunktion, da die Firmware-Ebene im allgemeinen von höheren Ebenen keinen Zugang hat. Auch ist mit der Verlagerung von Software in die Firmware-Ebene eine erhebliche Geschwindigkeitserhöhung verbunden. Während sich ein Software-Befehl aus vielen Maschinenbefehlen zusammensetzt, entspricht dieser Software-Funktion auf der Firmware-Ebene nur ein Maschinenbefehl für den Aufruf des entsprechenden Mikroprogramms. Der Effekt ist eine erhebliche Einsparung an Dekodiervorgängen bei der Maschinenbefehlsinterpretation. Mikroprogramme können auch mit wesentlich kürzeren Zugriffszeiten direkt auf die Speicherelemente der Hardware zugreifen. Software-Funktionen dagegen können als Pufferspeicher nur die Speicherelemente des Hauptspeichers, also die Register, verwenden, die dann mit Hilfe von Firmware-Funktionen erst auf die Speicherelemente der Hardware zugeordnet werden können. Allerdings muß auch erwähnt werden, daß die Möglichkeiten der Verlagerung von Software-Funktionen in die Firmware-Ebene doch sehr beschränkt sind. Ein Problem ist beispielsweise der Aufruf von Software-Funktionen aus der Firmware-Ebene. Man sollte also bei der vertikalen Verlagerung darauf achten, daß solche Aufrufe möglichst nicht erforderlich werden. Auch ist das Problem der Parameterübergabe schwierig, daher sollten nur solche Funktionen verlagert werden, die nur wenige Parameter haben und insgesamt eine große Laufzeitersparnis liefern. Die wichtigsten Kriterien für die Entscheidung über die Verlagerung einer Standardfunktion des Betriebssystems sind daher die Häufigkeit des Aufrufs und eine möglichst geringe Anzahl von Parameterübergaben. Teilfunktionen wie zum Beispiel die Seitenverwaltung für virtuelle Speicher, die Unterstützung des Mehrprogrammbetriebs und der Ein-/Ausgabeoperationen der einzelnen Benutzerprogramme sind heute bereits vielfach in Firmware realisiert. Aber auch bei der Unterstützung des Kompilationsprozesses, etwa der rekursiven Top-Down Auflösung bei der Programmanalyse oder der dynamischen Speicherzuweisung, können einige Funktionen in die Mikroprogramm-Ebene gelegt werden. Von den meisten Rechnerherstellern werden heute Firmware-Unter-

stützungsfunktionen angeboten. IBM bietet unter dem Namen
"Assists" verschiedene Produkte von verlagerten Funktionen an.

Jedes in einer höheren Programmiersprache erstellte Programm ist
also nach den obigen Ausführungen in gleichwertige Programme der
Maschinensprache zu überführen. Dies geschieht für jede höhere
Programmiersprache mit Hilfe eines **Übersetzungsprogramms.** Es sind
zwei Elementtypen zu übersetzen: die Anweisungen und die Datenstrukturen. Im allgemeinen sind die Anweisungen einer höheren Programmiersprache mächtiger als die der Maschinensprache. Meist sind
mehrere Anweisungen in der Maschinensprache für eine einzige Anweisung einer höheren Programmiersprache erforderlich. Die Datenstrukturen einer höheren Programmiersprache, wie beispielsweise
Listen, sind in dieser Form in einer Maschinensprache nicht vorhanden. Es gibt zwei Strategien zur Übersetzung von Programmen einer höheren Programmiersprache in die Maschinensprache: Interpre-
tieren/Interpretierung und Kompilierung/ Kompilation.

Bei der **Interpretierung** werden die Anweisungen des Programms sukzessive übersetzt und sofort ausgeführt. Die Interpretierung
selbst wird von einem Programm, dem Interpretierer (interpreter),
nach der folgenden Vorschrift (Algorithmus) durchgeführt:

```
BEGINNE mit dem Anfang des Programms
WIEDERHOLE
     Übersetzung der nächsten Anweisung
     Berechnung und Ausgabe des Ergebnisses
BIS das Programmende erreicht ist.
```

Den Anweisungstyp bestimmt ein Interpretierer mit Hilfe der Syn-
taxregeln der zugrundegelegten Programmiersprache. Syntaxfehler
werden vom Interpretierer erkannt und dem Benutzer angezeigt. Um
eine hohe Übersetzungsgeschwindigkeit zu erhalten, ist die Syntax
der zu übersetzenden Sprache möglichst einfach zu gestalten. Ein
Interpretierer verfügt über eine Reihe von vorgefertigten Moduln,
welche jeweils aus einer Folge von Befehlen in Maschinensprache
bestehen und einem bestimmten Anweisungstyp der höheren Sprache
zugeordnet sind. Bei der Übersetzung einer Anweisung muß der Interpreter lediglich die Zuordnung zum entsprechenden Modul her-

stellen. Die variablen Datenelemente des Befehls werden dann dem Modul als Parameter übergeben. Nach Ausführung des Moduls übernimmt der Interpretierer wiederum die weitere Programmsteuerung.

Häufig sind Befehle mehrfach auszuführen, z.B. bei Schleifen. Daher ist auch eine mehrfache Übersetzung erforderlich, da beim Interpretieren die Übersetzung und die Ausführung stets gekoppelt sind. Mehrfachübersetzung bedeutet aber einen unnötigen Zeitaufwand, der in vielerlei Hinsicht problematisch ist:

-> Bei bestimmten Anwendungen (etwa im Echtzeitbetrieb) hat die Ausführungsgeschwindigkeit oberste Priorität, aber häufig ist bei der Interpretierung der Zeitaufwand für die Übersetzung größer als derjenige für die Ausführung,

-> Programme werden ohne Parameteränderung mehrfach durchlaufen, sodaß eine Mehrfachübersetzung überflüssig ist.

Daher empfiehlt sich eine Strategie, die Übersetzung von der Ausführung zu trennen, indem zuerst das gesamte Programm übersetzt (kompiliert) wird, und erst anschließend die Ausführung erfolgt. Dies geschieht nach dem folgenden Algorithmus:

```
BEGINNE mit dem ersten Befehl
WIEDERHOLE
   Übersetze nächsten Befehl
BIS letzter Befehl erreicht
Ausführung des übersetzten Programms
```

Die **Kompilation**/Kompilierung (compilation) erfolgt durch ein Systemprogramm, welches das ursprüngliche Programm in der höheren Programmiersprache (Quellprogramm, source program) in das Zielprogramm (object program) umwandelt. Hierbei werden im allgemeinen aus einer Quellenanweisung mehrere Befehle in der Maschinensprache erzeugt (1:n Übersetzung). Für die Übersetzung eines Befehls werden die folgenden **drei Phasen** durchlaufen:

1. **Lexikalische Analyse** (lexical analysis): Das Quellprogramm wird als Zeichenkette in eine Folge getrennter Symbole (Token) zerlegt, ähnlich der Zerlegung der Zeichenfolge eines

Satzes in eine Folge von Worten und Satzzeichen. Die Symbole eines Quellprogramms sind Bezeichnungen von Datenelementen, Operatoren (Addition, Multiplikation, usw.) und reservierte Schlüsselworte (reserved words).

2. **Syntaxanalyse** (syntax analysis): Bei der Bestimmung der syntaktischen Struktur des Quellprogramms wird die Folge der Tokens aus der lexikalischen Analyse über die Grammatikregeln der Programmiersprache analysiert. Diesen Vorgang bezeichnet man auch als "Parsing".

3. **Codeerzeugung** (code generation): Die Funktion der Codeerzeugung besteht in der Erzeugung der Maschinen-Instruktionen für jedes Programmelement aus der Syntaxanalyse, weiterhin in der Zuweisung und Adressierung von Speicherplätzen für die Datenelemente.

Obwohl in Abschn. 7.4 ausführlicher auf das Zweiphasenprinzip bei der **Assemblierung** eingegangen wird, seien hier aus Übersichtsgründen die wichtigsten Unterscheidungsmerkmale von Assemblierern genannt. Ein Assemblierer (assembler) übersetzt in einer Assemblersprache erstellte Programme in Maschinenprogramme (1:1 Übersetzung). Der Hauptunterschied zwischen Assemblersprachen und Maschinensprachen liegt in der unterschiedlichen Speicherreferenzierung. Bei der Maschinensprache wird ein Speicherplatz über eine Adresse angesprochen, in der Assemblersprache kann eine Speicherstelle über einen vom Programmierer vergebenen Namen referenziert werden. Der Übersetzungsaufwand besteht im wesentlichen in der Umwandlung der symbolischen Adressen (Bezeichnungen der Datenelemente) in numerische Adressen und ist im Vergleich zur Kompilation gering.

Die beim Kompilierungs- und Assemblierungsprozeß erzeugten Objektprogramme können erst ausgeführt werden, wenn noch weitere Programmteile, wie z.B. Ein-/Ausgabeprozeduren, Standardprozeduren aus einer Programmbibliothek oder zusätzliche, separat übersetzte, Programmodule, in das Objektprogramm miteingebunden werden. Die Funktion des "Zusammenbindens" übernimmt der sog. Binder (linker). Ein weiteres Dienstprogramm, der sog. Lader, bringt das übersetzte und gebundene Programm an die von der Auftragsverwaltung zugewiesene Startadresse (Ladeadresse) und erzeugt aus den relativen Adressen (Distanzadressen) unter Hinzunahme der Ladeadresse absolute Adressen (siehe Abschn. 7.4).

7.3 Klassifizierung von Programmiersprachen

Programmiersprachen sind Instrumente, mit denen wir einer Rechenmaschine die auszuführenden Anweisungen mitteilen können. Es gibt
eine Vielzahl von Programmiersprachen und Varianten (Dialekten),
die teilweise für den Einsatz in ganz speziellen Bereichen entwik-
kelt wurden. Jede der bisherigen Programmiersprachen hat ihren eigene Struktur, daher war es bei einer neuen Anforderung meist einfacher, eine neue Programmiersprache zu entwickeln, als die bisherigen Sprachkonstrukte entsprechend zu erweitern. Die Vielzahl der
unterschiedlichen Sprachen führte auch zu einem erhöhten Software-
pflege- und -wartungsaufwand, sodaß sich vor wenigen Jahren beispielsweise das amerikanische Verteidigungsministerium veranlaßt
sah, eine Sprache entwickeln zu lassen (ADA), die alle bisherigen
Sprachelemente umfaßt. Man kennt heute weltweit über 400 Programmiersprachen, wobei sich allerdings der größte Teil der Anwendungssoftware in der Industrie und im wissenschaftlichen Bereich
auf vielleicht weniger als 10 bis 15 Programmiersprachen beschränkt (Ada, Algol, Apl, Assembler, Basic, C, Cobol, Fortran,
GPSS, RPG, PL/1, Pascal, um nur die wichtigsten zu nennen). Programmiersprachen sind in ihrer logischen Struktur den menschlichen
Denk- und Ausdrucksformen angepaßt. Jede Programmiersprache eignet
sich aufgrund ihrer logisch-strukturellen und formalsprachlichen
Konzeption für ein bestimmtes Aufgabengebiet. Programmiersprachen
lassen sich nach unterschiedlichen Kriterien einteilen, so z.B.
nach

> -> dem **Problembereich** (kommerzielle oder technisch-
> wissenschaftliche Anwendung, Tabellenkalkulation,
> Geschäftsgraphiken, Symbolverarbeitung, wissensbasierte
> Systeme)
>
> -> der beabsichtigten **Verwendung** (numerische Berechnungen,
> kaufmännische Kalkulation, Präsentation, Publikation,
> usw.)
>
> -> der Art der **Übersetzung** (Kompilier- oder Interpretierbar-
> keit)
>
> -> der **Maschinennähe** (maschinenorientiert oder
> problemorientiert).

Abb. 57: Kriterien für die Einteilung von Programmiersprachen

Programmiersprachen werden meist in die beiden großen Rubriken der maschinen- und problemorientierten Programmiersprachen klassifiziert. Die **maschinenorientierten** Sprachen sind sehr stark an die logische und hardware-technische Struktur des Rechners angepaßt. Man unterscheidet drei Typen:

1. Die **Maschinensprachen** sind Sprachen, für die keine Übersetzung erforderlich ist, weil der Rechner die binärkodierten Anweisungen direkt in die entsprechenden Steuersignale in der Hardware-Ebene umsetzen kann. Der Vorteil liegt in der sehr guten Speicherplatzausnutzung und in hohen Verarbeitungsgeschwindigkeiten, der Nachteil in einer mühsamen Erstellung des Maschinencodes und in der damit verbundenen Fehleranfälligkeit. Da sich die Rechnerarchitekturen der verschiedenen Hersteller stark unterscheiden, ist eine Portabilität, die Übertragbarkeit eines Programms in Maschinensprache von einer DV-Anlage zu einer anderen, kaum möglich.

2. Die **Assemblierersprachen** haben hinsichtlich der Befehlsstruktur einen ähnlichen Aufbau wie die Maschinensprachen, die Befehle sind aber nicht direkt binär verschlüsselt, sondern werden durch einen mnemotechnischen Code dargestellt. Dieser wird durch einen Übersetzer, den sog. Assemblierer, in den object code umgewandelt (siehe Abschn. 6.4). Es werden hierbei symbolische statt absolute Adressen verwendet. Die in Assemblierersprachen erstellten Programme enthalten vier Grundtypen von Anweisungen: Die **Befehle** mit Register- und Operandenangaben, die **Assemblerinstruktionen** zur Steuerung der Speicherbereiche, den **Makroaufrufen** von in das Programm einzubindenden Standardprozeduren, und den **Kommentaren** in den Programmzeilen.

3. Bei **Makroassemblierersprachen** werden mehrere Einzelbefehle zu einem Makrobefehl zusammengefaßt, welche maschinenintern nicht durch einen einzigen Befehl ausgeführt werden können.

Abb. 58: Typen von maschinenorientierten Programmiersprachen

Die **problemorientierten** Sprachen sind durch eine größere Maschinenunabhängigkeit ausgezeichnet. Man ist nicht mehr an die hardware-spezifischen Gegebenheiten gebunden und kann die Probelembeschreibung meist in einer Kombination aus englischen Sprachelementen und mathematischer Formelsprache vornehmen. Im Vergleich zu maschinenorientierten Sprachen hat man eine Leistungssteigerung in der Programmierung, eine bessere Übersichtlichkeit und leichtere

Erlernbarkeit, aber die Leistung der Rechnerkomponenten kann nicht so effizient ausgeschöpft werden. Es gibt heute Programmiersprachen, etwa C, welche die Maschinennähe und die Problembeschreibungsmöglichkeiten höherer Programmiersprachen ermöglichen. Problemorientierte Programmiersprachen werden in die folgenden Typen unterteilt:

1. **Prozeßrechnersprachen** werden in der Prozeßdatenverarbeitung zur Steuerung von Werkzeugmaschinen und Anlagen (Hochregallager) meist im Echtzeitbetrieb eingesetzt. Als Beispiel sei PEARL (Process and Experiment Automation Realtime Language) genannt.

2. **Formularsprachen** sind für die Erstellung von Rechnungen und Formularen geeignet. Sie sind durch eine implizite Programmlogik festgelegt und es müssen nur die variablen Programmteile hinzugefügt werden. Die bekannteste Formularsprache, auch deskriptive Programmiersprache genannt, ist RPG (Report Program Generator). RPG war ursprünglich als einfaches Programmierhilfsmittel gedacht, um ohne großen Programmieraufwand speziell formatierte Listen über einen Drucker ausgeben zu lassen. Heute wird RPG aber immer mehr durch die flexibleren Programmiersprachen wie Cobol oder PL/1 abgelöst.

3. **Prozedurale Sprachen** unterteilen sich in die Kompilierer- und die Interpretierersprachen, die sich in der Art der Übersetzung und in der Ausführungszeit unterscheiden. Bei **Kompiliderersprachen** wird durch einen Kompilierer (Compiler) die Anweisungen eines in einer problemorientierten Programmiersprache abgefaßten Programms in Maschinensprache transformiert. Die bekanntesten Kompilierersprachen sind im kommerziellen Bereich Cobol und PL/1, aber auch neuere Sprachen wie Pascal und C werden auf dezentralen Workstations und Personalcomputern zunehmend verwendet. Bei **Interpretierersprachen** wird ein Programm nicht vollständig übersetzt, sondern im Dialogmodus wird jede einzelne Programmanweisung nach der Eingabe sofort auf ihrer syntaktische Richtigkeit überprüft und kodiert. Solche interaktiven Sprachen sind BASIC, APL u.a.(siehe Abschnitt 7.5).

4. **Höhere problemorientierte** Programmiersprachen sind für spezielle Problembereiche entwickelt worden, für deren Anwendungen ein hoher Wiederholungsgrad gegeben ist. Hierfür sind

die Sprachelemente speziell angepaßt, sodaß sich die Anzahl der Sprachelemente auf ein Minimum reduziert läßt. Dies erleichtert die Programmierung. Beispiele sind GPSS, SIMULA für Simulationsanwendungen etwa im Bereich der Verkehrs- und Ampelsteuerung, Datenbeschreibungs- (DDL) und Datenmanipulationssprachen (DML) in Datenbanksystemen, SNOBOL, LISP, SMALLTALK und PROLOG in der Symbolverarbeitung (insbesondere Zeichenketten- und Listenverarbeitung).

7.4 Grundelemente von Assemblersprachen

Nachdem wir in diesem Abschnitt Softwareelemente behandeln und im Rahmen der Funktionsschichten bereits auf die Assemblierungsschicht bei der Kompilation eines Programms in einer höheren Programmiersprache hingewiesen haben, wollen wir nun die wichtigsten Sprachelemente einer Assemblersprache (auch: Assemblierersprache) kennenlernen, die bei der Zerlegung der Befehlselemente einer höheren Programmiersprache in einfachere Befehle auftreten. Die wichtigsten Sprachelemente von Programmiersprachen werden wir erst im Anschluß an die Darstellungselemente, die im Rahmen des allgemeinen Systementwurfs behandelt werden, zusammenstellen.

Jede Programmanweisung muß vom Kompilierer in eine Folge von elementar ausführbaren Rechen- und Speicherschritten zerlegt werden. Zum Beispiel wird ein arithmetischer Ausdruck unter Beachtung der bekannten Punkt-vor-Strich- und Klammerpriorität von links nach rechts abgearbeitet:

$$
\begin{aligned}
a \ = \ &5 \cdot b \ + \ (c + 1) \bullet d \\
&\text{HG1} \ + \ (c + 1) \bullet d \\
&\text{HG1} \ + \quad \text{HG2} \ \bullet d \\
&\text{HG1} \ + \quad\quad \text{HG3} \\
&\quad \text{HG4}
\end{aligned}
$$

Die HGi, i=1,...,4 , sind Hilfsgrößen, deren Wert zwischengespeichert werden muß. Fassen wir diese Hilfsgrößen als Register eines Prozessors auf, so kann der Prozessor auf diese Zwischenergebnisse direkt zugreifen. Der nächste Schritt bei diesem Zerle-

gungsprozeß ist der Übergang zu sogenannten elementaren Anweisungen, welche in einem bestimmten Zerlegungsschritt neben einem Register für das Zwischenergebnis auf der linken Seite der Ergebniszuordnung und dem (hier: arithmetischen) Operanden
- entweder ein Register und eine Speicherzelle mit einer Variablen
- oder ein weiteres Register

enthalten. Diese elementaren Anweisungen heißen auch "Zwei-Adreß-Befehle", weil in jedem Befehl höchstens zwei Adressen, nämlich diejenige eines Registers und einer Speicherzelle mit einer Variablen, oder diejenigen von zwei Registern, angesprochen werden. Wenn wir mit r_i die Speicherregister bezeichnen, und die Speicherzellen mit den Variablen als Speicherinhalt mit der Variablenbezeichnung selbst identifizieren, ergibt sich für obiges Beispiel die folgende Zwei-Adreß-Sequenz (der Doppelpunkt vor dem Gleichheitszeichen bedeutet "wird zugewiesen", wir werden die Zuweisung bei der Behandlung der Programmiersprachen noch näher kennenlernen):

$$r_1 := 5 \longrightarrow r_1 := r_1 * b \longrightarrow r_2 := 1 \longrightarrow r_2 := r_2 + c$$
$$\longrightarrow r_2 := r_2 * d \longrightarrow a := r_1 + r_2.$$

Grundsätzlich werden also alle Operanden entweder in Registern oder in Speicherzellen zwischengespeichert. Letztere lassen sich, wie wir das bei der Besprechung der Funktionsweise von DV-Anlagen bereits kennengelernt haben, über eine Adresse ansprechen.

Jeder Assembler-Befehl setzt sich aus einem Operationsteil, welcher 1 bis 5 Buchstaben umfassen kann, und einem Adreßteil, welcher den Speicherplatz des Operanden kennzeichnet, zusammen. Man unterscheidet grundsätzlich zwei Arten von Zwei-Adreß-Befehlen, die RX- und die RR-Befehle. In einem RX-Befehl wird außer einem Register noch eine Speicherzelle, welche eine Variable oder eine Konstante enthält, referenziert. In einem RR-Befehl werden zwei, unter Umständen auch gleiche, Register referenziert. In der folgenden Übersicht seien die wichtigsten Zwei-Adreß-Befehle für den Transport, die Arithmetik und die Verzweigung von Daten angegeben, wobei ausdrücklich zu bemerken ist, daß Assemblersprachen herstellerabhängig sind und aufgrund ihrer "Maschinennähe" im allgemeinen große Unterschiede aufweisen:

RX/RR	Befehls-art	Bedeutung	Register- und Speicherzellen-zuweisung	Befehls-syntax
RX	Transport	Laden des Registers i (Load)	$r_i := op$	L i,op
RX	Transport	Speichern aus dem Register (Store)	$sp := r_i$	ST i,sp
RR	Transport	Laden aus einem Register (Load from register)	$r_i := r_j$	LR i,j
RX	Arithmetik	Addition	$r_i := r_i + op$	A i,op
RX	Arithmetik	Subtraktion	$r_i := r_i - op$	S i,op
RX	Arithmetik	Multiplikation	$r_i := r_i * op$	M i,op
RX	Arithmetik	Division	$r_i := r_i$ DIVop	D i,op
RX	Vergleich	Compare	Vergleich von Register- und Speicherzelleninhalt	C i,op
RX	Vergleich	Compare Register	Vergleich von zwei Registerinhalten	CR i,j
RX	Verzweig. nach einem Vergleich	Verzweigung, wenn op1=op2, nach "label"	Branch on Equal	BE label
RX	Verzweig. nach einem Vergleich	Verzweigung, wenn op1<>op2, nach "label"	Branch on Not Equal	BNE label
RX	Verzweig. nach einem Vergleich	Verzweigung, wenn op1<op2, nach "label"	Branch on op1 Low	BL label
RX	Verzweig. nach einem Vergleich	Verzweigung, wenn op1>op2, nach "label"	Branch on op1 High	BH label

RX	Verzweig. nach einem Vergleich	Verzweigung, wenn op1>=op2, nach "label"	Branch on Not Low	BNL label
RX	Verzweig. nach einem Vergleich	Verzweigung, wenn op1<=op2, nach "label"	Branch on Not High	BNH label
RX	Verzweigung	Unbedingter Sprung auf die Anweisung mit der Kennung "label"	Unconditional Branch	B label
RX	Eingabe	Eingabe einer ganzen Zahl	op:=Wert der eingelesenen Zahl	READ op
RX	Ausgabe	Ausgabe einer ganzen Zahl	Der Wert von op wird ausgegeben	WRITE op
RX	Pseudobefehl	erster Assemblerbefehl	op gibt die Speicheradresse mit dem ersten Befehl an	START op
RX	Pseudobefehl	Speicherplatzreservierung (Define Storage)	Der Variablen op werden 30 Speicherplätze für Gleitkommazahlen zugewiesen	op DS 30F
RX	Pseudobefehl	letzter Assemblerbefehl	Kennung vor dem letzten auszuführenden Befehl	END
RR	Arithmetik	Addition	Addition von zwei Registerinhalten	AR i,j
RR	Programmende	Letzter Assemblerbefehl	End Of Job	EOJ
RR	Basisregister	Adresse des ersten Programmfehls	Branch and Link Register	BALR

Abb.59: Zwei-Adreßbefehle von Assemblersprachen

Für unser Beispiel ergibt sich somit in Gegenüberstellung der Register- und Speicherzellenbelegung das folgende einfache Assemblerprogramm:

$$r_1 := 5 \qquad \texttt{--------->} \qquad \text{L } 1,\text{'5'}$$
$$r_1 := r_1 * b \qquad \texttt{--------->} \qquad \text{M } 1,\text{b}$$
$$r_2 := 1 \qquad \texttt{--------->} \qquad \text{L } 2,\text{'1'}$$
$$r_2 := r_2 + c \qquad \texttt{--------->} \qquad \text{A } 2,\text{c}$$
$$r_2 := r_2 * d \qquad \texttt{--------->} \qquad \text{M } 2,\text{d}$$
$$r_1 := r_1 + r_2 \qquad \texttt{--------->} \qquad \text{AR } 1,2$$

Die in Abb. 59 mit "op" bezeichneten Operandennamen heißen **symbolische Adressen**, beispielsweise wird in dem Befehl A 2,c der Wert der Speicherzelle mit der symbolischen Adresse c zum Inhalt des Registers r_2 hinzuaddiert. Auch die Kennungen "label" bei den Verzweigungsbefehlen sind als symbolische Adressen aufzufassen, da diese die Speicheradresse desjenigen Befehls angibt, bei dem die weitere Abarbeitung der Befehlsfolge fortgesetzt werden soll.

Nun können aber die Assemblerprogramme, die symbolische Adressen referenzieren, von der Rechenanlage noch nicht verarbeitet werden. Hierzu ist eine weitere Umwandlung in sogenannte **numerische Adressen** erforderlich. Hierzu werden die Speicherzellen fortlaufend durchnumeriert, und die bisherigen symbolischen Adressen (= Speicherzellen) mit der Nummer (= numerische Adresse) der betreffenden Speicherzelle identifiziert. Wir erhalten dann nach dieser Umsetzung der symbolischen Adressen in numerische Adressen das **Maschinenprogramm**.

Die Umsetzung eines Assemblerprogramms erfolgt in zwei Phasen (daher auch: "two-pass assembler"):

1. Zuerst wird der erste Assemblerbefehl auf dessen Startadresse überprüft und ein Befehlszähler gesetzt. Befehle, die selbst nicht in einen Befehl der Maschinensprache umgewandelt werden, heißen Pseudobefehle. Die Adresse des ersten Befehls eines Assemblerprogramms zum Beispiel wird über einen solchen Pseudobefehl, nämlich START, mitgeteilt. Wichtige Pseudobefehle und deren prinzipieller Aufbau werden in der folgenden Übersicht zusammengestellt:

symbolische Adresse	Assembler-Syntax	Operand
	START	natürliche Zahl
	END	Kennung, vor dem ersten ausführenden Befehl
name_der_variablen	DS	anzahl_plätze F
	USING	nummer_des_basisregisters

Abb. 60: Pseudobefehle bei Assemblersprachen

Falls beim Pseudobefehl START die Operandenangabe fehlt, wird Null angenommen. Bei DS bezeichnet F einen Speicherplatz für eine ganze Zahl. DS-Befehle können grundsätzlich an jeder Stelle des Programms stehen, im allgemeinen aber werden die DS-Speicherreservierungsbefehle, wie auch die Ein-/Ausgabebefehle READ und WRITE an die eigentlichen Ausführungsbefehle angefügt. Bei END gibt die Kennungsangabe im Operanden an, bei welcher symbolischen Adresse das Assemblerprogramm beginnt.

Die Assemblerbefehle werden nun nacheinander gelesen und durch Erhöhung des Befehlszählers jeweils mit der laufenden Befehlsnummer (= numerischen Adresse) versehen. Die Zuordnung zwischen symbolischen und numerischen Adressen wird im sogenannten Adreßbuch festgehalten.

2. In der zweiten Phase wird das Assembler-Programm Befehl für Befehl nochmals durchlaufen und die bisherigen symbolischen Adressen durch die aus dem Adreßbuch entnommenen numerischen Adressen aus der ersten Phase ersetzt. Nach dieser Ersetzung liegt das Maschinenprogramm vor.

Die absolute Angabe der Speicheradressen hat den Nachteil, daß eine nachträgliche Änderung des Assembler-Programms, durch z.B. Einfügen eines weiteren Befehls, ein erneutes Durchlaufen der beiden Phasen und die Ermittlung der numerischen Adressen erforderlich macht. Aus diesem Grunde versucht man nun, das Programm von der Lage im Hauptspeicher unabhängig zu machen, indem man die numerischen Adressen nicht absolut, sondern relativ angibt. Eine relative Adresse ist als Abstand (displacement) zur Adresse mit dem ersten ausführbaren Befehl zu verstehen. Mit Hilfe der Pseudobefehle START und BALR wird die Startadresse festgelegt (siehe Abb. 52), sodaß sich jede relative numerische Adresse aus der Differenz von absoluter numerischer Adresse und Startadresse ergibt.

Assembler-programm		Kompilation			numeri-sche Adresse
		1. Phase	2. Phase		
	START				
ANF	BALR 10,0	ANF=0, BASIS=500	BALR	10,0	500
	USING *,10	Basisreg.=10			
	READ b	BZR = 1	READ	17(10)	501
	L 1,b	BZR = 2	L	1,17(10)	502
	ST 1,b	BZR = 3	ST	1,17(10)	503
	L 2,'5'	BZR = 4	L	2,'5'	504
	M 1,2	BZR = 5	MR	1,2	505
	READ c	BZR = 6	READ	18(10)	506
	L 2,c	BZR = 7	L	2,18(10)	507
	ST 2,c	BZR = 8	ST	2,18(10)	508
	L 3,'1'	BZR = 9	L	3,'1'	509
	AR 2,3	BZR = 10	AR	2,3	510
	READ d	BZR = 11	READ	19(10)	511
	L 3,d	BZR = 12	L	3,19(10)	512
	ST 3,d	BZR = 13	ST	3,19(10)	513
	MR 2,3	BZR = 14	MR	2,3	514
	ST 2,a	BZR = 15	ST	2,20(10)	515
	WRITE a	BZR = 16	WRITE	20(10)	516
	EOJ	BZR = 17	EOJ		517
b	DS F	BZR = 18; b=18	DS	F	518
c	DS F	BZR = 19; c=19	DS	F	519
d	DS F	BZR = 20; d=20	DS	F	520
a	DS F	BZR = 21; a=21	DS	F	521
	END ANF	BZR = 22	END	0	

Abb. 61: Symbolische Adressen -----> numerische Adressen

Man erkennt nun den großen Vorteil der Verwendung von relativen Adressen: Ein Assemblerprogramm mit relativen Adressen kann an jeder beliebigen Stelle des Hauptspeichers abgelegt werden. Erst bei der Befehlsausführung werden die jeweiligen absoluten Adressen ermittelt, indem zu der dem Befehl entsprechenden relativen Adresse die Startadresse hinzuaddiert wird. Bei Programmänderungen werden etwaig neu hinzugenommene Befehle relativ adressiert, entscheidend ist nicht mehr die tatsächliche Position im Speicher, sondern nur der Abstand (=relative Adresse) zum Speicher-Bezugspunkt "Startadresse". Die Basisadresse befindet sich in einem bestimmten

Speicherregister, dem Basisregister. Mit Hilfe des Pseudobefehls USING wird das Basisregister festgelegt. Wenn wir exemplarisch annehmen, daß das Basisregister "10" ist, und der Inhalt des Basisregisters "20" ist, so wird der Lesebefehl mit der absoluten Operanden-Adresse 5 folgendermaßen in einen Lesebefehl mit Basisadresse und Distanz umgewandelt:

READ 50   ----->   READ 30(10).

In der Klammer steht die Nummer des Basisregisters, vor der Klammer die Distanz zur Speicheradresse mit dem ersten ausführbaren Befehl. In Abb. 52 ist für das einfache, bereits mehrfach zur Erläuterung der Funktionsweise von Assemblerprogrammen erwähnte, Eingangsbeispiel die Umwandlung der symbolischen Adressen in numerische Adressen durchgeführt, wobei angenommen sei, daß das Basisregister die Nummer "10" und den Inhalt "500" hat, d.h die Speicheradresse des ersten ausführbaren Assemblerbefehls sei "500".

Nachdem nun ein verschiebbares Maschinenprogramm durch die Zweiphasen-Übersetzung erzeugt worden ist, bringt der sogenannte "Lader" (loader) das Maschinenprogramm in den Hauptspeicher. Hier wird nun das Leitwerk aktiv und veranlaßt die Abarbeitung der Befehle (siehe Abschn. 4.3).

Viele Anwendungen im kommerziellen und naturwissenschaftlich-technischen Bereich sind in Assembler programmiert. Allerdings zeichnet sich heute immer deutlicher ab, daß moderne Hochsprachen, wie zum Beispiel die Programmiersprache C, die Assemblersprachen mehr und mehr verdrängen. Ein wichtiger Vorteil bei der Assemblerprogrammierung ist die Maschinennähe. In Assembler können die speziellen Eigenschaften der Maschine besser ausgenutzt werden als bei einer höheren Programmiersprache, wo der Übersetzer die Reihenfolge der Befehlserzeugung festlegt. Weiterhin können Rechenzeit und Speicherplatz im Vergleich zu höheren Programmiersprachen wesentlich besser ausgenutzt werden. Die Übersetzung von Assemblerbefehlen in Maschinenbefehle nimmt im allgemeinen weniger Zeit in Anspruch als die Übersetzung mit einem "höheren" Kompilierer. Ein schwerwiegender Nachteil ist die schlechte oder praktisch unmögliche Portabilität auf eine andere Rechenanlage, da sich die Rechnertypen meist durch den Aufbau und die Anzahl der Speicherregister unterscheiden. Außerdem sind Assemblerprogramme von anderen Programmierern nur mit großer Mühe nachzuvollziehen, was zum Beispiel unter dem Aspekt der Personalfluktuation in einem Unternehmen hinsichtlich der Erweiterung, Anpassung und allgemeinen Wartung von Assemblerprogrammen nicht akzeptiert werden kann. Daher dominieren gerade in der kommerziellen Datenverarbeitung dokumentationsfreundliche Programmiersprachen wie zum Beispiel COBOL.

7.5 Unterscheidungsmerkmale höherer Programmiersprachen

Bevor wir im Rahmen einer Kurzcharakterisierung auf die Merkmale und Unterschiede von einigen wichtigen Programmiersprachen eingehen, seien die wichtigsten Leitgedanken beim Entwurf und der Gestaltung von höheren Programmiersprachen zusammengefaßt:

1. Grundsatz einer größtmöglichen Allgemeinheit: Ein Programm sollte so ausgelegt werden, daß es für eine möglichst große Anzahl von Problemkonstellationen verwendbar ist. Dies kann man dadurch erreichen, daß man die Programmteile möglichst von den konkreten Variablenwerten unabhängig macht, z.B. durch Definition von Prozeduren und Funktionen mit den Problemvariablen als Wert- und Referenzparameter. Über diese Parameter können an das Programm unterschiedliche Variablenwerte übergeben werden, ohne daß das Programm für jede Variablenausprägung verändert werden muß.

2. Grundsatz der Übersichtlichkeit: Die Programmstruktur sollte möglichst übersichtlich sein, sodaß sich die logische Reihenfolge der Befehlsabarbeitung leicht nachvollziehen läßt. Dies ist insbesondere in Programmierabteilungen wichtig, wo aufgrund einer möglichen Fluktuation der Mitarbeiter es jederzeit möglich sein sollte, daß ein Nachfolger möglichst rasch den Programmfluß nachvollziehen kann, auch wenn er das Programm nicht selbst erstellt hat. Diese vielleicht wichtige Forderung an ein Programm ist unter anderem auch eine Erklärung dafür, weshalb die kommerzielle Programmiersprache COBOL weiterhin in den Unternehmen die dominierende Programmiersprache bleiben wird, obwohl die modernen Programmiersprachen eine effizientere Programmierung erlauben. Aufgrund der sehr

dokumentationsorientierten Befehlssyntax von Cobol ist die Transparenz des Programms sehr hoch: Der Umstand, daß ein Cobol-Programm sehr viel umfangreicher sein kann als bei Verwendung einer strukturierten Programmiersprache, ist im allgemeinen von untergeordneter Bedeutung.

3. Grundsatz der möglichst einfachen Programmierung: Vor allem bei der Darstellung der Rechenanweisungen ist es meist günstiger, einen komplexen Rechenausdruck in verschiedene Anweisungen zu zerlegen, dies beschleunigt den Kompilationsprozeß und erleichtert die Fehlersuche beim Programmtest.

4. Grundsatz einer möglichst effizienten Programmierung: Programme allgemein sollten hinsichtlich der Speicherplatzbelegung und des Laufzeitverhaltens möglichst optimal gestaltet werden. Dies sind teilweise konträre Forderungen, die, abhängig von der Anwendung, im Einzelfall entsprechend berücksichtigt werden sollten.

5. Modularisierung der Programme: Bereits beim Systementwurf ist darauf zu achten, daß eine Zerlegung der Problemanwendung in Teilprobleme derart erfolgt, daß jedes der Teilprobleme weitgehend unabhängig behandelt werden kann. Entsprechend sollte jedes der Teilprobleme als weitgehend eigenständiges Programm entwickelt werden. Solche Programmteile lassen sich in Pascal entweder als Prozeduren oder Funktionen realisieren, oder als ein Bündel von Prozeduren und Funktionen, auch als Modul bezeichnet. Ein Modul ist dadurch ausgezeichnet, daß er als ein vom übrigen Programm unabhängiger Programmteil getestet werden kann. Das Zusammenwirken der Programm-Module wird über geeignete Prozedur- und/oder Funktionsaufrufe im Hauptprogramm gesteuert. Insgesamt wird durch dieses Vorgehen eine gute Übersichtlichkeit erreicht.

Zur Übersicht seien im folgenden die wichtigsten Vertreter der prozeduralen und höheren problemorientierten Programmiersprachen nach den wichtigsten Unterscheidungskriterien zusammengefaßt: Zu den Interpretierersprachen gehören Basic und Apl. **BASIC** (Beginner's All-purpose Symbolic Instruction Code) wurde ursprünglich für den Ausbildungsbereich konzipiert, um Anfängern einen ersten Zugang zu einer DV-Anlage zu ermöglichen. Leichte Erlernbarkeit und einfache Handhabung hatten oberste Priorität. Basic benötigt wenig Speicherplatz, daher war die Sprache für Heimcomputer und

programmierbare Taschenrechner sehr geeignet. Basic ist zeilenori-
entiert, jede Zeile enthält eine Zeilennummer, die als Orientie-
rungs- und Sprungmarke dient. Usprünglich war Basic von der For-
tran-Befehlssyntax stark beeinflußt, heute gibt es aber sehr leistungsfähige Basic-Versionen. (z.B. GW-BASIC), auch kompilierfähi-
ges "Commercial Basic", das insbesondere im Bereich der mittleren
Datentechnik erfolgreich eingesetzt wird. Die Syntax einiger wichtiger Befehle:

```
-> REM    <beliebige_zeichenkette>
-> DIM    <variable>(<integer[,<integer>])
-> LET    <variable> = <ausdruck>
-> READ   <variable>,<variable>,...
-> PRINT  <ausdruck>,...
-> GOTO   <zeilennummer>
-> IF     <vergleichsausdruck> THEN <zeilennummer>
-> FOR    <index_variable = <ausdr> TO <ausdr> STEP <ausdr>
-> NEXT   <index_variable>
-> GOSUB  <zeilennummer>
-> STOP
-> END
-> DATA <zahl>,<zahl>,...
```

Abb. 62: Wichtige BASIC-Befehle

APL ist eine interaktive (von Mathematikern bevorzugte) Interpre-
tierersprache, die sich zur Verarbeitung vollständiger Datenstrukturen besonders gut eignet. Grundlage ist eine einfache Matrix-
struktur und eine große Anzahl von Operatoren, die sich als mächtiges Befehlsinstrumentarium erweisen. Im Gegensatz zu anderen
Programmiersprachen hat man eine "von rechts nach links"-Zuordnung
(<--), Unterprogramme bestehen aus Anweisungen, die durch Marken
gekennzeichnet werden können. Die Verbindung zwischen Programmanweisung und Unterprogramm erfolgt über ein "GOTO" und der entsprechenden Anweisungsmarke. Rekursive Unterprogrammaufrufe sind möglich. Es gibt kein Hauptprogramm, die Ausführung der Unterprogramme erfolgt entweder direkt über die Tastatureingabe oder durch
Aufruf durch andere Unterprogramme. Nach der Ausführung eines Unterprogramms geht die Programmkontrolle wieder an den Benutzer zurück.

FORTRAN (FORmula TRANslation) ist die älteste Kompilierersprache,
die ursprünglich als reiner Formelübersetzer für mathematisch-

technische Probleme vorgesehen war. Sie zeichnet sich durch
schnelle Ausführungszeiten aus, daher werden auch heute weitgehend
standardisierte Fortran-Versionen (FORTRAN 77) im technisch-natur-
wissenschaftlichen Bereich verwendet. Allerdings hat man trotz der
Standardisierung immer wieder Schwierigkeiten mit der Portabilität
von Programmen auf andere Rechnersysteme. Ein Fortran-Programm
setzt sich aus dem Hauptprogramm, den Unterprogrammen (Subrou-
tines) und den Funktionsunterprogrammen (Functions) zusammen. Jede
dieser Programmeinheiten besteht aus einem Deklarations- und einem
Anweisungsteil. Im Deklarationsteil sind alle Datentypen und Variablen, für die Speicherplatz reserviert werden muß, zu vereinba-
ren. Die Variablentyp-Deklaration erfolgt entweder explizit (z.B.
LOGICAL, DOUBLE PRECISION, COMPLEX) oder implizit, wobei alle Variablen mit Anfangsbuchstaben I bis N automatisch als INTEGER,
sonst als REAL vereinbart sind. Wertzuweisungen, Verzweigungsbe-
fehle (logische und bedingte IF-Anweisung), Wiederholungsstruktu-
ren (FOR-Anweisung) sind in der Verarbeitungsreihenfolge anzuord-
nen, welche der zugrundegelegte Lösungsalgorithmus vorschreibt.

ALGOL (ALGOrithmic Language) eignet sich ebenfalls für die Programmierung technisch-wissenschaftlicher Anwendungen. Algol wurde
in den Jahren zwischen 1958 und 1962 entwickelt, und enthält bereits Strukturelemente, wie man sie heute bei den Sprachen der
sog. strukturierten Programmierung (Pascal, Modula) kennt. Man hat
hier bereits den Strukturblock (BEGIN ... END) und die Zweiteilung
in Deklarations- und Anweisungsteil (etwa wie bei Pascal). Der
Vereinbarungsteil besteht aus einer Folge von Variablenverein-
barungen. Jeder Variablenname hat eine Platzhalterfunktion für die
aktuellen Werte der Variablen, indem dem Namen eine bestimmte
Speicheradresse zugewiesen wird. Der Anweisungsteil setzt sich aus
Wertzuweisungen, bedingten (IF...THEN) und unbedingten Anweisungen
(GOTO) zusammen. Die Unterprogramme (Procedures) haben denselben
Aufbau (Vereinbarungs- und Anweisungsteil), Strukturblöcke können
geschachtelt werden. Algol zeichnet sich durch Einfachheit in der
Syntaxdefinition aus, außerdem ist der "mixed mode" zu erwähnen,
bei dem in Rechenausdrücken eine beliebige Verknüpfung von Real-
und Integergrößen möglich ist. Eine Eigenschaft, die etwa in Fortran oder Pascal nicht gegeben ist. Als Nachteil ist vielleicht
die vergleichsweise lange Laufzeit der Zielprogramme und die wenig
komfortable Ein- und Ausgabe zu nennen.

COBOL (COmmon Business Oriented Language) wurde Ende der 50-er Jahre von der CODASYL-Gruppe (COnference on DAta SYstem Language) vornehmlich für den administrativen und kommerziellen Bereich entwickelt und ist bis heute ständig weiterentwickelt worden. Der Aufbau eines Cobol-Programms zeigt eine Aufteilung in sog. DIVISIONS in einer fest vorgegebenen Reihenfolge. Jede DIVISION ist in weitere SECTIONS unterteilt. Der Programmaufbau erfolgt nach dem folgenden Schema:

```
IDENTIFICATION DIVISION.
        Programmbezeichnung, Programmautor, Bemerkungen
ENVIRONMENT DIVISION.
        CONFIGURATION SECTION.
                Source-Computer, Bezeichnung des Umwandlungs-
                                 systems,
                Object-Computer, Bezeichnung des ausführen-
                                 den Systems.
        INPUT-OUTPUT SECTION.
                File-Control. Zuordnung der Datenbestände an
                              die Ein-/Ausgabeeinheiten
                I-O-Control.  Ein- und Ausgabesteuerung,
                              Verwendung von Prüfverfahren
DATA DIVISION.
        FILE SECTION.
                Beschreibung der Dateien und Datensätze
        WORKING-STORAGE SECTION.
                Beschreibung von Zwischenspeichern und
                Konstanten
        LINKAGE SECTION.
                Deklaration und Beschreibung der in den
                Unterprogrammen verwendeten Daten
PROCEDURE DIVISION.
                Benutzerprogramm, unterteilt in Sections und
                Paragraphen.
```

Abb. 63: Prinzipieller Aufbau eines COBOL-Programms

Die IDENTIFICATION DIVISION stellt den Programmerkennungsteil dar. Über die ENVIRONMENT DIVISION wird dem Betriebssystem der Maschinentyp und die Ein-/Ausgabegeräte (Datensichtgerät, Lochkartenleser, Lochkartenstanzer) mitgeteilt. Außerdem wird die Beziehung zwischen logischen und physikalischen Dateinamen hergestellt. In der DATA DIVISION erfolgt die Speicherplatzreservierung über Dateibeschreibungen. Im Ausführungsteil der PROCEDURE DIVISION sind die eigentlichen Programmbefehle enthalten, die zu sog. "Paragraphen" zusammengefaßt werden können. Mehrere Paragraphen können zu einem Kapitel (SECTION) zusammengestellt werden. Die Stärke von

COBOL liegt in einer ausgesprochenen Dokumentationsfreundlichkeit.
Ein Umstand, der im Hinblick auf personelle Fluktuationen in Unternehmen wohl dazu geführt hat, daß auch heute noch 80 Prozent
der kommerziellen Anwendungssoftware COBOL-Programme sind. Außerdem gewährleistet die weitgehende Standardisierung eine mit geringem Änderungsaufwand verbundene Übertragbarkeit auf andere, her-
stellerfremde, Rechenanlagen. Moderne COBOL-Versionen, in die
ebenfalls die Syntax- und Sprachelemente der strukturierten Programmierung aufgenommen wurden, sind gegenüber den älteren Versionen aufwärtskompatibel.

PL/1 ist eine weitgehend auf die IBM-Welt beschränkte Programmiersprache, die mit der Absicht einer möglichst umfassenden Programmiersprache für den kommerziellen wie technisch-naturwissenschaft-
lichen Bereich entwickelt worden ist. PL/1 bietet in vielen Anwendungsbereichen eine hohe Flexibilität, die vor allem auf der modularen Struktur beruht, wodurch Teilprogramme leicht modifiziert
und ausgetauscht werden können. Insbesondere auch in der System-
programmierung wird PL/1 verwendet. Die Sprache enthält aus Fortran a) die übersetzungsmethodik von Parametern, b) die separat
übersetzten Unterprogramme, c) die Common-Speicherbereiche, d) die
Ein-/Ausgabeformatierung. Von Algol wurden die Blockstruktur und
die Struktur des Deklarations- und Anweisungsteils übernommen. Von
Cobol stammt die RECORD-Struktur und die Maskentypisierung. PL/1
unterscheidet zwischen internen und externen Blöcken. Der Verar-
beitungsablauf erfolgt meist durch sequentielle Ausführung der Anweisungen und Prozeduren. Allerdings wird auch eine modulare Über-
setzungstechnik unterstützt, mit der die Abarbeitung von in sich
abgeschlossenen und unabhängigen Programmteilen im Multitasking-
Betrieb quasi-zeitgleich ausgeführt werden können. In PL/1 ist
sowohl eine stack- als auch eine heap-orientierte Speicherverwaltung möglich. Bei der Stack-Verwaltung kann nur das erste Element
des stacks manipuliert werden, während die Heap-Organisation dem
Benutzer die Möglichkeit zur expliziten Speicherallokierung bietet
(dynamische Speicherverwaltung mit ALLOCATE und FREE). Dadurch ist
die Organisation komplexerer Datenstrukturen, wie Listen, Bäume
und Netzwerke, möglich. PL/1 enthält spezielle Ein- und Ausgabe-
formate für nicht-numerische Daten, das bedeutet z.B. ist eine
komfortable Zeichenketten-Verarbeitung. Die Anweisungen eines
PL/1-Programms werden in Transport-, Verarbeitungs- und Programm-

steuerungsanweisungen eingeteilt. Insgesamt ist PL/1 eine sehr mächtige Sprache, deren Möglichkeiten nur von einem erfahrenen Programmierer voll ausgeschöpft werden kann.

PASCAL wurde in den 70- er Jahren von N. Wirth an der ETH Zürich entwickelt. Heute wird Pascal vor allem bei der Ausbildung auf Mikro- und Minicomputern eingesetzt, auch nimmt die Penetration in die industrielle Praxis mit wachsender DV-Dezentralisierung zu. Pascal ist durch Systematik und einfache Sprachkonzepte im Sinne der strukturierten Programmierung ausgezeichnet. Neben dem Standard-Pascal gibt es auch das sog. UCSD-Pascal (University of California at San Diego), welches häufig auf UNIX-Rechnern eingesetzt wird. Auf PCs wird in neuerer Zeit in der Ausbildung vermehrt Turbo-Pascal (Versionen 3.0 und 4.0) des amerikanischen Softwarehauses Borland verwendet. Turbo-Pascal erlaubt ein komfortables Editieren der Programme und unterstützt eine Modularisierung (Version 4.0) durch Einbinden beliebiger Programm-Module (Units). Turbo-Pascal wird im Rahmen der Lehreinheit Wirtschaftsinformatik II (Programmierung) für die praktische Ausbildung eingesetzt, daher wird Turbo-Pascal in Abschnitt 7.7 noch ausführlicher behandelt.

GPSS (General Purpose System Simulator) ist eine Simulationssprache und ist für die Simulation beliebiger Modelle geeignet. Die Bedeutung von Simulationstechniken ist wieder im Zunehmen begriffen. Mit Simulationssprachen ist es möglich, Problemstellungen, die wegen ihrer Komplexität einer analytischen Behandlung nicht zugänglich sind, zu behandeln. Ein wichtiges Grundelement von GPSS ist der Block, in dem ein möglichst separater Modellteil dargestellt wird. Ein Block enthält ein Adreßfeld (location field), ein Operationsfeld (operation field) und ein Variablenfeld (variable field). Über das Adreßfeld erfolgt die speichertechnische Positionierung des Blocks im Gesamtsystem. Im Operationsfeld sind Befehle enthalten, welche das Zusammenwirken der Transaktionen steuern. Die Aktivierung eines GPSS-Blocks löst eine Vielzahl von vorprogrammierten Operationen aus, die vom Benutzer nur durch Parametervariation beeinflußt werden kann. Das Simulationsprinzip besteht darin, daß mit den benutzereigenen Parametern das Blockschema in der Weise durchlaufen wird, daß an jedem Block bestimmte Operationen ausgelöst werden. Dieses Hindurchsteuern durch verschiedene

Blöcke wird als Transaktion bezeichnet. GPSS unterscheidet drei Typen von Elementen, die

1. dynamischen Elemente (Transaktionen), die in das System eintreten, entsprechende Blöcke durchlaufen, und das System wieder verlassen,
2. die permanenten Elemente (Blöcke), die durch die Transaktionen verändert werden können,
3. die numerisch standardisierten Elemente (Standard Numerical Attributes), die zur Erfassung und Speicherung problemspezifischer Daten dienen.

Ein Block enthält ein Adreßfeld (location field), ein Operationsfeld (operation field) und ein Variablenfeld (variable field). Über das Adreßfeld erfolgt die speichertechnische Positionierung des Blocks im Gesamtsystem. Im Operationsfeld sind Befehle enthalten, welche das Zusammenwirken der Transaktionen mit dem Variablenfeld bewerkstelligen. Die Steuerung des zeitlichen Ablaufs beim Durchlaufen der Blöcke erfolgt über eine interne Simulationsuhr, die von Block zu Block weiterschaltet. Die Schaltzeitpunkte und vorzugebende Prioritäten werden mit Hilfe von Makrobefehlen (Current Event Chain, Future Event Chain, Interrupt Chain, usw.) in Listen abgelegt. Hierdurch ist eine echte dynamische Simulation möglich, bei der Teilprozesse auch quasi-zeitparallel ablaufen können. Insbesondere Warteschlangenprobleme sind mit GPSS realisiert worden. GPSS ist sehr benutzerfreundlich und kann relativ schnell gelernt werden. Als nachteilig erweisen sich die festen Blockstrukturen hinsichtlich einer flexiblen Modifikation oder Erweiterung der Blöcke.

MODULA (MODUlar Programming LAnguage) ist eine Weiterentwicklung von Pascal und zeichnet sich durch eine noch stärkere Modularisierung aus. Pascal wird in Modula als sog. Trägersprache für die Erstellung der Programme verwendet. Auch ist eine vielseitigere Datentypisierung möglich. Modula unterstützt eine Pseudo-Parallelität durch Synchronisation konkurrierender Prozesse (Ähnlichkeit zu Concurrent Pascal). Es gibt die Blockstruktur wie in Pascal, außerdem die Module. Hervorzuheben sind die Geräte-Module (device modules), in denen die Gerätetreiber definiert und die Interrupt-Eigenschaften der Geräte definiert werden können. Modula eignet sich für den Echtzeitbetrieb, hierfür sind Prozeduren wie "Time" oder "Pause" vorhanden, mit denen Prozesse in a priori festlegbaren Zeitintervallen (Echtzeituhr) aktiviert oder in Wartestellung versetzt werden können.

C ist eine Programmiersprache, die für die maschinennahe wie auch für die problemorientierte Programmierung verwendet werden kann. C ist heute im Begriff, die Assembler-Programmierung aus dem Bereich der maschinennahen Programmierung zu verdrängen. Ein C-Programm besteht aus einer oder mehreren Funktionen, in denen der algorithmische Programmablauf definiert wird. Da der Sprachkern von C sehr klein ist, werden viele Erweiterungen als externe Funktionen in einer Bibliothek gehalten. C ist unabhängig von einer bestimmten Maschinenarchitektur und kann damit den leistungsspezifischen Fähigkeiten der verschiedenen Rechnerarchitekturen angepaßt werden. So ist es beispielsweise möglich, daß bei Datenformaten, die von der Umgebung abhängen (etwa Schnittstellen zu Peripheriegeräten), auf Teile eines Datenworts zugegriffen werden kann. Hierzu werden sog. Bit-Masken definiert, welche die entsprechende Bit-Position auswählen, z.B.

```
# define KEYWORD  01
# define EXTERNAL 02
# define STATIC   04.
```

Der Zugriff auf die Bits erfolgt mit speziellen Operatoren für die Bitmanipulation. Es gibt Operatoren für die Verknüpfung, Verschiebung und Komplementbildung von Bits. Eine andere Möglichkeit, auf Teile eines Wortes zuzugreifen, besteht darin, Bit-Werte innerhalb eines Wortes als sog. Bit-Felder direkt zu definieren. Ein Bit-Feld ist eine Menge von nebeneinander liegenden Bits innerhalb einer Integer-Variablen. Hiermit können die obigen #define-Anweisungen durch die Definition einer Variablen (nachfolgend: "flagge"), welche drei einzelne Bit-Felder enthält, ersetzt werden:

```
struct {
     unsigned  keyword : 1;
     unsigned  external: 1;
     unsigned  static  : 1;
} flagge;
```

Die Zahl nach dem Doppelpunkt repräsentiert die Feldbreite in Bits, "unsigned" zeigt an, daß es sich um Größen ohne Vorzeichen handelt. Der Zugriff auf die einzelnen Felder geschieht wie bei anderen Strukturkomponenten (z.B. flagge.static), die Bit-Felder können wie andere ganzzahlige Werte in arithmetischen Ausdrücken verwendet werden, d.h. sie werden wie ganze Zahlen ohne Vorzeichen behandelt. Das Setzen bzw. Löschen entsprechender Bits kann beispielsweise durch "flagge.external = flagge.static = 1" bzw. "flagge.external = flagge.static = 0" erfolgen. In anderen Sprachen sind hierfür Assembler-Routinen erforderlich.

ADA ist eine umfassende Programmiersprache, die heute für die Programmierung von großen und komplexen Systemen verwendet wird. Die Entstehung von ADA geht bereits auf das Jahr 1974 zurück, als das amerikanische Verteidigungsministerium eine Software-Kostenanalyse hinsichtlich der Vielzahl an unterschiedlichen Programmiersprachen durchführen ließ. Das Ergebnis ergab eine Klassifizierung der vorhandenen Programmiersprachen in "nicht geeignete", "nicht angemessene" und für eine erste Standardversion "empfohlene" Sprachen (ALGOL 68, PL/I und Pascal). Mit der Entwicklung von ADA wurde das Ziel verfolgt, die unterschiedlichen Datenstrukturen und das Leistungsspektrum der herkömmlichen Sprachen zusammenzubringen.

7.6 Editieren von Quellprogrammen: Der TURBO-Editor

Turbo-Pascal ist ein Programmiersystem, welches mit Hilfe eines eingebauten Editors die Erstellung des Quellprogramms am Bildschirm erlaubt. Die Quelltexte werden als sog. Arbeitsdateien (work files) im Hauptspeicher gehalten und können von dort auf externe Datenträger (Festplatte, Diskette) gespeichert bzw. von dort in den Hauptspeicher geladen werden. Die Übersetzung des Quellprogramms in den Maschinencode wird von einem Kompilierer vorgenommen, der in das Programmsystem integriert ist und mit einer einfachen Tastenkombination aufgerufen werden kann. Im Unterschied zu echten Kompilierern, die ein Programm vollständig übersetzen, wird in Turbo-Pascal bei einem Fehler der Übersetzungsprozeß abgebrochen, die Laufmarke (Cursor) springt in den Editiermodus an die

Stelle zurück, an welcher der Fehler aufgetreten ist. Insofern stellt der Turbo-Compiler eine Art Zwitter zwischen Kompilierer und Interpretierer dar. Der kompilierte Programm kann wahlweise im Arbeitsspeicher oder auf externen Datenträgern abgespeichert werden. Durch den Aufruf TURBO[.COM] erscheint auf dem Bildschirm das Turbo-Pascal Menü mit verschiedenen Ausführungsbefehlen, deren Anfangsbuchstaben heller erscheinen (Normal Video), als die übrigen Buchstaben (Low Video):

```
Logged drive: A
Active Directory: \PASCALP

Workfile:
Mainfile:

Edit        Compile            Run        Save
Dir         Quit       Compiler Options

Text: 0        Bytes
Free: 62903    Bytes

>  _
```

Abb. 64: Startmenü des Turbo-Pascal Editors

Durch Eingabe des ersten Buchstabens werden die Kommandos ausgeführt, das Drücken der RETURN-Taste (<Carriage Return> oder kurz <CR>) ist nicht erforderlich. Die Kommandos haben die folgende Bedeutung:

(L)ogged drive:	Wechseln des Laufwerks durch Eingabe eines Großbuchstabens A,B,C (A-P mögl.), gefolgt von einem Doppelpunkt und einem <CR>. Der Update des Menüs erfolgt nach drücken der Leertaste (<SPACE>).
(W)orkfile:	Wahl einer Arbeitsdatei durch Angabe eines Dateinamens, der aus 1 - 8 Zeichen, optional einem Punkt, und aus dem Dateityp (file extension) mit maximal 3 Zeichen, besteht. Wird der Punkt und der Dateityp nicht angegeben, so wird automatisch der Dateityp *.pas erzeugt, d.h. des Standard-Dateityps für Pascal-Programme. Vorsicht: Die Dateitypen *.BAK, *.COM, *.EXE, *.CHN sind reserviert und sollten daher nicht für übliche ASCII-Dateien verwendet werden.

(M)ainfile: Wahl einer Hauptdatei, die dann
                       verwendet werden kann, wenn mit dem
                       Compiler-Befehl $I (I = Include) andere
                       Pascal-Programme miteingebunden werden
                       sollen. Die Hauptdatei sollte die
                       "Include"-Anweisungen enthalten, und
                       gewissermaßen das Hauptprogramm für die
                       einzubindenden Programme enthalten. Der
                       Vorteil liegt darin, daß in getrennten
                       Speicherbereichen, nämlich im Mainfile
                       und Workfile, unterschiedliche Programme
                       editiert werden können.

                       Wenn die aktuelle Arbeitsdatei nicht die
                       Hauptdatei ist, wird beim Start der
                       Kompilation die aktuelle Arbeitsdatei
                       automatisch abgespeichert, und die
                       Hauptdatei in den Arbeitsspeicher
                       geladen. Wird während der Kompilation
                       ein Fehler festgestellt, so wird die den
                       Fehler enthaltende Programmdatei in den
                       Arbeitsspeicher geladen und kann dann
                       weiter editiert bzw. korrigiert werden.
                       Wird nun nach der Korrektur die Kompila-
                       tion wieder gestartet, so wird die
                       korrigierte Arbeitsdatei automatisch
                       gesichert und die Hauptdatei wieder in
                       den Arbeitsspeicher geladen.

(E)dit: Aufruf des Turbo-Editors. Falls keine
                       Arbeitsdatei zuvor angegeben wurde,
                       erfolgt eine entsprechende Aufforde-
                       rung. Mit <CTRL>-<KD> kann der Editor
                       verlassen werden, um ein anderes Menü-
                       Kommando auszuführen.

(R)un: Kompilation und Ausführung eines im
                       Arbeitsspeicher vorhandenen Programms.
                       Falls bereits eine kompilierte Version
                       des Programms (*.OBJ) existiert und mit
                       dem Compiler-Kommando (O)ptions die
                       Option "C" eingestellt wurde, wird die
                       kompilierte Version direkt ausgeführt.

(C)ompile   Aufruf des Compilers, um das in der
                       Arbeitsdatei gehaltene Programm zu
                       übersetzen. Ist eine Hauptdatei vorhan-
                       den, so wird diese übersetzt, allerdings
                       erst nach der Aufforderung, die Arbeits-
                       datei abzuspeichern. Der Kompilations-
                       prozeß kann durch Drücken einer beliebi-
                       gen Taste unterbrochen werden.

(S)ave: Abspeichern der Arbeitsdatei auf die im
                          aktivierten Laufwerk vorhandene Disket-
                          te. Falls bereits eine Version *.pas des
                          Programms existiert, wird diese automa-
                          tisch unter dem Namen *.BAK als backup-
                          Kopie gespeichert, die aktuelle Arbeits-
                          datei wird dann in *.pas gespeichert.

(D)ir: Auflisten von Dateiverzeichnissen
                          (directories). Nach Drücken von "D"
                          erscheint die Aufforderung Dir mask:,
                          die mit der Eingabe des DOS-Pfads oder
                          einem <CR> für das aktuelle Laufwerk zu
                          beantworten ist.

(Q)uit: Verlassen des Turbo-Pascal Systems. Es
                          erfolgt eine Aufforderung zum Abspei-
                          chern der Arbeitsdatei, falls diese seit
                          dem Laden in den Hauptspeicher verändert
                          wurde.

(O)ptions: Anzeige der Compiler-Optionen:
                          (M)em-file   -->Die aktuelle Arbeitsdatei
                                          wird kompiliert
                          (C)ome-file -->Das kompilierte Programm
                                          (object code) wird in
                                          einer Datei *.COM abge-
                                          speichert und kann an-
                                          schließend auf der DOS-
                                          Ebene durch Angabe des
                                          Dateinamens direkt ausge-
                                          führt werden.
                          c(H)n-file   -->Die Kompilation erzeugt
                                          einen Chain-File *.CHN,
                                          der von einem anderen
                                          Pascal-Programm aus mit
                                          Hilfe des EXE(cute)
                                          -Befehls aufgerufen und
                                          ausgeführt werden kann.
                          (P)arameter -->Setzen von Compiler-
                                          spezifischen Parametern
                          (Q)uit   -->Verlassen der Menü-Option
                                          (O)ptions.

Der in das Turbo-Pascal System integrierte Editor ist (im Gegensatz zu dem unter DOS bekannten Editor EDLIN) Bildschirm-orien-
tiert, d.h. die Bildschirmmarke (Cursor) kann mit einfachen Tastenfunktionen an jede beliebige Stelle auf dem Bildschirm positioniert werden. Diese Tastenfunktionen, oder auch Kontroll-Funktionen genannt, sind für viele bekannte Software-Systeme weitgehend gleich: Wordstar, Turbo-Pascal, Turbo-Prolog, und eingeschränkt bei dBase III. Viele dieser Kontroll-Funktionen sind bei
IBM-kompatiblen Mikrocomputern standardisiert:

```
<PgUp>      <---> <CTRL>-<R>
<PgDn>      <---> <CTRL>-<C>
<Home>      <---> <CTRL>-<Q>-<R>
<End>       <---> <CTRL>-<Q>-<C>
< --> >     <---> <CTRL>-<D>
< <-- >     <---> <CTRL>-<S> u.v.a.
```

Nach Eingabe der Menü-Option (E)ditor erscheint der Anfang der Arbeitsdatei, sofern diese bereits existiert. Soll unter dem Namen der Arbeitsdatei erstmals eine Eingabe erfolgen, so wird ein leerer Bildschirm mit dem Cursor in der linken oberen Ecke gezeigt. In jedem Falle besteht die erste Zeile am oberen Bildschirmrand aus einer "Statuszeile", welche

- die momentane Zeilen- und Spaltenangabe des Cursors,
- den momentanen Insert/Overwrite - Modus (Umschalten mit der <INS>-Taste oder mit <CTRL>-<V>)
- den Pfad- und Dateinamen
- die automatische Tabellierfunktion: "Indent" (Ein- und Ausschalten mit <CTRL>-<I>)

enthält.

Der Turbo-Editor umfaßt etwa 45 Editierbefehle, die sich in die vier Befehlsgruppen

- zur Cursor-Steuerung
- zum Einfügen und Löschen
- zur Definition von Textblöcken
- Lesen und Abspeichern von Blöcken

unterteilen lassen:

a) Cursor-Steuerung:

Zeichen links, Zeichen rechts, Wort links, Wort rechts, Zeile nach oben, Zeile nach unten, Zeile nach links, Zeile nach rechts, Seite nach oben, Seite nach unten, Cursor an den oberen/unteren Bildschirmrand, Cursor an Dateianfang/Dateiende.

b) Einfügen und Löschen:

Einfügen/Überschreiben-Modus an/aus, Leerzeile einfügen, Zeile löschen, Zeile ab Cursor-Position löschen, Wort rechts vom Cursor löschen, Zeichen links löschen.

c) Blockbildung:

Markieren Blockanfang/Blockende, Block bewegen, Block kopieren, Block löschen, Block in andere Datei schreiben, Block
von Diskette hinzuladen, Block auf Diskette speichern.

d) Weitere Editierkommandos:

Tabulator setzen, Ende des Editierens, Suchen von Zeichenketten (strings),Ersetzen von Zeichenketten.

Der Turbo-Editor benutzt speziell die Kontrollzeichen A, S, D, F,
E, R, X und C, um den Cursor zu bewegen. Diese sind so gewählt,
daß sie den Grundbewegungen des Cursors weitgehend durch die Anordnung der gewählten Tasten entsprechen.

7.7 Darstellungselemente von TURBO-PASCAL

Turbo Pascal orientiert sich an dem von N. Wirth und K. Jensen
vorgeschlagenen Standard-Pascal. Erweiterungen betreffen die
Stringprozeduren und -funktionen, Betriebssystemfunktionen,
Include- und Overlay-Dateien, Byte-Manipulation und direkte Adressierung der Datenein-/und -ausgänge. Die Befehlsyntax folgt der
formalen Metasymbolik nach den Regeln von Backus-Naur und kann im
Handbuch zu Turbo-Pascal (Anhang) nachgesehen werden. Im übrigen
wird hier keine vollständige Übersicht über die Darstellungs- und
Syntaxelemente angestrebt , sondern es sollen lediglich Hinweise
auf Besonderheiten und häufige Fehlerquellen gegeben werden.
Hinsichtlich der Einzelheiten in der Befehlsstruktur kann auf die
zahllosen Lehrbücher (einige der letzten drei Jahre sind am Ende
dieses Kapitels ausgewiesen) verwiesen werden.

Zunächst seien die wichtigsten Sonderzeichen und deren Bedeutung
zusammengestellt:

```
     A - Z, a - z, 0  - 9,
     +      -> Addition
     -      -> Subtraktion
     *      -> Multiplikation
     /      -> Division
     =      -> Übereinstimmende Werte
     :=     -> Variablen-Wertzuweisung
```

```
:       -> Datentyp, Feldbreite
,       -> Trennzeichen bei Aufzählung
;       -> Trennzeichen zwischen Anweisungen
'       -> Begrenzungszeichen für Zeichenketten
^       -> Satzzeiger
>       -> Vergleich auf "größer"
<       -> Vergleich auf "kleiner"
>=      -> Vergleich auf "größer oder gleich"
<>      -> Vergleich auf "ungleich"
..      -> Festlegung von Bereichen
(,)     -> Einschließen von Argumentlisten
[,]     -> Indizierung von Arrays (z.B. Vektoren, Matrizen)
{,}     -> Begrenzungszeichen für Kommentare
```

Abb. 65: Sonderzeichen in Turbo-Pascal

Konvention über Variablen und die Vergabe von Namen: Die Namen
oder Bezeichner für Konstanten und Variablen bestehen aus einer beliebigen Zusammensetzung von Buchstaben und Ziffern,
wobei lediglich das erste Zeichen ein Buchstabe sein muß. Es
ist zu empfehlen, die Namen für Variablen, Konstanten, Prozeduren und Funktionen klein zu schreiben, damit sie sich von
den nachfolgend aufgeführten Schlüsselwörtern deutlicher ab-
heben.

Standardisierte Bezeichner: Die nachfolgenden Pascal-Bezeichner
haben eine voreingestellte Bedeutung und können nicht als Bezeichnungen für andere Programmelemente verwendet werden. Die
Bedeutung der Standard-Bezeichner ist weitgehend selbsterklärend, hier soll auf eine ausführliche Erklärung verzichtet
werden.

```
abs        arctan     boolean    char       chr
cos        dispose    eof        eoln       exp
false      get        input      integer    ln
maxint     new        ord        odd        ord
output     pack       page       pred       put
read       readln     real       reset      rewrite
round      sin        sqr        sqrt       succ
text       true       trunc      unpack     write
writeln
```

Abb. 66: Befehlselemente in Turbo-Pascal

Reservierte Wörter: In Pascal ist die Groß- und Kleinschreibung
beliebig. Zur Hervorhebung der Programmstruktur empfiehlt es
sich aber, die Schlüsselwörter in Großbuchstaben zu schreiben:

```
AND        ARRAY      BEGIN    CASE     CONST     DIV        DO
DOWNTO     ELSE       END      FILE     FOR       FUNCTION   GOTO
IF         IN         LABEL    MOD      NIL       NOT        OF
OR         PACKED     PROCEDURE         PROGRAM   RECORD
REPEAT     SET        THEN     TO       TYPE      UNTIL      VAR
WHILE      WITH
```

Abb. 67: Reservierte Wörter in Turbo-Pascal

Zahldarstellungen: Es gibt verschiedene Möglichkeiten zur Darstellung von Zahlen in Pascal. Es dürfen keine Leerzeichen oder Kommata innerhalb einer Zahl auftreten, einer Zahl kann ein Plus- oder Minuszeichen vorangestellt werden, bei positiven Zahlen kann das Plus-Zeichen auch weggelassen werden. Abhängig vom verwendeten Rechner sind bestimmte Ober- und Untergrenzen für Zahlen gegeben, bei deren Überschreiten es zu einer Fehlermeldung und zum Programmabbruch kommt.

Integer-Zahlen bestehen aus einer Folge von Ziffern und können ein Vorzeichen haben:

```
1    -1    -12345  +12345 : richtig,
1.0  : Obwohl wertmäßig gleich mit der Integerzahl 1,
       ist diese Darstellung falsch, da Integerzahlen
       keine anderen Zeichen außer Ziffern und
       Vorzeichen enthalten dürfen.
1,000 : Auch die amerikanische Schreibweise zur
        Abgrenzung von Tausendern ist nicht zulässig.
```

Der Maximalwert für Integerzahlen beträgt 32 767 für die 16-Bit Mikrocomputer, der auch durch den Standardbezeichner "maxint" angegeben werden kann.

Real-Zahlen: Für die Darstellung von Gleitkommazahlen ist die übliche Dezimaldarstellung oder die Exponentialdarstellung möglich. Beispiele:

```
0.0    0.123   0.00123      -0.123 : richtig,
.123 : falsch, da auf beiden Seiten des Dezimal-
       punkts eine Ziffer stehen muß.
```

Für sehr große oder kleine Zahlen eignet sich wegen der unterschiedlichen Länge der Zahlen die Exponentialdarstellung mit der Basis 10, wobei die Zahl 10 durch das Zeichen "E" oder "e" ersetzt wird:

```
Die Zahl 1.23 x 10 hoch 2 würde in der Form
     1.23E2   oder 1.23E02   oder 1.23E+02 oder
     1.23e2   oder 1.23e02   oder 1.23e+02
akzeptiert werden, ebenso wäre
     0.12345e-3, 0.12345E-03, 0.12345E-3
richtig.
```

Real-Zahlen können in Mikrocomputern die Werte zwischen etwa 10E-38 bis 10E+38. Die Anzahl der Stellen ist vom Herstellertyp abhängig, im allgemeinen sind 7 oder 8 Stellen als Rechengenauigkeit möglich.

Konstanten: Wenn man für ein bestimmtes Datenelement einen festen Namen während des gesamten Programmablaufs verwenden will, so empfiehlt es sich, dem Datenelement einen Bezeichner zuzuweisen, der Konstante genannt wird. Konstanten sollten am Programmanfang definiert werden, in jedem Falle aber vor dem ersten Auftreten der Konstanten im Programm. Die allgemeine Form lautet:

```
CONST name_der_konstanten = wert;
```

Zu beachten ist, daß es keine Wertzuweisung im Sinne := ist, sondern ein Gleichheitszeichen. Beispiele:

```
CONST ueberschrift  = 'Einführung in Pascal';
CONST mehrw_st_satz = 0.14;
```

Variable: Im Gegensatz zu den Konstanten können sich die Werte von Variablen im Laufe eines Programms ändern. Es ist sicherlich eine gewisse Schwäche von Pascal, daß sämtliche in einem Programm auftretenden Variablen deklariert werden müssen, andererseits kann die Zusammenstellung der Variablen im Deklarationsteil des Programms auch zu einer guten Programmerklärung beitragen. Variablen müssen mit ihrem Datentyp in einer VAR - Anweisung deklariert sein, z.B. in der Form

```
VAR matrix_wert   : REAL;
    zeile, spalte : INTEGER;
```

Zu beachten ist, daß etwaige Konstanten-Deklarationen stets vor den Variablen-Deklarationen erfolgen müssen.

Ausdruck: Unter einem Ausdruck versteht man die Verknüpfung von Variablen, Konstanten, Zeichenketten und Zahlen mit arithmetischen oder logischen Operatoren.

Befehle: Grundsätzlich gibt es zwei Typen von Befehlen,

> -> den **einfachen** Befehl, der nur eine Anweisung enthält,

> -> den **strukturierten** Befehl, der eine Gruppe oder einen Block von Anweisungen enthält und zwischen BEGIN und END eingebunden wird.

Eine einfache Anweisung könnte die Variablenzuweisung eines Rechenausdrucks sein,

```
mehrwert_steuer := 0.14 * rechnungsbetrag,
```

eine strukturierte Anweisung könnte sich bei einer sehr elementar gestalteten Dialogeingabe in der Form

```
BEGIN
  write('Rechnungsbetrag : ');
  readln(rechn_betrag);
  IF rechn_betrag > 1000 THEN
  rechn_betrag := rechn_betrag - 0.03*rechn_betrag
END;
```

darstellen.

Syntax-Diagramm: Wird in Pascal verwendet, um den syntaktischen Aufbau von Befehlen graphisch darzustellen. Die Syntaxdiagramme werden in einer Zusammenstellung getrennt ausgegeben.

Stand.funktionen	Funktion	Bedeutung	Eing.typ	Ergebnistyp
i = integer **r** = real **char** = character **b** = boolean	abs(x) arctan(x) chr(x) cos(x) exp(x) ln(x) odd(x) ord(x) pred(x) round(x) sin(x) sqr(x) sqrt(x) succ(x) trunc(x)	Absolutwert Arkustangens ASCII-Zeichen Kosinus Exponential- funktion Natürl. Log. Boolesche Fkt. für x ungerade (true) oder ge- rade (false) Integerwert des ASCII-Zeichens x Vorgänger von x Auf- oder Ab- den zum näch- sten Integerwert Sinusfunktion Quadrat von x Quadratwurzel Nachfolger von x Abschneiden der Nachkommastel- len von x	(i,r) (i,r) (i) (i,r) (i,r) (i,r) (i) (char) (i,char,b) (r) (i,r) (i,r) (i,r) (i,char,b) (r)	(i,r) (i,r) (char) (r) (r) (r) boolean (i) (i,char,b) (i) (r) (i,r) (r) (i,char,b) (i)

Abb. 68: Standardfunktionen in Turbo-Pascal

Zeichenketten (Strings) und **Funktionen für Zeichenketten**: Diese werden als Folge von Buchstaben und Ziffern zwischen Hochkommata geschrieben, man bezeichnet sie als "strings". Ein string kann maximal 255 Zeichen umfassen. Wenn ein String selbst ein Hochkomma enthält, so muß ein Hochkomma zusätzlich eingegeben werden, es erscheint aber bei der Ausgabe nur ein Hochkomma.

Im Gegensatz zu den UCSD-Pascal Versionen bietet Turbo-Pascal eine Reihe von Standardfunktionen für die Verarbeitung von Zeichenketten. Strings können auch als Arrays mit Einzelzeichen als Komponenten aufgefaßt werden. Allerdings müssen bei der Deklaration von Arrays die Dimensionen fest vorgegeben werden, während die Anzahl der Zeichen in einem String dynamisch festgelegt ist und von der Länge des Strings bestimmt ist. Es muß lediglich die maximale Anzahl von Zeichen deklarariert werden, welche der String annehmen kann (max. 256 Zeichen).

```
Syntax: TYPE  zeile     = STRING[80];
              dateiname = STRING[20];
```

Die einzelnen Zeichen eines Strings können durch die Indexnummer
angesprochen werden. Das Zeichen mit dem Index 0 stellt ein Byte
dar und enthält die Länge des Strings (8 Bits ---> 2^8 = 256 Zeichen).

Stringausdrücke: Es lassen sich Ausdrücke mit verschiedenen
Strings bilden. Ein String-Ausdruck besteht aus

> -> Stringkonstanten
> -> Stringvariablen
> -> Funktionsbezeichnern
> -> Operatoren.

Verbindung von Strings:

a) mit dem Pluszeichen: str_concat := st1 + st2 + ... + stN;
b) mit der Funktion: str_concat := CONCAT (st1 [,st2,...,stN])

Vergleich von zwei Strings: Mit den üblichen Vergleichsoperatoren <, >, =, <=, >=, <> können die Zeichen von zwei Strings
miteinander verglichen werden. Die Zeichen werden hinsichtlich der Standard-Kollationsfolge lexikographisch von links
nach rechts aufsteigend verglichen. Erkennt der Vergleich auf
'kleiner' im Sinne der Kollation, so ist auch bei ungleicher
Länge der beiden Strings die Priorität festgelegt.

String-Zuordnung: Diese erfolgt wie bei der üblichen Wertzuweisung von Variablen:

str_neu := 'Dies '+'ist ein neuer String'.

Falls die Länge der Stringdeklaration überschritten wird, so
werden nur die ersten, der deklarierten Stringlänge entsprechenden, Zeichen zugewiesen.

Stringprozeduren:

Löschen: **DELETE(string, pos, num).** Mit diesem Aufruf kann
                        aus einem gegebenen String ein Teilstring
                        entfernt werden, der bei der Position pos beginnt
                        und "num" Zeichen lang ist.
                        Falls pos > length(string), dann bleibt der String
                        unverändert. Bei pos > 255 erfolgt eine Fehlermel-
                        dung mit Programmabbruch.

REAL/INTEGER ---> STRING-Umwandlung:
                        STR(real_wert_oder_integer_wert, string);
                        Ein REAL - oder INTEGER - Wert wird in einen
                        String umgewandelt und in 'string' abgelegt. Die
                        numerischen Werte können formatiert sein:
                                i := 1234;   str(i:10, string_i);
                                r := 1.3e3; str(r:10:0)

STRING ---> REAL/INTEGER - Umwandlung:
                        VAL (string, wert, fehler_code);
                        string wird in eine REAL- oder INTEGER-Größe
                        umgewandelt (abhängig vom Inhalt des Strings).
                        Die Integer-Größe fehler_code ist gleich Null,
                        wenn die Umwandlung fehlerfrei erfolgt ist, sonst
                        enthält fehler_code die Position des ersten
                        fehlerhaften Zeichens des Strings.

String - Funktionen:

Kopieren: **string_neu := COPY (string, pos, num);**

Verketten: **string_neu := CONCAT(st1 [,st2, ... ,stN]);**

Länge: **laenge   := LENGTH (string);**

Suchen: **position   := POS (string_gesucht, im_string);**
                        ermittelt die Position des ersten Zeichens
                        von string_gesucht in im_string.
                        position = 0: string_gesucht nicht gefunden.

Einfügen: **string_neu := INSERT (einzufueg_string, string,
                                        pos);**

Datentypen: Die Verwendung der verschiedensten Datentypen macht
        Pascal besonders mächtig. Man unterscheidet

                - einfache Datentypen,
                - strukturierte Datentypen,
                - Zeiger.

a) Einfache Datentypen:

--> Standard-Datentypen: INTEGER, REAL, CHAR, BOOLEAN.

```
              VAR liste_von_variablen : DATENTYP;

              VAR jahr, monat, tag      : INTEGER;
              VAR rechnungsbetrag       : REAL;
              VAR antwort               : CHAR;
              VAR wahr, falsch          : BOOLEAN;
```

--> Datentypen, die vom **Benutzer** mit Hilfe der TYPE
    Deklaration selbst **definiert** werden können: Die bisherigen
    Datentypen INTEGER, REAL, CHAR, BYTE, BOOLEAN sind in
    Pascal Standard. Es können aber auch vom Benutzer selbst
    Datentypen definiert werden, indem alle Ausprägungen des
    Datentyps in einer Liste (skalaren Liste in linearer
    Ordnung) aufgezählt werden. Man spricht deshalb auch von
    Datendeklarationen vom Aufzählungstyp. Zum Beispiel:

```
TYPE
   boolean        = (false, true)
   ss_monat       = (April, Mai, Juni, Juli);
   sem_teiln      = (Go, Kip, Mech, Schwe, Wre);
   skat           = (Karo, Herz, Pik, Kreuz);
   skat           = (Karo < Herz < Pik < Kreuz);
VAR
   person : seminar_teiln;
```

Die Variable person ist vom Typ seminar_teiln und kann
daher die deklarierten Namen annehmen.
Vergleichsoperatoren können statt des Kommas zwischen den
skalaren Datentypen auftreten, um eine Ordnung zu
definieren. Die Bezeichner müssen hierbei vom gleichen
Datentyp sein.

Es gibt drei **Standardfunktionen:**

1. Die Position in der Liste: n := ORD (Mai)
2. Der Nachfolger in der Liste: nächst_monat := SUCC (Mai);
3. Der Vorgänger in der Liste: letzt_monat := PRED (Mai);

Die **ORD-Funktion**: Mit dieser Funktion kann jedem Datentyp eine Integer-Größe zugewiesen werden:


```
--> Wichtig ist, daß ab Null gezählt wird, also
             n := ORD (Mai) ---> n = 1;

--> Der Wert eines Datentyps an einer bestimmten
    Position kann abgefragt werden, wie dies bereits
    von der ASCII-CHAR Funktion bekannt ist:
       z := CHAR (92);      --->    z = '\'
       z := INTEGER ('A') --->    z = 65
       z := INTEGER ('7') --->    z = 55
       wonne_monat := monat(1);

--> $R+ : Überprüfung der Variablen auf die
          Wertebereiche der Datentypen. Diese
          Kompilierer-Direktive kann an jeder beliebigen
          Stelle im Programm eingefügt werden.
```


b) Neben den bisherigen einfachen Datentypen (INTEGER, REAL, CHAR, BOOLEAN, Aufzählungstyp, Bereichstypen) kennt man in Pascal die sogenannten **strukturierten Datentypen** (Arrays, Records, Files). Strukturierte Datentypen besitzen eine vorgegebene Ordnung, die benutzerbezogen deklariert werden kann. Während Arrays als ein- oder mehrdimensionale Felder (Vektoren, Matrizen) zu verstehen sind, deren Elemente einem bestimmten, vordeklarierten, Datentyp angehören, sind Records als Datenverbund von verschiedenen Datentypen im Sinne einer Feldbeschreibung aufzufassen. Hier zunächst einige Beispiele zu Arrays:

```
TYPE
  buchstabe  = ARRAY ['a'..'z'] OF integer;
  wort       = ARRAY[1..20] OF char;
  farbe      = (rot, gruen, blau, gelb, weiss);
  muster     = ARRAY [farbe] OF boolean;
  vektor     = ARRAY [1..10] OF real;
  matrix1    = ARRAY [1..10] OF vektor;
               {äquivalent mit der nächsten Zeile}
  matrix     = ARRAY [1..10, 1..10] OF real;
  index      = 1 .. 100;
VAR
  zeichen    : buchstabe;
  name       : wort;
  a,b,c,d    : matrix;
  rhs        : vektor;
  pattern    : muster;
```

Die Deklaration einer RECORD-Variablen beginnt mit dem Schlüssel-
wort RECORD, danach folgt eine Aufzählung von Variablen und deren
Datentypen. Ein Beispiel:

```
TYPE
   rechn_status = (Offen, Bezahlt)
   rechnung      = RECORD
                     kundennummer : 1..9999;
                     kundenname   : STRING[40];
                     rechn_summe  : REAL;
                     zahlg_status : rechn_status;
                   END;
VAR
   kundenrechnung : rechnung;
   rechn_stamm    : FILE OF rechnung
```

c) **Zeiger** (pointer) ermöglichen es in Pascal, Speicherplätze im
Arbeitsspeicher direkt anzusprechen. Darüberhinaus läßt sich ein
über den für Variablenplätze begrenzten Speicherbereich von 64 KB
hinausgehender Bereich benützen. Für die Bearbeitung von speziellen Speicherbereichen stehen in Turbo-Pascal die Befehle
HeapPtr, Seg, Ofs, MemAvail zur Verfügung. Die Speicherverwaltung
der MS-DOS Rechner wird mit sogenannten Segmenten und Offsets
durchgeführt, jede Speicheradresse wird in der Form SEG:OFS
dargestellt. SEG ist eine Integerzahl, die den Beginn des Segments
im Arbeitsspeicher angibt. Da die Segmente jeweils in Paragraphen
(=16 Bytes) gezählt werden, ist SEG mit 16 zu multiplizieren, um
die tatsächliche Anfangsadresse zu erhalten. Addiert man nun zum
Segment den Offset (= Versatz zum Segment, auch Distanz), so
erhält man die Speicheradresse.

Es gibt in Turbo-Pascal verschiedene Speicherbereiche: Das Code-
Segment, Datensegment und Stacksegment, welche die Größe von 64KB
nicht überschreiten können. Da der verfügbare Speicherplatz normalerweise wesentlich größer ist, möchte man auch auf den übrigen
Speicherplatz zugreifen können. Hierzu wurde der sogenannte HEAP
eingerichtet, der den gesamten übrigen Speicher umfaßt. Der Heap-
speicher wird als dynamischer Speicher bezeichnet, da Anfang und
Ende des Heaps von der Größe des sich augenblicklich im Speicher
befindlichen Programms abhängen. Um den Heap-Speicherbereich mög-

lichst effizient ausnutzen zu können, werden in Turbo-Pascal zwei
vordeklarierte Variable zur Verfügung gestellt:

> --> die Variable "HEAPPTR" gibt die Adresse der Untergrenze
> des Heaps in der Form SEG:OFS an. Die geeignete Typen-
> deklaration für diese Variable ist WORD.

> --> Die Funktion "MEMAVAIL" gibt den momentan verfügbaren
> Speicherplatz in Anzahl BYTES aus.
> Ein Beispiel:

```
PROGRAM heap;
  USES crt;
VAR
  seg_adr, ofs_adr
BEGIN
  seg_adr := seg(HEAPPTR);
  ofs_adr := ofs(HEAPPTR);
  writeLn('Verfügb. Speicherplatz (in Bytes):',
          MEMAVAIL);
  writeln('Heap-Zeiger = ',seg_adr,':',ofs_adr);
END.
```

Zeigervariablen sind Bezeichner für Adressen im Hauptspeicher. Variablen vom Zeigertyp deklariert man durch Voranstellen von "^"
vor dem betrachteten Datentyp, etwa REAL, INTEGER, usw. Durch Aufruf einer Prozedur NEW(variable) wird der Zeigervariablen "variable" im Heap ein Speicherbereich und eine Adresse zugewiesen.
Mit der Prozedur DISPOSE("variable") kann der mit NEW reservierte
Speicherplatz wieder freigegeben werden. Zeigervariable sind sog.
dynamische Variable, weil der erforderliche Speicherplatz je nach
Bedarf reserviert oder freigegeben werden kann. Die Verwaltung des
Heap erfolgt im Stapel. Mit "MAXAVAIL" erhält man den größten zu-
sammenhängenden Heap-Bereich, der für die Einrichtung einer dyna-
mischen Speichervariablen verwendet werden kann. MEMAVAIL und
MAXAVAIL sind dann gleich, wenn die Zeiger im Stapel in unmittel-
barer Reihenfolge hintereinander abgelegt sind. Ein einfaches
Beispiel:

```
PROGRAM dynamische_variable;
  USES crt;
TYPE
  bildzeile = ARRAY[1..80] of CHAR;
VAR
  zeile : ^bildzeile;
BEGIN
  NEW(zeile); DISPOSE(zeile);
END.
```

Zeigervariablen können auch festen Adressen im Speicher zugewiesen werden. Hierzu gibt es in Turbo-Pascal die Anweisung "zeile := PTR(segment,offset)". Mit den Befehlselementen seg(zeile) und ofs(zeile) kann dann die Adresse der Zeigervariablen ermittelt werden. Die Befehle NEW(zeile) und DISPOSE(zeile) sind für Zeigervariablen mit festen Adressen nicht geeignet.

Grundsätzlich wird in Turbo-Pascal bei der Ein- und Ausgabe nicht unterschieden zwischen Dateien auf Diskette/Festplatte und sog. logischen Geräten (Bildschirm, Tastatur, Drucker). Im folgenden seien die **Dateiformen** und **-operationen** zusammengestellt:

1. Die **sequentielle Datei** mit quasi-wahlfreien Zugriff:

Die Datensätze

    -> haben alle gleiche Länge,

    -> liegen direkt hintereinander,

    -> die Numerierung beginnt mit Null und die Sätze
       sind fortlaufend durchnumeriert,

    -> das Einfügen von Sätzen ist nicht möglich, im
       Unterschied zu echten Random Access-Dateien,
       weitere Sätze können immer nur am Ende der Datei
       (nach der EOF-Marke (End of File)) eingefügt werden.

    -> Syntax:

```
TYPE dateityp = FILE OF typ
```

      oder die direkte Deklaration als logische Dateiva-
      riable

```
VAR dateivariable : FILE OF typ
```

2. Dateien vom Typ TEXT

Die Datensätze

    -> können unterschiedlich lange Zeilen haben,

    -> Beginn und Ende jedes Datensatzes sind durch besondere Steuerzeichen markiert,

    -> die Abarbeitung der Datensätze kann nur sequentiell erfolgen. Syntax:

```
TYPE dateityp = TEXT; oder
VAR dateivariable : FILE OF typ;
```

    -> Die Dateivariable wird benötigt, um die Verbindung zwischen den Ein-/Ausgabebefehlen und der Datei herzustellen (assign, rewrite, reset, rename, u.a.)

    -> Für die Ein- und Ausgabe von Datensätzen (vom Typ TEXT) auf eine logische Geräteeinheit sind die logischen Standard-Dateinamen

        -> INPUT und OUTPUT vorgesehen, die nicht explizit in einer write- oder read-Anweisung angegeben werden müssen:
readln(input,variable) oder
readln(variable).

        -> CON: ist eine logische Dateivariable vom Typ TEXT, die in einer ASSIGN-Anweisung angegeben werden kann, um die Verbindung zu dem Standard-Ein-/Ausgabegerät (Tastatur, Bildschirm) herzustellen.

        -> LST: Ausgabe von Textdateien auf den Drucker, z.B. writeln(LST,ausgabe_spezifikation).

        -> KBD: Tastatur-Eingabe ohne Bildschirmecho, z.B. readln(KBD,password).

3. Dateien ohne TYP

Dateien ohne Typ sind solche Dateien, die nicht von einer Einheit zu einer anderen Einheit übertragen werden müssen. Dies können Dateien sein, die nur zur Zwischenspeicherung von Daten benötigt werden, und anschließend wieder gelöscht werden. Es sind also nur die Löschen-Operation oder die Umbennen-Operation möglich. Außerdem werden zum direkten Zugriff auf Disketten ebenfalls typenlose Dateien verwendet.

4. Öffnen von Dateien

Die Verbindung zwischen einer logischen Dateivariablen und dem Namen der realen Datei auf der Diskette oder Platte wird in Turbo-Pascal mit der Standard-Prozedur assign hergestellt.

```
PROCEDURE assign(dateivariable : dateityp;
                 dateiname     : STRING);
```

Diese Prozedur muß nicht im Deklarationsteil aufgeführt werden, sondern es kann an jeder Position im Ausführungsteil die assign-Anweisung erfolgen. Beispiel:

```
assign(lief_datei,'c:\liefer\stamm.adr').
```

Die reservierten Dateivariablen CON, LST, KBD dürfen in der ASSIGN-Anweisung nicht verwendet werden. Mit der Prozedur reset

```
PROCEDURE reset(VAR dateivariable : dateityp);
```

kann eine bereits existierende Disketten- oder Plattendatei zum Lesen geöffnet werden. Der Satzzeiger steht dann am Beginn des ersten Satzes in der Datei. (Beachte: Die Sätze werden von Null ab fortlaufend durchnumeriert.) Beispiel: reset(lief_datei);

Unter MS-DOS können maximal 16 Dateien gleichzeitig geöffnet sein. Es gibt aber eine Kompilierer-Direktive {$Fn}, mit der die Anzahl n der gleichzeitig geöffneten Dateien festgelegt werden kann.

5. Schließen von Dateien

Nach Beendigung aller Eingabe- oder Ausgabeoperationen sollte die geöffnete Datei wieder geschlossen werden. Hierzu dient die Standardprozedur close.

```
PROCEDURE close(VAR dateivariable : dateityp);
```

6. Der Lese- und Schreibvorgang

Nach jeder read(dateivariable, ...) oder write(dateivariable, ...)-Anweisung wird der Satzzeiger um eine Position weitergerückt, bis die EOF-Marke erreicht ist. Diese wird dann auf den logischen Wert TRUE gesetzt. Bei den Prozeduren read und write werden die Daten in einem Puffer zwischengespeichert und gleichzeitig gesichert. Es gibt aber auch die Prozedur flush,

```
PROCEDURE flush(VAR dateivariable : dateityp);
```

welche die Sicherung des Puffers vornimmt.

7. Positionieren des Satzzeigers

Der quasi-wahlfreie Zugriff auf die Datensätze ist durch die Positionierung des Satzzeigers möglich. Hierfür gibt es die Prozedur seek, welche den Satzzeiger auf den Satz mit der

```
PROCEDURE seek( VAR dateivariable : dateityp;
                    satznummer    : integer);
```

fortlaufenden Nummer 'satznummer' stellt. Anschließend kann mit der read-Anweisung dieser Satz gelesen werden oder ein Satz auf die Position 'satznummer' geschrieben werden.

8. Standard-Funktionen

```
FUNCTION filepos(VAR dateivariable : dateityp): INTEGER;
        fp := filepos(dateivariable);
        fp enthält die momentane Position des Satzzeigers der
        Datei mit dem logischen Dateinamen 'dateivariable'.


FUNCTION filesize(VAR dateivariable : dateityp): INTEGER;
        fs := filesize(dateivariable);
        fs enthält die Anzahl der Sätze der Datei.


FUNCTION eof(VAR dateivariable : dateityp): BOOLEAN;
        eof(dateivariable) ist logisch TRUE, wenn der
        Satzzeiger hinter dem letzten Datensatz, bzw. hinter
        der letzten Datenzeile in einer Textdatei, steht.


FUNCTION seekeof(VAR dateivariable : textdateityp): BOOLEAN;
            ist logisch TRUE, wenn das nächste Zeichen
            das Dateiende-Zeichen <CTRL>-Zeichen ist.
```

```
FUNCTION seekeoln(VAR dateivariable : textdateityp): BOOLEAN;
                  ist logisch TRUE, wenn das nächste Zeichen
                  das Carriage-Return-Zeichen ist.
```

9. Ausführen von **DOS-Befehlen** in Turbo-Pascal

```
PROCEDURE erase ( VAR dateivariable: dateityp);
                 { Löschen einer Datei}

PROCEDURE rename( VAR dateivariable: dateityp;
                  neuer_dos_dateiname: STRING);
          rename( dateivariable, 'b:\lief_dat\rechnung.dat');
                 { Umbenennen einer Datei}

PROCEDURE chdir ( pfadname: STRING);
                 { Wechseln des aktuellen Verzeichnisses}

PROCEDURE mkdir ( pfadname: STRING);
                 { Einrichten eines neuen Verzeichnisses}

PROCEDURE rmdir ( pfadname: STRING);
                 { Löschen des aktuellen Verzeichnisses}

PROCEDURE getdir( laufwerk_nr: INTEGER; VAR pfadname: STRING);
                 { Nach dem Aufruf dieser Prozedur enthält
                   pfadname das aktuelle Verzeichnis. Die Lauf-
                   werksnummern 0,1,2,... entsprechen den Lauf-
                   werken 0 = Arbeitslaufwerk, 1 = A, 2 = B,...}

PROCEDURE append( VAR dateivariable: dateityp);
                 { Öffnen und Positionieren des Satzzeigers
                   auf das Ende der Datei}
```

10. **Ausgabe in Textdateien**

Mit der Prozedur write können Variablenausdrücke des Typs
INTEGER, REAL, CHAR, STRING und BOOLEAN in eine Textdatei
geschrieben werden. Bei Verwendung des Typs

CHAR	wird ein Zeichen unverändert auf die Datei geschrieben,
STRING	wird die Zeichenkette unverändert auf die Datei geschrieben,
REAL	werden eine Vorzeichenstelle, 10 Mantissen-Stellen, 4 Stellen für den Exponenten, zwei Leerzeichen als Trennzeichen bei positiven, ein Leerzeichen bei negativen reellen Zahlen, für die Darstellung von Gleitkommazahlen benötigt. (Markierung des Dateiendes: <CTRL>-Z)

11. Ein- und Ausgabe-Umleitung

Mit den Kompilierer-Direktiven {$Gn} und {$Pn}, die am Programmanfang stehen müssen, können Ein- oder Ausgabepuffer der Länge n Bytes reserviert werden.

12. Blockread und Blockwrite

Für typenlose Dateien können mit der Prozedur blockread von

```
PROCEDURE blockread( VAR dateivariable : FILE;
                     VAR ziel : typ; n : INTEGER);
```

der logischen Datei "dateivariable" n Sektoren mit je 128 Bytes in einen Speicherbereich mit der Variablen "ziel" (Typ beliebig) übertragen werden. Die Datei wird ansonsten wie eine Datei mit der Satzlänge 128 Zeichen behandelt. Der Satzzeiger wird analog wie bei read jeweils weitertransportiert. Analog wird mit der Prozedur blockwrite der Inhalt der Speicher-

```
PROCEDURE blockwrite( VAR dateivariable : FILE;
                      VAR quelle: typ; n: INTEGER);
```

variablen "quelle" auf die Disketten-/Plattendatei mit dem logischen Dateinamen "dateivariable" übertragen.

Für beide Anweisungen hat jeweils ein reset bzw. rewrite zu erfolgen. Mit der seek-Prozedur können analog einzelne Sektoren angesteuert werden, die Prozeduren filepos und filesize beziehen sich entsprechend auf die Sektoren.

13. Untypisierte Dateien

Vorteil: Die Daten werden direkt von der Disketten-/ Plattendatei zur Variablen übertragen. Der Speicherplatz für die Sektorenpuffer bei typisierten Dateien wird nicht benötigt. Es sind alle Standardfunktionen- und -prozeduren für die Dateibehandlung gültig, nur für read, write wird blockread und blockwrite verwendet (128-Bytes-Sektoren(Sätze)). Syntax:

```
BLOCKREAD (dateivariable, variable, anz_128_Byte_records)
BLOCKREAD (dateivariable, variable, anz_128_Byte_records,
              tatsächlich_übertragene_records)

BLOCKWRITE(dateivariable, variable, anz_128_Byte_records)
BLOCKWRITE(dateivariable, variable, anz_128_Byte_records,
              tatsächlich_übertragene_records)
```

Programmbeispiel:

```
PROGRAM kopiere_von_datei_nach_datei;   {$U+}
  CONST
    puffergroesse = 200;
    satzlaenge    = 128;
  VAR
    von_datei, nach_datei            : FILE;
    name_von_datei, name_nach_datei : STRING[20];
    anzahl_saetze                    : INTEGER;
    puffer : ARRAY[1..satzlaenge, 1..puffergroesse] OF byte;
BEGIN
 write('Kopiere Daten von: '); readln(name_von_datei);
 write('             nach: '); readln(name_nach_datei);
 assign(von_datei,  name_von_datei);  reset(von_datei);
 assign(nach_datei, name_nach_datei); rewrite(nach_datei);
 REPEAT
   blockread (von_datei, puffer, puffergroesse, anzahl_saetze);
   blockwrite(nach_datei, puffer, anzahl_saetze);
 UNTIL anzahl_saetze = 0;
 close(von_datei); close(nach_datei);
END.
```

Abb. 69: Blockread/Blockwrite

14. Interne Verwaltung von Dateien

An der Adresse der Dateivariablen ist ein Datei-Informations-
verzeichnis abgelegt:

Byte	Bedeutung
0-1	MS-DOS Dateikennzeichnung
2	Statusbyte mit Wert 7: Datei zum Lesen geöffnet 6: " Schreiben geöffnet 5: Neue Daten wurden in den Puffer geschrieben 0-3:Gerätedefinition: Diskette (0), CON: (1), KBD (2), LST (3)
3	Puffer für ein Zeichen (für logische Geräte werden nur die ersten 4 Bits verwendet.
4-5	Relative Anfangsadresse des Puffers
6-7	Länge des Puffers
8-9	Relative Position des nächsten Zeichens im Puffer
10-11	Relative Adresse des ersten Bytes hinter dem Puffer

| <75 | Pfadname der Datei in ASCII-Zeichen |
| >76 | Pufferbereich |

Abb. 70: Interne Verwaltung von Dateien in Turbo-Pascal

7.8 Logische Programmierung: PROLOG, LISP, SMALLTALK

PROLOG unterscheidet sich grundsätzlich von den klassischen Programmiersprachen dadurch, daß nicht die Ausführung der im Rahmen eines DV-Algorithmus formulierten Anweisungen im Vordergrund steht, sondern die Programmierung von hochkomplexen Systemen, die logische Schlußfolgerungen ziehen können (Inferenz). Während von einem erfahrenen Pascal-Programmierer die Programmiersprache C sehr schnell gelernt werden kann, muß der gedanklich andere Ansatz von PROLOG auch von erfahrenen Programmierern neu gelernt werden.

PROLOG ist eine "Was"-Sprache, d.h. der Programmentwickler muß im wesentlichen nur formulieren, "was" das Anwendungssystem später leisten soll, während man bei traditionellen Programmiersprachen angeben muß, "wie" der Algorithmus auszuführen ist. PROLOG wurde um 1970 von Alain Colmerauer und seinen Mitarbeitern der GIA (Groupe d'Intelligence Artificielle) in Marseille entwickelt und ist eigentlich erst Anfang der 80-er Jahre im Zuge der aufstrebenden Forschungsdisziplin KI (= Künstliche Intelligenz, eine etwas unglückliche, in gewisser Weise provokative, Übersetzung des amerikanischen 'Artificial Intelligence') einem breiteren Anwenderkreis zugänglich geworden. PROLOG ist die hinsichtlich der Problemspezifikation die am weitesten entwickelte Programmiersprache, die es im Augenblick gibt. Die Sprachkonstrukte bei PROLOG ähneln sehr stark dem relationalen Datenbankkonzept. Die Fakten (siehe anschließende Begriffserläuterung) in einer Wissensbasis können als elementare Relationen mit einem Attribut aufgefaßt werden.

PROLOG erlaubt auch die Formulierung von Regeln in der Form von Wenn-Dann-Beziehungen. Die Fakten zusammen mit den Regeln ergeben die Wissensbasis. PROLOG kann daher im Zusammenhang mit einer relationalen Datenbank gesehen werden, sodaß die Möglichkeit besteht, logische Schlußfolgerungen aus den Fakten der Datenbasis zu

ziehen (---> Expertensysteme). Die Regeln werden prozedural interpretiert, d.h. eine Regel ist als eine Sequenz von Prozeduraufrufen aufzufassen, deren Abarbeitungsreihenfolge durch den PROLOG-
Interpreter festgelegt wird. PROLOG erlaubt die sogenannte Unifizierung von Datenstrukturen. Darunter versteht man einen Algorithmus zum Vergleich von gesuchten Datenstrukturen mit in der Wissensbasis vorhandenen Datenstrukturen (pattern matching = Mu-
stererkennung und Musteranpassung). Nachfolgend seien einige wichtige Begriffe zusammengestellt:

Klausel: Der Begriff der Klausel stammt aus dem Bereich der formalen Logik und bedeutet soviel wie eine logische Aussage
   über einen bestimmten Sachverhalt. Nach Eingabe einer Klausel
   interpretiert diese der Prolog-Interpreter als eine Anweisung. Jede Prolog-Klausel kann auf der obersten Dialogebene
   entweder als

         -> Kommando an das System
         -> Datensatz in der Datenbasis
         -> Regel

verwendet werden. Eine Prolog-Klausel wird mit einem "."
abgeschlossen. Die Klauseln können mit einem Texteditor in
DOS-Textdateien geschrieben werden. Diese Dateien können dann
in PROLOG geladen werden.

Prologtext: Prolog macht keine Unterschiede zwischen der Behandlung von Problemdaten und von Prozeduren, daher wird bei Prolog auch nicht zwischen verschiedenen Dateitypen (etwa wie
   bei Datenbanken: *.dbf, *.ndx) unterschieden. Alle Dateien
   werden als Prolog-Texte bezeichnet. Prologtexte enthalten nur
   Klauseln und Kommentare.

Kommentare: Wie bei allen Programmiersprachen können auch in
   Prologtexten Kommentare verwendet werden, die vom Prolog-In-
   terpreter überlesen werden. Man unterscheidet zwei Typen von
   Kommentaren:

      -->   die geklammerten Kommentare, die wie bei SAS-
             Prozeduren, PL/1 und C überall im Text mit den Be-
             grenzern /* kommentar_text */ eingefügt werden
             können.

      -->   die Zeilenende-Kommentare, die mit einem %-Zeichen beginnen und bis zum Ende einer Zeile reichen können. Eine durch den Kommentartext unterbrochene Klausel kann dann in der/den nächsten Zeile/Zeilen bis zum abschließenden Punkt fortgesetzt werden.

Reihenfolge von Klauseln: Die zeitliche Reihenfolge der Eingabe von Klauseln spielt insofern eine Rolle, als die Such- und Zugriffszeiten durch den Prolog-Interpreter von der Lage im Arbeitsspeicher abhängen. Denn im allgemeinen werden die Klauseln von oben nach unten durchsucht. Eine ungünstige Anordnung wirkt sich allerdings nur auf die Zugriffs- und Suchgeschwindigkeiten aus, in logischer Hinsicht können die Klauseln in einer beliebigen Reihenfolge angeordnet sein.

Hier noch einige wichtige Hinweise für die Erstellung von Prologtexten: Ein Prologtext kann als ein Modul in der traditionellen Programmierung aufgefaßt werden, also einem in sich abgeschlossenen, und weitgehend unabhängigen Programmbaustein. Module sollten nicht allzu groß sein, daher sollte man sich auch bei der Abfassung von Prologtexten darauf beschränken, nur die für die Ausführung einer bestimmten Funktion erforderlichen Klauseln aufzunehmen. Es ist empfehlenswert, jeweils am Anfang eines Prologtextes einen Modulkopf mit der Kurzbeschreibung der Funktion in Form eines Kommentars einzufügen. Inhaltlich zusammengehörige Klauseln sollten auch in der Faktendatenbank zusammengestellt werden. Dies erleichtert das Lesen des Prolog-Programms.

Fakten: Fakten entsprechen den Tupeln bei relationalen Datenbanken und stellen die einfachste Form von Klauseln dar. Fakten beschreiben Objekte und sind immer wahr, im Gegensatz zu den Regeln, die nur dann wahr sind, wenn der Bedingungsteil der Regel wahr ist.

Die allgemeine Form eines Fakts ist

```
funktor(Argument1, ... , Argumentn)
```

Die Nähe zur Relation ist offensichtlich, der Funktor ist also nichts anderes als der Satztyp oder die Bezeichnung einer Relation, die Argumente entsprechen den Attributen oder Feldnamen. Vom Standpunkt der "logischen Programmierung" ist

diese Äquivalenz plausibel: Ein Datensatz in einer Artikelstammdatei charakterisiert einen bestimmten Artikel durch die
Angaben der einzelnen Felder. Ein Fakt stellt eine logische
Aussage über einen bestimmten Artikel dar, dessen Eigenschaften in dem Datensatz enthalten sind.

Als **Stelligkeit** (oder "arity") eines Funktors bezeichnet man die
Anzahl der Argumente in einem Fakt. Diese kann (implementie-
rungsabhängig) beliebig groß sein, wird aber in praxi kaum
größer als 10 sein.

> --> Die Stelligkeit ist ein Attribut des Funktors. Dies
> ist insofern von Bedeutung, daß zwei Fakten mit
> gleichem Funktor, aber unterschiedlicher Anzahl von
> Argumenten, als verschieden interpretiert werden
> (trotz des gleichen Funktor-Namens).

> --> Nullstellige Relationen, die nur aus dem Relatio-
> nennamen bestehen, haben ihre Entsprechung in einem
> Fakt, der nur aus der Funktor-Bezeichnung besteht.

> --> Nullstellige Fakten werden für die Zustandsanzeige
> verwendet (flags bei herkömmlicher Programmierung),
> etwa um die Prozedurausführung im Sinne einer Ver-
> zweigung von dem Fakt abhängig zu machen.

Variable bestehen aus den Zeichen A-Z, a-z, 0-9, "_" und müssen
mit einem Großbuchstaben oder mit dem "_" beginnen (Ereignis,
Datei_name, _dateiname). Die Variable "_" heißt anonyme Variable und hat nur eine Platzhalterfunktion, wenn das betreffende Argument für die momentane Anfrage oder Berechnung
nicht benötigt wird. Anonyme Variable haben die Bedeutung von
Dummy-Variablen, mit dem Vorteil, daß keine Dummy-Bezeich-
nungen eingeführt werden müssen.

Es gibt vier Arten von **Konstanten**:

> --> Namen: bestehen aus alphanumerischen Zeichen
> A-Z,a-z,0-9,"_". Sie können beliebig
> lang sein, dürfen aber nicht mit dem
> "_" beginnen, da sonst die Unter-
> scheidung zur Variablen nicht möglich
> wäre.

--> ganze Zahlen: enthalten im Gegensatz zu Namen nur Ziffern und dienen für arithmetische Operationen.

--> Operatoren: "+","-", usw.

--> Quotierte Namen: sind Zeichenketten in Hochkommata ('Müller'), um sie von Variablen (Müller) zu unterscheiden. Quotierte Namen werden gerne für Meldetexte bei der Ausgabe verwendet, und werden von Prolog zusammenhängend abgespeichert.

Funktoren sind Konstanten und werden daher klein geschrieben. Argumente können Variable oder Konstanten sein und werden entsprechend groß oder klein geschrieben.

Term: In Anlehnung an die Terminologie der formalen Logik wird ein Argument auch als Term bezeichnet. Ein Term kann eine Konstante, Variable, oder eine beliebig tief geschachtelte Struktur oder auch die synonyme logische Funktion sein.

Funktion: Eine Funktion unterscheidet sich von einem Fakt durch die Mehrwertigkeit: Ein Fakt ist zweiwertig (wahr oder falsch), eine Funktion kann viele Ergebnisausgänge haben. Ein Fakt ist als eine unnormalisierte Relation zu verstehen, die eine beliebig tiefgeschachtelte Baumstruktur haben kann. (---> Datenbanken (Kap. 8))

Prolog ist auch besonders als Datenbankabfragesprache geeignet.

Mit

```
person(_,"Schmidt",Ort,Tel)
```

wird die Anfrage gemacht, in welchem Ort Herr Schmidt (beachte: klein geschrieben als Symbol oder quotiert, da das Attribut eine Konstante ist) wohnt und welche Telefonummer er hat. (Ort und Tel sind Variable). Jede Abfrage stellt also selbst eine Klausel dar. Bei der direkten Suche nennt man die Fakten dann auch "Goals". Nimmt man zu der Datenbasis, die bisher nur Fakten enthält, Regeln hinzu, so spricht man von einer Wissensbasis (knowledge base). Ein System, das aus den Fakten einer Datenbasis mit Hilfe der Regeln neue Fakten, und damit neue Information, die bisher nicht gespeichert war, erzeugen kann, nennt man ein Produktionssystem. Die neue Information wird also aus dem vorhandenen Wissen

"produziert". Der Prolog-Interpreter ist ein solches Produktionssystem.

Eine **Regel** stellt selbst eine Klausel dar und hat die allgemeine
Form

Regelkopf :- Regelrumpf.

Der Regelkopf stellt einen Fakt dar, wobei eine unterschiedliche
Stelligkeit des Fakts, bei gleicher Funktor-Bezeichnung, unterschiedliche Regeln definiert. Der Regelkörper besteht aus verschiedenen Termen, die durch "," (logisches "und") und/oder durch
";" (logisches "oder") verbunden sein können.

Da sich Regeln und Fakten bei der Anfrage nicht unterscheiden, hat
man einen gemeinsamen Oberbegriff eingeführt: Das Prädikat. Ein
Prädikat kann also in der Wissensbasis durch eine Regel oder durch
einen Fakt repräsentiert sein. Formal ist ein Prädikat eine logische Funktion, die nur die beiden Werte "wahr" oder "falsch" annehmen kann.

Der **Regelrumpf** kann im allgemeinen aus mehreren Fakten bestehen,
die durch "," und/oder durch ";" verbunden sind. Gerade aber bei
komplexeren Regeln kann es übersichtlicher sein, die Regel mehrmals hintereinander, mit jeweils einem Fakt im Regelrumpf, zu
schreiben.

Eine **Liste** stellt in Prolog eine durch Komma getrennte Aufzählung
von Elementen dar, die durch eckige Klammern begrenzt werden:
[Element1, ... ,Elementn], [] = leere Liste. Mit der Listen-Nota-
tion [Listenkopf ¦ Restliste] besteht die Möglichkeit, eine Liste
in zwei Teile aufzutrennen, wobei der Listenkopf entweder aus einem Element oder aus mehreren, durch Komma getrennten, Elementen
der Listensequenz besteht, und die Restliste die übrigen Elemente
zusammenfaßt.
Beispiel: Die Liste sei FACH = [wtheorie,winformatik,ömetrie].
Dann wird wie folgt unifiziert:

FACH = [wtheorie¦R]	R = [winformatik,ömetrie]
FACH = [wtheorie,winformatik¦R]	R = [ömetrie]
FACH = [wtheorie,winformatik, ömetrie]	R = []
FACH = [X¦R]	X = wtheorie, R = [winformatik,ömetrie]
FACH = [wtheorie¦[A¦B]]	A = winformatik, B = [ömetrie]
FACH = [wtheorie¦[A,B]]	A = winformatik, B = ömetrie

Abb. 71: Beispiel für einen Unifikationsprozeß

Es gibt in Prolog auch sogenannte "built-in"-Prädikate, die an jeder Stelle eines Programms aufgerufen werden können. Diese sind

-> member(X,L) :   dieses Prädikat fragt ab, ob das Element X in der Liste L vorkommt.

-> var(X)   ist wahr, wenn X eine Variable ist

-> nonvar(X)   ist wahr, wenn X keine Variable ist

-> atom(X)   ist wahr, wenn das Argument X ein echtes Atom ist (ein Name, quotierter Name, ein Operator)

-> integer(X)   ist wahr, wenn das Argument eine ganze Zahl ist.

-> atomic(X)   ist wahr, wenn das Argument X ein beliebiges alphanunmerisches Atom ist. Für Variable ist dieses Prädikat jedoch falsch.

-> struct(X)   ist wahr, wenn das Argument X eine Struktur, also kein Atom ist.

Man spricht von Instanzierung, wenn bei der Unifizierung einer Variablen ein Wert zugewiesen wird. Grundsätzlich kann eine Variable nur einmal vom uninstanzierten Zustand in den instanzierten Zustand übergehen, d.h. es kann einer Variablen nur einmal ein Wert zugewiesen werden. Eine mehrfache Neuzuweisung, etwa durch := bei Pascal oder anderen höheren Programmiersprachen, ist nicht möglich.

Die grundsätzliche Abarbeitung der Regelfakten von oben nach unten führt entweder dazu, daß jedes Goal unifiziert werden kann, oder daß die vollständige Unifizierung scheitert. Im letzteren Fall wird der Anfrage ein "Fail" (Fehlschlagen) als Wahrheitsergebnis zugewiesen. Das sukzessive Auflösen der Regeln und Unifizierung der Fakten nennt man auch **Resolution** (Auflösung).

Der Prolog-Interpreter arbeitet nach dem **Backtracking**-Prinzip. Wenn ein Resolutionsalgorithmus auf ein Prädikat trifft, das er nicht unifizieren kann, wird nach der folgenden Vorschrift vorgegangen:

--> Der Algorithmus versucht eine Unifizierung mit der nächsten Regel oder dem nächsten Fakt mit dem gleichen Funktor und gleicher Argumentenzahl.

--> Findet der Prolog-Interpreter keine alternative Klausel für das angefragte Goal mehr, so wird der Algorithmus auf ein bereits erfolgreich bearbeitetes Goal zurücksetzen, um von dort andere Regeln oder Fakten zu suchen, die eine erfolgreiche Unifizierung erlauben.

--> Dasjenige Goal, auf das der Prolog-Interpreter zurücksetzt, wird als der zuletzt gültige Wahlpunkt oder "choice point" bezeichnet.

--> Alle Instanzierungen von Variablen, die seit dem letzten Wahlpunkt erfolgt sind, werden beim Zurücksetzen wieder aufgehoben, d.h. die Variablen sind wieder uninstanziert und können neuen Werten zugeordnet werden.

In Prolog entspricht der Prozedur das Prädikat. Beispielsweise hat das built-in Prädikat member(Element,Liste) den Charakter einer

--> Testprozedur, die das Prädikat dem Test unterzieht, ob das Element in der Liste enthalten ist,

--> Zugriffsprozedur, die auf die einzelnen Elemente der Liste zugreift,

--> Erzeugungsprozedur, die eine Liste mit dem ausgezeichneten Element generiert.

Bei herkömmlichen Programmiersprachen sehen diese Prozeduren unterschiedlich aus, da der für die jeweilige Funktion bestimmte Algorithmus unterschiedlich ist. Prolog dagegen ist eine nicht-algorithmische Programmier- und Spezifikationssprache, was häufig auch als nicht-prozedurale Sprache bezeichnet wird. Der Ausdruck "nicht-prozedural" ist verwirrend, da man gerade die Prädikate in Prolog als Prozeduren bezeichnet. Insofern ist der Ausdruck "nicht-algorithmisch" besser. In Prolog schreibt man keine Algorithmen sondern spezifiziert Prädikate (Prozeduren).

Die **Instanzierung** hat in Prolog in etwa die Funktion der Wertzuweisung in höheren Programmiersprachen. Die Instanzierung

  --> ist typenlos, d.h. jede Variable kann mit jedem Prolog-Term instanziert werden.

  --> wird beim Zurücksetzen wieder gelöscht, d.h. ab dem Wahlpunkt, an dem die Instanzierung der Variablen erfolgt ist, ist die Variable wieder uninstanziert.

  --> ist nicht abänderbar, d.h. wenn die Variable mit einem Wert instanziert wurde, kann dieser nicht mehr geändert werden, im Gegensatz zur u.U. mehrfachen Wertzuweisung einer Variablen in höheren Programmiersprachen.

Die **Unifizierung** verwendet die Instanzierung von Variablen nur als Elementaroperation. Als Unifizierung bezeichnet man den Mustervergleich zweier Terme. Der eine Term ist z.B. ein Goal aus der Anfrage vom Datensichtgerät oder der Rumpf einer gerade in Bearbeitung befindlichen Klausel, der andere Term ein Fakt oder Regelkopf der Datenbasis. Die Unifizierung zweier Terme kann aber auch durch den Gleichheitsoperator "=" explizit verlangt werden. Die Unifizierung stellt eine vollsymmetrische Operation bezüglich der beiden Terme dar, eine Unterscheidung zwischen dem linken und rechten Ausdruck einer Zuweisung gibt es in Prolog nicht. Bei der Unifizierung von zwei völlig gleichberechtigten Termen sind verschiedene Ergebnisausgänge möglich:

  --> Wenn zwei Terme in ihrer Struktur, in den Konstanten und momentanen Variablen-Instanzierungen gleich sind, dann beschränkt sich die Unifizierung auf diesen Vergleich und ist erfolgreich.

  --> Es gibt zwar Unterschiede zwischen den beiden Termen, diese können aber durch eine Instanzierung der Variablen mit einer Konstanten oder auch einer komplexeren Struktur beseitigt werden. Auch in diesem Fall wäre die Unifizierung erfolgreich.

  --> Wenn die Unterschiede zwischen den beiden Termen durch Variablen-Instanzierung nicht beseitigt werden können, so ist die Unifizierung erfolglos. Weitere Variablen-Instanzierungen werden dann nicht vorgenommen.

  --> Beide Terme sind konstante Atome. Die Unifizierung bedeutet Vergleich der beiden Atome. Bei Verschiedenheit der beiden Atome ist die Unifizierung erfolglos.

  --> Ein Term ist eine nicht instanzierte Variable. Dann wird diese mit einem Wert instanziert, der beim Durchsuchen der Datenbasis (von oben nach unten) als erstes gefunden wird.

LISP: Schon Ende der 50-er Jahre hat John McCarthy am MIT eine Programmiersprache zur logischen Symbolverwaltung entwickelt: LISP (= LIS(t) P(rocessing Language)). Die grundlegenden Datentypen sind Atome und Listen. Bei Atomen unterscheidet man zwischen Zahlen (z.B. 0, -123, 1234, 12.34) und Symbolen (z.B. X, Y1, SUMME). Mit "nil" wird die leere Liste bezeichnet. Eine Liste ist von der Form $(a_1\ a_2\ \ldots\ a_n)$, wobei jedes Element ein Atom oder selbst eine Liste sein kann. Problemorientierte Datenstrukturen können als Listen definiert werden. Die Liste kann sowohl als strukturierter wie auch als dynamischer Datentyp verwendet werden. Sie eignet sich insbesondere für die Darstellung von Graphen, Netzwerken und Bäumen bei dynamischer Veränderung. Es lassen sich in Lisp Algorithmen modular entwickeln.

Es entstanden eine Reihe von unterschiedlichen LISP-Dialekten (z.B. InterLisp, MacLisp, ZetaLisp, u.a.), denen aber ein Kern-Lisp gemeinsam ist. Das zentrale Element ist der auf dem Lamda-Kalkül des Logikers A. Church beruhende Funktionsbegriff. Einige wichtige Grundfunktionen von Kern-LISP sind

Aktivität	Funktion	Argumente
Identifik. von Symbolen als Atome	atom	x
Gleichheit von Symbolen	eq	x y
Zugriff auf das erste Element (content of adress register)	car	l
Zugriff auf den Rest einer Liste (content of decrement register)	cdr	l
Konstruktion einer Liste aus einem Lisp-Objekt x und einer Liste l	cons	x l

Abb. 72: Grundfunktionen von Kern-LISP

Die Argumente einer Funktion sind symbolische Ausdrücke und das Ergebnis eines Funktionsaufrufs ist ebenfalls ein symbolischer Ausdruck. Die Funktionsaufrufe in LISP erfolgen in der sogenannten **Präfix**-Notation:

(Funkt_name	argument_1	argument_2	...	argument_n)	Ergebnis
(eq	x	y		)	falsch
(atom	nil			)	wahr
(car	x	y		)	x
(cdr	x	y		)	y
(cdr	x			)	nil

Abb. 73: Funktionsaufrufe in Präfix-Notation

Der einfache arithmetische Ausdruck (1 + 2) - (3 * 4) = -9 stellt sich in Präfix-Notation in der Form (- (+ 1 2) (* 3 4)) dar, was im Vergleich zu anderen Programmiersprachen ungewohnt erscheint. Bei der Auswertung von Formeln folgt man dem Prinzip der Auswertung von Funktionen in der Mathematik: Zuerst werden die Argumente ausgewertet, anschließend folgt die Evaluierung der Funktion. Sind die Funktionsargumente selbst Funktionen, so erfolgt zuerst die Evaluierung des Funktionsarguments im Sinne der Auswertungsreihenfolge von mittelbaren Funktionen in der Mathematik. In Lisp-Funktionen können die Funktionsparameter sowohl als Eingabe- wie auch als Ausgabeparameter verwendet werden (im Unterschied etwa zu Pascal). Weiterhin sind Funktionen möglich, die andere Programme erzeugen oder verändern können. Jede Funktion kann direkt nach der Eingabe sofort aufgerufen und ausgetestet werden, ohne daß ein Rahmenprogramm wie bei anderen Programmiersprachen erforderlich wäre. Der Lisp-Interpreter begünstigt dieses interaktive Austesten der Programmteile, wodurch es auch möglich ist, die Syntax anderer Programmiersprachen zu simulieren. Ursprünglich war neben der Rekursion nur der bedingte Ausdruck als Kontrollstruktur realisiert, sodaß Wiederholungsanweisungen nur über Sprunganweisungen möglich waren. Heute bieten aber einige Lisp-Dialekte die Möglichkeit der Schleifenbildung, wie sie in der strukturierten Programmierung üblich sind.

Bei der Entwicklung sog. **objektorientierter** Programmiersprachen verfolgte man den Gedanken, daß eine Sprache für die Kommunikation mit einem Rechner auf der Basis des vom Entity-Relationship-Modell her bekannten Systems von "Objekten" entwickelt werden müßte. Ein Objekt ist als eine Zusammenfassung von Information zu verstehen, einschließlich der Beschreibung, in welcher Weise diese Information zu verarbeiten ist. Der Unterschied zu den herkömmlichen Programmiersprachen ist, daß die Programmsteuerung nicht mehr über die bekannten Kontrollstrukturen wie Verzweigung, Schleife, usw. erfolgt, sondern durch das Versenden und Empfangen von "messages" (Botschaften) zwischen den Objekten. Ein weiteres Ziel bei der Konzeption objektorientierter Systeme ist, daß keine Komponente (Objekt) eines komplexen Systems von der inneren Struktur einer anderen Komponente abhängig ist. Objekte werden in vier Gruppen eingeteilt:

-> Elementarobjekte, die nicht mehr weiter zerlegt werden können und die unterste Schicht eines Klassenschemas bilden (z.B. Zahlen, Zeichen, logische Operatoren, usw.)

-> Standardobjekte (Zeichenketten, Tabellen, Dateien, LIFO-Strukturen für die Realisierung von Stacks, FIFO-Strukturen für die Realisierung von Warteschlangen)

-> Strukturobjekte (Zusammenfassung geeigneter Standardobjekte zu einer neuen Datenstruktur)

-> Anwendungsobjekte (anwendungsbezogene Zusammensetzung von Strukturobjekten)

Beispiele für objektorientierte Sprachen sind die auf InterLisp basierende Sprache **LOOPS**, ebenso die KI-Sprache **SMALLTALK**. Auch gibt es eine Weiterentwicklung von Pascal zu der von der Firma Apple entwickelten objektorientierten Sprache Clascal. Insbesondere die Anwendungen für den MacIntosh wurden mit dieser Sprache geschrieben. Objektorientiert ist hierbei die Schnittstelle zum Benutzer: Mit dem Mauszeiger wird auf ein Objekt gezeigt und die Funktion des Objekts wird nach dem Anklicken ausgeführt. In Clascal ist das Klassenbildungskonzept von Smalltalk, entsprechend der oben ausgeführten Objektklassifikation, übernommen worden.

Die Beschreibung einer Operation, die auf ein Objekt angewandt werden kann, wird in SMALLTALK als "Methode" bezeichnet. Eine Methode stimmt mit einer Prozedur z.B. in Pascal insoweit überein, daß sie ebenfalls eine Reihe von Anweisungen umfaßt. Ein wichtiger Unterschied ist, daß Methoden andere Methoden nicht "aufrufen" können. Methoden können nur durch eine Botschaft aktiviert werden. Eine Botschaft enthält den Namen des Objekts und die Namen der Methoden, die für irgendwelche Operationen an dem Objekt benötigt werden. Auf Einzelheiten bei der Kommunikation zwischen Objekten durch das Austauschen von Botschaften wird hier nicht näher eingegangen sondern auf die ·Literatur am Ende des Kapitels verwiesen.

Bleibt schließlich noch **OPS 5** zu nennen, eine weitere Sprache der symbolischen Informationsverarbeitung. OPS 5 ist für die Implementierung von Produktionssystemen (Regelsysteme) geeignet. Es gibt verschiedene Lisp-Dialekte für OPS 5, außerdem werden seit kurzem OPS 5-Versionen für Mikrocomputer angeboten. Diese sind wegen der Realisierung in Lisp relativ langsam und verfügen auch nicht über den gesamten Sprachvorrat. Es gibt allerdings eine sehr viel schnellere OPS 5-Version auf VAX-Maschinen (unter VMS), die in der maschinennahen Programmiersprache BLISS-32 von DEC implementiert ist.

7.9 Integrierte Software, Softwarepakete

Neben den Programmiersprachen gibt es für den gelegentlichen Endbenutzer Software-Anwendungen, welche keine Programmierkenntnisse erfordern. Diese Software-Systeme sind meist durch eine sehr komfortable Menüführung ausgezeichnet.

Microsoft-Windows ist eine Weiterentwicklung des DOS-Betriebssystems. Es stellt eine Erweiterung des in der Regel aus mehreren Systemprogrammen bestehenden Betriebssystems dar. Da das Betriebssystem die Schnittstelle zwischen der restlichen Software bzw. dem Anwender und der Hardware bildet, bedeutet diese Erweiterung eine Erleichterung des Zusammenspiels von Hardware und Anwendersoftware.
Mit Microsoft-Windows können mehrere Aufgaben gleichzeitig ausgeführt werden. Es ist mit MS-Windows möglich, mehrere Programme gleichzeitig ablaufen zu lassen, wobei von einem Programm zu einem anderen gewechselt werden kann. Ausgehend von einer Übersicht über sämtliche Anwendungsprogramme, wählt man die gewünschten Programme über die Befehlsauswahl im Menü aus. Bei der Erstellung eines Briefs mit einem Textverarbeitungsprogramm kann gleichzeitig beispielsweise noch ein Rechenprogramm geladen werden, um Berechnun-

gen auszuführen und die Ergebnisse anschließend in den Text zu integrieren. Beide Anwendungsprogramme werden dabei in "Fenstern" am Bildschirm angezeigt. Fenster sind rechteckige Ausschnitte auf dem Bildschirm, in denen das jeweilige Anwendungsprogramm verfügbar ist. Jedes Fenster besteht aus einer Titelleiste, einem Menüfeld und teilweise einer oder zwei Bildlaufleisten. Die Titelleiste befindet sich am oberen Rand des Fensters und enthält den Namen des Anwendungsprogrammes. Das Menüfeld gibt einen Überblick über die Befehle. Mit den Bildlaufleisten kann man das Programm im Fenster bewegen, falls der nicht sichtbare Teil des Programms im Fensterausschnitt benötigt wird (Rollieren des Fensterinhalts).

Hard- und softwaretechnische Voraussetzungen zur Benutzung von Microsoft-Windows sind:

--> ein PC mit 2 Laufwerken oder einer Festplatte, auf der Basis des Betriebssystems MS-DOS/PC-DOS,

--> eine Arbeitsspeicherkapazität von mindestens 256 KByte,

--> ein monochromatischer Graphikmonitor oder ein Farbmonitor,

--> keine ältere DOS-Version als die Version 2.0,

--> eine Graphikkarte.

Symphony stellt ein Softwareprogramm dar, das fünf unterschiedliche Funktionen in einem Konzept vereinigt. Daher bezeichnet man diese Software auch als integrierte Software. Es handelt sich um die Funktionsbereiche:

```
--> Tabellenkalkulation,
--> Textverarbeitung,
--> Grafik,
--> Datenbank-Management
--> Datenübertragung.
```

Abb. 74: Funktionsbereiche bei integrierten Softwarepaketen

Jeder dieser Funktionsbereiche bietet die Möglichkeit, die Daten in einer bestimmten Form zu organisieren und auf dem Bildschirm zu zeigen. Dabei kann man beispielsweise die gleichen Daten sowohl in der Tabellenkalkulation als auch in der Textverarbeitung verwenden. Werden Änderungen der Daten in einem Funktionsbereich vorgenommen, so wirken sich diese unmittelbar auf die entsprechenden

Daten der anderen Funktionsbereiche aus, und die Änderungen werden automatisch übernommen. Dies erreicht man dadurch, daß die Daten und Informationen nicht für jeden Bereich getrennt und in verschiedenen Formaten gespeichert werden, sondern für alle Bereiche in einer bestimmten einheitlichen Struktur in einem für alle Funktionsbereiche gemeinsamen Speicherbereich abgelegt werden.

Der Funktionsbereich **Tabellenkalkulation** dient neben der Durchführung von buchhalterischen Aufgaben und der Erstellung von Finanzplänen vor allem der Kalkulation, d.h. dem Durchspielen von "Was - Wenn"-Situationen. Durch das Verändern von bestimmten Werten läßt sich auf diese Weise leicht feststellen, wie diese Veränderungen andere Werte oder Variablen beeinflussen. Während einer Arbeitssitzung speichert Symphony vorübergehend alle Daten des Kalkulationsblattes in einer großen Arbeitsfläche, die Arbeitsblatt genannt wird. Das Arbeitsblatt besteht aus 8192 Zeilen und 256 Spalten. Seine Basiseinheit, i.e. die kleinste Einheit, die Daten enthalten kann, wird durch genau eine Spalten- und Zeilennummer bestimmt und **Zelle** genannt. Eine Zelle kann eine Zahl, alphanumerische Daten oder auch eine Formel, welche selbst Formeln oder Ausdrücke in anderen Zellen verändern kann, enthalten.

Im Funktionsbereich **Textverarbeitung** gibt es neben den Grundfunktionen einer Textverarbeitung (Schreiben, Editieren und Formatieren von Text) auch die Möglichkeit, Daten aus anderen Funktionsbereichen (z.B. Tabellen) in das Dokument zu integrieren, ohne sie neu schreiben zu müssen. Separate Textverarbeitungssysteme werden später ausgeführt.

Mit den Daten des Arbeitsblattes lassen sich im Funktionsbereich **Grafik** verschiedene Grafiken wie z.B. Linien-, Balken-, Kreisdiagramme u.a. erstellen und ausdrucken. Dabei werden alle Änderungen an den Zahlenwerten unmittelbar in der grafischen Darstellung mitberücksichtigt.

Der Funktionsbereich **Datenbank** orientiert sich in seiner Darstellungsweise von Informationen an einer relationalen Datenbank, wobei die Datenbank in einem Arbeitsblatt erstellt und abgespeichert wird. Der Aufbau einer Datei hat hierbei die Form eines Tabellenschemas, in dem die Attribute oder Felder durch die Spalten repräsentiert werden, und jeder Datensatz in eine Zeile aufgenommen wird. Auf diese Weise können die grundlegenden Operationen einer Datenbank, wie Einrichten einer neuen Datenbank, Eingabe und Änderung von Datensätzen, Sortieren und Auswahl von Datensätzen, mit Befehlen einer Datenmanipulationssprache vorgenommen werden. Die Datenbank-Funktion ist in die anderen vier Symphony-Bereiche vollkommen integriert.

Der Funktionsbereich **Datenübertragung** dient für den Austausch von Informationen mit anderen Computern. Damit ist es nicht nur möglich, Daten zu senden und zu empfangen, sondern die Daten lassen sich gleichzeitig auch in einem Arbeitsblatt erfassen, sobald sie der Computer empfangen hat. Die für den Datentransfer notwendigen Schritte können mit Hilfe der Befehlssprache von Symphony automatisiert werden. Man erstellt dazu einen Makrobefehl, der eine Folge von Befehlen (die jeweiligen Tastenanschläge für die Anfangsbuchstaben der Befehle) speichert. Durch Aufruf des Makrobefehls kann die Befehlsfolge abgearbeitet werden. Weiterhin läßt sich der Ablauf eines Makrobefehls durch logische Bedingungen steuern.

Lotus 1-2-3 ist ein bedienerfreundliches Tabellenkalkulationsprogramm mit integrierter Datenbank und Textverarbeitung. Lotus ist der Vorgänger von Symphony und ist in die Reihe der Klassiker VisiCalc und Multiplan einzuordnen.

Open Access ist ein ähnliches integriertes Softwarepaket, das von dem amerikanischen Softwarehaus SPI (=Software Products International) vertrieben wird. Die Daten werden auch hier zentral nur einmal gehalten. Insgesamt stehen sechs integrierte Funktionsbereiche zur Verfügung: Eine relationale Datenbank, der Funktionsbereich Kalkulation mit den verschiedensten Möglichkeiten zur Tabellenkalkulation und Optimierung, ein Textverarbeitungsprogramm, ein Graphik-Modul für die Erstellung von Tabellen und Geschäftsgraphiken, der Funktionsbereich Terminplanung und der Kommunikationsmodul für den Informationsaustausch mit anderen Computern. OA unterstützt eine Unterteilung des Bildschirms in bis zu sechs Fenster, das Arbeitsblatt im Funktionsbereich Kalkulation eröffnet den Zugang zu verschiedensten Anwendungen (Verkaufsberichte, -prognosen, Investitions- und Simulationsrechnungen).

Microsoft-Chart ist ein Softwarepaket zur Erstellung von Geschäftsgraphiken (Business Graphics). Mit Microsoft-Chart lassen sich die verschiedensten Datenarten in diagrammatischer Form darstellen. Die Erstellung eines Diagrammes ist sehr einfach und beschränkt sich auf folgende 3 Arbeitsschritte:

-> Eingabe des Namens einer Datenreihe, der Überschrift der zu erstellenden Graphik und der Achsenbeschriftungen
-> Eingabe der Daten
-> Wahl der gewünschten Diagrammform.

Die Daten können direkt über die Tastatur eingegeben oder aus Dateien entnommen werden, welche durch andere Programme, wie z.B. Lotus 1-2-3, Symphony oder dBaseII/III, erstellt wurden. Zur entsprechenden Aufbereitung von Daten stehen verschiedene Berechnungsfunktionen zur Verfügung. Es läßt sich praktisch jede Datenart in Diagrammform darstellen, beispielsweise Kostenrechnungszahlen, Umsatzzahlen, Zinssätze, Produktions- und Personalangaben, etc.

Für die Erstellung von Diagrammen steht ein Musterverzeichnis von 45 Grunddiagrammarten zur Verfügung. Diese sind in acht Grundformatarten unterteilt. Je nach Zweck der Darstellung und der Art der Daten wählt man eine bestimmte Grundformatart, wie z.B. Liniendiagramme, Säulendiagramme oder Kreisdiagramme. Es besteht auch die Möglichkeit, daß das oben ausgeführte Microsoft-Chart als Anwendungsprogramm in Microsoft-Windows eingesetzt wird. Hard- und softwaretechnische Voraussetzngen zur Benutzung von Microsoft-Chart sind:

-> ein PC mit mindestens einem Laufwerk, welcher unter dem DOS-Betriebssystem läuft,

-> eine Arbeitsspeicherkapazität von mindestens 256 KByte,

-> ein Monochrom-Graphikmonitor oder ein Farbmonitor

-> eine Graphikkarte (CGA, EGA, u.a.).

AS (Application System) ist ein Softwarepaket, das für verschiedene Zwecke innerhalb eines Unternehmens eingesetzt werden kann.

AS besitzt

    -> eine Schnittstelle zum relationalen Datenbanksystem IBM DB2
       und zu anderen SQL-orientierten Datenbanksystemen, und
       ermöglicht daher eine komfortable Datenhaltung und Daten-
       organisation,

    -> ermöglicht die Datenanalyse und -aufbereitung durch
       Graphiken und Statistiken

    -> kann in der Projektplanung eingesetzt werden (Netzpläne),

    -> erlaubt die Erzeugung von Prognosen mit Hilfe von
       benutzerspezifizierten Modellen,

    -> enthält ein Textverarbeitungssystem zur Erstellung von
       Briefen und Geschäftsberichten.

Die gemeinsamen Daten können von verschiedenen Benutzern und für
verschiedene Anwendungszwecke abgerufen werden, dasselbe gilt für
die verschiedenen Anwendungskomponenten von AS. Weiterhin kann AS
mit anderen Softwareprodukten, z.B. PROFS (Professional Office System), verbunden werden. Mit dem interaktiven Dialog-Manager ISPF
(Interactive System Productivity Facility) wird das Einbinden von
externen Standardprogrammen möglich.

SAS (Statistical Analysis System) ist ein Softwaresystem, das ursprünglich für die komfortable Nutzung statistischer Methoden entwickelt wurde, es stellt aber heute ein umfangreiches System mit
sämtlichen Funktionen zur Datenhaltung, -aufbereitung, statis-
tisch-ökonometrischen Auswertung und zur Erzeugung von Geschäfts-
bereichten und -graphiken dar. SAS war ursprünglich nur auf IBM-
Großrechnern im interaktiven und Batch-Betrieb lauffähig, heute
gibt es aber SAS-Versionen für Workstations und Personal Computer
(VAX, IBM PC und Kompatible). SAS besitzt ein sehr mächtiges
Datenverwaltungssystem (DATA step) mit Funktionen zur Erzeugung
und Modifikation von Variablen. Dateien (SAS data base) sind von
relationaler Form (Tabellenform), wobei jeder Spalte eine Variable
(Zeitreihenbezeichnung), jeder Zeile ein Beobachtungswert der
Zeitreihe entspricht. Die statistischen Prozeduren (PROCEDURES)
decken das gesamte Spektrum von einfachen deskriptiven Methoden
bis zu multivariaten Verfahren ab. Die Prozeduren REG, GLM und
NLIN erlauben die schätztechnische Behandlung von quantitativen
wie qualitativen Daten in linearen und nichtlinearen Modellen,
entsprechend stehen die Prozeduren SYSREG, SIMLIN, SYSNLIN und

SIMNLIN für die Schätzung und Simulation simultaner Mehrgleichungsmodelle zur Verfügung.

In dem separaten Programmpaket ETS (Econometric Time Series) wird der sehr einfache Zugang zu praktisch allen aus der einschlägigen Literatur bekannten Verfahren zur Schätzung von Ein- und Mehrgleichungsmodellen möglich. Außerdem sind Prozeduren für die Finanzplanung (COMPUTAB, MORTGAGE), zur Zeitreihenverarbeitung (TIME-PLOT) und für Prognoseverfahren (ARIMA, FORECAST, SPECTRA, STATESPACE, X11, u.a.), verfügbar. Mit einer Vielzahl von Benutzeroptionen lassen sich Methodenvarianten und Umfang der Ergebnisausgabe steuern.

SAS/OR ist ein Methodenpaket für den Bereich Operations Research. Der Zugang zu Verfahren der linearen Optimierung, Transportplanung und Wegeoptimierung in Netzwerken, generell für die Lösung von Optimierungsproblemen, wird gerade auch für Anwender ohne Kenntnisse in höheren Programmiersprachen ermöglicht. Einige wichtige Prozeduren sind

> -> LP für die Lösung linearer Optimierungsprobleme (einschließlich zahlreicher Möglichkeiten zur Sensitivitätsanalyse),

> -> TRANS für lineare Transportmodelle

> -> NETFLOW für die Lösung von Flußproblemen in Netzwerken (Maximaler Fluß/Minimaler Schnitt-Algorithmus von Ford und Fulkerson, Kürzester Wege-Algorithmus von Dijkstra)

> -> CPM (Critical Path Method) für die Erstellung von Netzplänen (optional mit Kalendrierung und Gantt-Diagrammen)

> -> SASMPSX mit einer Schnittstelle zu dem gemischtganzzahligen Optimierungspaket MPSX.

SAS/FSP ist ein interaktives System zur menügesteuerten Datenerfassung und -manipulation von SAS-Dateien, SASGRAPH ist ein Graphikpaket für die Erstellung qualitativ hochwertiger Graphiken auf Plottern, SAS/IMS-DL/I ermöglicht eine Schnittstelle zu Datenbanken innerhalb der Informationssysteme IMS (Industrial Management System) und CICS (Customer Information and Control System).

TSP (Time Series Processor) ist ein Softwarepaket für die Zeitreihenanalyse und die Schätzung ökonometrischer Modelle. TSP wurde am

MIT (Massachussetts Institute of Technology) entwickelt und wird heute von einer Gruppe an der Stanford Universität gewartet.

GAUSS ist ebenfalls eine interaktive Software für Zeitreihenanalyse, Modellschätzung und Optimierungsverfahren, die auf Mikrocomputern eingesetzt werden kann. GAUSS wurde von Aptech Systems, Inc., Kent, Washington (USA) entwickelt und wird ständig erweitert. GAUSS verwendet verschiedene Module (modules) für die Einzelanwendungen wie Optimierung oder Graphik. Dem Benutzer steht ein Matrix-Prozessor zur Verfügung, mit dem die unterschiedlichste Verknüpfung von Matrizen möglich ist (Matrizenaddition und -subtraktion, -multiplikation, Inversion, horizontale und vertikale Verkettung). Mächtig sind auch die Prozeduren, welche durch die Zusammenfassung von Anweisungen zu einer Teilaufgabe zu einer guten Modularisierung führen. Außerdem wird die Rekursion unterstützt. Aufgrund der kompakten Matrixschreibweise und der Mächtigkeit der Befehle sind Gauss-Programme sehr kurz und erinnern ein wenig an APL-Programme.

AMTOS (Automation based Modeling and Task Operating System) wurde an der Universität Regensburg von G. Niemeyer entwickelt. Amtos stellt ein universelles Software-Werkzeug zur Modellierung, Simulation, Planung und Steuerung komplexer Prozesse dar. Auf der Basis der System- und Automatentheorie lassen sich beliebige zustandsändernde Prozesse und deren wechselseitige Prozeßbeziehungen beschreiben. Durch Aufnahme von Regelkreis-Mechanismen eröffnet sich die Möglichkeit zur Ablaufsteuerung komplexer realer Prozesse. Die Ablaufsteuerung von AMTOS ist wie bei einem Multitasking-fähigen Betriebssystem organisiert. Es ist möglich, Task-Hierarchien sequentiell als auch zeitparallel auf jeder Ebene zu verwalten. Für folgende Aufgabenbereiche läßt sich AMTOS einsetzen:

-> Projektplanung und Projektmanagement (erweitertes Konzept der Netzplantechnik)

-> Simulation von Transaktionssystemen (für GPPS-ähnliche Simulationszwecke)

-> Prozeßplanung mit intelligenter Prozeßsteuerung

-> Maschinenbelegungs- und Stundenplanung

-> Simulation von Flußsystemen (Kontrollflußsteuerung von Ein- und Mehrprozessorsystemen)

7.10 Programmierung von 2D- und 3D-Graphiken

Wie wir im letzten Abschnitt gesehen haben, gibt es Zeichenpro-
grammpakete, mit denen unter Verwendung von elementaren Funktionen
für Linien-, Rechteck- und Kreiserzeugung, und anderen Hilfsfunk-
tionen sehr schnell Schaubilder erstellt werden können. Grundsätzlich muß der verwendete Personal Computer graphikfähig sein, d.h.
er benötigt die entsprechenden Bildschirmkarten (Hercules, CGA,
EGA, usw.). Der Bildschirm eines PC kann entweder im Text- oder im
Graphik-Modus arbeiten. Im **Textmodus** entspricht der Bildschirm einer Zeichenmatrix von 25 Zeilen und 80 Spalten, wobei jedes Zeichen durch 2 Bytes dargestellt wird. Das erste Byte stellt den
ASCII-Code des Zeichens dar, das zweite Byte enthält die Information über die Attribute des Zeichens (hell/dunkel/blinkend/usw.).
Im **Graphikmodus** besteht der Bildschirm aus einem Punktraster, wobei jeder Bildpunkt (Pixel) adressierbar ist. Es gibt Punktraster
mit 640 mal 200 oder 640 mal 350 Punkte (350 Zeilen, 640 Spalten),
die für Personal Computer (EGA-Karte) meist verwendet werden. Bei
monochromen Bildschirmen wird jedes Pixel durch ein Bit (dunkel
oder weiß) dargestellt. Verwendet man mehrere Bits für ein Pixel,
so lassen sich verschiedene Grautöne oder auch Farben erzeugen.
Bei einem Byte je Pixel lassen sich also 8 verschiedene Bit-Zu-
stände in 256 Graustufen bzw. Farben variieren. Hochwertige Rasterbildschirme mit sehr hoher Auflösung haben bis zu 4096 mal
4096 Bildpunkte (siehe Abschn. 5.7). Graphiken sind daher sehr
speicherintensiv und entsprechend aufwendig ist der Aufbau eines
Bilds. Man hat aber bereits sehr schnelle Video-RAM Chips entwik-
kelt (z.B. einen 384 KB Video RAM Chip), die einen einigermaßen
schnellen Bildaufbau gewährleisten. Im Zuge der zunehmenden Anforderungen an die Bildverarbeitungsfähigkeit von Computern wird hier
zukünftig sicherlich noch einiges zu erwarten sein.

Präsentationsgraphiken sind solche graphischen Darstellungen, die
sich mit den im vorigen Abschnitt genannten integrierten Softwarepaketen erzeugen lassen. Man unterscheidet im wesentlichen die

    -> Linien- und Kurvendiagramme

-> Balkendiagramme (zwei- und dreidimensional)

-> Kuchendiagramme

-> Flächendiagramme

deren Gestalt selbsterklärend ist und daher keiner weiteren bild-
lichen Verdeutlichung bedarf. Will man die Präsentationsgraphiken
individueller gestalten, so ist man auf Graphikfunktionen in einer
höheren Programmiersprache angewiesen. Insbesondere die neue Version 4.0 von Turbo Pascal stellt eine Vielzahl von Graphikfunktionen zur Verfügung. Es gibt ein Unit Graph mit einer Funktion 'de-
tect' für die automatische Erkennung des Grafik-Adapters und für
die Bestimmung des zugehörigen Treibers. Mit Funktionen

-> zur Festlegung von Fensterausschnitten und Achsenkreuzen

-> für die Positionierung des Cursors,

-> für die Auswahl von Farben,

-> zur Linien-, Rechteck-, Kreis-, Ellipsen und
   Polygonerzeugung,

-> für verschiedene Schrifttypen und -größen,

-> zur variablen Textgestaltung innerhalb eines Diagramms,

-> zur horizontalen und vertikalen Textjustierung,

-> für vordefinierte Füllmuster,

-> für das Ausfluten von linienbegrenzten Bereichen,

-> für die Festlegung verschiedener Füllmuster (Bitmap),

-> für das schnelle Schreiben/Lesen in/vom Bildspeicher
   (GetMem, PutImage)

lassen sich im Rahmen eines Pascal-Programms individuelle Graphiken erzeugen.

Entgegen der umgangssprachlichen Verwendung des Begriffs Computergraphik wird in der Literatur zur graphischen Datenverarbeitung
der Begriff Computergraphik wesentlich enger gefaßt. Die graphische Datenverarbeitung umfaßt die Techniken zur Beschreibung, Ausgabe und Veränderung beliebiger graphischer Darstellungen und
gliedert sich in die Bereiche Bildverarbeitung (Image Processing),
Computergraphik (Computer Graphics) und Bildanalyse (Picture Ana-

lysis) auf. Eine wichtige Aufgabe der **Bildverarbeitung** besteht in einer anwendungsabhängigen Veränderung einer gegebenen Bilddarstellung in der Weise, daß die Bildinformation bestmöglich zu erkennen und auch für andere Anwendungen weiterzuverarbeiten ist. Hierzu sind Techniken der Kontrast- und Bildschärfenverbesserung zu nennen. Die **Bildanalyse** wird im Bereich der Künstlichen Intelligenz angesiedelt. Man hat für diesen Bereich bereits komplexe Software entwickelt, mit der das Erkennen von Gegenständen auf einem Bild möglich ist. Hierzu muß die Software in der Lage sein, aus dem Bild als einer zunächst unstrukturierten Menge von Punkten die Ecken und Kanten festzustellen und aus diesen eine formale Beschreibung eines abgebildeten Gegenstands abzuleiten. Hierzu ist die Entwicklung aufwendiger Regelsysteme erforderlich, mit denen aus elementaren geometrischen Formen komplexere Bildformen erzeugt werden können. In der **Computergraphik** verfolgt man genau den umgekehrten Weg wie bei der Bildanalyse: Ausgehend von der formalen Beschreibung für ein Bild, etwa den mathematischen Vorschriften für die Linienführung (Plotter-Befehle), ist das Ziel die Erzeugung des Bilds. Der Bildaufbau erfolgt aus sog. graphischen Primitiven wie Punkt, Linie, Kreis, u.a. Für die Erzeugung der Primitive in jeder beliebigen Lage auf dem Bildschirm sind Algorithmen entwickelt worden. Beispielsweise wird mit dem Linienalgorithmus über die Geradengleichung zwischen einem Anfangs- und einem Endpunkt diejenige Pixelmenge des Bildrasters bestimmt, die gewährleistet, daß das berechnete Liniensegment exakt die beiden Endpunkte trifft, außerdem die Liniendicke möglichst gleichmäßig ist. Kreise und Ellipsen lassen sich mathematisch über die bekannte trigonometrische Darstellung erzeugen. Allerdings sind diese entschieden zu rechenaufwendig und werden dem Problem, die erzeugte Punktfolge des Kreises möglichst "kreisgerecht" in das Rastergitter zu legen, nicht gerecht. Daher wurden wesentlich effizientere Algorithmen entwickelt, die keine trigonometrischen Funktionen benötigen und spezielle Punktsymmetrien ausnutzen (Bresenham (1977)). Effiziente Algorithmen sind auch für andere geometrische Transformationen wie Drehen, Verkleinern und Vergrößern entwickelt worden. Die Translation, Skalierung und Rotation im zwei- und dreidimensionalen Raum ist über elementare Matrizenoperationen möglich. Damit können dann perspektivische Transformationen (Parallel- und Zentralprojektion) erzeugt werden, die für den Übergang von der zweidimensionalen zur dreidimensionalen Betrachtung von zentraler Bedeutung sind. Für die relative Verkleinerung bzw. Vergrößerung von Bildern sind sog. Viewport-Techniken entwickelt worden, die beispielsweise auch im Turbo-Pascal-Programmpaket realisiert sind. Die Prozedur SetViewPort $(x_1,y_1,x_2,y_2$: Word; Clip: Boolean) erzeugt ein Zeichenfenster mit den Koordinaten (x_1,y_1) der linken oberen und (x_2,y_2) der rechten unteren Ecke fest. Weiterhin ist das sog. Clipping realisiert, worunter man das Abschneiden von Linien- und Flächenstücken versteht, die über das Zeichenfenster hinausragen. Das Clipping wäre in der originären Problemstellung sehr rechenaufwendig, daher sind effiziente Algorithmen für die Abschneidetechnik in Zeichenfenstern entwickelt worden (Midpoint-Subdivision-Algorithmus). Auch das sog. Ausfluten von durch Linienzüge begrenzten Flächen ist in den meisten Graphikpaketen möglich. In Turbo-Pascal gibt es hierfür die Prozeduren FillPoly(Anzahl_Punkte: Word; Polygon_Punkte) und FloodFill(x,y,Randfarbe: Word). FillPoly zeichnet mit den übergebenen Polygonpunkten ein geschlossenes Polygon und füllt dieses anschließend mit dem durch SetFillStyle und SetFillPattern festgelegten Muster in der momentan eingestellten Farbe aus. Im Gegensatz zu FillPoly arbeitet FloodFill bit-orientiert, d.h. von dem gegebenen Punkt (x,y) innerhalb eines begrenzten Flächenstücks wird dieses nach allen Richtungen soweit "ausgeflutet" (flood), bis durch die Randfarbe ausgezeichnete Pixelpunkte erreicht werden. Befindet sich der Punkt (x,y) außerhalb des begrenzten Flächenstücks, so wird das Komplement des Flächenstücks zum Bildschirm ausgeflutet.

Die Entwicklung von Algorithmen für die Kurven- und Flächendarstellung im zwei- und dreidimensionalen Raum ist Gegenstand der **Approximationstheorie.** Es werden Interpolationstechniken, die sich aufgrund ihrer auf elementaren Matrizenoperationen beruhenden algorithmischen Vorschrift leicht berechnen lassen, verwendet. Gerade im Zuge der in Zukunft an Bedeutung zunehmenden Parallelrechner-Entwicklung werden derartige matrizielle Algorithmen besondere Bedeutung erlangen, da Matrizenoperationen für die zeitgleiche Parallelausführung auf verschiedenen Prozessoren ideal geeignet sind. Im praktischen Einsatz werden heute meist kubische (2D) bzw. bikubische (3D) Splinefunktionen (Stückpolynome) verwendet.

Weiterführende Techniken der Computergraphik sind Korrekturverfah-
ren, die für die Behebung von Fehlern bei der Rasterkonvertierung
erforderlich werden. Man bezeichnet mit "**Aliasing**" alle diejenigen
Erscheinungen auf dem Bildschirm, die dem Betrachter sofort auf-
fallen, aber aufgrund der Rastergitter-Struktur des Bildschirms
nicht vermieden werden können. Ein Beispiel ist die "Treppenform"
bei schräg diagonal verlaufenden Linien. Unter Anti-Aliasing subsumiert man die methodischen Möglichkeiten zur Beseitigung dieser
"Schönheitsfehler". Bei hochwertigen Graphikbildschirmen ist dieses Problem allerdings nicht allzu relevant. Grundsätzlich unterscheidet man beim Anti-Aliasing die beiden Korrekturtechniken Pre-
und Postprocessing. Beim Preprocessing werden die Korrekturverfah-
ren bereits bei der Rasterkonvertierung angesetzt, während beim
Postprocessing die Korrektur am bereits gerasterten Bild vorgenommen wird. Beispielsweise bietet das sog. "Blurring" (Verwischen)
der störenden Kanten bei der Treppenstufen-Approximation der
schräg verlaufenden Linie eine solche Postprocessing-Korrektur.
Grundsätzlich besteht das Prinzip des Postprocessing darin, die
kritischen Teile des Bilds mit einem höheren Unschärfegrad auszugeben. Allerdings ist es mit den Postprocessing-Methoden nicht
möglich, die bei der Rasterkonvertierung verlorengegangene Bildinformation zurückzugewinnen. Um das Problem des möglichst geringen
Informationsverlusts zu bewerkstelligen, sind die Korrekturtechniken des Preprocessing entwickelt worden. Beim sog. "Oversampling"
erreicht man dies etwa dadurch, daß man softwaremäßig ein wesentlich feineres Raster verwendet, als dies mit dem Pixel-Raster des
Bildschirms möglich ist. In praxi werden hierzu meist gewisse Helligkeitsstufen (in der Regel 9), welche durch bestimmte Bit-Kombinationen für jedes einzelne Pixel definiert sind, abgegriffen und
ein gewichteter Mittelwert der Helligkeitswerte bestimmt. Die unterschiedliche Gewichtung bei der Mittelwertberechnung ermöglicht
verschiedene Effekte der Helligkeitsabschwächung von Rasterpunk-
ten.

7.11 Textverarbeitungs- und DTP-Systeme[1]

Wie wir im vorigen Abschnitt gesehen haben, bieten alle integrierten Softwarepakete eine Textverarbeitungskomponente an. Für höhere Ansprüche an die Möglichkeiten der Text- und Outlay-Gestaltung sind diese jedoch nicht mehr ausreichend. Mit zunehmender Dezentralisierung der DV-Kapazitäten wächst auch der Bedarf zur benutzerfreundlichen Texterstellung auf lokalen Datenstationen. Neben den sehr guten Wordprocessing-Systemen auf Großrechnern gibt es gerade für Mikrocomputer eine Vielzahl von Textverarbeitungssystemen, die sehr leistungsfähig sind.

Das Textsystem WORDSTAR des amerikanischen Softwarehauses MicroPro hat einen sehr leistungsfähigen Editor, welcher eine Vielzahl von Textgestaltungsmöglichkeiten bietet. Bequem ist der automatische Wortumbruch, bei dem das gesamte Wort an den Anfang der nächsten Zeile transportiert wird, falls es die festgelegte Zeilenlänge überschreitet. Der Abschluß mit der <CR>-Taste ist nur am Ende eines Absatzes erforderlich. Ein einmal eingegebener Absatz kann mit einfachen Tastenfunktionen in ein beliebig anderes Format gebracht werden, sei es, daß der linke und rechte Rand weiter eingezogen wird, oder daß der Abschnitt im Blocksatz mit Randausgleich formatiert wird. Hierbei werden automatisch zusätzliche Wortzwischenräume eingefügt. Das Seiten-Layout läßt sich beliebig gestalten. So können auf jeder Seite Kopf- und Fußzeilen erzeugt werden, eine Trennhilfe sorgt für eine gleichmäßigere Textverteilung bei Wahl des Blocksatzes, mit sog. **Punktbefehlen** kann man beispielsweise ab einer bestimmten Zeile die restlichen Zeilen auf einer Zeile abzählen, und bei Unterschreitung dieser Restzeilenanzahl zum Anfang der nächsten Seite gehen. Die Steuerung der Druckbildgestaltung über Punktbefehle ist eine Stärke von Wordstar, ebenso die große Anzahl von Hilfsprogrammen für die Erstellung von Stichwortverzeichnissen, zur Rechtschreibüberprüfung, zur Einbindung von Adreßlisten in Serienbriefe und zur Silbentrennung. Für die mehrfache Wiederholung von Druckausgaben gibt es ein Zusatzprogramm: MailMerge. Auch können mit Mailmerge mehrere Dateien automatisch hintereinander, mit entsprechender Berücksichtigung der Seitenzählung, ausgedruckt werden.

---

[1] (DTP=Desk Top Publishing)

Die für Wordstar genannten Funktionen werden auch· in dem heute sehr verbreiteten Textverarbeitungssystem **WORD** von Microsoft zur Verfügung gestellt. Es gilt das WYSIWYG-Prinzip (What You See Is What You Get), d.h. das auf dem Bildschirm sichtbare Textbild wird genau in der Form auch auf dem Drucker erscheinen. Ein wichtiger Unterschied liegt in dem Fehlen von Punktbefehlen, allerdings gibt es im Rahmen der individuellen Gestaltung von sog. Druckformatvorlagen die Möglichkeit, das Druckbild so einzustellen, wie es durch die Angabe von Punktbefehlen möglich ist. Letztendlich ist es eine Frage der Gewohnheit im Umgang mit einem Textsystem, ob man die Textgestaltung mit Punktbefehlen oder den entsprechenden Optionen des hierarchischen WORD-Befehlssystems steuert.

Neben den bekannten Editierfunktionen enthält die neueste Version 4.0 von WORD einige Zusatzfunktionen, welche zu einer weiteren Erleichterung der Textgestaltung beitragen. Ein Makro ist die Zusammenfassung einer Folge von Tastenkombinationen und WORD-Befehlen, das sich zu einem späteren Zeitpunkt durch eine einfache Tastenkombination ausführen läßt. Eine horizontale wie vertikale Linienführung, Umrandungen (Rahmen) erlauben eine schnelle Tabellenunterteilungen und Kastenumrahmungen. Mit MS-Windows und WORD lassen sich Texte gemeinsam ansprechen. Wird WORD unter MS-Windows gestartet, so kann über einen speziellen Textbaustein, die sog. Zwischenablage, ein Word-Text in andere Dateien oder Programme übertragen werden. Es gibt ein Textkonvertierungsprogramm (Word Exchange) als Zusatzprogramm zu WORD, mit dem Texte von anderen Textverarbeitungssystemen in WORD-formatierte Texte umgewandelt werden können.

In Verbindung mit den beiden Textsystemen WORDSTAR und WORD ist ein Programmsystem zu nennen, das eine Verbindung zwischen den Textsystemen und Graphikprogrammen herstellen kann: Der Graphik- und Textintegrator **LAYOUT**. Damit wird WORD und WORDSTAR zum DTP-System. LAYOUT ist ein Produkt der North American Software GmbH und ist seit 1987 auch auf dem deutschen Markt erhältlich. Mit dem LAYOUT-Graphikeditor läßt sich während einer WORD- oder WORDSTAR-Sitzung durch eine einfache Tastenkombination entweder eine bereits existierende Graphikdatei in den Hauptspeicher laden und am Bildschirm zeigen, oder es kann eine neue Graphik erstellt und abgespeichert werden. Es läßt sich in den Text an einer gewünschten

Zeilen und Spaltenposition ein Rahmen setzen und mit einfachen Befehlen kann dann die Graphik in den Rahmen geladen werden. Die erforderliche Verkleinerung/Vergrößerung der Graphik auf die Größe des Rahmens wird von Layout automatisch vorgenommen. Somit können mit WORD oder WORDSTAR dieselben Text-/Bild-Dokumente erzeugt werden wie mit den professionellen DTP-Systemen VENTURA oder PAGEMAKER (siehe hierzu auch die Ausführungen am Ende dieses Abschnitts). Layout muß speicherresident sein, daher ist vor jedem Aufruf des Textverarbeitungssystems Layout zu laden. Dies kann auch automatisch bei jedem Einschalten des Computers erfolgen, wenn man das Programm in der Datei AUTOEXEC.BAT aufruft.

Um eine Graphik oder den Ausschnitt einer Graphik in einen präsenten WORD- oder WORDSTAR-Text einzufügen, ist ein sog. [PIX]-Nagel an der Position der linken oberen Ecke des einzusetzenden Bilds zu definieren. Der [PIX]-Nagel enthält den Dateinamen der Graphikdatei, z.B. [bild]. Beim Ausdrucken des Text-/Bild-Dokuments setzt Layout an der Stelle des [PIX]-Nagels die Graphik aus der Datei "bild.pix" ein. (Die Dateierweiterung .PIX muß im Nagel nicht angegeben werden.) Falls sich die .pix-Dateien in einem anderen Verzeichnis befinden, kann auch der vollständige DOS-Pfad in den Nagel aufgenommen werden. Falls sich nun ein [PIX]-Nagel auf dem Bildschirm befindet, so erscheint nach Aktivierung von Layout mit <Shift>-<PrtScr> ein Rahmen. Der Rahmen kann mit einer Layout-Option und den Pfeiltasten in die gewünschte Größe gebracht werden, in der die Graphik in den Text integriert werden soll. Die Layout-Druckdateien haben die Dateierweiterung .GNT (Graphik und Text). *.GNT-Dateien können im ASCII-Format oder verschlüsselt sein. Die *.GNT-Datei enthält dabei neben der Text- und Graphikinformation auch alle Steuerzeichen für den Drucker. Das ASCII-Format der *.GNT-Dateien hat den Vorteil, daß die Datei mit den DOS-Befehlen COPY oder PRINT angesprochen werden können. Die Option für die Verschlüsselung von *.GNT-Dateien ist dann zu empfehlen, wenn die Dateien über ein Datennetz geschickt werden.

TEX ist weniger ein Textsystem als vielmehr ein Satzsystem, das sich besonders für die Darstellung von mathematischen Formeln eignet. TEX wurde von D.E. Knuth in Stanford entwickelt. Die Benutzung des System benötigt sehr viel mehr Erfahrung und Aufwand als bei einem Textsystem, allerdings sind spezielle Text- und Symbolgestaltungen möglich, wie es Textsysteme nicht zu leisten vermögen. TEX verfügt über einen Mathematiksatz, in dem die Eingabe der mathematischen Formeln sich auf die Eingabe der Formelelemente und der Formelstruktur beschränkt und damit sehr bequem ist, und anschließend in einer Ausgabequalität erscheinen, wie diese bisher nur dem hochwertigen Buchsatz vorbehalten war. TEX verwendet den üblichen ASCII-Zeichensatz, für Umlaute und bestimmte Sonderzeichen sind spezielle Zeichen vereinbart. Bei der Eingabe in TEX kann der Benutzertext mit Befehlen an das TEX-Programm gemischt werden. TEX-Befehle beginnen mit einem "\" (back-slash, ASCII-Zeichen 92), danach folgt der TEX-Befehl. TEX enthält einen Makroprozessor, mit dem benutzereigene Befehle definiert werden können. Ein sog. 'kerning' ist möglich, bei dem die Zwischenräume zwischen den Zeichen unterschiedlich festgelegt werden, um ein einheitlicheres optisches Druckbild zu erhalten. Die Zeilentrennung geschieht vollautomatisch in der Weise, daß stets eine gewisse Gleichmäßigkeit beim Ausgleich der Wortzwischenräume erreicht wird. Insbesondere wird bei einem Zeilenumbruch auch immer die Formatierung des gesamten Absatzes berücksichtigt. Für die Darstellung eines beliebigen Zeichens ist das folgende mathematische Problem zu lösen: Gegeben sei eine Folge von diskreten Punkten $z_1, \ldots, z_n$ des darzustellenden Zeichens. Gesucht ist ein geschlossener, möglichst wohlgeformter Kurvenzug, der in einer vorgegebenen Reihenfolge, beginnend in z_1, durch die Punkte verläuft, und wieder in z_1 endet. "Wohlgeformt" bedeutet, daß die zugrundegelegten Approximationsfunktionen $f(z; z_1, \ldots, z_n)$ bestimmte Anforderungen erfüllen müssen. Diese lassen sich wie folgt zusammenfassen (D.E. Knuth (1979)):

-> Invarianz bezüglich der Rotation und Verschiebung der Punkte:
   $f(az_1+b, \ldots, az_n+b) = a\, f(z_1, \ldots, z_n) + b$

-> Symmetrieeigenschaft: Zyklische Permutationen der Punkte muß ohne Auswirkung auf die Zeichenkurve sein:
   $f(z_1, \ldots, z_n) = f(z_2, \ldots, z_n, z_1)$

-> Extensionalität: Die Hinzunahme weiterer Punkte verändert eine bereits gefundene beste Approximation nicht: Liegt z zwischen z_k und z_{k+1} auf der Kurve $f(z_1, \ldots, z_n)$, so muß
   $f(z_1, \ldots, z_k, z, z_{k+1}, \ldots, z_n) = f(z_1, \ldots, z_k, z, z_{k+1}, \ldots, z_n)$
   gelten.

-> Lokalität: Jedes Segment der Approximationskurve zwischen zwei Punkten hängt nur von diesen beiden Punkten und dem Vorgänger- und Nachfolgerpunkt ab. Diese Lokalitätseigenschaft bedeutet eine große Vereinfachung, da sich das spezielle Interpolationsproblem auf Kurvensegmente mit jeweils nur vier Punkten beschränken läßt.

-> Glattheit: Die Kurve muß mindestens zweimal stetig differenzierbar sein, sodaß insbesondere in den Anschlußstellen zweier aufeinanderfolgender Kurvensegmente keine Ecken entstehen.

-> "Abgerundetheit": Wenn die Punkte $z_1, \ldots, z_n$ aufeinanderfolgende Punkte eines Kreises sind, so ist die beste Approximation der Kreis selbst.

Diesen Forderungen können Stückpolynome (Splines) am besten entsprechen. Daher sind in der mathematischen Typographie für die Erstellung der Schrift- und Formelzeichen heute insbesondere kubische Spline-Funktionen (Grad 3) in der praktischen Verwendung, da sie einen guten Kompromiß zwischen Berechnungsaufwand und Approximationsgüte darstellen. Auf die mathematische Darstellung soll hier nicht weiter eingegangen werden, der interessierte Leser kann hier die beiden Literaturangaben zu D.E. Knuth zu Hilfe nehmen. Durch diesen kurzen Ausflug in die mathematische Typographie sollte lediglich verdeutlicht werden, welcher Forschungs- und Entwicklungsaufwand für ein allgemeines Approximationsinstrument für Schriftzeichen erforderlich war. Hierdurch ist es heute möglich, durch parametrische Variation der für die Approximation der Zeichen zugrundegelegten Approximationsfunktionen eine Vielzahl von Zeichenformen und Zeichenverformungen zu erzeugen, sodaß praktisch jede beliebig gewünschte Schrift- bzw. Zeichenform durch geeignete Parameterwahl erzeugt werden kann.

LATEX ist ein Textsatzsystem, das TEX verwendet und sich ebenfalls für die druckfertige Erstellung von wissenschaftlichen Publikationen mit Formelausdrücken eignet. Um den Unterschied zu TEX zu verdeutlichen, sei die folgende vergleichende Betrachtung erlaubt: Nachdem ein Autor einem Verlag sein Manuskript zur Veröffentlichung vorgelegt hat, wird der Buch-Designer über das Seiten-Layout und die Titelgestaltung Vorschläge machen bzw. darüber entscheiden. Mit entsprechenden Anweisungen an den Setzer wird dann der Text in mühevoller Arbeit gesetzt. Die Funktion des Buch-Designers kann von LATEX nach Eingabe bestimmter Formatierungsbefehle innerhalb des Textes übernommen werden. Die Funktion des Setzers wird von TEX übernommen. Im Gegensatz zu den oben erwähnten Textverarbeitungssystemen (wie WORD oder WORDSTAR) kann man bei LATEX bei der Eingabe des Textes noch nicht sehen, wie das tatsächliche Druckbild aussehen wird. Bei den Textverarbeitungssystemen legt der Autor die Layout-Gestaltung selbst fest, und die am Bildschirm erzeugte optische Darstellung stimmt mit der späteren Druckausgabe überein. Bei LATEX kann die Korrektheit der Formatierung erst nach Ausdrucken überprüft werden. Den Vorteilen

-> des flexibleren, professioneller und vielseitiger gestaltbaren Dokumententwurfs,

-> der sehr guten Unterstützung bei der Eingabe von mathematischen Formeln,

-> der Verwendung von einfachen Befehlen für die gewünschte logische Strukturierung des Dokuments,

-> der einfachen Einbeziehung von speziellen Strukturen wie Inhaltsverzeichnisse, Fußnoten oder Literaturangaben,

-> der Nichtbeachtung von drucktechnischen Details bei der Eingabe des Dokuments,

stehen die Nachteile

-> des wesentlich höheren Aufwands (Größe des Computers, Rechenzeit und Speicherplatz) als bei PC-Textverarbeitungssystemen,

-> der relativ langsamen Ausgabe von LATEX-Dokumenten auf 9- und 24-Nadeldruckern

gegenüber, die im Einzelfall gegeneinander abgewogen werden müssen.

T3 ist ein Textverarbeitungssystem für die wissenschaftliche Textverarbeitung mit Formelbeschreibung und wurde von dem amerikanischen Softwarehaus TCI Software Research, Inc., entwickelt. T3 kann auf Mikrocomputern eingesetzt werden und eignet sich für die Aufbereitung von Textdokumenten mit mathematischen oder chemischen Formeln, ebenso für die Darstellung von Sonderzeichen ausländischer Sprachen. T3 ist als abgeschlossenes System entworfen worden und erlaubt keine Portierung von T3-Texten in andere Textsysteme. Allerdings lassen sich die üblichen ASCII-Textdateien in T3 weiterverarbeiten. Ein wichtiger Vorteil von T3 liegt darin, daß man die Formelausdrücke unmittelbar nach der Eingabe in der druckfertigen Form am Bildschirm sehen kann und daß mit einem Editor interaktiv Korrekturen vorgenommen werden können. Bei einigen Systemen mit bevorzugtem Einsatz im wissenschaftlichen Bereich ist dies nicht möglich, sondern es muß zunächst ein Formatierungslauf durchgeführt werden, bevor man das tatsächliche Aussehen der Formelausdrücke beurteilen kann. T3 ist kein Graphiksystem, sondern arbeitet zeichenorientiert. Mit einem eingebauten Zeichengenerator können eigene Zeichensätze erstellt werden oder Korrekturen an bestehenden Fonts vorgenommen werden. Jeder Zeichensatz kann maximal 128 Zeichen umfassen. Es kann grundsätzlich mit beliebig vielen Zeichensätzen gearbeitet werden, jedoch innerhalb eines Dokuments dürfen nicht mehr als acht verschiedene Zeichensätze verwendet werden. Sämtliche Tasten können mit Zeichen dieser Zeichensätze belegt werden, sodaß es insbesondere möglich wäre, die Zeichen einer fremdländischen Sprache (kyrillisch, arabisch, chinesich, usw.) mit dem Zeichengenerator zu entwerfen und für diese Zeichen eine geeignete Tastenbelegung einzurichten. Die Druckerausgabe ist auf allen gängigen Druckern für Mikrocomputer (Matrix-, Thermo- und Laserdrucker) möglich. Allerdings ist zu beachten, daß bei Verwendung von Nichtstandard-Zeichensätzen der Drucker die Möglichkeit zum Laden fremder Zeichensätze haben muß. Die Rechtschreibprüfung ist nur für englischsprachige Dokumente möglich, da nur ein englischsprachiges Wörterbuch vorhanden ist. Wahrscheinlich werden aber mit zunehmender Verbreitung des Textsystems weitere nationale Wörterbücher zur Verfügung stehen. Die Möglichkeiten zur Wort- und Silbentrennung, etwa wie bei WORD oder WORDSTAR, werden nicht unterstützt. WI-TEX ist ein weiteres wissenschaftliches Textsystemen für Mikrocomputern, das hier zwar genannt, aber nicht näher ausgeführt wird.

Mit den sog. **DTP**-Systemen (DTP = Desk Top Publishing, Erstellen von fertigen Dokumenten am Schreibtisch) lassen sich am Schreibtisch professionelle Dokumente erstellen, wie es bisher nur in Druckereien oder Reprographie-Werkstätten möglich war. Das Seiten-Layout kann für einen Werbeprospekt, für zweispaltige Fachmagazine mit unterschiedlichen Schriftarten und -größen, für die Positionierung von Schaubildern oder für mit einem Scanner erfaßte Bilder beliebig gestaltet werden.

Der Xerox **Ventura Publisher** ist ein solches DTP-System, das unter der Benutzeroberfläche GEM (von Digital Research Inc.) läuft. GEM ist eine sogenannte WIMP-Oberfläche (W = Windows (Bildschirmausschnitt), I = Icons (Funktionssymbole), M = Mouse (Maus), P = Pulldown-Menüs (Schieben eines Leuchtbalkens über die Menü-Optionen)). Von der GEM-Oberfläche lassen sich durch Anklicken der Funktionssymbole praktisch alle Anweisungen an den PC ausführen. Unter GEM können bis zu vier Fenster gleichzeitig aktiviert sein. Ein GEM-Fenster (wie auch bei MS-Windows oder Apple's MacPaint) besteht aus einem

> -> Move-Bar (Titelzeile im Rasterbalken)

> -> Scroll-Bar (Rollbalken am rechten und unteren Rand)

> -> Scroll-Gadget (Rollierpfeil in der rechten oberen, rechten unteren und linken unteren Ecke)

> -> Size-Gadget (Vergrößern/Verkleinern-Symbol unten rechts)

> -> Close-Gadget(Schließsymbol, oben links).

In den Pulldown-Menüs läßt sich eine gewünschte Option mit der Maus anklicken, danach werden dann sog. "Boxen-Menüs" eingeblendet. Abhängig von der gewählten Option gibt es Dialog-Boxen (dialog boxes) und Boxen für die Dateiauswahl (file select boxes). Die Übergabe angeklickter Optionen an das System muß bestätigt werden (OK), oder die Box kann unverändert wieder verlassen werden (Abbruch/Abandon).

Um selbsterstellte Graphiken in das zu erstellende Dokument aufnehmen zu können, ist die Verwendung von GEM Draw, GEM Paint im Zusammenwirken mit dem Ventura Publisher vorteilhaft, ebenso GEM Graph für die Erstellung von Geschäftsgraphiken. Will man eine Graphik an einer bestimmten Stelle in den laufenden Text einbinden, so positioniert man einen Rahmen in der gewünschten Größe und lädt die Graphik-Datei in den Rahmenausschnitt. Die Graphik wird dabei so verkleinert bzw. vergrößert, daß der Rahmen möglichst gut ausgefüllt wird. Die Graphikdateien können aber auch von anderen Systemen übernommen werden (wie LOTUS, PAINTBRUSH, LAYOUT). Vergleichbar mit dem Ventura-Publisher ist das DTP-System **PageMaker**

auf der Basis der graphischen Oberfläche von WINDOWS (Microsoft,
siehe Abschn. 6.10). Beide DTP-Systeme haben vergleichbare textuelle und graphische Gestaltungsmöglichkeiten, daher wird auf die
Beschreibung der Funktionsweise des PageMaker hier nicht weiter
eingegangen.

Lehrbücher und Literaturhinweise zu diesem Kapitel:

Balzert H. (1980): Informatik 1 - Vom Problem zum Programm. Huebner-Holzmann Verlag, München.

Balzert H. (1980): Informatik 2 - Vom Programm zur Zentraleinheit,
vom Systementwurf zum Systembetrieb. Huebner-Holzmann Verlag, München.

Bauer F.L., Goos G. (1974): Informatik. Eine einführende Übersicht. Band 1 und 2, Springer Verlag Berlin, Heidelberg, New
York.

Belli F. (1986): Einführung in die logische Programmierung mit
Prolog. BI-Wissenschaftsverlag, Mannheim.

Berger M. (1988): Computer-Grafik mit Pascal. Addison-Wesley
(Deutschland), Bonn.

Bernhuber L., Hansjakob S., Praxl W. (1988): Turbo-Pascal 4.0:
Programmbibliotheken und ihre Anwendungen. IWT-Verlag, Va-
terstetten.

Biethahn J. (1986): Einführung in die EDV für Wirtschafts-wissen-
schaftler, 2. Aufl., Oldenbourg-Verlag, München.

Blaschek G., Pomberger G., Ritzinger F. (1987): Einführung in die
Programmierung mit Modula-2. Springer Verlag.

Bolkart W. (1987): Programmiersprachen der vierten und fünften Generation. McGraw-Hill Book Company, Hamburg.

De Boor C. (1978): A Practical Guide to Splines. Applied Mathematical Sciences, Band 27. Springer Verlag, New York, Berlin,
Heidelberg.

Clocksin W.F., Mellish C.S. (1981): Programming in Prolog. Verlag
Springer, Heidelberg.

Cooper D., Clancy M. (1988): Pascal - Lehrbuch für strukturiertes
Programmieren. Vieweg Verlag, Braunschweig, Wiesbaden.

Edlefsen L.E., Jones S.D. (1988): GAUSS (Version 2.0). Aptech Systems, Inc., 26250 196th Place South East, Kent, Washington
98042.

Encarnacao J., Straßer W. (1986): Computer Graphics. Oldenbourg-Verlag, München.

Foley J., van Dam A. (1984): Fundamentals of Interactive Computer Graphics. Addison-Wesley Publishing Company.

Ganzhorn K.E., Schultz K.M., Walter W. (1981): Datenverarbeitungssysteme, Aufbau und Arbeitsweise, Springer Verlag Heidelberg, Berlin, New York.

Geldreich E. (1988): Das Ventura-Publisher Praxisbuch. Signum-Verlag, München.

Goldberg A., Robson D. (1983): SMALLTALK 80. The Language and its Implementation. Addison-Wesley, Reading.

Grünewald A. (1988): Skriptum zur Veranstaltung "Einführung in die EDV", Universität Heidelberg.

Hall B.H. (1978): TSP (Time Series Processor). Harvard University, Cambrigde, Mass.

Handke J. (1988): Top-Training Turbo Pascal. Einführung ins Editieren, Programmieren und Kompilieren. Beilage: Lösungsheft mit Programmbeispielen. Ernst Klett-Verlag, Stuttgart.

Hermann D. (1988): Probleme und Lösungen mit Turbo-Prolog. Vieweg Verlag, Braunschweig/Wiesbaden.

INFORMIX (1984): SQL, RDSQL. Relational Database Systems, Inc.,Handbuch (deutsche Übersetzung) der Siemens AG., Manualredaktion, Otto-Hahn-Ring 6, 8000 München 83.

Kernighan B.W., Pike R. (1987): Der UNIX-Werkzeugkasten. Programmieren mit UNIX. Verlag Carl Hanser, München.

Knuth D.E. (1979): TEX and METAFONT. New Directions in Typesetting. Digital Press, American Mathematical Society, Bedford, Mass.

Knuth D.E. (1984): The TEXbook. Addison-Wesley Publishing Company, Reihe 'Computers and Typesetting', Band A.

Krickhahn R., Radig B. (1987): Die Wissensrepräsentationssprache OPS 5. Sprachbeschreibung und Einführung in die regelorientierte Programmierung. Vieweg Verlagsgesellsch., Braunschweig.

Lamport L. (1985): LATEX. A Document Preparation System, User's Guide and Reference Manual. Addison-Wesley Publishing Company.

Layout-Handbuch (1987): Grafik- und Textintegrator. North American Software GmbH (Deutschland), 8000 München 71, Uhdestr.40 (Text und Gestaltung: Philip Schnyder).

Lindner U., Trautloft R. (1988): Grundlagen der problemorientierten Programm-Entwicklung. Hüthig-Verlag, Heidelberg.

Matthews M.S. (1988): Page Maker for the PC: Version 3, 2. ed., McGraw-Hill, Osborne.

Naimann A. (1984): Einführung in WORDSTAR (mit MailMerge). Sybex-Verlag GmbH., Düsseldorf.

Nave P.M. (1987): Turbo-Pascal: Grafik unter MS-DOS. Eine Software-Sammlung mit Tips und Tricks. Franzis-Verlag GmbH, München.

Niemeyer G. (1986): AMTOS - Ein universelles Werkzeug zur Modellierung, Simulation,, Planung und Steuerung komplexer Prozesse (Manuskript, Oktober 1986).

Partl H., Schlegl E., Hyna I. (1987): LATEX, Version 1. Skriptum des EDV-Zentrums der TU Wien, Abt. Digitalrechenanlage.

Purgathofer W. (1985): Graphische Datenverarbeitung. Springer Verlag.

Rollke K.-H. (1988): Das Turbo-Pascal 4.0 Buch. Sybex-Verlag, Düsseldorf u.a.

Rome E., Uthmann T., Diederich J. (1988): KI-Workstations. Überblick - Marktsituation - Entwicklungstrends. Addison-Wesley (Deutschland) GmbH, Bonn.

SAS User's Guide (1987): Statistics, Econometric Time Series, Operations Research, u.a. SAS Institute Inc., Cary, N.C.

Schäpers A. (1988): Turbo Pascal 4.0, Konzepte Analysen, Tips & Tricks. Addison-Wesley Verlag (Deutschland) GmbH, Bonn.

Schauer H., Barta G. (1987): Konzepte der Programmiersprachen. Springer, Heidelberg.

Schildt H. (1988): Advanced Turbo Prolog, Version 1.1. Osborne McGraw-Hill, Berkeley, California.

Schmalfeld H. (1984): Mit Lotus 1-2-3 zur integrierten Problemlösung: Eine Einführung in die Anwendung von Lotus 1-2-3 mit Beispielen aus der Praxis. Markt & Technik Verlag, Haar bei München.

Schnupp P. (1988): Prolog. Einführung in die Programmierpraxis. Carl Hanser Verlag, München.

Schwarz N. (1986): Einführung in TEX. Rechenzentrums-Schriften der Ruhr-Universität Bochum (Hrsg.: H. Ehlich), Band 5, 2. Auflage.

Shapiro E. (Hrsg., 1988): Concurrent Prolog: Collected Papers, Vol 1-2, MIT-Press, Cambridge, Mass.

Stoyan H., Görz G. (1984): LISP. Eine Einführung in die Programmierung. Verlag Springer, Heidelberg.

Tucker A.B. (1986): Programming Languages. McGraw-Hill, New York.

Wagner J. (1987): Einführung in die Programmiersprache LISP.

Wirth N. (1985): Programming in Modula-2. Verlag Springer, Heidelberg.

Weber E. (1987): Software Engineering nach dem GIPSY-Modell. Verlag Carl Hanser, München/Wien.

Wettich D. (1987): Pascal für Kaufleute. Verlag Oldenbourg, München.

TEIL II: DATENORGANISATION, DATENBANKEN, DATENFERN-ÜBERTRAGUNG, RECHNERNETZE

8. Grundlagen der Daten- und Dateiorganisation

8.1 Vorbemerkungen

Die Datenspeicherung auf externen Datenträgern wie zum Beispiel
der Magnetplatte kann in verschiedener Weise erfolgen, abhängig
von der Verwendungsart und von der Häufigkeit des Zugriffs auf die
Daten. Unter einer Datei versteht man generell die Zusammenfassung
von alphanumerischen Daten, z.B. kann eine Artikelstammdatei sämtliche Artikelstammsätze eines Produktionsbetriebs enthalten, oder
eine Kundenstammdatei kann die Anschrift, Kundennummer, letzter
Auftragseingang usw., enthalten. Entsprechend ihrer Bewegungshäufigkeit und ihrer Häufigkeit, daß Datensätze gelöscht, eingefügt
oder verändert werden, wird ein Datenbestand als

    -> Bewegungsdatei oder als

    -> Bestandsdatei

bezeichnet. Von Bedeutung ist auch der Umfang des Datenbestandes,
da dieser die Wahl des Datenträgers bestimmt. Für große Datenmengen, welche die Speicherkapazität beispielsweise des Magnetplattenspeichers übersteigt, können nur Massendatenspeicher wie
etwa das Magnetband verwendet werden. Entscheidend für die geeignete Wahl des Speichermediums ist auch die gewünschte zeitliche
Verfügbarkeit der Daten. Bei einer typischen Bewegungsdatei, einer
Kontenstammdatei, muß der Zugriff sehr schnell erfolgen, um beispielsweise den momentanen Kontenstand eines Kunden abzufragen,
während bei einer Bestandsdatei im Sinne eines Archivspeichers die
schnelle Verfügbarkeit bestimmter Daten nicht erforderlich ist und
daher auf einem billigen externen Massenspeicher gehalten werden
kann. Datenverfügbarkeit und Datenverwendung sind also zwei wichtige Kriterien für die Konzeption einer adäquaten Dateiorganisa-

tion. Wir wollen im folgenden von Datenorganisation sprechen, wenn sich das Organisationsprinzip auf die einzelnen Datensätze bezieht, wohingegen wir als Dateiorganisation die festgelegte Organisationsform für die gesamte Datei bezeichnen. Zur Präzisierung der Dateiarten: Als **Stammdatei** bezeichnen wir eine Datei, welche praktisch nicht geändert wird. **Bewegungsdateien** enthalten Bewegungsdaten, welche z.B. in einem Unternehmen die innerbetrieblichen Leistungsprozesse ständig erfassen. Datenbestände mit Bewegungsdaten sind meist nur kurzfristig auf einer Hilfsdatei (Zwischendatei, scratch file) zu speichern, zum Beispiel werden Lagerbestandsänderungen verschiedener Güter für einen Tag in einer Bewegungsdatei gehalten, bevor sie dann im Rahmen eines besonderen Rechenlaufs (außerhalb der Betriebs- oder Geschäftszeiten) für die Aktualisierung der entsprechenden **Bestandsdatei** herangezogen werden.

Der Aufbau der meisten Dateien ist durch eine besondere Satzstruktur charakterisiert. Unter Satzstruktur sei hier die Zusammenfassung ähnlich aufgebauter Datenteile, der Sätze, zu verstehen. Da die Attribute oder Merkmale meist für alle Sätze gleich sind, ist eine Datei häufig von tabellarischer Form, wobei die Spaltenüberschriften als die Merkmale, und die Zeilen als die Datensätze aufgefaßt werden können. Grundsätzlich lassen sich die Datensätze einer Datei aus zwei verschiedenen Datensichten betrachten,

-> der logischen Datensicht, welche den Satzaufbau, die logische Satzstruktur, d.h. die Angaben über die Attribute (z.B. Kundenname, Kundenanschrift, Kundennummer) beschreibt,
-> der physikalischen (auch: physischen) Datensicht, welche die tatsächliche Abspeicherung der Datensätze auf den verwendeten Datenträgern betrifft.

Häufig stimmt die logische und die physikalische Satzstruktur nicht überein. Wenn zum Beispiel die Attribute einer Satzbeschreibung von unterschiedlichem Typ sind, etwa das Attribut (oder auch: Feld) "Artikelnummer" und das Attribut "Artikelbeschreibung", so gehören diese beiden Attribute innerhalb des logischen Satzbeschreibungssatzes zusammen, physikalisch aber kann es durchaus sinnvoll sein, die beiden Attribute getrennt abzuspeichern. Da die "Artikelbeschreibung" im Vergleich zur "Artikelnummer" nur sehr

wenig abgerufen wird, wäre es u.U. sogar sinnvoll, die "Artikelbeschreibung" auf einem anderen Datenträger abzulegen. Mehrere logische Sätze können zu einem physikalischen Satz zusammengefaßt werden ("Blocken"), wobei man die Anzahl der "geblockten" Sätze als
Blockungsfaktor bezeichnet. Hierbei entsteht ein "trade-off", der
nur im Zusammenhang mit der jeweiligen Dateiverwendung gelöst werden kann: Ein hoher Blockungsfaktor hat den Vorteil, daß man Speicherplatz spart, aber den Nachteil. daß ein bestimmter Satz innerhalb eines Blockes nur durch sequentielles Abprüfen des Satz-
schlüssels gefunden werden kann, d.h. der Aufwand für das sequentielle Durchsuchen steigt mit der Größe des Blockungsfaktors. Im
statistischen Mittel ist die Hälfte der Sätze eines Blockes hinsichtlich des Schlüsselkriteriums zu vergleichen. Wie groß man
also den Blockungsfaktor wählt, hängt somit wesentlich davon ab,
wie schnell ein gewünschter Datensatz verfügbar sein muß. Die physikalische Länge eines Satzes legt im wesentlichen die **Satzart**
fest: Wir unterscheiden

- den Satz fester Länge, bei dem die Anzahl Zeichen für jeden
  Satz gleich groß sind (Standard-Satzlänge bei Bildschirmda-
  teien: 80 Zeichen),

- den Satz variabler Länge, der dann verwendet wird, wenn die
  einzelnen Datensätze eine unterschiedliche Struktur aufweisen.
  In diesem Falle muß neben der reinen Dateninformation des
  Satzes noch die Angabe über die Länge des Satzes ("Satzlängen-
  feld") angefügt werden,

- den Satz unbestimmter Länge, für den keine Längenangabe vorzugeben ist. Allerdings ist diese Satzart in speichertechnischer
  Hinsicht sehr ungünstig, weil diese Speicherung nur "gestreut"
  (siehe die Speicherungsformen in den nächsten Abscnitten)
  durch Verkettung der Sätze über Zeiger möglich ist und einen
  aufwendigen Änderungsdienst zur Folge hat.

8.2 Die sequentielle Dateiorganisation

Die elementare Organisationseinheit für die Datenspeicherung ist die **lineare Liste,** die zum einen eine Aneinanderreihung von Datenelementen ähnlich dem mathematischen Begriff des Vektors darstellt, zum anderen aber auch strukturiert sein kann und beispielsweise eine Hierarchie von Datenelementen beschreiben kann. Die eindimensionale lineare Liste, etwa

$$l_1, l_2, \ldots, l_{i-1}, l_i, l_{i+1}, \ldots, l_n,$$

kann als ein gerichteter Graph mit n Knoten (hier: Datenelemente) aufgefaßt werden. Ein mathematischer Graph ist die Zusammenfassung von Knoten und Kanten. Als Knoten bezeichnet man hier die Listenelemente, allgemein beliebige Objekte unserer Wahrnehmung (Städte, Maschinen, Personen, usw.), die durch eine Bezeichnung angesprochen werden können und bestimmte Eigenschaften haben können. Als Kanten bezeichnet man die Verbindungen zwischen den Knoten. Man spricht von einem Weg in einem Graphen, wenn eine bestimmte Knotenfolge jeweils durch eine Kante verbunden ist. Ein Graph heißt **zusammenhängend,** wenn man von jedem Knoten zu einem beliebigen anderen Knoten einen Weg finden kann. Ein Weg heißt **einfach,** wenn er keinen Knoten doppelt enthält, man spricht von einem **Zyklus,** wenn der Startknoten mit dem Zielknoten übereinstimmt, und der Weg zwischen Start- und Zielknoten bis zum vorletzten Knoten einfach ist. Zusammenhängende Graphen, die keine Zyklen enthalten, nennt man Bäume. Bäume haben eine große Bedeutung in der Dateiorganisation und für die Zugriffsmethoden in Data Dictionnaries in Datenbanksystemen. Graphen heißen gerichtet, wenn die Kanten eine bestimmte Richtung anzeigen. Kann der Fluß zwischen zwei Knoten in beiden Richtungen erfolgen, spricht man von ungerichteten Graphen. Wird den Kanten eine Bewertung zugewiesen (Entfernung, Kosten, Zeitdauer, u.a.), spricht man von **gewichteten** Graphen. Die Speicherung eines Graphen erfolgt am einfachsten durch horizontale und vertikale Anordnung der Knoten und einem entsprechenden Eintrag am Kreuzungspunkt von Zeile und Spalte. Die Elemente der hierbei entstehenden Matrix sind bei einem ungerichteten Graphen FALSE/TRUE-Einträge, bei gerichteten Graphen die Bewertungszahlen. Der Vorteil der matriziellen Darstellung liegt in einer guten Übersichtlichkeit und der Anwendung des Matrizenkalküls, der Nachteil in einer unnötigen Vergeudung von Speicherplatz, da sehr viele Matrixelemente nicht besetzt sind. Daher ist es gerade bei dünn besetzten Matrizen günstig, eine Listenstruktur aufzubauen, bei der jedem Knoten eine lineare Liste der o.g. Form entspricht (siehe auch die einfach verketteten Listen in 8.4).

Der Anfangsknoten l_1 und der Endknoten l_n müssen besonders ausgezeichnet sein, und jede Position eines Knotens l_i, welcher nicht Anfangs- oder Endknoten ist, läßt sich durch die Position seines Vorgängers l_{i-1} und seines Nachfolgers l_{i+1} bestimmen. Eine **hierarchische** Liste kann als "Hierarchiebaum" aufgefaßt werden, bei dem die Knoten entweder unabhängige Datenelemente oder selbst lineare Listen repräsentieren können. Am Beispiel einer einfachen Artikelstammdatei mit dem exemplarischen Aufbau

Art. Nr.	Art. Bez.	technische Art.beschr.	administrat. Art.beschr.
		A_teil_1,...,A_teil_n	L_best, Liefer.,L_zeit

und den Knoten "Artikelnummer", "Artikelbezeichnung", "technische Artikelbeschreibung" und "administrative Artikelbeschreibung" läßt sich eine zweistufige Hierarchie der Listenelemente (=Knoten) zeigen. Die "technische Artikelbeschreibung" mit den Teilebeschreibungen A_teil_1,...,A_teil_n und die "administrative Artikelbeschreibung" mit L_best (=Lagerbestand), Liefer. (=Lieferanten), L_zeit (=Lieferzeit) stellen selbst lineare Listen dar, deren Elemente auf der nächsten Ebene der Listenstruktur dargestellt werden (siehe Abb. 76). Eine allgemeine mehrstufige hierarchische Listenstruktur läßt sich durch die rekursive Beziehung

$$L_n := (L_{n-1}, \text{"neue Listenelemente"}, \text{"Verzweigungsknoten"})$$

Abb. 75: Rekursive Definition der hierarchischen Listenstruktur

darstellen, wobei die Liste L_{n-1} um eine Hierarchiestufe erweitert wird, indem im "Verzweigungsknoten" nach den "neuen Listenelementen" verzweigt wird.

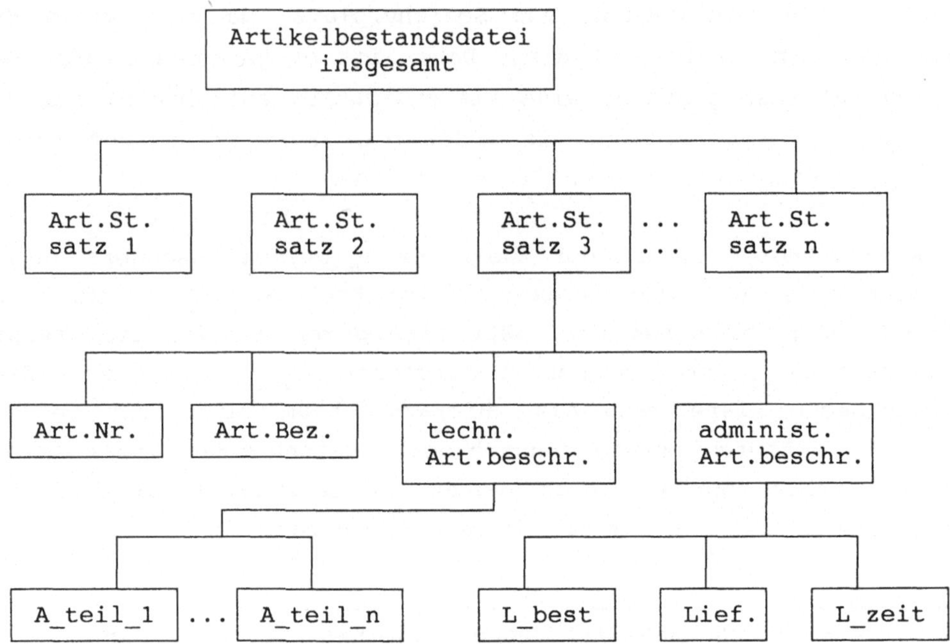

Abb. 76: Hierarchische Listenstruktur

Im wesentlichen werden in der Datenverarbeitung die folgenden Vorgänge mit linearen Listen durchgeführt:

- Suchen und Zugriff auf einen Knoten, welcher einen bestimmten
  Wert enthält
- Löschen eines Knotens
- Einfügen eines Knotens.
- Aufspalten einer linearen Liste in zwei oder mehrere lineare
  Listen
- Sortierung einer linearen Liste nach einem bestimmten Sortier-
  kriterium
- Bestimmung der Knotenanzahl einer linearen Liste.

Diese Listenoperationen wollen wir im Rahmen der verschiedenen
Speicherungsformen im folgenden besprechen. Gehen wir zunächst von
einem Knoten, den wir im folgenden nur noch als Datensatz bezeichnen, mit Schlüssel aus. Ein Schlüssel ist ein besonders ausge-
zeichnetes Feld des Datensatzes, mit dem der Datensatz identifi-

Satzkennung						Schlüssel	Dat.tei
Satzadresse			Länge des Schlüssels	Anzahl Bytes des Datenteils	Prüf-byte	Ord-nungs-begriff	...
Zyl.Nr.	Spur.Nr.	Satz-Nr.					...
							...
							...
							...

Abb. 77: Aufbau eines Datensatzes mit Schlüssel

ziert werden kann (Abb. 77). Ein Schlüsselfeld beschreibt also einen Datensatz eindeutig. Beim Zugriff auf einen Datensatz wird immer nur der Schlüssel gelesen und mit dem gesuchten Datensatz verglichen. Unter Zugriff wollen wir im folgenden drei verschiedene Zugriffsarten verstehen:

- Den direkten Zugriff auf Datenelemente innerhalb des Hauptspeichers,
- den halbdirekten Zugriff auf Datenelemente eines Magnetplattenspeichers,
- den indirekten Zugriff auf Datenelemente eines Massenspeichers wie beispielsweise dem Magnetband oder der Magnetbandkassette.

Bei sämtlichen Organisationsformen muß zwischen der Speicheradresse des Satzes auf der Magnetplatte (welche durch die Satzkennung spezifiziert ist) und dem Schlüsselkriterium eine Beziehung hergestellt werden. Bei der **sequentiellen** Speicherung werden die Sätze physikalisch hintereinander auf den Datenträger geschrieben. Bei direktem und halbdirektem Zugriff läßt sich die sequentielle Organisationsform rekursiv definieren,

$$sp\_adresse(satz\_i+1) := sp\_adresse(satz\_i) + satz\_länge,$$

wobei die Speicheradresse des Satzes mit der Nummer i+1 sich aus der Speicheradresse des Satzes i bestimmen läßt, wenn man die Satzlänge des (i+1)-ten Satzes (z.B. in Bytes oder Worten) hinzuaddiert. Bei einem Datenträger mit indirektem Zugriff (Magnetband) kann diese rekursive Adreßberechnung nicht erfolgen, da Speicher mit indirektem Zugriff nicht adressierbar sind. Der halbdirekte Zugriff auf einen auf der Magnetplatte abgespeicherten Datensatz erfolgt in mehreren Schritten, die wir teilweise bei der Magnetplatte als Speichereinheit schon kennengelernt haben:

- Einstellen des Zugriffskammes auf den in der Satzkennung angegebenen Zylinder
- Aktivieren des Schreib-/Lesekopfes
- Abwarten der Plattendrehung bis zum gewünschten Satz
- Lesen bzw. Schreiben des Satzes
- Übertragen des Satzes vom bzw. in den Hauptspeicher.

Beispielsweise kann ein bestimmter Satz mit der absoluten Adresse 165/12/9 (Zylindernummer/Spurnummer/Satznummer), die durch den Inhalt der Satzkennung spezifiziert ist, durch sukzessive Durchführung dieser Schritte eindeutig gefunden werden. Neben der absoluten Adresse kennt man noch den Begriff der **relativen Adresse**, die wir am Beispiel einer Artikelstammdatei erläutern wollen. Nehmen wir an, der Nummernkreis für die Artikelnummer sei siebenstellig und umfasse den Bereich zwischen 100.000 und 200.000. Weiterhin sei der Beginn der Artikelstammdatei auf Spur 0 (man beginnt die Durchnumerierung häufig mit "0") im Zylinder 45, und eine Spur enthalte 20 Artikelstammsätze. Wenn wir nun die Plattenadresse für den Artikelstammsatz mit der Artikelnummer 123.456 bestimmen wollen, ist die folgende Rechnung durchzuführen:

a) Man erhält die relative Satznummer (relativ zum Anfang des Nummernkreises) durch Subtraktion: 123.456-100.00 = 023.456.
b) Die relative Spurnummer (relativ zum Anfang des Datenbestandes) erhalten wir durch Division:

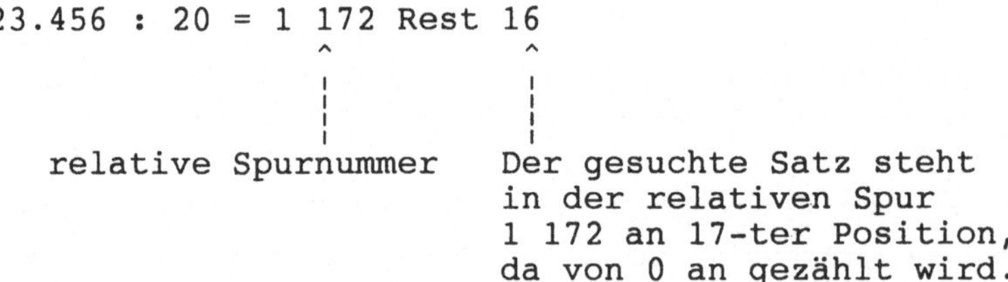

c) Die Zylindernummer ergibt sich durch Division der relativen Spurnummer durch die Anzahl der Spuren pro Zylinder (=Anzahl der Platten des Plattenstapels):

$$1\ 172 : 19 = 61\ \text{Rest}\ 13$$

relative Zylinder-
nummer

Spurnummer innerhalb des
Zylinders

d) Die absolute Zylindernummer ergibt sich durch Addition von Zylindernummer des Datenanfangs und der relativen Zylindernummer: 45 + 61 = 106.

e) Ergebnis: Der gesuchte Artikelstammsatz mit der Artikelnummer 123.456 hat die Plattenadresse 106/13/17.

Als nächstes wollen wir für die sequentielle Datenorganisation verschiedene Listen-Operationen kennenlernen, die zuvor der Übersicht wegen zusammengestellt werden:

(i)   Sequentielle Suche in linearen Listen

(ii)   Einfügen und Löschen in linearen Listen

(iii) Einfügen nach einem gegebenen Listenelement

(iv)   Sortierte sequentielle Dateien:
       Binärsuche und automatisches Einfügen von Listenelementen in sortierte Listen.

Die Programme sind von H. Schildt: Advanced Turbo-Pascal, N. Wirth: Algorithmen und Datenstrukturen, R. Zaks: Einführung in Pascal, entnommen (siehe Literaturhinweise am Ende des Kapitels).

(i) Sequentielle Suche: Wir wollen grundsätzlich so vorgehen, daß wir

1. den Algorithmus in einer Pseudocode-Schreibweise angeben, anschließend

2. die konkrete Realisierung in Pascal zeigen, und

3. einige Aufwandsbetrachtungen anstellen:

1. <u>Algorithmus</u>:

    SEQSUCHE (LF, N, ELEMENT, POSITION) {Gegeben sei ein lineares Datenfeld mit N Elementen, in der ein bestimmtes Datenelement (Komponente des Datenfelds) gesucht werden soll. Der folgende Algorithmus ermittelt die Position des gesuchten Datenelementes. Im Fall der erfolglosen Suche wird POSITION = 0 zurückgegeben.}

  a. {Einfügen des gesuchten Datenelementes ELEMENT am Ende des linearen Feldes}

  b. Setze LF [N+1] := ELEMENT

  c. {Durchsuchen der linearen Liste nach ELEMENT}.
    Wiederhole solange LF [Position] $\neq$ ELEMENT.
        Setze POSITION := POSITION + 1.
    Schleife-ENDE}

  d. {Suche erfolgreich ?}.
    WENN POSITION = N + 1 DANN Setze POSITION := 0

  e. RETURN

2. Wir wollen im folgenden immer nur die wesentlichen Programmkomponenten für die jeweilige Organisationsform bzw. für den jeweiligen Algorithmus angeben. Am Ende der Abschnitte wird ein vollständiges Pascal-Programm angegeben, welches die Deklaration der Zeiger-Datentypen, der -variablen und der Funktions- bzw. Prozeduraufrufe zeigt. Die Programme sind den Büchern von H. Schildt und N. Wirth (siehe Literaturhinweise am Ende dieses Kapitels) entnommen und teilweise geringfügig modifiziert:

```
FUNCTION seq_suche(start:AddrPointer; name:str80):AddrPointer;
VAR
  done : BOOLEAN;
BEGIN
  done := FALSE;
  WHILE (start <> nil) AND (NOT done) DO
    BEGIN
      IF name = start^.name
        THEN
          BEGIN
            Search:=start;
            done:=TRUE;
          END
        ELSE
          start:=start^.next;
    END;
  IF start = nil
    THEN Search:=nil;   {not in list}
END;
```

3. **Aufwand** bzw. Komplexität bie **sequentieller Suche**: Um ein bestimmtes Element in einem linearen Datenfeld mit N Elementen zu finden, ist die Anzahl der erforderlichen Vergleiche wesentlich, die mit f(N) bezeichnet sei. Im **ungünstigsten** Fall ist das gesamte Feld zu durchsuchen, daher f(N) = N + 1, d.h. der Aufwand ist proportional zu N. Für den **durchschnittlichen** Fall sei zunächst die Wahrscheinlichkeit p_K dafür definiert, daß das gesuchte Datenelement im Feld K gefunden wird. Die Komplementärwahrscheinlichkeit, daß das gesuchte Element nicht gefunden wird, sei mit q bezeichnet. Dann ist

$$p_1 + p_2 + \ldots + p_N + q = 1.$$

Wenn das gesuchte Datenelement in LF[k] steht, sind k Vergleiche notwendig, daher ergibt sich für die durchschnittliche Anzahl von Vergleichen (Erwartungswert)

$$f(N) = 1 \cdot p_1 + 2 \cdot p_2 + \ldots + n \cdot p_n + (n + 1) \cdot q .$$

Da wir die Wahrscheinlichkeit p_k nicht genau kennen und zunächst "Gleichwahrscheinlichkeit" annehmen, d.h. $p_k = 1/N$ für k=1,...,N, so wäre wegen obiger Summationsbedingung q = 0, somit

$$f(N) = \sum_{k=1}^{N} k \cdot p_k + (N + 1)$$

$$= \sum_{k=1}^{N} k \cdot p_k = 1/N \sum_{k=1}^{N} k$$

$$= 1/N \, [N(N + 1)/2] = (N + 1)/2$$

d.h. durchschnittlich ist etwa die Hälfte der Datenfelder zu durchsuchen.

(ii) Einfügen und Löschen in linearen Listen

<u>Algorithmus</u>:

EINFÜGEN (LF, N, k, ELEMENT)
    {gegeben sei ein lineares Feld LF mit N Elementen, in welches
    das neue Element an der Stelle k eingetragen werden soll.}

1. {Initialisierung}
   Setze   J := N

2. Wiederhole Schritt 3 und 4 solange I ≥ k
          3. {I -tes Element um eine Position verschieben}
             Setze LF[I+1] := LF [I]
          4. Setze I:=I-1
   {Schleifenende}

5. {Element einfügen}   Setze LF [k] :=Element

6. {Länge der Liste ändern}   Setze N:=N+1

7. ENDE

<u>Algorithmus</u>:

LÖSCHEN (LF, N, k, ELEMENT)
   {Gegeben sei ein lineares Feld LF mit N Elementen, in welchem
   das k -te Element mit 0<k≤N gelöscht und der Variablen ELEMENT
   zugewiesen werden soll.}

1. Setze ELEMENT:=LF[k]

2. Wiederhole für I:=k bis N-1
          {(I+1)-tes Element eine Position zurückbewegen}
          Setze LF[I] := LF[I+1]
   {Schleifenende}

3. {Änderung von N}   Setze N := N-1.

4. ENDE
(Die beiden Pascal-Programme werden bei der Besprechung der
geketteten Datenorganisation in Abschnitt 8.4 angegeben)

(iii) Einfügen nach einem gegebenen Listenelement

<u>Algorithmus</u>:

EINFUEG_NACH_POS(LF, ZEIGER, START, FREI, POSITION, WERT)

   {Der Algorithmus fügt einen Knoten mit dem Inhalt WERT als
   Nachfolger des Knotens mit der Position POSITION in eine
   verkettete Liste ein. Falls POSITION = NIL gilt, wird der neue
   Knoten am Anfang der Liste eingefügt}

   1. {Überlauf}
      WENN   FREI = NIL
      DANN   SPEICHERE_IN_ÜBERLAUF -->   ENDE

   2. {Ersten Knoten in der FREI-Liste entfernen}
      Setze NEU := FREI, FREI := ZEIGER[FREI]

   3. Setze LF [NEU]:= WERT {Eintragen der neuen Inform.}

```
4. WENN POSITION = NIL
   DANN Setze ZEIGER[NEU] := START, START := NEU
       {Knoten am Anfang der Liste eintragen}
       SONST setze ZEIGER[NEU]       := ZEIGER[POSITION]
              ZEIGER[POSITION] := NEU.
       {hinter dem Knoten mit der Position POSITION einfügen}
   5. ENDE
```
(Die beiden Pascal-Programme werden bei der Besprechung der
geketteten Datenorganisation in Abschnitt 8.4 angegeben)

Bei der sequentiellen Organisation unterscheiden wir weiterhin

a) die **sortierte** Verarbeitung, bei der die Sätze nach dem
   Schlüsselbegriff alphabetisch/numerisch in aufsteigender/ab-
   steigender Reihenfolge sortiert sind.
   - Bei direktem Zugriff kann der Satz aufgrund der Sortie-
     rung und mit Hilfe der obigen Rekursionsformel direkt
     gefunden werden,
   - bei halbdirektem Zugriff etwa auf der Magnetplatte kann
     auf die Spur mit Hilfe der Satzkennung direkt zugegrif-
     fen werden, aber auf die Sätze innerhalb einer Spur kann
     nur indirekt zugegriffen werden, d.h. die Sätze müssen
     sequentiell gelesen und der Schlüsselwert mit dem Such-
     kriterium verglichen werden. Auch wäre es möglich, auf-
     grund der ordinalen Reihenfolge, einen Satz innerhalb
     einer Spur über ein einfaches Zählkriterium zu finden.

b) die **unsortierte** Verarbeitung, bei der die Sätze bezüglich der
   Schlüsselwerte keine ordinale Reihenfolge aufweisen. Bei einem Datenträger, welcher nur einen indirekten Zugriff erlaubt, müssen die Sätze vom Anfang des Datenbestandes an
   durchgelesen werden, bis der gesuchte Schlüsselwert gefunden
   ist.

(iv) Binärsuche in sortierten sequentiellen Dateien

Aber auch bei direktem und halbdirektem Zugriff ist ein Suchprozeß
erforderlich. Dieser Suchprozeß wird häufig durch das Prinzip des
"rekursiven Doppelns" (Suche in einem Binärbaum, auch dichotomes
Suchen genannt) realisiert:
Wenn zum Beispiel ein Datenbestand auf einem Magnetplattenstapel
in mehreren (z.B. anzahl := 2^k) Zylindern (siehe Zylinderkonzept

in Abschn. 5.3) sequentiell und sortiert abgespeichert ist, so läßt sich nach k Abfragen derjenige Zylinder, welcher den gesuchten Datensatz enthält, bestimmen. Für k=3 beispielsweise kann der gesuchte Datensatz in einem der $2^3 = 8$ Zylinder enthalten sein. Nehmen wir der Einfachheit halber an, daß der Datenbestand sequentiell auf diesen 8 Zylindern abgespeichert, nach einem bestimmten Schlüsselkriterium sortiert sei, und daß jede Spur nur einen Satz enthalte. Weiterhin sei der Schlüsselwert des letzten Satzes im Zylinder i mit s_i, i=1,...,8 , bezeichnet. Wenn nun der Satz mit dem Schlüsselwert S gesucht werden soll, so beginnt man in der "Mitte" des Datenbestandes mit der Abfrage:

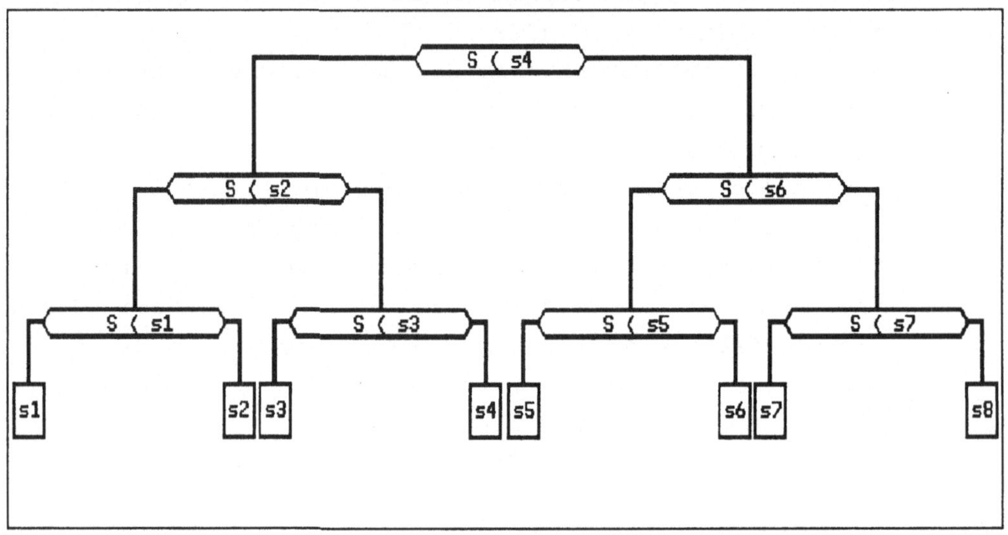

Abb. 78: k binäre Suchschritte in $a=2^k$ Zylindern

Bei der binären Suche wird der Suchprozeß in der Mitte der Datei begonnen und das Suchargument mit dem Schlüsselwert des gewünschten Satzes verglichen. Bei Gleichheit ist der gesuchte Satz bereits gefunden. Ist der Wert des gesuchten Schlüsselwerts kleiner (größer) als der Schlüsselwert des letzten Satzes in der "Mitte" des Datenbestandes, so liegt der gesuchte Satz in der ersten (zweiten) Hälfte des Datenbestandes. Entsprechend wird die verbleibende Hälfte wiederum halbiert, und dieser Prozeß solange wiederholt, bis der gesuchte Satz gefunden ist. Dieses binäre Suchprinzip wird insbesondere für die Suche in Hauptspeichertabellen verwendet. Im Vergleich zur sequentiellen Suche, welche durchschnittlich a/2 Vergleichsoperationen erfordert, braucht man bei der binären Suche nur k = log$_2$ a Vergleiche durchführen. Wir wollen jetzt noch den Algorithmus im Pseudo- und Pascalcode angeben:

```
BINSUCHE (LF, UG, OG, ELEMENT, POSITION)
     {Gegeben sei ein sortiertes lineares Feld LF mit Untergrenze
     UG und Obergrenze OG und ein bestimmtes Suchelement ELEMENT.
     Der Algorithmus bestimmt die POSITION des Elements im Feld
     und setzt POSITION = 0, falls das Suchelement in LF nicht
     enthalten ist}.
1. {Initialisierung}
   Setze ANFANG := UG; ENDE := OG;
   MITTE := INT (( ANFANG + ENDE) /2)

2. Wiederhole Schritt 3 und 4 solange ANFANG ≤ ENDE
                              und LF [MITTE] ≠ ELEMENT:

3.             WENN ELEMENT < LF [MITTE]
               DANN  setze ENDE    := MITTE - 1
               SONST setze ANFANG := MITTE + 1

4.             setze MITTE := INT (( ANFANG + ENDE) /2)
   {Schleifenende}

5. WENN  LF [MITTE] = ELEMENT DANN POSITION := MITTE
   SONST POSITION := 0

6. RETURN
```

Aufwand und Komplexität:

Für die Bestimmung des Aufwands bei der binären Suche ist die Anzahl der Vergleiche f(N) maßgebend. Bei jedem Vergleich wird die Anzahl der Listenelemente halbiert, daher sind bei

$$2^{f(N)} > N$$

Listenelemente höchstens f(N) Vergleiche erforderlich, oder

$$f(N) = [\log_2 N] + 1,$$

d.h. der Aufwand für das Auffinden eines Datenelements in einer sortierten linearen Liste ist proportional zu log$_2$ N. Zum Beispiel N = 10^6 : 2^{20} > 10^6 => f(10^6) = 20 + 1 = 21.

```
FUNCTION Binärsuche( item : DataArray; count: INTEGER;
                     key  : DataItem):INTEGER;
VAR
  low,high,mid  : INTEGER;
  found;        : BOOLEAN;
BEGIN
  low:=1; high:=count; found:=FALSE;
  WHILE (low <= high) AND (NOT found) DO
    BEGIN
      mid:=(low + high) DIV 2;
       IF key < item[mid] THEN high:=mid-1
       ELSE IF key > item[mid] THEN low:=mid+1
               ELSE found:=TRUE; {found}
    END;
    IF found THEN BSearch:=mid ELSE BSearch:=0 {nicht gef.};
END;
```

Binäre Suche mit automatischem Einfügen

Algorithmus:

> {Gegeben sei ein lineares Feld mit N Elementen. Das Datenele-
> ment ELEMENT wird in LF gesucht und die entsprechende Listen-
> position POSITION bestimmt. Falls das gesuchte Listenelement
> nicht gefunden wird, sollte es an der entsprechenden Stelle
> der Sortiereihenfolge eingefügt werden}

1. Setze ANFANG := UG; ENDE := OG;
        MITTE   := INT ((ANFANG + ENDE) /2)

2. Wiederhole Schritt 3 und 4 solange ANFANG $\leq$ ENDE
                               und LF [MITTE] $\neq$ ELEMENT

3.   WENN ELEMENT < LF [MITTE]
        DANN setze ENDE := MITTE - 1
        SONST setze ANFANG := MITTE + 1

4.   Setze MITTE := INT ((ANFANG + ENDE) /2)
   {Schleife - Ende}.

5. WENN ELEMENT < LF [MITTE]
   DANN setze POSITION := MITTE
   SONST setze POSITION := MITTE + 1

6. Setze J := N {Einfügen von ELEMENT in LF [POSITION]}

8. WIEDERHOLE Schritte 9 und 10 solange J $\geq$ POSITION:

9.   Setze LF [J + 1] : LF [J]

10.   Setze J := J - 1
   {Schleifenende}

11. Setze LF [POSITION] := ELEMENT

12. Setze N := N + 1

13. RETURN

(Das zugehörige Pascal-Programm ist dem Einfüge-Algorithmus in Abschnitt 8.4 ähnlich, daher wird es nur in 8.4 ausgewiesen).

Ein weiteres Zugriffsprinzip bei der sequentiellen Datenorganisation stellt das **m-Wege-Suchen** dar. Hierbei wird die sequentiell organisierte und sortierte Datei in m Blöcke gleicher Länge aufgeteilt. Der Schlüsselwert des gesuchten Satzes wird zu Beginn mit dem Schlüsselwert des ersten Satzes verglichen. Falls das Suchargument größer ist, wird der entsprechende Vergleich mit dem Schlüsselwert des ersten Satzes im zweiten Block durchgeführt. Erkennt eine Vergleichsoperation auf "kleiner", so ist der Block, welcher den gesuchten Satz enthält, gefunden. Den gesuchten Satz selbst findet man nun durch sequentielles Durchsuchen des betreffenden Blockes. Man kann zeigen, daß die durchschnittliche Anzahl von Zugriffen beim m-Wege-Suchen

$$z_0 = \frac{a + m^2}{2m}$$

beträgt, und die optimale Anzahl von Blöcken

$$m^{opt} = a^{1/2}.$$

ist. Wenn man die Speicheradresse des ersten oder letzten Satzes eines Blockes in getrennten Indextabellen abspeichert, so haben wir eine mögliche Form der sogenannten **index-sequentiellen** Dateiorganisation, die wir im folgenden Abschnitt kennenlernen werden.

8.3 Index-sequentielle Dateiorganisation

Die index-sequentielle Daten- oder Dateiorganisation stellt im Vergleich zur sequentiellen Organisation eine Verbesserung bezüglich der Geschwindigkeit, einen Datensatz zu finden, dar. In der Praxis stellt diese Organisationsform heute die wichtigste dar, da es hier möglich ist, die Schnelligkeit des Wiederauffindens von Datensätzen von der jeweiligen Anwendung abhängig zu machen. Die

index-sequentielle Speicherung ist unter dem englischen Fachtermi-
nus ISAM (= Indexed Sequential Access Method) bekannt. Ein wichtiger Vorteil dieser Organisationsform ist die Eignung für sortierte
wie auch unsortierte Datenbestände. Wie wir bereits wissen, stellt
die Magnetplatte ein dreidimensionales Gebilde dar, auf der jede
Position durch die drei "Koordinaten"

Zylindernummer/Spurnummer/Position

innerhalb der Spur angegeben werden kann. Wir wollen den Aufbau
des Indexes anhand der index-sequentiellen Abspeicherung einer Matrix demonstrieren und gehen wie bei Wedekind (1975), S. 58 ff.
vor: Nehmen wir an, wir würden jedes Matrixelement mit den zugehörigen Zeilen- und Spaltenindizes sequentiell abspeichern, wobei
wir zur Vereinfachung den Speicheraufbau eines Elements in der
Form

Speicheradresse		Zeilenindex	Spaltenindex	Matrixelement

darstellen wollen. Für die Matrix

$$\begin{bmatrix} 0 & 5 & 0 & 0 & 1 \\ 7 & 3 & 0 & 4 & 0 \\ 0 & 0 & 1 & 8 & 3 \\ 0 & 9 & 0 & 0 & 2 \\ 0 & 0 & 0 & 0 & 0 \end{bmatrix}$$

seien die von Null verschiedenen Matrixelemente nach den Speicheradressen aufsteigend sortiert und sequentiell hintereinander
im Datenbereich (prime area) in der folgenden Weise abgespeichert:

1		1 ¦ 2 ¦ 5		2		1 ¦ 5 ¦ 1		3		2 ¦ 1 ¦ 7
4		2 ¦ 2 ¦ 3		5		2 ¦ 4 ¦ 4		6		3 ¦ 3 ¦ 1
7		3 ¦ 4 ¦ 8		8		3 ¦ 5 ¦ 3		9		4 ¦ 2 ¦ 9
10		4 ¦ 5 ¦ 2								

Den Index für die Matrix bauen wir nun zeilenweise auf, indem wir für jede Zeile die maximale Speicheradresse, d.h. die Speicheradresse mit dem größten Matrixelement der Zeile, merken. In Tabellenform hat dann der Index die Form

Matrixzeile i	1	2	3	4	5
maximale Speicheradresse MSA_i	1	3	7	9	9

Nehmen wir an der Index sei ab Speicheradresse Nummer 25 gespeichert, dann ergibt sich für den Index die Speicherdarstellung

25	1	1		26	2	3		27	3	7

28	4	9		29	5	9

Die Suche nach einem Matrixelement in der Zeile i und in der Spalte j erfolgt folgendermaßen:

- Der Index wird ab Speicheradresse 25 sequentiell durchsucht, bis der gesuchte Zeilenindex mit dem ersten der beiden Indexangaben übereinstimmt.
- Im zweiten Feld steht dann die Speicheradresse MSA_i des maximalen Matrixelements der Zeile i. Daher liegt das gesuchte Matrixelement (wegen der aufsteigenden Sortierung) im Speicherbereich zwischen MSA_{i-1} und MSA_i.
- Ist $MSA_{i-1} = MSA_i$, wie im Beispiel für i = 5, so gibt es in der i-ten Zeile kein von Null verschiedenes Matrixelement.

Das index-sequentielle Organisationsprinzip besteht bei diesem Beispiel darin, mit Hilfe des Indexes zunächst die gesuchte Zeile festzustellen, anschließend durch sequentielles Durchsuchen des eingegrenzten Speicherbereichs das gesuchte Matrixelement zu finden.

Man könnte den Index auch "feiner" machen, indem man jedes von Null verschiedene Element der Matrix mit der entsprechenden Zuordnung zur Speicheradresse im Index festhält. Dann bräuchte man nur das Paar Zeile/Spalte im Index sequentiell suchen, und könnte dann direkt auf die Speicheradresse des gesuchten Matrixelements zugreifen. Eine solche Indextafel wird aber nur bei dünn besetzten Matrizen sinnvoll sein, da sonst der Index sehr umfangreich wäre, und die sequentielle Suche im Index zu aufwendig wäre. Die Anzahl der Eintragungen im Index ist ein Maß für die Feinheit des Indexes. Es besteht ein trade-off zwischen Feinheit des Indexes und Schnelligkeit des Auffindens eines bestimmten Datenelements. Wir haben das m-Wege-Suchen bereits als eine spezielle Form der index-sequentiellen Speicherung kennengelernt, dort entsprach die Anzahl der Indexeinträge gerade der Anzahl der Blöcke, und für jeden Block wurde im Index die Speicheradresse mit dem größten Schlüsselwert eingetragen. Wenn der Index nur aus einem Eintrag besteht, nämlich zum Beispiel die Speicheradresse des Beginns eines Datenbestandes, so ist die index-sequentielle Speicherungsform identisch mit der sequentiellen Speicherungsform.

Zunächst mag die index-sequentielle Speicherung sehr zweckmäßig erscheinen, aber ein großer Nachteil besteht im Änderungsdienst. Will man nämlich einen Satz in die bestehende Reihenfolge der Sätze einschieben, so wäre das nur im Zuge einer Reorganisation möglich. Um nicht bei jeder Änderung den gesamten Datenbestand neu organisieren zu müssen, hat man den sogenannten **Überlaufbereich** eingeführt, für den im Daten-Zylinder (oder auch in einem anderen Zylinder, welcher keine Daten der betrachteten Datei enthält) spezielle Spuren reserviert werden. Bei häufigen Änderungen entsteht aber das Problem, daß der Überlaufbereich sehr umfangreich werden kann. Die Abwägung der vorzugebenden Größe des Überlaufbereichs und der Bewegungshäufigkeit der Datensätze ist zu Beginn der Speicherkonzeption vorzunehmen, in der Praxis werden meist mit Hilfe von Standardprogrammen außerhalb der Betriebs- bzw. Geschäftszeiten die index-sequentiell organisierten Dateien reorganisiert, d.h.

- die Überlaufspuren geleert und die Überlaufsätze in den sequentiellen Datenbestand entsprechend der Sortierfolge eingeordnet,
- und der Index wird dem neuen Datenbestand entsprechend aktualisiert.

Zur Erläuterung der Überlaufproblematik folgen wir dem Beispiel bei Wedekind (siehe Lehrbuchhinweise am Ende dieses Abschnitts).

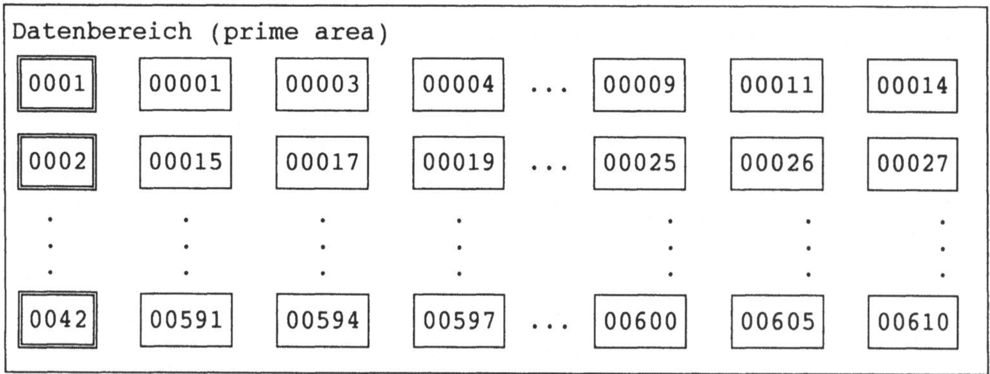

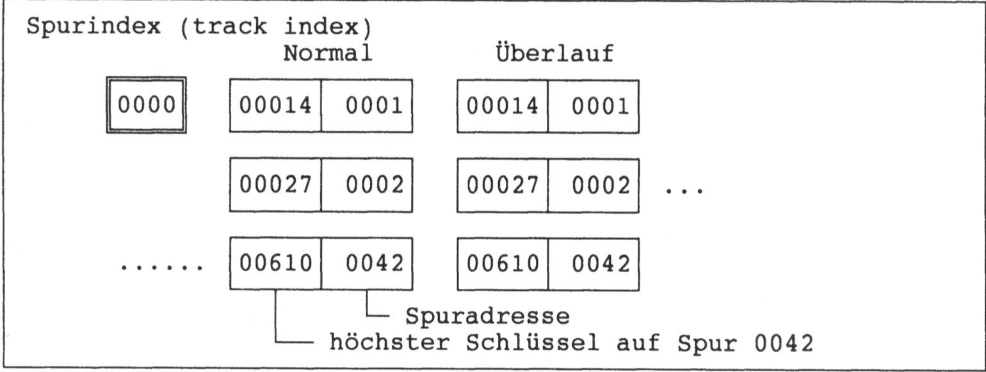

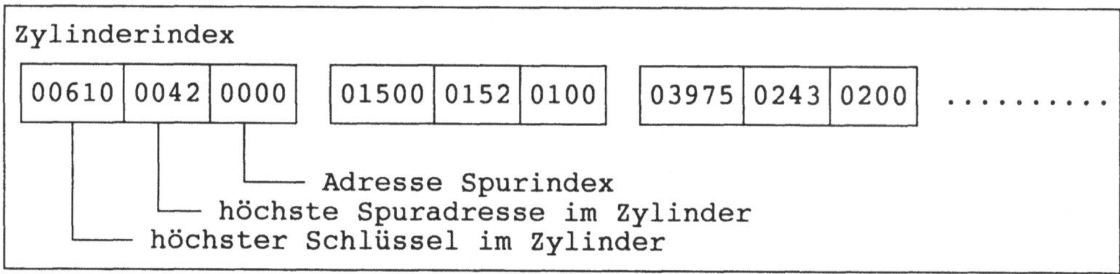

Abb. 79: Index-sequentielle Organisation mit Überlaufbereich
         (Quelle: Wedekind (1975), S. 58 ff)

In Abbildung 79 werden aus Einfachheitsgründen nur die Schlüssel-werte der Sätze gezeigt, die Datenteile sind weggelassen.

- Der Datenbereich beginnt mit der Spur 0001, der Satz mit dem
  Schlüssel 14 ist der Satz mit dem höchsten Schlüssel auf Spur
  0001.
- Der Datenbereich ist nur für **einen** Zylinder bis zur Spur mit
  der Adresse 0042 dargestellt.
- Für jeden Zylinder des Datenbereichs gibt es einen **Spurindex**,
  der sich für den einen betrachteten Zylinder auf der Spur 0000
  befindet.
- Für jede Spur gibt es im Spurindex zwei Eintragungen, "Normal"
  und "Überlauf".
- Die Eintragung im "Überlauf" ist für den Änderungsdienst.
- Wenn kein Änderungsdienst erforderlich ist, sind die Inhalte
  der sich abwechselnden Sätze "Normal" und "Überlauf" **gleich**.
- In "Normal" steht der höchste Schlüssel, im rechten Feld steht
  die Spuradresse.
- Für den gesamten Datenbestand gibt es einen Zylinderindex. Für
  jeden Zylinder ist eine dreiteilige Eintragung erforderlich:
    1. höchster Schlüssel auf dem Zylinder
    2. höchste Spuradresse im Zylinder
    3. Adresse des Spurindex.

Die Suche nach einem Satz mit einem vorgegebenen Schlüssel erfolgt
nun folgendermaßen:

1. Der Schlüsselwert wird mit dem Inhalt des linken Feldes im
   Zylinderindex verglichen. (Grundsätzlich ist hierzu noch die
   Adresse des Zylinderindexes erforderlich, die hier nicht gezeigt wird).
2. Erkennt der Vergleich auf "kleiner", so ist der gesuchte Zylinder gefunden, dessen Spurindex durch die Adresse im rechten Feld gefunden werden kann. Um vom Zylinderindex zum eben
   erwähnten Spurindex zu gelangen, ist im allgemeinen eine Bewegung des Zugriffskamms erforderlich.
3. Im **Spurindex** wird der vorgegebene Schlüsselwert mit dem linken Feld der Sätze "Normal" verglichen. Erkennt der Vergleich
   auf "kleiner", so ist die Spur des zu suchenden Satzes gefunden.
   Die Adresse der Spur steht im rechten Feld von "Normal".
   Wenn die Spuradresse bekannt ist, wird der Inhalt der ganzen
   Spur sofort in den Hauptspeicher eingelesen. Im Beispiel ist

eine Bewegung des Zugriffskamms hierbei nicht erforderlich, da der Spurindex und der Datenbereich im selben Zylinder stehen. Dadurch werden die Zugriffszeiten erheblich reduziert.
Bei einer Plattenorgansation sind die Sätze im allgemeinen in Bezug auf **eine** Spur **geblockt** gespeichert. Dadurch kommt man zu günstigen Ein- und Ausgabezeiten. Im Beispiel kommt dies dadurch zum Ausdruck, daß vor dem Schlüssel keine Satzadresse aufgeführt ist.

Der Blockungsfaktor, welcher angibt, wieviele Sätze pro Spur gespeichert werden, hängt von der Satzlänge ab.
Was den Änderungsdienst angeht, wird im Beispiel von der Annahme ausgegangen, daß zunächst der Satz mit dem Schlüssel 0010, anschließend der Satz mit dem Schlüssel 00013 eingefügt wird (s. Abb. 80).

1. Der Satz mit dem Schlüssel 00010 muß in der Spur mit der Adresse 0001 eingefügt werden.

2. Schlüssel 00011 rückt auf den Platz von Schlüssel 00014.

3. 00014 fällt heraus und wird in einen Überlaufbereich gebracht, welcher auf der Spur 00043 beginnt. Der Überlaufbereich schließt sich also an den Datenbereich an.

4. In ungeblockter Form werden alle überlaufenden Sätze (auch Überläufer genannt) des Zylinders von Speicheradresse 00431 ab fortlaufend gespeichert.

5. Der Spurindex muß nun in "Überlauf" ebenfalls geändert werden:
   a) In "Normal" steht jetzt 00011 0001
   b) in "Überlauf" steht jetzt 00014 00431 (Speicheradresse des Überläufers mit dem niedrigsten Schlüssel).

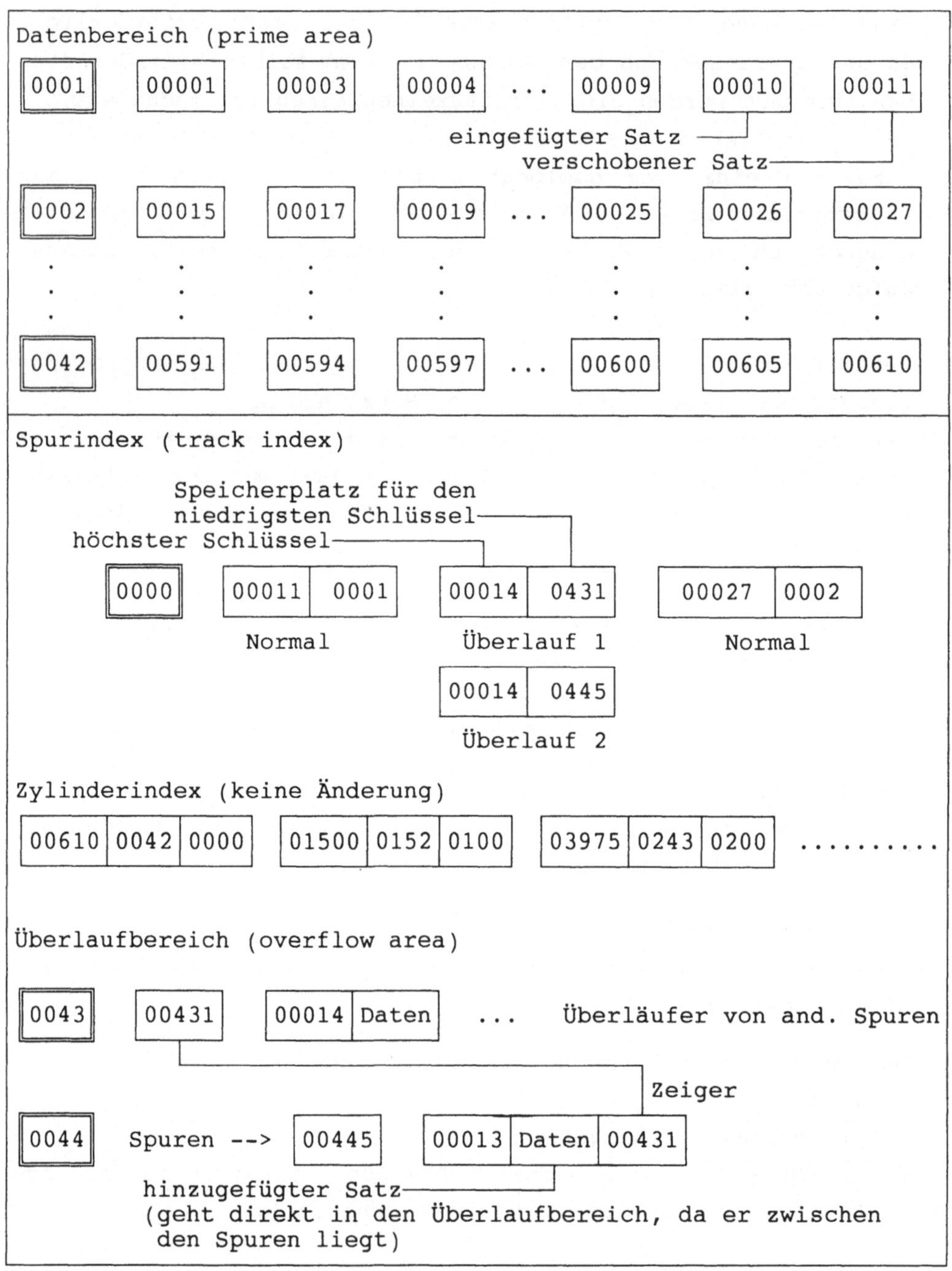

Abb.80: Hinzufügen von Sätzen (Überlaufspur)

Für das Einfügen des Satzes mit dem Schlüssel 00013 hat man zwei Möglichkeiten:

a) Man fügt den Satz an erster Stelle in Spur 0002 ein. Der Nachteil hierbei ist, daß alle nachfolgenden Spuren u. U. geändert werden müssen.

b) Man bringt 00013 **sofort** in den Überlaufbereich. Aus dem Vergleich von Normal (00011) und Überlauf (00014, höchster Schlüssel in Spur 0001) wird deutlich, daß 0013 zu Spur 0001 gehört und daher sofort in den Überlaufbereich gebracht werden kann.

Wenn wir nun von der Annahme ausgehen, daß durch den Änderungsdienst noch andere Sätze zwischenzeitlich im Überlaufbereich untergebracht worden seien, und der **nächste** freie Platz für Satz 00013 die Speicheradresse 00445 sei, dann sind die folgenden Schritte durchzuführen:

Das rechte Feld in "Überlauf" muß nun ein zweitesmal geändert werden, da verabredungsgemäß in diesem Feld die Speicheradresse desjenigen Satzes im Überlauf mit dem kleinsten Schlüssel stehen soll (in Bezug auf eine Spur). Daher hat der Überlauf nun die Form 00014 00445.

Im Überlaufbereich selbst haben wir eine einfach gekettete Organisation, auf die wir im nächsten Abschnitt ausführlich eingehen.

Der Satz 00013 im Überlaufbereich hat rechts ein zusätzliches Feld, den **Zeiger**. Dieser enthält die Speicheradresse **des** Satzes mit dem **nächst höheren** Schlüssel, falls die Sätze zu einer Spur gehören (hier: 0001).

Welcher Satz originär zu welcher Spur gehört, wird durch das linke Feld des Satzes "Überlauf" im Spurindex entschieden. Durch das Zeigerfeld sind alle Überläufer einer Spur miteinander verkettet.

Daß man im rechten Feld des Spurindexes von "Überlauf" die Speicheradresse des Überläufers mit dem **niedrigsten** Schlüssel angibt, liegt daran, daß alle nachfolgenden Überläufer durch das Zeigerfeld gefunden werden können, und zwar bis zum Überläufer mit dem größten Schlüssel.

Normalerweise benötigt eine Datei mehrere Zylinder. In diesem Falle brauchen wir einen weiteren Index, der dem bisherigen Spurindex hierarchisch übergeordnet ist: den **Zylinderindex**. Diese Indexhierarchie läßt sich nach oben fortsetzen, wenn sich ein Datenbestand über zwei oder mehr Plattenstapel erstrecken sollte. Man spricht dann von sogenannten Hauptindizes in einer Adreßhierarchie. Beim Laden einer Datei sind bei beispielsweise einer dreistufigen Adreßhierarchie vier Suchbewegungen für den Zugriff auf einen Datensatz erforderlich:

a) Suchen im ersten Hauptindex, um die Spur des Zylinderindexes zu bestimmen,

b) Suchen im Zylinderindex: Bestimmung des Zylinders durch Vergleich des Schlüssels des gesuchten Satzes mit den jeweils höchsten Schlüsseln der jeweiligen Zylinder,

c) Suchen im Spurindex: Bestimmen der Spur innerhalb des in b) gefundenen Zylinders, welcher den gesuchten Satz enthält,

d) Sequentielles Durchlesen der Spur bis zu dem gesuchten Satz.

Bei der Indexsuche ist für jeden der vier Suchvorgänge eine mechanische Bewegung des Zugriffskammes erforderlich, welche im Vergleich zum gestreuten Speichern von Daten (siehe Abschn. 7.5) sehr viel Zeit beansprucht. Der große Vorteil im Vergleich zur gestreuten Speicherung besteht aber in einer optimalen Speicherplatzausnutzung. Daher stellt die index-sequentielle Speicherung vielleicht einen sehr guten Kompromiß zwischen Zugriffszeit und Speicherplatzausnutzung dar.

8.4 Gekettete Datenorganisation

Bei der geketteten Organisation von Datensätzen werden durch Einrichten von Zeigerfeldern in den Datensätzen logisch zusammengehörige Sätze miteinander verbunden. Diese Organisationsform ist besonders dann interessant, wenn die physikalische Reihenfolge der Abspeicherung der Sätze ohne Bedeutung ist. Wenn daher der Speicherplatz des ersten Satzes bekannt ist, so können über die Adreßverkettung ("Verzeigerung") sämtliche Sätze wiedergefunden werden,

obwohl sie physikalisch gesehen nicht nebeneinander stehen. Es kann sich hierbei um Verkettungen
  - zwischen Sätzen einer Datei
  - zwischen Sätzen verschiedener Dateien
  - zwischen Datengruppen eines Satzes
handeln.

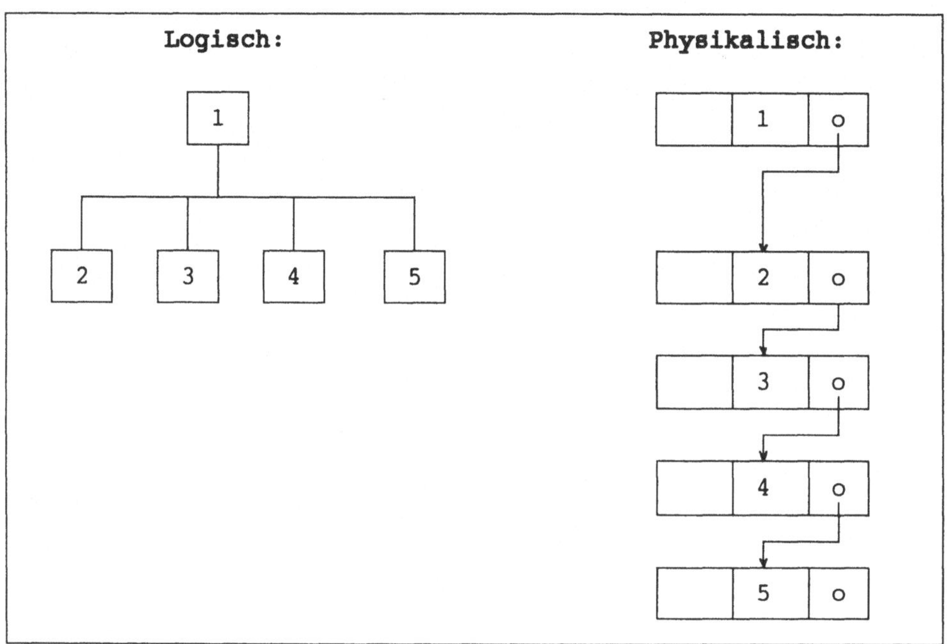

Abb.81: Einfach gekettete Organisation

Der Vorteil der Zeiger (= Speicheradresse des nächsten Satzes) liegt darin, daß die Sätze in beliebiger Reihenfolge im Speicher an beliebiger Position stehen können. Die Speicheradresse des ersten Satzes bezeichnet man auch als **Anker**. Wenn in einer bestimmten Organisationseinheit, etwa innerhalb einer Artikelstammdatei, auf eine andere Organisationseinheit, etwa auf ein Segment der Lieferantendatei, via Zeiger verwiesen wird, so nennt man den Zeiger ebenfalls einen Anker. Also sind verschiedene Satztypen untereinander durch Anker verkettet, die Sätze innerhalb der Satztypen durch Zeiger. In der folgenden Pascal-Prozedur wird die Verwendung von Zeigern für die **Ausgabe** einer einfach verketteten Liste demonstriert:

```
    PROCEDURE Display(start:AddrPointer);
    BEGIN
      WHILE start <> nil DO
        BEGIN
          Writeln(start^.name);
          start:=start^.next;
        END;
    END;
```

Soll ein Satz logisch in die Kette der Sätze **eingefügt** werden, so ist dieser Vorgang sehr einfach:

- Zunächst muß auf dem Speicher eine freie Speicheradresse gesucht werden. Dann wird der einzufügende Satz auf diese neue Speicheradresse gespeichert.
- Der Zeiger des logisch vorhergehenden Satzes bekommt als neuen Inhalt diese neue Speicheradresse. Der neu abgespeicherte Satz bekommt als Zeigerinhalt die Speicheradresse des auf den eingefügten Satz folgenden Satzes.

Die **Einfüge-, Such- und Ausgabeoperation** bei einer einfach verketteten Liste soll mit den folgenden Algorithmen und mit den anschließenden Prozedur-, Function- und Variablendeklarationen für ein einfaches Beispiel gezeigt werden:

(i) Suche in einer unsortierten verketteten Liste

Vorbemerkungen: Wenn man in einer nicht sortierten verketteten Liste den Wert eines bestimmten Listenelements sucht, muß die gesamte Liste durchsucht und mit dem gesuchten Wert verglichen werden.

```
{Pseudocode für die Suche in einfach verketteten Listen:
        Eine verkettete Liste sei in zwei linearen Listen LF
        und ZEIGER gespeichert:

        LF [K]        enthält den Datensatz

        ZEIGER [K]    enthält die Anfangsadresse des
                      nachfolgenden Satzes

        START         enthält die Adresse des ersten
                      Listenelements

        NIL           enthält die Zeigermarkierung des letzten
                      Listenelements,
```

                ZGR   Variable, welche auf dasjenige Listen-
                                element zeigt, das gerade bearbeitet wird,

                ZEIGER[ZGR]   enthält den Index des nachfolgenden
                                Listenelements, daher kann man mit der
                                Anweisung

                ZGR := ZEIGER [ZGR]
                                den Zeiger um eine Position weiterschieben

Bevor der Vergleich LF[ZGR] = WERT durchgeführt werden kann, muß

sichergestellt sein, daß der betreffende Knoten (Listenelement)

vorhanden, und noch nicht das Ende der Liste erreicht ist, d.h.

ZGR <> NIL. Diese beiden Vergleiche können nicht gleichzeitig

durchgeführt werden, da bei Nichtexistenz eines Knotens (Listen-

elements) der Ausdruck INFO[ZEIGER] nicht definiert ist.

Algorithmus:


```
SUCHE (LF, ZEIGER, START, WERT, POSITION)
    {Der Algorithmus durchsucht die lineare Liste ab START nach
    WERT und liefert die POSITION in der Liste oder setzt
    POSITION = NIL, falls WERT nicht vorhanden ist}

1. Setze ZGR := START

2. Wiederhole Schritt 3 solange ZGR <> NIL:
        WENN WERT = LF[ZEIGER]
        DANN setze POSITION := ZGR --> ENDE
        SONST setze ZGR := ZEIGER[ZGR]
    Schleifenende

4. {Suche ohne Erfolg} Setze POSITION := NIL

5. ENDE


FUNCTION suche_name (einstieg : adr_zeiger;
                     name : str80 ): adr_zeiger;
        {Die Prozedur gibt einen Zeiger auf denjenigen Satz zurück,
        welcher den gesuchten Namen enthält. Daher ist die Function
        vom Typ adr_zeiger.
        Falls der gesuchte Name nicht gefunden wird, ist "nil" der
        Zeiger, der zurückgegeben wird}
VAR
  fertig : BOOLEAN;
BEGIN
  fertig := FALSE;
  WHILE (einstieg<>nil) AND (NOT fertig) DO
    BEGIN
      IF name = einstieg^.name THEN
```

```
        BEGIN
          suche_name := einstieg;
          fertig:=TRUE;
        END
      ELSE
        einstieg := einstieg^.nachfolger;
      END;
    IF einstieg = nil THEN
      suche_name := nil;   {nicht vorhanden in der Liste}
END;
```

(ii) Suche in sortierten verketteten Listen

<u>Algorithmus:</u>

SUCH_SORT_VERK (LF, ZEIGER, START, WERT, POSITION)

> {In der linearen Liste, die in den Feldern LF und ZEIGER ge-
> speichert ist und sortiert sei, wird nach dem Listenelement
> mit dem Inhalt WERT gesucht. Wie bei der Suche in der unsor-
> tierten Liste muß auch hier die Liste sukzessive durchsucht
> werden, allerdings nur solange WERT < LF[ZGR] ist.
> Der Algorithmus bestimmt die Position des ersten Auftretens
> von WERT. Falls WERT nicht in der Liste enthalten ist, wird
> POSITION = NIL zurückhgegeben}

1. Setze ZGR := START

2. Wiederhole Schritt 3 solange ZGR <> NIL:

3.   WENN WERT < LF[ZEIGER]
       DANN setze ZGR := ZEIGER[ZGR]
       SONST WENN WERT = LF[ZGR]
             DANN setze POSITION := ZGR --> ENDE
             SONST setze POSITION := NIL --> ENDE
   Ende der Wiederholungsschleife

4. Setze POSITION := NIL

5. ENDE

(iii) Suche in kreisförmig verketteten Listen:

Manchmal wird auch die **zirkulare Verkettung** gewählt, die den Vorteil hat, daß von einem bestimmten Satz aus alle anderen Sätze erreicht werden können, ohne daß auf den Anker "gesprungen" werden
muß. Die zirkulare Verkettung unterscheidet sich von der bisherigen einfachen Verkettung nur dadurch, daß der Zeiger des letzten
Satzes die Speicheradresse des ersten Satzes enthält.

Algorithmus:

> {Es sei LF eine kreisförmig verkettete Liste, welche in den
> Feldern LF und ZEIGER abgespeichert sei. Der Algorithmus
> durchsucht die Liste ab ZEIGER[START] nach dem Listeninhalt
> WERT und gibt die Position POSITION zurück oder setzt
> POSITION = NIL, falls der gesuchte Listeninhalt WERT nicht
> gefunden wird}

1. Setze ZGR := ZEIGER[START]

2. Wiederhole solange LF [ZGR] <> WERT und ZGR <> START:
         Setze ZGR := ZEIGER[ZGR]

3. WENN LF[ZGR] = WERT
   DANN setze POSITION := ZGR
   SONST setze POSITION := NIL

4. ENDE

(iv) Einfügen in verketteten Listen

Vorbemerkungen: Für viele Speicheroperationen in Dateien ist es
erforderlich, daß neue Listenelemente (Knoten) in verketteten Listen eingefügt werden. Wenn eine Liste nicht sortiert ist, ist es
am einfachsten, den Knoten am Anfang oder am Ende der Liste einzufügen, bei sortierten Listen jedoch wird man einen neuen Knoten an
der entsprechenden Position in der Sortierreihenfolge einfügen.
Für diese drei Fälle sei angenommen, daß die verkettete Liste in
der Form

        LISTE (LF, ZEIGER, START, FREI)

gegeben sei, wobei die Information über noch freie Speicherplätze
in der Liste FREI zu entnehmen ist. Folgende Schritte sind erforderlich:

a) Überprüfe, ob die Liste FREI noch freie Plätze enthält. Falls
   FREI = NIL, so wird der Hinweis auf die Abspeicherung in einem Überlaufbereich ÜBERLAUF gemacht.

b) Entfernen des ersten Listenelements aus der Liste FREI. Dies
   erfolgt mit der Variablen NEU und den Anweisungen

        NEU := FREI und FREI := ZEIGER[FREI]

c) Eintragen der neuen Information WERT in das neue Listenelement von LF:

        LF [NEU] := WERT

<u>Algorithmus:</u> Einfügen am Anfang einer Liste

ANF_EINF_VERK (LF, ZEIGER, START, FREI, WERT)

    {Dieser Algorithmus fügt ein neues Listenelement mit dem Inhalt WERT am Anfang einer verketteten Liste ein}

1. {Überlauf}
   WENN FREI = NIL
   DANN SPEICHERE_IN_ÜBERLAUF --> ENDE

2. {Ersten Knoten in der FREI-Liste entfernen}
   Setze NEU := FREI, FREI := ZEIGER[FREI]

3. Setze LF [NEU] := WERT

4. Setze ZEIGER[NEU] := START
   {Der neue Knoten zeigt jetzt auf den bisher ersten Knoten}

5. Setze START := NEU
   {Die Liste beginnt jetzt mit dem neuen Knoten}

6. ENDE

(v) Ausgabe der Information jedes Knotens einer verketteten Liste:

Algorithmus:
   PRINT (LF, ZEIGER, START)

1. Setze ZGR := START

2. Wiederhole Schritt 3 und 4 solange ZGR = NIL:

3.   Schreibe den Inhalt von LF[ZGR]

4.   Setze ZGR := ZEIGER[ZGR]
   {Schleifenende}

5. RETURN

(vi) Bestimmung der Anzahl der Knoten in einer verketteten Liste:

Algorithmus:
   ZAEHLE (LF, ZEIGER, START, ANZAHL)

1. {Initialisierung des Zählers} Setze Anzahl := 0

2. {Initialisierung des Zeigers} Setze ZGR := START

3. Wiederhole Schritt 4 und 5 solange ZGR = NIL:

4.   Setze ANZAHL := ANZAHL + 1

```
5.        Setze ZGR := ZEIGER[ZGR]
  {Schleifenende}

6. RETURN
```

(vii) Pascal-Prozeduren und -Funktionen:

```pascal
PROGRAM einfach_verkettete_liste;
{ Es gibt zwei Möglichkeiten, verkettete Listen zu erzeugen:
      a) Hinzufügen eines Satzes am Anfang oder Ende der Liste
      b) Einfügen an bestimmten Stellen der Liste
   Es gibt drei Möglichkeiten, in eine bestehende einfach
   verkettete Liste einen weiteren Satz einzufügen:
      a) Der einzufügende Satz stellt den ersten Satz der Liste
         dar,
      b) Der neue Satz ist zwischen zwei Sätze der Liste
         einzufügen,
      c) Der einzufügende Satz ist der letzte  Satz der Liste
}
TYPE
  adr_zeiger = ^adresse;
  adresse    = RECORD
                  name       : string[30];
                  plz        : string[8];
                  ort        : string[20];
                  strasse    : string[20];
                  nachfolger : adr_zeiger;
               END;
  adr_satz   = adresse;
  satz_array = array[1..100] of adr_zeiger;
  str80      = string[80];
VAR
  erster, letzter : adr_zeiger;

PROCEDURE speichere_einfach_verkettete_liste ( i : adr_zeiger);
    { Diese Prozedur baut eine einfach verkettete Liste auf, und
      zwar durch Anfügen jedes neu hinzukommenden Satzes an das
      Ende der Liste.
      Hierzu ist ein Zeiger auf einen Satz des Datentyps "adresse"
      an die Prozedur zu übergeben
    }
BEGIN
  IF letzter = nil THEN  {erster Satz in der Liste}
    BEGIN
      letzter :=i:
      erster  :=i;
      i^.nachfolger := nil;
    END
  ELSE
    BEGIN
      letzter^.nachfolger := i;
      i^.nachfolger := nil;
      letzter := i;
    END;
END;
```

```pascal
FUNCTION speich_einf_verk_liste_sortiert
        (satz_inhalt, erster : AddrPointer;
         VAR letzter           : adr_zeiger  ) : adr_zeiger;
    { Einspeichern von Sätzen in eine sortierte Folge von einfach
      verketteten Sätzen; Kriterium : Name (siehe Abfrage)
    }
VAR
  alt, erp      : ^address;
  fertig        : BOOLEAN
BEGIN
  erp    := erster;
  alt    := nil;
  fertig := FALSE;
  IF erster = nil THEN
    BEGIN  {erster Satz in der Liste}
      satz_inhalt^.nachfolger           := nil;
      letzter                           := satz_inhalt;
      speich_einf_verk_liste_sortiert := satz_inhalt;
    END
  ELSE
    BEGIN
      WHILE (erster <> nil) AND (NOT fertig) DO
        BEGIN
          IF erster^.name < satz_inhalt^.name THEN
              BEGIN
                alt      := erster;
                erster   := erster^.nachfolger;
              END
            ELSE
              BEGIN {Sprung in die Mitte der Liste}
                IF alt <> nil THEN
                  BEGIN
                    alt^.nachfolger         := satz_inhalt;
                    satz_inhalt.nachfolger := erster;
                    speich_einf_verk_liste_sortiert := erp;
                        {behalte denselben Einstiegspunkt}
                    fertig := TRUE;
                  END
                ELSE
                  BEGIN
                    satz_inhalt^.nachfolger := erster;
                    {Neuer erster Satz}
                    speich_einf_verk_liste_sortiert:=satz_inhalt;
                    fertig                          :=TRUE;
                  END;
              END;
        END;   {WHILE}
        IF NOT fertig THEN
          BEGIN
            letzter^.nachfolger := satz_inhalt;
            {an das Ende der Liste}
            satz_inhalt^.nachfolger         := nil;
            letzter                         := satz_inhalt;
            speich_einf_verk_liste_sortier := erp;
          END;
      END;
 END;
```

```
PROCEDURE zeige_namen (einstieg : adr_zeiger);
     { Zeigen der Namen in der Adressenliste }
BEGIN
  WHILE einstieg <> nil DO
    BEGIN
       writeln (einstieg^.name);
       einstieg := einstieg^.nachfolger;
    END;
END;
```


(viii) Löschen in einfach verketteten Listen:

Entsprechend geht man auch beim Löschen eines Satzes aus der logischen Kette der Sätze vor:

```
FUNCTION loesche_satz (einstieg, satz,
                    vorgaenger_satz : adr_zeiger):adr_zeiger;

     { Diese Function löscht einen Satz in einer einfach
       verketteten Liste. Auch hier sind drei Fälle zu
       unterscheiden:
            a) der Satz steht an erster  Position
            b) der Satz steht an letzter Position
            c) der Satz steht innerhalb der Liste
       Es müssen an die Function Zeiger übergeben werden, und zwar
       den Zeiger für die Beginn der Liste, den Zeiger des
       Vorgänger-Satzes, den Zeiger des zu löschenden Satzes.
       Falls der zu löschende Satz der erste Satz der Liste ist,
       so ist der Vorgänger-Satzzeiger auf "nil" gesetzt werden.

       Diese drei Zeiger sind erforderlich, da im Falle der
       Löschung des ersten Satzes und aus dem Vergleich mit dem
       Vorgänger-Satzzeiger sich der neue Listenanfang (erster
       Satz) ergibt.
     }
BEGIN
  IF vorgaenger_satz <> nil THEN
    vorgaenger_satz^.nachfolger := satz^.nachfolger
  ELSE
    einstieg := satz^.nachfolger;
  loesche_satz := einstieg;
END;
```


Zweifach verkettete Listen:

Vorbemerkungen: Neben der einfachen oder auch unidirektionalen
Verkettung gibt es auch die bidirektionale oder **zweifache Verkettung,** bei der jeder Datensatz zwei Zeigerfelder enthält: Einen
Zeiger auf den logisch nachfolgenden Satz und einen Zeiger auf den
logisch vorhergehenden Satz. Man kann also in der Satzkette vorwärts und rückwärts verweisen, was hinsichtlich der Schnelligkeit

des Auffindens eines Satzes sicherlich vorteilhaft ist, aber einen zusätzlichen Speicherplatz für die zweiten Zeiger erfordert.

Bei den bisher verwendeten einfach verketteten Listen war es nur möglich, ausgehend von einer Variablen START, durch Verwendung der Zeigerfelder eine Liste von vorne nach hinten zu durchsuchen, nicht aber in umgekehrter Richtung.

Bei einem gegebenen Index POSITION war es möglich, direkt auf diesen oder auf das Nachfolgeelement ZEIGER[POSITION] zuzugreifen, der Vorgängerknoten konnte aber nur nach vollständigem Durchlaufen der Liste erreicht werden. Bei zweifach verketteten Listen können wir direkt sowohl auf den Nachfolgerknoten als auch auf das Vorgängerelement zugreifen, d.h. die Liste kann in beiden Richtungen durchlaufen werden. Eine zweifach verkettete Liste besteht aus drei Teilen,

-> dem Informationsteil LF mit den zu speichernden Nutzdaten,
-> einem Zeigerfeld VORW, das den Index des Nachfolgerknotens enthält.
-> einem Zeigerfeld RÜCK, das den Index des Vorgängerfeldes enthält.

Weiterhin werden zwei Zeigervariablen für die Liste benötigt. Die Variable START enthält den Index des ersten Listenknotens, ENDE enthält den Index des letzten Listenknotens.

Mit der Variablen START und mit dem Zeigerfeld VORW können wir die Liste vorwärts, entsprechend mit ENDE und RÜCK können wir die Liste rückwärts durchlaufen.

Zwei aufeinanderfolgende Listenelemente A und B mit den Indizen POSA und POSB erhalten wir analog wie bei einfach verketteten Listen durch Definition der Zeigerfelder

VORW[POSA] = POSB und RÜCK[POSB] = POSA.

Gespeichert werden können zweifach verkettete Listen wie einfach verkettete Listen, wobei jetzt zwei Felder für die Zeiger VORW und RÜCK statt des bisherigen Feldes ZEIGER benötigt werden. Eine Speicherliste FREI für die freien Listenelemente, die u.U. weitere

Werte aufnehmen können, besteht nach wie vor aus einer einfach verketteten Liste.

Operationen mit zweifach verketteten Listen

(i) Suchen: Grundsätzlich können wir hier den Suchalgorithmus für einfach verkettete Listen verwenden, für den die Zeigervariablen bei Vorwärts- und Rückwärtsdurchlaufen entsprechend gewählt werden müssen.

(ii) Löschen: Wenn wir ein Listenelement an einer bekannten Position POSITION löschen wollen, so läßt sich dies mit dem Vorgängerelement RÜCK[POSITION] und dem Nachfolgerelement VORW[POSITION] leicht bewerkstelligen. Dies geschieht mit den Zeigeränderungen

        VORW[RÜCK[POSITION]] := VORW[POSITION] und
        RÜCK[VORW[POSITION]] := RÜCK[POSITION]

Algorithmus:

    1. {Löschen des Knotens}
       Setze VORW[RÜCK[POSITION]] := VORW[POSITION] und
              RÜCK[VORW[POSITION]] := RÜCK[POSITION]
    2. ENDE

(iii) Einfügen: Wenn wir die Positionen zweier aufeinanderfolgender Knoten kennen und zwischen den beiden einen neuen Knoten mit dem Informationsteil WERT einfügen wollen, können wir zunächst wie bei einfach verketteten Listen vorgehen: Man nimmt den ersten Knoten der Preisliste FREI, speichert seinen Index in der Variablen NEU, und kopiert den WERT in den zugehörigen Informationsteil:

        NEU := FREI, FREI := VORW[FREI], LF[NEU] := WERT.

Danach kann der Knoten NEU mit den Zuweisungen

        VORW[POSA] := NEU, VORW[NEU] := POSB
        RÜCK[POSB] := NEU, RÜCK[NEU] := POSA

in die Liste eingefügt werden.

<u>Algorithmus:</u>

1. {Überlauf}
   WENN   FREI = NIL
   DANN   EINFÜGEN_IN_ÜBERLAUFBEREICH --> ENDE

2. {Entfernen eines Knotens aus der Frei-Liste}
   Setze NEU := FREI, FREI := VORW[FREI],
         LF[NEU] := WERT

3. {Einfügen des Knotens in die Liste}
   Setze VORW[POS_A] := NEU, VORW[NEU] := POS_B
   Setze RÜCK[POS_B] := NEU, RÜCK[NEU] := POS_A

4. ENDE

(iv) Nachfolgend noch ein vollständiges **Pascal-Programm** für ver-
schiedene Operationen mit doppelt verketteten Listen (Einfügen,
Löschen, Suchen, Zeigen (siehe Procedure HauptMenue am Ende des
Abschnitts)):


```pascal
PROGRAM dopp_verkettung_beisp_programm;
TYPE str8          = STRING[8];
     str20         = STRING[20];
     str30         = STRING[30];
     anystr        = STRING[255];
     charset       = SET OF CHAR;
     adresse       = RECORD
                          name     : STR30;
                          plz      : STR8;
                          ort      : STR20;
                          strasse  : STR20;
                       END;
     position      = RECORD
                          info     : adresse;
                          last,
                          next     : listenzeiger;
                       END;
     listenzeiger = ^position;

VAR kunde   : adresse;
    nokunde : Integer;
    ch      : CHAR;
    a,l,e   : listenzeiger;

PROCEDURE Initialize (wert : adresse);
   (* Erzeugen einer Liste *)
   BEGIN
      new(a);
      a^.info := wert;        (* l = Listenzeiger *)
      a^.next := nil;         (* a = Anfangszeiger *)
      a^.last := nil;
      l := a;                 (* e = Endezeiger *)
      e := a;
   END;
```

```pascal
PROCEDURE gotostart;
   BEGIN l := a END;

PROCEDURE gotoend;
   BEGIN l := e END;

PROCEDURE search (schluessel : STR30; VAR gefunden : BOOLEAN);
   BEGIN
      gefunden := false;
      gotostart;
      gefunden := l^.info.name = schluessel;
      WHILE not gefunden and (l^.next<>nil) DO
         BEGIN
            l:=l^.next;
            gefunden := l^.info.name = schluessel;
         END;
   END; (* L zeigt auf das Listenende oder das
           gefundene Element *)

PROCEDURE getinfo (VAR wert : adresse);
   BEGIN   wert := l^.info   END;

PROCEDURE advance; BEGIN l := l^.next END;

PROCEDURE backstep; BEGIN l := l^.last END;

PROCEDURE insertafter (wert : adresse);
   VAR neu : listenzeiger;
   BEGIN
      new(neu);
      neu^.info := wert;
      neu^.next := l^.next;
      neu^.last := l;
      l^.next := neu;
      advance;
      IF l^.next=nil
         THEN e:=l
         ELSE BEGIN
            advance;
            l^.last := neu;
            backstep;
         END;
   END;

PROCEDURE loesche;
   VAR hilfszeiger : listenzeiger;
   BEGIN
     hilfszeiger := l;
     IF l=a
        THEN BEGIN
           advance; l^.last := nil; a:=l;
        END
        ELSE BEGIN
           backstep; l^.next := hilfszeiger^.next;
           advance;  l^.last := hilfszeiger^.last;
        END;
     dispose(hilfszeiger);
   END;
```

```pascal
PROCEDURE Beep; BEGIN write(^G); END;

PROCEDURE msg (s : anystr);
   BEGIN
      gotoxy(2,24); write(s); gotoxy(2,25);
      write ('Weiter mit jeder Taste ... ');
      REPEAT UNTIL Keypressed;
      gotoxy(2,25); clreol; gotoxy(2,24); clreol;
   END;

PROCEDURE Auswahl (s : anystr; term : charset; Var tc : CHAR);
   BEGIN
      gotoxy(2,24); write(s);
      REPEAT
         read(kbd,tc); tc := upcase(tc);
      UNTIL tc IN term;
      gotoxy(2,24); clreol;
   END;

PROCEDURE OutFormKunde;
   BEGIN
      clrscr;
      gotoxy(10,10); write('Name    :');
      gotoxy(10,12); write('Strasse :');
      gotoxy(10,14); write('Plz     :');
      gotoxy(10,16); write('Ort     :');
   END;

PROCEDURE InputKunde;
   BEGIN
      WITH kunde DO BEGIN
         gotoxy(20,10); read(Name);
         gotoxy(20,12); read(Strasse);
         gotoxy(20,14); read(plz);
         gotoxy(20,16); read(ort);
      END;
   END;

PROCEDURE OutputKunde;
   BEGIN
      WITH kunde DO BEGIN
         gotoxy(20,10); write(Name);
         gotoxy(20,12); write(Strasse);
         gotoxy(20,14); write(plz);
         gotoxy(20,16); write(ort);
      END;
   END;

PROCEDURE KundeAnfuegen;
   BEGIN
      OutFormKunde;
      InputKunde;
      IF NoKunde=0
         THEN Initialize(Kunde)
         ELSE InsertAfter(Kunde);
      NoKunde:=NoKunde+1;
   END;
```

```pascal
PROCEDURE KundeFinden;
VAR b : Boolean;
   BEGIN
      clrscr;
      gotoxy(10,10); write('Name     :');
      gotoxy(20,10); read(Kunde.Name);
      search(Kunde.Name,B);
      IF b THEN
        BEGIN
          GetInfo(Kunde); OutFormKunde;
          OutputKunde;    msg('');
        END
         ELSE
           BEGIN
             Beep; MSG('Kunde nicht gefunden');
           END;
    END;

PROCEDURE KundeLoeschen;
   VAR b  : Boolean;
       tc : Char;
   BEGIN
      clrscr;
      gotoxy(10,10); write('name      :');
      gotoxy(20,10); read(kunde.Name); search(kunde.name,b);
      IF b THEN
        BEGIN
          GetInfo(Kunde); OutFormKunde; OutputKunde;
          Auswahl ('Soll der Kunde gelöscht werden ? (J/N) ',
                   ['J','N'],tc);
            IF (tc='J') AND (NoKunde>0) THEN
              BEGIN
                NoKunde:=NoKunde-1; Loesche;
              END;
          END
        ELSE
          BEGIN
            Beep; msg('Kunde nicht gefunden');
          END;
    END;

PROCEDURE Kundenliste_Vorwaerts;
   BEGIN
      clrscr; GotoStart;
      WHILE (l^.next <> nil) DO
        BEGIN
          GetInfo(Kunde); writeln(Kunde.Name); Advance;
        END;
      GetInfo(Kunde); Writeln(Kunde.Name);
      REPEAT UNTIL keypressed;
   END;

PROCEDURE Kundenliste_Rueckwaerts;
   BEGIN
      clrscr; GotoEnd;
      WHILE (l^.last <> nil) DO
        BEGIN
          GetInfo(Kunde); writeln(kunde.name); Backstep;
        END;
      GetInfo(Kunde); writeln(kunde.name);
```

```
      REPEAT UNTIL keypressed;
   END;

PROCEDURE Hauptmenue (X,Y : Integer; Var tc : Char);
   CONST Term : Set of Char = ['1','2','3','4','5','0'];
   BEGIN
     clrscr;
     gotoxy(X,Y);       write('1. Einen Satz anfügen ');
     gotoxy(X,Y+ 2); write('2. Einen Satz finden ');
     gotoxy(X,Y+ 4); write('3. Einen Satz löschen');
     gotoxy(X,Y+ 6); write('4. Kunden Auflisten Vorwärts');
     gotoxy(X,Y+ 8); write('5. Kunden Auflisten Rückwärts');
     gotoxy(X,Y+10); write('0. Das Programm verlassen');
     gotoxy(X,Y+12);
     REPEAT
       read(kbd,tc);
     UNTIL tc in Term;
   END;
BEGIN
  NoKunde := 0;
  REPEAT
    Hauptmenue(15,5,ch);
    CASE ch OF
      '1': KundeAnfuegen;
      '2': IF NoKunde>0 THEN KundeFinden;
      '3': IF NoKunde>0 THEN KundeLoeschen;
      '4': IF NoKunde>0 THEN Kundenliste_Vorwaerts;
      '5': IF NoKunde>0 THEN Kundenliste_Rueckwaerts;
    End;
  UNTIL ch='0';
END.
```

8.5 Gestreute Speicherorganisation

Bei den bisherigen Speicherorganisationsformen war die Zeit für
das Wiederauffinden eines Satzes entweder abhängig von der Sortierung nach dem Schlüsselbegriff oder von der Verkettung der Sätze
über Zeiger. Bei der gestreuten Organisation (random organization)
ist das Wiederauffinden (retrieval) der Sätze auf dem Speicher unabhängig von der Sortierung oder von Zeigern. Vielmehr liegen die
Sätze völlig isoliert auf den Speicherplätzen. Jeder Satz hat gewissermaßen einen Anker, der durch den Schlüsselwert selbst repräsentiert wird. Hierbei braucht der Anker aber nicht unbedingt die
Speicheradresse des Satzes enthalten (die Schlüsselwerte unterscheiden sich ja auch im allgemeinen von den Speicheradressen),
sondern es genügt ein einfacher funktionaler Zusammenhang, um vom

Anker (=Schlüsselwert) auf die Speicheradresse schließen zu können. Man unterscheidet

1. die gestreute Speicherung mit direkter Adressierung und ohne
   Adreßrechnung
2. die gestreute Speicherung mit direkter Adressierung und mit
   Adreßrechnung
3. Die gestreute Speicherung mit indirekter Adressierung.

Bei der direkten Adressierung besteht ein eindeutiger Zusammenhang
zwischen Ordnungsbegriff/Schlüsselwert und der Speicheradresse des
Satzes:

        sp_adresse (satz_i) := f (schlüsselwert_von_satz_i).

Bei der direkten Adressierung ohne **Adreßrechnung** ist

        sp_adresse (satz_i) = (schlüsselwert_von_satz_i).

Falls daher zum Beispiel der Nummernkreis des Schlüsselfelds nicht
lückenlos besetzt ist, können die entsprechenden Speicherplätze
nicht belegt werden, d.h. Speicherplatz bleibt unbenutzt. Daher
wird man diese 1:1 - Beziehung zwischen Schlüssel und Adresse nur
bei lückenlosem Schlüsselwerten verwenden, außerdem wird man die
Sätze stets sortieren, sodaß sie physikalisch nacheinander, d.h.
sequentiell, abgespeichert werden können.

Anders ist es bei der direkten Adressierung **mit** Adreßrechnung.
Hier stimmt der Schlüsselwert im allgemeinen nicht mehr mit der
Satzadresse überein. Die Adreßrechnung erfolgt über eine eindeutige Zuordnungsvorschrift, die derart festgelegt werden kann, daß
auch Lücken im Nummernkreis des Ordnungsbegriffs eliminiert werden
können (Hash-Algorithmus). Ansonsten unterscheidet sich diese
Adressierung nicht von der direkten Adressierung ohne Adreßrechnung. Allerdings ist diese Speicherungsform sehr speicheraufwen-
dig. Wenn zum Beispiel die Schlüsselwerte zwischen 1 und 5000 liegen können, aber nur 10 % dieser möglichen Schlüsselwerte tatsächlich belegt sind, und wir weiterhin annehmen, daß die Hash-Funk-
tion die Form

sp_adresse (satz_i) = 2 mal schlüsselwert_von_satz_i

hat, so müßten 10 000 Speicherplätze zur Verfügung gestellt werden, obwohl nur 500 Sätze tatsächlich belegt sind. Meist werden die Hash-Funktionen aber so festgelegt, daß der Speicherbereich verdichtet wird. Diese Speicherverdichtung ist aber nur möglich, wenn man auf die Eindeutigkeit der Zuordnungsvorschrift verzichtet und die Mehrfachbelegung eines Speicherplatzes zuläßt. Mehrfachbelegung heißt, daß sich für mehrere Ordnungsmerkmale dieselbe Adresse ergeben kann. Das Problem der Mehrfachbelegung löst man wie bei der index-sequentiellen Speicherung mit Hilfe von Überlaufbereichen.

Man nimmt also bei der gestreuten Speicherung mit **indirekter** Adressierung bewußt in Kauf, daß bei dem Umrechnungsverfahren zwar die Rechnung Schlüsselwert ---> Speicheradresse eindeutig, aber eine Umkehrung bzw. Rückrechnung nicht mehr eindeutig möglich ist. Das Hauptziel bei der indirekten Adressierung ist, daß die den Werten der Ordnungsbegriffe zugeordneten Speicheradressen über einen vorgegebenen Speicherbereich möglichst gleichmäßig verteilt sein sollten. Hierbei ist allerdings nicht ausgeschlossen, daß bei einem sehr ungleichmäßig verteilten Schlüsselwerte-Bereich bestimmte Adressen überhaupt nicht berechnet werden, andere dagegen aber sogar mehrfach belegt werden. Generell ist die Anwendung der indirekten Adressierung nur dann ratsam, wenn der Schlüsselwerte-Bereich große Lücken hat, aber man dennoch einen schnellen Zugriff braucht. Je stärker hierbei der Überlaufbereich besetzt ist, desto länger dauert der Zugriff, daher ist es auch bei dieser Speicherungsform empfehlenswert, in gewissen Zeitabständen eine Reorganisation durchzuführen. In der Praxis geht man im allgemeinen so vor, daß man den ersten Satz, der aufgrund der Zuordnungsvorschrift einer bestimmten Speicheradresse zugewiesen wird, auch tatsächlich auf diese Speicheradresse speichert. Man nennt diesen Satz "Haussatz" (home record). Gehen wir im Augenblick davon aus, daß ein vorgegebener Schlüsselbereich (numerisch) das Intervall [a,b] sei, und dieser auf einen kleineren Speicherbereich [c,d] "verdichtet" werden soll. Ein weiterer Satz, der nun der bereits belegten Haussatz-Speicheradresse zugewiesen wird, kann nun an einer beliebigen Stelle des Speicherbereichs [c,d] abgelegt werden. Man nennt einen solchen Satz auch "Synonym" oder Überläufer. Wenn bezüglich einer Speicheradresse mehrere Synonyme auftreten,

so werden im allgemeinen der Haussatz und die Synonyme einfach ge-
kettet. Für das erwähnte Problem der Schlüsseltransformation auf
einen möglichst gleichverteilten Speicherbereich mit möglichst wenig Synonymen sind verschiedene Algorithmen bekannt:

- Das Divisionsrest-Verfahren
- Basistransformation
- Faltung
- Ziffernanalyse.

Beim **Divisionsrest-Verfahren** kann jeder Schlüsselbereich [a,b] auf
einen vorgegebenen Speicherbereich [c,d] "komprimiert" werden.
Hierzu sei p die größte Primzahl kleiner oder gleich b-a. Die
Hash-Vorschrift beim Divisionsrest-Verfahren lautet

$$sp\_adr(satz\_i) := \underbrace{\underbrace{schl\_wert(satz\_i)-[schl\_wert(satz\_i)/p]p}_{relative\ Speicheradresse} + a,}_{absolute\ Speicheradresse}$$

wobei [x] die größte natürliche Zahl kleiner oder gleich x bedeutet. Beispielsweise für $[2^{11},2^{12}]$ ist b-a = 2^{11} und p = $2^{11}-1$ =
2047. (Siehe Beispielrechnung in Abbildung 82).

Beim Umrechnungsverfahren nach dem Faltungsprinzip wird der
Schlüsselwert in mehrere Ziffernbestandteile zerlegt, und diese
anschließend addiert.

schl_wert(satz_i)	Relative Speicheradresse	Absolute Speicheradresse
123	123-0 2047=123	2171
1 234	1234-0 2047=1234	3282
12 345	12345-6 2047=63	2111
123 456	123456-60 2047=636	2684
123 456 789	123456789-60311 2047= =123456789-123456617 =172	2220

Abb. 82: Divisionsrest-Verfahren (Beispielrechnung)

Es gibt Verfahren, welche die Anzahl der Ziffernbestandteile gerade so wählen, daß die Summe der Ziffernteile im Speicherintervall liegt. Allerdings erscheint dieses Verfahren sehr willkürlich, und wird in der Praxis weniger häufig eingesetzt.

Durch **Basistransformation** werden die Ziffern des Schlüssels in ein Zahlensystem mit einer höheren Basis transformiert. Der zweite Schritt erscheint wie bei der Faltung ähnlich willkürlich: Die in die höhere Basis transformierte Zahl wird anschließend durch Weglassen von Ziffern für den vorgegebenen Speicherbereich "zurechtgestutzt". Vergleichsweise zur Beispielrechnung beim Divisionsrest-Verfahren ergibt sich für schl_wert(satz_i)=12 345 und der Basis "13" die Speicheradresse

$$
\begin{aligned}
\text{sp\_adr(satz\_i)} &= 1 \cdot 10^4 + 2 \cdot 10^3 + 3 \cdot 10^2 + 4 \cdot 10^1 + 5 \cdot 10^0 \\
&= 1 \cdot 13^4 + 2 \cdot 13^3 + 3 \cdot 13^2 + 4 \cdot 13^1 + 5 \cdot 13^0 \\
&= 1 \cdot 28561 + 2 \cdot 2197 + 3 \cdot 169 + 4 \cdot 13 + 5 \cdot 1 \\
&= 28561 + 4394 + 507 + 52 + 5 \\
&= \boxed{3351}\,9.
\end{aligned}
$$

Abb. 83: Schlüsseltransformation durch Basistransformation

Statt die letzte Ziffer in der Zahl 33519 abzuschneiden, hätte auch die erste Ziffer weggelassen werden können und die "zulässige" Speicheradresse 3519 ergeben.

Bei der Ziffernanalyse werden die Sätze der Datei bezüglich
- der Schlüsselziffer
- und der Position der Schlüsselziffern innerhalb der Satzschlüssel

nach der Häufigkeit ihres Auftretens ausgezählt. Nehmen wir an, wir hätten eine Datei mit 10 000 Sätzen indirekt zu adressieren, die Schlüsselwerte seien 5-stellig, und das Auszählungsergebnis sei in Abb. 84 zusammengefaßt.

Spaltenweise summiert ergibt sich bei dieser tabellarischen Darstellung stets die Gesamtanzahl der Schlüssel, nämlich 10 000, da jede Ziffernposition innerhalb des Schlüssels von einer der Ziffern 0,1,...,9 genau 10 000 mal belegt wird.

Ziffer	Ziffernposition im Schlüssel				
	1	2	3	4	5
0	998	568	15	1295	1473
1	487	2 811	189	1021	998
2	1 533	573	1817	1388	1234
3			567	989	890
4		234	2067	604	783
5	876	1 275	3126	1099	798
6	955	4 539	915	1034	939
7				827	1578
8	2 358		1304	1102	1067
9	2 793			641	240

Abb. 84: Indirekte Adressierung durch Ziffernanalyse

Nehmen wir nun an, daß für den Speicherbereich das Intervall [1,999] vorgesehen sei, die Speicheradressen also 3-stellig sind, dann würde man aus dem obigen Tableau drei Spalten feststellen, deren Zahlenbereich möglichst gleichverteilt ist. Ohne hier auf die möglichen Distanzmaße näher einzugehen, die für dieses Gleichverteilungskriterium anwendbar sind, seien in unserem Beispiel die Spalten 3,4 und 5 "möglichst gut" gleichverteilt. Dann würde sich für den Schlüsselwert

$$\text{schl\_wert}(\text{satz\_i}) = 4\ 2\ 9\ 1\ 7$$

die Speicheradresse durch die Ziffernpositionen 3,4 und 5 bestimmen lassen:

$$\text{sp\_adr}(\text{satz\_i}) = 4\ 2\ \boxed{9\ 1\ 7}\ .$$

Für alle diese Verfahren der indirekt gestreuten Speicherung gilt grundsätzlich, daß der Speicherbedarf für den Überlaufbereich möglichst gering bleibt. Die Doppelbelegung, und damit der Speicherumfang des Überlaufbereichs, hängt wesentlich vom Belegungsfaktor ab, der sich als Verhältnis von der Anzahl der belegten Speicherplätze zur Gesamtzahl der verfügbaren Speicherplätze ergibt. Ist der Belegungsfaktor klein, so ist die Speicherplatzaus-

nutzung schlecht, aber die Mehrfachbelegung der Speicherplätze
sehr gering. Umgekehrt, wenn der Belegungsfaktor nahe bei Eins
liegt, d.h. die Speicherplatzausnutzung sehr gut ist, geht dies
auf Kosten einer u. U. mehrfachen Belegung der Speicherplätze, wodurch die Zugriffszeiten ansteigen. Um dennoch den Umfang des
Überlaufbereichs klein zu halten, kann es manchmal sinnvoll sein,
mehrere Synonyme zu einem Haussatz in einen Block zusammenzufas-
sen, und diesen nur einmal zu adressieren. Dadurch läßt sich dann
immer noch ein schneller Zugriff erreichen.

Mit dem folgenden **Programmbeispiel** soll gezeigt werden, wie in
Pascal der (quasi-)wahlfreie Zugriff auf eine sequentielle Adres-
sendatei erfolgt. In Pascal ist kein echter Direktzugriff möglich,
sondern mit Hilfe der Seek-Funktion wird der Satzzeiger auf die
gesuchte Satznummer positioniert. Mit dem Programm 'eingeben' können Adreßdatensätze in die Datei 'adressen.dat' aufgenommen werden, anschließend wird im Programm 'quasi_wahlfr_zu-
griff_auf_adressdatei' gezeigt, wie ein bestimmter Datensatz gefunden wird:

```pascal
PROGRAM eingeben;
USES crt;
TYPE
  adresse = RECORD
                name    : STRING[30];
                strasse : STRING[40];
                ort     : STRING[20];
            END;
  adr_dat = FILE OF adresse;
VAR
  testdat  : adr_dat;
  test     : adresse;
BEGIN
  assign(testdat,'adressen.dat'); rewrite(testdat);
  WITH test DO
    BEGIN
      write('Name   : '); read(name);
      write('Straße : '); read(strasse);
      write('Ort    : '); read(ort); write(testdat,test);
    END;
  close(testdat);
END.

PROGRAM quasi_wahlfr_zugriff_auf_adressdatei;
TYPE
  adresse   = RECORD
                name   :STRING[30];
                strasse:STRING[40];
                ort    :STRING[20];
            END;
```

```pascal
  str80      = STRING[80];
  adr_satz   = adresse;
  adr_liste  = ARRAY[1..80] of adr_satz;
  adr_dat    = FILE of adresse;

VAR
  test     : adr_satz;
  t,t2     : INTEGER;
  testdat  : adr_dat;

FUNCTION find( VAR dat_var: adr_dat; i: INTEGER): str80;
  VAR
    t  :adresse;
  BEGIN
    i := i-1; seek(dat_var,i); read(dat_var,t); find := t.name
  END;

PROCEDURE wahlfr_zugr( VAR dat_var: adr_dat; zaehler:INTEGER);
  PROCEDURE SUCHE( l,r:INTEGER);
  VAR
    i,j,s  : INTEGER;
    x,y,z  : adr_satz;
  BEGIN
    i:=l; j:=r;  s:=(l+r) DIV 2; seek(dat_var,s-1);
read(dat_var,x);
    REPEAT
      WHILE find(dat_var,i) < x.name DO i := i + 1;
      WHILE x.name < find(dat_var,j) DO j := j - 1;
      IF i <= j THEN
        BEGIN
          seek(dat_var,i-1); read(dat_var,y);
          seek(dat_var,j-1); read(dat_var,z);
          seek(dat_var,j-1); write(dat_var,y);
          seek(dat_var,i-1); write(dat_var,z);
          i := i + 1; j := j - 1;
        END;
    UNTIL i > j;
    IF l < j THEN suche(l,j);
    IF l < r THEN suche(i,r)
  END;
BEGIN
  suche(1,zaehler);
END;

BEGIN
  assign(testdat,'a:adressen.dat'); reset(testdat); t := 1;
  WHILE not eof(testdat) DO
    BEGIN
      read(testdat,test); writeln(test.name); t:=t+1;
    END;
  t := t - 1; wahlfr_zugr(testdat,t); close (testdat);
END.
```

8.6 Sortierverfahren

Weitgehend alle Betriebssysteme enthalten heute Standardprozeduren
für die Sortierung von Daten nach vorgegebenen Sortierkriterien.
Gerade für das schnelle Auffinden von Datensätzen im Rahmen der
besprochenen Datenorganisationsformen sind Sortierverfahren unentbehrlich. Ein Sortierbegriff (Ordnungsbegriff) könnte beispielsweise in einer Artikelstammdatei die Artikelnummer sein, generell
kann aber ein Sortierkriterium aus Ziffern, Buchstaben und sogar
aus Sonderzeichen bestehen. Um nun den Vergleich zwischen verschiedenen Schlüsseln durchführen zu können, muß zwischen den einzelnen Zeichen der Schlüssel eine Ordnung definiert werden. Eine
solche Ordnung nennt man "Kollationsfolge". Eine solche Kollationsfolge könnte z.B. durch

$$a < b < \ldots < z < A < B < \ldots < Z < 0 < 1 < \ldots < 9 < o < ! < ?$$

festgelegt sein. Dann läßt sich eine Sortierung von Schlüsseln
durch die **lexikographische** Anordnung bezüglich der vorgegebenen
Kollationsfolge definieren. Lexikographisch heißt, daß beim zei-
chenweisen Vergleich zweier Schlüssel von links nach rechts die
Ordnung der Zeichen in der Kollationsfolge über die Position des
Schlüssels in der Sortiersequenz entscheidet. Zum Beispiel ist bezüglich der oben genannten Kollationsfolge

$$B\ z\ a\ \$\ >\ A\ C\ ?\ ?\ ,$$

entscheidend ist die Position des Zeichens von links her in Bezug
auf die Prioritätenordnung in der Kollationsfolge.

Bei einer nur aus Ziffern bestehenden Kollationsfolge ist der Sortierprozeß sehr einfach:

- Man durchsucht die Schlüsselwerte und bestimmt den kleinsten,
  anschließend vertauscht man den in der unsortierten Sequenz
  ersten Schlüssel mit dem soeben gefundenen kleinsten Schlüssel. Für diesen Schritt sind also n-1 Vergleiche erforderlich,
  wenn man von einer Anzahl von n unsortierten Schlüsseln ausgeht.

- Der erste Schlüssel wird nun von der weiteren Betrachtung ausgeschlossen, und auf dieselbe Weise die Schlüssel 2 bis Schlüssel n nach dem kleinsten durchsucht. Entsprechend wird nun der gefundene kleinste Schlüssel mit dem zweiten Schlüssel vertauscht. Hierzu sind n-2 Vergleiche notwendig.
- Führt man diese Schritte bis zum Schlüssel n-1 fort, so sind insgesamt $(n-1) + (n-2) + (n-3) + \ldots + 1$ Vergleichsschritte durchzuführen. Als Binomialkoeffizient ausgedrückt, ergibt diese Summe

$$\binom{n}{2} = \frac{n!}{2! \, (n-2)!} = \frac{n \cdot (n-1)}{2} = O(n^2).$$

Vergleiche. Für größere Werte von n kann die Größenordnung n^2 einen erheblichen Aufwand bedeuten, daher sind auch - wie wir noch sehen werden - effizientere Verfahren entwickelt worden.

Beispiel:

```
12 5 77 34 65 13 2 98   --->   2 5 77 34 65 13 12 98
   5 77 34 65 13 12 98  --->     5 77 34 65 13 12 98
      77 34 65 13 12 98  --->      12 34 65 13 77 98
         34 65 13 77 98  --->         13 65 34 77 98
            65 34 77 98  --->            34 65 77 98
               65 77 98  --->               65 77 98
                  77 98  --->                  77 98
```

Die sortierte Folge ergibt sich aus den ersten Elementen auf der rechten Seite. Diese Sequenz endet, wenn noch zwei Schlüsselwerte in einer Zeile stehen, denn bei zwei Elementen kann das größere bzw. kleinere Element eindeutig bestimmt werden. Die sortierte Sequenz ist also 2 5 12 13 34 65 77 98. Was die Anzahl Vergleiche angeht, benötigen wir

Zeile (Minimumsuche)	Anzahl Vergleiche
1	7 (= n-1)
2	6 (= n-2)
3	5 (= n-3)
4	4 (= n-4)
5	3 (= n-5)
6	2 (= n-6)
7	1 (= n-(n-1)=1)

$$28 = \binom{8}{2}$$

Wie bereits erwähnt, steigt die Anzahl der Vergleiche quadratisch an, daher geht man so vor, daß man die zu sortierende Folge in Teilgruppen aufteilt. Diese Teilgruppen werden zunächst jede für sich getrennt sortiert und anschließend wieder zusammengefügt. Man nennt dieses "Zusammenfügen" auch **Mischen**. Allgemein wird beim m-Wege-Mischen die zu sortierende Schlüsselfolge in m Teilfolgen zerlegt. Stellt die Anzahl der zu sortierenden Schlüsselwerte eine Zweierpotenz dar, so ist das 2-Wege-Mischen besonders günstig. Nehmen wir beispielsweise an, daß $8 = 2^3$ Sätze in unsortierter Reihenfolge in den Hauptspeicher genommen werden. Der Einfachheit halber wollen wir hier nur die Schlüsselwerte anführen, die zugehörigen Satzinhalte interessieren bei der Sortierung nicht. Man unterscheidet im allgemeinen das Sortieren mit und ohne Bewegung der Sätze. Die Sortierung mit Bewegung der Sätze ist nur bei fester Satzlänge möglich, da nach dem Vergleich zweier Schlüssel die Speicherplätze der beiden Sätze vertauscht werden. Diese Möglichkeit der Sortierung ist sehr aufwendig und wird in praxi nicht durchgeführt. Dagegen wird die Sortierung ohne Bewegung der eigentlichen Datensätze, bei der nur die Schlüssel bewegt werden und die Sätze während des Sortiervorgangs auf ihren Speicherplätzen bleiben, häufig durchgeführt. Nach der Sortierung bilden die

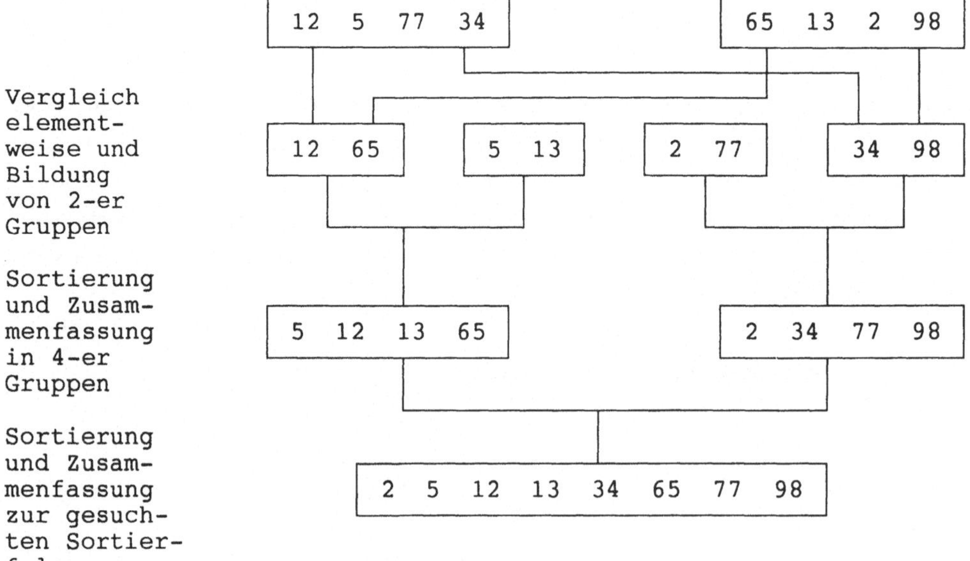

Schlüssel zusammen mit den Speicheradressen des jeweiligen Datensatzanfangs einen Index, wie wir ihn bei der index-sequentiellen Speicherung kenngelernt haben. Betrachten wir unser obiges Beispiel: Analog wie bei der Binärbaumsuche benötigen wir bei der Sortierung von $n = 2^k$ Schlüsseln $k = [ld\ n]$ Teilsortiervorgänge. Zusätzlich zur Abspeicherung der Schlüssel benötigt man nocheinmal soviele Speicherplätze für die Zwischenspeicherung der Schlüsselwerte im jeweiligen Sortiervorgang. Das heißt also, bei einer durchschnittlichen Satzlänge von p Bytes, benötigen wir für die Sortierung von n Sätzen 2np Bytes. In dem sogenannten "von Neumann-Mischen" (ebenfalls ein 2-Wege-Mischen) wird berücksichtigt, daß gewisse Teilfolgen schon sortiert sind. Man nennt solche Teilfolgen auch "natürliche" Teilfolgen.

Eine andere Möglichkeit für die Sortierung ist ein sehr einfaches Austauschprinzip. Hierbei werden die zu sortierenden Schlüssel paarweise verglichen, und falls die beiden Schlüsselwerte nicht in der gewünschten Reihenfolge sind, miteinander vertauscht. Für unser obiges Beispiel ergeben sich (siehe nächste Seite) bei n Sätzen n Vergleichsstufen. Da man pro Vergleichsstufe höchstens n/2 Vergleiche durchzuführen hat, ergeben sich bei dieser sehr einfachen Methode $n^2/2$ Vergleichsoperationen.

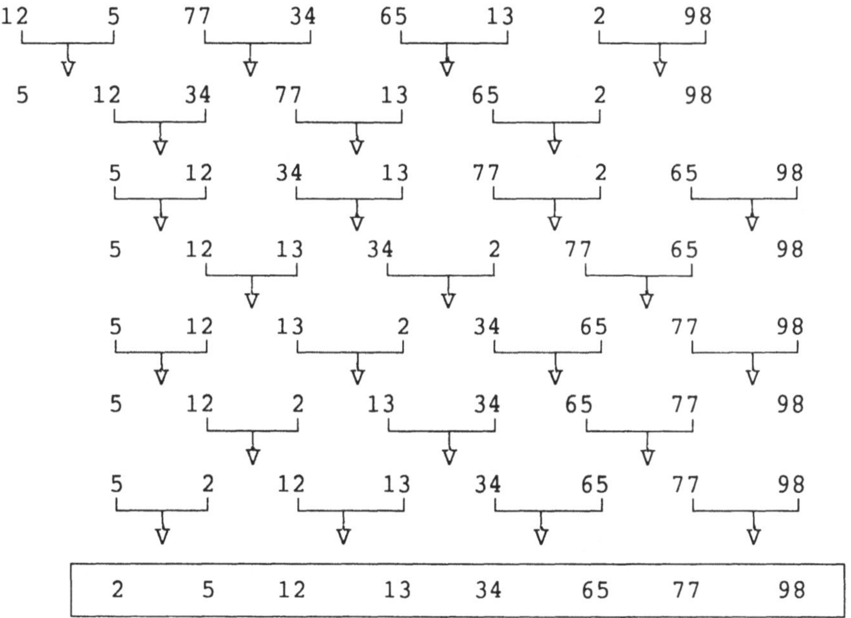

Im folgenden wollen wir auf die **Programmierung von Sortierverfahren** anhand einfacher Beispielsituationen eingehen. Die oben genannten Sortierprinzipien lassen sich in die nachfolgend charakterisierten internen und externen Sortierverfahren einordnen, und sollen auch anhand von Pascal-Programmen exemplifiziert werden. Man unterscheidet in **interne** Sortieralgorithmen (internal sort), die dann eingesetzt werden, wenn der Arbeitsspeicher alle zu sortierenden Datensätze aufnehmen kann. Im anderen Falle spricht man von **externen** Sortieralgorithmen, bei denen Teilsortierungen auf einem externen Datenträger gehalten werden. Es reicht hier aus, nur die interne Sortierung zu behandeln, da sich die externe Sortierung auf das Prinzip des internen Sortierens zurückführen läßt, indem die sehr große zu sortierende Datei in eine Anzahl hinreichend kleiner Teildateien zerlegt, von denen jede dann intern sortiert werden kann. Die sortierten Teildateien sind dann anschließend noch zu der großen sortierten Datei "zusammenmischen", indem aus jeder Teildatei einen Satz bereithält und dann aufgrund des Sortierkriteriums über die Aufnahme in die große Datei entscheidet. Wir unterscheiden in **einfache** Sortieralgorithmen mit einem Sortieraufwand von der Größenordnung $O(n^2)$, und **schnelle** Sortieralgorithmen von der Größenordnung $O(n \log n)$. Bei den einfachen Sortieralgorithmen betrachten wir hier

-> den **Bubble Sort** ("Blasensortierung"), einem Sortieren durch Vertauschen von Nachbarfeldern solange, bis sich sich die Sortierelemente in der richtigen Reihenfolge befinden,

-> das Sortieren durch Auswahl des jeweils kleinsten bzw. größten Elements (abhängig von der aufsteigenden oder absteigenden Sortierfolge) aus der Folge der noch nicht sortierten Elemente (**Selection Sort**),

-> das Einsetzen des jeweils ersten der noch nicht sortierten Elemente an der richtigen Stelle einer bereits sortierten Elementfolge.

Hierzu die **Programmbeispiele:**

```pascal
PROGRAM bubble_sort (input, output);
      { Das Programm liest eine Zeile mit höchstens 80
        Zeichen
        von einer Platten-/Diskettendatei, sortiert
        diese und gibt sie auf dem Bildschirm aus }
   TYPE
      datenelement = CHAR;
      datenfeld    = ARRAY[1..80] of CHAR;
```

```pascal
VAR
   zeile : datenfeld;
   dsn   : FILE OF char;
   i,j   : INTEGER;
PROCEDURE bubble (VAR feld : datenfeld;
                          zaehl : integer);
   VAR
     k,l         : integer;
     zwi_speich : datenelement;
   BEGIN
     FOR  k := 2 TO zaehl DO
        BEGIN
           FOR l := zaehl DOWNTO k DO
             IF feld[l-1] > feld[l] THEN
                BEGIN
                   zwi_speich := feld[l-1];
                   feld[l-1] := feld[l];
                   feld[l] := zwi_speich;
                END;
             END;
           END;

BEGIN
   assign(dsn,'bubble.dat'); reset(dsn); i := 1;
   WHILE not eof(dsn) DO
     BEGIN
        read(dsn,zeile[i]); write(zeile[i]); i := i+1;
     END;
     {Das letzte Zeichen der Datei ist ein CTRL-Z, daher
      zurücksetzen: }
   i := i-2;
   bubble(zeile,i); writeln;
   FOR j := 1 to i DO write(zeile[j]); writeln;
END.
```

Eine Verbesserung des Bubble Sort ist der **Shaker** Sort, einer Austauschmethode nach dem Vergleich von jeweils zwei Datenelementen.

Bei diesem Verfahren werden die Teilfolgen zum Teil in umgekehrter Reihenfolge durchlaufen. Dennoch ist das Shaker-Sort Verfahren immer noch ein n^2 - Algorithmus:

```pascal
PROGRAM shaker_sort (input, output);
   { Das Programm liest eine Zeile mit höchstens 80
     Zeichen von einer Platten-/Diskettendatei, sortiert
     diese und gibt sie auf dem Bildschirm aus }
TYPE
   datenelement = char;
   datenfeld    = array[1..80] of char;
VAR
   zeile : datenfeld;
   dsn   : file of char;
   i,j   : integer;
```

```
        PROCEDURE shaker (VAR feld  : datenfeld;
                              zaehl : integer);
          VAR
            j, k, l, r        : integer;
             zwi_speich        : datenelement;
          BEGIN
            l := 2; r := zaehl; k := zaehl;
            REPEAT
               FOR  j := r DOWNTO l DO
                 IF feld[j-1] > feld[j] THEN
                   BEGIN
                     zwi_speich := feld[j-1];
                     feld[j-1]  := feld[j];
                     feld[j]    := zwi_speich; k := j;
                   END;
                 l := k+1;
                 FOR j := l TO r DO
                   IF feld[j-1] > feld[j] THEN
                     BEGIN
                       zwi_speich := feld[j-1];
                       feld[j-1] := feld[j];
                       feld[j] := zwi_speich; k := j;
                     END;
               r := k-1;
            UNTIL l > r;
          END;
        BEGIN
          assign(dsn,'b50.dat'); reset(dsn); i := 1;
          WHILE not eof(dsn) DO
            BEGIN
              read(dsn,zeile[i]); write(zeile[i]); i := i+1;
            END;
          i := i-2; shaker(zeile,i); writeln;
          FOR j := 1 to i DO write(zeile[j]); writeln;
        END.
```

Im nächsten Beispiel erfolgt die Sortierung durch **Selektion**: Es
wird immer das Element mit dem kleinsten Wert gesucht und mit dem
Element am Anfang des Felds ausgetauscht. Danach wird das erste
Element nicht mehr weiterbetrachtet und mit den restlichen n-1
Elementen entsprechend verfahren. Hierbei wird die äußere Schleife
n-1 mal, die innere Schleife wird n/2 mal ausgeführt. Es sind
$(n^2-n)/2$ Vergleiche erforderlich, im günstigsten Fall sind 3(n-1)
Elemente auszutauschen, im schlechtesten Fall $n^2/4+3(n-1)$. Im
günstigsten Falle müssen nämlich n-1 Elemente bewegt werden, und
jede Umstellung erfordert 3 Austauschoperationen. Im schlechtesten
Fall kann bei jedem Vergleich ein Austausch erforderlich werden:

```
        PROGRAM sort_by_selection (input, output);
          TYPE
            datenelement = char;
            datenfeld    = array[1..80] of char;
```

```
VAR
  zeile : datenfeld;
  dsn   : file of char;
  ii,jj : integer;
PROCEDURE selektion (VAR feld : datenfeld;
                          zaehl : integer);
VAR
  i, j, k            : integer;
  zwi_speich         : datenelement;
BEGIN
  FOR  i := 1 TO zaehl - 1  DO
    BEGIN
      k := i; zwi_speich := feld[i];
      FOR j := i+1 TO zaehl DO
        IF feld[j] < zwi_speich THEN
          BEGIN
            k := j; zwi_speich := feld[j] ;
          END;
        feld[k] := feld[i]; feld[i] := zwi_speich;
    END;
  END;
BEGIN
  assign(dsn,'b50.dat'); reset(dsn); ii := 1;
  WHILE not eof(dsn) DO
    BEGIN
      read(dsn,zeile[ii]);
      write(zeile[ii]); ii := ii+1;
    END;
    { Das letzte Zeichen der Datei ist ein CTRL-Z,
      daher zurücksetzen: }
    ii := ii-2; selektion(zeile,ii); writeln;
    FOR jj := 1 to ii DO write(zeile[jj]); writeln;
END.
```

Beim Sortieren durch Einfügen werden zuerst zwei Elemente sortiert. Danach wird das dritte Element in die Liste der ersten beiden Elemente einsortiert. Der Sortierprozeß wird solange ausgeführt, bis keine Datenelemente mehr eingefügt werden können. Der Aufwand hängt wesentlich davon ab, wie gut das Feld zu Beginn bereits in der gewünschten Sortierfolge angeordnet ist. Befindet sich das Feld bereits in sortierter Reihenfolge, so sind lediglich n-1 Vergleiche erforderlich. Das andere Extrem einer völlig ungeordneten Reihe macht $(n^2+n)/2-1$ Vergleiche notwendig, durchschnittlich sind es $(n^2+n-2)/4$. Was die Anzahl der erforderlichen Vertauschungen von Datenelementen angeht, so ist im ungünstigsten Fall die Sortierung durch Einfügen genauso schlecht wie der Bubble Sort oder die Sortierung durch Selektion. Der Vorteil liegt aber in einem geringen Aufwand bei beispielsweise fast sortierter Reihenfolge. Außerdem werden mehrere Elemente, die gleich sind, nicht umgestellt:

```pascal
PROGRAM sortieren_durch_einfuegen (input, output);
   { Das Programm liest eine Zeile mit höchstens 80
     Zeichen von einer Platten-/Diskettendatei, sortiert
     diese und gibt sie auf dem Bildschirm aus }
   TYPE
     datenelement = char;
     datenfeld    = array[1..80] of char;
   VAR
     zeile : datenfeld;
     dsn   : file of char;
     ii,jj : integer;
   PROCEDURE einfuegen (VAR feld : datenfeld;
                            zaehl : integer);

     VAR
       i, j                : integer;
       zwi_speich          : datenelement;
     BEGIN
       FOR  i := 2 TO zaehl  DO
         BEGIN
           zwi_speich := feld[i]; j := i-1;
           WHILE (zwi_speich < feld[j]) AND (j > 0) DO
             BEGIN
               feld[j+1] := feld[j]; j := j-1;
             END;
           feld[j+1] := zwi_speich;
         END;
     END;
   BEGIN
     assign(dsn,'b50.dat'); reset(dsn); ii := 1;
     WHILE not eof(dsn) DO
       BEGIN
         read(dsn,zeile[ii]); write(zeile[ii]);
         ii := ii+1;
       END;
     ii := ii-2; einfuegen(zeile,ii); writeln;
     FOR jj := 1 to ii DO write(zeile[jj]); writeln;
   END.
```

Bei den **schnellen** Sortieralgorithmen handelt es sich um eine Verallgemeinerung des Sortierens durch Einsetzen. Der Grundgedanke des **Shell Sort** beruht auf immer kleiner werden Sortierschritten, im Gegensatz zu den immer kleiner werdenden Teillisten beim Bubble Sort und Selection Sort. Legt man die Anzahl der Sortierschritte auf m fest, so werden im ersten Schritt alle Elemente paarweise untersucht, die 2m+1 Elemente auseinanderliegen, anschließend alle Elemente, die m+1 Schritte auseinanderliegen, bis zum letzten Schritt, bei dem alle angrenzenden Elemente verglichen werden und anschließend die sortierte Reihenfolge gefunden ist. Die Sortierschrittfolge 9,5,3,1 (m=4) wird häufig angewendet, es wären aber auch andere Reduktionsfolgen möglich, wobei lediglich zu beachten ist, daß der letzte Sortierschritt 1 ist. Dieses Sortierverfahren ist sehr effizient, weil in vielen Durchläufen bereits die Elemente schon in der gewünschten Sortierreihenfolge stehen. Dieses Verfahren würde sich auch sehr gut für eine parallele Ausführung eignen. Jeweils zwei Elemente die um n/2 Elemente auseinanderliegen, werden verglichen und gegebenenfalls ausgetauscht.Der Aufwand hängt wesentlich davon ab, wie gut das Feld zu Beginn bereits in der gewünschten Sortierfolge angeordnet ist. Ohne hier auf die mathematischen Details dieser Sortiermethode einzugehen, soll hier der Hinweis gegeben werden, daß eine präzise Abschätzung der zu erwartenden Laufzeit nicht bekannt ist, allerdings wurde gezeigt, daß die Shell-Sortierung ein $n^{1.2}$-Algorithmus ist. Möglicherweise ist der Aufwand zu n mal $(\log n)^2$ proportional (M. Sommer (1987)), in jedem Falle ist die Shell-Sortierung wesentlich effizienter als die n^2-Algorithmen:

```pascal
PROGRAM Shell_sort;
  TYPE
    datenelement = char;
    datenfeld    = array[1..80] of char;
  VAR
    zeile : datenfeld;
    dsn   : file of char;
    ii,jj : integer;
  PROCEDURE einfuegen (VAR feld : datenfeld;
                           zaehl : integer);
  CONST a = 5;
  VAR
    i, j, k, s, m   : integer;
    zwi_speich      : datenelement;
    h               : array[1..a] of integer;
  BEGIN
    h[1] := 9; h[2] := 5; h[3] := 3;   h[4] := 3;
    h[5] := 1;
    FOR  m := 1 TO a DO
      BEGIN
        k := h[m]; s := -k;
        FOR i := k+1 TO zaehl DO
          BEGIN
            zwi_speich := feld[i]; j := i-k;
            IF s = 0 THEN
              BEGIN
                s := -k; s := s+1;
                feld[s] := zwi_speich;
              END;
            WHILE    (zwi_speich < feld[j])
                 AND (j > 0)
                 AND (j<= zaehl) DO
              BEGIN
                feld[j+k] := feld[j]; j := j-k;
              END;
```

```
            feld[j+k] := zwi_speich;
         END;
       END;
     END;
 BEGIN
   assign(dsn,'b50.dat'); reset(dsn); ii := 1;
   WHILE not eof(dsn) DO
     BEGIN
       read(dsn,zeile[ii]); write(zeile[ii]);
        ii := ii+1;
     END;
    ii := ii-2; einfuegen(zeile,ii); writeln;
    FOR jj := 1 to ii DO write(zeile[jj]); writeln;
 END.
```

Ein weiterer schneller Sortieralgorithmus geht auf C.A.R. Hoare (1962) zurück und ist seither als **Quick-Sort** bekannt. Er gilt heute als das schnellste Sortierverfahren und ist als effizienter rekursiver Algorithmus beweisbar. Die Grundidee folgt dem Leitspruch Caesars "divide et impera (teile und herrsche)", indem - abhängig von einem Vergleichselement - eine Zweiteilung der zu sortierenden Folge vorgenommen wird, sodaß alle Datenelemente links von dem Vergleichselement kleiner, und entsprechend rechts des Vergleichselements, größer als das Vergleichselement sind. Dieses Vorgehen wiederholt sich anschließend für jeden dieser beiden Teile entsprechend. Das Verfahren läßt sich als Rekursion formulieren, und läßt sich daher besonders elegant mit Programmiersprachen realisieren, die das Rekursionsprinzip unterstützen. Die Problematik des Quick Sort liegt in der Auswahl des Vergleichswertes. Am schnellsten arbeitet der Quick Sort, wenn man von der zu sortierenden Liste den Median kennt, d.h. es findet bei der Rekursion stets eine Halbierung statt. Der Aufwand für das Auffinden des Medians lohnt sich häufig nicht. Dennoch gibt es mehrere Möglichkeiten, einen sog. vermuteten Median zu bestimmen. Generell empfiehlt es sich, für die Wahl des Vergleichselements dasjenige zu nehmen, welches etwa in der Mitte der Datenspanne liegt. Wohlgemerkt, das bedeutet nicht das mittlere Element der Sortierfolge. Diese Vorgehensweise muß zwar nicht immer optimal sein, aber die in der Literatur häufig empfohlene Auswahl nach einem Zufallsprinzip hat sich auch nicht als besser erwiesen. Man kann zeigen, daß bei ungünstiger Wahl des Vergleichselements, etwa wenn man das größte Datenelement nehmen würde, Quicksort ebenfalls nur ein n^2-Algorithmus ist. Es gibt sehr viele Untersuchungen über die bestmögliche Wahl des Vergleichselements, auf die hier aber nicht

näher eingegangen werden soll. Allgemein gilt für den Aufwand bei
Quick-Sort:

$$n \log n \quad \text{Vergleiche,}$$
$$(n/6) \log n \quad \text{Vertauschungen.}$$

```
PROGRAM quick_sort (input, output);
  TYPE
    datenelement = char;
    datenfeld    = array[1..80] of char;
  VAR
    zeile : datenfeld;
    dsn   : file of char;
    ii,jj : integer;
PROCEDURE quicksort (VAR feld : datenfeld;
                          zaehl : integer);
  PROCEDURE qs(l,r : integer; VAR it : datenfeld);
    VAR
      i, j   : integer;
      x, y   : datenelement;
    BEGIN
      i := l; j := r;
      x := it[(l+r) DIV 2];
      REPEAT
        WHILE it[i] < x DO i := i+1;
        WHILE x < it[j] DO j := j-1;
          IF i <= j THEN
            BEGIN
              y := it[i]; it[i] := it[j];
              it[j] := y; i := i+1; j := j-1;
            END;
      UNTIL i > j;
      IF l < j THEN qs(l,j,it);  { <-- Rekursion -- }
      IF l < r THEN qs(i,r,it);  { <-- Rekursion -- }
    END; { qs }
  BEGIN
    qs(1,zaehl,feld);
  END;    { quicksort }
BEGIN
  assign(dsn,'b50.dat'); reset(dsn); ii := 1;
  WHILE not eof(dsn) DO
    BEGIN
      read(dsn,zeile[ii]); write(zeile[ii]);
      ii := ii+1;
    END;
  ii := ii-2; quicksort(zeile,ii); writeln;
  FOR jj := 1 to ii DO write(zeile[jj]); writeln;
END.
```

Abschließend sei noch ein Beispiel für die Sortierung von Datensätzen mit der gegebenen Datenstruktur einer einfachen Literatur-
datei angegeben:

```pascal
PROGRAM sortieren_von_records;
  { Das Programm liest Zeilen mit der in TYPE
    deklarierten Satzbeschreibung von einer Platten-
    /Diskettendatei, sortiert diese nach einem
    vorgegebenen Feldnamen, und gibt sie auf dem
    Bildschirm aus }
  TYPE
    literatur = RECORD
                     verfasser : string[20];
                     titel     : string[30];
                     fachgebiet: string[4];
                END;
     datenelement = literatur;
     datenfeld    = array[1..20] of datenelement;
   VAR
     zeile   : datenelement;
     dsn     : file of literatur;
     ii,jj   : integer;
PROCEDURE quicksort_record (VAR feld : datenfeld;
                                 zaehl : integer);
  PROCEDURE qs(l,r : integer; VAR it : datenfeld);
    VAR
      i, j   : integer;
      x, y   : datenelement;
    BEGIN
      i := l; j := r;
      x := it[(l+r) DIV 2];
      REPEAT
        WHILE it[i].fachgebiet < x.fachgebiet DO
          i := i+1;
        WHILE x.fachgebiet < it[j].fachgebiet DO
          j := j-1;
          IF i <= j THEN
          BEGIN
            y := it[i]; it[i] := it[j]; it[j] := y;
            i := i+1; j := j-1;
          END;
      UNTIL i > j;
      IF l < j THEN qs(l,j,it);
      IF l < r THEN qs(i,r,it);
    END;
  BEGIN
    qs(1,zaehl,feld);
  END;    { quicksort }
BEGIN
  assign(dsn,'b57.dat'); rewrite(dsn);
  WITH zeile DO
    BEGIN
      REPEAT
        write('Verfasser : '); readln(verfasser);
        write('Titel     : '); readln(titel);
        write('Fachgebiet: '); readln(fachgebiet);
        write(dsn,zeile)
      UNTIL verfasser = #13
    END;
  close(dsn); reset(dsn); ii := 1;
```

```
      WHILE not eof(dsn) DO
        BEGIN read(dsn,zeile[ii);
          writeln(zeile[ii].verfasser,
                  zeile[ii].titel,zeile[ii].fachgebiet);
          ii := ii+1;
        END;
      ii := ii-2; quicksort_record (zeile,ii); writeln;
      FOR jj := 1 to ii DO
        write(zeile[ii].verfasser,
              zeile[ii].titel,zeile[ii].fachgebiet);
      writeln;
    END.
```

Lehrbücher zu diesem Abschnitt

Haindl T. (1982): Einführung in die Datenorganisation. Physica-Verlag, Würzburg, Wien.

Knuth D.E. (1973): The Art of Computer Programming. Fundamental Algorithms. Addison Wesley, Reading.

Martin J.J. (1986): Data Types and Data Structures. Prentice-Hall, Englewood Cliffs.

Mehlhorn K. (1986): Datenstrukturen und effiziente Algorithmen (Band 1): Sortieren und Suchen. Verlag Teubner, Stuttgart.

Sommer M. (1987): Informatik - Eine PC-orientierte Einführung. Mc-Graw-Hill Book Comp., Hamburg et al.

Schildt H. (1987): Professionelles Turbo-Pascal. McGraw-Hill Book Comp., Hamburg et al.

Wedekind H. (1975): Daten- und Dateiorganisation. Walter de Gruyter, Berlin.

Wedekind H. (1976): Systemanalyse. Die Entwicklung von Anwendungssystemen für DV-Anlagen. Carl Hanser Verlag, München, Wien.

Wirth N. (1983): Algorithmen und Datenstrukturen. Verlag Teubner, Stuttgart.

Zaks R. (1986): Einführung in Pascal und Turbo-Pascal. Verlag Sybex, Düsseldorf.

9. Aufbau von Datenbank- und Informationssystemen

9.1 Traditionelles Dateisystem versus Datenbanksystem

Bei der herkömmlichen Dateiverarbeitung sind die in einem Verarbeitungsprogramm benötigten Daten im allgemeinen immer mit dem Programm selbst abgespeichert, oder aber in einem separaten Speicherbereich. Diese Daten müssen nur dann verfügbar sein, wenn das betreffende Verarbeitungsprogramm ausgeführt wird, bzw. wenn von diesem Programm bestimmte Daten für die Ausführung der Verarbeitungsschritte angefordert werden. Die Struktur und Formatierung der Daten ist im Verarbeitungsprogramm selbst definiert, und meist können diese Daten nicht auch in anderen Verarbeitungsprogrammen verwendet werden. Die Daten sind also gewissermaßen programmgebunden, sodaß häufig dieselben Daten für unterschiedliche Anwendungszwecke mehrfach abgespeichert werden. Beim Aufbau von Datenbanken verfolgt man das Ziel, die Verarbeitungsdaten von den Programmen abzukoppeln und in zentralen Datenbereichen (=Datenbanken) abzuspeichern. Hierbei entfällt dann das Problem der Mehrfachspeicherung derselben Information (Redundanzfreiheit), sondern die Daten werden über eine geeignete Schnittstelle aufbereitet und dem Ausführungsprogramm in der gewünschten Form zugeführt. Allerdings muß im Prinzip der gesamte Datenbestand ständig zur Verfügung stehen, da unterschiedliche Verarbeitungsprogramme zu unterschiedlichen Zeitpunkten Daten aus der Datenbank anfordern. Datenbanken bedingen eine zentralisierte Einmalspeicherung der Daten, wobei der Datenstrom zwischen auszuführendem Programm und Datenbank zu jedem Zeitpunkt erfolgen kann, während bei einer herkömmlichen Dateiorganisation der Datenbestand nach Arbeitsbereichen (z.B. Gehaltsabrechnung, Kostenstellenrechnung) aufgegliedert ist. Weil häufig mehrere Programme auf die zentrale Datenbank zugreifen, muß der Zugriff besonders rasch erfolgen, damit die Wartezeiten nicht allzu groß werden. Der Zugriff auf die Datenbank selbst erfolgt über das sogenannte **DBMS** (=Data Base Management System = Datenbankverwaltungssystem). Der Zugriff selbst wird nicht mehr im Programm erfolgen, sondern die Datenanforderung wird an das DBMS weitergegeben, welches die Suche der gewünschten Daten und die Über-

gabe an das Programm veranlaßt. Weitere wichtige Aufgaben des DBMS
betreffen

- die physikalische Datenorganisation mit Hilfe der in Kap. 8
  behandelten Daten- und Dateiorganisationsformen, wie auch deren Reorganisation (wie im Falle der index-sequentiellen
  Speicherung bei zu groß gewordenen Überlaufbereichen,

- das Zusammenwirken der in einem Datenbankschema abgelegten logischen Datenstrukturen und der physikalischen Datenstruktur,

- die Überprüfung von Integritäts- und Konsistenzbedingungen,
  welche im allgemeinen im Datenbankschema definiert sind und
  für die angeforderten Datensätze gelten müssen. Solche Bedingungen können durch gewisse Kapazitätsbeschränkungen gegeben
  sein,

- die Synchronisierung von praktisch zeitgleich eintreffenden
  Datenanforderungen. Hierbei müssen Schutzmechanismen eingebaut
  sein, sodaß sich die involvierten Programme nicht gegenseitig
  stören,

- die Unterstützung des Datenschutzes vor unbefugtem Zugriff,
  indem beispielsweise festgelegt wird, welcher Benutzer auf bestimmte Anwendungsdaten zugreifen darf,

- die Datensicherung, welche zu jedem Zeitpunkt einen korrekten
  Datenbankzustand gewährleisten muß. Beispielsweise muß bei
  Systemzusammenbrüchen oder bei Stromausfall möglich
  gewährleistet sein, daß das "recovery" des Systems anschließend wieder den vor der Störung existenten Datenbankzustand
  herstellen kann,

- die statistische Erfassung von Benutzeranforderungen nach unterschiedlichen Kriterien, welche für die Kostenzuteilung von
  Bedeutung ist.

9.2 Architektur von Datenbankverwaltungssystemen

Heute hat sich weitgehend der im Jahre 1975 empfohlene ANSI-Standard (ANSI = American National Standard Institute) für den Aufbau von DBMS durchgesetzt. Hiernach soll das DBMS drei Abstraktionsebenen unterstützen, welche für die geforderte Daten- und Programmunabhängigkeit durch Trennung von logischer und physikalischer Datenstruktur realisiert werden. Jede dieser drei Abstraktionsebenen wird auch als "Datensicht" bezeichnet, in der man die Beschreibung der Daten- bzw. Satztypen vornimmt. Die konkrete Ausgestaltung der Datensicht nennt man **Schema**, für jede Abstraktionsebene erhalten wir also ein Schema. Das

- konzeptionelle,
- interne und
- externe

Schema stellen die grundlegenden Architekturkomponenten eines DBMS dar.

Im konzeptionellen Schema erfolgt die Beschreibung der Satzbestandteile (Feldnamen) und deren logische Beziehung untereinander. Beispielsweise erfolgt im relationalen Datenbanksystem dBase III die Einrichtung des logischen Schemas mit dem "create"-Befehl. Nach Eingabe dieses Befehls erscheint eine Maske mit Erläuterungen zu den Funktionstasten und der Aufforderung zur Eingabe der Feldnamen und deren Charakteristika. In der folgenden exemplarischen Schemadarstellung stellt "Typ" den Datentyp des Feldnamens dar, welcher die Abkürzungen

c = character string (alphanumerische Zeichenkette),

n = numerisches Feld,

l = logisches Feld (nur die Werte "wahr" oder "falsch" sind
    möglich),

d = date (das Feld stellt eine Datumsangabe dar),

m = "memo" (Merkfeld), der Feldinhalt kann ein Textfeld von
    maximal 4000 Zeichen umfassen,

erlaubt. (In der Spalte "Dez " wird bei numerischen Feldern die Anzahl der Nachkommastellen eingetragen):

lfd.Nr.	Feldname	Typ	Länge	Dez
1	NACHNAME	c	15	-
2	VORNAME	c	10	-
3	WOHNORT	c	20	-
4	TEL	n	10	0
5	GEB_DATUM	d	-	-

Für die Erstellung des konzeptionellen Schemas wird bei vielen Datenbanksystemen eine sogenannte Datenbeschreibungssprache (DDL= Data Description Language) angeboten, mit der die Satzbeschreibung sehr einfach erfolgen kann (z.B. RAMASTER im Datenbanksystem RAMIS), bei vielen Datenbanksystemen erfolgt die Eingabe der Satzbeschreibung über Bildschirm-Menüs (z.B. bei Open Access und Data Ease unter MS-DOS, Unify und Oracle unter UNIX).

Im **internen** Schema werden sämtliche Informationen über die physikalische Abspeicherung der Daten, über die zugrundegelegte Datenorganisationsform und über die Zugriffspfade, abgelegt. Das interne Schema wird entweder vom DBMS automatisch, oder vom Datenbankadministrator (einem Datenbankspezialisten, welcher die Datenbank pflegt) nach anwendungsspezifischen Gesichtspunkten erzeugt. Zwischen den logischen Sätzen des konzeptionellen Schemas und den beispielsweise auf der Magnetplatte abgespeicherten Sätzen des internen Schemas wird durch spezielle Transformationsregeln ein Zusammenhang hergestellt. Diese Transformationsregeln geben an, wie man zu jedem logischen Satz des logischen Schemas zu den real abgespeicherten Daten gelangt. Diese Regeln können ähnlich wie bei der indexsequentiellen Speicherung als Index-Hierarchie realisiert sein. Auch hat man durch diese Trennung von logischem Satz und physikalischer Abspeicherung des Satzes die Möglichkeit, einem logischen Satz durchaus mehrere physikalische Sätze zuzuordnen. Ein solcher Fall kann zum Beispiel in einer Artikelstammdatei dann auftreten, wenn das im Vergleich zu den übrigen Feldern sehr umfassende Feld "Artikelbeschreibung", das nur selten

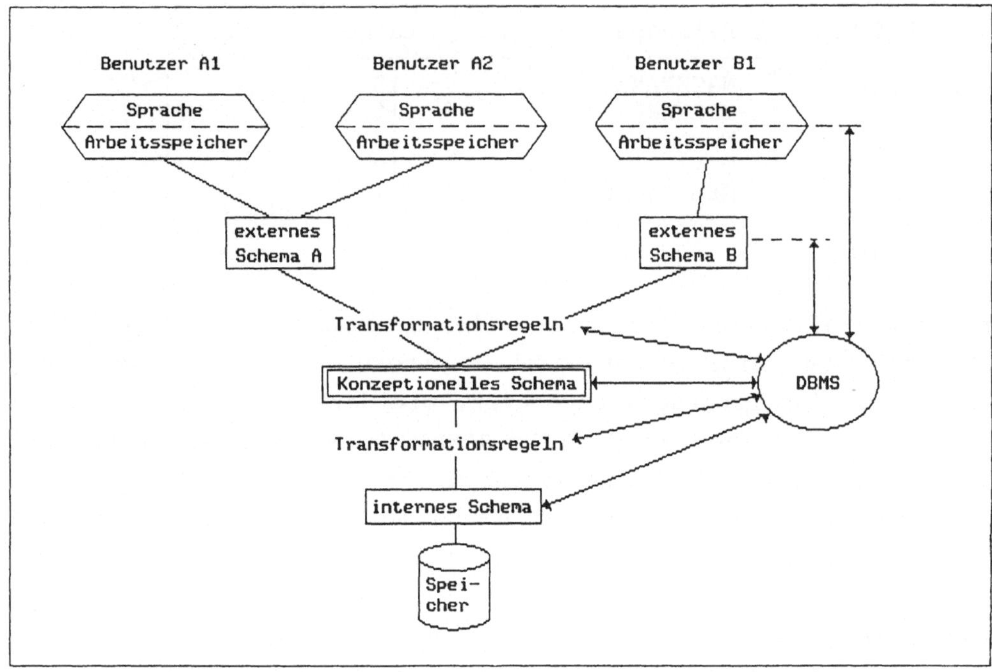

Abb. 85: Architektur eines Datenbanksystems (Quelle: Date (1977)

angefordert wird, physikalisch getrennt von den übrigen Feldinhalten abgespeichert wird.

Das **externe** Schema repräsentiert die Datendarstellung aus Benut-
zersicht. Man betrachtet auf dieser Abstraktionsebene
  a) den Endbenutzer als Nicht-DV-Spezialisten, welcher mit Hilfe
     einer interaktiven Datenbanksprache (DML = Data Manipulation
     Language) seine Anforderungen an die Datenbank formuliert. Es
     gibt zwei Konzepte für Datenmanipulationssprachen, nämlich

       - eine um einige Befehle erweiterte höhere Programmier-
         sprache wie z.B. COBOL (host language concept),

       - eine Makrosprache für den gelegentlichen Benutzer. Diese
         Makrosprache ist dialog-orientiert und wird auch als An-
         fragesprache (query language) bezeichnet.

  b) den Endbenutzer mit DV-Kenntnissen, welcher über Programme
     mit dem Datenbanksystem in Verbindung tritt.

Wenn man heute zum Beispiel in einem kleineren Unternehmen die
Überlegung anstellt, für welche Zweckbestimmung und für welche Be-

nutzeranforderungen ein Datenbanksystem eingerichtet werden soll,
so ist zunächst zu prüfen, welche Hardware-Konfiguration für einen
vernünftigen Betrieb der Datenbank erforderlich ist, und ob die
vielleicht bereits vorhandene Hauptspeicherkapazität ausreicht.
Wichtig ist auch zu prüfen, ob bestimmte Programme der vorhandenen
System- und Anwendungssoftware in Verbindung mit dem Datenbanksystem eingesetzt werden sollen und/oder können.

9.3 Datenmodelle

Die Datensätze einer Datenbank stehen logisch und physikalisch
miteinander in Beziehung. Diese Beziehungen lassen sich grundsätzlich in bestimmten Datenmodellen oder Datenbankkonzepten darstellen. Man unterscheidet innerhalb der Datenbankmodelle die

- **strukturierten** Datenbanken, welche das hierarchische und das
  Netzwerk-strukturierte Datenbankmodell umfaßt,

- **linearen** Datenbanken, zu denen das Konzept der invertierten
  Listen und das heute gerade im Bereich der Mikrocomputer wichtigste Datenbankmodell, das relationale Datenbankmodell, gehört.

Bei den strukturierten Datenbanken werden die Beziehungen zwischen
den Datenelementen bei der physikalischen Abspeicherung dadurch
berücksichtigt, daß die hierarchische oder netzwerkartige Struktur
durch eine entsprechende Verkettung realisiert wird. Auch heute
noch sind insbesondere im Großrechnerbereich hierarchische Datenbanksysteme im Einsatz (z.B. IMS = Information Management System),
obwohl sie den relationalen Datenbanksystemen unterlegen sind. Das
sich nur langsam in der DV-Organisation durchsetzende Relationen-
konzept ist wohl vor allem darauf zurückzuführen, daß die Unternehmen vor allem den Änderungsaufwand und die Kosten einer Umstellung scheuen. Der Grundgedanke des **hierarchischen** Datenbankkon-
zepts besteht darin, einen Datensatz und die von ihm innerhalb der
Hierarchie abhängigen Datensätze als eine Einheit zu betrachten
und gemeinsam abzuspeichern. Eine solche Einheit besteht aus dem

sogenannten "owner"-Satz und den abhängigen "member"-Sätzen. Diese Dateneinheit kann sowohl sequentiell zusammenhängend als Liste oder auch index-sequentiell abgespeichert werden. Das Suchkriterium ist hierbei durch den Schlüsselwert des "owner"-Satzes gegeben, die abhängigen "member"-Sätze werden durch sequentielles Durchsuchen der Liste gefunden. Die Verbindung zwischen einem "owner" und einem "member" wird als "Set" bezeichnet. In einer hierarchischen Datenstruktur kann ein "member" gleichzeitig auch "owner" für solche "members" sein, die eine Hierarchiestufe tiefer angeordnet sind.

Ein Beispiel für ein hierarchisches Datenbanksystem ist das bereits erwähnte IMS. Sogenannte unverbundene Dateien (unlinked files) setzen sich aus Datensätzen zusammen, die mit Hilfe von hierarchischen Strukturbausteinen (Felder, Segmente, Sätze, Dateien) erstellt werden können. Die logischen wie auch physikalischen Dateien sind hierarchisch strukturiert. Das logische Schema wird durch einen PCB (Program Control Block) und durch einen Datenbeschreibungsblock DBD (Data Base Description) definiert. Jede logische Datenbank wird intern durch eine oder mehrere physikalische Datenbanken repräsentiert, welche durch Zeigerelemente auf die verschiedenartigste Weise miteinander verknüpft werden können. Der DBD ermöglicht es, wie es bei den Grundanforderungen an Datenbanksysteme verlangt wird, die Programme unabhängig von den Daten zu halten. Die Programme können aber nicht direkt auf die Datenbank zugreifen, sondern über eine Schnittstelle, den PSB (= Program Specification Block), wird eine Verbindung zum entsprechenden DBD hergestellt. Die PSBs sind immer in Bezug auf die logischen oder physikalischen DBDs zu sehen. Der PSB enthält diejenigen Datensegmente, welche vom Anwendungsprogramm benutzt werden können. Innerhalb des PSB werden die gewünschten, durch einen logischen DBD beschriebenen Daten, durch einen sogenannten PCB (= Program Communication Block) repräsentiert. In einem PCB können nur diejenigen Segmente verarbeitet werden, die im PCB enthalten sind. Eine weitere Funktion des PCB besteht in der Aktivierung der von der Anfrage betroffenen Datensegmente.

Der Zugriff auf eine IMS-Datenbank erfolgt über ein "CALL", welches die Verbindung zwischen der Benutzeranfrage und der Datenbank aufbaut. In einem CALL-Befehl muß der Name des gewünschten PSB und ein Ein-/Ausgabebereich angegeben werden, danach wird der PSB in den Hauptspeicher geladen. Der IMS-Supervisor kann nun dem PSB die Namen der für die Datensuche erforderlichen DBDs entnehmen, über die dann die Zugriffspfade zu den erforderlichen physikalischen Dateien bestimmt werden können.

Eine Erweiterung des hierarchischen Datenbankmodells stellt das **Netzwerk**-Datenmodell dar. Hier können zusätzlich zu den Sets, welche die Hierarchie zwischen "owners" und "members" festlegen, weitere Sets zwischen beliebigen Datenstrukturelementen definiert werden. Die Datenstruktur stellt also insgesamt ein Netzwerk dar, bei der es vorteilhaft ist, jedes Datenelement bzw. jeden Satz mit einem Schlüssel zu versehen. In diesem Falle kann an jeder Stelle des Netzwerks eingestiegen werden, im Gegensatz zur hierarchischen Anordnung, bei der nur in den "owner"-Sätzen eingestiegen werden kann.

Wenn man bei den bisherigen Datenbankmodellen den Zugriff auf ein bestimmtes Merkmal (Feld) eines Datensatzes ausführen möchte, so kann das nur über das Schlüsselfeld des Satzes geschehen. Bei vielen Datenbankanfragen werden aber häufig nicht die Werte des Schlüsselfelds gewünscht, sondern beispielsweise ein ganz bestimmter Wert eines Nicht-Schlüsselfelds. Das Problem ist also hierbei, daß dann die gesamte Datei nach den gewünschten Felddaten durchsucht werden muß. Würde man nun für einige wichtige, a priori festzulegende, Nicht-Schlüsselfelder weitere Zugriffspfade definieren, so müßte man nicht mehr den gesamten Datenbestand durchsuchen, sodaß dann der Zugriff wesentlich schneller erfolgen könnte. Man nennt diese Nicht-Schlüsselfelder auch Sekundärschlüssel. Beim Primärschlüssel ist der Zugriffspfad auf einen Satz eindeutig, wohingegen bei Sekundärschlüsseln der Zugriffspfad nicht eindeutig sein kann, da ein Sekundärschlüsselfeld in verschiedenen Dateien vorkommen kann, und daher die Zugriffspfade zu verschiedenen Sätzen führen können. Um einen möglichst effizienten Zugriff auf diejenigen Sätze zu bekommen, welche einen gesuchten Sekundärschlüsselwert enthalten, gibt es im Prinzip zwei Möglichkeiten: Zum einen kann man die einen Sekundärschlüsselwert enthaltenden Sätze verketten, indem

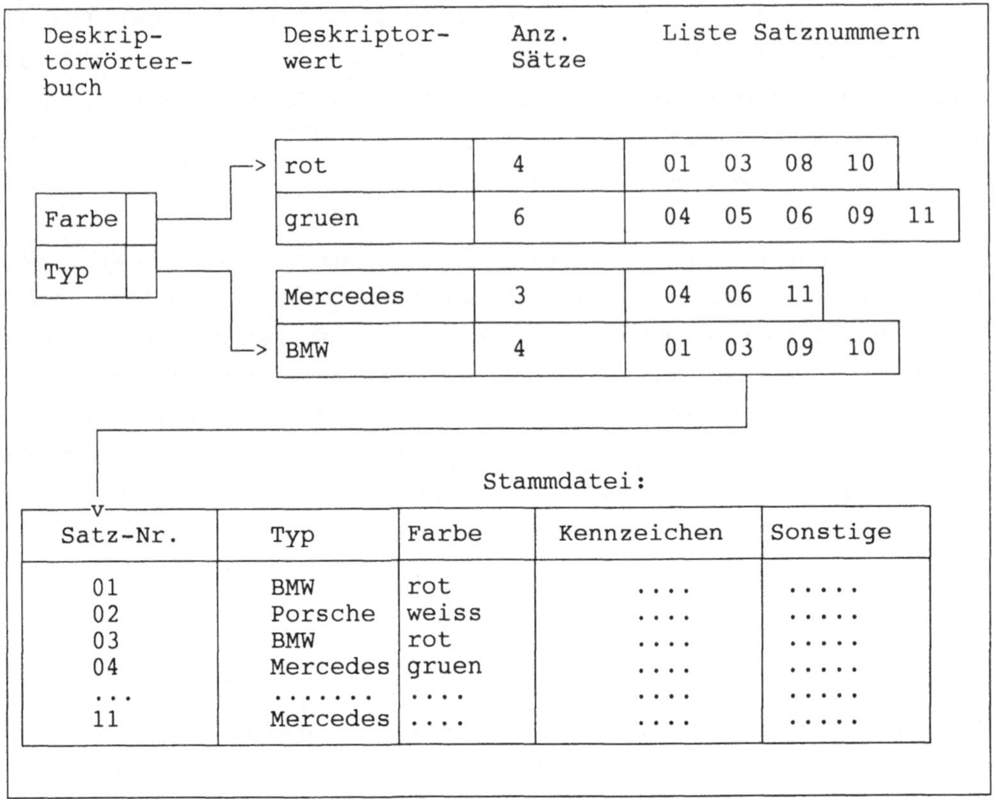

Abb. 86: Invertierte Datenbankorganisation

die Information über die Zugriffspfade selbst in den Datensätzen
enthalten ist, zum andern lassen sich Methoden der sogenannten
Invertierung anwenden. Neben dem Datenbestand, den sogenannten
Primärdaten, wird ein weiterer Datenbestand eingerichtet, der
Sekundärdatenbestand. In diesem Sekundärdatenbestand wird für
jeden Sekundärschlüssel ein Index angelegt, welcher aus den verschiedenen Merkmalswerten des Sekundärschlüssels und den Verweisen
auf die Satzadressen derjenigen Sätze besteht, welche die Merk-
malswerte enthalten. Ein Beispiel ist in Abb. 86 ausgeführt. Wenn
also für einen Sekundärschlüssel ein Index existiert, so heißt der
Primärdatenbestand "invertiert" bezüglich des Sekundärschlüssels,
d.h. die Zugriffspfade für die Sekundärschlüssel sind über einen
oder mehrere Indexe definiert.

Aufgrund der Trennung von Nutzinformation und Zugriffspfaden hat
die invertierte Organisation den Vorteil, daß das Löschen und Einfügen von weiteren Datensätzen einfach zu bewirken ist, da die

Einfüge-/Löschoperation nur im Sekundärindex durchzuführen ist, und die eigentlichen Datensätze an einem beliebigen, freien Platz des Speichers abgelegt werden können. Auch ist die Suche bei komplexeren Anfragen über die Indexstruktur relativ schnell zu bewerkstelligen. Ein Nachteil ist der zusätzliche Speicherplatzbedarf für die Indexe. Es ist darauf zu achten, daß in einer spezifischen Anwendungssituation die Indexlisten nicht zu groß werden. Weiterhin sollten die Einträge im Index sortiert sein, sodaß mit den in Kap. 8 genannten Verfahren (z.B. Binärsuche) ein schneller Zugriff möglich wird. Sollte der Wertebereich des Sekundärschlüssels sehr groß sein, so kann man durch eine Index-Hierarchie (wie bei der index-sequentiellen Speicherung) zu einer geeigneten Segmentierung des Wertebereichs gelangen.

Würde man für jeden Sekundärschlüssel eines Primärdatenbestandes einen Index anlegen, so kann der Fall auftreten, daß der Speicherplatzbedarf für den Sekundärdatenbestand teilweise größer ist als für den Primärdatenbestand. Da außerdem der Aufwand und die Kosten für Änderungsoperationen überproportional mit der Anzahl der Zugriffspfade ansteigt, sind Kriterien für die **Selektion** von relevanten Sekundärschlüsseln von Bedeutung. Es gibt zwar mathematische Modelle für die Behandlung dieses Selektionsproblems, hierzu sind aber eine große Anzahl von Kenngrößen über die Daten erforderlich, die im allgemeinen empirisch kaum zu ermitteln sind. Es gibt den Begriff der "**Selektivität**": Diese stellt ein Maß für die Anzahl der Sätze zu einer Merkmalsausprägung eines Sekundärschlüssels dar, relativ zur Gesamtanzahl der Sätze des Primärdatenbestands. Die Selektivität ist groß, wenn die Anzahl der einen bestimmten Wert des Sekundärschlüssels enthaltenden Sätze klein ist im Vergleich zur Gesamtzahl der Sätze. In diesem Falle ist die Einrichtung eines Sekundärschlüssels in jedem Falle gerechtfertigt. Anders ist es bei niedriger Selektivität: Hier wiegt der Vorteil, den man durch die Indexierung gewonnen hat, den Nachteil, daß dennoch viele Sätze zu durchsuchen sind, nicht auf. In einem solchen Falle ist es im allgemeinen besser, auf die Sekundärindexierung zu verzichten und die Primärdaten vollständig zu durchsuchen. Ein Erfahrungswert ist, daß bei einem Anteil von mehr als 10 % der Sätze (bezogen auf eine Merkmalsausprägung im Sekundärindex) an der Gesamtanzahl der Sätze im Primärdatenbestand die Einrichtung eines Sekundärindexes nicht mehr zu empfehlen ist.

Ein weiterer Punkt ist bei der Sekundärindizierung zu beachten: Da man bei der Festlegung der Indexe die Größe, d. h. die maximal erwartete Anzahl der Satzverweise je Merkmalswert, vorgeben muß, und die Listen mit den Satzadressen unterschiedlich lang sein können, bleibt u. U. sehr viel Speicherplatz unbelegt. Dies kann man durch Verwendung sogenannter **Multi-List-Strukturen** beheben, auf die aber hier nicht näher eingegangen werden soll (--> Wirtschaftsinformatik III: Datenbanken, Datenfernübertragung und Rechnernetze). Es sei lediglich erwähnt, daß der Hauptvorteil der Multi-List-Strukturen in der sehr einfachen Programmierung und Indexverwaltung liegt, andererseits aber die Suchzeiten gegenüber der invertierten Organisation beträchtlich ansteigen können, insbesondere wenn die Listen mit den Satzverweisen lang sind.

Die heute wichtigste lineare Datenbankstruktur stellt das **relationale Datenbankmodell** dar. Das relationale Konzept geht auf E.F. Codd zurück, der am IBM Research Laboratory in San Jose Ende der 60-er und Anfang der 70-er Jahre die theoretischen Grundlagen für dieses Datenmodell geschaffen hat. Zunächst wurde es als zu theoretisch abgelehnt, dies hat sich aber schnell geändert, als IBM das System/R mit einer auf dem Relationenkalkül basierenden Anfragesprache SQL (= Structured Query Language) angekündigt hatte. Zwischenzeitlich werden für alle Größenklassen von Rechnern relationale Datenbanksysteme angeboten, insbesondere ist ORACLE auf Großrechnern zu nennen, das heute in abgemagerter Form auch auf Mikro- und Minicomputer verfügbar ist. Auch das von dem amerikanischen Softwarehaus Ashton Tate entwickelte und vertriebene dBase II/III für den Einsatz auf Mikrocomputern ist heute sehr verbreitet.

Der zentrale Begriff des relationalen Datenbanksystems ist die Relation. Anschaulich kann eine Relation als eine Tabelle angesehen werden, bei der die Spaltenbezeichnungen den Feldnamen einer herkömmlichen Satzbeschreibung entsprechen und als **Attribute** bezeichnet werden. Die in der Tabellenspalte aufgeführten Werte sind Elemente eines vorgegebenen Wertebereichs. Die Zeilen der Tabelle (Relation) werden als Tupel bezeichnet, jede Relation wird als Menge von Tupeln angesehen, wobei keine zwei Tupel identisch sein dürfen. Das Hauptziel bei der Schaffung der theoretischen Grundlagen des relationalen Ansatzes lag in der Gewährleistung einer größtmöglichen logischen Datenunabhängigkeit.

In formaler Hinsicht ist die n-stellige Relation als Teilmenge des Kreuzprodukts der den Attributen $A_1, \ldots, A_n$ zugeordneten Wertebereiche $W_1, \ldots, W_n$ definiert:

$$R \subseteq W_1 \times \ldots \times W_n .$$

Relationen sind also Mengen, deren Tupel von der Form eines Zeilenvektors $(a_1, \ldots, a_n)$ sind. Man nennt die Anzahl der Attribute, also n, den **Grad** der Relation, die Anzahl der Tupel wird als **Kardinalität** bezeichnet. Verknüpft werden können Relationen über solche Attribute, die beiden Relationen gemeinsam sind.

Die Möglichkeiten zur Verknüpfung von Relationen sind weitgehend durch die bekannten elementaren Mengenoperationen abgegrenzt. Es gibt auch verschiedene Ansätze für relationale Datenmanipulationssprachen, welche entweder auf der Relationenalgebra oder dem Relationenkalkül basieren.

Im relationenalgebraischen Ansatz wird die gewünschte Relation durch die Reihenfolge der Relationenoperationen, welche zu der gewünschten Relation führen, spezifiziert. Die wichtigsten Opererationen mit Relationen sind die

- **Projektion**, welche die Entfernung und/oder Umordnung von Spalten in der Tabelle bewirkt,

- die **Selektion**, welche diejenigen Tupel aus einer Relation extrahiert, die einer vorgegebenen Bedingung genügen,

- der **Verbund**, welcher die Verbindung zweier Relationen mit gleichen Wertemengen bezüglich zweier Attribute erlaubt,

- die **Vereinigung**, welche die Zusammenfassung der Tupelmengen zweier Relationen ermöglicht, falls die beiden Relationen denselben Grad und die Attribute dieselben Wertebereiche haben.

- die **Differenz** zweier Relationen $R_1 - R_2$, welche die Menge derjenigen Tupel in R_1 enthält, die nicht in R_2 enthalten sind.

Auf weitere Einzelheiten kann hier nicht eingegangen werden, sondern es muß vielmehr auf die Spezialvorlesung über Datenbanksysteme oder auf die Datenbankliteratur am Ende dieses Kapitels verwiesen werden.

Der Ansatz des Relationenkalküls erlaubt die Spezifikation der Relationen in deskriptiver Weise, wobei die verschiedenen Relationenoperationen, welche zum Aufbau der gesuchten Relation erforderlich sind, nicht explizit angegeben werden müssen. Vielmehr ist nur eine bestimmte Eigenschaft, ein "Prädikat", vorzugeben, nach dem diejenigen Tupel der Relation ausgewählt werden, welche die Prädikatsbedingung erfüllen.

Die **Datenmanipulationssprachen** in ihrer Funktion als mengenverarbeitender Sprachen sind im wesentlichen deskriptive Sprachen. Während bei der konventionellen Datenverarbeitung die Manipulationssprachen weitgehend prozedural orientiert sind, d.h. der Weg für die Ermittlung der Datenanfrage, das Ermittlungsverfahren, vorgegeben werden muß ("Wie" - Sprache), sind die mengenverarbeitenden "Was" - Sprachen unabhängig vom prozeduralen Vorgehen und daher durch einen hohen Grad an Benutzerfreundlichkeit ausgezeichnet. Beispiele für solche "Was"-Sprachen, die der natürlichen Sprache sehr nahe sind, sind die SQL (= Structured Query Language) und die QBE (= Query By Example).

SQL ist die Datenbankabfragesprache von SQL_DS, einer Weiterentwicklung des bereits erwähnten System /R. SQL ist für solche Datenbankbenutzer gedacht, die keine Programmiererfahrung besitzen. Die Befehle bestehen aus wenigen Schlüsselwörtern und lassen sich in die Befehlsgruppen der

- Query-Anweisungen, mit denen der Benutzer seine gewünschten Daten aus der Datenbank holen kann,

- Daten-Manipulationsanweisugen, mit denen Änderungen der Relationen vorgenommen werden können,

- Daten-Steueranweisungen, mit denen sich spezielle Funktionen, zum Beispiel das Zurücksetzen auf einen früheren Datenbankzustand, aktivieren lassen,

- Daten-Definitionsanweisungen, mit denen neue Relationen festgelegt und die genannten Relationenoperationen durchgeführt
  werden können.

SQL-Anweisungen sind heute für die verschiedenen relationalen Datenbanksysteme weitgehend standardisiert, beispielsweise ist eine
Anfrage mit der sehr einfachen Syntax

SELECT gewünschte_attribute FROM relation WHERE bedingung(en)

für eine sehr differenzierte Datenextraktion verwendbar.

Bei Abfragesprachen wurden in den letzten Jahren verschiedene Dia-
logkonzepte entwickelt, welche es dem Benutzer ermöglichen, seine
Anfragen nicht mehr wie bei SQL in linearer Notation, sondern im
direkten Dialog mit einem (graphikfähigen) Bildschirmgerät, zu erstellen. QBE ist eine solche dialogorientierte Sprache, bei der
mit Hilfe eines speziellen Editors gewisse Standard-Tabellenfor-
mulare vorgegeben sind, in die dann die erforderlichen Relationen-
einträge vorgenommen werden können. Man unterscheidet verschiedene
Dialogformen, die "systemgetriebenen" und die "benutzergetriebe-
nen". Systemgetrieben heißt, daß der Benutzer auf Anfragen des Systems antwortet, und danach das System wieder aktiv wird. Dieser
Dialog kann durch ein zeilenweises "prompting", durch die Anwahl
bestimmter Auswahlmenues, und im Rahmen eines "Block Screen"-Mo-
dus, erfolgen. Letzterer ist im relationalen Datenbanksystem von
OPEN ACCESS und von DATA EASE realisiert (Siehe auch Abschnitt 7.9
über integrierte Software). Benutzergetrieben heißt, daß es dem
Benutzer ermöglicht wird, aus einer bestimmten Problemsituation
heraus das System in den Entscheidungsprozeß einzubinden. Es gibt
auch Erweiterungen der QBE hinsichtlich der Verwendung von
speziellen Auswahlmenüs, welche die Editierfunktionen explizit mit
entsprechenden Erläuterungen zeigen.

Was ein **Entwurfskonzept** für relationale Datenbanken angeht, wird
ein Datenbank-Administrator zunächst die relevante Probleminformation erfassen und in einer sogenannten **Universalrelation** zusammenstellen. Bei der Zerlegung der Universalrelation in geeignete
Relationenschemata können aufgrund bestimmter funktionaler Abhängigkeiten zwischen den Attributen bestimmte **Anomalien** auftreten.

Auf den Begriff der funktionalen Abhängigkeit, der formal exakt gefaßt ist, wird weiter unten eingegangen. Die Beseitigung der Anomalien kann durch "**Normalisierung**" der Relationen bewerkstelligt werden. Eine nicht normalisierte Relation erkennt man daran, daß ein Attribut sich selbst aus mehreren Attributen zusammensetzt, d.h. selbst eine Relation darstellt. Solche Relationen können in den einzelnen Tabellenzellen eine unterschiedliche Anzahl von Attributwerten haben. Wird nun zum Beispiel ein Satz mit einem zulässigen Primärschlüsselwert eingefügt, so kann ein inhaltlicher Widerspruch dadurch entstehen, daß die Attributwertkombinationen mehrerer Datenelemente einer Tabellenzelle nicht mit den Dateninhalten anderer Tupel übereinstimmt. Um derartige Anomalien auszuschließen, werden die Relationen normalisiert, hierfür sind in der Literatur verschiedene Stufen der Normalisierung bekannt, die sukzessive potientielle Anomalien beseitigen. Die Normalisierung ist als Zerlegungsprozeß zu verstehen, bei dem nicht normalisierte Relationen in mehrere, keine Widersprüchlichkeiten mehr enthaltende, neue Relationen zerlegt werden. Im folgenden seien die verschiedenen Normalformen kurz erläutert.

Eine Relation erfüllt die **erste** Normalform, wenn sie keine Attribute aufweist, die in einer Tabellenzelle mehrere Attributwerte haben. Falls ein Attribut selbst eine Relation darstellt, so muß diese dadurch aufgelöst werden, daß deren Attribute einzeln aufgeführt werden. Bei einer Relation in erster Normalform ist für den Primärschlüsselwert eines Tupels immer höchstens nur ein Wert eines Nicht-Primärschlüsselattributs zulässig. Formal hat man diesen Zusammenhang als funktionale Abhängigkeit definiert: Ein Attribut A ist funktional abhängig von einem Primärschlüssel-Attribut P (Schreibweise: P ---> A), wenn jedem Wert von P höchstens ein Wert von A zugordnet werden kann.
Eine weitere Anomalie kann dadurch auftreten, daß ein Primärschlüssel mehrere Attribute umfaßt und funktionale Abhängigkeiten zwischen den Attributen des Primärschlüssels und gewissen Nicht-Schlüsselattributen auftreten. Diese Anomalie wird in der zweiten Normalform beseitigt. Zulässig ist hier nur noch die funktionale Abhängigkeit vom Gesamtschlüssel (z.B. P_1, P_2, P_3 ---> A), Einzelabhängigkeiten (P_1 ---> A) sind nicht erlaubt.
In dem momentanen Stadium des Zerlegungsprozesses sind noch Anomalien möglich, die durch möglicherweise vorhandene funktionale Ab-

hängigkeiten zwischen Nicht-Schlüsselattributen bedingt sind. Solche Abhängigkeiten werden in der dritten Normalform ausgeschlossen. Es gibt noch Normalformen höherer Ordnung, auf die hier im
einzelnen nicht eingegangen wird, vielmehr wird auf die Spezial-
literatur über Datenbanksysteme verwiesen. Fassen wir zusammen:
Mit der Normalisierung erfolgt ein Zerlegungsprozeß der originären
Relation dadurch, daß durch die Aufspaltung sukzessive Anomalien
beseitigt werden, welche die eindeutige Zuordnung der Schlüsselwerte zu Nicht-Schlüsselwerten verletzt haben.

Nach der Zerlegungsphase, die zum Zwecke der Überprüfung der Nor-
malisierungskriterien durchgeführt werden muß, versucht man nun
eine Zusammenfassung der normalisierten Relationen zu umfangrei-
cheren Relationen: die **Relationensysnthese**. Hierbei werden alle
Relationen mit gleichem Schlüssel zu größeren Relationen zusammengefaßt. Weiterhin werden die Namen der Relationen, der zugehörigen
Attribute, und der logischen Beziehungen zwischen den Relationen,
in einem Inhaltsverzeichnis der Datenbank, dem **"Data Dictionary"**,
festgehalten.
Ein zentraler Begriff der Relationensynthese ist der des **"Fremd-
schlüssels"**, welcher insbesondere im Zusammenhang mit der Verknüp-
fungsoperation ("join") von Relationen von Bedeutung ist. Man
nennt ein Attribut einer Relation einen Fremdschlüssel (Fremd-
schlüsselattribut), wenn dieses Attribut nicht im Primärschlüssel
enthalten ist, aber in einer anderen Relation als Primärschlüssel
(oder als Attribut des Primärschlüssels) auftritt. In einem weiteren Syntheseschritt wird die Fremdschlüssel-Eigenschaft von Pri-
märschlüsseln ermittelt und im Data Dictionary festgehalten. Das
Data Dictionary wird häufig auf der Basis des Stücklistenprinzips
aufgebaut, welches im wesentlichen aus zwei Relationen besteht: In
einer ersten Relation werden als Attribute die Namen der Relationen, der Attribute, der Daten- und Programmdateien aufgeführt. In
der zweiten Relation erfolgt die Erfassung der stücklistenmäßig
organisierten Subjektbeziehungen: Der Name und die Funktion des
Attributs (Schlüssel-/Nichtschlüsselattribut), außerdem der Bezug
zur physikalischen Abspeicherung.

9.4 Datenintegrität

Unter Datenintegrität versteht man die Gesamtheit aller Vorgänge und Maßnahmen, welche für die Gewährleistung eines in jedem Zeitpunkt korrekten Datenbankzustands erforderlich sind. Man unterscheidet die semantische und die operationale Datenintegrität. Unter **semantischer** Integrität versteht man Schutzmaßnahmen vor der Eingabe falscher Daten und die Festlegung von Integritätsbedingungen für die Durchführung von Plausibilitäts- und Datenbereichsüberprüfungen. Unter **operationaler** Integrität subsumiert man Schutzmaßnahmen vor fehlerhafter Synchronisation von zeitparallel gestellten Anfragen an das Datenbanksystem. Hierzu muß ein Mechanismus für die zeitliche Koordinierung der Anfragen (queries) vorhanden sein, sodaß es nicht zu fehlerhaften Relationeneinträgen aufgrund einer nicht korrekten Reihenfolge der quasi-gleichzeitigen Zugriffe auf die Relation kommt. Man nennt die Zugriffe auf die Datenbank, welche das Holen, Verändern oder Hinzufügen von Daten bewirken, auch **Transaktionen**. Diese setzen sich i.a. aus mehreren Teilschritten, den sogenannten **Aktionen** zusammen. Es gibt **explizite** Transaktionen (der Benutzer formuliert mit Hilfe geeigneter Anweisungen den Beginn und das Ende einer Transaktion mit Hilfe einer TRANSACTION-Anweisung selbst), oder **implizite** Transaktionen (das DBMS interpretiert jede Benutzeranforderung am Bildschirmgerät als Transaktion). Die Schwierigkeit der Zugriffskollision tritt also inbesondere dann auf, wenn mehrere Transaktionen auf dieselben Daten zugreifen, und jede dieser Transaktionen unterschiedliche Schreib- oder Leseoperationen enthält. So kann zum Beispiel ein Kontostand, der von verschiedenen Terminals einer Bank gleichzeitig angefordert wird, dadurch verfälscht werden, daß das eine Terminal eine Kontostandsänderung (eine oder mehrere arithmetische Aktionen und eine Aktion als Schreiboperation) durchführt, von einem anderen Terminal aus der Kontostand erfragt wird (Lese-Aktion). Greift letzteres gerade nach erfolgter erster Aktion/arithmetischer Operation zu, so wäre der Kontostand falsch. Wichtig ist daher bei der Einrichtung von Schutzmechanismen, daß eine Transaktion entweder vollständig, und nur in Bezug auf einen Benutzer, ausgeführt werden darf, oder warten muß, bis eine, sich gerade in Ausführung befindliche, Transaktion fertig ist.

Man bezeichnet eine Menge von auszuführenden Transaktionen als **Ausführungsplan**. Eine wichtige Aufgabe bei der Synchronisierung der Transaktionen eines Ausführungsplans besteht darin, die einzelnen Aktionen dieser Transaktionen in eine zeitliche Reihenfolge zu bringen, in der sie fehlerfrei abgearbeitet werden können. Ist dies für einen Ausführungsplan möglich, so heißt der Ausführungsplan **serialisierbar**. Die Serialisierbarkeit garantiert also wenigstens eine sequentielle Reihenfolge der Transaktionen des Ausführungsplans, sodaß die oben exemplarisch genannten Fehlersituationen nicht auftreten können. In praxi wird dies durch die Einführung von Sperrmechanismen ("Sperren") realisiert. Bevor eine bestimmte Transaktion auf eine Dateneinheit zugreift, wird über alle anderen Transaktionen eine Schreib-/Lesesperre verhängt. Erst wenn sämtliche Aktionen ausgeführt sind, wird die Sperre aufgehoben und eine andere Transaktion kann die betreffende Dateneinheit für sich sperren. Ein serialisierbarer Ausführungsplan wird also dadurch garantiert, daß

- jede Dateneinheit, auf die zugegriffen werden soll, zuvorgesperrt wird, und erst nach Ausführung sämtlicher Aktionen der Transaktion die Dateneinheit wieder freigegeben wird,

- daß eine Transaktion, die auf eine gesperrte Dateneinheit zugreifen will, wartet.

Dennoch kann es vorkommen, daß sich Transaktionen bei der Vergabe von Sperren gegenseitig blockieren (deadlock), oder daß bestimmte Transaktionen durch die Sperren anderer Transaktionen selbst niemals eine Dateneinheit für sich sperren können. Wenn man die Dateneinheiten als Knoten und die Transaktionen als Kanten eines mathematischen Graphen auffaßt ("Sperrgraph"), so ist eine deadlock-Situation dann möglich, wenn der Sperrgraph einen oder mehrere Zyklen enthält. Ein **Zyklus** ist eine Teilfolge von Knoten und Kanten des Graphen, die - ausgehend von einem bestimmten Knoten - wiederum zu diesem Knoten zurückführt. Es gibt in der Graphentheorie und im Bereich des Operations Research Verfahren zur Feststellung von Zyklen, allerdings sind diese bei größeren Transaktionsnetzen mit einem erheblichen Aufwand verbunden. Dieser Aufwand ist aufgrund der Forderung einer möglichst schnellen Abarbeitung der Transaktionen praktisch nicht möglich, daher läßt man Zyklen prinzipiell zu und durchsucht den Sperrgraphen nur in bestimmten Zeitintervallen nach Zyklen. Wird ein Zyklus erkannt, so wird lediglich die momentan aktive Transaktion zurückgesetzt und alle bereits ausgeführten Aktionen werden annulliert. Danach werden die gesperrten Datenelemente wieder freigegeben, und die Transaktion wird wieder in die Reihenfolge des Ausführungsplan eingefügt. Eine weitere Situation, bei der das Zurücksetzen einer Transaktion erforderlich werden kann, entsteht dann, wenn der Benutzer seine Eingabe abbricht. Diese Art des Zurücksetzens nennt man "roll back". Alle während der Ausführung einer Transaktion erfolgten Änderungen werden in einem separaten Speicherbereich gesichert, sodaß beim Zurücksetzen der ursprüngliche Datenbankzustand wieder rekonstruiert werden kann.

Bei allen relationalen Systemen, die als Weiterentwicklungen des Systems/R verstanden werden können, hat man außerdem verschiedene Sicherheitsstufen implementiert: In der untersten Stufe können verschiedene Transaktionen auf einen bestimmten Datenwert zugreifen, d.h. auf dieser Stufe ist besonders darauf zu achten, daß Daten nicht verändert werden. In der zweiten Stufe kann von verschiedenen Transaktionen entweder nur gelesen oder nur geschrieben werden, in der dritten Stufe hat eine Transaktion alleinigen Zugriff auf das Datenelement, kann also lesen und/oder schreiben.

9.5 Datensicherung und Datenschutz

Aufgrund der zunehmenden Computerisierung unserer Gesellschaft bekommt der Datenschutz eine immer größere Bedeutung. Die Aufgabe des Datenschutzes umfaßt alle Schutzmaßnahmen vor Mißbrauch von personen- und sachbezogenen Informationen über Bürger und Institutionen im weiteren Sinne. Aufgrund der immer mächtiger werdenden Möglichkeiten zur Speicherung von Daten hat der Gesetzgeber das Bundesdatenschutzgesetz erlassen, das für die Informationsverarbeitung Auflagen und Beschränkungen beinhaltet. Beide Begriffe "Datenschutz" und "Datensicherung" sind im Datenschutzgesetz verankert. In der Vergangenheit wurden diese weitgehend synonym verwendet, zwischenzeitlich hat sich aber eine deutliche Trennung hinsichtlich der Beziehungen zwischen Staat und Individuum im Rahmen des Datenschutzes, und den Möglichkeiten zur Gewährleistung des Datenschutzes durch Datensicherungsmaßnahmen, ergeben.

Die Aufgaben des Datenschutzes umfassen den Schutz der persönlichen Daten des Bürgers vor uneingeschränkter Speicherung, Weitergabe und Verknüpfung personenbezogener Daten, sowie seine Unterrichtung hierüber. Unter Datensicherung versteht man die Sicherung der Datenverarbeitung, d.h. die Sicherung umfaßt alle organisatorischen, technischen und softwaretechnischen Maßnahmen, um

- Datenbestände (Datenträger, Dateien und Datenbanken),

- Systeme (Programme und Systemabläufe),

- Einrichtungen (Gebäude, Räume, EDV-Anlagen, Datenübertragungseinrichtungen, Stromversorgungs- und Klimaanlagen)

gegen Katastrophen, Fehler und Mißbrauch zu schützen.

Die wichtigsten Grundsätze, Gesetze und Vorschriften für den Datenschutz und die Datensicherung sind

- die Gesetze und Entwürfe der Länder zum Datenschutz,

- das Bundesdatenschutzgesetz (BDSG),

- andere gesetzliche Vorschriften und Bestimmungen, wie z.B. das Gesetz gegen den unlauteren Wettbewerb, die Verordnung über die Datenübermittlung in den gesetzlichen Rentenversicherungen, die behördlichen Bauvorschriften, Bestimmungen für Gewerbeaufsichtsämter, Teile des Grundgesetzes (insbes. die Artikel 1 - 13, welche Informationserfassungs-, Informationsermittlungs- und Informationsverwertungsverbote hinsichlich der allgemeinen Handlungs- und Meinungsfreiheit beinhalten).

Das Bundesdatenschutzgesetz kommt nur dann zur Anwendung, wenn personenbezogene Daten in einer automatisierten **Datei** gespeichert und verarbeitet werden. Der Dateibegriff ist dann erfüllt, wenn mindestens vier eindeutige Merkmale wie z.B. Name, Anschrift, Alter und Beruf, in der Datei geführt werden.
Bei der Konzeption des Bundesdatenschutzgesetzes hat man versucht, zwischen der Persönlichkeitspäre des Einzelnen und dem fort-

schreitenden Datenbedürfnis der Industrie und der öffentlichen
Verwaltung einen Kompromiß zu finden, indem das BDSG weitgehend
alle schutzwürdigen Belange erfaßt, aber doch genügend Spielraum
für fach- und bereichsspezifische Datenschutzregelungen in entsprechenden Einzelgesetzen läßt. Der Geltungsbereich des BDSG erstreckt sich auf die Privatwirtschaft wie auch auf die öffentliche
Verwaltung. Die Schwierigkeit bei der Konzeption eines solchen Gesetzes lag einerseits in dem Bestreben, der mißbräuchlichen Verarbeitung und Weitergabe personenbezogener Daten entgegenzuwirken,
zum andern aber die Informationsfreiheit nicht grundsätzlich ein-
zuschränken. Das BDSG gliedert sich in die Abschnitte

1. Allgemeine Vorschriften (§ 1- 6),

2. Datenverarbeitung der Behörden und sonstiger öffentlicher
   Stellen (§ 7 - 21),

3. Datenverarbeitung nicht öffentlicher Stellen für eigene
   Zwecke (§ 22 - 30),

4. Geschäftsmäßige Datenverarbeitung nicht öffentlicher Stellen
   für fremde Zwecke (§ 31 - 40),

5. Straf- und Bußgeldvorschriften (§ 41 - 42),

6. Übergangs- und Schlußvorschrift (§ 43 - 47)

Für die Unternehmen sind die Abschnitte 1.,3. und 4. wichtig, insbesondere die Vorschriften über Geheimhaltung und technisch-orga-
nisatorische Maßnahmen. Die Definitionen des Bundesdatenschutzgesetzes können hier im einzelnen nicht dargestellt und kommentiert
werden, wichtig ist vielleicht der Hinweis auf drei **Grundsätze**,
welche die Anforderungen an die Datenschutzmaßnahmen garantieren
können,

1. die **Benachrichtigungspflicht**, d.h. alle Institutionen, welche
   personenbezogene Daten speichern, sind zur Mitteilung ver-
   pflichtet, ebenso sind Personen, über die erstmals Daten gespeichert werden, zu benachrichtigen. Eine Benachrichtigungspflicht besteht jedoch nicht mehr, wenn zu einem späteren
   Zeitpunkt weitere Daten gespeichert werden. Diese Regelung
   ist zweifelsohne problematisch, weil nur ein einmaliger Hin-

weis auf die Aufnahme in eine Datei genügt und dann u.U. über Jahre hinweg die Speicherung fortgesetzt werden kann, ohne daß der Betroffene über den Umfang der gespeicherten Daten informiert ist.

2. die **Auskunftspflicht**, d.h. jede Person kann einen Speicherauszug von über sie gespeicherten Daten verlangen. Die Auskunft muß hierbei nur über tatsächlich gespeicherte Daten erfolgen. Etwaige, zur Speicherung vorgesehene, Informationen sind hiervon nicht betroffen.

3. die **Sicherungspflicht**, d.h. die Speicherung personenbezogener Daten hat den in der Anlage zu § 6 BDSG, Abs.1, Satz 1, genannten Anforderungen zu entsprechen: "Werden personenbezogene Daten automatisch verarbeitet, sind zur Ausführung der Vorschriften dieses Gesetzes Maßnahmen zu treffen, die je nach Art der zu schützenden personenbezogenen Daten geeignet sind,

- Unbefugten den Zugang zu Datenverarbeitungsanlagen, mit denen personenbezogene Daten verarbeitet werden, zu verwehren (**Zugangskontrolle**),

- Personen, die bei der Verarbeitung personenbezogener Daten tätig sind, daran zu hindern, daß sie Datenträger unbefugt entfernen (**Abgangskontrolle**),

- die unbefugte Eingabe in den Speicher sowie die unbefugte Kenntnisnahme, Veränderung oder Löschung gespeicherter personenbezogener Daten zu verhindern (**Speicherkontrolle**),

- die Benutzung von Datenverarbeitungssystemen, aus denen oder in die personenbezogene Daten durch selbständige Einrichtungen übermittelt werden, durch unbefugte Personen zu verhindern (**Benutzerkontrolle**),

- zu gewährleisten, daß die zur Benutzung eines Datenverarbeitungssystems Berechtigten durch selbsttätige Einrichtungen ausschließlich auf die ihrer Zugriffsberechtigung unterliegenden personenbezogenen Daten zugreifen können (**Zugriffskontrolle**),

- zu gewährleisten, daß überprüft und festgestellt werden
  kann, an welche Stellen personenbezogene Daten durch
  selbsttätige Einrichtungen übermittelt werden können
  (**Übermittlungskontrolle**).

- zu gewährleisten, daß nachträglich überprüft und festgestellt werden kann, welche personenbezogene Daten zu
  welcher Zeit von wem in Datenverarbeitungssysteme eingegeben worden sind (**Eingabekontrolle**),

- zu gewährleisten, daß personenbezogene Daten, die im
  Auftrag verarbeitet werden, nur entsprechend den Weisungen des Auftraggebers verarbeitet werden können (**Auf-
  tragskontrolle**),

- zu gewährleisten, daß bei der Übermittlung personenbezogener Daten sowie beim Transport entsprechender Datenträger diese nicht unbefugt gelesen, verändert oder gelöscht werden können (**Transportkontrolle**),

- die innerbehördliche oder innerbetriebliche Organisation
  so zu gestalten, daß sie den besonderen Anforderungen
  des Datenschutzes gerecht wird (**Organisationskontrolle**).

Unternehmen müssen nach § 28 Abs. 1 BDSG einen **Datenschutzbeauftragten** bestellen, wenn sie bei der Verarbeitung personenbezogener
Daten automatisierte Verfahren einsetzen und dabei in der Regel
mindestens fünf Arbeitnehmer beschäftigen, oder bei manueller Verarbeitung in der Regel mindestens 20 Arbeitnehmer beschäftigt
sind. Der Datenschutzbeauftragte ist frei von fachlicher Weisungs-
gebundenheit. Die Aufgaben des Datenschutzbeauftragten unterscheiden sich in Minimal-, Soll- und Kann-Aufgaben. Die **Minimalaufgaben**
umfassen nur die dem Datenschutzbeauftragten vom Gesetz ausdrücklich auferlegten Pflichten. Im wesentlichen ist dies eine Überwa-
chungsfunktion. Hierbei organisiert der Datenschutzbeauftragte
nicht aktiv den Datenschutz, sondern überprüft vielmehr, daß die
Anforderungen des BDSG erfüllt werden. Nach § 29 und § 45 BDSG muß

- die Führung von Übersichten über die Art der gespeicherten Daten,
- die Überwachung der ordnungsgemäßen Anwendung der DV-Pro-
  gramme,

- die Unterrichtung der Mitarbeiter über die Vorschriften des Datenschutzes,
- die Sicherstellung der Durchführung von technischen und organisatorischen Maßnahmen,
- Verpflichtung auf das Datengeheimnis (§ 5)

gewährleistet sein. Zu den **Sollaufgaben** des Datenschutzbeauftragten gehören

- die Planung, Koordinierung und Kontrolle der Richtlinien bei der Verarbeitung von personenbezogenen Daten,

- die Benachrichtigung und Auskunfterteilung für das Berichtigen, Sperren und Löschen von Daten,

- die regelmäßige Erstellung eines Datenschutzberichts an die Unternehmensleitung,

- die Vertretung des Unternehmens in Datenschutzangelegenheiten nach außen,

- der Erfahrungsaustausch mit anderen Datenschutzbeauftragten.

Zu den **Kann-Aufgaben** gehört

- die Anleitung und Beratung bei der Entwicklung von datenschutzgerechten Formularen und Verträgen,

- die Dokumentation der Datensicherungsmaßnahmen, u.v.a.

Was die Realisierung der Maßnahmen zur **Datensicherung** angeht, unterscheidet man

a) Schutz- und Sicherungsmaßnahmen organisatorisch-administrativer Art,

b) Hardware-Sicherungen zum Schutz der Anlagen und Einrichtungen in Rechenzentren,

c) Software-Sicherungen innerhalb des Betriebssystems und der Anwenderprogramme,

d) Sicherungsmaßnahmen an Datenendgeräten durch verschiedene Verfahren der Benutzeridentifizierung (verdecktes Kennwort, abschließbare Terminals, u.a.),

e) Protokollierung der Terminalsitzungen, u.v.a.

Die **Kosten** für Datenschutz und Datensicherung werden von den Unternehmen weithin nur widerwillig aufgewendet, weil diese meist erst dann abgeschätzt werden können, wenn tatsächlich ein Schaden aufgetreten ist. Vorab ist der Nutzen des Datenschutzes und der Datensicherung nur sehr schwer zu bewerten, weil man die möglicherweise durch Verlust, Mißbrauch oder unbefugte Benutzung entstehenden finanziellen Einbußen nur schwer kalkulieren kann. Vielleicht lassen sich die Versicherungsbeträge, welche für die Versicherung der Risiken zu entrichten sind, als Maßzahl für die finanziellen Einbußen verwenden. Jedenfalls nehmen die Kosten für Datenschutz und Datensicherung für die Gewährleistung bestimmter Sicherheitsgrade überproportional zu, insbesondere wenn man den zukünftig weiterhin zunehmenden Einsatz komplexer Informationssysteme in Betracht zieht. Auch wenn ein sehr hoher Betrag für die Datensicherung veranschlagt wird, gibt es keinen absoluten Schutz vor Verlust oder Zerstörung von Daten. Der Hauptteil der Kosten entsteht für die allgemeinen Sicherungsmaßnahmen von Anlagen und Software, und je nach Größe und Branchenzugehörigkeit eines Unternehmens können diese aufgrund von Untersuchungen zwischen 10 und 30 Prozent des EDV-Etats ausmachen.

Bisher war die Frage, ob der übliche **Urheberschutz** auch für Computerprogramme gelten soll, sehr umstritten. Insbesondere war unklar, welche Voraussetzungen gegeben sein müssen, um ein Computerprogramm urheberrechtlich schützen zu können. Da es sich bei der Informationstechnologie um neue rechtliche Fragestellungen handelt, die bisher gesetzlich nicht ausdrücklich geregelt waren, war die Entscheidungsgrundlage für die Gerichte sehr unsicher. Allerdings wurde im Jahr 1985 vom Bundesgerichtshof in Karlsruhe zu der Urheberrechtsfähigkeit von Computerprogrammen Stellung bezogen. Der BGH hat sich grundsätzlich für eine Schutzfähigkeit von Computerprogrammen ausgesprochen, mit der Begründung, daß Software als Repräsentation einer wissenschaftlich-technischen Arbeit zu betrachten ist, und als persönlich-geistige Schöpfung im Sinne des

Urheberrechts gilt. In seiner Begründung hat sich der BGH wesentlich von den üblichen Entwicklungsphasen von Computerprogrammen leiten lassen:

Die Phase der Systemanalyse sollte in ihrem Ergebnis in einem Pflichtenheft schriftlich festgehalten werden. Ebenso die Konzipierung der Problemlösung in einem Programmablaufplan oder Strukturdiagramm stellt eine Darstellungsform dar, die schutzfähig ist. Auch die eigentliche Kodierungsphase, in der das Quellprogramm erstellt wird, wie auch die maschinelle Übersetzung in den object code, ist schutzfähig.

Insbesondere auch der Eigentümlichkeitsgrad des Softwareprodukts ist entscheidend für eine hinreichende Abgrenzung von bereits bestehenden ähnlichen Computerprogrammen. Der Rechtssprechung ist vom BGH empfohlen worden, zunächst die schöpferischen Eigenheiten eines strittigen Softwareprogramms zu prüfen. Es wird dadurch die Neugestaltung der Software deutlich abgehoben von der reinen Aneinanderreihung von Programmanweisungen, wie sie von jedem durchschnittlichen Programmierer durchgeführt werden können. Der Eigentümlichkeitsgrad kann auch bereits durch Bearbeitung, Umarbeitung oder Einarbeitung bereits bekannter Programmelemente erreicht werden. Auch sind der Umfang, der Aufwand und die Kosten des Programms nicht entscheidend für einen hinreichenden Grad an "Neuheit". Aufgrund dieser Stellungnahme des BGH sind zwar in gewisser Weise die theoretischen Grundlagen für die Beurteilung der Schutzfähigkeit von Software grundsätzlich geklärt, allerdings kann die Frage des eigenschöpferischen Anteils immer nur im Einzelfall, durch Hinzuziehung von Sachverständigengutachten geklärt werden.

Mit Wirkung vom 1.8.1986 sind auf Empfehlung einer Reformkommission zur Strafbarkeit des Datenmißbrauchs mehrere Strafvorschriften in Kraft getreten. Diese betreffen die Vorschriften über die Datenveränderung und die Computersabotage, die rechtswidrige Verschaffung von Vermögensvorteilen durch unerlaubte Manipulationen von Datenverarbeitungsvorgängen, wie auch der Mißbrauch von Scheck- und Kreditkarten. Mit diesen Reformvorschriften wurden die klassischen Strafbestände und Strafnormen an die durch die zunehmende Computerisierung entstandenen neuen Tatbestände angepaßt.

9.6 Datenbanksysteme auf Mikrocomputern und Workstations: dBase III, ORACLE, INFORMIX

Wayne Ratliff, Software-Spezialist am JPL (Jet Propulsion Laboratory) in Pasadena, Kalifornien (USA) entwickelte in den 70-er Jahren das Datenbanksystem VULCAN, das zu der damaligen Zeit recht leistungsfähig war, wenn auch wichtige Funktionen wie Sortieren oder Indexieren kaum berücksichtigt waren. Die Vertriebsrechte für VULCAN wurden George Tate übertragen. Nach guten Verkaufserfolgen wurde VULCAN umgetauft in dBase II. Ob es als geschickte Werbeaktivität gewertet werden kann, mag dahingestellt bleiben, jedenfalls gab es eigentlich nie eine Version dBase I, sondern mit dBase II sollte wohl der Status einer bereits verbesserten Version propagiert werden. Für den weltweiten Vertrieb gründete George Tate mit Hal Lashlee eine Firma unter der Namenskombination "Ashton-Tate".

dBase II hatte seine Schwächen: In maximal 32 Feldern konnten höchstens 1000 Zeichen pro Satz verwaltet werden, die Obergrenze für die Anzahl der zu speichernden Sätze war auf 65536 beschränkt, nur zwei Dateien konnten gleichzeitig geöffnet werden, außerdem war die Sortierung auf ein Feld beschränkt. Aufgrund aufkommender Konkurrenzprodukte wurde dann bei Ashton-Tate **dBase** III für 16-Bit Mikrocomputer entwickelt, das in C geschrieben ist und erhebliche Verbesserungen in den Anwendungsmöglichkeiten brachte: Die Gesamtzahl der Zeichen beträgt jetzt 4000 Zeichen, jeder Satz darf bis zu 128 Felder enthalten, die gleichzeitige Sortierung nach mehreren Feldern ist möglich, die Sortiergeschwindigkeit wurde drastisch verbessert. dBase III benötigt mindestens 256 KB Hauptspeicher, entweder 2 Floppy-Disk Laufwerke oder 1 Laufwerk und eine Festplatte. Werden zwei Disketten-Laufwerke verwendet, erweist sich die in dBase III realisierte Overlay-Technik aufgrund des häufigen Nachladens von Overlay-Programmteilen und des Zeitaufwands als nachteilig. Zu erwähnen ist noch, daß heute eine netzwerkfähige Version dBase III plus angeboten wird, und damit das System auch mehrplatzfähig ist.

Dateien orientieren sich in dBase III am relationalen Ansatz und werden beim Einrichten automatisch mit der Erweiterung .dbf (data base file) im Sinne der DOS-Dateibezeichnungs-Notation versehen. Bevor man das logische Datenbankschema festlegt, muß überlegt werden, welche Daten in der Datenbank gespeichert werden, und welche Beziehungen zwischen den Daten gelten sollen. Mit dem Befehl "CREATE dbf_file" wird das logische Datenbankschema (Beschreibung der logischen Struktur der Datei) eingerichtet und die Datei für die Aufnahme der Dateninformation vorbereitet. Es erscheint ein Eingabemenü, das weitgehend selbsterklärend ist, und aus Umfangsgründen hier nicht detailliert erklärt wird. Für die Definition der Dateiattribute oder Feldbezeichnungen (wie z.B. Artikelnummer, Artikelbezeichnung, Lieferant, ...) werden in dBase III fünf Feldtypen zur Verfügung gestellt:

- -> **Zeichen/Text** (Character) für die Speicherung von Feldinhalten mit beliebigen (max. 255) Zeichen

- -> **Numerische** Felder (Numeric) für die Eingabe von positiven und negativen ganzen und reellen Zahlen (bis zu 15 Ziffernpositionen)

- -> **Logische** Felder für Dateninformation, die nur die Werte T oder J für "wahr" bzw. F oder N für "falsch" annehmen können.

- -> **Datum**-Felder in der Form tt.mm.jj (oder im amerikanischen Datumsformat mm.dd.yy)

- -> **Memo**-Felder (Merkfelder) sind für die Aufnahme von beschreibender Information (z.B. einer ausführlichen Artikel- oder Teilebeschreibung für jeden Artikelstammsatz) mit bis zu 4000 Zeichen geeignet.

Mit "Display Structure" (Funktionstaste F5) kann man zu einer momentan geöffneten Datenbank (.dbf-Datei) eine Aufstellung der vereinbarten Feldbeschreibung erhalten, mit "Append" kann man neue Datensätze am Ende der bestehenden Datenbank hinzufügen. Es erscheinen die im logischen Schema festgelegten Feldbezeichnungen mit invers angezeigten Leuchtbalken in der vereinbarten Zeichenlänge vertikal untereinander (Einzelsatz-Darstellung). Der Cursor wird nach Übergabe eines Feldeintrags automatisch auf die Eingabestelle des nächsten Felds positioniert. Bei der Eingabe von Textfeldern ist mit der Tastenkombination <CTRL>-<PgDn> der dBase-Texteditor (text processor) zu aktivieren. Dieser ist bildschirmorientiert und der Text wird in der eingegebenen Form als Memo-Feld abgelegt. Korrekturen von Dateneinträgen können mit dem Befehl "Edit" in der Einzelsatzdarstellung, oder mit dem Befehl "Browse" in der Tabellendarstellung durchgeführt werden. Änderungen des logischen Schemas (Löschen, Modifizieren und Neuaufnahme von Feldern) lassen sich mit "Modify Structure" vornehmen.

Mit "SORT ON feldname [A/D] TO name_sortierte_datei" lassen sich die Datensätze einer geöffneten .dbf-Datei nach feldname aufsteigend (A=Ascending) oder absteigend (D=Descending) sortieren. Die sortierte Datei wird unter name_sortierte_datei.dbf abgespeichert. Mit "SORT ON feldname1, feldname2, ..., feldname_n [A/D] TO name_sortierte_datei" läßt sich nach einer Liste von Feldnamen feldname1, ..., feldname_n in der aufgeführten Reihenfolge gleichzeitig sortieren. Hierbei wird die Datei zunächst nach dem primären Feld feldname1 sortiert, danach die sortierte Datei nach dem sekundaren Feld feldname2, usw.

Da der Sortierprozeß sehr zeitaufwendig ist, wird man den SORT-Befehl dann verwenden, wenn die originäre Datei nicht zu häufig durch Neuaufnahme oder Löschen von Datensätzen verändert wird und damit die Sortierreihenfolge nicht mehr gültig ist, es sei denn man fügt einen neuen Satz in der sortierten Datei an der entsprechenden Position ein. Will man dennoch eine am Bildschirm stets sortierte Datei in der Weise haben, daß neu aufgenommene Sätze nach der Eingabe dem Sortierkriterium entsprechend einsortiert werden, so geschieht dies mit dem Befehl "INDEX ON feldname TO index_datei", wobei die erzeugte Indexdatei stets mit der Dateierweiterung .ndx versehen wird. Bei dieser sog. Sekundärindizierung wird also für das gewählte Feld (Sekundärschlüssel) 'feldname' der Datei die Indexdatei index_datei.ndx erzeugt, welche in sortierter Reihenfolge die Dateneinträge des Sekundärschlüsselfelds und die zugeordneten Satznummern enthält. Eine Indexdatei ist daher als eine virtuell sortierte Hauptdatei (.dbf-Datei) für das betrachtete Indexfeld aufzufassen, ohne daß die .dbf-Datei selbst sortiert ist. Analog dem Indexregister in einem Buch sucht man in der Indexdatei nach einem bestimmten Dateneintrag des Sekundärschlüssels und erhält die Satznummer, unter welcher der Datensatz in der Hauptdatei gefunden werden kann. Existieren zu einer Hauptdatei eine oder mehrere Indexdateien, so sollte beim Öffnen der Hauptda-

tei stets die Indexdatei(en) mitangegeben werden: Entweder mit den
Befehlen

```
-> USE dbf_file
   SET INDEX ON ndx_file1, ndx_file2, ...
```

oder mit

```
-> USE dbf_file INDEX ndx_file1, ndx_file2, ...  .
```

Die Angabe der Indexdateien ist erforderlich, da bei Neueinträgen
in die Hauptdatei die entsprechende Sortiermodifikation in
der(den) Indexdatei(en) automatisch erfolgt. Es gibt jedoch auch
die Möglichkeit, mit "REINDEX" eine Aktualisierung der Indexdateien, im Anschluß an die Dateneingabe in der Hauptdatei, vorzunehmen. Insgesamt können bis zu sieben Indexdateien gleichzeitig
aktiviert werden.

Die Suche von Daten in indizierten Dateien erfolgt mit "FIND", wobei der interne Zeiger auf den ersten Satz gesetzt wird, der die
gewünschten Daten enthält. Mit SKIP wird der Satzzeiger um einen
Satz (in der indizierten Reihenfolge) weiterbewegt. Möchte man
nach mehreren Feldern indizieren (z.B. um bei Namen auch den Vor-
namen zu berücksichtigen), werden die Felder durch "+" verbunden.
Werden mehrere Felder zu einem Schlüssel kombiniert, müssen die
numerischen Felder und die Datumsfelder -, im Gegensatz zu dem
Fall, daß nur ein einzelnes Feld als Schlüssel verwendet wird - in
Zeichen umgewandelt werden. Die Funktion STR(Num_Ausdruck, Länge,
Anz_Nachkommastellen) wandelt einen numerischen Ausdruck in einen
Zeichenstring um. "Länge" ist die Gesamtzahl der Stellen, die
durch den String ausgegeben werden sollen.

Mit "LIST feldname FOR feldname=bedingung" lassen sich ebenfalls
Daten suchen. Die Daten werden jedoch nur dann gefunden, wenn "bedingung" der erste Eintrag im Feld ist. Sämtliche Einträge eines
Feldes werden durchsucht, wenn "$" anstelle von "=" verwendet wird
(LIST feldname FOR bedingung $ feldname). Um von der Groß- und
Kleinschreibung unabhängig zu sein, kann man mit UPPER(string)
sämtliche Zeichen in Großbuchstaben erzeugen. Mit "REPLACE feldname WITH ausdruck" lassen sich ein oder mehrere Felder in der Datenbank austauschen. Es besteht dabei die Möglichkeit, dies in allen oder nur in bestimmten Sätzen der Datei vorzunehmen. Der Be-

fehl COPY TO erlaubt, eine ganze Datei, einen Teil der Datei oder nur bestimmte Sätze in eine andere Datei zu kopieren. Dabei muß die Datei, von der kopiert wird, aktiviert sein. Mit "APPEND FROM" kann man zwei Dateien miteinander kombinieren, indem Sätze aus einer angegebenen Datei an die aktuelle Datei angehängt werden.

Besonders komfortabel sind die **Ein- und Ausgabemöglichkeiten** in dBase III. Mit der SAY/GET-Anweisung lassen sich die Bildschirmkoordinaten für den Beginn von Eingabe-/Ausgabe-Textzeilen angeben. Die Anweisung hat die allgemeine Form

```
@ zeile,spalte SAY "text" GET feldname/variable
                    PICTURE format_spezifikation
```

Mit "@ zeile1,spalte1, TO zeile2,spalte2 DOUBLE" läßt sich ein Rahmen mit doppeltem Linienzug erzeugen, wobei zeile1, spalte1 die Koordinaten der linken oberen Ecke, zeile2, spalte2 die Koordinaten der rechten unteren Ecke angeben. Während die Dateiverwaltungsbefehle EDIT, APPEND, INSERT den Nachteil haben, daß diese Befehle stets alle Felder eines Datensatzes anzeigen, aus Datenschutzgründen aber nur die Anzeige von bestimmten Feldern erwünscht ist, erlauben die SAY/GET-Befehle die Gestaltung eigener Bildschirm-Masken, die anstelle der Standard-Masken beim EDIT-, APPEND-, INSERT-Befehl eingesetzt werden können. Der Datentyp dieser Maskendateien ist *.fmt. Aufgerufen werden diese Masken mit "SET FORMAT TO masken_name". Danach können EDIT, APPEND, INSERT aufgerufen werden, und die Eingabe der Feldinhalte erfolgt nun anhand der selbst erzeugten Bildschirm-Masken. Nach Abschluß der Eingaben muß die Masken-Datei mit dem Befehl "SET FORMAT TO" geschlossen werden. Formatdateien dürfen nur SAY/GET-Befehle enthalten. Als Zusatzoption kann in der "@ ... SAY ... GET"-Anweisung die Anweisung PICTURE verwendet werden. PICTURE ermöglicht die formatierte Datenausgabe mit "@...SAY" und die formatierte Dateneingabe mit "@...GET". Die Festlegung der Formate erfolgt in Formatstrings oder Masken, die Teil der PICTURE-Anweisung sind. Die allgemeine Form der PICTURE-Anweisung lautet: PICTURE "@f xxxxx", wobei @f für eine Formatunterfunktion und "x" für ein bestimmtes Formatierungssymbol steht. Unterfunktion und

Symbolreihe müssen durch ein Leerzeichen getrennt sein. Folgende
Darstellungen sind möglich:

@B : linksbündige Ausrichtung von numerischen Angaben;

@Z : Führende Nullen werden als Leerzeichen ausgegeben;
     die Formatierungszeichen , und . dienen als Tausendertrennung
     und Dezimalpunkt; die Symbole * und $ dienen zur Auffüllung
     führender Leerzeichen mit * oder $;

@D : zur formatierten Ein- und Ausgabe von amerikanischen
     Datumswerten (monat/tag/jahr)

@E : zur formatierten Ein- und Ausgabe von europäischen
     Datumswerten (tag/monat/jahr); weitere Einstellungen des
     Datums sind zuvor mit SET DATE vorzunehmen;

@Snumerischer_ausdruck : Begrenzung des Anzeigefeldes auf
                         numerischer_ausdruck Zeichen; das
                         Anzeigefeld kann kürzer als der nu-
                         merische Ausdruck sein, der Wert der
                         Variablen kann in diesem Falle hori-
                         zontal gerollt werden;

@!   wandelt Kleinbuchstaben in Großbuchstaben um;

@9 : Dieses Zeichen erlaubt nur Ziffern und Zahlzeichen
     (+,-,.).

@# : Dieses Zeichen erlaubt nur Ziffern, Leerzeichen und Zahl-
     zeichen;

@A : erlaubt nur die Eingabe von Buchstaben;

@Y : erlaubt die Eingabezeichen J,j,N,n, wobei bei der Eingabe
     von j oder n die Umwandlung in J oder N erfolgt;

@N : erlaubt nur die Eingabe von Buchstaben und Ziffern;

@X : erlaubt die Ein- oder Ausgabe von beliebigen Zeichen;

Für die schnelle Ausgabe von Datenbankinhalten lassen sich mit den
beiden Befehlen


```
"DISPLAY liste_von_feldnamen FOR auswahl_bedingung" [OFF] und
"LIST    liste_von_feldnamen FOR auswahl_bedingung" [OFF]
```


einfache Berichte erzeugen. DISPLAY verlangt nach jeder vollen
Bildschirmseite eine Tasteneingabe für die Anzeige der nächsten
Bildschirmseite, während LIST die selektierten Sätze ohne Unter-
brechung auflistet. Die Option OFF unterdrückt die Angabe der
Satznummern. Mit einer weiteren Option "TO PRINT" im DISPLAY/LIST-

Befehl oder mit der Anweisung "SET PRINT ON" vor der DISPLAY/LIST-
Anweisung erfolgt die Ausgabe auf den Drucker.

Außerdem besitzt dBase III einen sehr leistungsfähigen Berichtsge-
nerator (report generator) für die Erstellung individueller Berichte. Die Erstellung einer hierzu erforderlichen Berichtsformatdatei erfolgt mit der Anweisung

"CREATE REPORT bericht_datei[.frm]"

eine bereits existierende Berichtsformatdatei kann mit MODIFY RE-
PORT bericht_datei[.frm] verändert werden. Es erscheint auf dem
Bildschirm ein Menü mit Auswahloptionen für

        -> Überschriften (Titel und Untertitel des Berichts),
        -> Gestaltung des Seitenkopfs,
        -> Seitenformatierung (Rand, Zeilenabstand, Zeilenanzahl
                                pro Seite, Papierformat, u.a.)
        -> Zwischensummen bei Gruppenbildung.

Wenn die Berichtsformatdatei erstellt ist, kann man mit der Anweisung REPORT FORM gemäß der allgemeinen Syntax

```
REPORT FORM dateiname [datenbankbereich]
            [bedingung] [PLAINT]
            [HEADING string] [NOEJECT] [TO PRINT]
            [TO FILE dateiname] [SUMMARY]
```


eine Berichtsformatdatei mit dem Namen dateiname öffnen und entsprechend der in dieser Datei enthaltenen Anweisungen einen Bericht aus den Daten der momentan geöffneten Datenbank erstellen.
Mit der Option "TO PRINT" kann die Berichtsausgabe direkt auf den
Drucker, mit "TO FILE ausgabedatei" in eine Datei, erfolgen. Wenn
diese beiden Optionen nicht angegeben werden, erfolgt die Ausgabe
des Berichts auf den Bildschirm. Falls keine Angabe für den Daten-
bankbereich gemacht wird, bezieht sich REPORT FORM auf alle Datensätze der geöffneten Datenbank. Wie bei den anderen Anweisungen
lassen sich aber auch Datensätze auswählen, etwa mit der Daten-
bankbereichsangabe "NEXT num_ausdruck", "RECORD num_ausdruck",
"ALL", oder mit dem Bedingungsteil "FOR" oder "WHILE", wie dies in
der DISPLAY oder LIST-Anweisung ebenfalls möglich ist.

Der Bericht wird automatisch mit Seitenzahlen und dem Systemdatum
in der Kopfzeile versehen. Mit "HEADING string" läßt sich ein
Überschriftentext festlegen, welcher in derselben Zeile wie die
Seitenzahl erscheint. Mit PLAIN lassen sich diese drei
Formatelemente, nämlich zusätzliche Kopfzeile, Seitenzahl und
Systemdatum, unterdrükken. Normalerweise wird zu Beginn der
Berichtsausgabe ein Seitenvorschub auf die nächste freie Seite
veranlaßt, falls dies nicht gewünscht wird, kann mit NOEJECT der
Seitenvorschub unterdrückt werden. Die Option SUMMARY unterdrückt
die Ausgabe der einzelnen Zeilen, dies kann dann sinnvoll sein,
wenn nur die Ausgabe von Zwischensummen und Gesamtsummen gewünscht
wird.

In dBase III kann man maximal 10 *.dbf-Dateien gleichzeitig
öffnen. Wenn mehr als eine Datei gleichzeitig geöffnet werden
soll, erfolgt die Öffnung jeder weiteren Datei ebenfalls mit der
USE-Anweisung, allerdings hat zuvor mit einer SELECT-Anweisung
eine eindeutige Zuordnung für einen weiteren Arbeitsbereich zu
erfolgen. Die allgemeine Form ist

```
SELECT  zahl
USE dateiname [ALIAS aliasname]
```

wobei jeder zu öffnenden Datei eindeutig "zahl" zugeordnet wird.
Optional können auch Alias-Namen vergeben werden, standardmäßig
werden den Arbeitsbereichen 1,2,3,... die Alias-Namen A,B,C,...
zugewiesen. Der Sinn dieser Alias-Bezeichnungen liegt darin, daß
durch "alias_name --> feldname" der Bezug auf eine bestimmtes Feld
"feldname" in der geöffneten Datei mit dem Aliasnamen "alias-name"
hergestellt wird. Beispielsweise durch

```
SELECT   1
USE   kunden
SELECT    2
USE   artikel
```

würde sich A --> kund_nr oder B --> kund_nr auf das Feld 'Kundennummer' in den geöffneten Dateien kunden.dbf und artikel.dbf beziehen.

Mit "SET RELATION TO feldname INTO datenbank" lassen sich nun die
Satzzeiger der beiden geöffneten Dateien verknüpfen, indem bei einer Veränderung der Datenzeigerposition der aktuellen Datenbank
der Datensatzzeiger der verknüpften Datenbank auf den entsprechenden Datensatz gestellt wird. Wichtig ist, daß "feldname" beiden
Dateien gemeinsam ist, und die verknüpfte Datei nach "feldname"
indexiert ist. Man kann auch RECNO() als Schlüssel verwenden: "SET
RELATION TO RECNO() INTO datenbank". Hierbei muß dann die Datenbank nach Datensatznummern sortiert sein, sie braucht aber nicht
indexiert zu sein. Sobald dann die Position des Datensatzzeigers
der steuernden Datenbank verändert wird, sucht dBase III nach dem
entsprechenden Schlüsselfeld der verknüpften Datenbank und stellt
den Satzzeiger auf die entsprechende Position. Wird kein Eintrag
gefunden, ist "EOF()" (= End Of File) logisch wahr, d.h. man hat
ein einfaches Prüfkriterium, ob zu einem Schlüsseleintrag der
steuernden Datenbank der entsprechende Eintrag in der verknüpften
Datei vorhanden ist.

Es gibt in dBase noch eine weitere Anweisung, mit der Information
aus zwei geöffneten Datenbanken geholt, und zusätzlich noch in
eine Ergebnis-Datenbank abgelegt werden kann:

```
JOIN WITH datenbank TO dateiname FOR bedingung
FIELDS feldliste.
```

Hierbei wird die aktuelle selektierte Datenbank mit der nach WITH
angegebenen "datenbank" verknüpft. Falls FIELDS nicht spezifiziert
wird, werden alle Felder aus beiden Dateien in die Ergebnisdatei
dateiname aufgenommen. Zu beachten ist, daß die Ergebnisdatei sehr
umfangreich werden kann, denn falls keine Selektion (hier: FOR bedingung) erfolgt, wird das Kreuzprodukt gebildet. Das bedeutet,
z.B. bei 50 Sätzen in der ersten, 20 Sätzen in der zweiten Datenbank, daß die Ergebnisdatenbank 1000 Sätze enthalten kann.

In dBase III kann man eine Folge von dBase-Kommandos in einer **Programmdatei** (.prg-Datei) zusammenfassen und diese mit "DO prg_datei" zur Ausführung bringen. Programmdateien entsprechen hinsichtlich der sukzessiven Ausführung der dBase-Befehle in gewisser Weise den .bat-Dateien in MS/PC-DOS, entsprechend mit DOS-Kommandos. Eine Programmdatei kann mit dem dBase-internen Editor erstellt werden, der mit "MODIFY COMMAND prg_datei" aufgerufen wird, und die eingegebenen Befehle nach Verlassen des Editors in prg_datei abgelegt werden. Es ist auch möglich, einen anderen Texteditor für die Erstellung der ASCII-Programmdatei zu verwenden. Kleinere Programmdateien können auch als sogenannte **Prozeduren** in Prozedurdateien zusammengefaßt werden. Diese werden im nächsten Abschnitt exemplifiziert.

Um mit anderen Programmen oder Programmpaketen dBase-Dateien lesen zu können, oder um mit dBase III die Daten anderer Programmsysteme aufnehmen zu können, sind die Daten nicht in dem dBase-eigenen Format zu speichern. Dieses Format kann durch den COPY TO-Befehl mit der Option SDF (SDF=System Data Format) erzeugt werden (z.B.: "COPY TO dateiname SDF"). Das SDF-Format ist dadurch ausgezeichnet, daß

   -> alle Datensätze die gleiche Länge besitzen und mit <CARRIAGE RETURN>-<LINE-FEED> (#13#10) beendet werden,

   -> die Datensätze die gleiche Struktur entsprechend der im logischen Schema festgelegten Felddefinitionen haben,

   -> der Datensatz als Textzeile fester Länge abgespeichert wird, und die nicht benötigten Stellen eines Felds mit Leerzeichen aufgefüllt werden.

Mit der Option DELIMITED statt SDF werden die Feldinhalte eines Datensatzes durch Komma getrennt. Hier müssen die Datensätze nicht die gleiche Länge haben, da die Felder wegen der Nichtauffüllung durch Leerzeichen verschieden lang sein können. Strings werden mit Hochkommata quotiert, wobei führende Leerzeichen abgeschnitten werden. Da die Sätze keine feste Länge besitzen, können sie nur sequentiell gelesen werden, ein wahlfreier Zugriff wie beim festen SDF-Format ist nicht möglich.

ORACLE ist ein relationales Datenbanksystem, das ursprünglich nur für Großrechner-Anwendungen konzipiert wurde, heute aber auch als Mikrocomputer-Version verfügbar ist. Eine Oracle-Datenbank umfaßt drei Datentypen: 1) Die Daten- und Indextabellen des Benutzers, 2) das Data Dictionary mit Systemtabellen und -indextabellen 3) Information über die Wiederaufnahme des Rechenbetriebs bei Störungen (recovery information). Es gibt den sog. "before image file", in dem jeweils der letzte Datenbankstatus festgehalten wird. Im Falle eines Systemzusammenbruchs kann dann auf die Datenbank des letzten "before image file"-Zustands zurückgegriffen werden. Man nennt dieses Zurücksetzen auch "rollback" (siehe Abschn. 9.10). Beim Einrichten einer Datenbank werden automatisch 5 "pages (=Seiten)" (1 page = 512 Bytes) Speicherplatz zur Verfügung gestellt, die bis zu 15 Mal um ein sog. "extent" von jeweils 25 Seiten erweitert werden können. Auf diese Weise kann eine Tabelle maximal die Größe von 380 Seiten (ca. 194 KB) erreichen. Physikalisch besteht eine Datenbank aus sog. "partitions", von denen jede eine oder mehrere Tabellen enthalten kann.

Vom **DBMS** (Data Base Management System = Datenbankverwaltungssystem) werden die folgenden Programm-Module gesteuert: **IAF** (Interactive Application Facility) erlaubt dem Anwender den interaktiven Zugang zu einer Datenbank. IAF besteht aus dem **IAG** (Interactive Application Generator), mit dem interaktiv Bildschirmmasken erstellt werden können, und dem **IAP** (Interactive Application Processor), der die Bearbeitung von IAG-Dateien ermöglicht. Steuern läßt sich IAP weitgehend durch Funktionstasten(-Kombinationen). Die Befehlssprache in Oracle ist **SQL** (sprich: Sequel), mit der die in früheren Abschnitten besprochenen Operationen mit Relationen (hier: Tables) ausgeführt werden können. Das UFI (User Friendly Interface) ist ein Programm-Modul für die Unterstützung des Benutzers bei Datenbankanfragen. Die SQL-Befehle werden von UFI für die Bearbeitung in ORACLE aufbereitet, das Ergebnis der Datenbankanfrage wird vom Datenbanksystem an **UFI** zurückgegeben und in geeigneter Formatierung ausgegeben. UFI stellt auch Nicht-SQL-Befehle für die individuelle Formatierung der Tabellen zur Verfügung. SQL und UFI stellen daher ein mächtiges Befehlsspektrum zur Verfügung, das insbesondere auch dem nicht programmierkundigen Benutzer die Möglichkeit zur Datenbankrecherche mit komfortabler Ausgabe bietet. Mit **RPT** steht ein sehr effizientes Werkzeug zur

Erstellung von Berichten zur Verfügung. Mit RPF lassen sich die mit RPT erzeugten Programme anwenderspezifisch formatieren. Es gibt eine Schnittstelle zwischen SQL und der Programmiersprache C. SQL-Befehle lassen sich in ein C-Programm einbinden, hierzu sind spezielle Datenformate in C zu definieren, deren Konvertierung von ORACLE unterstützt wird.

INFORMIX ist ein relationales Datenbanksystem, das unter dem Betriebssystem SINIX von Siemens läuft und in dem virtuellen Unternehmensverbund VULCAN (der Universitäten Würzburg, Bamberg, Köln, Heidelberg, u.a.) eingesetzt wird. Es läßt sich das Datenbanksystem aus dem SINIX-Menüsystem aufrufen oder auch über Unix-Befehle direkt ansprechen. Die Kommunikation erfolgt mit der Dialogsprache RDSQL, mit der die logische Struktur einer Datenbank definiert und die üblichen Datenoperationen (Aufnehmen, Verändern, Löschen) durchgeführt werden können. INFORMIX hängt beim Aufbau einer Datenbank an das aktuelle Dateiverzeichnis ein Dateiverzeichnis *.dbs an. In diesem Dateiverzeichnis befinden sich die Dateien tabelle.dat und tabelle.idx, außerdem die erforderlichen Systemtabellen. Es gibt die **Anwendungsmodule** (PERFORM, ACEGO, RDSQL) und die **Gestaltungsmodule** (FORMBUILD (Formaterstellung), ACEPREP (Listenerstellung, RDSQL). Formate bestehen in INFORMIX aus zwei Dateien: Den Formatentwurf enthält die Datei *.per, die mit FORMBUILD übersetzt und in einer Datei *.frm als übersetzte Formatdatei abgelegt wird. Auf diese Datei greift PERFORM zu, wenn mit dem Format gearbeitet werden soll. Mit PERFORM kann man also eine formatgesteuerte Datenbankabfrage durchführen. ACEREP und ACEGO sind die beiden wichtigen Programmkomponenten des Listengenerators. Der Begriff der Liste ist in Informix die Basis für die verschiedensten Anwendungszwecke. So können über Listen Formulare, Bilanzen, Standardbriefe, Adreßaufkleber, Gehaltsabrechnungen u.a. ausgegeben werden. Mit dem Listengenerator kann man

> -> ein Listen-Layout durch Festlegung bestimmter Listenpositionen für die Informationsausgabe erzeugen,

> -> Spalten- und Zwischenüberschriften hinzufügen,

> -> Berechnungen durchführen,

> -> mit einem eingebauten SELECT-Befehl komplexe Datenbankabfragen durchführen.

Zu jeder Liste werden zwei Dateien (Dokumente) geführt: Eine Datei *.ace enthält den Listenentwurf, *.arc enthält den mit ACEPREP erstellten Listenentwurf, auf den ACEGO bei der Bearbeitung der Liste zugreift.

Mit RDSQL hat man weitgehend die Sprachelemente der Standard-SQL zur Verfügung und kann einen freien Dialog mit dem System über SQL-Befehle (CREATE TABLE, CREATE INDEX, ALTER TABLE, RENAME TABLE, DROP TABLE, SELECT ... FROM ... WHERE, PROJECT, JOIN u.v.a.) führen. Auch läßt sich bei Systemzusammenbrüchen die Datenbank mit dem Befehl "RECOVER TABLE datenbank_name" rekonstruieren, wobei zuvor die Datenbank mit der Sicherungskopie überschrieben werden muß, und anschließend die bisherigen Protokolle eingelesen werden müssen. INFORMIX führt dann alle im Protokoll aufgezeichneten Änderungen erneut durch, d.h. gelöschte und neu aufgenommene Datensätze werden erneut gelöscht bzw. neu aufgenommen. Danach werden die neuen Protokolle aktiv, die rekonstruierte Datenbank abgespeichert und die alten Protokolle gelöscht. Bei Mehrplatzsystemen lassen sich mit dem RDSQL-Befehl REVOKE die Zugriffsrechte auf bestimmte Dateien und auch RDSQL-Befehle festlegen. Hierzu wird zwischen Zugriffsrechten auf der SINIX-Betriebssystemebene und auf der INFORMIX-Ebene unterschieden.

9.7 dBase III-Programmgestaltung für ein betriebliches Informationssystem

In diesem Abschnitt wollen wir anhand eines Fallbeispiels für ein betriebliches Informationssystem zeigen, wie die Erstellung von den im vorigen Abschnitt bereits erwähnten dBase III-Programmdateien erfolgen kann, um wichtige betrieblich-organisatorische Aufgaben menügesteuert zu unterstützen. Für das Verständnis wird die Kenntnis der dBase III-Befehle vorausgesetzt. In den Programmdateien werden teilweise Prozeduren aufgerufen, welche in der Prozedurdatei dialog.prg am Ende dieses Abschnitts zusammengestellt sind. Mit dem Befehl "do start[.prg]" wird dem Anwender das Hauptmenü mit den Optionen gezeigt, welche durch Eingabe der entsprechenden Ziffer aktiviert werden können. Die Programmverzweigung und die Ausführung der Menü-Option erfolgt in der "DO CASE ... ENDCASE"-Anweisung der Programmdatei start.prg:

```
***************
*  start.prg   *
***************
SET STATUS OFF
SET ECHO OFF
SET TALK OFF
SET HEADING OFF
SET MARGIN TO 2
SET COLOR TO 6+/4,7/1,3
SET BELL OFF
SET INTENSITY ON
SET DELIMITERS TO "{}"
DO WHILE .T.
CLEAR
auswahl = '0'
SET COLOR TO 7*
*@22,10 SAY 'Wählen Sie eine Option (z.B. 1) : ';
*        GET auswahl
* READ
SET COLOR TO b/w
@22,10 SAY 'Wählen Sie eine Option (z.B. 1) : '
set color to w/b
i=0
DO WHILE i=0
  i = inkey()
  IF (chr(i)) $ "1234560"
    auswahl = chr(i)
    exit
  ENDIF
  i=0
ENDDO
  DO CASE
    CASE auswahl = '1'
      DO c:\db3plus\fa\kunden
    CASE auswahl = '2'
      DO c:\db3plus\fa\teile
    CASE auswahl = '3'
      DO c:\db3plus\fa\auftrag1
    CASE auswahl = '4'
      DO c:\db3plus\fa\stck_lst
    CASE auswahl = '5'
      DO c:\db3plus\fa\inventur
    CASE auswahl = '6'
      DO c:\db3plus\fa\hilf
    CASE auswahl = '0'
*        DO sichern
      exit
  ENDCASE auswahl
ENDDO
```

Bei Wahl der Option 1 wird mit "do kunden.prg" die folgende Programmdatei

```
******  kunden.prg    ************
*  Menü Kundenstammdaten           *
*********************************
* SET - Anweisungen wie in der vorigen Programmdatei
DO WHILE .T.
SET COLOR TO bg/r
@  2,  7 SAY '                                                        '
@  3,  7 SAY '                                                        '
@  4,  7 SAY '          BETRIEBLICHES INFORMATIONSSYSTEM              '
@  5,  7 SAY '                                                        '
@  6,  7 SAY '                                                        '
@  7,  7 SAY '                                                        '
@  8,  7 SAY '          K U N D E N S T A M M D A T E N               '
@  9,  7 SAY '                                                        '
@ 10,  7 SAY '                                                        '
@ 11,  7 SAY '          1.  Kundenstammdaten am Bildschirm zeigen     '
@ 12,  7 SAY '          2.  Kundenstammdaten ändern                   '
@ 13,  7 SAY '          3.  Kundenstammdaten löschen                  '
@ 14,  7 SAY '          4.  Kundenstammdaten neu aufnehmen            '
@ 15,  7 SAY '          5.  Kundenstammdaten sortieren                '
@ 16,  7 SAY '          6.  Kundenstammdaten auf Drucker ausgeben     '
@ 17,  7 SAY '          7.  Lieferschein drucken                      '
@ 18,  7 SAY '          8.  Rechnung drucken                          '
@ 19,  7 SAY '          9.  Kundenstammdaten suchen                   '
@ 20,  7 SAY '                                                        '
@ 21,  7 SAY '          0.  Zurück zum Hauptmenü                      '
@ 22,  7 SAY '                                                        '
@ 23,  7 SAY '                                                        ''
@ 24,  7 SAY '                                                        '
auswahl = ' '
SET COLOR TO 7*
@ 23,10 SAY 'Wählen Sie eine Option (z.B. 1) : ';
        GET auswahl
READ
  DO CASE
    CASE auswahl = '1'
      DO c:\db3plus\fa\kunden9
      RETURN
    CASE auswahl = '2'
      DO c:\db3plus\fa\kunden2
      RETURN
    CASE auswahl = '3'
      DO c:\db3plus\fa\kunden3
      RETURN
    CASE auswahl = '4'
      DO c:\db3plus\fa\kunden4
      RETURN
    CASE auswahl = '5'
      DO c:\db3plus\fa\kunden5
      RETURN
    CASE auswahl = '6'
      DO c:\db3plus\fa\kunden9
      RETURN
    CASE auswahl = '7'
      @ 23,10 SAY 'Option muß noch realisiert werden !! '
      RETURN
    CASE auswahl = '8'
        do rech_aus
        RETURN
    CASE auswahl = '9'
```

```
        DO c:\db3plus\fa\kunden9
        RETURN
      CASE auswahl = '0'
        RETURN
    ENDCASE auswahl
  ENDDO
  CLEAR
```

ausgeführt und in die, der gewählten Untermenü-Option entsprechenden, Programmdatei kunden1.prg, ... , kunden9.prg verzweigt. Aus
Umfangsgründen sollen die Programmdateien kunden9.prg (Kundenstammdaten zeigen oder suchen) und kunden5.prg (Kundenstammdaten
sortieren) gezeigt werden. Zu Übungszwecken kann insbesondere in
kunden9.prg gezeigt werden,

-> wie bestimmte Prozeduren (z.B. PROCEDURE janein mit zwei
   numerischen und einem Stringparameter) aus der Prozedurdatei
   dialog.prg aufgerufen werden,

-> wie eine Makrovariable (krit) definiert wird und eine vom Benutzer eingegebene Anfrage an das System im Bericht verwendet
   wird (REPORT FORM kunden FOR &krit):

```
    ********************
    *    kunden9.prg   *
    ********************
    SET   STATUS OFF
    SET PROCEDURE TO dialog
    krit = space(60)
    USE kunden
    DO WHILE .T.
    SET COLOR TO w/b
    CLEAR
    @ 10,10 TO 18,65 DOUBLE
@ 13,13 SAY "Soll nur eine Auswahl von Kundenstammdaten    "
@ 14,13 SAY "in den zu erstellenden Bericht aus der Kunden-"
@ 15,13 SAY "Stammdatei aufgenommen werden ? (j/n) :   "
      i=0
      DO WHILE i=0
        i=inkey()
        @15,55 say " "
        IF i=27
          close datab
          return
        ENDIF
        IF (chr(i)) $ "JjNn"
          antw = chr(i)
          exit
        ENDIF
        i=0
      ENDDO
  IF upper(antw) = "J"
    clear
    set color to w/r
```

```
@ 1, 1 SAY "Feldbezeichnung          Abkürz. Feldbezeichnung"
@ 2, 1 SAY REPLICATE ("_",45)
@ 4, 1 SAY "Kundennummer              KUNDEN_NR          "
@ 5, 1 SAY "Firmenbezeichnung         FA_BEZ             "
@ 6, 1 SAY "Name des Kunden           NAME               "
@ 7, 1 SAY "Postleitzahl              PLZ                "
@ 8, 1 SAY "Kunden-Ort                ORT                "
@ 9, 1 SAY "Straße (Kunden-Ort)       STRASSE            "
@10, 1 SAY "Postfach                  POSTFACH           "
@11, 1 SAY "Land                      LAND               "
@12, 1 SAY "Telefon des Kunden        TELEFON            "
@13, 1 SAY "Telex-Adresse             TELEX              "
@14, 1 SAY "Ansprechpartner           ANSPR_PART         "
@15, 1 SAY "Umsatz im letzten Jahr    UMS_L_JAHR         "
@16, 1 SAY "Umsatz im lfd. Jahr       UMS_LFD_J          "

@ 4,51 SAY "Operatoren            Symbol"
@ 5,51 SAY REPL ("_", 25)
@ 7,51 SAY "oder                  .OR."
@ 8,51 SAY "und                   .AND."
@ 8,51 SAY "groesser               >  "
@ 9,51 SAY "kleiner                <  "
@10,51 SAY "gleich                 =  "
@11,51 SAY "groess. od. gleich    >= "
@12,51 SAY "kleiner od. gleich    <= "
@13,51 SAY "ungleich              <> "
@14,51 SAY REPL ("_", 25)
     @18,1 TO 22,78 DOUBLE
     @20,3 get krit picture "XXXXXXXXXXXXXXXXXXXX;
  XXXXXXXXXXXXXXXXXXXX;
  XXXXXXXXXXXXXXXXXXXX"
     read
     if krit = space(60)
       set color to w/r
       close datab
       exit
     endif
   ENDIF

clear
@10,10 clear to 16,70
@10,10 to 16,70 double
@13,13 SAY "Ausgabe auf dem Drucker ? (j/n) : "
i=0
DO WHILE i=0
  i = inkey()
  @13,50 SAY " "
  IF (chr(i))$ "JjNn"
    antwl = chr(i)
    exit
  ENDIF
  i=0
ENDDO
clear
set color to w/r
DO CASE
  CASE upper(antw) = "J" .AND. upper(antwl) = "J"
    do druckein
    set print on
    REPORT FORM kunden FOR &krit TO PRINT
```

```
            eject
            set print off
          CASE upper(antw) = "N" .AND. upper(antw1) = "J"
            do druckein
            set print on
            REPORT FORM kunden TO PRINT
            eject
            set print off
          CASE upper(antw) = "J" .AND. upper(antw1) = "N"
            set color to w
            clear
            REPORT FORM kunden FOR &krit
            wait "Weiter mit beliebiger Taste ... " to esc
            clear
          CASE upper(antw) = "N" .AND. upper(antw1) = "N"
            set color to w
            clear
            REPORT FORM kunden
            wait "Weiter mit beliebiger Taste ... " to esc
        ENDCASE
          DO janein WITH 21,3,"Weitere Information über;
          Kundenstammdaten ?   (j/n) : "
          IF .NOT. jn
            exit
          ENDIF
        ENDDO
        close datab
        close procedure
        close all
        set color to w/r
        clear
********** kunden5.prg  **********
*  Kundenstammdaten sortieren        *
**********************************
        CLEAR
        DO WHILE .T.
        SET ECHO OFF
        SET COLOR TO n/g
@  2,  7 SAY '
@  3,  7 SAY '
@  4,  7 SAY '          BETRIEBLICHES INFORMATIONSSYSTEM
@  5,  7 SAY '
@  6,  7 SAY '
@  7,  7 SAY '
@  8,  7 SAY '        K U N D E N S T A M M D A T E N
@  9,  7 SAY '
@ 10,  7 SAY '
@ 11,  7 SAY '        1.  Sortierung nach der Kundennummer
@ 12,  7 SAY '        2.  Sortierung nach dem Kundennamen
@ 13,  7 SAY '        3.  Sortierung nach dem Kundenumsatz
@ 14,  7 SAY '                        letztes Jahr
@ 15,  7 SAY '        4.  Sortierung nach dem Kundenumsatz
@ 16,  7 SAY '                        laufendes Jahr
@ 17,  7 SAY '        5.  Sortierung nach dem PLZ-Gebiet
@ 18,  7 SAY '
@ 19,  7 SAY '
@ 20,  7 SAY '
@ 21,  7 SAY '        0.  Zurück zum Hauptmenü
```

```
@ 22, 7 SAY '                                                      '
@ 23, 7 SAY '                                                      '
@ 24, 7 SAY '                                                      '
        auswahl = ' '
        SET COLOR TO 7*
        @ 23,10 SAY 'Wählen Sie eine Option (z.B. 1) : ';
                GET auswahl
        READ
                SET COLOR TO W/g
                SET MENUS ON
                CLEAR
                use c:\db3plus\fa\kunden
        DO CASE
        CASE auswahl = '1'
@  7, 7 SAY '                                                      '
@  8, 7 SAY '                                                      '
@  9, 7 SAY '        --> A: Sortierung nach der Kundennummer       '
@ 10, 7 SAY '              in aufsteigender Reihenfolge            '
@ 11, 7 SAY '                                                      '
@ 12, 7 SAY '        --> D: Sortierung nach der Kundennummer       '
@ 13, 7 SAY '              in absteigender Reihenfolge             '
@ 14, 7 SAY '                                                      '
@ 15, 7 SAY '                                                      '
@ 16, 7 SAY '                                                      '
        antwort = ' '
        SET COLOR TO 7*
        @ 15,10 SAY 'Geben Sie ein A oder ein D ein : ' GET antwort
        READ
        GO TOP
        IF EOF()
@ 15,10 SAY 'Keine Einträge in der Kundenstammdatei
vorhanden !! <ESC>'
            WAIT ' ' TO escape
          ELSE
            SET HEADING ON
            IF UPPER(antwort) = 'A'
                SORT TO kun_sort ON kunden_nr /A
            ELSE
                SORT TO kun_sort ON kunden_nr /D
            ENDIF
                CLEAR
@  7, 7 SAY '                                                      '
@  8, 7 SAY '                                                      '
@  9, 7 SAY '        --> Die nach der Kundennummer sortierten      '
@ 10, 7 SAY '            Kundenstammsätze sind in die Datei        '
@ 11, 7 SAY '            kund_sort.dbf geschrieben   worden        '
@ 12, 7 SAY '                                                      '
@ 13, 7 SAY '                                                      '
@ 14, 7 SAY '                                                      '
@ 15, 7 SAY '                                                      '
@ 16, 7 SAY '                                                      '
        antwort = ' '
        SET COLOR TO 7*
        @ 15,10 SAY 'Sortierte Datei zeigen oder;
        ausdrucken (j/n) : '
        GET antwort
        READ
ENDIF
```

```
CASE auswahl = '2'
* analog für die Fälle 2 bis 5 wird die Sortierung
* für die entsprechenden Felder kund_name, ums_l_jahr,
* ums_lfd_j ausgeführt
CASE auswahl = '0'
        RETURN
  ENDCASE auswahl
  CLEAR
      IF UPPER(antwort) = 'J'
        use kun_sort.dbf
        antwort = ' '
        SET COLOR TO 7*
        @ 15,10 SAY 'Ausgabe auf Bildschirm (B);
        oder Drucker (D) : ';
        GET antwort
        READ
          IF UPPER(antwort) = 'D'
            set print on
            display all kunden_nr, fa_bez, name OFF
            display all plz, ort, strasse OFF
            display all postfach, land, telefon,;
            telex, anspr_part OFF
            display all ums_l_jahr, ums_lfd_j OFF
            set print off
          ELSE
            CLEAR
              SET COLOR TO 7*
              display all kunden_nr, fa_bez, name OFF
              WAIT 'Weiter mit der ENTER - Taste : ' TO cr
            CLEAR
              display all plz, ort, strasse OFF
              WAIT 'Weiter mit der ENTER - Taste : ' TO cr
            CLEAR
              display all postfach, land, telefon, telex,;
                    anspr_part OFF
              WAIT 'Weiter mit der ENTER - Taste : ' TO cr
            CLEAR
              display all ums_l_jahr, ums_lfd_j OFF
              WAIT 'Weiter mit der ENTER - Taste : ' TO cr
          ENDIF
      ENDIF
      CLEAR
      ENDDO
```

Analog wie die Verwaltung der Kundenstammdaten erfolgt die Teile-
stammdatenverwaltung (Option 2 im Hauptmenü):

```
***      teile.prg     **************
 *  Menü Teile-Stammdaten            *
***********************************
DO WHILE .T.
SET COLOR TO w/b
```

```
@  2,  7 SAY '                                                              '
@  3,  7 SAY '                                                              '
@  4,  7 SAY '          BETRIEBLICHES INFORMATIONSSYSTEM                    '
@  5,  7 SAY '                                                              '
@  6,  7 SAY '                                                              '
@  7,  7 SAY '                                                              '
@  7,  7 SAY '          T E I L E - S T A M M D A T E N                     '
@  8,  7 SAY '                                                              '
@  9,  7 SAY '                                                              '
@ 10,  7 SAY '     1.  Teile-Stammdaten zeigen oder drucken                 '
@ 11,  7 SAY '     2.  Teile-Stammdaten ändern                              '
@ 12,  7 SAY '     3.  Teile-Stammdaten löschen                             '
@ 13,  7 SAY '     4.  Teile-Stammdaten hinzufügen                          '
@ 14,  7 SAY '     5.  Teile-Stammdaten sortieren                           '
@ 15,  7 SAY '     6.  Sortierte Teilestammdaten ausdrucken                 '
@ 16,  7 SAY '     7.  Verkaufspreise aktualisieren                         '
@ 17,  7 SAY '                                                              '
@ 18,  7 SAY '                                                              '
@ 19,  7 SAY '                                                              '
@ 20,  7 SAY '                                                              '
@ 21,  7 SAY '     0.  Zurück zum Hauptmenü                                 '
@ 22,  7 SAY '                                                              '
@ 23,  7 SAY '                                                              '
@ 24,  7 SAY '                                                              '
      auswahl = ' '
      SET COLOR TO 7*
      @ 23,10 SAY 'Wählen Sie eine Option (z.B. 1) : ';
              GET auswahl
    READ
      DO CASE
        CASE auswahl = '1'
          DO c:\db3plus\fa\teile1
          RETURN
        CASE auswahl = '2'
          DO c:\db3plus\fa\teile2
          RETURN
        CASE auswahl = '3'
          DO c:\db3plus\fa\teile3
          RETURN
        CASE auswahl = '4'
          DO c:\db3plus\fa\teile4
          RETURN
        CASE auswahl = '5'
          DO c:\db3plus\fa\teile5
          RETURN
        CASE auswahl = '6'
          DO c:\db3plus\fa\tsort
          RETURN
        CASE auswahl = '7'
          DO c:\db3plus\fa\teile66
          RETURN
        CASE auswahl = '0'
          RETURN
      ENDCASE auswahl
    ENDDO
    CLEAR
```

Im folgenden wird die Programmdatei für die Anzeige von Teile-
stammsätzen gezeigt, wobei die Selektionsbedingung wiederum variabel einer Makrovariablen übergeben werden kann. Das logische
Schema der Teilestammdatei teile.dbf wird nicht separat ausgewiesen, sondern ist der Übersicht auf der nächsten Seite zu entnehmen, die dem Anwender als Unterstützung bei der Formulierung
der Auswahlbedingung gezeigt wird:

```
************************
*****   teile1.prg   ****
************************
SET COLOR TO /W
clear
set procedure to c:\db3plus\fa\dialog
krit = space(220)
use c:\db3plus\fa\teile index c:\db3plus\fa\teile_nr
@ 10,10 TO 18,65 DOUBLE
@ 13,13 SAY "Falls Sie abbrechen und zum letzten Menü      "
@ 14,13 SAY "zurückgehen wollen:    ESC drücken            "
@ 16,13 SAY "Weiter mit beliebiger Taste ...               "
read
clear
@ 10,10 TO 18,65 DOUBLE
@ 13,13 SAY "Soll nur eine Auswahl von Teilestammdaten     "
@ 14,13 SAY "in den zu erstellenden Bericht aus der Teile-"
@ 15,13 SAY "Stammdatei aufgenommen werden ? (j/n) :   "
i=0
DO WHILE i=0
  i=inkey()
  @15,55 say " "
  IF i=27
    *set color to w
    close datab
    return
  ENDIF
  IF (chr(i)) $ "JjNn"
    antw = chr(i)
    exit
  ENDIF
  i=0
ENDDO

DO CASE
  CASE upper(antw) = "J"
    clear
    set color to /w
    @ 1, 1 SAY "Feldbezeichnung          Abkürz. Feldbezeichnung"
    @ 2, 1 SAY REPLICATE ("_",45)
    @ 4, 1 SAY "Teilenummer              TEILE_NR            "
    @ 5, 1 SAY "Teilebezeichnung         TEILE_BEZ           "
    @ 6, 1 SAY "Kunden-/Liefer.nummer    KUNDEN_NR           "
    @ 7, 1 SAY "Bestellbezeichnung       BEST_BEZ            "
    @ 8, 1 SAY "Lieferant                LIEFERANT           "
    @ 9, 1 SAY "Lagerort                 LAGERORT            "
    @10, 1 SAY "Lieferzeit               LIEF_ZEIT           "
    @11, 1 SAY "Einkaufspreis            EINK_PREIS          "
```

```
      @12, 1 SAY "Verkaufspreis               VERK_PREIS           "
      @13, 1 SAY "Lagerbestand                LAG_BESTD            "
      @14, 1 SAY "Mindestbestand              MIND_BESTD           "
      @15, 1 SAY "Rabatt                      RABATT               "
      @16, 1 SAY "Teileumsatz letzt.Jahr      TE_L_JAHR            "
      @17, 1 SAY "Teileumsatz lfd.  Jahr      TE_LFD_JHR           "

      @ 4,51 SAY "Operatoren           Symbol"
      @ 5,51 SAY REPL ("_", 25)
      @ 7,51 SAY "oder                   .OR."
      @ 8,51 SAY "und                    .AND."
      @ 8,51 SAY "groesser                >  "
      @ 9,51 SAY "kleiner                 <  "
      @10,51 SAY "gleich                  =  "
      @11,51 SAY "groess. od. gleich     >= "
      @12,51 SAY "kleiner od. gleich     <= "
      @13,51 SAY "ungleich               <> "
      @14,51 SAY REPL ("_", 25)
*     SET color to n/w*
      @18,1 TO 20,78 DOUBLE
      @19,3 get krit picture "@S75 XXXXXXXXXXXXXXXXXXXX;
      XXXXXXXXXXXXXXXXXXXXXXXXXXXXXXXXXXXXXXXXXXXXXXXXX;
      XXXXXXXXXXXXXXXXXXXXXXXXXXXXXXXXXXXXXXXXXXXXXXXXX;
      XXXXXXXXXXXXXXXXXXXXXXXXXXXXXX"
      read
      if krit = space(220)
        set color to w
        close datab
        return
      endif
ENDCASE
clear
@10,10 clear to 16,70
@10,10 to 16,70 double
@13,13 SAY "Sollen die Verkaufspreise gezeigt werden ? (j/n) : "
i=0
DO WHILE i=0
  i = inkey()
  @13,65 SAY " "
  IF (chr(i))$ "JjNn"
    antv = chr(i)
    exit
  ENDIF
  i=0
ENDDO
clear
clear
@10,10 clear to 16,70
@10,10 to 16,70 double
@13,13 SAY "Ausgabe auf dem Drucker ? (j/n) : "
i=0
DO WHILE i=0
  i = inkey()
  @13,50 SAY " "
  IF (chr(i))$ "JjNn"
    antw1 = chr(i)
    exit
  ENDIF
  i=0
ENDDO
```

```
clear
set color to w
DO CASE
  CASE upper(antw) = "J" .AND. upper(antw1) = "J" .AND.
upper(antv) = "J"
     do druckein
     set device to print
     ON ERROR DO fehler WITH 1
     REPORT FORM c:\db3plus\fa\teile_v FOR &krit TO PRINT
     set device to screen
  CASE upper(antw) = "N" .AND. upper(antw1) = "J" .AND.
upper(antv) = "J"
     do druckein
     set device to print
     ON ERROR DO fehler WITH 1
     REPORT FORM c:\db3plus\fa\teile_v TO PRINT
     set device to screen
  CASE upper(antw) = "J" .AND. upper(antw1) = "N" .AND.
upper(antv) = "J"
     set color to w
     clear
     ON ERROR DO fehler WITH 1
     REPORT FORM c:\db3plus\fa\teile_v FOR &krit
     set color to /w
     *do status WITH*
     @21,3 WAIT "Weiter mit beliebiger Taste ..."
  CASE upper(antw) = "N" .AND. upper(antw1) = "N" .AND.
upper(antv) = "J"
     set color to w
     clear
     ON ERROR DO fehler WITH 1
     REPORT FORM c:\db3plus\fa\teile_v
     do status WITH 21,3,"Weiter mit beliebiger Taste ..."
CASE upper(antw) = "J" .AND. upper(antw1) = "J" .AND. upper(antv)
= "N"
     do druckein
     set device to print
     ON ERROR DO fehler WITH 1
     REPORT FORM c:\db3plus\fa\teile_o FOR &krit TO PRINT
     set device to screen
  CASE upper(antw) = "N" .AND. upper(antw1) = "J" .AND.
upper(antv) = "N"
     do druckein
     set device to print
     ON ERROR DO fehler WITH 1
     REPORT FORM c:\db3plus\fa\teile_o TO PRINT
     set device to screen
  CASE upper(antw) = "J" .AND. upper(antw1) = "N" .AND.
upper(antv) = "N"
     set color to w
     clear
     ON ERROR DO fehler WITH 1
     REPORT FORM c:\db3plus\fa\teile_o FOR &krit
     set color to /w
     DO STATUS WITH 21,3,"Weiter mit beliebiger Taste ..."
  CASE upper(antw) = "N" .AND. upper(antw1) = "N" .AND.;
  upper(antv) = "N"
     set color to w
     clear
     ON ERROR DO fehler WITH 1
```

```
      REPORT FORM c:\db3plus\fa\teile_o
      do status WITH 21,3,"Weiter mit beliebiger Taste ..."
ENDCASE
CLEAR ALL
```

Auf die Darstellung der übrigen Programmdateien der Teilestammver-
waltung wollen wir hier aus Umfangsgründen verzichten, da diese
inhaltlich den Operationen bei der Kundenstammverwaltung entsprechen. Die nächste Option des Hauptmenüs betrifft die **Auftragsabwicklung**. Hierfür wird in der Start-Programmdatei die Programmdatei auftrag.prg aktiviert:

```
**********  auftrag.prg     *********
*      Menü Autragsverwaltung       *
*************************************
SET TALK OFF
SET HEADING OFF
SET MARGIN TO 2
CLEAR
SET COLOR TO n/b
clear
DO WHILE .T.
SET COLOR TO w/r
@  2, 7 SAY '                                                              '
@  3, 7 SAY '                                                              '
@  4, 7 SAY '          BETRIEBLICHES INFORMATIONSSYSTEM                    '
@  5, 7 SAY '                                                              '
@  6, 7 SAY '                                                              '
@  7, 7 SAY '                                                              '
@  8, 7 SAY '      A U F T R A G S B E A R B E I T U N G                   '
@  9, 7 SAY '                                                              '
@ 10, 7 SAY '                                                              '
@ 11, 7 SAY '          1.   Auftragsabwicklung                             '
@ 12, 7 SAY '          2.   Einkauf                                        '
@ 13, 7 SAY '          3.   Verkauf                                        '
@ 14, 7 SAY '          4.   Übersicht offene Aufträge                      '
@ 15, 7 SAY '          5.   Offene Posten                                  '
@ 16, 7 SAY '                                                              '
@ 17, 7 SAY '                                                              '
@ 18, 7 SAY '                                                              '
@ 19, 7 SAY '          0.   Zurück zum Hauptmenü                           '
@ 20, 7 SAY '                                                              '
@ 21, 7 SAY '                                                              '
@ 22, 7 SAY '                                                              '
@ 23, 7 SAY '                                                              '
@ 24, 7 SAY '                                                              '
      auswahl = ' '
      SET COLOR TO 7*
      @ 23,10 SAY 'Wählen Sie eine Option (z.B. 1) : ';
              GET auswahl
      READ
        DO CASE
          CASE auswahl = '1'
            DO auftrag1
          RETURN
```

```
       CASE auswahl = '2'
       ***************************************************
       * Die Optionen 2 bis 5 sind noch nicht realisiert *
       * und werden daher hier nicht ausgewiesen         *
       ***************************************************
```

Die **Auftragsabwicklung** wird in weitere Unteroptionen verzweigt, die in der folgenden Programmdatei auftrag1.prg gezeigt werden:

```
**********  auftrag1.prg  **********
*  1. Untermenü Auftragsabwicklung *
************************************
DO WHILE .T.
SET COLOR TO W/r
@  1,  7 SAY '                                                          '
@  2,  7 SAY '                                                          '
@  3,  7 SAY '        BETRIEBLICHES INFORMATIONSSYSTEM                  '
@  4,  7 SAY '                                                          '
@  5,  7 SAY '                                                          '
@  6,  7 SAY '        A U F T R Ä G E    B E A R B E I T E N            '
@  7,  7 SAY '                                                          '
@  8,  7 SAY '         1.   Auftrag erfassen/Anfrage erfassen           '
@  9,  7 SAY '         2.   Bestellpositionen eingeben und zeigen       '
@ 10,  7 SAY '         3.   Auftrag zeigen/Anfrage zeigen               '
@ 11,  7 SAY '         4.   Auftrags-Status aktualisieren               '
@ 12,  7 SAY '         5.   Auftrag aus Auftragsbestand löschen         '
@ 13,  7 SAY '         6.   Angebot erstellen                           '
@ 14,  7 SAY '         7.   Angebot auf Bildsch. od. Drucker zeigen     '
@ 15,  7 SAY '         8.   Auftragsbestätigung erstellen               '
@ 16,  7 SAY '         9.   Auftragsbestätig. auf Bildsch./Drucker      '
@ 17,  7 SAY '        10.   Lieferschein erstellen                      '
@ 18,  7 SAY '        11.   Rechnung erstellen                          '
@ 19,  7 SAY '        12.   Mahnwesen                                   '
@ 20,  7 SAY '         0.   Zurück zum Hauptmenü                        '
@ 21,  7 SAY '                                                          '
@ 22,  7 SAY '                                                          '
@ 23,  7 SAY '                                                          '
     auswahl = 0
     SET COLOR TO 7*
     @ 22,10 SAY 'Wählen Sie eine Option (z.B. 1) : ' GET auswahl
     READ
       DO CASE
         CASE auswahl = 1
           DO auftr11
           exit
         CASE auswahl = 2
           DO best_ein
           exit
         CASE auswahl = 3
           DO auftr13
           exit
         CASE auswahl = 4
           DO auftr14
           exit
         CASE auswahl = 5
           DO auftr15
           exit
```

```
    CASE auswahl = 6
      DO auftr16
      exit
    CASE auswahl = 7
      *DO auftr17
      exit
    CASE auswahl = 8
      *DO auftr18
      exit
    CASE auswahl = 9
      *DO auftr19
      exit
    CASE auswahl = 10
      *DO auftr110
      exit
    CASE auswahl = 11
      do rech_aus
      exit
    CASE auswahl = 12
      exit
    CASE auswahl = 0
      exit
  .ENDCASE auswahl
ENDDO
clear
return
```

Wir wollen hier auszugsweise die Aufnahme eines Auftrags
(best_ein.prg) und einige der Möglichkeiten zur Formatierung der
Ausgabe und die Extraktion von Daten aus verschiedenen Dateien
über 'SET RELATION TO' am Beispiel der Rechnungserstellung zeigen.
Die Prozedur ist am Ende dieses Abschnitts aufgelistet:

```
*********** best_ein.prg ************
* Auftrag bzw. Bestellung aufnehmen    *
**************************************
SET CONFIRM ON
SET PROCEDURE TO dialog
DO WHILE .T.
  CLEAR
  SET COLOR TO n/w
  auf_nr = SPACE(7)
  kd_nr = SPACE(30)
  kd_name = SPACE(30)
```

```
@ 4, 7 SAY '┌─────────────────────────────────────────────┐ '
@ 5, 7 SAY '│                                             │ '
@ 6, 7 SAY '│   ->Im   folgenden können Sie für einen Auftrag │ '
@ 7, 7 SAY '│                                             │ '
@ 8, 7 SAY '│     - entweder die Bestellpositionen des Auftrags │ '
@ 9, 7 SAY '│       neu eingeben,                         │ '
@ 10,7 SAY '│     - oder bereits eingegebene Bestellpositionen │ '
@ 11,7 SAY '│       des Auftrags auf dem Bildschirm od. Drucker │ '
@ 12,7 SAY '│       ausgeben                              │ '
@ 13,7 SAY '│                                             │ '
@ 14,7 SAY '├─────────────────────────────────────────────┤ '
@ 15,7 SAY '│                                             │ '
@ 16,7 SAY '└─────────────────────────────────────────────┘ '
        @ 15,14 SAY 'Weiter mit jeder Taste.'
        DO WHILE INKEY() = 0
        ENDDO
        CLEAR
        @10,10 TO 16,70 DOUBLE
        @13,13 SAY "Bestellpositionen zeigen ? (j/n) : "
        i=0
        DO WHILE i=0
          i = INKEY()
          @13,50 SAY " "
          IF (CHR(i))$ "JjNn"
            antwz = CHR(i)
            EXIT
          ENDIF
          i=0
        ENDDO
        CLEAR
@ 10,10 TO 19,65 DOUBLE
@ 13,13 SAY "Geben Sie die Auftragsnummer ein, für die"
@ 14,13 SAY "die Bestellpositionen eingegeben bzw."
@ 15,13 SAY "gezeigt werden sollen  :                 "
@ 17,13 SAY "Auftragsnummer : " GET auf_nr
READ
CLEAR
SET HEADING OFF
USE c:\db3plus\fa\auftrag
LOCATE ALL FOR auftrag_nr = auf_nr
IF .NOT. FOUND()
  CLEAR
  ? 'Es ist noch kein Auftrag mit dieser Nummer vorhanden!
     Weiter mit jeder Taste.'
        DO WHILE INKEY() = 0
        ENDDO
        CLEAR ALL
        SET CONFIRM OFF
        RETURN
      ENDIF
      CLEAR
      @10,10 CLEAR TO 16,70
      @10,10 TO 16,70 DOUBLE
      @13,13 SAY "Ausgabe auf dem Drucker ? (j/n) : "
      i=0
      DO WHILE i=0
        i = INKEY()
        @13,50 SAY " "
        IF (CHR(i))$ "JjNn"
          antw1 = CHR(i)
```

```
        EXIT
      ENDIF
      i=0
    ENDDO
    kd_nr = kunden_nr
    auf_dat = "c:\db3plus\fa\"+LTRIM(auf_datei)
    re_dat = "c:\db3plus\fa\"+LTRIM(re_datei)
    USE
    IF UPPER(antwz) = "N"
      SELECT 1
      USE &auf_dat ALIAS auf
      SELECT 2
      USE  c:\db3plus\fa\teile INDEX c:\db3plus\fa\teilenr
      weiter = 'j'
      GO BOTTOM
      zaehl = RECNO()+1
      CLEAR
      DO WHILE weiter$'jJ'
        leist = SPACE(1)
        anz = SPACE(4)
        teil = SPACE(30)
        @ 10, 1 To 21,78 DOUBLE
        @ 12, 3 SAY " --------- Auftragsposition - Nr.;
                    "+SUBSTR(STR(zaehl),1,2)
        @ 12,COL() SAY " ---------------"
@14, 3 SAY "Leistungstyp (T=Teil, S=Arbeitsstunde)  : " GET leist
@16, 3 SAY "Anzahl Teile bzw. Anzahl Arbeitsstunden : " GET anz
      READ
      IF UPPER(leist) = 'S'
@18,3 SAY "Stundenlohn                                 : " GET teil
        READ
        SELECT 1
        APPEND BLANK
        REPLACE leistung WITH leist
        REPLACE anzahl WITH VAL(anz)
        REPLACE teile_nr WITH teil
@20,3 SAY 'Weitere Bestellposition eingeben (j/n) :            ';
        GET weiter
        READ
@20,3 SAY '                                                  '
        SELECT 2
        zaehl = zaehl + 1
      ELSE
@18, 3 SAY "Teilenummer                                 : " GET teil
        READ
        FIND &teil
        IF EOF()
@20,3 SAY 'Diese Teile-Nr. ist nicht vorhanden. Bitte überprüfen
          Sie Ihre Wahl.'
          DO WHILE INKEY() = 0
          ENDDO
          LOOP
        ELSE
          SELECT 1
          APPEND BLANK
          REPLACE leistung WITH leist
          REPLACE anzahl WITH VAL(anz)
          REPLACE teile_nr WITH teil
 20,3 SAY 'Weitere Bestellposition eingeben (j/n) :            ';
          GET weiter
```

```
            READ
@20,3 SAY '                                              '
            SELECT 2
            zaehl = zaehl + 1
          ENDIF
        ENDIF
     ENDDO
     SET CONFIRM OFF
     SELECT 1
     USE
     SELECT 2
     USE
  ENDIF

  USE &re_dat
  DELETE ALL
  PACK
  APPEND FROM &auf_dat

  CLEAR
  USE kunden
  locate for kunden_nr = kd_nr
  IF UPPER(antw1) ="J"
    DO druckein
    SET PRINT ON
    DO bestpos
    SET PRINT OFF
  ELSE
    DO bestpos
  ENDIF
  USE

  SELECT 1
  USE &auf_dat ALIAS auf
  SELECT 2
  USE  c:\db3plus\fa\teile INDEX teilenr ALIAS te
  * Hinzufügen der Gesamtkosten = verk_preis mal anzahl
  SET talk OFF
  SET safety OFF
  SELECT 3
  USE &re_dat
  SET RELATION TO teile_nr INTO te
  GO TOP
  DO WHILE .NOT. EOF()
    IF UPPER(leistung) = 'T'
      REPLACE ges_preis WITH (te->verk_preis) * anzahl
    ELSE
      REPLACE ges_preis WITH VAL(teile_nr) * anzahl
    ENDIF
    SKIP
  ENDDO
  sum ges_preis TO g_summe
  store g_summe * .14  TO mwst
  store g_summe+mwst TO r_betrag
  IF UPPER(antw1) ="J"
    SET PRINT ON
    DO bestaus
    EJECT
    SET PRINT OFF
  ELSE
```

```
    DO bestaus
  ENDIF
  CLOSE DATAB
  CLOSE FORMAT
  SET CONFIRM OFF
DO janein with 23,3,"Weitere Bestellung aufnehmen oder zeigen ?
                     (j/n) : "
  SET CONFIRM ON
  IF .NOT. jn
    EXIT
  ENDIF
ENDDO
CLOSE DATAB
CLOSE PROCEDURE
SET CONFIRM OFF
SET COLOR TO w/r
CLEAR


**********   rech_aus.prg   ********************
* Rechnung erstellen für spez. Bestellpositionen *
*************************************************
SET PROCEDURE TO dialog
auf_nr    = SPACE(7)
re_nr     = SPACE(8)
kd_nr     = SPACE(30)
l_sch_nr  = SPACE(10)
best_dat  = SPACE(8)
best_ki   = SPACE(12)
kd_name   = SPACE(30)
SET heading OFF
DO WHILE .T.
  USE auftrag
  CLEAR
  @ 10,10 TO 22,65 DOUBLE
  @ 12,13 SAY "Geben Sie die Auftragsnummer des Kunden ein, "
  @ 14,13 SAY "für den eine Rechnung erstellt werden soll:  "
  @ 16,13 SAY "Auftragsnummer : " GET auf_nr
  READ
  LOCATE FOR auftrag_nr = auf_nr
  IF .NOT.. FOUND()
    SET COLOR TO r/w*
    @ 18,13 SAY "Diese Auftragsnummer ist nicht vorhanden!"
    @ 20,13 SAY "Überprüfen Sie Ihre Wahl! Weiter mit jeder
                Taste."
    SET COLOR TO w/r
    DO WHILE INKEY() = 0
    ENDDO
    @ 18,13 SAY "                                            "
    @ 20,13 SAY "                                            "
    USE
    LOOP
  ENDIF
  CLEAR
  @10,10 CLEAR TO 16,70
  @10,10 TO 16,70 DOUBLE
  @13,13 SAY "Ausgabe auf dem Drucker ? (j/n) : "
  i=0
  DO WHILE i=0
    i = INKEY()
```

```
    @13,50 SAY " "
    IF (chr(i))$ "JjNn"
      antw1 = CHR(i)
      EXIT
    ENDIF
    i=0
  ENDDO
  CLEAR
  kd_nr    = kunden_nr
  re_nr    = rechn_nr
  best_dat = best_datum
  l_sch_nr = liefsch_nr
  best_ki  = best_nr_ki
  auf_dat  = auf_datei
  re_dat   =  re_datei
  USE
  USE kunden
  LOCATE FOR kunden_nr = kd_nr
  IF UPPER(antw1) ="J"
    DO druckein
    SET PRINT ON
    DO adraus
    DO re_kopf
    SET PRINT OFF
  ELSE
    DO adraus
    DO re_kopf
  ENDIF
  USE
  USE &re_dat
  SELECT 2
  USE c:\db3plus\fa\teile INDEX teilenr ALIAS te
  SELECT 1
  SET RELATION TO teile_nr INTO te
  sum ges_preis TO g_summe
  STORE g_summe * .14  TO mwst
  STORE g_summe+mwst TO r_betrag
  IF UPPER(antw1) ="J"
    SET PRINT ON
    DO bestaus
    EJECT
    SET PRINT OFF
  ELSE
    DO bestaus
  ENDIF
  CLOSE DATAB
  CLOSE FORMAT
  DO janein WITH 23,3,"Weitere Rechnung schreiben ? (j/n) : "
  IF .NOT. jn
    EXIT
  ENDIF
ENDDO
CLOSE DATAB
CLOSE PROCEDURE
SET COLOR TO w
CLEAR
```

```
********************************
*********  dialog.prg   ********
********************************


*********************
* PROCEDURE janein *
*********************
* Ja-Nein Abfrage mit Eingabe-Aufforderung. Die Antwort wird in
* der logischen Variablen jn zurückgegeben
PARAMETERS zeile, spalte, frage
PUBLIC jn
ok = .F.
antwort = "  "
SET BELL OFF
@zeile-1,spalte clear to zeile,len(frage)+1
DO WHILE .NOT. ok
  @zeile, spalte SAY frage GET antwort
  READ
  antwort = UPPER(antwort)
  DO CASE
  CASE antwort = "J"
    jn = .T.
    ok = .T.
  CASE antwort = "N"
    jn = .F.
    ok = .T.
  OTHERWISE
    OK = .F.
    ? CHR(7)
  ENDCASE
ENDDO
@zeile, spalte clear to zeile,79
RETURN
*********************
*  PROCEDURE fehler *
*********************
PARAMETERS fehl_num
clear
SET COLOR TO W
meldung = MESSAGE()
@ 1, 0 SAY meldung
@ 10, 3 TO 18,78 DOUBLE
    @ 16,13 SAY "Weiter mit beliebiger Taste ...          "
DO CASE
  CASE fehl_num = 1
    fehl_txt = "Auswahlkriterien falsch ! Eingabe wiederholen !"
  *CASE fehl_num = 2
  * ...............
ENDCASE
@ 13, 5 SAY fehl_txt
read
clear
return
*********************
*  PROCEDURE status  *
*********************
* Ausgabe einer Statuszeile mit beliebigem Text
PARAMETERS zeile, spalte, text
* Länge der Textzeile feststellen
```

```
länge = LEN(TRIM(text))
@zeile, spalte TO zeile+2, spalte+länge+3 DOUBLE
@zeile+1,spalte+2 SAY text
read
@zeile, spalte CLEAR TO zeile+2, spalte+länge+3
RETURN
*************************
*   PROCEDURE liessatz    *
*************************
*  Suche nach einem bestimmten Datensatz in einer Datenbank
PARAMETERS schluessel
SET TALK OFF
SET BELL OFF
SET CONFIRM ON
SET EXACT OFF
SET INDEX TO teile_nr
fertig = .F.
z = row()
DO WHILE .NOT. fertig
   teil = SPACE(30)
   @z + 1, 10 SAY "Teilenummer : " GET teil
   READ
   teil = TRIM(teil)
   SEEK teil
   IF eof()
@z+ 3, 15 SAY "* Datensatz mit der Teilenummer nicht gefunden *"
      DO janein WITH z +4, 19,"Wiederholen ? (J/N) : "
      IF jn
         @z + 1, 10
         @z + 3, 15
         @z + 4, 15
      ELSE
        fertig = .T.
      ENDIF
   ELSE
     fertig = .T.
   ENDIF
 ENDDO
 RETURN
***********************
*   PROCEDURE druckein   *
***********************
CLEAR
@ 10, 7 SAY '┌────────────────────────────────┐'
@ 11, 7 SAY '│                                │'
@ 12, 7 SAY '│                                │'
@ 13, 7 SAY '│        D R U C K E R           │'
@ 14, 7 SAY '│                                │'
@ 15, 7 SAY '│      e i n s c h a l t e n  ! ! │'
@ 16, 7 SAY '│                                │'
@ 17, 7 SAY '│                                │'
@ 18, 7 SAY '│                                │'
@ 19, 7 SAY '│ Wenn Drucker betriebsbereit, weiter  ENTER │'
@ 20, 7 SAY '└────────────────────────────────┘'
WAIT ' ' TO cr
CLEAR
RETURN
```

```
**********************
*   PROCEDURE teile61 *
**********************
    PARAMETER kund_nr
    CLEAR
    @ 15,10 TO 23,55 DOUBLE
    DO janein WITH 19, 15, "Verkaufspreise zeigen ? (j/n)"
      select 1
      use kunden index kunden ALIAS k
      select 2
      use teile index teile
      select k
      SET RELATION TO kunden_nr INTO teile
      clear
      kund_nr = TRIM(kund_nr)
      SEEK kund_nr
      IF EOF()
        CLEAR
        @ 12, 7 TO 18,75 DOUBLE
        @ 14,11 SAY 'Kundennummer nicht vorhanden ! '
        RETURN
      ELSE
        CLEAR
        ? 'Teilenummer und Teilebezeichnung für Kunde ',name
        ? 'Datum: ',DATE()
        ?
        ?
        ?   'Kundenname :            '
        ?? TRIM(name)
        ?
        ?   'Teilenummer:          '
        ?? TRIM(teile -> teile_nr)
        ?
        ?   'Teilebezeichnung:  '
        ?? TRIM(teile -> teile_bez)
        IF jn
           ?
           ?   'Verkaufspreis:       '+STR(teile -> verk_preis,10)
        ENDIF
      ENDIF
      @22,3 SAY 'Weiter mit beliebiger Taste !'
      WAIT ' ' TO cr
RETURN
***************************
*     PROCEDURE jn_antw       *
***************************
if jn
  use anfrage
else
  use auftrag
endif
return
**********************
*   PROCEDURE jn_antw1 *
**********************
if jn
  use anfrage index anfrage
else
  use auftrag index auftr_nr
endif
```

```
return
********************
*   PROCEDURE hlp1 *
********************
@  4, 7 SAY '                                                              '
@  5, 7 SAY '                                                              '
@  6, 7 SAY '                                                              '
@  7, 7 SAY '    ->Sie werden im nachfolgenden Menü gefragt, ob            '
@  8, 7 SAY '       es sich bei dem zu erfassenden Auftrag                 '
@  9, 7 SAY '       um eine Anfrage handelt, oder ob der Auftrag           '
@ 10, 7 SAY '       tatsächlich geordert wurde. Die Erfassung er-          '
@ 11, 7 SAY '       folgt dann entsprechend in eine Anfrage-Datei          '
@ 12, 7 SAY '       oder in die Auftragsbestandsdatei.                     '
@ 13, 7 SAY '                                                              '
@ 14, 7 SAY '                                                              '
@ 15, 7 SAY '          Weiter mit der  ENTER - Taste                       '
@ 16, 7 SAY '                                                              '
WAIT ' ' TO cr
clear
RETURN


**********************
*   PROCEDURE bestpos *
**********************
   ?
   ? " Bestellpositionen des Kunden   "
   ? trim(fa_bez)+"   "+trim(name)
   ? str(plz,4)+" "+trim(ort)
   ?
RETURN

**********************
*   PROCEDURE bestaus *
**********************
? "Anzahl"
? " /Std. Bezeichnung              Teilenummer              Einzelpreis
Gesamtpreis"
?  "------ -------------------- -------------------- ---------------
- -----------"
?
set heading off
GO TOP
DO WHILE .NOT. EOF()
  IF UPPER(leistung) = 'T'
    DISPLAY fields str(anzahl,4),' ',substr(te ->
teile_bez,1,20),;
    substr(teile_nr,1,15) , str(te -> verk_preis,10,2),"
",str(ges_preis,10,2) OFF
  ELSE
    DISPLAY fields str(anzahl,4),' ','Arbeitslohn',;
    SPACE(29), substr(teile_nr,1,15),str(ges_preis,7,2) OFF
  ENDIF
  SKIP
ENDDO
  ? "
-----------"
  ? "
"
  ?? str(g_summe,10,2)
```

```
  ?   "                                         +  14 % MwSt.
"
  ?? str(mwst,10,2)
  ?   "
-----------"
  ?   "                                      Rechnungsbetrag DM
"
  ?? str(r_betrag,10,2)
  ?   "
=========="
  ?
  ?
RETURN

***********************
*   PROCEDURE adraus   *
***********************
set margin to 9
  ? trim(fa_bez)
  ? trim(name)
DO CASE
  CASE strasse <> space(25) .AND. str(postfach) <> space(8)
    ? trim(strasse)
    ? "Postfach "+str(postfach,8)
  CASE strasse <> space(25) .AND. str(postfach) = space(8)
    ? trim(strasse)
    ?
  CASE strasse = space(25) .AND. str(postfach) <> space(8)
    ?
    ? "Postfach "+str(postfach,8)
  CASE strasse = space(25) .AND. str(postfach) = space(8)
    ?
    ? "Postfach"
ENDCASE
  ? space(59)+"XXXXXXX"
  ? str(plz,4)+" "+trim(ort)
  ? space(59)+"63 088"
  ?
  ?
  set margin to 2
RETURN

***********************
*   PROCEDURE re_kopf   *
***********************
  ? space(10)+str(re_nr,8)+space(44)+dtoc(date())
  ?
  ? space(24)+trim(l_sch_nr)
  ? space(24)+"Best.Nr.  : "+trim(best_ki)
  ? space(24)+"Best.datum: "+dtoc(best_dat)
  ?
  ?
RETURN
```

Die Module "Stücklistenverarbeitung" und "Inventur" (Option 4 und
5 des Hauptmenüs) sind im Rahmen von Diplomarbeiten entwickelt
worden und können aus prüfungsrechtlichen Gründen hier nicht aus-

gewiesen werden. Zu einem späteren Zeitpunkt werden die beiden Module in das innerhalb der Lehreinheit Wirtschaftsinformatik III: "Datenbanken, Datenfernübertragung und Rechnernetze" für Demonstrationszwecke gedachte dBase III-Programmpaket aufgenommen.

Lehrbücher und Literaturhinweise zu diesem Kapitel:

Bastian M. (1982): Datenbanksysteme. Athenäum-Verlag, Königstein.

Date C.J. (1977): An Introduction to data base systems. Addison-Wesley, Reading, Mass.

Date C.J. (1983): Database: A Primer. Addison-Wesley, Reading.

Doratschek S., et al. (1988): Personalcomputer und Datenschutz. - Der Leitfaden für jeden Arbeitsplatz -. Datakontext-Verlag, (Reihe Bürokommunikation), Datakontext-Verlag GmbH, Düsseldorf.

Hergert D. (1987): dBase III PLUS von A..Z. Ein alphabetisches Nachschlagewerk zur Datenbankverwaltung mit Beispielen und Querverweisen. Friedr. Vieweg & Sohn Verlagsgesellschaft mbH., Braunschweig.

Jones E. (1986): dBase III - Anwenderhandbuch. McGraw-Hill, Hamburg

Külp B. (1988): Einführung in die Programmiertechnik ökonomischer Simulationsmodelle in dBase. Rudolf Haufe Verlag, Freiburg im Breisgau.

Niedereichholz J. (1981): Datenbanksysteme: Aufbau und Einsatz. Physica-Verlag Würzburg.

Pohle E. (1988): Praktikable Datensicherung bei Kleincomputern. Datakontext-Verlag GmbH, Düsseldorf.

Qiel G. (1981): Datenbanksysteme. Verlag R. Müller, Köln-Braunsfeld

Larson B.L. (1988): The Database Experts' Guide To DB2. Intertext Publications, McGraw-Hill Book Company, New York.

Redeker H. (1988): Neue Informations- und Kommunikationstechnologien und bundesstaatliche Kompetenzordnung. In: Reihe Medien-Skripten (Beiträge zur Kommunikationsforschung, Michael Schenk (Hrsg.)), Verlag Reinhard Fischer, München.

Schlageter G., Stucky W. (1986): Datenbanksysteme. Konzepte und Modelle (neue Auflage), Verlag Teubner, Stuttgart.

Schaffland H.J., Wiltfang N. (1984): Bundesdatenschutzgesetz. In der Praxis bewährter, stets aktueller, ergänzbarer Kommentar nebst einschlägigen Rechtsvorschriften. Erich Schmidt Verlag, Berlin, Bielefeld, München.

Seegers H., Haft F. (1984): Rechtsinformatik in den 80-er Jahren. Schweitzer-Verlag, München.

Simitis D. et al. (1979): Kommentar zum Bundesdatenschutzgesetz. Nomos Verlagsgesellschaft, Baden-Baden.

Thome R. (1980): Datenschutz. Verlag Vahlen, München.

Uhrig M. (1986): Datenbanken. Verlag Heise, Hannover.

Vetter M. (1985): Aufbau betrieblicher Informationssysteme. Verlag Teubner, Stuttgart.

Weck G. (1984): Datensicherheit. Teubner Verlag, Stuttgart.

Weikum G. (1988): Transaktionen in Datenbanksystemen. Fehlertolerante Steuerung paralleler Abläufe. Addison-Wesley Publ. Comp., Reading.

10. Grundlagen der Datenfernübertragung und Rechnernetze

10.1 Vorbemerkungen

Bedingt durch die sehr billig gewordene Hardware und die hiermit
verbundene Dezentralisierung von Rechnerleistungen sind die Anforderungen an die Übertragung von Daten in geeigneten Verbund- und
Netzstrukturen in den letzten Jahren stark angestiegen. Im Rahmen
der sogenannten offenen Kommunikation werden zukünftig verschiedene Kommunikationsträger bei unterschiedlichen Hardware-Anschlüs-
sen über ein integriertes Datennetz miteinander kommunizieren können. Insbesondere durch den Vormarsch der Mikrocomputer in den Unternehmen wird sich mittel- bis langfristig der Kommunikationspro-
zeß nach innen und außen grundlegend verändern. Der Einsatz von
Mikrocomputern in einem Unternehmen erlaubt einer zunehmend großen
Anzahl von Mitarbeitern ihre Arbeitstätigkeiten weitgehend frei-
entscheidend und selbständig zu erledigen. Was die Verbindung bisher bestehender Großrechner angeht, werden zukünftig die Rechner-
verbundsysteme auf regionaler Ebene weiterentwickelt und über Sa-
tellitenverbindungen in ein weltumspannendes Netz von Rechnersystemen integriert. Hinsichtlich der Verbindung von Großrechnern
und Mikrocomputern erscheinen heute drei Ansätze realisierbar:

- Der Mikrocomputer als eine reine RJE-Station (RJE = Remote Job
  Entry), also eine externe Rechner- und Datenstation, die über
  eine Postleitung mit dem Zentralrechner verbunden ist.
- Der Mikrocomputer als Terminal mit eigener Intelligenz, und
  mit der Fähigkeit zum Austausch von Daten während des Dialogs.
- Der Mikrocomputer als eine BTX-Station (Bildschirmtext), der
  über eine öffentliche BTX-Zentrale mit dem Großrechner verbunden ist.

Die Verknüpfung von Mikrocomputern im Rahmen von Kommuni-
kationsnetzen ist im Rahmen der Basis- und Breitbandrealisierung
von LAN (Local Area Network) und PBX (Private Branch Exchange,
Telefon-Nebenstellenanlagen) realisierbar. Diese beiden Vernet-
zungskonzeptionen bilden heute weitgehend die Grundlage für die
Bürokommunikation im weiteren Sinne. Während PBX ihre traditionelle Stärke bisher in der Sprachkommunikation hatte, werden

Sprachkommunikation hatte, werden diese Anlagen aber zunehmend zur Übertragung von Daten, Text und Graphik weiterentwickelt. Für die schnelle Übertragung von großen Datenmengen, etwa von Farbgraphiken, oder von bewegten Bildern, ist PBX wegen der doch beschränkten Leistungsfähigkeit der Übertragungskanäle weniger geeignet. Ganz anders ist dies bei lokalen Netzwerken. Der Grundgedanke bei der Konzeption von LANs war, innerhalb eines hausinternen Kommunikationsnetzes verschiedene Rechner und/oder Mehrfunktionsterminals, herstellerunabhängig, zu verbinden.

Ein Datenübertragungssystem besteht aus Datenendeinrichtungen (DEE) und aus öffentlichen und/oder privaten Datennetzen. Datenendeinrichtungen sind eigenständige Rechner, periphere Ein- und Ausgabegeräte. Die Schnittstelle zwischen den Datenendeinrichtungen und dem eigentlichen Übertragungsweg bilden die Datenübertragungseinrichtungen (DÜE, z.B. ein MODEM). Die DEE und die DÜE bilden zusammen jeweils eine Datenstation. Die DEE besteht aus einer Fernbetriebseinheit und je nach Art der Datenstation aus den verschiedenen Prozessorkomponenten wie Eingabe-, Ausgabe-, Leitwerk und Speicher. Die DÜE besteht im wesentlichen aus einer Anschalteinheit und einem Signalumsetzer. Mit der Anschalteinheit kann beispielsweise von Fernsprech- auf Datenübertragungsbetrieb umgeschaltet werden (meist bei Wählleitungen), der Signalumsetzer wandelt die von einer DEE kommenden Signale in eine für den Übertragungsweg verlangte Form um, bzw. bei ankommenden Signalen werden diese wiederum entsprechend dekodiert. Datenendeinrichtungen besitzen meist auch eine Fehlerschutzeinheit, deren Funktion die Erkennung von Übertragungsfehlern und Veranlassung entsprechender Korrekturmaßnahmen ist.

In den folgenden Abschnitten wollen wir auf die verschiedenen Betriebsweisen der Datenübertragung, die Verfahren zur Datenübertragung, auf lokale Netze, Bildschirmtext, und das allweit gepriesene ISDN (Integrated Services Digital Network) eingehen.

10.2 Betriebsarten der Datenübertragung

Das zentrale Element der Datenübertragung ist das Signal. Signale
können in einem Signal/Zeit-Koordinatensystem in verschiedenen
Formen auftreten:

1) Die Signalkoordinate ist eine stetige Funktion der Zeit
   (Sprechen, Musik),

2) Die Signalkoordinate kann nur zu diskreten Zeitpunkten zwei
   verschiedene Werte annehmen. Man spricht von anisochronen Signalen, wenn lediglich der Zeitabstand beim Wechsel zwischen
   den beiden Signalzuständen eine bestimmte Zeit nicht unter-
   schreiten darf.

3) Die bivalente Signalkoordinate ändert sich nur in einem
   festen Zeit- und Taktraster (isochrone Signale). Auch hier
   kann beim Wechsel zweier aufeinanderfolgender Signalzustände
   ein bestimmtes Zeitintervall T nicht unterschritten werden.
   Man nennt die Anzahl der möglichen Signalwechsel pro Sekunde
   die Schrittgeschwindigkeit. Diese hat die Dimension 1/s und
   wird auch als "Baud" bezeichnet. Die Übertragungsleistung
   einer Datenleitung wird in Baud angegeben, beispielsweise erlauben bestimmte Wählleitungen eine Schrittgeschwindigkeit
   von 2400 Baud. Da mit jedem Takt die Information eines Bits
   übertragen werden kann, wird die Übertragungsgeschwindigkeit
   in bit/s angegeben. Bei binären Signalen (nur zwei Signalzustände sind möglich) stimmen Schrittgeschwindigkeit und Übertragungsgeschwindigkeit überein, während bei n möglichen Signalzuständen die Übertragungsgeschwindigkeit gleich der n-
   fachen Schrittgeschwindigkeit ist.

Für die Übertragung von Daten sind verschiedene Betriebsweisen
möglich: Der Simplex-, Halbduplex- und der Duplex- oder Volldu-
plexbetrieb. Man spricht vom **Simplex-Betrieb**, wenn zwischen zwei
Datenstationen die Übertragung der Daten nur in einer Richtung erfolgen kann, d.h. die sendende und die empfangende Station a
priori festgelegt ist. Beim **Halbduplex-Betrieb** können die Daten
zwischen den beiden Stationen in beide Richtungen übertragen werden, allerdings nur im Wechsel, d.h. nach Beendigung der Übertragung in die eine Richtung kann der Übertragungsweg in die andere
Richtung umgeschaltet werden. Beim **Duplex-Betrieb** sind zwei ge-

trennte Übertragungskanäle vorhanden, sodaß in beiden Richtungen gleichzeitig übertragen werden kann. Weiterhin unterscheidet man die asynchrone und die synchrone Betriebsweise. Bei der asynchronen Übertragung werden die Zeichen durch ein Start- und ein Stop-Bit abgegrenzt. Der zeitliche Abstand kann daher zwischen zwei Zeichen unterschiedlich lang sein. Sowie das Empfänger-Gerät das Start-Bit empfängt, werden die nächsten acht Bits als das zu übertragende Zeichen erkannt. Wie bereits beim Aufbau der Mikrocomputer erwähnt, spricht man bei der asynchronen Betriebsweise auch von einem Start-/Stopbetrieb.

Bei der synchronen Datenübertragung werden eine bestimmte Anzahl von zu übertragenden Zeichen zu einem Übertragungsblock (Rahmen genannt) zusammengefaßt, es gibt keine Start- und Stop-Bits, sondern die Gleichschaltung von Sendestation und Empfängerstation wird durch bestimmte Synchronisierzeichen ("SYNC") am Anfang jedes Übertragungsblockes erreicht. Nach einem empfangenen SYNC-Zeichen stellen jeweils acht aufeinanderfolgende Bits ein Zeichen (beispielsweise des ASCII-Codes) dar.

10.3 Datenübertragungsprotokolle

Damit zwei DEE miteinander kommunizieren können, müssen bestimmte Vorschriften und Regeln für den Datenaustauschprozeß vereinbart werden. Diese Vereinbarung nennt man ein **Protokoll.** Protokolle sind Vorschriften für die Steuerung der Datenübertragung auf den Kanälen. Es gibt Schichtprotokolle auf der Basis des OSI-Referenzmodells (OSI = Open System Interconnection) (siehe Abb. 63), an denen sich die Empfehlungen der wichtigsten nationalen und internationalen Standardorganisationen (Abb. 64) orientieren.

Während die Schichten 1 und 2 weitgehend zum Aufbau einer korrekten physikalischen Verbindung zur Datenübertragung dienen, gehören zu den Funktionen der Schicht 3 neben dem Auf- und Abbau der einzelnen Teilstrecken auch Standards für die Kontrolle und Fehlererkennung des Multiplex-Betriebs (mehrere Informationsströme verwenden dieselbe Teilstrecke) von Netzverbindungen. Protokollregeln hierfür stellen z.B. die Normen X.21, X.25 und I.451 (ISDN) dar, auch gibt es bei den einzelnen Computerherstellern spezielle Prozeduren hierfür. Auf den ersten drei Ebenen wird also zunächst festgelegt, wie Informationen überhaupt übertragen werden können, wie diese fehlerfrei zu den gewünschten Adressaten gelangen können. Diese Schichten enthalten im wesentlichen jene Standards,

Die Schichten der Kommunikation auf der Basis des OSI- Referenzmodells		
Funktionsbezeichnung	Schicht	Beispiele
8 Kommunikation	inhaltlicher Informationsaustausch	Dialog von Mensch/ Mensch, Mensch/Maschine, Maschine/ Maschine
7 Anwendung Verarbeitung	Festlegung der technischen Randbedingungen für die Kommunikation	Datenbank-Transaktionsverarbeitung am Datensichtgerät
6 Darstellung	Regelung der Informationsdarstellung	Verwendete Sprache, optische Darstellung, Graphik
5 Steuerung	Regelung des Ablaufs der Kommunikation	Vereinbarungen für den Dialog
4 Transport	Regeln für die Überprüfung auf Vollständigkeit der übertragenen Information	Beim Paketvermittlungsdienst DATEX-P wird der korrekte Empfang der Daten überprüft
3 Vermittlung im Netz	Auf- und Abbau der Verbindungen	Anwählen des Empfängers, Durchschalten der Vermittlungsanlage, Anzeigen Empfangsbereitschaft
2 Sicherung der Verbindung	Sicherung der Übertragung auf den Übertragungsteilstrecken	Verstärken, Fehlererkennung und -behebung bei der Übertragung
1 Physikalische Verbindung	Herstellung der rein physikalischen Verbindung	Steckeranschluß, Stärke und Qualität der Sendeimpulse

Abb. 87: Das ISO-Referenzmodell (ursprünglich war die 8. Schicht nicht enthalten, wird bei modernen Schichtenkonzepten meist mitaufgenommen)

welche die Deutsche Bundespost bei einigen ihrer Übertragungsdienste zur Verfügung stellt, etwa beim Fernsprech-, Datex-L- und
Datex-P-Dienst. Es gibt bisher nur zwei Dienste, die alle Schichten umfassen, nämlich Teletex und BTX. Bei sogenannten HfD-An-
schlüssen (Hauptanschluß für Direktruf), üblicherweise meist auch
als Standleitungen bezeichnet, wird sogar nur die erste Schicht
der rein physikalischen Übertragung unterstützt. Die vierte
Schicht, die sogenannte Transportschicht, unterscheidet sich von
der dritten Schicht, daß hier Regeln für die Überprüfung der
Information auf Vollständigkeit erfolgt. Außerdem wird in dieser
Schicht eine Reihe von Nebenfunktionen unterstützt, etwa die
Funktion des dialogweisen Belegens, d.h. die Verbindung wird nach

Wichtige Standard-Organisationen	
International:	
CCITT	Comité Consultatif International Télégraphique et Téléfonique (Organisation öffentlicher Netzwerk-betreiber und Postverwaltungen), Genf
ISO	International Standardization Organisation (Ver-einigung der Computerindustrie), Genf
IEC	International Electrotechnical Commission (Ver-einigung der Elektroindustrie), Genf
Europa:	
CEN	Comité Européenne de Normalisation (Europäisches Komitee für Normung), Brüssel
CENELEC	Comité Européenne de Normalisation Electrotech-nique, Brüssel
CEPT	Conférence Européenne des Administrations des Postes et Télécommunications (entspricht dem CCITT in Europa), Bern
ECMA	European Computer Manufacturers Association, Genf
SPAG	Standards Promotion and Application Group (Zusam-menschluß europäischer Hersteller), Brüssel
National:	
ANSI	American Standards Institute, New York
COS	Cooperation for Open Systems (Zusammenschluß von etwa 20 amerikanischen Firmen der informations-technischen Industrie zu Weiterentwicklung der OSI- und ISDN-Standards)
DIN	Deutsches Institut für Normung, Berlin
IEEE	Institute of Electrical and Electronic Engineers (USA)
NBS	National Bureau of Standards, Washington (USA)

Abb. 88: Wichtige nationale und internationale Standardorganisationen

einem Start-/Stop-Prinzip bei Nichtsenden unterbrochen und für eine andere Übertragungsleistung zur Verfügung gestellt. Erst bei einem erneuten Sendeimpuls wird die Leitung wieder neu aufgebaut. Dieses Unterbrechungsprinzip kann zu einer doch erheblichen Senkung der Gebühren führen. Allerdings wird für die gesamte Anschaltzeit die logische Verbindung aufrechterhalten, physikalisch wird sie aber für andere Übertragungsteilnehmer zur Verfügung gestellt. Eine ganz ähnliche Situation haben wir, wenn wir beispielsweise in einem lokalen Netz von Hauptrechner und Mikrocomputern kommunizieren. Moderne integrierte Software unterstützt die Fenster-Technik, bei der die Benutzer über mehrere Fenster sowohl mit dem Hauptrechner, als auch mit anderen PC-Teilnehmern im Netz praktisch gleichzeitig in Verbindung treten kann. Auch hier werden die unterschiedlichen Übertragungen nach dem Start-/Stop-Prinzip teilweise über dieselbe Leitung ausgeführt. Auf diese Weise können mehrere logische Verbindungen denselben Übertragungsweg verwenden.

In der fünften Schicht, der "session layer", sind die Regeln realisiert, welche die Identifikationsprüfung des Informationsüberträgers übernehmen (Überprüfung des Identifikationsmerkmals eines Bankkunden an einem Geldautomaten). Auch wird in dieser Schicht der Ablauf des Frage-Antwort-Wechsels gesteuert. Darauf ist wohl auch der Funktionsbegriff "Sitzung" für diese Schicht zurückzuführen, weil hier die in die Übertragung involvierten Teilnehmer wie bei einer Sitzung in einem kommunizierenden Dialog eintreten. Die CCITT-Standards X.28 und X.29 bei paketvermittelter Datenübertragung unterstützen Schicht 5.

Die sechste Schicht, die "presentation layer", enthält alle Regeln für die Gewährleistung eines korrekten Empfangs der übertragenen Daten. Für den BTX-Übertragungsdienst gibt es hierfür einen speziellen CCITT-Standard, bei einer Bildübertragung beispielsweise wären hier spezielle Standards für die verwendeten Graphikformate und den verwendeten Zeichensatz festzulegen.

Die siebte Schicht umfaßt die technischen Bedingungen für den Dialog zwischen Mensch und Maschine bzw. zwischen Maschine und Maschine. Hierzu gehören die Regeln, wie an einem Datensichtgerät beispielsweise gewisse Informationen aus einer Datenbank abgerufen werden, in welcher Weise die Benutzeridentifikation erfolgt, wie die Überprüfung der Autorisierung des Benutzers zu erfolgen hat, usw. Leider gibt es auf dieser Schicht fast noch keine herstellerübergreifenden Standards. Eine Ausnahme sind die Regelungen für Teletex und BTX, außerdem die X.400-Empfehlungen der CCITT für den Nachrichtenaustausch in offenen Kommunikationssystemen. Bei SNA (=System Network Architecture), dem Rechnerverbundnetz von IBM, kann die Schicht 7 über den Einsatz von CICS (Customer Information and Control System) realisiert werden. Auch gehört die IBM Schnittstelle LU 6.2 zwischen Anwenderprogrammen und SNA zur Schicht 7. Es gab Bestrebungen, diese Schicht in das OSI-Referenzmodell einzubringen, allerdings sind diese im Wettstreit mit den X.400-Bestrebungen der ECMA.

Neben diesen Protokollen zur Steuerung der Datenübertragung sind auch die Protokolle auf der Ebene der Leitungsprozeduren zu nennen, die sich in bit- und zeichenorientierte Protokolle unterteilen lassen. Ein zeichenorientiertes Protokoll benutzt das bereits erwähnte Zeichen "SYN", um Sender und Empfänger entsprechend gleichzuschalten. Mit "STX" (=Send of text) und ETX (=End of text) wird der Beginn und das Ende einer Nachricht angezeigt. Ein weitverbreitetes zeichenorientiertes Protokoll ist das binär synchronisierte Übertragungsprotokoll BSC (=Binary Synchronous Communications) von IBM, ein Protokoll auf der Basis des Halbduplex-Betriebs für die Übertragung zwischen IBM-Computern, RJE-Stationen und Datensichtgeräten. Solche binär synchronisierten Protokolle arbeiten auf Quittungsbasis. Das Zeichen "ACK" (= Acknowledge) für die Quittierung wird auf der Leitung hin- und hergeschickt. Wenn die Sendestation den Beginn einer Nachricht meldet und die Empfangsstation den Empfang der Nachricht quittiert hat, kann die Sendestation weitere Nachrichten senden. Wenn die Sendestation das Ende-Zeichen einer Nachricht überträgt und der Empfänger dies quittiert hat, könnte die Empfangsstation mit der Übertragung beginnen. Falls die Übertragung einer Nachricht zwar angekündigt aber nicht empfangen werden konnte, so schickt der Empfänger das Zeichen "NAK" (=No acknowledge) und fordert damit die Sendestation gleichzeitig zur Wiederholung der Übertragung auf.
Als die BSC-Prozedur eingeführt wurde, war die für den Halbduplex-Betrieb mögliche Übertragungsgeschwindigkeit ausreichend, da

weitgehend nur Batch-Verarbeitung (Stapelbetrieb) möglich war. Im Zuge der zunehmenden Entwicklung von Dialogsystemen war für die schnellere Übertragung größerer Datenmengen der Einsatz von Übertragungswegen mit Duplex-Betrieb erforderlich. Dies verlangte auch nach Protokollen, welche die Duplex-Übertragung unterstützten. Zunächst wurden sogenannte Byte-zählende Protokolle entwickelt, das weitgehend ohne die Verwendung von Steuerzeichen auskommt. Eines der bekanntesten dieser byteanzahl-orientierten Protokolle ist DDCMP von DEC. Dieses Protokoll verwendet am Anfang einen speziellen Datenabschnitt mit einem Anfangszeichen und der Anzahl der in dem Datenabschnitt enthaltenen Zeichen. Byte-zählende Protokolle stellen eine gewisse Verbesserung der reinen byteorientierten Protokolle dar, allerdings ist der Verwaltungsaufwand bei kurzen Datenabschnitten vergleichsweise groß.

Im Duplex-Betrieb arbeiten auch die bitorientierten Protokolle. Hier wird für die Übertragung jeglicher Nutzdaten-Information ein Standardrahmen-Format verwendet, für welches Halb- und Vollduplex-Betrieb möglich ist. Die Standardrahmen werden durch eine spezielle Bitkombination als Markierungszeichen begrenzt. Diese sind dadurch ausgezeichnet, daß sie sechs aufeinanderfolgende Bit-Einsen aufweisen, die für alle anderen Zeichen bei diesem Protokoll nicht zugelassen sind. Die bekanntesten bitorientierten Übertragungsprozeduren (Übertragungsprotokolle) sind

- DLC (= Synchronous Data Link Control) von IBM, einer synchronen Datenübertragungssteuerung,
- ADCCP (= Advanced Data Communications Control Procedure), einer Weiterentwicklung der synchronen Übertragungssteuerungs-Prozedur der amerikanischen Normenorganisation,
- HDLC (= Highlevel Data Link Control) der CCITT und der internationalen Normenorganisation,
- BDLC (= Burrough's Data Link Control) von Burrough,
- CDCCP (= CDC Communication Protocol) von Control Data,
- UDLC (= Univac Communication Protocol) von Univac,
- DECNET (= Übertragungsprotokoll von DEC.

Die Übertragungstechnologie umfaßt heute praktisch die Basisband- und die Breitbandsysteme. Basisbandsysteme sind dadurch ausge-

zeichnet, daß für sämtliche Datenstationen jeweils nur ein Daten-
übertragungskanal zur Verfügung steht, für den aber das gesamte
Frequenzband des Übertragungsmediums benutzt werden kann. Daher
kommt bei der Basisbandtechnik den Zugangsverfahren, welche den
Zugang zu allen den Übertragungskanal angeschlossenen Datenstationen regeln, eine große Bedeutung zu. Es gibt verschiedene Verfahren zur Basisbandkommunikation, die sich wesentlich durch den unterschiedlichen Grad der Modifikation und Modulation der Basis-
bandsignale unterscheiden:

- Verfahren mit Einfach- und Doppelstromimpulsen
- Verfahren mit Bipolar-Code
- Verfahren mit Bipolar-Code hoher Dichte
- Verfahren mit dem Biphasen-Code

Bei der Breitband-Technik werden in einem Übertragungsmedium (Kabel) mehrere gleichberechtigte Informationskanäle nebeneinander
für die unterschiedlichsten Kommunikationsdienste der Daten-,
Sprach- und Bildübertragung zur Verfügung gestellt. Die Breitband-
übertragung wird heute z.B. für das Kabelfernsehen (CATV = Cable
Television) verwendet. Die Steuerung der einzelnen Informationskanäle erfolgt über ein Frequenz-Multiplex-Verfahren. Daher müssen
alle an das Breitbandnetz angeschlossenen Teilnehmer über
spezielle Datenübertragungseinrichtungen (DÜE, z.B. über MODEMs
(MODEM ist eine Wortkontraktion aus Modulator und Demodulator) an
das Netz angeschlossen werden, wobei die Trägerfrequenzen der
MODEMs auf die den jeweiligen Teilnehmern zugewiesenen Informationskanäle eingestellt werden müssen. Falls eine DEE nur auf einem
festen Übertragungskanal Daten übertragen soll, so ist ein sogenanntes Festfrequenz-Modem (FFM = Fixed Frequency Modem) erforderlich, bei der Zuordnung von mehreren Kanälen wird ein variables
Frequenz-Modem (FAM = Frequency Agile Modem) notwendig. Außerdem
ist eine Kanalverwaltungslogik für die Frequenzzuteilung erforderlich, welche z.B. beim Aufbau von Wählverbindungen einen freien
Informationskanal ("Frequenz-Streifen" innerhalb des Breitbands)
zur Verfügung stellt.
Die gesamte Breite des Breitbandes umfaßt den Frequenzbereich von
10 bis 400 MHz. Die Aufteilung in die einzelnen Teilbänder hängt
stark vom jeweiligen Hersteller und von der Nutzungsart ab. Breitbandsysteme ermöglichen wesentlich höhere Übertragungskapazitäten

als Basisbandsysteme.

Auf weitere Details kann hier nun nicht eingegangen werden, es muß daher auf die Vorlesung "Datenfernübertragung und Rechnernetze" oder auf die am Ende dieses Kapitels angegebenen Lehrbücher verwiesen werden.

10.4 Öffentliche und private Netze, Übertragungsdienste der Deutschen Bundespost

Für die Datenübertragung und Datenfernverarbeitung stellt die Deutsche Bundespost heute die folgenden Dienste zur Verfügung:

- Öffentliches Fernsprechnetz,
- Telexnetz,
- Datex-Netz mit Leitungsvermittlung (Datex-L),
- Datex-Netz mit Paketvermittlung (Datex-P),
- öffentliche Direktrufnetz.

Das Fernsprechnetz ist ein öffentliches Wählnetz, das vor allem für die Sprachübertragung konzipiert wurde. Der Frequenzbereich liegt zwischen 300 und 3400 Hz. Das Wählnetz wird heute auch für die Datenübertragung zwischen DEE eingesetzt, hierfür stellt die Deutsche Bundespost ein Modem für einen 300/600/1200 Baud-Duplex-Betrieb und serieller Übertragung zur Verfügung. Das Telexnetz ist für die Übertragung fernschriftlicher Nachrichten vorgesehen. Die Zeichen werden mit der sehr geringen Übertragungsgeschwindigkeit von 50 bit/s übertragen, daher sind die Telexleitungen für die Datenübertragung zu langsam. Das Datex-L- und das Datex-P-Netz sind öffentliche Wählnetze speziell für die Datenübertragung. Der hauptsächliche Unterschied zwischen Datex-L und Datex-P liegt in der höheren Übertragungsgeschwindigkeit (bis zu 48 Kbit/s) von Datex-P und in der Anschlußmöglichkeit von Rechnersystemen unterschiedlicher Hersteller. Über sogenannte PAD's (package assembler disassembler) sind Netzübergänge vom Fernsprechnetz und Datex-L Netz in das Datex-P-Netz möglich.
Seit der Einführung eines vollelektronischen speicherprogrammier-ten Datenvermittlungssystems (mit EDS bezeichnet) bedienen sich der Datex-L- und der Datex-P-Dienst der gleichen vermittlungstech-

nischen Einrichtungen, nämlich des IDN (= Integriertes Text- und Datennetz auf der Basis einer Übertragungsgeschwindigkeit von 2400 Baud).

Das Datex-L-Netz stellt Leitungen mit verschiedenen Übertragungsgeschwindigkeiten zur Verfügung: Zwischen 50 und 300 bit/s asynchrone Übertragung, für 2400, 4800 und 9600 bit/s synchrone Übertragung. Weiterhin besteht die Möglichkeit der Kurzwahl und des Direktrufs. Bei der Kurzwahl erfolgt ein beschleunigter Aufbau der Verbindung durch Speicherung von bis zu 64 Rufnummern und Zuordnung dieser zu ein- bis zweistelligen Kurzrufnummern im EDS-Rechner. Beim Direktruf werden immer ein und dieselbe Datenstation angewählt, sodaß die Anwahl entfällt, wenn die Rufnummer im EDS-Rechner gespeichert ist. Weiterhin gibt es unterschiedliche Modi bezüglich der Gebührenabrechnung und Benutzungszeiten.

Das Datex-P-Netz gibt es erst seit 1980. Es unterscheidet sich vom Datex-L-Netz, bei dem eine Verbindung zwischen zwei Teilnehmern für eine bestimmte Dauer ständig geschaltet bleibt (**direkte** Verbindung), wesentlich dadurch, daß keine direkte, sondern eine **logische** (oder auch virtuelle) Verbindung aufgebaut wird. Eine DEE sendet hierbei die zu übertragenden Daten als "Datenpakete" einer bestimmten Länge an eine Vermittlungsstelle, einen Netzknoten, wo diese zwischengespeichert werden und die Adresse des Datenpakets ausgewertet wird. Dann wird das Paket in entsprechender Weise an weitere Netzknoten weitergeleitet, bis es an seinem Bestimmungsort angelangt ist. Die Netzknoten bestehen zur Zeit aus 18 Vermittlungsrechnern. Der Vorteil der Zwischenspeicherung in der Vermittlungsstelle liegt darin, daß die angeschlossenen Datenendeinrichtungen unterschiedliche Übertragungsgeschwindigkeiten erlauben. Die DEE selbst müssen von der Deutschen Bundespost zugelassen sein und die für das Datex-P-Netz vorgeschriebene Schnittstellenregelung X.25 der CCITT-Empfehlung erfüllen. Das Übertragungsangebot der Deutschen Bundespost umfaßt Hauptanschlüsse mit Übertragungsgeschwindigkeiten von 300, 1200, 2400, 9600 und 48 000 bit/s. Für 300 und 1200 bit/s ist der Zugang zum Datex-P-Netz vom Fernsprechnetz aus möglich, für 300 bit/s vom Datex-L-Netz aus. Es gibt spezielle Anpassungsdienste bei Datex-P. Zum Beispiel unterstützt Datex-P 20 zeichenorientierte, asynchron übertragende Datenendgeräte auf der Basis von X.28. Auch ist über Datex-P der Anschluß an ausländische Datennetze möglich, beispielsweise zum französischen

Datenübertragungsnetz Transpac, zum britischen PSS (Packet Swit-
ching System) und den Netzen Telenet und Tymnet in Nordamerika.

Derzeitig sind große Anstrengungen im Gange, ein integriertes
Telekommunikationssystem auf der Basis eines digitalisierten
Telefonsystems aufzubauen. Dieses riesige Vorhaben läuft zur Zeit
unter dem Begriff ISDN (= Integrated Services Digital Network),
wobei

I: bedeutet, daß statt mehrerer nebeneinander existierender
Fernmeldenetze nur noch ein universelles Netz benötigt wird,
dessen Basis das existierende Telefonnetz bildet,

S: steht für Services, d.h. alle zukünftigen Fernmeldedienste
wie Fernsprechen, -schreiben, -kopieren, Bild- und Datenkommunikation, werden über eine einzige Leitung den Netzteilnehmern zur Verfügung gestellt,

D: bedeutet, daß die Nachrichtenübertragung digital erfolgt,
d.h. die zeitlich analogen elektrischen Schwingungen werden
nach einer Amplituden-Diskretisierung punktweise in Form von
8-Bit-Kombinationen (Zeichen) kodiert, und diese Zeichen
werden dann, entweder bit-seriell oder bit-parallel mit Hilfe
geeigneter Übertragungsalgorithmen übertragen. Der Vorteil
einer einheitlichen digitalen Übertragung liegt in der
höheren Übertragungsgeschwindigkeit und der besseren
Übertragungsqualität,

N: bedeutet Netz oder Netzwerk: Das 64 Kbit/s Modellnetz der
ISDN-Konzeption baut zunächst noch auf dem vorhandenen Kup-
ferkabel-Leitungsnetz auf, die technische Entwicklung ten-
diert jedoch deutlich zur optischen Nachrichtenübertragung
auf Glasfaserkabeln; die dann größere Übertragungsbandbreite
erlaubt dann auch die schnelle Übertragung von bewegten Bildern.

ISDN-Anwendungen über öffentliche Netze werden in der BRD in einer
ersten Stufe ab 1988 möglich sein, und in den 90-er Jahren dann
für einen breiteren Anwenderbedarf zur Verfügung stehen. Im Rahmen
eines Industriebetriebs oder einer Verwaltungsorganisation kann
ISDN jedoch schon heute eingesetzt werden. Ohne hier eine Markt-
übersicht über Hersteller für Nebenstellenanlagen mit ISDN-Merkma-
len anzugeben, können im Rahmen verschiedener ISDN-Kommunikations-

systemen Fernsprechapparate, Textverarbeitungssysteme, Fernkopierer, generell Mehrfach-DEE verbunden werden.

Das öffentliche Direktrufnetz verbindet stets zwei Hauptanschlüsse für den Direktruf über eine Standleitung. Die Datenübertragungseinrichtungen sind Eigentum der Post, die DEE sind Privateigentum und benötigen eine Zulassung. Die privaten Datennetze umfassen weitgehend Mietleitungen, die einem Benutzer zum ständigen Gebrauch überlassen werden, etwa Telegraphenleitungen, Fernsprech- und Breitbandleitungen.

Seit 1981 ermöglicht die Bundespost mit der Einführung des Teletex-Dienstes Texte am Arbeitsplatz mit dem Fernschreiber zu erstellen und über Leitungen des öffentlichen Telex-Netzes zu übertragen. Die Kompatibilität der einzelnen Teletex-Stationen ist aufgrund der erforderlichen Zulassungsprüfung durch die Bundespost gesichert. Mit Hilfe eines TTU (= Teletex-Umsetzer) ist auch der Eintritt in den Teletex-Dienst innerhalb von Datex-L möglich. Die Übertragungsprozedur zwischen den Teletex-Endgeräten orientiert sich an der Empfehlung X.21 des CCITT. Durch die Integration des Teletex-Dienstes in das Datex-L Netz kann die Übertragung, anders als beim Telex-Betrieb, die Übertragung synchron und mit 2400 bit/s erfolgen. Die Übertragung einer Seite mit 2000 Zeichen dauert weniger als zehn Sekunden, der entscheidende Vorteil des Teletex-dienstes ist aber vielleicht, daß der Anschluß an ausländische Teletex-Netze möglich ist und dadurch weltweit jeder Teletex-Teilnehmer erreicht werden kann.

Im Rahmen des Telefax-Dienstes wird die Übertragung von Festbildvorlagen und deren Aufzeichnung am Empfangsort möglich. Mit Hilfe der Faksimile-Technik können feste Vorlagen wie Schreibmaschinenseiten, Zeichnungen oder Abbildungen originalgetreu innerhalb des bestehenden Fernsprechnetzes übertragen werden. Bei Telex oder Teletex wird der Text zeichenweise kodiert und übertragen, bei Telefax wird die zu übertragende Vorlage zeilenweise mit einem Lichtstrahl abgetastet, und die durch die unterschiedliche Reflexion des Lichtstrahls entstehenden Helligkeitsunterschiede werden in entsprechende elektrische Signale umgewandelt. Die hierbei erzeugte elektrische Signalfolge stellt also ein elektronisches Bild der Vorlage dar, und kann nach der Übertragung am Empfängerort wieder in die ursprüngliche Vorlage reproduziert werden. Allerdings kann die Qualität einer Fotokopie noch nicht erreicht werden, da die Auflösung nur 4 mal 4 Punkte in jedem Quadratmillimeter der Vorlage erlaubt. Diese wäre erst ab feiner Auflösung von 11 mal 11 Punkten möglich. Es ist aber nur eine Frage der Zeit bis die Übertragung der hiermit verbundenen wesentlich größeren Datenmenge in einer vernünftigen Zeit technisch möglich ist. Im Rahmen von ISDN wird dies wahrscheinlich bald möglich sein. Es gibt verschiedene Klassen von Telefax-Geräten, mit denen zur Zeit die Übertragung einer DIN A 4 - Seite in ein bis drei Minuten durchgeführt werden kann.

Seit 1984 bietet die Bundespost das Informationshilfsmittel Bildschirmtext (kurz BTX) an, bei dem das Fernsehgerät als Datensichtgerät eingesetzt werden kann, wenn bestimmte Zusatzeinrichtungen (Dekodierer) vorhanden sind. Mit Hilfe des Telefonnetzes ist es hierbei möglich Texte und Graphiken in jeden Haushalt zu übertragen. Der BTX-Teilnehmer kann beispielsweise bei einem Versandhaus die Lieferbarkeit eines bestimmten Artikels überprüfen und diesen gegebenenfalls sofort bestellen. Das BTX-Kommunikationssystem besteht aus der BTX-Leitzentrale und aus verschiedenen BTX-Vermittlungsstellen, die über das Telefonnetz verbunden sind. Längerfristig ist allerdings die Herstellung der Verbindungen zwischen einem BTX-Teilnehmer und den Vermittlungsstellen über Datex-P geplant.
Den Anbietern von BTX eröffnet sich durch den BTX-Verbund ein Rationalisierungspotential, das die hohen Kosten durchaus kompensieren kann. Die wichtigsten Vorteile von BTX liegen

- in der hohen Aktualität
- den vielschichtigen Zugriffsmöglichkeiten auf Datenbanken im Rahmen eines breiten Informationsspektrums
- in einem Rund-um-die-Uhr-Betrieb an sieben Tagen in der Woche

BTX kann dadurch in gewisser Weise zum Wettbewerbsfaktor werden. Insbesondere in den Bereichen, die stark durch externe Kommunikationsbeziehungen geprägt sind, etwa zwischen Kunden und Lieferanten, Kunden und Banken, auch für mittelständische Unternehmen, die selbst keine Rechnerkapazitäten besitzen, kann BTX Vorteile bringen. Gerade auch im Zuge des wachsenden PC-Marktes bietet BTX die unterschiedlichsten Anwendungsmöglichkeiten:

- im Bereich des Finanz- und Rechnungswesens lassen sich Bankgeschäfte abwickeln und Wirtschafts- und Finanzinformationen abrufen,
- im Einkauf und Vertrieb ist der rasche Zugang zu Informationen über Lager- und Kontenbestände, Produkt- und Preisinformationen, über Preis von Konkurrenzunternehmen u.v.a.
- im Bereich der Produktion und Entwicklung können beliebige Informationen über die Produktgestaltung technisch-wissenschaftlicher Art, über Patent- und Lizenzrechte, abgerufen werden,
- wenn ein Unternehmen über einen externen Rechneranschluß verfügt, wäre die Ausführung großer Programme, die selbst nicht auf der hausinternen Anlage möglich ist, über bestimmte Service-Rechenzentren, welche an das BTX-Netz angeschlossen sind, gegeben,
- auch könnte etwa von einem Mikrocomputer aus in festen Zeitabständen eine Verbindung zur BTX-Zentrale aufgebaut werden, um zu überprüfen, ob neue Mitteilungen vorhanden sind, und diese gegebenfalls sofort ausgibt,
- in dieser Weise könnten auch sich ständig ändernde Lagerbestands- und Preisdaten gewissermaßen automatisch in der von den autorisierten Teilnehmern zugänglichen Datenbank ständig aktualisiert werden,
- auch als "elektronischer Briefkasten" kann Zugang zu BTX gesehen werden, indem über ein spezielles Mitteilungsformat einem BTX-Teilnehmer eine Nachricht hinterlassen werden kann, und der Teilnehmer bei Einschalten seines Geräts einen Hinweis auf die vorhandene Mitteilung erhält.

Dennoch ist gegenwärtig aufgrund der sehr kontrovers geführten Diskussion über die Einsatzmöglichkeiten von BTX nicht sicher, ob sich BTX in der BRD in dem projezierten Ausmaß durchsetzen wird. Kritisiert wird die langsame Übertragungsgeschwindigkeit von 75 bit/s vom Teilnehmer zur BTX-Zentrale und 1200 bit/s in umgekehrter Richtung, der geringe Seiteninhalt und die vergleichsweise hohen Kosten für ein BTX-Angebot etwa eines Versandhauses oder einer Bank.

Die X.400-Empfehlung der CCITT für die Verbindung von unterschiedlichen Textnachrichtensystemen aus dem Jahre 1984 bietet auf der
Basis des OSI-Standards für offene Kommunikationssysteme für Endbenutzer eine Kombination von Teletex, Bildschirmtext und Telefax.
Diese Textnachrichtensysteme (Message Handling Systems), die Deutsche Bundespost bietet das Telebox-System an, sind vor allem für
die Industrie, Forschung und Entwicklung interessant. Die Industrie kann mit dieser neuen Art der Kommunikation eine verkaufs-
gesteuerte Produktion aufbauen, die heute beispielsweise in der
Automobilindustrie im Verbund mit der Zulieferindustrie immer
stärker in den Vordergrund rückt. Häufig sind heute schon die
Rechner der Zulieferfirmen mit denen des Automobilherstellers verbunden, sodaß Bestellvorgänge, Lagerbestandsführung, Rechnungs-
ausstellung weitgehend in einer automatisierten Interaktion
erfolgen können. Im Bereich der Touristik und des Hotelgewerbes
kann heute beim Einsatz von Textnachrichtensystemen schneller
disponiert werden, im Bereich der Forschung und Entwicklung
gereichen diese Systeme zur schnellen Erstellung von Fachtexten,
in die verschiedene Mitarbeiter an unterschiedlichen Orten
involviert sein können.

Die Gesellschaft für Mathematik und Datenverarbeitung (GMD) untersucht die Möglichkeit eines offenen Nachrichtenverbund für ihr
Computer-Konferenzsystem KOMEX, das Teletex-System der Deutschen
Bundespost und das EARN-Verbundnetz (EARN = European Academic and
Research Network) auf der Basis des X.400-Protokolls. EARN (siehe
auch Abschnitt 9.9) ist ein Verbund einer Reihe von wissenschaftlichen Rechenzentren unter den Betriebssystemen VM/CMS und MVS.
Der Hauptzweck der Einrichtung dieses Netzes ist die Verbesserung
der Kommunikation zwischen Wissenschaftlern an Universitäten und
Großforschungseinrichtungen. Das Netz wurde von IBM gestiftet,
außerdem wurde in jedem Teilnehmerland ein Großrechner zur Verfügung gestellt. EARN ist als privates Netz aufzufassen, es gibt
aber "gateways", einen technischen Übergang zu offenen Netzen des
X.400-Standards, die über HfD-Verbindungen erreicht werden können.
Umgekehrt kann der "gateway" von "außen" über Datex-P erreicht
werden. Der "gateway" kann als Empfänger von Nachrichten diese
zunächst zwischenspeichern und sie dann auf dem Weg zum Zielknoten
an einen geeigneten Nachbarknoten übergeben. Das Computerkonfe-
renzsystem KOMEX, ein "Computer-based Message and Conference Sy-

stem (CMBMS) läuft bei der GMD im Verbund von drei Siemens-Rechnern. Von jedem dieser drei Rechner können Teilnehmer auf den anderen Rechnern erreicht werden, vorausgesetzt daß sie autorisiert sind. Dieses Verbundsystem enthält Möglichkeiten zur Erstellung von Texten, zur Weiterleitung und Ablage von Nachrichten, und zur Herstellung einer Verbindung zum offenen X.400 - Netz.

Weiterentwicklungen des Fernsprechdienstes, die im Rahmen von ISDN zukünftig abgewickelt werden können, betreffen die Fernsprechkonferenz, Voice Mail, und den Bildfernsprecher. Bei der **Fernsprechkonferenz** können heute schon mehrere Fernsprechteilnehmer gleichzeitig miteinander sprechen, allerdings bestehen noch eine ganze Reihe durch die Fernmeldeordnung auferlegte Restriktionen, die zukünftig aufgrund der technischen Verbesserungen nicht mehr erforderlich sein werden. **Voice Mail** ähnelt dem Mitteilungsdienst von BTX, wobei allerdings akustische Sprachinformation in einen Sprachspeicher des Empfängers übertragen wird und von dort jederzeit abgerufen werden kann. Es ist auch überlegt worden, daß der Sender seine gewünschte Übertragungsinformation in seinen eigenen Sprachspeicher einlegt, die dann zu einem vorher fest vereinbarten Zeitpunkt vom Empfänger abgerufen werden kann. Dies würde eine andere Art von "Anrufbeantworter" darstellen. Beim **Bildfernsprecher** werden neben dem herkömmlichen Ferngespräch noch zusätzlich Bilder (des Fernsprechteilnehmers, von Gegenständen u.a.) übertragen. Hierzu laufen heute die Testversuche BIGFON.

Es gibt in jüngster Zeit noch andere Übertragungsdienste, die wie BTX weitgehend nur Texte übertragen. **Videotext** ist ein neuer Übertragungsdienst, der zum Übermitteln der Texte nicht das Fernsprechnetz wie bei BTX verwendet, sondern die sog. Austastlücke des Fernsehprogramms. Hierbei werden in der bei Fernsehprogrammen üblichen Weise parallel zum Fernsehbild in den nicht benötigten Frequenzen Zusatzsignale übertragen, die beim Empfänger mit Hilfe eines Zusatzgeräts auf dem Fernsehbildschirm sichtbar gemacht werden können. Analog wie bei BTX werden hierbei dem Fernsehschirm entsprechende Seiten aufgebaut, die in bestimmten Zeitabständen wiederholt werden. Würde man für den Videotext einen eigenen Fernsehkanal zur Verfügung stellen, so könnten die Seiten ständig gezeigt werden (etwa wie in Frankreich). In der BRD wird der von Videotext ausgestrahlte Text meist in Beziehung zum Fernsehprogramm in Form von Untertiteln verwendet, hierfür ist die Austastlücke des Fernsehkanals ausreichend. Einen erweiterten Videotext könnte zukünftig der **Kabeltext** darstellen, der jede Art von Textkommunikation über Breitbandkabel ermöglicht und einen eigenen Kanal erhält.

Weitere Kommunikationsdienste, die in Zukunft sowohl von der Deutschen Bundespost als auch von privaten Gesellschaften angeboten werden, sind die sog. **Festbildkommunikationsdienste**, die feststehende Bilder von Teilnehmer zu Teilnehmer übertragen können. Hierzu zählt die **Faksimilezeitung**, die über das Fernmeldenetz oder spätere ISDN-Netz zum Verbraucher übertragen und dort ausgedruckt werden kann. Dieses Dienstleistungsangebot wird heute schon im Rahmen von BTX und TELEFAX realisiert. Weiterhin ist das **Fernsprecheinzelbild** zu nennen, wobei einzelne Festbilder im Rahmen einer Individualkommunikation übertragen und auf einem Bildschirm sichtbar gemacht werden. Auf der Senderseite wird das Bild durch eine Kamera aufgenommen, in einem Bildspeicher festgehalten und dann zum Empfänger übertragen. **Bewegtbilder** können in Zukunft im Rahmen von ISDN über Kanäle mit Fernsehbandbreite ebenfalls übertragen oder aus Bild-Datenbanken abgerufen werden.

Bei der **Umweltkontrolle** werden in neuester Zeit sog. Fernwirk-, Fernmeß- und Fernbeobachtungsdienste angeboten, mit denen bestimmte Dienstleistungen unter Zuhilfenahme von Telekommunikationsmitteln "aus der Ferne" vorgenommen werden können. Bei der **Fernmessung** können spezifische Werte (Temperatur, Energieverbrauch, Schadstoffemission, usw.) von räumlich entfernten Objekten erfaßt und ausgewertet werden. Hierzu ist ein Meß-, Steuerungs- und Beobachtungsgerät erforderlich, über welche die Fernmessung veranlaßt und über einen Rückkanal eine Rückkopplung ermöglicht wird. Für die Rückmeldungen der sog. Fernwirkdienste sind meist einfache Fernsprechkanäle ausreichend. Die Bundespost bietet hierfür den Dienst TEMEX an, bei dem weitgehend unbenutzte Frequenzbänder des Fernmeldenetzes verwendet werden. Die **Fernüberwachung** zählt ebenfalls zu den Fernwirkdiensten, im Rahmen derer sich die Überwachung von Objekten und (vielleicht auch von Personen) aus der Ferne steuern läßt. Das unerlaubte Eindringen in die Privatsphäre von Einzelpersonen, Industriespionage und andere kriminelle Überwachungsaktionen werden durch diese Dienste möglich, daher

müssen personenschutz- und datenschutzrechtliche Voraussetzungen
geschaffen werden, welche zu einer strafrechtlichen Verfolgung bei
Mißbrauch der Fernwirkdienste führen.

10.5 Lokale Netze

Aufgrund der unterschiedlichen Benutzeranforderungen verlangen
heute die Abwicklung der hiermit verbundenen Aufgaben auf den in
den vergangenen Abschnitten bereits erwähnten spezialisierten Geräten. Um möglichst vielen Benutzern diese verschiedenen Dienstleistungen zur Verfügung zu stellen, ging die Entwicklung hin zur
Zusammenkopplung der spezialisierten Geräte wie Arbeitsplatzcomputer, Bildschirmterminals, Fernschreiber usw. zu einem großen Anla-
genkomplex. Diese Kopplung kann räumlich begrenzt, etwa innerhalb
eines Unternehmens, durch sogenannte lokale Netze (LAN = Local
Area Networks), in geographisch weiter auseinanderliegenden Rech-
nerstrukturen, etwa der Rechner- und Datenbankverbindungen von Un-
ternehmenszweig-Betrieben in verschiedenen Großstädten, durch globale Netze realisiert werden. Die maximale Ausdehnung von lokalen
Netzen kann zwischen mehreren hundert Metern und zwei bis drei Kilometern variieren.
Der Grundgedanke bei der Entwicklung von lokalen Netzen war, für
den Verbund der verschiedenen, herstellerabhängigen und daher
meist inkompatiblen Rechner- und Textverarbeitungssysssteme,
Schnittstellen im Sinne intelligenter Kommunikations-"Steckdosen"
zur Verfügung zu stellen, sodaß jede beliebige Kommunikation zwischen zwei Teilnehmern möglich wird. Im Bereich der Bürokommunikation ist ein gewisser Wettstreit zwischen dem Konzept der Dezentralisierung von DV-Leistungen und deren Kopplung über ein Netz,
und der mehr auf Zentralisierung ausgerichteten PBX. PBX haben gewisse Vorteile bei der Sprachübertragung, aber aufgrund der wesentlich höheren Übertragungsrate (bis zu 64 Mbit/s) und der sehr
geringen Fehlerrate werden sich langfristig, gerade auch im Zuge
der ISDN-Entwicklung, die lokalen Netze durchsetzen. PBX gestattet
gleichzeitig eine hohe Teilnehmerzahl bei gleichmäßigem Datenfluß
und bei mittleren Datenraten, während LAN sich für Stoßlastüber-
tragungen mit hohen Datenraten und kurzen Verweilzeiten, aller-

dings bei nur geringer Teilnehmeranzahl, eignet. Bei PBX machen einige Tausend Teilnehmer keine Schwierigkeiten, während bei LAN die Bedienung schon von vielleicht hundert Teilnehmern große Probleme aufwirft. Ein Vorteil von PBX ist vielleicht zur Zeit noch, daß das vorhandene Fernsprechnetz verwendet werden kann, während bei LAN die Neuverlegung von Basisband- oder Breitbandkabeln erforderlich ist.

Für die Konzeption von lokalen Netzen haben sich im Laufe der Zeit unterschiedliche Netzstrukturen, oder auch Netztopologien herausgebildet, die je nach Verwendungsart Vor- und Nachteile aufweisen (Abb.65).

Es lassen sich zwei Arten von Übermittlungsformen unterscheiden: Bei der direkten Übermittlung erfolgt die Übertragung der Nachrichten direkt zum Empfänger, während bei der indirekten Übertragung meist Zwischen- oder Vermittlungsrechner dazwischengeschaltet sind, und die "Tour", das heißt der Weg über bestimmte Netzknoten, muß mit speziellen Algorithmen ermittelt werden. Ein weiteres Unterscheidungsmerkmal zwischen den verschiedenen Netzwerkstrukturen ist die Übertragungswegstruktur. Diese legt fest, ob die Übertragung über fest zugeteilte Leitungen erfolgt, oder über eine gemeinsame Leitung, einen Bus.

LAN-Netztopologien				
direkte Übermittlung		indirekte Übermittlung		
Einpunkt-Verbindungen	Mehrpunkt-verbindungen	Einpunkt-Verbindungen		Mehrpunkt-Verbindungen
Ring ohne zentralem Vermittler	Bus ohne zentralen Vermittler	Stern	Ring mit zentr. Verm.	Bus mit zentralem Vermittler

Abb. 89: Netztopologien für lokale Netze

Bei einem **Sternnetz** mit zentralem Vermittler laufen sämtliche Nachrichten über einen Hostrechner, der den gesamten Betrieb auf dem Netz überwacht und die Nachrichten an die entsprechenden Zielknoten des Netzes weiterleitet. Vorteil dieser Topologie ist die leichte Änderbarkeit, etwa durch Hinzunahme weiterer Stationen im Netz, ein Nachteil liegt in der geringen Ausfallsicherheit. Aufgrund der Punkt-zu-Punkt-Verbindung ist das gesamte Netz lahmgelegt, wenn einer der Netzknoten ausfällt. Dennoch ist der Stern aufgrund der einfachen Realisierbarkeit eine sehr häufig verwendete Netzform.

Bei der **Ringstruktur** entspricht die Anordnung der Stationen einem Ring. Die Nachrichten werden in einer Richtung von Station zu Station weitergereicht, jede Station überprüft hierbei, ob die Nachricht für sie bestimmt ist. Ringstrukturen sind ebenfalls sehr unsicher, da die Funktionstüchtigkeit vom Funktionieren jeder einzelnen Station abhängt. Dieses schlechte Fehlerverhalten kann man durch Einführung einer weiteren Bypass-Leitung verringern. Tritt ein Fehlerfall im Primärring auf, so überbrückt die Bypass-Leitung die defekte Datenstation, indem vor ihr die Nachricht auf die zweite Leitung (in derselben Richtung) gegeben wird, und nach ihr wieder auf den Primärring übergeben wird. Dieses Verfahren erhöht zwar die Ausfallsicherheit erheblich, ist aber sehr teuer, zumal die zweite Leitung meist nicht genutzt wird. Eine andere Methode, den Ring bei Ausfall gewisser Netzstationen funktionsfähig zu halten, ergibt sich dadurch, daß man von jeder Station zwei Leitungen zur nächsten und übernächsten Station abgehen und damit ausgefallene Nachbarstationen überbrückt werden können.
Wie beim Sternnetz kann man die Ringstruktur mit und ohne zentralen Vermittler betreiben. Ohne zentralem Vermittler werden die Nachrichten von Knoten zu Knoten durch Zwischenspeicherung weitergereicht. Bei Vorhandensein eines zentralen Vermittlers laufen alle Nachrichten in den Vermittler ein, werden dort mit der entsprechenden Zieladresse versehen und von Knoten zu Knoten bis zum Zielknoten weitergereicht. Fällt allerdings der zentrale Vermittlungsrechner aus, ist überhaupt keine Kommunikation im Netz mehr möglich. Sinnvoll ist der Einsatz eines Vermittlungsrechners besonders dann, wenn mehrere Ringe gebildet werden und diese gemeinsam einen zentralen Vermittlungsrechner besitzen.

Eine weitere Netzform wäre die vollständige Vernetzung der Datenstationen, indem jeder Knoten mit jedem Knoten durch eine Leitung verbunden ist. Da hier der Datentransport über verschiedene Teil-

strecken möglich ist, kann bei dieser Topologie eine größtmögliche
Ausfallsicherheit gewährleistet werden, allerdings sind die Verfahren zur Laufweg-Ermittlung entsprechend aufwendig (Kürzeste
Wege-Probleme), ebenso ist die Erweiterung des Netzes nur mit er-
heblichem Aufwand möglich, da die Hinzunahme eines weiteren Knotens - bei n vorhandenen Knoten - weitere n-1 Leitungen erfordert.
Diese Netzform ist also für Anwendungsbereiche interessant, wo
größte Ausfallsicherheit oberste Priorität hat, und die Kosten nur
von untergeordneter Bedeutung sind. Auch was die Komplexität der
Wegauswahlverfahren und der damait verbundene Rechenaufwand angeht, ist diese Netztopologie nur für eine kleinere Anzahl von
Netzknoten geeignet.

Die **regulären** Netzstrukturen stellen eine kostengünstige Alternative zur vollständigen Vernetzung dar. Jeder Knoten ist hier mit
gleich vielen Nachbarknoten verbunden. Diese regulären Strukturen
treten vor allem bei VLSI-Strukturen auf Mikrochips auf, für lokale Netze haben sie keine praktische Bedeutung.

Das **Liniennetz** ist ebenfalls eine Punkt-zu-Punkt-Verbindung einer
offenen Ringstruktur. Mit geringen Kosten läßt sich dieses Netz um
neue Knoten erweitern, denn es wird nur eine weitere Teilstrecke
benötigt. Allerdings braucht man bei der Linienstruktur mindestens
Halbduplex-Leitungen, damit der Nachrichtenstrom nach vorne und
nach rückwärts umgeschaltet werden kann. Beim unidirektionalen
Ring genügen Simplex-Leitungen. Auch hat das Liniennetz gegenüber
dem Stern gewisse Vorteile, denn bei Ausfall einer Station z.B. im
mittleren Bereich des Liniennetzes würde das Netz in zwei, jedes
für sich immer noch funktionsfähige, Teil-Liniennetze zerfallen,
während das Sternnetz vollständig ausfallen würde.

Bei der Übertragung über einen **Bus** mit zentralem Vermittler laufen
sämtliche Nachrichten über eine gemeinsame Leitungsschiene vom
Vermittler zum Zielknoten. Je nach der zugrundegelegten Organisation unterscheidet man zwischen uni- und bidirektionalen Busstruk-
turen. Häufiger verwendet werden die bidirektionalen Busse, bei
denen jede an den Bus angeschlossene Station sowohl senden als
auch empfangen kann. Jede Station kann mit jeder anderen kommunizieren, der Aufbau ist sehr einfach und damit kostengünstig zu
realisieren, die Datenübertragungsraten sind extrem hoch. Fällt

ein Knoten aus so sind die übrigen Netzteilnehmer nicht davon betroffen, sondern der Übertragungsbetrieb kann ungestört weitergehen. Lediglich der Ausfall des Busses selbst würde das Netz funktionsunfähig machen, die Wahrscheinlichkeit hierfür ist aber sehr gering.

10.6 Token-Ring und CSMA-Verfahren

Die Regeln für die Nutzung des Übertragungsmediums und für den Zugang zu einem Netz lassen sich in statistische und deterministische Zugangsregelungen oder Zugangsverfahren unterteilen. Bei deterministischen Verfahren ist der Zugang zum Netz fest geregelt (deterministisch), während bei statistischen Zugangsverfahren der Zugriff wahlfrei (random access) erfolgen kann. Ein deterministisches Zugangsverfahren erlaubt das Token-Ring Konzept, das vermutlich zukünftig zum Standard für die Vernetzung von Arbeitsplatzcomputern werden könnte, ein statistisches Zugangsverfahren ist das CSMA/CD- und das CSMA/CA-Verfahren (CSMA = Carrier Sense Multiple Access, CD = Collission Detection, CA = Collission Avoidance). Auf diese beiden, heute praxisrelevanten, Zugangsverfahren wollen wir im folgenden näher eingehen.

Das Token-Ring Verfahren setzt ein Ringsystem voraus. Unter einem "Token" wird ein spezielles Bitmuster, welches auf dem Ring "zirkuliert", verstanden. Dieses Token regelt die Sendeberechtigung für die einzelnen Ringstationen. Man unterscheidet zwischen einem freien und einem belegten Token. Ist eine sendewillige Station im Besitz eines freien Token, so hat diese Station die momentane Kontrolle über das Ringnetz. Sie kennzeichnet das Token nun als belegt und hängt an das Token das zu übertragende Datenpaket an. Beim Weiterreichen des Datenpakets prüft die jeweilige Datenstation, ob das Datenpaket für sie bestimmt ist. Erkennt die Zielstation, daß das Datenpaket für sie bestimmt ist, kopiert sie das Datenpaket, setzt im Token ein Markierungszeichen für den korrekten Empfang der Nachricht und schickt das belegte Token weiter, bis es an der Sendestation angelangt ist. Die Sendestation entfernt das Belegt-Token vom Ring, erzeugt ein neues Frei-Token und reicht

dieses an die Folgestation im Ring weiter. Wichtig ist, daß die Sendestation das freie Token weiterreichen muß, auch wenn sie einen weiteren Übertragungsbedarf hat. Dadurch wird verhindert,daß eine Station das Übertragungsmedium für sich allein beansprucht, und die anderen Ringstationen überhaupt nicht zum Zug kommen. Vorteile hat das Token-Prinzip gegenüber dem noch zu erläuternden CSMA-Verfahren bei hohem "Verkehrsaufkommen": Unabhängig vom Nachrichten-Stau in den einzelnen Ringknoten wird aufgrund einer festgelegten Maximallänge des Datenpakets ständig reihum bedient, ohne daß es zu einem Zugangswettbewerb wie beim CSMA-Verfahren kommen kann. Das Datenpaket selbst besteht aus einem Paketkopf (header), dem Datenteil und einem Schlußteil. Der Header enthält
  - die Zieladresse der Empfängerstation
  - das Belegt-/Frei-Bit
  - ein Monitor-Count-Bit, welches zur Ringüberwachung dient,
der Schlußteil enthält
  - einen Datenbereich für das "ACK" (= Acknowledgement), also der
    Empfangsbestätigung
  - eine Prüfsumme im Rahmen eines bestimmten Parity-Bit-Überprüfungsverfahrens.

Die Ring-Interfaces der einzelnen Ringstationen können entweder im "Hören"- oder im "Senden"-Zustand sein. Im Hören-Modus kann der Kopiervorgang erfolgen, im Senden-Modus werden das Datenpaket auf den Ring geschoben bzw. bei Rückkehr des Belegt-Tokens wieder vom Ring genommen. Das Belegt-Token und das Frei-Token unterscheidet sich nur durch ein Bit, daher wird zur Sicherheit von einer als Master ausgezeichneten Ringstation beim Vorbeikommen des Belegttokens das Monitor-count-Bit verändert. Würde nun beispielsweise durch irgendeine Fehlersituation bedingt, das Belegt-Token ständig im Ring kreisen, so würde dies bereits beim zweiten Durchlauf von der Monitor-Station erkannt werden. In diesem Falle nimmt die Master-Station das Belegt-Token samt Datenpaket vom Ring, erzeugt ein neues Frei-Token und veranlaßt gegebenenfalls die zuvor sendende Station zur erneuten Datenübertragung. Bei einem Ausfall der Master-Station selbst, ist meist vorgesehen, daß eine andere Ringstation die Monitor-funktion übernimmt.

Es gibt für das Token-Prinzip verschiedene Organisationsformen:

a) Beim Single-Token wird das Frei-Token erzeugt, wenn die Sendestation den Kopf des Datenpakets zurückerhalten hat,

b) beim Single-Frame-Token-Ring wird ein neues Token erst erzeugt, wenn der Sender die gesamte Nachricht erhalten hat,

c) beim Multiple-Token-Ring kann höchstens ein Frei-Token, aber mehrere Belegt-Token gleichzeitig auf dem Ring sein. Dieses Verfahren beschleunigt die Übertragung, allerdings sind bei einer zu großen Anzahl von Belegt-Tokens Kollissionen möglich.

Der **Wettbewerbsring** arbeitet prinzipiell wie das bisherige Token-Verfahren, mit dem Unterschied, daß kein Token auf dem Ring kreist, wenn keine Station Übertragungsbedarf hat. Bei Übertragungsbedarf erzeugt eine sendewillige Station ein Frei-Token und hängt das Nutzdatenpaket an. Wenn ein Token auf Ring ist, muß sie warten, bis ein Frei-Token bei ihr vorbeikommt. Ein Frei-Token, das einmal den Ring umrundet und es keine sendewillige Station beansprucht, wird vom Master vom Ring genommen, sodaß wieder der ursprüngliche Zustand eines freien Rings hergestellt ist.

Beim **Slotted Ring** wird die Umlaufzeit für die Tokens bzw. für die Datenpakete gedrosselt. Durch diese Übertragungsverzögerung wird das Netz zu einer Art zirkulierendem Speicher für die Datenpakete ("zirkulierendes Schieberegister"). Die Bezeichnung Slotted Ring kommt daher, daß diese Speichereinheiten oder Register von der Master-Station in Zeitscheiben (slots) mit konstanter Länge eingeteilt wird. Das erste Bit eines slots gibt den Status des slots an, ist das Bit gleich "0", so ist das Slot frei und eine sendewillige Station, kann ein gerade vorbeikommendes freies Slot mit zu übertragenden Daten "beladen". Weiterhin enthält ein Slot ein spezielles Quittierungsbit. Wie beim Token-Ring erfolgt die Freigabe des Slots nach erneutem Eintreffen des Slots beim Sender, wo dann die Freigabe des Slots erfolgt. Der "Cambridge-Ring" ist ein Slotted Ring. Er arbeitet auf der Basis des Vollduplex-Betriebs, es können maximal 256 Ringstationen angeschlossen werden. Die Übertragungsgeschwindigkeit beträgt maximal 10 Mbit/s. Im Vergleich zu den Datenpaketen beim Token-Verfahren sind die Slots als Mini-Datenpakete zu verstehen. Ein Slot setzt sich aus den folgenden Bits zusammen:

Start- Bit	Frei/ Belegt	Monitor- Count	Ziel- ad- resse	Sender- adresse	Nutz- daten	ACK	Pari- täts- Bit
1 Bit	1 Bit	1 Bit	8 Bits	8 Bits	16 Bits	2 Bit	1 Bit

Abb. 90: Aufbau eines Slots

Der Slotted Ring wird trotz der erzwungenen Verlangsamung der Übertragungsgeschwindigkeit wegen der sehr einfachen technischen Realisierung, insbesondere für Echtzeit-Anwendungen, häufig verwendet.

Was die eingangs erwähnten statistischen Zugangsverfahren angeht, ist das CSMA/CD-Verfahren, das zum Beispiel bei ETHERNET eingesetzt wird, am weitesten verbreitet. Charakteristisch für diese Random-Access-Verfahren ist, daß nicht wie beim Token-Prinzip eine feste Vorschrift für den Zugang zum Übertragungsmedium einzuhalten ist, sondern jede Station bekommt den Zugang, wenn momentan kein Übertragung stattfindet. Wenn also eine Station eine Nachricht übertragen will, prüft sie zunächst, ob das Übertragungsmedium frei ist ("Windhund-Prinzip", Carrier Sense) und beginnt gegebenenfalls sofort mit der Übertragung. Hierbei sind allerdings Konflikt- bzw. Kollissions-Situationen möglich, wenn mehrere Stationen praktisch gleichzeitig versuchen, Zugang zum Übertragungsmedium zu bekommen. Um solche Kollissionen zu erkennen hören die sendenden Stationen ihre eigene Übertragung mit und brechen diese sofort ab, wenn sie den gleichzeitigen Sendebeginn einer anderen Station erkannt haben (Collission Detection). Sämtliche an einer Kollission beteiligten Stationen müssen ihre Übertragung wiederholen, dabei werden nach einem Zufallsprinzip die Startzeitpunkte für die Übertragungsvorgänge festgelegt. Findet eine sendewillige Station das Übertragungsmedium belegt, so verschiebt sich der Zeitpunkt für den erneuten Übertragungsbeginn nach einer der folgenden Protokollvorschriften:

a) Es wird der Übertragungswunsch zurückgestellt und nach einer nach einem Zufallsprinzip gewählten Wartezeit erneut wiederholt (non-persistent),
b) Der Kanal wird ununterbrochen von der sendewilligen Station abgehört, und beginnt ihre Übertragung sobald der Kanal frei

ist. Dieses Prinzip führt zu einer sicheren Kollission, wenn mehrere Stationen auf die Beendigung dieser Übertragung warten, um dann sofort mit ihrer Übertragung zu beginnen (1-persistent).

   c) p-persistence (0 < p < 1): Die sendewilligen Stationen hören den Kanal ununterbrochen ab, und beginnen nach Freiwerden des Mediums ihre Übertragung aber nur mit der Wahrscheinlichkeit p. Mit der Wahrscheinlichkeit 1-p erwarten sie einen belegten Slot. Dieses Prinzip wird mehrfach durchgeführt, sodaß zumindest der sichere Konfliktfall wie bei p=1 vermieden werden kann.

Es gibt eine große Anzahl von CSMA-Protokollen, die sich hinsichtlich der unterschiedlichen Handhabung des Netzzugangs, der Konflikterkennung und -bereinigung unterscheiden. Der Kanalzugang kann beim CSMA-Verfahren durch Einführung des Slot-Prinzips (ähnlich wie beim Slotted Ring) effizienter gestaltet werden. Auch hier wird die Zeit in Abschnitte fester Länge eingeteilt und mit der Übertragung nur bei einem freien Slot begonnen.

Eine andere Möglichkeit der Konfliktvermeidung bieten die CSMA-verfahren mit Prioritätensteuerung. Alle sendewilligen Stationen müssen hierbei unterschiedliche Verzögerungszeiten bis zum Beginn der nächsten Übertragung einhalten. Diejenige Station mit der momentan kürzestesten Verzögerungszeit erhält dann das alleinige Zugangsrecht zum Übertragungskanal. Bei solchen Reservierungsverfahren wird zwischen statischen und dynamischen Reservierungstechniken unterschieden. Das bekannteste statische Verfahren ist das TDMA (Time Division Multiple Access), welches allen Stationen Zeitscheiben für die Übertragung zur Verfügung stellt, unabhängig davon, ob sie genutzt werden oder nicht. Die Slots können hierbei speziell an den Erfordernissen der beteiligten Datenstationen ausgerichtet sein, womit eine hohe Auslastung des Netzes einhergeht. Es gibt auch Verfahren, bei denen die Zeitpunkte der Übertragung von den sendewilligen Stationen vorausberechnet werden können. Dieses Verfahren ist allerdings nur empfehlenswert, wenn die Teilnehmeraktivitäten einigermaßen gleichmäßig im Zeitverlauf erfolgen. Statische Prioritätenschemata sind für stark schwankende Teilnehmeranforderungen zur Datenübertragung nicht geeignet. Anders ist es bei den dynamischen Schemata mit zentraler und dezentraler Kontrolle. Bei zentraler Kontrolle werden für eine Station von der Master-Station bestimmte Slots reserviert, dadurch sind weitgehend Kollissionen vermeidbar, bei dezentraler Kontrolle wird die Reservierung durch verschiedene Teilnehmerstationen vorgenommen.

In gemischten Prioritätenschemata wird versucht, die Reservierungstechnik und das Random-Access Prinzip zu verbinden. Ein Beispiel ist das "Slotted Ethernet" - Konzept. Hierbei wird die Zeitachse in Slots fester Länge eingeteilt. Wenn mit N die Anzahl der Netzteilnehmer bezeichnet wird, so wird jeder Slot in N+2 Mini-Slots zerlegt, wobei zwei Minislots für Steuerungszwecke verwendet werden und die Zeitdauer für jeden Mini-Slot ausreichen muß, um wenigstens eine Prioritätsmeldung absetzen zu können.Eine Station versucht nun eine Übertragung in einem nicht reservierten Slot, der durch einen nicht belegten ersten Mini-Slot ausgezeichnet ist. Falls nun mehrere Teilnehmer gleichzeitig eine Übertragung versuchen, so melden die am Konflikt beteiligten Stationen ihre Ordnungszahl in dem ihnen jeweils in der Reservierungsphase zugeordneten Mini-Slot. Die Teilnehmer bekommen in absteigender Reihenfolge ihrer Ordnungszahlen einen weiteren Mini-Slot zugewiesen bzw. reserviert. Hierbei können vier unterschiedliche Slot-Typen auftreten:

a) "frei", d.h. es existiert im Augenblick kein sendewilliger Teilnehmer,

b) "Konflikt": Wenn der erste Mini-Slot leer und damit nicht reserviert ist, und der zweite mehrfach belegt, kann der Konflikt erkannt, und die Übertragung abgebrochen werden. Aus den Prioritätsmeldungen der am Konflikt beteiligten Teilnehmer, welche in den Mini-Slots 3,...,N+1 enthalten sind, ergibt sich nun die automatische Reservierung für nachfolgende Slots,

c) "Nicht reserviert", aber konfliktfrei: In dieser Situation kann eine Datenstation ohne Konflikt senden, denn der ersten Mini-Slot ist leer und der zweite ist von genau einem Benutzer belegt,

d) "reserviert": Der erste Mini-Slot enthält eine spezielle Kennung derjenigen Datenstation, die den Slot für sich reservieren will.

Dieses Prinzip garantiert einen ungestörten Zugang zum Netz, wobei Datenstationen mit einer höheren Prioritätszahl länger warten müssen.

Speziell für den Bereich der Bürokommunikation ist das von Xerox entwickelte, und heute am weitesten verbreitete LAN mit der Bezeichnung ETHERNET zu nennen. ETHERNET verwendet Random-Access-Zugriffsmechanismen auf der Basis von CSMA/CD. Die Steuerung der Länge des nach einer Konfliktsituation festzulegenden Verzögerungsintervalls erfolgt durch einen sogenannten BEB (= Binary Exponential Backoff), mit dem die Verzögerungsintervalle bis zum zehnten Versuch der wiederholten Übertragung unterschiedlich festgelegt werden, ab dem zehnten Versuch die Verzögerungsintervalle gleich lang gewählt werden, und nach dem 15. Versuch die Übertragungsversuche abgebrochen werden.

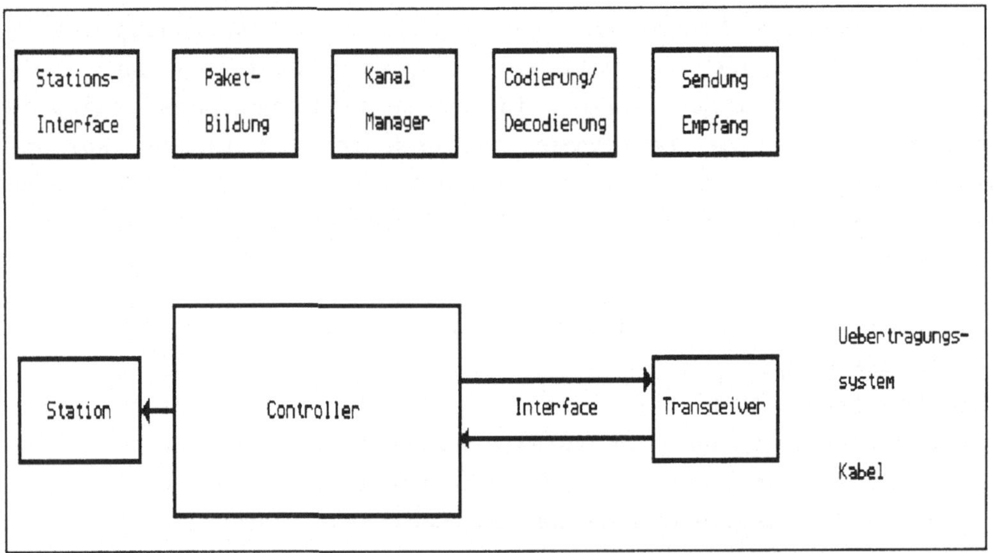

Abb. 91: Basiskomponenten des ETHERNET

Die Basiskomponenten des ETHERNET sind

- eine Datenstation, also ein Rechner, ein intelligentes Ein-/Ausgabegerät, die mit dem Netz kommuniziert,
- ein Controller, in dem die Funktionen und Algorithmen realisiert werden, welche die Datenstation für einen Netzzugang benötigt. Hierzu gehören die Seriell-Parallelumsetzung,

Adreßidentifikation, das CSMA/CD-Verfahren und die Paketbildung. Diese Funktionen sind weitgehend in Mikrocode realisiert, und können in Sende- und Empfangsstationen implementiert werden.

- das Übertragungssystem (Basisband), welches alle Komponenten für die Herstellung des Verbindungswegs zwischen den Controllern enthält. Hierzu gehören das Kabel, die Sende- und Empfangseinheiten (Transceiver, Repeater).

- das Interface, welches die Controller mit dem Übertragungssystem über Leitungen verbindet, weiterhin veranlaßt es die Übertragung von Steuerungs- und Statusinformationen. Im einfachsten Fall kann das Interface durch ein Mehrfachkabel realisiert sein, den Kommunikationsablauf steuert der Controller.

Das Protokoll für die Zugriffssteuerung ist im Controller implementiert. Die physikalische Leitungsverbindungen sind Kabel, Verbindungsstücke, spezielle Anschlußstücke (taps) und Abschlußstücke. Die Transceiver enthalten die Technik für das Basisbandübertragungssystem, Mechanismen für das "Carrier Sensing" und das Erkennen von Kollisionen.

Ein Datenpaket bei ETHERNET umfaßt eine Folge von minimal 72 und maximal 1526 8-Bit-Bytes. Ein Paket besteht aus

- einer 8-Byte Präambel,
- einer 6-Byte Zieladresse,
- einer 6-Byte Quelladresse (Absender),
- einem 2-Byte Typfeld
- einem 4-Byte CRC-Feld (CRC = Cycling Redundancy Checksum)
- und n Nutzdaten-Bytes.

Jede Station prüft das Feld "Zieladresse" und kann dann entscheiden, ob das Paket für sie bestimmt ist. Das erste Bit der Zieladresse gibt den Adreßtyp an: Eine "0" zeigt an, daß es sich um die Adresse einer einzelnen Station handelt, eine "1" zeigt an, daß es sich um mehrere, logisch zusammenhängende Zielstationen handelt. Die restlichen 47 Bit-Stellen der Zieladresse erlauben 2^{47} verschiedene Adressen darzustellen. Das Feld "Quelladresse" enthält die Adresse des Absenders der Nachricht. Das "CRC"-Feld enthält einen Redundanzprüf-Code, der für die zyklische Blocksicherung (siehe Vorlesung "Datenfernübertragung und Rechnernetze") erforderlich ist.

Das ETHERNET besteht aus bis zu 500 Metern langen Kabelsegmenten, an die mehr als 100 Stationen angeschlossen werden können. Über Repeater können bis zu jeweils fünf Segmente verbunden werden, sodaß mit der ETHERNET-Technik auch Baumstrukturen von Stations-Konfigurationen möglich sind. Die äußeren Stationen des Bus-Netzes dürfen allerdings nicht weiter als 2,5 kilometer voneinander entfernt sein. Die Kosten für ETHERNET werden wesentlich durch die Kosten der Controller bestimmt, die je angeschlossener Station zwischen 2 000 und 2 500 DM betragen können. Allerdings ist hier in den nächsten Jahren noch mit einer erheblichen Kostensenkung zu rechnen. In Abb. 92 und Abb. 93 sind noch einige wichtige Basisband und Breitbandsysteme, die heute von verschiedenen Herstellern angeboten werden, zusammengestellt.

a) **Basisbandsystem**

Produktbe-zeichnung	Hersteller	Medium	Geschwind.	Ver-fahren	Topolo-gie
ARC	Datapoint	KX	2.5 Mbps	Token	Bus
DOMAIN	Apollo Comp.	KX	12 Mbps	Token	Ring
EMS	Siemens	KX	10 Mbps	CSMA/CD	Bus
ETHERNET	Xerox	KX	10 Mbps	CSMA/CD	Bus
HYPERBUS	Network Syst	KX	10 Mbps	CSMA/CA	Bus
IEEE 802.3	Data General	KX	10 Mbps	CSMA/CA	Bus
LAN 9000	Hewlett Pack	KX	10 Mbps	CSMA/CA	Linie
PRIMENET	Prime Comp.	KX	8 Mbps	Token	Ring
USERNET	Sperry	KX,LWL	1 Mbps	CSMA/CD	alle
XINET/XIBUS	Xionics	VK	1 Mbps	Slot	Ring/Bus

Abb. 92: Basisbandnetze (Abkürzungen:
                KX = Koaxialkabel
                LWL = Lichtwellenleiter
                VK = Verdrilltes Koaxialkabel
                TDM = Time Division Multiplexing)

b) **Breitbandnetze:**

Produktbe-zeichnung	Hersteller	Medium	Geschwind.	Ver-fahren	Topolo-gie
BIS	Philips	KX	4 Mbps	Token	Baum
NBN	Nixdorf	KX	128 Kbps pro Kanal 120 Kanäle	CSMA/CD	Baum
WANGNET	Wang	KX	12 Mbps	CSMA/CD	Baum
3-M-NETZ	Interact-ive Syst.	KX	5 Mbps	TDM	Baum

Abb. 93: Breitbandnetze

10.7 Das IBM PC-NET als Beispiel für ein lokales Netzwerk

Werden Arbeitsplatzrechner als lokale Datenstationen in einem
Netzwerk zusammengeschlossen, so ist zunächst erforderlich, daß
jedes Gerät einen sogenannten Netzwerkadapter enthält, der als eigene Rechnereinheit aufzufassen ist und einen Prozessor Intel
80188 enthält. Dieser Prozessor ist weitgehend mit den 8088-Pro-
zessoren identisch, der Unterschied besteht lediglich in der 16-
Bit Breite des externen Datenbusses, in welchem die Daten nach
außen übertragen werden (beim 8088: 8 Bits).

Die Kommunikation erfolgt auf der Basis eines Breitbandprinzips
über einen weiteren Prozessor mit Koaxial-Anschluß. Die verschiedenen Frequenzen des Breitbandnetzwerkes sind für die gleichzeitige Kommunikation zwischen mehreren Rechnern notwendig. Um ein
bestimmtes Programm zu übertragen, benötigt man, wie in den modernen Fernsehkabelnetzen, einen Frequenzübersetzer, mit der zusätzlichen Forderung, daß dieser innerhalb des Netzwerks zweiseitig
arbeitet, d.h. die Information kann nicht nur aus dem Netzwerk
empfangen und dekodiert werden, sondern sie kann auch kodiert und
in das Netzwerk gesendet werden. Ein Standardnetzwerk kann bis zu
72 Knoten, d.h. Arbeitsplatzrechner und periphere Geräte im Abstand bis zu 300 m aufnehmen. Es gibt Netzwerk-Erweiterungen (ex-

tension kits) mit Verstärker, speziellen Übertragungskabeln und Frequenzübersetzern, die bis zu 1000 Knoten im Radius bis zu 5 km bedienen können. Ein Netzwerk besteht im wesentlichen aus den folgenden Komponenten:

Der Netzwerkadapter selbst enthält eine MOdulations- und DEModulationseinrichtung, ein BIOS ROM, einen Speicherbereich von 128 KB und zwei Prozessoren, welche die Kommunikation im Netz ermöglichen.

Die Translater-Unit empfängt zunächst sämtliche Daten die im Netz gesendet werden sollen. Die ankommenden Signale werden von dieser Einheit verstärkt und auf eine im Vergleich zu den Netzwerkadaptern höhere Frequenz gebracht. Danach wird ein Signal von der Translater Unit wieder dem Netz zugeführt.

Der Base Expander wird benötigt, wenn die Anzahl der Datenstationen mehr als acht beträgt, oder wenn ein Rechner in einer Entfernung von mehr als 60 m an das Netz angeschlossen werden soll.

Über die **Extension Kits** lassen sich jeweils acht weitere Rechner in das Netzwerk mitaufnehmen. Diese Erweiterungseinrichtung muß mit dem Base Expander in Verbindung stehen und stellt dann weitere acht Rechenanschlüsse zur Verfügung. Man unterscheidet drei Typen dieser Erweiterungseinrichtungen, entsprechend der Entfernung der neu aufgenommenen Rechner bzw. Datenstationen: Die "short distance kits" erlauben eine Übertragung bis zu 60 m, die "medium distance kits" bis zu 200 m, die "long distance kits" bis ca. 300 m Übertragungsstrecke.

Die **Modem-Einrichtung** geht terminologisch auf eine Wortkontraktion von Modulator und Demodulator zurück. Der Modulator erzeugt aus den binären Signalzuständen im Rechner geeignete Frequenzschwingungen, die dann über das Koaxialkabel übertragen werden. Umgekehrt digitalisiert der Demodulator die Frequenzsignale.

Das **BIOS ROM** (= Basic Input Output System in einem Read Only Memory) stellt eine Reihe von Programmen dar, welche die Kommunikation des Prozessors mit seiner Umgebung (also Speicher, Ausgabe-Controller, usw.) regelt. Die Programme befinden sich auf einem ROM-Chip, auf dem einmal eingetragene Daten im allgemeinen nicht mehr verändert oder gelöscht werden können. Durch ein eigenes BIOS wird der Netzwerkadapter vollkommen unabhängig vom Prozessor des Rechners. Die Frequenzmodulation erfolgt an zwei Stellen im Netzwerk: Zum einen wandelt der Modulator die Digitalsignale in Gleichstromschwingungen um, die dann von der Translator Unit empfangen, verstärkt und weitergeleitet werden. Aus Gründen einer geringeren Störanfälligkeit der Signale wird die erwähnte Frequenzerhöhung vorgenommen.

Die Übertragung im Netz wird erfolgt nach dem Protokoll CSMA/CD (= Carrier Sense Multiple Access/Collission Detection), bei dem Datenkollissionen bei gleichzeitig konkurriendem Zugriff vermieden werden. "Carrier Sense" heißt, daß jeder Netzknoten den Datenverkehr auf der Leitung mithört, beobachtet und überwacht. "Multiple Access" bedeutet, daß jede beliebige Datenstation mit der Übertragung beginnen kann, wenn kein Datenverkehr im Kanal stattfindet. Wenn nur eine Station mit der Übertragung beginnt, bekommt sie die vollständige Kontrolle über den Kanal und kann ihre Daten ohne Unterbrechung übertragen. Sobald deren Übertragung beendet ist, können u.U. wartende Stationen um den Kanal konkurrieren. Dies führt zu der "collission detection", denn wenn zwei oder mehr Stationen mit ihrer Übertragung beginnen, kollidieren die jeweiligen Signale und die Daten werden zerstört. Die Adapter der übertragenden Stationen erkennen diese Kollission und brechen die Übertragung ab. Danach wird nach einem bestimmten Zufallsprinzip (p-persistence) eine erneute Übertragung begonnen.

Die Übertragung basiert auf dem ISO-Referenzmodell der fünf Ebenen eines Datentransfer-Protokolls. Jede Ebene kann nur mit der ihr unter- oder übergeordneten Ebene kommunizieren. Hierfür ist eine präzise Abgrenzung bei der Programmierung der Schnittstellen (interfaces) zwischen diesen Ebenen notwendig. Das Protokoll ist ein Programm, das die Überwachung der Kommunikation zwischen Rechnern, Programmteilen und den verschiedenen Rechnern der Netzwerks wahrnimmt. Was die fünf Ebenen angeht, handelt es sich um die physikalische Schicht (physical layer), Verbindungsschicht (link layer), Netzwerkschicht (network layer), Transportschicht (transport layer) und die Anwendungsschicht (session layer). Die physikalische Schicht besteht lediglich aus einem Zweikanal-Modem, das die Übertragung und den Empfang von Daten vornimmt. Die Verbindungsschicht übernimmt den logischen Transfer, die Übersetzung und Überprüfung der Daten, die von benachbarten Ebenen, der untergeordneten physikalischen Schicht und der übergeordneten Netzwerkschicht, an die Verbindungsschicht übergeben werden. In der Netzwerkschicht selbst erfolgt die Adressierung der zu übertragenden Datenpakete, wenn diese von der Transportschicht kommen. Kommt ein Datenpaket von der untergeordneten Verbindungsschicht, so wird in der Netzwerkschicht entschieden, ob es sich um ein Datenpaket oder um eine Netzwerkanfrage handelt. Entsprechend werden dann die Daten an die Transportschicht weitergegeben. Die Transportschicht hat die Funktion, eine direkte Verbindung zwischen zwei Adaptern (zwei Netzknoten) herzustellen. Die Sitzungsschicht ist die Schnittstelle zu den Anwendungsprogrammen und den Netzwerkbefehlen des Benutzers auf einem der Netzknoten.

Die **Netzwerk-Software** wird auf einem als sog. "Server", einer ausgezeichneten Datenstation des Netzwerks, gehalten. Der Server kann als eine von vier verschiedenen Konfigurationen eines am Netzwerk angeschlossenen Rechners aufgefaßt werden. Der Server stellt also die Software zur Verfügung, auf die von den einzelnen Rechnern des Netzwerks zugegriffen wird. Nach Aufruf des Programms NET.COM wird ein Übersichtsmenü

```
┌────────────────────────────────────────────────────┐
│       Main Menu - Task Selection                   │
├────────────────────────────────────────────────────┤
│       1.  Message Tasks                            │
│       2.  Printer Tasks                            │
│       3.  Disk or Directory Tasks                  │
│       4.  Print Queue Tasks                        │
│       5.  Network Status Tasks                     │
│       6.  Pause and Continue Tasks                 │
│       7.  Save or Cancel the Network Setup         │
└────────────────────────────────────────────────────┘
```

gezeigt, von dem aus in die Optionen 1 - 7 verzweigt werden kann. NET.COM kann auch Parameter aufnehmen, dadurch läßt sich der Startprozeß beschleunigen. Die erwähnten vier Rechnerkonfigurationen betreffen unterschiedliche Eigenschaften mit unterschiedlichem Speicherbedarf für die jeweilige Applikation. Die Konfigurationen sind hierarchisch geordnet. Der Server stellt die größte Konfiguration dar und bietet die Möglichkeit

1. Platten, Verzeichnisse und Drucker mit dem Netz zu teilen,

2. Meldungen an Rechner des Netzes weiterzuleiten,

3. Meldungen für andere Rechner des Netzes zu empfangen,

4. Mit <CTRL>-<ALT>-<SCROLL LOCK> in obiges Menü umzuschalten,

5. Meldungen in einer Datei zu speichern,

6. Meldungen von anderen Netzrechnern zu empfangen,

7. im Netzwerk zugeteilte Platten, Verzeichnisse oder Drucker zu benutzen,

8. Meldungen (messages) an andere Stationen im Netzwerk zu schicken.

Hierzu sind mindestens 320 KB Hauptspeicher, eine Festplatte, und mindestens ein 360 KB Diskettenlaufwerk erforderlich. Die Konfiguration "Messenger" erlaubt die Möglichkeiten 2. - 8. der Server-Möglichkeiten, benötigt mindestens 256 KB Hauptspeicher und mindestens 360 KB Diskettenlaufwerk. Die Konfiguration "Receiver" erlaubt die Möglichkeiten 6. - 8., benötigt mindestens 192 KB Hauptspeicher und mindestens 360 KB Diskettenlaufwerk. Schließlich erlaubt die kleinste Konfiguration "Redirector" die Möglichkeiten 7. und 8. und benötigt hierzu mindestens 128 KB Hauptspeicher.

Was Einzelheiten über die Netzwerkbefehle angeht, mit denen das Netzwerk betrieben werden kann, wird auf die einschlägigen Handbücher verwiesen, einige seien jedoch exemplarisch nachfolgend aufgeführt:
Um eine gute Netzleistung zu erzielen, lassen sich beim Aufruf von NET mit dem Parameter START weitere Zusatzparameter spezifizieren, welche auf den genannten Ebenen des logischen Übertragungsmodells schnelle Puffer für Netzwerkanfragen spezifizieren. Beispielsweise läßt sich ein Parameter definieren, sodaß von den acht Zeitanteilen, die dem Server insgesamt als Rechenzeit zur Verfügung stehen, sieben für Netzwerkanfragen zugeteilt werden. Das Kommando NET USE meldet ein Directory oder ein Gerät im Netzwerk an, das ein Rechner des Netzwerks benutzen will. NET USE LPT1: \\SERVER\PRINTER stellt einen vom Rechner SERVER unter dem Namen PRINTER mit dem Netz geteilten Drucker zur Verfügung. Dieser Drucker kann dann am eigenen Rechner unter dem Namen LPT1: von DOS aus angesprochen werden. NET USE LPT1: /D gibt den Drucker wieder frei. Mit dem

Kommando NET START MSG rechner_name /ASG:4 wird eine Rechner mit
der Identifikation rechner_name und in der Messenger-Konfiguration
gestartet. Über die Option ASG kann der Rechner bis zu 4 Programme
und Geräte benutzen, die mit anderen Netzteilnehmern geteilt werden müssen. Mit dem Kommando 'NET SEND name_des_zielrechners
text_der_meldung' kann man eine Meldung an andere Rechner im Netzwerk schicken. Mit NET LOG a:\eingang.log werden alle Nachrichten
von anderen Rechnern des Netzwerks in einer Datei gespeichert
(hier in a:\eingang.log, aber auch lpt1 für einen vorher zugeteilten Drucker wäre möglich). Weitere Einzelheiten hierüber findet
der interessierte Leser im PC-NET Handbuch (s. Literaturhinweise
am Ende des Kapitels).

10.8 Up- und Download zwischen Mainfraime und LAN: 3270-Emulation

Viele Aufgaben können heute aufgrund der fortschreitenden Leistungsfähigkeit der PCs und Workstations lokal und unabhängig von
einem Großrechner gelöst werden. Dennoch gibt es gerade im tech-
nisch-wissenschaftlichen Bereich rechen- und speicherintensive Anwendungen, die auf Mikro- oder Minicomputern noch nicht mit ver-
nünftigem Aufwand ausgeführt werden können. Zudem stehen auf Großrechnern teilweise komfortablere Softwarepakete zur Verfügung, deren Anforderungen an die Rechnerleistung von kleineren Rechnern
noch kaum erfüllt werden können. Daher ist es sinnvoll, zwischen
dem Host-Rechner (als Host bezeichnet man eine Großrechenanlage,
die Verbindungen zu anderen Rechnern und Datenstationen erlauben)
und den dezentralen Rechnern eines LAN-Verbunds Verbindungen zu
schaffen, die es ermöglichen, die Möglichkeiten des Hosts z.B. von
einem dezentralen PC aus nutzen zu können. Hierfür gibt es den
Filetransfer für den Dateienaustausch zwischen Host und LAN. Für
die Verbindung sorgt ein sog. Gateway-Rechner als Schnittstellen-
knoten zwischen LAN und Host. Für den upload (Datentransfer LAN-
Knoten --> Host) und den download (Datentransfer Host --> LAN-Kno-
ten benötigt der Gateway zwei Adapter. Der Zugang zum Host erfolgt
über eine synchrone Datenübertragungssteuerung, z.B. in der IBM-
Welt über einen SDLC-Adapter (SDLC = Synchronous Data Link Con-

trol). Neben dem SDLC-Adapter ist im Netzwerk noch ein (in 9.7 näher beschriebener) Netzwerkadapter für die Kommunikation mit dem Netzwerk erforderlich. Für die technische Verbindung zwischen Gateway und Host sind auf jeder Seite ein Modem und eine von der gewünschten Übertragungsleistung abhängige Datenleitung notwendig. Auf dem Gateway ist eine spezielle Software, die sog. Emulations-Software, resident, die den Gateway so konfiguriert, daß er gegenüber dem Host wie ein 3270-Terminal erscheint. Man spricht daher auch von der 3270-Emulation. Der Gateway wird also wie ein früheres 3270-Terminal verstanden (dies gilt auch für die neueren Monochrom- und Color-Terminals 3278 und 3279). Über den Netzwerkadapter im Gateway ist es außerdem möglich, von jeder Rechnerstation des LAN die Emulationssoftware zu nutzen und damit eine Kommunikationsverbindung zum Host herzustellen. Auf diese Weise hat man in jedem Knoten des Netzwerks die Möglichkeit, für umfangreichere Anwendungen die Großrechnerleistung in Anspruch zu nehmen. Auch ist hierüber die Verbindungsaufnahme in globale Netzwerke möglich, an die der Host selbst angeschlossen ist (z.B. Datex-P, DFN = Deutsches Forschungsnetz, EARN = European Academic Research Network). Weiterhin kann auch auf dem PC oder der Workstation des LAN, während der geschalteten Verbindung zum Host, zwischen dem lokalen DOS-Betrieb und dem Dialogbetrieb auf dem Host (etwa TSO) beliebig hin- und hergeschaltet werden (durch die Tastenkombination <ALT>-<ESC>). Auf diese Weise ist es möglich, lokal an einer DOS-Anwendung weiterzuarbeiten, bis die Ergebnisse eines zuvor abgeschickten Batch-Jobs via Filetransfer lokal zur Verfügung stehen. Bei der Einrichtung des Gateways unterscheidet man vier Konfigurationsmöglichkeiten, die von der 3270-Emulation unterstützt werden:

1. **Standalone**, bei welcher der PC über eine Modemverbindung mit dem Host kommuniziert,

2. **Network Station**, bei der ein Rechner des LAN über den Gateway die Möglichkeit des Host-Zugangs hat,

3. **Gateway**-Rechner, der wie erwähnt als Schnittstelle zwischen den Rechnern des LAN und dem Host dient. Der Gateway selbst hat jedoch keine Verbindungsmöglichkeit zum Host, benötigt aber den SDLC- und Netzwerkadapter.

4. **Gateway mit Network** Station, bei der der Gateway selbst auch eine Emulation vornehmen kann.

Nach dem Aufruf des Emulationsprogramms PSCPG.COM oder PSCAPI.COM
(API = Application Programmer Interface, API erlaubt es Programme
auf dem PC zu schreiben, die auf eine Großrechner-Sitzung zugreifen können) erscheint das 3270-Task Selection Menu mit den Aus-
wahlmöglichkeiten "Communicate", "Communicate Profile Tasks", "Return to DOS". Mit der ersten der genannten Optionen wird die Verbindung zum Host hergestellt, in der zweiten Option können verbin-
dungs- und konfigurationsspezifische Parameter definiert und gegebenenfalls auch geändert werden. (Auf weitere Details, insbesondere hinsichtlich der Funktionstastenbelegung wird die entsprechenden Handbücher am Ende des Kapitels verwiesen.)

10.9 EARN und DFN, internationale Netze

EARN ist ein Rechnernetz für Wissenschaft und Forschung in Europa
und steht für European Academic Research Network. EARN ermöglicht
die Kommunikation - als Transfer von Dateien und Texten, von Brie-
fen, Programmen und Stapelaufträgen (batch jobs) - zwischen Universitäten und angeschlossenen Forschungseinrichtungen Die EARN-
Netzwerktopologie setzt sich aus den nationalen Netzen zusammen,
die jeweils über einen zentralen Knotenrechner an die internationalen Leitungen angeschlossen sind. Über den zentralen deutschen
Knotenrechner bei der GSI (Gesellschaft für Schwerionenforschung)
in Darmstadt besteht ein direkter Zugang in das amerikanische Forschungsnetz BITNET. Von dort aus können dann auch andere bekannte
Netze wie VNET, CCNET, ARPANET, MAILNET und CSNET erreicht werden.
EARN wird von den in der EARN Association zusammengeschlossenen
Netzwerkknoten (Rechenzentren) getragen. Um mit EARN arbeiten zu
können, ist beispielsweise unter TSO mit einem Editor eine Datei
der folgenden Form einzugeben, wobei die Schlüsselworte (tags) mit
Großbuchstaben zu schreiben sind:

```
****** NAMES.TXT **********
:PROLOG.vorname nachname
:PROLOG.strasse ort telefon
:PROLOG.NODE=kennung_des_earn_knotens
:PROLOG.USERID.job_nr_des_benutzes
*Kommentarzeilen_enthalten_einen_*_in_Spalte_1
:EPILOG:Mit_freundlichen_Grüßen
:LOG.
:NOTIFY.
:NICK.name:NAME.name_eines_kommunikationsteilnehmers
       :NODE.kennung_des_earn_knotens
......:USERID.job_nr_des_kommunikationsteilnehmers
:NICK.name:NAME.weiterer_kommunikationsteilnehmer
          :NODE....
          :USERID...
```

Mit der Angabe LOG werden sämtliche abgesendete und empfangene
Meldungen in einer Datei (Logbuch) protokolliert. Mit NOTIFY erfolgt eine Rückmeldung an den Sender über den Zeitpunkt der Entgegennahme der Meldung. Mit TRANSMIT earn_knotens.userid oder mit
TRANSMIT nickname (bei Vorhandensein der Datei NAMES.TXT) erfolgt
das Abschicken einer Meldung (Übergabe mit der Funktionstaste
PF3). Eine Erweiterung dieses Sendebefehls um einen Dateiparameter
erlaubt das Übersenden einer Datei:

TRANSMIT nickname DATASET(name_der_tso_datei). EARN bietet auch
die Möglichkeit, eine Meldung und/oder eine Datei gleichzeitig an
mehrere Adressaten zu übermitteln. Hierzu sind in der Datei
NAMES.TXT die Nicknamen der Adressaten zu einer Gruppe zusammenzu-
fassen:

```
:NICK.gruppen_name:LIST.nickname
                  :LIST.nickname
                  :LIST.weitere_nicknamen
                  :LOGLST.
```

Die Übermittlung der Meldung/Datei an die Gruppe der gewünschten
Adressaten erfolgt nun mit dem Kommando

        TRANSMIT gruppen_name [MSG] [DATASET(name_der_datei)]

Mit TRANSMIT DEARN.NETSERV können auch direkt an EARN Anfragen gerichtet werden. NETSERV ist hier die Benutzerkennung am Knoten
DEARN und stellt eine virtuelle Maschine unter dem Betriebssystem

VM/SP dar, welche automatisch die gewünschten Informationen in Form von Dateien oder Meldungen an den Anfragenden zurückschickt. Die Anfragen können sich auf die momentan aktuelle Knotenliste (NODELIST), eine Liste aller verfügbaren Dateien (FILELIST), Information über Knoten (NODEINFO), Neuigkeiten (NEWS) und Hilfestellungen (HELP) erstrecken. Erhält man von NETSERV einen Hinweis auf Entgegennahme einer Datei oder einer Meldung, so ist das RECEIVE-Kommando zu verwenden.

Im März 1984 wurde in Birlinghoven der Verein für das Deutsche Forschungsnetz (DFN, genauer: Verein zur Förderung eines deutschen Forschungsnetzes e.V.) gegründet, mit dem Ziel, eine europäische Zusammenarbeit von Universitäten und Forschungseinrichtungen im Bereich der Datenkommunikation zu etablieren. Heute arbeiten über 70 Institutionen in mehr als 200 Entwicklungsprojekten im DFN zusammen. Zu diesen Projekten gehören vor allem Fragen des OSI-

Aachen	RWTH	Jülich	KFA
Augsburg	Univ.	Kaiserslautern	Univ.
Bamberg	Univ.	Karlsruhe	FIZ, GMD, Univ.
Bayreuth	Univ.	Kiel	Univ.
Berlin	DBI, FIZ, GMD, MPI, TU	Köln	Univ.
Bielefeld	Univ.	Lübeck	I-Kontor
Bochum	Univ.	Mainz	MPI, Univ.
Bonn	GMD, Univ.	Mannheim	IDS
Braunschweig	GBF, TU	Mülheim	MPI
Bremen	Univ.	München	LRZ, MPI, TU
Bremerhaven	AWI	Münster	Univ.
Clausthal	TU	Paderborn	Univ.
Darmstadt	GMD, GSI, TH	Plön	MPI
Dortmund	MPI, Univ.	Quickborn	Datec
Düsseldorf	Univ.	Regensburg	Univ.
Duisburg	Univ.	Saarbrücken	Univ.
Erlangen	BGR, Univ.	Schweinfurt	FH
Frankfurt	MPI, Univ.	Siegen	Univ.
Freiburg	Univ.	St. Augustin	GMD
Furtwangen	FH	Stuttgart	MPI, Univ.
Garching	MPI	Trier	Univ.
Göttingen	MPI	Tübingen	Univ.
Hagen	Univ.	Ulm	FH, Univ.
Hamburg	FH, TU, Univ.	Würzburg	Univ.
Hannover	BGR, Univ.	Wuppertal	Univ.
Heidelberg	MPI, Univ.		

Abb. 94: Am DFN angeschlossene Institutionen (Quelle: DFN-Mitteilungen, Heft 12 (Juni 1988), S. 13)

Standards versus TCP/IP, bedingt durch die Heterogenität der Rechnertypen in nationalen wie internationalen Netzen. Während sich mehr und mehr das OSI-Referenzmodell im Rahmen der ISO-Norm zur Kommunikation offener Systeme durchzusetzen scheint, werden seit wenigen Jahren in Europa Kommunikationsprodukte unter der Bezeichnung TCP/IP (= (ARPA-)Transport Control Protocol / (ARPA-)Internet Protocol) angeboten, die elementare und weitgehend herstellerunabhängige, Kommunikationsfunktionen in heterogenen Systemumgebungen erlauben. Das TCP entspricht hierbei einem Protokoll der OSI-Schicht 4, ist aber insgesamt keine internationale Norm. Ebenso kann IP der Vermittlungsschicht 3 im OSI-Standard zugeordnet werden, ist aber nicht identisch mit dem ISO-Internet Protocol. Überwiegend wird das ARPANet in Amerika von den Universitäten genutzt. Das DFN unterstützt die ARPANet-Protokolle, die unter der Bezeichnung TCP/IP bekannt sind, kaum, sondern orientiert sich mehr an den OSI-Standards, denen langfristig die besseren Chancen eingeräumt werden.

In den vergangenen Jahren ist die Anzahl der Rechnernetzwerke insgesamt stark angestiegen, abschließend seien daher in einer Übersicht die national und international wichtigsten Rechnernetzwerke zusammengestellt:

```
ACONET:    Akademisches Computer Netz
ARISTOTE:  Association de Reseaux Informatiques
ARPANET:   Advanced Research Projects Agency Network
ASCNET:    Australian Computer Science Network
AUSEANET:  Austroasian Network
BERNET I,II: Berliner Netz
BITNET:    Because it's Time Network
COSAC:     Communications sans Connections
CSIRONET:  Commonwealth Scientific & Industrial Research
           Organization Network
CSNET:     Computer Science Network
DDN:       Defense Data Network
DECNET:    (e-net, DEC Engineering Network)
DFN:       Deutsches Forschungsnetz
DSIRnet:   Government Network in New Zealand
EARN:      European Academic Research Network
EIN:       European Informatics Network
EUnet:     European Unix Network
HARNET:    Hong Kong Academic & Research Network
HEANET:    Higher Education Authority Network
HEPNET:    High Energy Physics Network
HMINET I,II: Hahn-Meitner-Institut Netz
IBM Vnet:  Virtual Network
INFNET:    Instituto Nationale Fisic Nucleare
JANET:     Joint Academic Network
```

```
JUNET:      Japanese Unix Network
MILNET:     Military Network
NORDUNET:   Nordic University Network
NSFnet:     National Science Foundation Network
NSN:        Nasa Science Network
PACNET:     Pacific Network
RangKoM:    Rangkalan Komputer Malaysia
REUNIR:     Reseaux des Universites et de la Recherche
SDN:        System Development Network
SERcnet:    Science Engineering Research Council Network
SINET:      Schlumberger Information Network
SPAN:       Space Physics Analysis Network
SPEARNET:   South Pacific Education and Research Network
SUNET:      Swedish University Network
SURFNET:    Dutch University Network
UNA:        Universitätsnetz Austria
UNINETT:    Nordic University Network
USENET:     User's Network
```

10.10 Verteilte Datenbanken

Was die in Kapitel 8 beschriebene Datenbanktechnologie und die
Technologie von Rechnerverbundsystemen angeht, stellt die Konzeption der verteilten Datenbanksysteme eine vergleichsweise junge
Disziplin dar, die sich seit etwa Mitte der 70-er Jahre entwickelt
hat und bis heute ein zunehmendes Interesse gefunden hat.

Bei verteilten Datenbanken hat man das Ziel, die bestehende Konzeption zentraler Datenbanksysteme mit einer Netztopologie zu kop-
peln. Man nennt eine Datenbank verteilt, wenn ein logisch zusam-
menhängender Datenbestand physikalisch auf mehrere Knoten (sprich:
Rechner), verteilt ist, d.h. die beteiligten Rechner haben über
das Netzwerk Zugriff auf den gesamten Datenbestand. Die Verteilung
der Rechnerleistung und die Netzwerkeigenschaften unterscheidet
man zunächst in lokale und räumlich begrenzte Strukturen
(Abschnitt 9.6) und in globale, d.h. geographisch u.U. weit
auseinanderliegende, Strukturen. Diese Unterscheidung ergibt sich
vor allem deswegen, weil für globale und lokale Netzwerke

- das Datenbankverwaltungssystem,
- die Verteilung der Dateien auf die Knoten(-rechner) im Netz,

- die Art der Query-Abarbeitung, d.h. die Ablaufsteuerung der zu
  verarbeitenden Transaktionen,
- die verschiedenen Verfahren zur Erkennung von Übertragungsfehlern,

verschieden sind. Im folgenden wollen wir zunächst die generellen
Zielsetzungen von verteilten Datenbanken charakterisieren und
diese den Vorteilen bei zentralisierter Datenhaltung in Datenbanken von Großrechnern, wie etwa die besseren Möglichkeiten zur Datensicherung und Konsistenz, den Vorteilen einer dezentralisierten
Datenhaltung in verteilten Systemen gegenüberstellen.

Durch die stark reduzierten Hardware-Kosten und dem wesentlich
verbesserten Preis-/Leistungsverhältnis ist heute die Anschaffung
und Installation vieler eigenständiger Mikro- und Minicomputer
möglich, die den Zentralrechner wesentlich entlasten können. Mögliche Konstellationen reichen hierbei von nur einem Zentralrechner
bis zum Mikrocomputer an jedem Arbeitsplatz.

Bei Ausfall eines zentralen Datenbanksystems bedeutet dies den
Stillstand des gesamten Systems und damit sämtlicher organisatorischen Abläufe, welche über das zentrale Datenbanksystem abgewickelt werden. Bei Verteilung des Datenbestandes auf mehrere
Rechner kann man jedoch bis zu einem gewissen Grad ein fehlertole-
rantes Verhalten des Gesamtsystems erreichen. Allerdings ist es
hierbei wichtig, daß dann auch die Verwaltungs- und Steuerungsfunktionen dezentralisiert werden, da sonst das System wiederum
von der Funktionstüchtigkeit desjenigen Rechners abhängt, dem
diese Steuerungsfunktionen übertragen worden sind.

Ein anderes, vielleicht noch wichtigeres, Argument spricht für
verteilte Datenbanksysteme, nämlich daß hinsichtlich der weiterhin
stark anwachsenden DV-Kapazität eine größere Flexibilität gegeben
ist. Der Anschluß eines weiteren Rechnerknotens an ein bereits bestehendes verteiltes System ist im allgemeinen leichter zu realisieren als die Erweiterung eines zentralen Datenbanksystems. Auch
liefert die Verteilung von Datenbankkapazitäten auf mehrere Knoten
eine Reduzierung der Antwortzeiten, denn viele der quasi-gleichzeitig anfallenden Transaktionen können parallel auf den verschiedenen Rechnern des Netzes ausgeführt werden. Die einzelnen Knoten

sind hierbei weitgehend unabhängig von der Transaktionsverarbeitung der anderen Knoten, da die angeforderten Daten praktisch immer nur lokal gebraucht werden. Ein wichtiger Vorteil der genannten Reduzierung der Antwortzeiten besteht darin, daß der Benutzer
trotzdem den Eindruck bekommt, als ob er das zentrale Datenbanksystem zur Verfügung hätte und über den gesamten Datenbestand verfügen könnte.

Die Verteilung eines Datenbanksystems auf mehrere Rechnerknoten
liefert eine Reduzierung der Antwortzeiten, bei denen die Transaktionen gleichzeitig oder parallel auf mehreren Rechnern abgearbeitet werden können. Allerdings muß dann die Kommunikationssteuerung
im System so ausgelegt sein, daß die mit einer Transaktion verbundenen Aufrufe von Abfrage und Änderungsprogrammen eine geringen
Steuerungs- und Kommunikationsaufwand erfordern.

Durch Verteilung der Daten auf mehrere Knoten, auch wenn hierbei
gewisse Rdundanzen in Kauf genommen werden, kann eine höhere Ausfallsicherheit zum Schutz der Daten gegen Zerstörung erreicht werden. Dieser wichtige Vorteil ist allerdings nur mit dem Nachteil
einer größeren Komplexität des Datenbank-Managementsystems, und
damit mit komplizierteren Kontrollmechanismen, zu erkaufen.

Es gibt bisher kein einheitliches LAN, allerdings hat sich die
ISO, die internationale Standardisierungsorganisation, in der
Hersteller durch ihre nationalen Normenausschüsse (z.B. DIN) vertreten sind, mit generellen Fragen der verteilten Systeme befaßt.
Insbesondere hat die ISO ein Referenzmodell für die "open interconnection" empfohlen, das auf einer Schichtenstruktur aller notwendigen Kommunikationsvorgänge beruht, und heute die Grundlage
für die Entwicklung und den Betrieb von LANs bildet. Im wesentlichen lassen sich drei Produktgruppen im Rahmen des ISO-Referenzmodells abgrenzen:

Die erste Gruppe umfaßt Bausteine, mit denen sich weitere Subsys-
teme aufbauen lassen (weitgehend ist diese in die Hardware-Ebene
des ISO-Referenzmodells einzuordnen, Schicht 1 und 2). Die zweite
Gruppe umfaßt die Erstellung von Verbindungen zwischen den Knoten
(z.B. Nebenstellenanlagen, Schicht 2 bis 4). Die dritte Gruppe
schließlich umfaßt die kompletten Systemlösungen für spezielle
Anwendungen wie Textverarbeitung, "Electronic mailling" (Schichten
5 bis 7).

Die Leistungsfähigkeit und die Zuverlässigkeit des zugrundegelegten Netzwerks bestimmen weitgehend die Konstruktion eines verteilten Datenbanksystems. Wir unterscheiden lokale Netzwerke, die
Rechner in Entfernungen von einigen hundert Metern bis zu einigen
Kilometern und mit Übertragungsraten bis zu 10 Mbps verbinden.
Globale Netzwerke verbinden Rechner über größere Distanzen allerdings mit geringeren Übertragungsraten, meist unter 100 Kbps, beispielsweise bei Datex-P mit maximal 48 Kbps. Der Vorteil von
Datex-P ist, daß über eine Leitung simultan mehrere Verbindungen
betrieben werden können, damit ist eine hohe Leitungsausnutzung
gegeben. Der Nachteil liegt in einem erhöhten Aufwand an Kontroll-
programmen und in der aufwendigeren Erstellung von Steuerungs- und
Kommunikationsprotokollen. Daher ist die Übertragung reiner Nutzdaten zwischen einer Datenquelle und einer Datensenke teilweise
erheblich niedriger als bei einer fest zugeteilten Leitung wie
etwa bei Datex-L.

Aufgrund der Vielzahl an angebotenen LANs entsteht für ein Unternehmen das Problem, über den Grad der Dezentralisierung in der betrieblichen Datenverarbeitung zu entscheiden. Dieses Problem
stellt sich insbesondere auch unter dem Aspekt, daß sich das
Preis-/Leistungsverhältnis sich extrem verbessert hat und sich
voraussichtlich noch weiter verbessern wird, sodaß die Aussstat-
tung einzelner Abteilungen und/oder einzelner Arbeitsplätze mit
eigener Rechnerleistung möglich ist. Zwischen den beiden Extremen
"Rechenzentrum mit Großrechner" und einem "Netz mit Arbeitsplatzcomputern" gibt es verschiedene Möglichkeiten gemischter Konfigurationen. Das Problem der Auswahl und der Entscheidung für eine
unternehmensadäquate Konfiguration ist sehr komplex. Es sind verschiedene Bewertungsansätze in der Literatur angegeben worden, die
sich aber meist auf einen mehr globalen Kriterienkatalog bezüglich
der Systemplanung, Programmierung, Implementierung und Wartung,
wie auch der Datenerfassung und Datenhaltung allgemein, beschränken.
Ein dezentrales DV-Konzept stellen verteilte Datenbanken in einem
LAN dar. Als Daumenregel für oder gegen die Einrichtung eines verteilten Systems gilt, daß i.a. mindestens achtzig Prozent der
Daten lokal vor Ort anfallen müssen, bevor die Einrichtung lokaler
Datenbanken in einem Netzknoten zu empfehlen ist. Die Vorteile
hierfür sind offensichtlich:

- Datenbanken können heute bereits auf Mikrocomputern eingerichtet werden. Dies impliziert im allgemeinen eine Kostenreduktion im Vergleich zum Betreiben eines zentralen Datenbanksystems auf einem Großrechner.
- Da die Erfassung und Abspeicherung der Daten in der Datenbank vor Ort keine Transaktionen durch Datenfernübertragung erfordert, lassen sich die Betriebskosten durch die weitgehende Einsparung von Leitungskosten niedrig halten.
- Die Fehleranfälligkeit ist geringer, da die Daten am Ort ihrer Entstehung erfaßt werden und nicht weitertransportiert werden müssen.
- Eine erhöhte Datensicherheit und verbesserte Datenschutzmöglichkeiten sind bei lokaler Datenhaltung gegeben.

Als Nachteil erweist sich lediglich das aufwendigere Datenbankverwaltungssystem, auch sind zusätzliche Speicheranforderungen erforderlich.

Neben der streng lokal abgegrenzten Datenhaltung ist auch der Fall interessant, daß gleichberechtigte lokale Teildatenbanken miteinander in Verbindung treten, sodaß auch Daten an einem anderen Ort, der beispielsweise gerade ausreichend Speicherplatz zur Verfügung hat, abgelegt werden können. Eine solche Situation wäre für das Zweigstellennetz einer Großbank denkbar. Hierbei muß aber a priori festgelegt werden, welche Daten an welchem Ort gespeichert sein können (Problem der Datenallokation). Auch wenn verschiedene Kopien eines bestimmten Datenbestands an verschiedenen Orten residieren können, so muß der Änderungsdienst dies berücksichtigen. Auch kann dann der Fall auftreten, daß Daten, die an einem bestimmten Knoten verlangt werden, dort überhaupt nicht vorhanden sind, sondern nur in einem oder mehreren anderen Knoten. Dies verlangt einigen Koordinierungsaufwand hinsichtlich der Bearbeitung von Datenbankanfragen (queries).
Für die optimale Datenallokation und Zuweisung von Datenbank-Ausschnitten zu verschiedenen Knoten eines Netzes sind in der Literatur verschiedene Modelle und Lösungsansätze angegeben worden. Bei diesen Ansätzen wird davon ausgegangen, daß eine Datenbank in sogenannte "Datenfragmente" aufgeteilt ist, die Leistungskapazitäten auf den Verbindungsleitungen des Netzes a priori bekannt bzw.

festgelegt sind, und gewisse Benutzerspezifika über Art und Häufigkeit der Anfragen, gegeben sind.

Für die Knoten selbst werden unterschiedliche Kostenarten unterschieden:

- Die Kosten für die Speicherung und Aktualisierung. Diese sind für ein Datenfragment am geringsten, wenn dieses nur an einem bestimmten Ort gespeichert wird.
- Die Kosten für den Zugriff, die am geringsten sind, wenn das Datenfragment an jedem Knoten des Netzes gespeichert wird, an dem es benötigt wird.

Die Zuordnungsaufgabe lautet: Finde eine Zuordnung der Datenfragmente zu den Knoten des Netzwerks, sodaß die Kosten möglichst gering werden und die Kapazitätsbeschränkungen erfüllt sind. Es gibt einige methodische Ansätze, welche diese restringierten Zuordnungsprobleme lösen. Verwendet werden hierzu die bekannten Methoden der dynamischen Optimierung, Branch-and-bound-Verfahren und Greedy-Techniken, auf die hier nicht weiter eingegangen werden kann (siehe z.B. bei Morgan und Levin (1978)). Ein zentrales Problem liegt in der Vorgabe einer bestimmten Menge bzw. Aufteilung von Datenfragmenten, da die Datenbestände im allgemeinen in ihrem Datenvolumen schwanken. Eine weitere Problematik ist mit der zunehmenden Daten-Redundanz (bei Mehrfachspeicherung an verschiedenen Knoten) verbunden. Auch werden im allgemeinen mehrere Benutzer u.U. gleichzeitig auf einen Datenbestand zugreifen, daher stellt sich das Problem der besten Reihenfolge der Transaktionsabarbeitung wie bei zentralen Datenbanksystemen. Allerdings ist hier ein erheblich größerer Nachrichtenaustausch zwischen den Netzknoten erforderlich (bei einem zentralisierten Datenbanksystem entfällt dieser Aufwand weitgehend), denn jeder Knoten benötigt stets die Informationen über den momentanen Zustand des Netzes bzw. über die momentanen Aktionen der anderen Netzknoten.
Auch ist der bei der Besprechung der Datenbanksysteme (Abschn. 8) erwähnte Zweiphasen-Sperrmechanismus bei verteilten Systemen wesentlich komplizierter, da zwar die Teildatenbanken zyklenfrei sein können, aber das gesamte System durchaus Zyklen enthalten kann. Auch hier geht man so vor, daß man die Zyklenfreiheit des

Systems zunächst nicht ausschließt, und diese bei Erkennen (meist über heuristische Ansätze) beseitigt.

Was die Verarbeitung von Transaktionen in verteilten Datenbanksystemen angeht, existiert im Netz ein sogenannter "Transaktionsmanager", das ist ein Software-Modul, welcher die Zerlegung einer Transaktion in einzelne Aktionen (siehe Abschn. 8) vornimmt und einen Ausführungsplan aufstellt. Der Transaktionsmanager ist in der Systemsoftware eines ausgezeichneten Knotens (Rechners) enthalten. Um zu erreichen, daß beispielsweise alle Schreiboperationen einer Transaktion in allen Kopien des betroffenen Datensegments ausgeführt werden, führt der Transaktionsmanager über diese zunächst in einem eigenen privaten Speicherbereich Buch. Erst mit einem COMMIT-Befehl nach der Transaktion werden die in jeder Knotenstation vorhandenen, und von der Transaktion betroffenen, "Datenmanager" (ebenfalls eine Software) angewiesen, sich eine Kopie zu erstellen und eine Rückmeldung an den Transaktionsmanager abzusetzen. Sobald der Transaktionsmanager sämtliche Quittierungen über den erfolgreichen Kopiervorgang erhalten hat, fordert er die Datenbankmanager auf, die Kopien auf die Datenbank zu übertragen. Dieses COMMIT-Konzept gewährleistet eine größtmögliche Datenintegrität, denn bei Auftreten eines Fehlers bei der Übertragung und/oder beim Kopiervorgang bleibt der bisherige Zustand der Teildatenbanken unverändert und die Transaktion kann nochmals wiederholt werden.

Für die Synchronisation der Zugriffsreihenfolge ist auch hier, wie bereits in Abschnitt 8 ausgeführt, die **Serialisierbarkeit** der Ausführungspläne entscheidend. Bei verteilten Systemen verwendet man für die Synchronisation entweder Sperrverfahren oder Zeitmarken-Verfahren. Das Sperren eines Knotens verlangt die folgenden fünf Aktivitäten:

- Anfordern der Sperre
- Gewährung der Sperre
- Abschicken der geänderten Daten
- Quittieren des Empfangs
- Aufforderung zum endgültigen Speichern in die Datenbank und Aufheben der Sperre.

Beim Zeitmarken-Verfahren wird jeder Transaktion eine eindeutig identifizierbare Kennung zugewiesen, welche meist die Beginnzeit einer Transaktion enthält. Der Grundgedanke ist nun, die Transaktionen in der zeitlichen Reihenfolge ihrer Kennungen abzuarbeiten. Ein Problem, das sich hierbei stellt, ist, daß diese zeitliche Abfolge nicht immer gewährleistet ist, insbesondere wenn die Übertragungswege für die einzelnen Transaktionen unterschiedlich lang sind. Dies läßt sich aber durch Zwischenspeicherung aller in einen Knoten einlaufenden Aktionen beseitigen, indem mit der Ausführung solange gewartet wird, bis sichergestellt ist, daß keine Aktion mit einer eventuell kleineren Zeitmarke noch eintreffen kann. Neben dem genannten Datenbankmanager ist in jedem Knoten auch noch ein sogenannter "Scheduler" vorhanden, welcher beispielsweise die Zeitmarkenverwaltung durchführt.

Relationale Datenbanken eignen sich für die Verteilung von Datenbankkapazitäten besonders gut. Es gibt beispielsweise das verteilte System "Distributed INGRES", einer Erweiterung des ursprünglichen relationalen Datenbanksystems INGRES. Die Fragmentbildung erfolgt hier durch Zerlegung der Relationen in verschiedene Tupel-Mengen (horizontale Zerlegung). Bei diesen Systemen können die Datenmanager die Kommandos

- READ, welches das Laden eines Datenbankfragments in einen temporären Arbeitsspeichers veranlaßt,
- MOVE, welches die Übertragung des temporären Arbeitsspeicherinhalts in den Arbeitsspeicher eines anderen Datenmanagers/Knotens veranlaßt,
- MANIPULATE, welches Änderung von Daten im Arbeitsspeicher eines Datenmanagers ermöglicht,
- WRITE, welches die Speicherung des temporären Arbeitsspeicherinhalts in die Datenbank vornimmt,

ausführen. Auf viele andere Einzelheiten beim Aufbau und Betrieb von verteilten Systemen kann hier nicht eingegangen werden, sondern es muß vielmehr auf die Vorlesung "Datenbanken" und auf die Lehrbücher der Datenbank-Literatur (siehe Ende von Abschnitt 8) verwiesen werden.

Lehrbücher und Literaturhinweise zu diesem Kapitel:

Bastian M. (1982): Datenbanksysteme. Athenäum-Verlag, Königstein.

Bocker P. (1983): Datenübertragung, Band I: Grundlagen, 2. Auflage, Springer-Verlag Berlin, Heidelberg, New York,

CCITT-Empfehlungen der V-Serie und der X-Serie: Datenübertragung. R.v.Decker's Verlag, G.Schenck, Heidelberg, Hamburg.

DFN-Mitteilungen (1988) des Vereins zur Förderung eines deutschen Forschungsnetzes e.V., Heft 12 (Juni 1988).

Fellbaum K., Hartlep R. (1983): Lexikon der Telekommunikation. Berlin, Offenbach.

Flatow G., Hebgen M.,Rogage F.-P., Vetter S. (1986): EARN. Leitfaden für Anwender. Skriptum am Rechenzentrum der Universität Heidelberg.

Gerke P.R. (1982): Neue Kommunikationsnetze. Verlag Springer Berlin, Heidelberg, New York.

Görgen K., Koch H., Schulze G., Struif B., Truöl K. (1985): Grundlagen der Kommunikationstechnologie. ISO-Architektur offener Kommunikationssysteme. Verlag Springer Berlin, Heidelberg, New York, Tokio.

Hansen H.R. (1983): Wirtschaftsinformatik I, 4. Auflage, BI Stuttgart.

Höring K., Bahr K., Struif B., Tiedemann C. (1983): Interne Netzwerke für die Bürokommunikation. Technik und Anwendungen digitaler Nebenstellenanlagen und von Local Area Networks (LAn). R.v.Decker's Verlag, Heidelberg.

Hofer H. (1978): Datenfernverarbeitung. Springer Verlag, Heidelberg , Berlin, New York.

IBM PC Network (1984): Technical Reference (Personal Comuter Hardware Reference Library).

IBM PC Network Program (1984, 1985): User's Guide, Installation Aid Quick Reference, Setup Instructions for the IBM PC Network, Short, Medium and Long Distance Kits.

Kahl P. (Hrsg.): ISDN - Das künftige Fernmeldenetz der Deutschen Bundespost. R.v.Decker's Verlag, Heidelberg.

Kauffels F.-J. (1985): LAN-Praxis. Anwendungserfahrungen mit lokalen Netzen. Verlag R. Müller, Köln.

Kauffels F.-J. (1986): Personal Computer und lokale Netzwerke - Architektur von Rechnernetzwerken, Aufbau und Wirkungsweise lokaler Netze, Software-Standards, Tests von LANs. Verlag Markt & Technik, Haar bei München.

Kellermayr K.-H. (1986): Lokale Computernetzwerke -LAN-Technologische Grundlagen, Architektur, Übersicht und Anwendungsbereiche. Springer Verlag Wien, New York.

Löffler H. (1988): Lokale Netze. Carl Hanser Verlag, München.

Marquardt R., Mues D., Olsowsky G., Suppan-Borowka J.(1988): Ethernet-Handbuch. DATACOM Buchverlag, Pulheim.

Mechelke E. (1988): 3270-Emulation. Skriptum zu einer Arbeitsgemeinschaft, Lehrstuhl für Wirtschaftsinformatik, Wirtschaftswissenschaftliche Fakultät der Universität Heidelberg.

Meißner K. (1985): Arbeitsplatzrechner im Verbund. Verlag Hanser, München.

Redeker H. (1988): Neue Informations- und Kommunikationstechnologien und bundesstaatliche Kompetenzordnung. In: Reihe Medien-Skripten (Beiträge zur Kommunikationsforschung, Michael Schenk (Hrsg.)), Verlag Reinhard Fischer, München.

Schicker P. (1983, 1986): Datenübertragung und Rechnernetze. B.G. Teubner Verlag Stuttgart.

Schwede J. (1988): IBM PC NET. Vorlesungsbegleitendes Skriptum zur Vorlesung "Datenbanken, Rechnernetze und Datenfernübertragung, Lehrstuhl für Wirtschaftsinformatik, Wirtschaftswissenschaftliche Fakultät der Universität Heidelberg.

Spaniol O. (1982): Lokale Netze. Architektur, Standards, Internetting. In: Büroinformations- und -kommunikationssysteme, H.R. Hansen (Hrsg.), Springer Verlag Berlin, Heidelberg, New York.

Ungaro C. (1986): The Local Network Handbook. McGraw-Hill, New York.

TEIL III: ANWENDUNGSBEREICHE DER INFORMATIONS-VERARBEITUNG

11. DV-Anwendungen im industriellen und administrativen Bereich

11.1 Übersicht über wichtige Einsatzbereiche der EDV

Der Einsatz der Informationstechnologie kann im industriellen und administrativen Bereich unter zwei Aspekten gesehen werden, den funktionellen und branchenspezifischen Einsatzmöglichkeiten. Unter funktionellem Aspekt würde man wichtige Aufgaben des betrieblich-organisatorischen Ablaufs subsumieren, wie Materialwirtschaft und Logistik, Auftragsbearbeitung und -abwicklung, Produktion, Rechnungswesen, Personalwesen und Vertrieb. Der branchenspezifische Aspekt betrifft die unterschiedlichen Anforderungen der verschiedenen Branchen an DV-Ressourcen.

Software steht heute für Groß- und Kleinrechner für alle wichtigen Funktionen von Fertigungsbetrieben zur Verfügung: Die **Auftragsabwicklung** erfolgt DV-gesteuert von der Auftragserfassung bis zur Auslieferung. Die Auftragserfassung kann heute weitgehend automatisch über Terminaleingabe erfolgen, die Auftragsdurchführung mit Auftragsbestätigung, -disposition, Fakturierung und Versand erfolgt ebenso computergestützt. Bei der Auftragserfassung wird geprüft, ob es sich um einen neuen oder bereits existierenden Kunden handelt, danach werden entsprechende Kunden- und Auftragsstammsätze erzeugt und in Dateien oder einer vorhandenen Datenbank abgelegt. Die weitere Auftragsbildungsphase besteht in der Durchführung einer Kundenbonitätsprüfung, bei der die Höhe der bisher getätigten Umsätze und die Zahlungsgewohnheiten die Basis für die Entscheidung über eine Auftragsbestätigung darstellen. Bei der Auftragsführung wird die ständige Aktualisierung des Auftragsstatus und der Auftragsdateien automatisch abgewickelt, es werden Auftragsbestätigungen mit wichtigen Kundeninformationen über z.B. Lieferzeitverschiebungen aufgrund von Lieferengpässen erzeugt. Während der Phase der Auftragsausführung werden bereits die Ver-

sandpapiere DV-gesteuert erstellt und die Fakturierung durchgeführt.

Für die Funktionsbereiche der **Materialwirtschaft**

> -> Verbrauchs- und bedarfsgesteuerte Bedarfsrechnung mit einer
>   Mengen- und Zeitkalkulation
>
> -> Materialdisposition mit automatischer Ermittlung von Bestell-
>   mengen und -zeitpunkten
>
> -> Einkauf mit der Auftragsprüfung, Lieferantenauswahl, Bestel-
>   lung und Bestellüberwachung, Wareneingangsprüfung
>
> -> Personalwesen mit Personalverwaltung und -planung
>
> -> Rechnungswesen mit der Debitoren-/Kreditorenbuchhaltung
>
> -> Vertrieb mit der Planung des Mitteleinsatzes, mit der Nach-
>   frage-, Umsatz- und Werbeerfolgsanalyse

wird heute eine Vielzahl von Softwaresystemen angeboten (z.B.
COPICS). Die Durchführung der sehr vielschichtigen Funktionen der
Materialwirtschaft erfolgt in Großbetrieben heute weitgehend ohne
längere Lagerhaltung im JIT-Betrieb (JIT = Just In Time), d.h. Bereitstellung der gewünschten Materialteile in der gewünschten
Menge zu einem vorgegebenen Zeitpunkt am vorgegebenen Ort zu möglichst niedrigen Kosten. Die Materialwirtschaft umfaßt die Ma-
terialbestandsführung mit den verschiedenen Bestandsformen (Lagerbestand, Mindestbestellbestand). In der Bruttobedarfsrechnung wird
die Menge an Teilen ohne Berücksichtigung des vorhandenen Bestands
ermittelt, die zu gegebenem Zeitpunkt an einem bestimmten Ort für
die Produktion verfügbar sein soll. Hierzu liefert die betriebs-
wirtschaftliche Literatur eine Vielzahl von Modellvorschlägen: Bei
der deterministischen Bedarfsrechnung ist ein aus der Erfahrung
ermitteltes Produktionsprogramm verfügbar, es gibt aber auch
stochastische Ansätze, bei denen ex post aus den in der Vergangenheit gewonnenen Bedarfsdaten via Regressionsanalyse eine Trendextrapolation für den voraussichtlichen Bedarf in ex ante-Planungs-
phasen durchgeführt wird. Mit der Materialdisposition erfolgt die
Bestellrechnung für die in der Bedarfsrechnung ermittelten Daten
und die anschließenden Bestellungen und etwaige Vergabe von Fremd-
aufträgen durch den Einkauf.

In der Fertigungsplanung werden heute Programmsysteme für die vollständige Planung, Verwaltung, Überwachung und Steuerung des Fertigungsablaufs angeboten. Stellvertretend sei das System COPICS von IBM genannt. Die Arbeitsplanung wird interaktiv mit dem Computer durchgeführt, die Auftragsfreigabe, die Erstellung der Auftragspapiere und die Rückmeldung über die Fertigstellung eines Auftrags erfolgt computergesteuert. Einige der Programmsysteme verfügen über Algorithmen zur gleichmäßigen Kapazitätsauslastung und Terminierungsmodule zur Kontrolle der Terminvorgaben. Auch die Durchlaufterminierung, d.h. die Bestimmung der Start-/Ende-Terminfolge für die Abwicklung der Auftragsfertigungsstufen wird teilweise berücksichtigt. Allerdings werden die aus dem Operations Research bekannten Algorithmen, aufgrund des kombinatorischen Rechenaufwands, praktisch nicht verwendet. Vielmehr gibt es einen Trend zu einfachen Heuristiken, die zwar keine optimalen Belegungen ermöglichen, aber den großen Vorteil der einfachen, schnellen und flexiblen Anpassung an sich ständig ändernde Fertigungs-Istzustände erlauben. Aus technischer Sicht erfolgt die Fertigungsdurchführung mit numerisch gesteuerten Maschinen und allgemeinen Prozeßsteuerungen. Die Steuerungsinformation von numerisch gesteuerten Maschinen, NC-Maschinen genannt (NC = Numerical Control), wird auf geeigneten Datenträgern (früher: Lochstreifen, heute: Disketten- oder Festplattenspeicher z.B. von PCs) gehalten und über die zugehörige Steuerungssoftware für die auszuführende Bewegung der Maschine abgerufen. Werden die Aktivitäten mehrerer NC-Maschinen über einen separaten Rechner koordiniert, so spricht man von einem CNC-System (CNC = Computer Numeric Control). CNC-Systeme werden heute im Bereich der Meß- und Regelungstechnik für die Steuerung und Koordination von Prozeßrechnersystemen eingesetzt. Mit Hilfe eines Meßdatenerfassungssystems werden die für einen technischen Prozeß relevanten Prozeßdaten gemessen, über einen A/D-Wandler (Analog-/Digitalumsetzung) einem Rechner zugeführt, dort über ein Programm ausgewertet und in Zeit-/Zustandsdiagrammen graphisch aufbereitet. Gerade für den Einsatz auf Industrie-PCs wird heute eine ganze Reihe von Softwarepaketen für die Meßdatenerfassung und -auswertung angeboten (Preis zwischen DM 1800 und DM 20 000, Lablog, Labnotebook, u.a.), die Schnittstellen zu höheren Programmiersprachen wie C oder Pascal aufweisen.

Das Rechnungswesen wird heute zumindest in größeren Unternehmen weitgehend rechnergestützt durchgeführt. Zu erwähnen sind zahlreiche Softwaresysteme für den Groß- wie Mikrocomputerbereich, welche zur Unterstützung der verschiedenen Buchhaltungen, etwa der Debitoren- und Kreditorenbuchhaltung für die Abwicklung der Forderungen nach außen bzw. von außen, entwickelt worden sind (RF von SAP/Walldorf, SAFIR von Siemens, IFB von IBM). Andere Software-Module ermöglichen für die Aktivitäten der Kostenrechnung die automatisierte innerbetriebliche Leistungsverrechnung und Verteilung der Kosten auf die verschiedenen Kostenstellen und -träger. Ebenso für die Lohn- und Gehaltsrechnung mit der Erfassung der Lohndaten, der Brutto- und Nettolohnberechnung und für die Personalverwaltung und -planung steht Software zur Verfügung. In Großunternehmen wird die Bedeutung der kurz- und langfristigen Personalplanung durch Personalinformationssysteme (PIS) reflektiert (z.B. PIS der BASF, PEDATIS (Personaldateninformationssystem der Volkswagen AG), IPIS (Integriertes Personalinformationssystem) der Ford AG).

Das Hauptziel des Vertriebs ist der Verkaufs- oder Vertriebserfolg. Hierzu bedarf es einer sorgfältigen Vertriebsanalyse und Vertriebsplanung. Die Vertriebsanalyse wird sich bei der Beurteilung des Verkaufserfolgs vornehmlich an den Erfahrungen der bisherigen Aktivitäten orientieren und für die Vertriebsplanung den erforderlichen Vertriebsmitteleinsatz, wie Angebotserstellung, Planung für Vertreterbesuche, Werbe- oder preisstrategische Maßnahmen, vorbereiten.

Auch im gesamten Dienstleistungsbereich wird eine Vielzahl von EDV-Anwendungssystemen eingesetzt. Hier sind vor allem Banken, Versicherungen und Handel zu nennen. Im Bankenbereich spricht man von dem 'Electronic Banking'. Hierunter versteht man die Zusammenfassung von Bankdienstleistungen, die entweder über elektronische Datenverarbeitungsfunktionen im Hintergrund abgearbeitet werden oder für die direkte DV-Unterstützung möglich ist. Elektronisches Bankgeschäft wäre eine durchaus passende Übersetzung, denn die moderne EDV wird für die weitgehend beleglose Erfassung, für die Verarbeitung und für den Transport von Geschäftsdaten eingesetzt. Damit lassen sich heute Bankgeschäfte unabhängig von den üblichen Schalterzeiten abwickeln, moderne Geldautomaten sind ein Beispiel hierfür. Aufgrund des verstärkten Wunsches nach schneller und aktueller Geldmarktinformation werden hierbei die Anforderungen an die Systeme zur Datenfernübertragung (DFÜ) immer größer. Die meisten größeren Banken bieten heute einen Bildschirmtext(BTX)-Service an, über den der direkte Zugang zu den zentralen Bankcomputern ermöglicht wird und der zu jedem Zeitpunkt aktuelle Information über Umsätze und Kontostände liefert. Über BTX können beleglos Überweisungen vorgenommen werden oder Informationen über Wertpapierzinsen o.ä. eingeholt werden. Schecks oder Zahlscheine können heute maschinell gelesen werden und die betreffenden Beträge automatisch auf den entsprechenden Konten gebucht werden. Diese 'Electronic Banking'-Dienstleistung ist insbesondere für Unternehmen interessant, bei denen täglich die Bearbeitung einer großen Anzahl von Schecks oder Lastschriften anfällt.

Im Bereich des Handels sind die Computerkassen zu nennen, die neben den Produktpreisen und Warensummen auch Informationen über die Waren oder Dienstleistungen selbst speichern können. Mit Hilfe eines Lichtstifts oder Scanners wird die im Balkencode der Ware enthaltene Information (Warenart, Größe, Preis, usw.) aufgenommen und in der Computerkasse gespeichert. Der Betrieb der Computerkassen kann offline erfolgen, d.h. die gespeicherten Daten werden zu einem späteren Zeitpunkt ausgewertet und die Auswertungsergebnisse an entsprechende Abteilungen weitergeleitet. Es gibt aber auch Systeme, die online mit anderen Rechnern im Verbund stehen. Beispielsweise kann die bargeldlose Bezahlung mit einer Eurocheque-Karte oder einer speziellen Chip-Karte in der Weise erfolgen, daß aufgrund der ständigen Verbindung der Computerkasse mit den Bankenrechnern eine sofortige Überprüfung des Kontostands und bei ausreichender Deckung auch die elektronische Abbuchung erfolgen kann. In der Bundesrepublik bestehen seit längerem intensive Verhandlungen zwischen Vertretern von Banken und Handel, um ein integriertes Netz sogenannter 'Point of Sales' (POS) aufzubauen. Als Point of Sale kann jede elektronische Kasse eines Supermarkts oder jeder Geldautomat einer Bank bezeichnet werden. Daß für ein solches Projekt gigantische DV-Kapazitäten zur Verfügung stehen müssen, braucht im einzelnen wohl kaum hervorgehoben werden. In einer ersten Stufe ist an ein Netzwerk von ca. 50 000 Point of Sales gedacht. Hierfür ist ein Rechnersystem erforderlich, daß pro Sekunde einige Tausend Transaktionen verarbeiten kann. Dies läßt sich durch parallele Kopplung vieler Datenbankrechner in technischer

Hinsicht erreichen, die eigentliche Problematik liegt in der Streitfrage, wer von den POS-Beteiligten die Kosten für eine Transaktion übernimmt: der Kunde, der POS-Anbieter oder die Bank. Hierüber konnten Banken und Handel bisher keine Verständigung erzielen, auch liegen noch keine ausreichenden Untersuchungen vor, wie die verschiedenen Kundengruppen bei Auferlegung einer POS-Gebühr reagieren werden. Die bisherige Beobachtung deutet auf kein allzu großes Interesse auf Seiten des Handels hin. Dagegen erfreut sich die Kreditkartenwirtschaft einer zunehmenden Nachfrage. Dennoch wird langfristig die POS-Vernetzung kommen. Beispielsweise gibt es in Frankfurt die Gesellschaft für Zahlungssysteme (GZS), die an der Vorbereitung des hierfür aufzubauenden Netzwerks arbeitet. Die Information zur Identifikation der Person und die Bankkonto-Nummer ist auf einen Magnetstreifen auf der Rückseite der Kreditkarte aufgebracht. Es ist geplant, die Kreditkarten durch sogenannte Chip-Karten zu ersetzen. Diese Karten enthalten einen Mikroprozessor, der so klein ist, daß er in die Plastikkarte integriert werden kann. Der Vorteil liegt in einer erweiterten Verwendbarkeit. Nach Einrichtung des ISDN-Netzes wird es möglich sein, zwischen den verschiedenen Datenstationen die unterschiedlichsten Informationsarten zu übertragen. Damit wird es dann auch möglich sein, in öffentlichen Fernsprechstellen, an Fahrkartenund Bankschaltern mit der Chip-Karte elektronisch zu bezahlen.

Neben den privatwirtschaftlich organisierten Dienstleistungen sind vor allem auch staatliche Dienstleistungen im Rahmen der öffentlichen Verwaltung, des wissenschaftlichen Bereichs, der Schulen und Ausbildungseinrichtungen und des Gesundheitswesens zu nennen, die ebenfalls die modernen DV-Instrumente einsetzen. Auch die öffentlichen Versorgungsbetriebe setzen wie die privatwirtschaftlichen Unternehmen Computer für Abrechnungs- und Planungsaufgaben ein. Systeme zur automatischen Ampel- und Verkehrsregelung auf der kommunalen Ebene, Prozeßrechner zur Weichen- und Signalsteuerung bei der Bundesbahn, wie auch das Rechnerverbundsystem für die automatische Fahrkartenerstellung und Platzreservierung sind ebenfalls aufzuführen. Bei den Fluggesellschaften werden heute weltumspannende Terminalsysteme eingesetzt, mit denen Fluginformationen aus zentralen Datenbanken online abgerufen werden können. Hier sind spezielle Systemanwendungen für die Flughafenverwaltung, das Platzreservierungssystem und die Flugsicherung im Einsatz. Im medizinischen Bereich werden einerseits Rechner für Verwaltungs- und Planungsaufgaben, andererseits für die Erfassung und Auswertung von Patientendaten eingesetzt. Die Anforderungen an den Computereinsatz sind hier besonders vielschichtig: Meßdatenerfassung von Laborgeräten, Daten-Retrieval von Labor- und Patientendaten aus Datenbanken, Systeme zur Diagnose- und Therapieunterstützung.

In Wissenschaft und Technik werden heute die leistungsstärksten Rechner eingesetzt: in der Elektrotechnik, Physik und Chemie für Simulationen hochkomplexer Systeme, in der Biochemie, Biomathematik und Genforschung zur Verhaltenssimulation komplexer Strukturen, in der Meteorologie für die Simulation mathematischer Modelle für die Wettervorhersage, für wirtschafts- und sozialwissenschaftliche Modelle, im Bereich der modernen Computer-Linguistik für Übersetzungssysteme und natürlichsprachliche Systeme, u.v.a. Schließlich die Verwendung des Computers an Schulen und Hochschulen für ausbildungs- und verwaltungsbezogene Aufgaben: computerunterstützter Unterricht, Informationssysteme für Schüler und Studenten, Auswertung von Prüfungsarbeiten, Erstellung von Stunden- und Prüfungsplänen, Programmier- und Datenbankausbildung in PC-Pools, Einsatz von Textverarbeitungssystemen und integrierten Softwarepaketen. Gerade letztere werden heute in den Büros von Klein- wie Großunternehmen eingesetzt und tragen zu einer effektiven Büroarbeit bei. Daß durch diese Anforderungen neue Berufsbilder entstehen und herkömmliche einem Wandel unterzogen werden, soll im folgenden Abschnitt behandelt werden.

11.2 Bürokommunikation

Mit der weiteren Penetration der modernen Informations- und Kommunikationstechnologien in den Bürobereich entsteht für die Beschäftigten eine völlig neue Situation. Viele Tätigkeiten lassen sich mit Hilfe der neuen Hilfsmittel schneller und bequemer verrichten, andere lassen sich nur schwer durch Computer unterstützen. Bei vielen Arbeitsvorgängen im Büro sind verschiedene Personen und damit verschiedene Arbeitsplätze involviert, sodaß vor allem auch die Kommunikation zwischen den Büroarbeitsplätzen eine wichtige

Bedeutung hat. Kommunikation kann sehr unterschiedlich erfolgen, durch Brief, Telefon oder das persönliche Gespräch. Technische Kommunikationsdienste, wie z.B. BTX, Datex-P, Telebox, usw., betreffen weitgehend der schriftlichen Kommunikation, während Telefonkommunikation und Video-Konferenzschaltungen den persönlichen Informationsaustausch unterstützen. Daher steht die Frage im Vordergrund, wie sich diese Kommunikationsformen verändern, bzw. sich zukünftig noch verändern werden. Jedenfalls gibt es hierbei keine einheitliche Empfehlung für die Implementierung moderner Kommunikationsmittel, sondern die Anforderungen an die Kommunikation hängen vom Aufgabenspektrum und den spezifischen Arbeitsabläufen ab.

Die technischen Probleme im Zusammenhang mit der Einführung eines Kommunikationssystems im Bürobereich sind heute zufriedenstellend gelöst, während den hiermit verbundenen organisatorischen Veränderungen häufig nicht die entsprechende Bedeutung zugemessen wird. Um die Effizienzsteigerung oder den Wirkungsgrad bei der Einführung eines Bürokommunikationssystems feststellen zu können, bedarf es einer sorgfältigen Analyse der organisatorischen Abläufe und Tätigkeiten. Hierzu ist die DV-Organisation für die Klärung von technischen Fragen hinsichtlich der Netzwerk-Konfiguration und der Systemsoftware zuständig, aber auch die Fachabteilungen sind in die Organisationsanalyse einzubinden, da deren Arbeitsabläufe durch die Dezentralisierung der DV-Kapazitäten mit Hilfe von Standardsoftware und Bürosystemen weitgehend unabhängig gestaltet werden können.

Jede Form der Büroarbeit ist in irgendeiner Form mit der Erstellung von Dokumenten, mit der Verarbeitung oder Weitergabe von Informationen im weiteren Sinne, verbunden. Diese Tätigkeiten sind jedoch durch die jeweils andere inhaltliche Ausprägung stark verschieden, je nach Einordnung der Organisationseinheit innerhalb der Organisationshierarchie und abhängig von der betrachteten Branche. Nach Picot und Reichwald (siehe Literaturhinweis am Ende des Kapitels) werden vier wichtige Merkmale für die Aufgabenanalyse im Büro herausgestellt:

    -> Art der Aufgabe (Komplexitätsgrad)
    -> Planbarkeit des Informationsbedarfs
    -> Art der Kooperationsbeziehungen
    -> Bestimmtheit des Lösungswegs.

Die Art der Aufgabe kann sich am Routinefall orientieren, sodaß die Anforderungen weitgehend gleich bleiben, sie kann sich aber auch am Einzelfall, mit ständig neuen Aufgabenstellungen, orientieren. Für Routine-Arbeiten ist die Planbarkeit des Informationsbedarfs weitgehend gegeben, dies gilt nicht bei ständig wechselnden Aufgabenstellungen. Ebenso läßt sich die Art der Kommunikationsbeziehung als vom Typ der Arbeit abhängig charakterisieren: Einzelfall-orientiert wird die Kommunikation zwischen einer Vielzahl von verschiedenen Mitarbeitern ablaufen, sonst wird sich die Kommunikation auf im wesentlichen dieselben Mitarbeiter beschränken. Unter der Bestimmtheit des Lösungswegs versteht man die Ermittlung der Kooperations- und Kommunikationsketten, die aufgrund einer stets arbeitsteiligen Abwicklung von Geschäftsvorgängen entstehen. Aus der Abschätzung dieser Zusammenhänge ergeben sich die Schlußfolgerungen für die Wahl eines Bürokommunikationssystems. Abhängig von der Art der Tätigkeit besteht ein unterschiedlicher Bedarf an informationstechnologischen Ressourcen. Für die Frage der Bewertung der Kommunikationsbeziehungen, der Durchführung einer organisationsspezifischen Wirtschaftlichkeitsanalyse und dem letztendlich erreichten Nutzen durch die Einführung eines Bürokommunikationssystems, liefert der Systemansatz des nächsten Abschnitts einen Orientierungsrahmen.

11.3 Konzeption für ein wissensbasiertes System: LAN-Konfiguration versus Büroorganisation

Die Methoden der Künstlichen Intelligenz haben in neuerer Zeit auch im Bereich der Wirtschaftswissenschaften eine zunehmende Bedeutung erlangt. Insbesondere kann heute die quantitative und qualitative Wirtschaftsforschung durch KI-Techniken und mit Hilfe von Hochsprachen wie PROLOG (siehe Abschn. 7.8) unterstützt werden. Im Kontext von Regelsystemen (Produktionssystemen) setzt sich das Fachwissen aus Fakten eines betrachteten Wissensausschnitts zusammen, weiterhin aus Regeln, welche den logischen Zusammenhang der Fakten erfassen und durch logisches Schließen (Inferenz) die Möglichkeit zur Erzeugung weiterer Fakten(aussagen) eröffnen. Wissensbasierte Systeme bestehen aus einer Wissensbasis, welche die

Fakten enthält, und einem Inferenzmechanismus, welcher das Expertenwissen, die Expertise, im Rahmen der Selektion und Verknüpfung von Regelbeziehungen erzeugt.

Bedingt durch die zunehmende Dezentralisierung von DV-Kapazitäten wird die innerbetriebliche Organisation heute mehr und mehr mit der Frage konfrontiert, in welcher Weise lokale Datenstationen, Arbeitsplatzcomputer und die verschiedenen peripheren Geräte in einem Kommunikationsverbund zusammengeschlossen werden können. Die noch vor wenigen Jahren vorherrschende Euphorie, wie rasch die Vernetzung im Zuge eines integrierten Bürokommunikationssystems erfolgen wird, ist durch den von der Unternehmensseite aufgeworfenen Fragenkomplex bezüglich der Auslegung und der damit verbundenen Wirtschaftlichkeit eines lokalen Netzes schnell abgeklungen. Insbesondere sind auch die Fragen der Implikationen eines vernetzten Informationsflusses auf die organisatorische Struktur des Unternehmens und die hiermit einhergehende Akzeptanzproblematik nicht ausreichend geklärt. Gerade auch auf der Seite der Anbieter von lokalen Netzen, die meist auch die bekannten Hardware-Anbieter sind, hat man heute noch zu wenig Erfahrung mit der organisationsadäquaten Konfigurierung von Netzen.

Diese Fragestellung wird noch verstärkt durch die Tatsache, daß heute Unternehmensorganisationen hinsichtlich ihrer unterschiedlichen Funktionen und Kommunikationsbeziehungen einen hohen Komplexitätsgrad aufweisen, und die methodischen Möglichkeiten zur Erfassung und Verbesserung der Mitarbeiterakzeptanz kaum ausgeschöpft werden. Ein wichtiges Ziel der modernen Kommunikationstechnik muß es daher sein, methodische Instrumente und Software-Tools zu entwickeln, welche die genannte Komplexität für ein Unternehmen transparenter machen.

Die Konzeption eines Expertensystems, welches als Entscheidungsgrundlage und -hilfe für die Ermittlung einer Netzkonfiguration für eine vorgegebene Betriebsorganisation dienen und den unterschiedlichen Kommunikationsanforderungen entsprechen soll, muß gleichzeitig auch

- ein Abfragesystem für die Gesamtheit der heute auf dem Markt angebotenen lokalen Netzwerke einschließlich der technischen und organisatorischen Merkmale,

- die Möglichkeiten zur methodischen Durchführung einer Arbeitsplatz- und Wirtschaftlichkeitsanalyse hinsichtlich der Erfassung und Auswertung von Arbeitsplatzdaten,

- ein Regelsystem für die Darstellung des Zusammenhangs zwischen der Organisationsform und Netzkonfiguration, wie auch für die Erfassung der bisherigen Erfahrungen bei der Implementierung von lokalen Netzen,

umfassen. Diese Kopplung von Abfragesystem und Inferenzsystem ist mit der relational orientierten KI-Sprache PROLOG gut zu realisieren.

Wenn wir das zu entwickelnde Expertensystem zunächst als eine **globale Regel** mit der Architektur des lokalen Netzes als dem **Regelkopf** und der betrieblichen Organisation als dem **Regelrumpf** auffassen, so ergibt sich eine Zweiteilung für die Durchführung der Systementwicklung:

a) Die Architektur bzw. Konfiguration des lokalen Netzes wird bestimmt durch die Fakten

> -> Netzkategorie, bei der die Unterscheidung zwischen Verbund von Großrechenanlagen, Minicomputersystemen und PC-Netzen erfolgt,

> -> Netztopologie (Sternnetz, Ringnetz, vermaschtes Netz, hierarchisches Netz),

> -> Netztyp (Basisband-, Breitbandübertragung),

> -> Übertragungsmedium (Koaxialkabel, Glasfaserkabel),

> -> Übertragungsart und Übertragungsraten nach Leistungsklassen gruppiert,

> -> Betriebsart (Simplex-, Halbduplex-, Vollduplexbetrieb),

> -> Übertragungsprozeduren (bitseriell, zeichenseriell),

> -> Netzzugangsprotokoll (Token-Ring-Prinzip, das zur Zeit von IBM stark favorisiert wird und sich bei starker Netzbelastung als sehr stabil erwiesen hat; CSMA/CD, CSMA/CA: die klassischen ETHERNET-Protokolle, deren Durchsatzleistung bei hoher Netzbelastung stark abfällt),

> -> Antwortzeiten hinsichtlich einer benutzerakzeptablen Dialogführung,

> -> Leitungssteuerung und Gütekriterien für die Netzsoftware,

-> Datenschutz- und Datensicherungsmaßnahmen mit den ver-
   schiedenen Möglichkeiten der Zugriffsberechtigung, der
   Kennwort- und Hardware-Sicherung, kryptologischer
   Techniken,

-> Ausfallsicherheit/Fehlertoleranz (durch Zweifachspeiche-
   rung, geeignete Maßnahmen bei einer Unterbrechung der
   Stromversorgung, spezielle durch Software unterstützte
   Hilfsmittel),

-> Schnittstellen zu anderen Netzen wie z.B. Datex-P, DFN
   (= Deutsches Forschungsnetz), EURONET, EARN, u.a.,

-> Periphere Geräte, hinsichtlich der Einbeziehung von her-
   stellereigenen und herstellerfremden Geräten,

-> Kriterien für die Flexibilität hinsichtlich der durch
   die Vernetzung implizierten organisatorischen Umstellun-
   gen.

Diese Architekturkomponente liefert einerseits einen Konfigu-
rationsvorschlag für den Einsatz der geeigneten Hardware, andererseits einen Software-Vorschlag bezüglich der Netz- und
Anwendungssoftware (Textverarbeitungssysteme, integrierte
Software, Datenbanken, u.a.). In einer Pseudo-Relationendarstellung müßte der Regelkopf der Globalregel mit Hilfe der
folgenden Fakten definiert werden:

netzkategorie (Großrechner_Verbundnetz,   Minicomputer_netz,
               PC_netz);

topologie (Sternnetz, Ringnetz, Busnetz (passiv, aktiv), Ver-
           maschtes_Netz, Hierarchisches_Netz, Sonstige);

protokoll (ISO-Standard, ISO_Ebene, Protokoll_Typ);

netztyp (Basisband, Breitband);

uebertrag_medium (Koaxialkabel, Glasfaser, 2-Draht-Kupferka-
           bel, 4-Draht-Kupferkabel, sonst_techn_Beson-
           derheiten);

uebertrag_art (digital, analog);

betriebsart (vollduplex, halbduplex, simplex);

uebertragungsprozedur (bitseriell, zeichenseriell, HDLC/SDLC/
           BCD, PaketBetrieb);

antwortzeiten (Antw_zeit < 2 sec, Retrieval_Operation < 4
           sec, seitenweises_Blättern < 0.5 sec, System-
           neustart/Recovery nach Systemzusammenbruch <
           15 sec);

zugriffsverfahren (CSMA/CD, CSMA/CA, Token-Prinzip, p-persi-
           stent Token Ring (0 < p < 1));

```
leitungs_steuerung (Frequenz-Multiplex, Polling);

datenschutz_datensicherung       (Klasse_Zugriffsberechtigungen,
          Kennwort,  Kryptolog_methode,  Hardware_siche-
          rung);

ausfallsicherheit  (Techn_Hilfsmittel,  Zweifach_Speicherung,
          Maßnahmen_bei_Stromausfall);

kanalsicherung  (zeichenweise,  blockweise,  Paritätsprüfung,
          blockzyklisch (Generatorpolynom));

netzdiagnose (Netzwerkauslastung, Diagnose_Software);

schnittst_andere_netze  (oeff_netze (Datex-P,  HfD,  EARN,  DFN,
          DIANE (europ. Datenbank-Verbundsystem)));
```

Mit Hilfe dieser Fakten können die beiden Prädikate

```
hardware_vorschlag       (liste_der_endgeräte,       netzkonzentra-
          tor(en),  netz_hersteller,  liste_der_netz_spe-
          zifika);

software_vorschlag  (zugangsprotokoll,  netzwerk_software,  an-
          wend_software,  textsysteme,  datenbanken,  soft-
          ware_tools,  integr_softw_pakete);
```

wiederum in einer Pseudo-Relationendarstellung erzeugt werden, welche die Information über die gewünschte Netzkonfiguration und die erforderliche Software liefert.

b) Für die im **Regelrumpf** der globalen Regelbeziehung erfaßten
Fakten über die betriebliche Organisation erscheint es wichtig, eine komfortable Benutzeroberfläche zu schaffen, welche
über Eingabemenüs die rasche Erfassung der unternehmensspezifischen Daten erlaubt. Hierzu sollte sich die Systementwicklung auf zunächst wichtige Hauptabteilungen eines Unternehmens konzentrieren, die weitgehend von der betrachteten Branche unabhängig sind: Personal, Buchhaltung, Einkauf, Marketing und Planung, Verwaltung und Produktion.

Die Haupttätigkeitsbereiche im Büro allgemein sind mit Hinsicht
auf die Erfassung und Registrierung von Information, auf die Erstellung von Schriftstücken und Dokumenten, auf die Verwal-
tungstätigkeiten und Terminplanung, auf die Möglichkeiten zur Evaluierung und Analyse von Schriftstücken und des Soll-/Ist-Ver-
gleichs zu unterscheiden.

Für die wichtigsten Funktionsbereiche (Management, Sekretariate, Schreibbüros, u.a.) sind die Haupttätigkeiten in ihrem Zeitverhalten mit und ohne Einsatz moderner Kommunikations- und Darstellungshilfsmittel zu erfassen, und zwar bezüglich der

- Kommunikation (elektronische Post, Konferenzschaltungen (Bildübertragung), elektronische Ablage, elektronischer Briefkasten und Telefon, andere Formen der Informationsbeschaffung),

- Planungs- und Analyseinstrumente (Textverarbeitungssysteme, Tabellenkalkulation, Software zur Investitionsplanung, Datenbank-Software für Soll-Ist-Vergleiche, Software für Decision Support Systems, Software für Planungsverfahren aus dem Bereich des Operations Research, Statistik-Software).

Auch die mengenmäßige Erfassung für das Erstellen und Ändern von Dokumenten unterschiedlichster Art erfolgt über entsprechend vorbereitete Eingabemenüs, insbesondere bezüglich der Anforderungen an die Speicherkapazität der einzelnen Arbeitsplatzstationen im Netzwerk. Besondere Beachtung werden hier den Alternativen zum Erstellen und Modifizieren

-> von Konstruktionszeichnungen mit Hilfe eines CAD-Systems
-> von Geschäftsgraphiken und Schriftdokumenten

beigemessen. Ebenso wichtig ist die Erfassung von Informationen zur zeitlichen Verteilung der Informationsübertragung und der hieraus resultierenden Tagesbelastung bezüglich der verschiedenen Kommunikationsmöglichkeiten (Sprache, elektronische Post, Datenbankzugriff). Auch Fragen über akzeptable Antwortzeiten beim Datenbank-Retrieval oder Übertragungsoperationen werden in diesen Eingabemenüs zu stellen sein:

Eingabemenü 1: Mengenmäßige Erfassung der Informationsverarbeitung der einzelnen Arbeitsplatzknoten im Netzwerk			
Anforderung / Speicherkapazität	Arbeits-station	Arbeits-station	... ...
-> Erstellen/Ändern von Dokumenten mit einem Textsystem	text_syst		
-> Erstellen/Ändern von Konstruktionszeichnungen mit einem CAD-System	cad_syst		
-> Erstellen von Formularen, Tabellen, Berichten	integr_ software		
-> Erstellen/Ändern von Geschäftsgraphiken	integr_ software		
-> usw.			

Eingabemenü 2: Mengenmäßige Erfassung der Haupttätigkeitsbereiche im Büro (Von_Abtlg/ArbPlatz ---> NachAbtlg/ArbPlatz) = Verbindung von Knoten i ---> Knoten j im Netzwerk der Arbeitsplatzknoten			
Verb. zw. zwei Knoten	max. Inform. volumen (in KByte)	Zeitliche Verteilung der Informationsübertragung (5-Punkte-Skala)	Art der Kommunikation (Elektronische Post, Textverarb., usw.)
k1-> k2	...	Tagesbelastung für die einzelnen Wochentage, aufgegliedert nach Tages Arbeitsabschnitten	....

<table>
<tr><td colspan="6">Eingabemenü 3: Durchschnittlich benötigte Zeit (in %) für die Haupttätigkeitsbereiche im Büro
(für jede Abteilung ein separates Eingabemenü)</td></tr>
<tr><td></td><td></td><td>Mana-
ger</td><td>Sekre-
tärin</td><td>Sachbear-
beiter</td><td>Büroan-
gest.</td></tr>
<tr><td>Erstellung von Doku-menten</td><td>- handschriftlich
- maschinell
- Kopien erstellen</td><td>█████</td><td colspan="3">Leuchtmarke mit Pfeil-tasten positionieren</td></tr>
<tr><td>Administra-tive Tätig-keiten</td><td>- Informationsbe-schaffung
- Terminplanung
- Registrieren
- Ablage</td><td></td><td></td><td></td><td></td></tr>
<tr><td>Kommunika-tion</td><td>- Persönliche Gespräche
- Telefongespr.
- Briefe</td><td></td><td></td><td></td><td></td></tr>
<tr><td>Planung/ Analyse</td><td>- Auswertung von Dokumenten
- Kurzfristige Planung
- Soll-/Ist-Ver-gleich</td><td></td><td></td><td></td><td></td></tr>
</table>

<table>
<tr><td colspan="6">Eingabemenü 4: Qualitative Bewertungskriterien für den Aufbau einer LAN-Konfiguration im Bürobereich</td></tr>
<tr><td></td><td colspan="5">5-Punkte-Skala</td></tr>
<tr><td></td><td>nicht erford.</td><td>wenig</td><td>unent-schie.</td><td>gut</td><td>sehr gut</td></tr>
<tr><td>-> Wie wird die Akzeptanz zur Nutzung elektronischer Post eingeschätzt?
-> Kann der Kommunikationsaufwand durch eine organisatorische Funktionstrennung reduziert werden?
-> Zukünftige Wettbewerbsvorteile werden durch schnelles Reagie-ren auf Marktveränderungen ge-prägt sein: Einschätzung für Ihr Unternehmen?
-> Für jeden Mitarbeiter sollten umfassende und möglichst rasche Auskunftsmöglichkeiten bereitgestellt werden?</td><td></td><td></td><td></td><td></td><td></td></tr>
</table>

Weitere Fragen, die im Rahmen dieses Erfassungsmenüs zu beantworten sind:

-> Einschätzung der Akzeptanz für die Einführung eines Personalinformationssystems?

-> Beurteilung der Vorteile aus einer schnellen Informationsbeschaffung und -verteilung mit Hilfe eines Kommunikationsnetzes?

-> Beurteilung der Zugangsmöglichkeiten zu externen Netzen (DIANE, usw.)?

-> In welchem Maße wäre die Unternehmensleitung bereit, Änderungen der organisatorischen Struktur vorzunehmen?

-> Ist der bisherige Kommunikationsaufwand vornehmlich tayloristisch bedingt?

-> Sind externe Kommunikationsanschlüsse zu berücksichtigen (Netze von Kunden)?

-> Sind Übertragungswege zu Kunden/Lieferanten einzuplanen?

-> Wie wird der Aufwand hinsichtlich der Einhaltung von Sicherheitsmaßnahmen im Rahmen des Datenschutzgesetzes eingeschätzt?

-> Wie werden mögliche Schwierigkeiten mit Gewerkschaften, Verbänden u.ä. hinsichtlich der Neugestaltung von Arbeitsplätzen und der damit verbundenen neuen Anforderungen an die Beschäftigten eingeschätzt?

-> Wie werden mögliche Schwierigkeiten hinsichtlich einer durch die Dezentralisierung der Informationsverarbeitung möglicherweise entstehenden Kompetenz-Umverteilung eingeschätzt?

-> In welchem Maße wäre das Unternehmen zu einer partiellen Änderung der Organisationsstruktur bereit?

-> Wie wird der Grad der unproduktiven Büroarbeit grundsätzlich eingeschätzt?

In diesem Zusammenhang sind auch Informationen verbindungsspezifischer Art erforderlich (Mindestdurchsatz, maximal akzeptierte Wartezeit bei einem Netz- und/oder Systemzusammenbruch), ebenso qualitative Information etwa über die Einschätzung von Datensicherungsmaßnahmen und der hiermit verbundenen u.U. längeren Antwortzeiten im Vergleich zu einer geringeren Datensicherung mit schnelleren Antwortzeiten. Mit Hilfe von qualitativen statistischen Verfahren kann hier ein Gesamtindikator bestimmt werden, welcher das tendenzielle, auf das betrachtete Unternehmen bezogene, Meinungsspektrum repräsentiert.

Was grundsätzlich die qualitativen Bewertungskriterien für den Aufbau einer Netzkonzeption angeht, sind Einschätzungen für die Problempunkte

-> Akzeptanz zur Nutzung der elektronischen Post,

-> Reduzierung des Kommunikationsaufwands durch eine geeignete Trennung der organisatorischen Aufgabenbereiche,

-> Einschätzung der Wettbewerbsvorteile, die durch das schnellere Reagieren auf Marktveränderungen bei Vorhandensein eines Kommunikationsverbunds möglich sind,

-> Grad der Auskunftsmöglichkeiten einer Arbeitsplatzstation,

-> Bedeutung der Zugangsmöglichkeiten zu anderen Netzen,

-> Erwartungswerte für Einsparungen durch Erhöhung der Leistungsfähigkeit eines Arbeitsplatzes im Rahmen eines Kosten/Nutzen-Vergleichs,

-> Aufwand für Datenschutz- und Datensicherungsmaßnahmen,

-> Schwierigkeiten mit Arbeitnehmervertretungen hinsichtlich der Neugestaltung von Arbeitsplätzen und der damit verbundenen neuen Anforderungen an die Beschäftigten,

-> Schwierigkeiten wegen einer befürchteten Kompetenz-Umverteilung,

-> Grad für die Bereitschaft, die organisatorischen Gegebenheiten umzustellen, u.v.a.

zu erfassen und im Rahmen einer Wirtschaftlichkeitsrechnung für jede Arbeitsstation auszuwerten. Zusammen mit den Mengen-Daten liefern diese qualitativen Informationen die Grundlage für die Festlegung der Fakten und Regeln, aus denen dann die bestmögliche lokale Netzkonfiguration, mit Angabe der erforderlichen Hardware und Software und der netzspezifischen Anforderungen, ermittelt werden kann.

<table>
<tr><td colspan="4">Eingabemenü 5: Wirtschaftlichkeitsanalyse bei Einbeziehung einer Arbeitsstation in das lokale Netz
(7-Punkte-Skala für die Erfassung der Nutzwerte)</td></tr>
<tr><td colspan="4">Gewichtung: 0 = keine Veränderung   Verbesserung (+)
1 = unbedeutend ±1 = mäßige Veränderung Verschlecht. (-)
2 = wichtig   ±2 = starke Veränderung
3 = dringend   ±3 = sehr starke Veränd.</td></tr>
<tr><td></td><td>Bewertung (-3 bis +3)</td><td>Gewichtungs-präferenz der Zielkriterien</td><td>Nutzwert Bewertung mal Gew.</td></tr>
<tr><td>Auflistung der quanti-tativen und qualitati-ven Zielkriterien</td><td></td><td></td><td></td></tr>
</table>

11.4 Fabrik der Zukunft: CIM

CIM (= Computer Integrated Manufacturing) bedeutet die Integration der informationstechnischen Anwendungsgebiete PPS (= Produktions-planung und -steuerung), CAE (= Computer Aided Engineering) und CAM (= Computer Aided Manufacturing). CAE umfaßt wiederum die Aktivitäten CAD (= Computer Aided Design, rechnergestütztes Ent-werfen von Konstruktionsplänen), CAP (= Computer Aided Planning, rechnergestützte Fertigungsvorbereitung) und CAQ (= Computer Aided Quality, rechnergestützte Qualitätssicherung). Der AWF (Ausschuß für wirtschaftliche Fertigung) hat 1986 die CA-Begriffe definiert und gegeneinander abgegrenzt. PPS umfaßt im wesentlichen die Verwaltung der Arbeitsplan- und Arbeitsplatzdaten, der Teilestamm- und Stücklistendaten. Teilweise werden auch die Kundenstammdaten zu PPS gezählt, abhängig davon, ob das Beschaffungswesen und der Vertrieb über das PPS-System abgewickelt wird. CAM ist durch die steuerbare, das heißt durch Software manipulierbare, Abwicklung sämtlicher bei der Fertigung anfallenden Vorgänge wie Lagerhal-tung, Transport und Auftragseinsteuerung charakterisiert. Der Be-griff CIM wird heute wenig einheitlich verwendet, er entstand in Amerika und geht auf J. Harrington und A.D. Little zurück. Teil-weise wird der gesamte Bereich der kaufmännischen Anwendungen (Fi-nanzbuchhaltung, Kostenrechnung, Personalwesen) bei der CIM-Inte-gration nicht berücksichtigt, obwohl die technischen und verwaltungsspezifischen Vorgänge teilweise simultan ablaufen müssen und daher immer im Kommunikationsverbund zu sehen sind. Allerdings wurde auch der Begriff CAO (= Computer Aided Office) für die kaufmännische Verwaltung kreiert, und das Zusammenwirken von CIM und CAO wird als CAI (= Computer Aided Industry) bezeichnet.

Mit CIM wird nun der Gedanke verfolgt, den unterschiedlichen CA-Systemen ein einheitliches Datenmodell zugrundezulegen, damit ein einfacher Datenaustausch zwischen den Systemen möglich wird. CIM ist kein Softwareprodukt wie PPS, sondern mehr eine Konzeption oder eine Vorschrift für die Steuerung von Material- und Informationsflüssen. Der Kern von CIM ist aber nach wie vor ein gutes PPS-System mit der Phasenstruktur

Stufe	Produktionsplanung	Produktionssteuerung
1	-> Planung Primärbedarf	
2	-> Materialwirtschaft	
3	-> Zeitwirtschaft	
4	-> Auftragsfreigabe --------->	Auftragseinsteuerung
5		-> Fertigungssteuerung
6		-> Betriebsdatenerfassung

und Software-Modulen für

- -> die Lagerwirtschaft mit verbrauchsorientierter Dispositionsrechnung,

- -> den Einkauf,

- -> die Materialdisposition und Stücklistenverwaltung,

- -> die Erstellung von Arbeitsplänen und Fertigungsaufträgen,

- -> die Auftragseinsteuerung und -terminierung,

- -> die Kostenträgerrechnung,

- -> die Angebotserstellung und Auftragsabwicklung,

- -> die Fakturierung und

- -> die Erstellung von Statistiken.

Für die termingerechte Steuerung eines PPS-Systems wäre die Einbindung eines Systems zur Betriebsdatenerfassung (Personalzeit-

und Auftragszeiterfassung) erforderlich. Weiterhin kann ein PPS-System in Richtung CIM durch ein CAD-System erweitert werden. Wenn auf dem Host-Rechner entsprechende Schnittstellen zwischen dem CAD- und dem PPS-System vorgesehen sind, können die Konstruktionsdaten zusammen mit den Auftrags- und Teilestammdaten aus einer zentralen Datenbank gemeinsam abgerufen werden.

Ein Produktionsprogramm läßt sich aufgrund des extrem hohen Rechenaufwands durch vollständige Enumeration kaum bestimmen. Daher verfolgt man für die Lösung mehr eine Strategie der sukzessiven Planung, indem der Planungshorizont in Teilabschnitte unterteilt und jeder Teilabschnitt separat behandelt wird. Die erste Phase der Produktionsplanung besteht in der Ermittlung des Primärbedarfs für einen a priori festgelegten Zeitraum, wobei teilweise über elementare Prognosetechniken (exponentielle Glättung) oder durch explizite Eingabe die voraussichtlichen Absatzwerte ermittelt werden. Aus der Materialwirtschaft wird über eine Stücklistenverarbeitung der Teilebedarf ermittelt und nach Abprüfung mit vorhandenen Lagerbeständen der Nettobedarf ausgewiesen. Die Auflösung der Aufträge in einzelne Teilaufträge oder Arbeitsvorgänge und deren Zuweisung von Zeitintervallen nennt man Terminierung. Diese wird im allgemeinen im Rahmen einer Rückwärtsrechnung erfolgen, indem - von den Fertigstellungszeitpunkten ausgehend - alle zur Bearbeitung anstehenden Aufträge in einer vorgegebenen Prioritätenfolge überprüft werden und festgestellt wird, ob die Anfangszeitpunkte in ein augenblicklich betrachtetes Planungsintervall (z.B. zwei Wochen) fallen. Durch Verbindung von Auftrags-, Kundenstamm- und Teilestammdaten lassen sich die für den Auftrag erforderlichen Ressourcen ermitteln und den Auftragsteilschritten zuweisen. Mit der Auftragsfreigabe erfolgt die Vorwärtsterminierung unter Berücksichtigung fertigungsspezifischer Restriktionen, die in heutigen wissensbasierten Systemen als heuristische Regeln realisiert werden können. Die Phase der Fertigungssteuerung bedeutet Durchlaufterminierung mit der Ermittlung der Fertigungsfolgen und den zugehörigen Fertigungszeitintervallen. In der Betriebsdatenerfassung (BDE) werden die für die Fertigung des Auftrags benötigten Ressourcen-Daten (Mengen, Arbeitsstunden, Fertigungszeiten) festgehalten und als Ist-Information in das Planungssystem zurückgeführt. Damit ist in jeder Stufe des Fertigungsprozesses ein

Soll/Ist-Vergleich möglich, der zu jedem Zeitpunkt Planabweichungen und damit die Möglichkeit zu Korrekturmaßnahmen liefert.

Ein gut funktionierendes CIM-Konzept erfordert neben den genannten Systemkomponenten eine hohe Kommunikationsfähigkeit. Die anvisierte **vollautomatisierte Fabrik** der Zukunft macht eine vollständige Vernetzung aller in eine solche integrierte Konzeption involvierten Maschinen und Geräte erforderlich. Hierzu ist eine Vielzahl an Schnittstellenbedingungen erforderlich, welche den heterogenen Endgeräte-Verbund als offenes System ermöglichen. In Kapitel 10 und im vorigen Abschnitt wurden lokale Netze besprochen, die weitgehend nur auf die Vernetzung der Bürofunktionen beschränkt war. Im folgenden soll vornehmlich das Industrie-Netz verbundener Fertigungsautomaten und anderer Endgeräte im Vordergrund stehen.

Bereits im Jahre 1980 wurde in den USA die MAP-Einsatzgruppe unter maßgeblicher Beteiligung von Unternehmen des General Motors Konzerns gegründet. MAP (= Manufacturing Automation Protocol) ist ein Netzwerk-Konzept, mit dem das Ziel verfolgt wird, ein offenes Netz im Sinne des OSI-Standards zur Verbindung beliebiger Geräte zu schaffen. Beispielsweise sollen automatisch gesteuerte Werkzeugmaschinen ihre Leistungsdaten an einen zentralen Host-Rechner liefern, wo sie dann als Bestandteil eines integrierten Steuerungssystems anderen Arbeitsprozessen unmittelbar zur Verfügung gestellt werden können. Bei General Motors war in einem Automationsfeld von 200 Robotern, 2 000 programmierbaren Steuerungen und weiteren 4 000 intelligenten Geräten die Dringlichkeit zur Vernetzung besonders hoch. Aber auch in Europa werden Anstrengungen zur Erreichung eines einheitlichen Vernetzungskonzepts gemacht, hier wäre das CNMA-Projekt (CNMA = Communication Network for Manufacturing Applications) im Rahmen des ESPRIT-Programms der Europäischen Gemeinschaft zu nennen, in dem sich BMW, Bull, Nixdorf, Olivetti, Siemens u.a. um einheitliche Schnittstellendefinitionen bemühen.

Die propagierten Vorteile von MAP lassen sich durch

    -> die verbesserte Kommunikationsfähigkeit zwischen Endgeräten verschiedener Hersteller,

    -> die einfachere Wartung, Änderung und Erweiterung der Vielfalt an Verarbeitungsfunktionen,

-> die bessere Ausnutzung der Endgeräte,

-> die schnellere Kommunikation und höhere Produktivität,

-> eine höhere Wettbewerbsfähigkeit durch schnellere Reaktion auf veränderte Marktbedingungen

charakterisieren.

MAP orientiert sich am OSI-Standard (siehe Kap. 10), allerdings sind erst für die unteren Schichten Standards vorhanden. Auf der Anwendungsschicht hat MAP noch Schwächen. Beispielsweise ist die Realzeit-Fähigkeit für zeitkritische Anwendungen noch nicht ausreichend. Die Entwicklung ist noch nicht abgeschlossen, man wird daher sicherlich bemüht sein, die Schwachstellen zu beseitigen, jedenfalls wird MAP bei den großen deutschen Automobilherstellern stark favorisiert.

Lehrbücher und Literaturhinweise zu diesem Kapitel:

Adam D. (1988): Fertigungssteuerung. 1. Grundlagen der Produktionsplanung und -steuerung. Verlag Gabler, Wiesbaden.

Becker J. (1987): Architektur eines EDV-Systems zur Materialflußsteuerung. Springer Verlag, Heidelberg.

Bünger J. (1988): Ein lernendes Mustererkennungssystem zur betrieblichen Prozeßsteuerung. Entwicklung eines Expertensystems. Verlag Josef Eul, Bergisch Gladbach, Köln.

Helberg P. (1987): PPS als CIM-Baustein. Gestaltung der Produktionsplanung und -steuerung für die computerintegrierte Produktion. Erich Schmidt-Verlag, Berlin.

Loos P., Juen G., Scheer A.-W. (1987): Produktionsplanung und -steuerung - PPS. Ein interaktives Lernprogramm auf dem PC. R. Oldenbourg Verlag, München.

Picot A., Reichwald R. (1985): Bürokommunikation - Leitsätze für den Anwender. Verlag CW-Publikationen, 2. Auflage, München.

Scharfenberg H. (1987): Jahrbuch der Bürokommunikation, Band 1 und 2. Fachverlag für Büro- und Organisationstechnik GmbH, Baden-Baden.

Scheer A.-W. (1988): Wirtschaftsinformatik. Informationssysteme im Industriebetrieb. 2. Auflage, Springer Verlag, Berlin et al.

12. Computergestützte Anwendungen im Planungsbereich

12.1 PROLOG-Steuerung eines Systems zur Ausführung von computergestützten Planungsverfahren

In diesem Kapitel werden in verkürzter Form die wesentlichen Komponenten eines Software-Systems zur Durchführung von Planungsaufgaben mit den Methoden aus dem Bereich des Operations Research, der Ökonometrie und Statistik beschrieben. Die Software-Module sind mit verschiedenen Programmiersprachen realisiert. Es wird hier darauf verzichtet, die vollständigen Programme auszuweisen, sondern wir beschränken uns in diesem Abschnitt auf die Darstellung des in PROLOG erstellten Steuerungsmoduls. In Abschnitt 12.2 werden wichtige Prolog-Standardprädikate zusammengestellt, die mehrfach in den Prolog-Anwendungen dieses Kapitels auftreten.

Mit dem anschließenden Prolog-Programm soll gezeigt werden, wie sich eine Vielzahl unterschiedlichster Programme, Daten- und Hilfsdateien in übersichtlicher Form für die Ausführung der Anwendungsoptionen ansteuern lassen. Die Regeln sind einfach und können auch ohne tiefere Kenntnisse von Prolog leicht nachvollzogen werden. Die Prolog-Syntaxelemente sind im Abschnitt 7.8 beschrieben worden. Die durch die einfache Regel- und Listennotation gewonnene Übersichtlichkeit erlaubt außerdem die schnelle Korrektur oder Erweiterung des Systems. Das folgende Prolog-Programm **complan.pro** enthält die Dialog-gesteuerte Benutzerführung und die Anweisungen für die Methodenkomponenten, die hier nicht nochmals separat aufgeführt werden, sondern der Optionsliste im Menü-Prädikat entnommen werden können. Aus Umfangsgründen werden einige Hilfsprädikate nicht explizit aufgeführt. Für jedes Prädikat werden zum Abfangen von Eingabefehlern verschiedene Klauseln geführt, die für die Demonstration des Prolog-Moduls nicht erforderlich sind und daher nicht ausgewiesen werden. Auch wird der Deklarationsteil nicht angegeben:

```prolog
mainmenu:-     repeat,
               menu(3,8,32,"  AUSWAHLMENÜ PLANUNGSVERFAHREN   ",
    [ "  Erläuterungen zu den Planungsverfahren   ",
      "  Verlassen Auswahlmenü für DOS-Operationen   ",
      "  Netzwerkanalyse, Graphentheorie, Kalendr., Standortprobl.",
      "  Lineare Optimierung, ganzzahlige lineare Optimierung   ",
      "  Mediaselektion, Media-Mix für optimale Werbestrategien ",
      "  Einführung neuer Produkte, Auswahl von Produktideen " ,
      "  Optimale Außendienst-Strategien   ",
      "  Statische und dynamische Investitionsplanung   ",
      "  Dynamische und stochastische Lagerhaltungsmodelle   ",
      "  Optimale Maschinenbelegung   ",
      "  Makroökon. Modelle, Methoden, Volksw.schaftl.Ges.rechnung",
      "  Projekt- und Zeitplanung (Netzplantechnik)   ",
      "  Distributionsplanung   ",
      "  Verfahren der optimalen Ressourcen-Zuordnung   ",
      "  Rundreise-Probleme   ",
      "  Verfahren zur nichtlinearen Optimierung   ",
      "  Verfahren aus der Spieltheorie   ",
      "  Verfahren aus der Warteschlangentheorie   "],OPT),
    opt(OPT), OPT=0,!, removewindow, removewindow.


opt(0) :-write("\nCOMPLAN verlassen ? (j/n):"),readchar(T),T='j'.
opt(1) :- menu(3,11,64,"  HINWEISE ZUR VERWENDUNG DER
                        PLANUNGSVERFAHREN   ", ......
            /* Das Menü enthält die obigen Auswahl-Optionen */
opt(3) :- menu(7,11,96,"  NETZWERKANALYSE UND GRAPHENTHEORIE   ",
    [ "  "," ",
      "  Maximaler Fluß in einem Netzwerk (Ford/Fulkerson) ",
      "  Minimalgerüst in einem Netzwerk   ",
      "  Kürzeste Wege in einem Netzwerk ",
      "  Lfd. Kalendertag eines Jahres <--- Datum   ",
      "  Berechnung des Osterdatums eines Jahres   ",
      "  Standortproblem von Steiner-Weber  "],CHOICE),
    p3(OPT), OPT=0,!, removewindow.
opt(4) :- menu(7,11,32,"  LINEARE PLANUNGSRECHNUNG   ",
    [ "  Erläuterungen zu linearen Planungsverfahren  "," ",
      "  Lineare Optimierung (Simplex-Verfahren)   ",
      "  Ganzzahlige Optimierung                        ",
      "  Lineare Optimierung mit 0-1 Variablen  "],OPT),
    p4(OPT), OPT=0,!, removewindow.
opt(5) :- menu(7,11,48,"MODELL ZUR OPTIMALEN MEDIA-SELEKTION ",
    [ "  Erläuterungen zu Media-Selektionsmodellen  ", "  ",
      "  Eingabe der Problemdaten (siehe Erläuterungen)   ",
      "  Optimaler Media - Mix (Simplex-Verfahren)       ",
      "  "],OPT), p5(OPT), OPT=0,!, removewindow.
opt(6) :- system("oralg lp01"), file_str("lp01.out",TXT),
          display(TXT),clearwindow,!.
opt(7) :- system("oralg gomory"), file_str("gomory.out",TXT),
          display(TXT),clearwindow,!.
opt(8) :- menu(7,11,64,"STAT. UND DYNAM. INVESTITIONSPLANUNG",
    [ "  Erläuterungen zu Modellen der Investitionsplanung  "," ",
      "  Statische Invest.planung (lin., degr. Abschreibung)   ",
      "  Dynamische Investitionsplanung (dynamische Optimierung)   ",
              "  Effektivzins-Berechnung von Wertpapieren ",
              "  Barwertmodelle   ",
              "  Nettoinvest.wert (Kapitalwert) e. Investition ",
              "  Bestimmung des internen Zinsfusses ",
              "  Umsatzanalyse durch Kundengruppierung ",
              "  "],OPT),
```

```prolog
        p8(OPT), OPT=0,!, removewindow.
opt(9) :- menu(7,11,124,"  DYNAM. UND STOCHAST. LAGERHALTUNG  ",
   [ "  Erläuterungen zu den Lagerhaltungsmodellen  ", "   ",
     "  Dynamisches Lagerhaltungsmodell bei gegebener Nachfrage ",
     "(Ohne Vorgabe der Funktionen für Prod.- und Lagerkosten)",
     "  Dynamisches Lagerhaltungsmodell bei gegebener Nachfrage ",
     "(Mit Vorgabe der Funktionen für Prod.- und Lagerkosten) ",
     "  Lagerhaltungsmodell bei stochastischer Nachfrage ",
     "  Lagerhaltung mit optimalen Bestellzeitpunkten  ",
     "  "],OPT), p9(OPT), OPT=0,!, removewindow.
opt(10) :- menu(7,11,16,"VERFAHREN DER OPTIM. MASCHINENBELEGUNG",
   [ "  Erläuterungen zu den Verfahren              ", "   ",
     "  Optimale Maschinenbelegung bei zwei Maschinen   ",
     "  Optimale Maschinenbelegung bei drei Maschinen   ",
     "  "],OPT),p10(OPT),OPT=0,!, removewindow.
opt(11) :- menu(7,11,32,"MAKROMOD.,METHODEN, VOLKSW.GES.RECHN.",
   [ "  Erläuterungen zu ECOSYST und VGR           ","   ",
     "  Zeitreihen aus der Volksw. Ges.rechnung extrahieren ",
     "  Übersicht über Regeln und Fakten von ECOSYST  ",
     "  PROLOG-System zur Anfrage und Evaluierung in ECOSYST ",
     "  HIERARCH: Modellspezifikation und Methodenauswahl ",
     "  Deutsches Bundesbankmodell: Kommentare zu Variablen ",
     "  ECOSYST: Wissensbas. System (natürl.sprachl. Anfrage) ",
     "  "],OPT),p11(OPT),OPT=0,!, removewindow.
opt(12) :- menu(7,11,40,"VERFAHREN ZUR PROJEKT- UND ZEITPLANUNG",
   [ "  Erläuterungen zu den Verfahren              ", "   ",
     "  Netzplantechnik (PERT)   ",
     "  "],OPT),p12(OPT),OPT=0,!, removewindow.
opt(13) :- menu(7,11,40,"VERFAHREN ZUR DISTRIBUTIONSPLANUNG",
   [ "  Erläuterungen zu den Verfahren       ", "   ",
     "  Lösung von linearen Transportproblemen für ein Gut  ",
     "  "],OPT),p13(OPT),OPT=0,!, removewindow.
opt(14) :- menu(7,11,64,"VERF.DER OPT.ZUORDNUNG VON RESSOURCEN",
   [ "  Erläuterungen zu den Verfahren                 ", "   ",
     "  Lösung von linearen m x n - Zuordnungsproblemen  ",
     "  "],OPT),p14(OPT),OPT=0,!, removewindow.
opt(15) :- menu(7,11,124,"RUNDREISEPROBLEME, HAMILTON-KREISE",
   [ "  Erläuterungen zu den Verfahren                ","   ",
     "  Branch-and-Bound Verfahren (Eastman) zur Lösung des TSP",
     "  Parallel-Version des Eastman-Algorithmus (Fahrion, 1986) ",
     "  Dateneingabe für die parallelisierte Eastman-Version ",
     "  Dateienübersicht der Parallelversion zeigen ",
     "  "],OPT),p15(OPT),OPT=0,!, removewindow.
opt(16) :- menu(7,11,96,"VERFAHREN ZUR NICHTLIN. OPTIMIERUNG",
   [ "  Erläuterungen zu den Verfahren             ","   ",
     "  MAP: Nichtlin. Zielfunktion, nichtlin. Restriktionen ",
     "  "],p16(OPT),OPT=0,!, removewindow.
opt(17) :- menu(7,11,32,"  VERFAHREN AUS DER SPIELTHEORIE  ",
   [ "  Erläuterungen zu den Verfahren  ", "   ",
     "  Brown'scher Algorithmus für mxn - Spiele  ",
     "  "],OPT), p17(OPT), OPT=0,!, removewindow.
opt(18) :- menu(7,11,32,"  WARTESCHLANGEN-MODELLE  ",
     "  Sequent. Warteschlange, mehrere Bedienstationen  ",
     "  Sequent. Warteschlange, Poisson-verteilte Ankünfte "],
   OPT), p18(OPT),OPT=0,!, removewindow.
p1(1). p1(2).
p1(3) :- file_str("complan3.hlp",TXT),display(TXT),clearwindow,!.
p1(4) :- file_str("complan4.hlp",TXT),display(TXT),clearwindow,!.
p1(5) :- file_str("complan5.hlp",TXT),display(TXT),clearwindow,!.
p1(6) :- file_str("complan6.hlp",TXT),display(TXT),clearwindow,!.
```

```
p1(7) :- file_str("complan7.hlp",TXT),display(TXT),clearwindow,!.
p1(8) :- file_str("complan8.hlp",TXT),display(TXT),clearwindow,!.
p1(9) :- file_str("complan9.hlp",TXT),display(TXT),clearwindow,!.
p1(10):- file_str("compla10.hlp",TXT),display(TXT),clearwindow,!.
p1(11):- file_str(" compl111.hlp",TXT),display(TXT),clearwindow,!.
p1(12):- file_str("compla12.hlp",TXT),display(TXT),clearwindow,!.
p1(13):- file_str("compla13.hlp",TXT),display(TXT),clearwindow,!.
p1(14):- file_str("compla14.hlp",TXT),display(TXT),clearwindow,!.
p1(15):- file_str("compla15.hlp",TXT),display(TXT),clearwindow,!.
p1(16):- file_str("compla16.hlp",TXT),display(TXT),clearwindow,!.
p1(17):- file_str("compla17.hlp",TXT),display(TXT),clearwindow,!.
p1(18):- file_str("compla18.hlp",TXT),display(TXT),clearwindow,!.
p3(1) :- file_str("complan3.hlp",TXT),display(TXT),clearwindow,!.
p3(2).
p3(3) :- system("oralg netflo"),file_str("netflo.out",TXT),
          display(TXT),clearwindow,!.
p3(4) :- system("oralg minspt"),file_str("minspt.out",TXT),
          display(TXT),clearwindow,!.
p3(5) :- menu(7,11,32," KUERZESTE WEGE IN GRAPHEN  ",
      [ " Erläuterungen zu Verfahren des kürzesten Weges ","  ",
        " Alle kürz. Wege in einem Netzwerk (Verf.v.Afriat) ",
        " Kürzeste Wege bei genau k-1 Zwischenknoten (Fahrion) ",
        "  "], OPT),p35(OPT),OPT=0,!, removewindow.
p3(6) :- system("oralg kal_tag"),file_str("kal_tag.out",TXT),
          display(TXT),clearwindow,!.
p3(7) :- system("oralg ostertag"),file_str("ostertag.out",TXT),
          display(TXT),clearwindow,!.
p3(8) :- system("oralg steiner"),file_str("steiner.out",TXT),
          display(TXT),clearwindow,!. p3(8).
p35(1) :- file_str("comp351.hlp",TXT),display(TXT),clearwindow,!.
p35(2).
p35(3) :- system("oralg afriat"),file_str("afriat.out",TXT),
          display(TXT),clearwindow,!.
p35(4) :- system("oralg1 wege"),clearwindow,!. p35(5).
p4(1) :- file_str("complan4.hlp",TXT),display(TXT),clearwindow,!.
p4(2).
p4(3) :- menu(7,11,32,"LINEARE OPTIMIERUNG (SIMPLEX-VERFAHREN",
      [ "Erläuterungen zu Verfahren der linearen Optimierung ","  ",
        " Eingabe der Problemdaten ",
        " Durchführung des Simplex-Verfahrens ","  "], OPT),
        p43(OPT),OPT=0,!, removewindow.
p4(4) :- menu(7,11,32," GANZZAHLIGE LINEARE OPTIMIERUNG  ",
      [ " Erläuterungen zu Verfahren der ganzzahligen Optimierung",
        " ", " Erster Algorithmus von Gomory ",
          " Heuristischer Algorithmus von Lau (1986)",
              "  "],OPT),p44(OPT),OPT=0,!, removewindow.
p4(5) :- menu(7,11,32,"  LINEARE OPTIMIERUNG MIT 0-1 VARIABLEN ",
      [ " Erläuterungen zu Verfahren mit 0-1 Variablen ", "  ",
        " Lösung des linearen Rucksack-Problems  ",
        " Lösung des verallg. Rucksack-Problems (Lau (1986)",
        "  "],OPT),p45(OPT),OPT=0,!, removewindow. p4(6).
p43(1) :- file_str("complan4.hlp",TXT),display(TXT),clearwindow,!.
p43(2).
p43(3) :- system ("oralg1 simein"), readchar(_), clearwindow, !.
p43(5).
p44(1) :- file_str("complan4.hlp",TXT),display(TXT),clearwindow,!.
p44(2).
p44(3) :- system("oralg gomory"),file_str("gomory.out",TXT),
          display(TXT),clearwindow,!.
```

```prolog
p44(4)  :- system("oralg lau"),file_str("lau.out",TXT),
           display(TXT),clearwindow,!. p44(5).
p45(1)  :- file_str("complan4.hlp",TXT),display(TXT),clearwindow,!.
p45(2).
p45(3)  :- system("oralg lp01"),file_str("lp01.out",TXT),
           display(TXT),clearwindow,!.
p45(4)  :- system("oralg lau01"),file_str("lau01.out",TXT),
           display(TXT),clearwindow,!. p45(5).
p5(1)   :- file_str("complan5.hlp",TXT),display(TXT),clearwindow,!.
p5(2).
p5(3) :- system ("oralg1 simein"), readchar(_), clearwindow, !.
p5(4) :- system("oralg simplex"),file_str("simplex.out",TXT),
           display(TXT),clearwindow,!. p5(5).
p8(1) :- file_str("complan8.hlp",TXT),display(TXT),clearwindow,!.
p8(2).
p8(3) :- system("b16.com"), readchar(_), clearwindow,!.
p8(4) :- system("oralg ff1"),file_str("ff1.out",TXT),
           display(TXT),clearwindow,!.
p8(5) :- system("a4.com"), readchar(_), clearwindow,!. p8(6).
p8(7) :- system("a5.com"), readchar(_), clearwindow,!. p8(8).
p8(9) :- system("b18.com"), readchar(_), clearwindow,!.p8(10).

p9(1)  :- file_str("complan9.hlp",TXT),display(TXT),clearwindow,!.
p9(2).
p9(3)  :- file_str("com9_2.hlp",TT),display(TT), clearwindow,
           system("oralg ff2"),file_str("ff2.out",TXT),
           display(TXT),clearwindow,!.
p9(4)  :- file_str("com9_2.hlp",TT),display(TT), clearwindow,
           system("oralg ff2"),file_str("ff2.out",TXT),
           display(TXT),clearwindow,!.
p9(5)  :- file_str("com9_1.hlp",TT),display(TT), clearwindow,
           system("oralg ff2"),file_str("ff2.out",TXT), d
           display(TXT),clearwindow,!.
p9(6)  :- file_str("com9_1.hlp",TXT), display(TXT), clearwindow,
           system("turbo"), system("com9_1"), system("fort ff2"),
           system("oralg ff2"),file_str("ff2.out",TXT1),
           display(TXT1),clearwindow,!.
p9(7)  :- system("oralg ff10"),file_str("ff10.out",TXT),
           display(TXT),clearwindow,!.
p9(8)  :- system("oralg ff11"),file_str("ff11.out",TXT),
           display(TXT),clearwindow,!. p9(9).
p10(1) :- file_str("compla10.hlp",TXT),display(TXT),clearwindow,!.
p10(2).
p10(3) :- system("oralg ff3"),file_str("ff3.out",TXT),
           display(TXT),clearwindow,!.
p10(4) :- system("oralg ff4"),file_str("ff4.out",TXT),
           display(TXT),clearwindow,!. p10(5).
p11(1) :- file_str("comp111.hlp",TXT),display(TXT),clearwindow,!.
p11(2).
p11(3) :- system("oralg2 vgr vgr3"),readchar(_), clearwindow,!.
p11(4) :- system("oralg2 ecosyst syst_w"),  clearwindow,!.
p11(5) :- system("oralg2 ecosyst prolog"),  clearwindow,!.
p11(6) :- system("oralg2 ecosyst hierarch"),clearwindow,!.
p11(7) :- system("oralg2 ecosyst commfind"),!.
p11(8) :- system("oralg2 ecosyst ecosyst"), !. p11(9).
p12(1) :- file_str("compla12.hlp",TXT),display(TXT),clearwindow,!.
p12(2).
p12(3) :- system("oralg ff7"),file_str("ff7.out",TXT),
           display(TXT),clearwindow,!. p12(3).
p13(1) :- file_str("compla13.hlp",TXT),display(TXT),clearwindow,!.
```

```
p13(2).
p13(3) :- system("oralg trapo"),file_str("trapo.out",TXT),
         display(TXT),clearwindow,!. p13(4).
p14(1) :- file_str("compla14.hlp",TXT),display(TXT),clearwindow,!.
p14(2).
p14(3) :- system("oralg zuord"),file_str("zuord.out",TXT),
         display(TXT),clearwindow,!. p14(4).
p15(1) :- file_str("compla15.hlp",TXT),display(TXT),clearwindow,!.
p15(2).
p15(3) :- write("Bitte warten: Rechenzeit f. n=10 ca. 1 Min.!"),
         system("oralg ff5"),file_str("ff5.out",TXT),
         display(TXT), clearwindow,!.
p15(4) :- system("oralg1 bel_par"), readchar(_), clearwindow,!.
p15(5) :- system("oralg1 bzeitein"), readchar(_), clearwindow,!.
p15(6) :- file_str("inhalt.txt",TXT),display(TXT),clearwindow,!.
p15(7).
p16(1) :- file_str("compla16.hlp",TXT),display(TXT),clearwindow,!.
p16(2).
p16(3) :- system("oralg map"),file_str("map.out",TXT),
         display(TXT),clearwindow,!. p16(4). p16(5).
p17(1) :- file_str("compla17.hlp",TXT),display(TXT),clearwindow,!.
p17(2).
p17(3) :- system("oralg ff6"),file_str("ff6.out",TXT),
         display(TXT),clearwindow,!. p17(4).
p18(1) :- file_str("compla18.hlp",TXT),display(TXT),clearwindow,!.
p18(2).
p18(3) :- system("oralg ff8"),file_str("ff8.out",TXT),
         display(TXT),clearwindow,!.
p18(4) :- system("oralg ff9"),file_str("ff9.out",TXT),
         display(TXT),clearwindow,!. p18(5).
```

12.2 Wichtige PROLOG-Standardprädikate

In den folgenden Deklarationen bezeichnet 'symbol' ein beliebiges
Zeichen oder eine quotierte Zeichenkette, 'symbol*' eine Liste von
Symbolen. Die Bedeutung der Listen und Listenelemente ist in jeder
Prädikatsdeklaration als Kommentarzeile hinzugefügt, die Funktion
der Prädikate wird aus den Funktor-Bezeichnungen deutlich. Nach
der Deklaration folgt der CLAUSES-Teil mit den Regeln:

```
DOMAINS
  LISTENELEMENT = symbol
  LISTE         = symbol*
  ANZAHL        = integer
  ELEMENT       = integer
  BAUM          = b( BAUM,ELEMENT,BAUM); null
```

```
PREDICATES
/*writelist(LISTE) */
  writelist(LISTE)

/*laenge (Liste, Anzahl der Listenelemente) */
  laenge (LISTE, ANZAHL)

/*n_tes  (gegeb. Liste, Anzahl Listenelmnte, letztes Listenel.)*/
  n_tes  (LISTE,          ANZAHL,              LISTENELEMENT)
  nachbar(LISTENELEMENT, LISTENELEMENT,LISTE).

/*reverse(geg. Liste, Ergebnisliste mit umgek. Reihenfolge) */
  reverse(LISTE,        LISTE)
  rev(LISTE, LISTE, LISTE)

/*loesche(Listenelement, gegebene Liste, Ergebnisliste) */
  loesche(SYMBOL,         LISTE,          LISTE)

/*compress(gegebene Liste, Ergebnisliste) */
  compress(LISTE,          LISTE)

/*member(beliebiges Element, gegebene Liste) */
  member(SYMBOL,             LISTE)

/*ersetze(bish. Element,geg. Liste,neues Elmnt,Ergebnisliste)*/
  ersetze(SYMBOL,        LISTE,     SYMBOL,     LISTE)

/*einfuegen(Element, Position, Liste, Ergebnisliste)  */
  einfuegen(SYMBOL,   INTEGER,  LISTE, LISTE)

/*permut(gegebene Liste, permutierte Liste) */
  permut(LISTE,           LISTE)

/*append(anzuhängende Liste, gegebene Liste, Ergebnisliste) */
  append(LISTE,              LISTE,         LISTE)

/*auftrennen(geg. Liste,erster Listenteil,zweiter Listenteil) */
  auftrennen(LISTE,      LISTE,            LISTE)

/*teilliste(gegebene Teilliste, gegebene Liste) */
  teilliste(LISTE,              LISTE)
  match(LISTE,LISTE)

/*teilmenge(Teilmenge, Menge)  */
  teilmenge(LISTE,      LISTE)

/*schnitt(erste Menge, zweite Menge, Durchschnittsmenge) */
  schnitt(LISTE,        LISTE,        LISTE)

/*differenz(erste Menge, zweite Menge) */
  differenz(LISTE,        LISTE)

/*vereinigung(erste Menge, zweite Menge, Vereinigungsmenge) */
  vereinigung(LISTE,        LISTE,        LISTE)

/*sortiere(zu sortierende Liste, sortierte Liste) */
  sortiere(LISTE,                LISTE)
/* Hilfsprädikate: */  einordne(SYMBOL, LISTE, LISTE)
                       ordne(SYMBOL, SYMBOL)
```

```
/*bubble(zu sortierende Liste, sortierte Liste) */
  bubble(LISTE,                 LISTE)

/*qsort(zu sortierende Liste, sortierte Liste) */
  qsort(LISTE,                  LISTE)
  splitte(SYMBOL, LISTE, LISTE, LISTE)  /* Hilfsprädikat */

/*suche(gesuchter Knoten(wert), linker oder rechter Teilbaum) */
  suche(ELEMENT,                BAUM)

/*loesch_kn_in_baum(geg. Baum,zu loesch. Knoten,Ergebnisbaum) */
  loesch_kn_in_baum(BAUM    ,ELEMENT            ,BAUM        )
  li_knot          (BAUM    ,ELEMENT            ,BAUM        )

/*einfueg_kn(geg. Baum, zu loeschender Knoten, Ergebnisbaum) */
  einfueg_kn(BAUM      , ELEMENT               , BAUM        )
  knoten    (BAUM          , ELEMENT               , BAUM          )

CLAUSES
/* Ausgabe einer Liste  */
  writelist([]).
  writelist([H¦T]) :- write(H,"  "), writelist(T).

/* Länge einer Liste */
  laenge ([],0).
  laenge ([_¦R],L) :- laenge(R,L1), L=L1+1.

/* Letztes Element einer Liste mit n Elementen */
  n_tes([K¦_],1,X) :- X=K.
  n_tes([_¦R],N,Erg) :- N1=N-1, n_tes(R,N1,Erg).

/* Benachbarte Elemente in einer Liste (Von zwei benachbarten
   Elementen A und B muß entweder A oder B instanziert sein)
   Falls A instanziert => rechter Nachbar von A wird ausgegeben
   Falls B instanziert => linker  Nachbar von B wird ausgegeben
*/
  nachbar(A,B,[X,Y¦_]) :- A=X,B=Y.
  nachbar(X,Y,[_¦Z]) :- nachbar(X,Y,Z).

/* Umkehrung der Reihenfolge der Listenelemente einer Liste L,
   die Ergebnisliste ist L1 */
  reverse(L,L1) :- rev(L,[],L1).
              rev([],L1,L1)    :- !.
              rev([K¦R],L1,L) :- rev(R,[K¦L1],L).

/* Löschen eines bestimmten Listenelements:
   loesche (ELEMENT, LISTE, ERGEBNISLISTE) löscht alle Elemente
   ELEMENT in der LISTE, und gibt die Restliste in ERGEBNISLISTE
   aus */
  loesche(_,[],[]).
  loesche(K,[K¦R],L1) :- !, loesche(K,R,L1).
  loesche(X,[K¦L],[K¦L1]) :- loesche(X,L,L1).

/* Kompression einer Liste durch Entfernen eines bestimmten, u.U.
   mehrfach auftretenden, Elements, sodaß dieses Element nur noch
   einmal in der Liste auftritt */
  compress([],[])          :- !.
  compress([K¦R],L1)       :- member(K,R),!,compress(R,L1).
  compress([K¦R],[K¦L1]) :- compress(R,L1).
```

```prolog
member(X,[X|_]).
member(X,[_|T])              :- member(X,T).

/* Austausch von Elementen in einer Liste:
   ersetze(altes_Element,Liste,neues_Element,Ergebnisliste) */
ersetze(_,[],_,[]).
ersetze(E,[E|R],K,[K|L]) :- !, ersetze(E,R,K,L).
ersetze(E,[Y|R],K,[Y|L]) :-    ersetze(E,R,K,L).

/* Einfügen eines Elements an einer bestimmten Listenposition */
einfuegen(X,1,L,[X|L])           :- !.
einfuegen(X,POS,[K|L],[K|L1]) :- POS1=POS-1,
                              einfuegen(X,POS1,L,L1).

/* Permutation einer Liste */
permut([],[]).
permut(L,[K|R]) :- append(X,[K|Y],L), append(X,Y,Z),
                   permut(Z,R).
                   append([],L,L).
                   append([K|R],X,[K|R1]) :- append(R,X,R1).

/* Auftrennen einer Liste in zwei Listenteile (Die geradzahligen
   Elemente werden in die erste Teilliste, die restlichen in die
   zweite Teilliste geschrieben   */
auftrennen([],[],[]).
auftrennen([T1,T2|R],[T2|R2],[T1|R1]) :- !,auftrennen(R,R2,R1).
auftrennen([T1|_],[T1],[]).

/* Überprüfung, ob eine gegebene Liste eine Teilliste einer
   weiteren gegebenen Liste ist. Die Reihenfolge der Listenele-
   mente ist zwingend ! */
teilliste([K|R],[K|L]) :- match(R,L),!.
teilliste(R,[_|L])        :- teilliste(R,L).
                          match([],_).
                          match([K|R],[K|L]) :- match(R,L).

/* Überprüfung, ob eine gegebene Teilliste (als Teilmenge von
   Listenelementen aufgefaßt), in einer gegebenen Liste (als Menge
   von Listenelementen aufgefaßt) in der Liste enthalten ist. Hier
   ist die Reihenfolge oder Anordnung der Listenelemente ohne
   Bedeutung, im Gegensatz zum Prädikat teilliste */
teilmenge([K|R],M) :- member(K,M),!, teilmenge(R,M).
teilmenge([],_).

/* Durchschnitt von zwei Mengen (Listen): Die Mengen- bzw. Listen-
   elemente dürfen nicht mehrfach auftreten. Sollte dies der Fall
   sein, sind die Mengen (Listen) mit dem obigen Prädikat compress
   zu komprimieren, sodaß jedes Element nur noch einfach vorkommt
*/
schnitt([K|R],X,[K|L]) :- member(K,X), !, schnitt(R,X,L).
schnitt([_|R],X,L)        :- !, schnitt(R,X,L).
schnitt(_,_,[])           :- !.

/* Differenz von zwei Mengen A und B (= alle Elemente von A, die
   nicht in B liegen), d.h. das prädikat differenz(A,B) ist
   erfüllt, wenn A und B kein gemeinsames Element haben. */
differenz([],_)        :- !.
differenz([K|_],L2)  :- member(K,L2), !, fail.
differenz([_|L1],L2) :- differenz(L1,L2).
```

```
/* Vereinigung zweier Mengen (Listen). Zu beachten ist, daß die
   Mengen- bzw. Listenelemente nur einfach auftreten */
vereinigung([],X,X).
vereinigung([K|R],Y,Z)      :- member(K,Y), !,
                                 vereinigung(R,Y,Z).
vereinigung([K|R],Y,[K|Z]) :- vereinigung(R,Y,Z).


/* Sortieren durch Einfügen:
   Man ordnet zunächst die Restliste der gegebenen Liste [K|R] und
   fügt dann das erste Element K an der richtigen Position ein.
   Das Ergebnis ist dann die vollständig sortierte Liste
   (Vergleichsbeispiel: Einsortieren beim Kartenspiel)
   Beachte: Aufwand: O(n**2)    */
sortiere([],[]).
sortiere([K|R],L) :-sortiere(R,X), einordne(K,X,L).
              einordne(K,[R|S],[R|S1]) :- ordne(R,K), !,
              einordne(K,S,S1).
              einordne(K,S,[K|S]).
              ordne(X,Y) :- X < Y.


/* Sortieren durch direktes Austauschen: Jeweils zwei
   nebeneinanderstehende Listenelemente werden ausgetauscht, wenn
   sie im Sinne der Kollationsfolge nicht in der richtigen Rang-
   ordnung stehen. Dieses rekursive Verfahren ist auch als
   Bubblesort bekannt.
   Aufwand: O(n**2)                                     */
bubble(L,L1) :- append(X,[K,Y|R],L), ordne(Y,K),
              append(X,[Y,K|R],L2),bubble(L2,L1), !.
bubble(L,L).


/* Sortierung durch Zerlegen (Quicksort):
              1. Beliebiges Element X aus der zu sortierenden Liste
                 entnehmen.
              2. Rest der Liste in zwei Teillisten T1 und T2
                 zerlegen, sodaß T1 alle Listenelemente enthält, die
                 im Sinne der Kollationsfolge kleiner als X sind, T2
                 entsprechend alle Listenelemente enthält, die größer
                 als X sind.
              3. T1 und T2 werden rekursiv sortiert
              4. Die gesuchte sortierte Liste erhält man durch Ver-
                 ketten der beiden sortierten Teillisten T1 und T2.
              Aufwand: O(n log n)                        */
qsort([],[]).
qsort([H|T],S) :- splitte(H,T,A,B), qsort(A,A1), qsort(B,B1),
              append(A1,[H|B1],S).
              splitte(_,[],[],[]).
              splitte(H,[A|X],[A|Y],Z) :- A <= H,!,
              splitte(H,X,Y,Z).
              splitte(H,[A|X],Y,[A|Z]) :- A >  H,!,
              splitte(H,X,Y,Z).


/* Baumstrukturen werden in der logischen Programmierung in der
   Form von Listen behandelt. Binäre Bäume (Bäume vom Grad 2)
   bestehen aus einer Wurzel und einem linken und rechten Teil-
   baum, oder ein Teilbaum ist leer, d.h. er existiert nicht. Die
   Deklaration erfolgt als ein 3-stelliger Funktor der Form
       b(Linker_Teilbaum, Knotenbezeichnung, Rechter_Teilbaum).
   Deklaration:
       Element = integer
       Baum    = b( Baum,Element,  Baum);null
```

```
Bsp.:               b( b(null,2,b(null,4,null)),1,b(null,3,null)) */
```

```
/* Lexikographische Baumstrukturen (Ordnen der Knoten von links
   nach rechts) durch rekursives Prüfen der folgenden Vorschrift:
   (a) Ist ein gesuchter Knoten X (z.B. Schlüsselwert einer
       Datei) gleich mit der Wurzel des (Rest-)Suchbaums, so ist
       der gesuchte Knoten gefunden.
   (b) Ist der gesuchte Knoten X kleiner als die Wurzel des
       (Rest-)Suchbaums, so ist der Knoten im linken Teilbaum zu
       suchen.
   (c) Ist der gesuchte Knoten X größer als die Wurzel des (Rest)
       Suchbaums, so ist der Knoten im rechten Teilbaum zu su-
       chen.          */
suche(X, b(_,X,_))                        :- !.
suche(X, b(L_Teilb, Knoten, _        )) :- X < Knoten, !,
suche(X, L_Teilb).
suche(X, b(_        , _       , R_Teilb)) :- suche(X, R_Teilb).
```

```
/* Einfügen von Knoten in einen Suchbaum an einer beliebigen
   Stelle unter Zuhilfenahme des Prädikats knoten:    */

einfueg_kn(B,E,B1) :- knoten(B,E,B1).
einfueg_kn(b(L_Teilb,K,R_Teilb),E,b(L1,K,R_Teilb)) :-
     K > E, einfueg_kn(L_Teilb,E,L1).
einfueg_kn(b(L_Teilb,K,R_Teilb),E,b(L_Teilb,K,R1)) :-
     E > K, einfueg_kn(R_Teilb,E,R1).
knoten(null,E,b(null,E,null)).  /* Einfügen eines Knotens E in
einen leeren Baum */
knoten(b(Links,E,Rechts),E,b(Links,E,Rechts)).  /* E ist
     bereits im Baum enthalten und es ist nichts einzu-
     fügen */
knoten(b(Links,K,Rechts),E,b(L1,E,b(L2,K,Rechts))) :-
     K > E, knoten(Links,E,b(L1,E,L2)). /* Wenn E als neu
aufgenommener Knoten in Links eingesetzt wird, so sind
L1 und L2 die zu E gehörenden beiden Teilbäume */
knoten(b(Links,K,Rechts),E,b(b(Links,K,R1),E,R2)) :-
     E > K, knoten(Rechts,E,b(R1,E,R2)). /* Wenn E als neu
aufgenommener Knoten in Rechts eingesetzt wird, so sind
R1 und R2 die zu E gehörenden beiden Teilbäume */
```

12.3 Mediaplanung und Mediaselektion

Das Problem ist die Bestimmung einer Auswahl von Werbeträgern, um
mit einer "Werbebotschaft" bestimmte Zielgruppen zu erreichen.
Hierbei ist der sog. "Berührungserfolg" ein Maßstab für die Eignung eines Werbeträgers. Zielkriterien für die Erreichung eines
möglichst hohen Berührerfolgs sind die

    -> Reichweite: Anzahl der "Einschaltungen" in einem Medium z.B.:
       - Anzahl der Leser einer Tageszeitung

- Anzahl der Fernsehzuschauer
- Anzahl von Hörern eines Rundfunksenders.

-> Kumulierte Reichweite: Reichweite von mehreren Einschaltungen in mehreren Medien.

-> Kontakthäufigkeit: Die Anzahl der Kontakte muß angemessen sein, zu viele Kontakte sind ebenso schlecht wie zu wenige. Die durchschnittliche Kontakthäufigkeit, die mit einem Werbeplan erreicht wird, kann eine sehr starke Streuung aufweisen.

-> Qualifizierte Reichweite: Nur solche Personen sollen erreicht werden, die eine bestimmte Kontakthäufigkeit aufweisen.

-> Gewichtete Reichweite: Der Medienplaner ist in der Lage, den Wert einer Zielperson hinsichtlich des Berührungserfolgs in Abhängigkeit von der Anzahl der erhaltenen Kontakte anzugeben.

-> Kontaktsumme (= Summe der Einzelreichweiten): Mit Hilfe einer Kontakt-Bewertungskurve ergibt sich die Kontaktsumme. Auf einer Achse wird die Anzahl der Kontakte, auf der anderen Achse der Berührungserfolg skaliert. Solche Kontaktbewertungsfunktionen zu ermitteln, ist äußerst schwierig. Aus Einfachheitsgründen werden meist lineare Funktionen verwendet. Diese sind sehr wenig realistisch, da der Berührungserfolg mit der Anzahl der Kontakte linear ansteigt. Man würde aber vermuten, daß ab einer bestimmten Kontakthäufigkeit, die Erfolgschancen, die Zielperson mit der "Werbebotschaft" zu erreichen, stärker zunimmt.

-> Audienzgröße : eines Mediums wird unterschieden nach qualitativen Unterschieden zwischen den einzelnen Medien.

Das Ziel ist, denjenigen Media-Mix zu bestimmen, der die (gewichtete) Kontaktsumme (= total rated exposure value) unter Einhaltung verschiedener Nebenbedingungen maximiert. Hierbei ist die gewichtete Reichweite eines Mediums ein quantitatives Maß für den erwarteten Berührungserfolg einer Einschaltung in einem der betrachteten Medien.

Ermittlung der Kosten: Die Berechnung der Kosten erfolgt im einfachsten Falle meist auf je 1 000 Kontakte bezogen. Der Preis für 1 000 Kontakte, bezogen auf ein bestimmtes Medium, berechnet sich als

$$\frac{\text{Kosten der Einschaltung}}{\text{Reichweite (Anzahl der Zielpersonen)}} \text{ mal } 1\ 000$$

Würde beispielsweise eine Anzeige in einer Zeitschrift DM 5 000 kosten, und ließen sich hierdurch 10 000 Leser erreichen, so wäre der Preis für 1 000 Kontakte : DM 500. Ein großer Nachteil bei dieser einfachen Betrachtung liegt in der disjunkten Betrachtung der einzelnen Medien. Im allgemeinen ist eine solche getrennte Zuweisung der Reichweiten auf die einzelnen Medien nicht zulässig, da praktisch immer Überlagerungseffekte in dem Sinne auftreten, daß eine Zielperson durch verschiedene Medien erreicht wird. Bei der getrennten Betrachtung würden Mehrfachzählungen auftreten, welche die Audienzgröße verzerren. In der BRD gibt es das Modell VIP (Vergleichsindex für Preiswürdigkeit), mit dem sich nahezu 100 Werbeträger bewerten lassen. Der VIP-Index gibt die Anzahl der personen- und mediengewichteten Kontakte je Preiseinheit an, also die Anzahl der Kontakte je DM Einschaltkosten.

Variablen-Bezeichnungen:

```
n      = Anzahl der Medien
m      = Anzahl Medienkategorien
e(i)   = Gewichtete Reichweite einer Werbeaktion im
         i-ten Medium (i=1, ... ,n)
x(i)   = Anzahl Einschaltungen im i-ten Medium, i=1,..,n
c(i)   = Kosten der Einschaltung im i-ten Medium
E      = Gesamter verfügbarer Etat für Werbeaktionen
b(i)   = Obere Schranke für die Verwendung einer Medien-
         kategorie i (zum Beispiel für Medium 1 und 3)
u(i)   = Untere Schranke für die Anzahl der Einschal-
         tungen im Medium i (i=1,..,n) : Gewünschte
         Mindestanzahl an Einschaltungen im Medium i.
o(i)   = Obere Schranke  für die Anzahl der Einschal-
         tungen im Medium i (i=1,..,n) : Gewünschte
         Mindestanzahl an Einschaltungen im Medium i.
```

Formale Problemstellung:

$$\text{Maximiere} \quad \sum_{i=1}^{n} e(i)\, x(i)$$

$$\text{unter} \quad \sum^{m} c(j)\, x(j) \le b(i) \;,\; j \in \{1,\ldots,n\},\; i=1,\ldots,m,$$

$$x(i) \ge u(i), \quad \text{falls } u(i) > 0,\; i=1,\ldots,n \;,$$

$$x(i) \le o(i), \quad i=1,\ldots,n \;,$$

Matrix-Notation für die Anwendung des Simplex-Verfahrens:

    e' = (e(1), ... , e(n)) : n-Vektor der Zielkoeffizienten,
    x = (x(1), ... , x(n))': n-Vektor der gesuchten Variablen
                              (Einschaltungen)
    A = (a(i,j))   : Koeffizienten-Matrix der
                              linearen Restriktionen.
-> 1. Zeile von A: c(1)   c(2)   c(3) c(4) ...   c(n)
-> 2. Zeile von A: c(1)   0   c(3) 0   0
(hier: 1. Medienkategorie = Medium 1 und 3)
-> 3. Zeile und ff.: Eventuell weitere Medienkategorien,
                     analog zu Zeile 2.
-> Jede weitere Zeile von A stellt den i-ten Einheits-
   Zeilenvektor für diejenige Komponente x(i) dar, deren
   Wert von unten durch u(i), und von oben durch o(i),
   i ∈ {1,2,...,n}, eingeschränkt werden soll.

-> Beachte: Alle Restriktionen sind als "kleiner oder gleich"-
            Restriktionen einzugeben, daher sind die Koeffi-
            zienten der Ungleichungen x(i) >= u(i) mit (-1)
            auf beiden Seiten des Ungleichungszeichens zu
            multiplizieren ! (Siehe nachfolgendes Beispiel)

-> b = (E,b(1),... ,b(m),u(i1),...,u(in),o(j1),...,o(jm))':
       Vektor der rechten Seite des linearen Ungleichungs-
       systems. Hierbei ist
            {i1,...,in} die Indexmenge derjeni-
                        gen Variablen x(i), die von unten durch
                        u(i) beschränkt werden sollen,
            {j1,...,jm} die Indexmenge der nach oben durch o(j)
                        beschränkten Variablen.

Aufbau der Eingabedatei für die Problemdaten:

1. Datensatz (formatfrei, Parameter durch Leerzeichen getrennt):
            1. Parameter = Anzahl der restringierten Variablen
            2. Parameter = Anzahl der Variablen insgesamt
            3. Parameter = Anzahl der Ungleichungsrestriktionen
            4. Parameter = Anzahl der Restriktionen insgesamt
            5. Parameter = Zeilendimension der Matrix A
            6. Parameter = Problemtyp (1 = Minimumproblem,
                                       2 = Maximumproblem)
            7. Parameter = Ausgabe-Option (Standardwert: 1)

2. bis (m+1)-ter Datensatz (formatfrei):
            Jeweils eine Zeile der m x n - Koeffizientenmatrix A
            (für jeden Koeffizienten 10 Stellen)
(m+2)-ter Datensatz (formatfrei):
            m x 1 - Koeffizientenvektor b
letzte(r) Datensatz(sätze) (formatfrei):
            n x 1 - Koeffizientenvektor c.

Beispiel :

```
    Medien:    1 = Fernsehen
               2 = Rundfunk
               3 = Tageszeitung
```

```
Zielfunktion: max 94 000 x1 + 12 000 x2 + 2 000 x3
Restriktionen:    50 000 x1 + 20 000 x2 + 3 000 x3   <=   30 000
                       1 x1 +        1 x2 +      0 x3  <=        5
                       1 x1                            <=        2
                                   -1 x2               <=       -2
                                             -1 x3     <=       -5
                       x1,  x2,  x3                    >=        0
```

```
Matrix-Notation:  c' = ( 94 000, 12 000,  2 000)
                  b  = ( 30 000,      5,      2,     -2,     -5)'

                      ┌                               ┐
                      │  50 000      20 000     3 000  │
                      │       1           1         0  │
                  A = │       1           0         0  │
                      │       0          -1         0  │
                      │       0           0        -1  │
                      └                               ┘
```

Aufbau der Eingabedatei:

```
     3        3        5      5     30     -1     1        <-- Zeile 1
50000.0    20000.0   3000.0                              <-- Zeile 2
1.0        1.0       0.0                                 <-- Zeile 3
1.0        0.0       0.0                                 <-- Zeile 4
0.0       -1.0       0.0                                 <-- Zeile 5
0.0        0.0      -1.0                                 <-- Zeile 6
300000.0   5.0       2.0          -2.0        -5.0       <-- Zeile 7
94000.0    12000.0   2000.0                              <-- Zeile 5
```

12.4 Statische und dynamische Investitionsplanung

Problemstellung: Die verschiedenen Methoden der Investitionsrechnung unterscheiden sich im wesentlichen durch die Miteinbeziehung der Ein- und Auszahlungsströme des Investitionsobjekts während des Investitionszeitraums. Werden diese nicht berücksichtigt, so spricht man von **statischer** Investitionsrechnung. Hierzu gehören die bekannten Vergleichsrechnungen hinsichtlich der Kosten, Gewinne, Amortisation und Rentabilität. Von **dynamischer** Investitionsrechnung spricht man, wenn die Ein-/Auszahlungen aus dem Investitionsobjekt während der Nutzungsdauer des Investitionsobjekts mit in die Rechnung aufgenommen werden. Zu den bekanntesten dynamischen Verfahren gehören die Kapitalwertmethode, die iterative Methode zur Bestimmung des internen Zinsfusses und die Annuitätenmethode.

Abschreibungsarten:

Bei diesen Methoden werden verschiedene Abschreibungsarten verwendet, daher erscheint es zunächst wichtig, die gängigen Abschreibungsmethoden näher zu beleuchten. Grundsätzlich versteht man unter dem Begriff der Abschreibung die geldmäßig bewertete Wertminderung eines Kapitalguts. Wertminderungen können durch

- -> Verschleiß während des Produktionseinsatzes
- -> technische Neuerung
- -> Nachfrage-Veränderungen nach dem auf dem Produktionsmittel hergestellten Gut,

bewirkt werden. Grundsätzlich unterscheidet man die

- -> lineare Abschreibung, bei der die Wertminderung jährlich einen konstanten Abschreibungsbetrag = Buchungswert / n darstellt. (n = Anzahl der Abschreibungsperioden).

- -> degressive Abschreibung, die man in die geometrisch degressive und in die arithmetisch degressive Abschreibung (auch als digitale Abschreibungsemethode bezeichnet) unterteilt. Grundsätzlich wird bei der degressiven Abschreibung angenommen, daß die Wertminderung mit zunehmender Nutzungsdauer geringer wird. Die degressive Abschreibung liefert am Anfang des Abschreibungszeitraums größere Beträge als die lineare Abschreibung, ab einem bestimmten Zeitpunkt jedoch sind die linearen Abschreibungsbeträge höher. Die Berechnung des Abschreibungsfaktors erfolgt nach der Formel

$$A_{geom} = (1 - (Restwert/Anschaffungswert)^{1/2}) * 100$$

- -> Bei der digitalen Abschreibung ändert sich die jährliche Abschreibungsrate um einen konstanten Prozentsatz, der dem Kehrwert der Summe aller Nutzungsjahre entspricht:

$$A_{dig} = \frac{n - i + 1}{\sum\limits_{i=1}^{n} i} = \frac{2 (n - i + 1)}{n (n + 1)}$$

Kostenvergleichsrechnungen: Das wichtigste statische Verfahren ist die "Kostenvergleichsrechnung", bei der die Kosten von mehreren Investitionsalternativen betrachtet werden. Der Kostenvergleich kann sich hierbei auf die Zeitperiode oder auf die Kosten je Leistungseinheit beziehen. Diese beiden Varianten der Kostenvergleichsrechnung sind dann weitgehend äquivalent, wenn die mengenmäßige Auslastung der innerhalb der Investitionsalternativen betrachteten Produktionsanlagen annähernd gleich ist. Bei unterschiedlicher Auslastung ist die mengenbezogene Kostenvergleichsrechnung günstiger. Für die Kostenermittlung sind die folgenden Informationen wichtig:

- Informationen zum Investitionsobjekt selbst:
    - --> Investitionssumme
    - --> Dauer der Investition (in Jahren)
    - --> Auslastung des Investitionsobjekts in Leistungseinheiten pro Jahr

- Fixe Kosten:
    - --> Abschreibungen
    - --> Kapitaldienst (Zinsen)
    - --> Sonstige fixe Kosten

- Variable Kosten:
    - --> Materialkosten
    - --> Energiekosten
    - --> Löhne und Lohnnebenkosten
    - --> Sonstige variable Kosten

Barwertmodelle: Wir betrachten einen Investitionszeitraum von n Perioden. Bei einer getätigten Investition fallen in den einzelnen Perioden Einnahmen und Ausgaben an, die aufgrund der Verzinsung in verschiedenen Perioden nicht vergleichbar sind. Um einen solchen Vergleich anstellen zu können, müssen über die übliche Zinseszinsrechnung Gegenwartswerte oder Barwerte berechnet werden. Barwerte nennt man auch Nettoinvestitionswerte oder Kapitalwerte. Ein Kapitalwert ergibt sich somit als Summe aller Barwerte der Einnahmen $E(i)$ über alle Perioden $i=1,\ldots,n$, vermindert um die Summe der Barwerte der Ausgaben $A(i)$. Mit den Bezeichnungen

        n   : Investitionszeitraum (in Jahren)
        E(i) : Einnahmen in Periode i
        A(i) : Ausgaben in Periode i
        K(0) : Kapitalwert
        p   : Kalkulationszinsfuß
        q   : Aufzinsungsfaktor

berechnet sich der Kapitalwert K(0) mit Hilfe der bekannten Zinseszins-Formel

$$K(0) = \sum_{i=1}^{n} (E(i) - A(i)) \; q^{-i}, \qquad q := (1 + p/100).$$

Grundsätzlich wird bei dieser Berechnungsweise ein Zahlungsstrom zu Beginn des Investitionszeitraums stärker bewertet als in einer späteren Periode. Dies stimmt auch weitgehend mit der Tatsache überein, daß heute erhaltenes Geld "wertvoller" ist als in Zukunft erwartete Einnahmen. Die Einnahmen umfassen im wesentlichen die aus der Investition resultierenden Verkaufserlöse. Die Ausgaben schließen die Betriebskosten und Materialkosten, Lohnzahlungen und Lohnnebenkosten, ein.

Ein grundlegender Zusammenhang zwischen Kapitalwert und Kapitalzinsfuß p besteht darin, daß bei steigendem p der Kapitalwert kleiner wird, und umgekehrt:

$K(0) < 0$: "Verlust", die Gesamtinvestition einschließlich der Kapitalverzinsung wird nicht erwirtschaftet,

$K(0) = 0$: Der Rückfluß aus der Investition ist gerade gleich der Gesamtinvestition einschließlich der Kapitalverzinsung.

$K(0) > 0$: "Investitionsgewinn", es wird zusätzlich zu der Investition ein Gewinn erzielt.

Beispiel:

Zahlungs-ströme in Tsd. DM	Nutzungsdauer					
	0	1	2	3	4	5
Anschaffungswert	500					
Einnahmen $E(i)$	-	150	200	250	300	250
Ausgaben $A(i)$	50	50	60	80	100	100
Restwert						50

E(i) - A(i)	-550	100	140	170	200	150
K(0)	-550 +100 * 1.1 + 140 * 1.21 + 170 * 1.232 + 200 * 1.355 + 150*1.49					
K(0)	433.34					

Methode des internen Zinsfußes: Der interne Zinsfuß p ist der Zins, mit dem die Einnahmen und Ausgaben im Investitionszeitraum verzinst werden. Es ist derjenige Zinssatz, für den der Kapitalwert gleich Null ist. Da der Kapitalwert als Funktion von p nichtlinear ist, müssen Approximationsmethoden eingesetzt werden, um p näherungsweise zu bestimmen. Hierzu gibt es verschiedene Möglichkeiten, zwei von diesen seien hier genannt:

1. Iterative Bestimmung von p durch sukzessive Erhöhung von p und Berechnung des zugehörigen Kapitalwertes. Die Iteration wird abgebrochen, wenn der Absolutwert des Kapitalwertes kleiner als eine vorgegebene Genauigkeitsschranke ist.

2. Bestimmung eines Näherungswertes durch lineare Interpolation: Hierzu betrachten wir ein (K(0), p) - Diagramm. Angenommen p1 sei ein Zinssatz mit K(0; p1) > 0, und für p2 sei K(0; p2) < 0. Dann liefert der Schnittpunkt der Verbindungsgeraden der beiden Punkte

$$(K(0; p1), p1) \quad und \quad (K(0; p2), p2)$$

mit der p - Achse einen Näherungswert für den gesuchten internen Zinsfuß p. Das Problem hierbei ist, p1 und p2 geeignet zu bestimmen. Hierzu kann man so vorgehen, daß man zunächst p1 = 0 und für p2 einen großen Wert wählt. Durch eine grobe Einschachtelung versucht man p1 nach oben und p2 nach unten zu schieben, und zwar solange

$$K(0; p1) > 0 \quad und \quad K(0; p2) < 0 \quad gilt.$$

Aus der Zwei-Punkte-Form der Geradengleichung ergibt sich nach Auflösung die Beziehung

$$p = p1 - (p2-p1)/(K(0;p2)-K(0;p1)) * K(0;p1).$$

Annuitätenmethode: Unter der Annuität eines Investitionsobjektes versteht man die auf einen konstanten Wert gebrachten jährlichen Zahlungsdifferenzen zwischen Ein- und Auszahlungen während des Investitionszeitraumes. Der Zusammenhang zwischen der Annuität a und dem Kapitalwert K(0) ist über die Beziehung

$$K(0) = a \ ((1+p/100)^n - 1) \ / \ (p/100 \ (1+p/100)^n$$

gegeben. Ein über die Annuität berechneter Kapitalwert wird auch als Kapitalgrenzwert bezeichnet und kann als Obergrenze für denjenigen Kapitaleinsatz betrachtet werden, für den das gesamte investierte Kapital zurückfließt (bei bekannten Zahlungsströmen und Zinssatz).

Effektiv-Verzinsung von Wertpapieren: Festverzinsliche Wertpapiere in Form von Pfandbriefen, Anleihen oder Obligationen haben eine am Nennwert orientierte Verzinsung, die in regelmäßigen Zeitabständen ausbezahlt werden. Es sei

W_0 : Kurs des Wertpapiers zum Zeitpunkt
des Kaufs (in %)
W_n : Kurs des Wertpapiers zum Zeitpunkt
des Verkaufs (in %)
GA : Gebühren beim Kauf (in %)
GV : Gebühren beim Verkauf (in %)
n : Laufzeit (in Jahren)
p : Nominalzins (in %)
s : Kapitalertragssteuersatz (in %)
$a_{n,eff}$: effektiver Rentenbarwertfaktor

Erläuterung: Man nennt

$$\alpha_n = q_n \ \frac{q-1}{q^n-1} \ , \qquad q=1+p/100,$$

die Annuität (Tilgungsrate) für eine Schuld des Betrags 1, bei nachschüssiger Tilgung. Bei p Prozent kann also eine Schuld von k DM in n Jahren getilgt werden, wenn am Ende jedes Jahres (nachschüssig) die Jahresrate $R_n = k * \alpha_n$ gezahlt wird. Der Barwert einer Zahlungszusage, n mal nachschüssig die Jahresrate vom Betrag 1 zu zahlen, wird durch den Kehrwert $1/\alpha_n =: a_n$ dargestellt. Man nennt a_n auch Rentenbarwertfaktoren. Bei p Prozent Verzinsung ist daher der Barwert des Wertpapiergeschäfts, bei dem am Ende jedes

Jahres (nachschüssig) der tatsächliche Zinsgewinn $p_{eff}-(s/100)p_{eff}$ entsteht: $Z_n:=p_{eff}(1-s/100)$ $a_{n,eff}$. Wenn beispielsweise ein Pfandbrief zu einem Kurs von W_0 Prozent gekauft und zum Kurs von W_n Prozent nach n Jahren wieder verkauft würde, bei einem Nominalzins von p Prozent und einem Kapitalertragssteuersatz von s Prozent, so ist für einen Vergleich mit anderen Kapitalanlagen die Kenntnis der Effektivverzinsung p_{eff} oder Rendite erforderlich.

Der Ankauf beläuft sich auf $W_0+(GA/100)$ W_0. Beim Verkauf sind zunächst vom Kurs des Wertpapiers die Gebühren abzuziehen und der Restbetrag muß auf den Gegenwartswert abdiskontiert werden, um Verkauf und Ankauf vergleichen zu können:

$$(W_n-(GV/100)\ W_n)\ (1/q)^n.$$

Außerdem entsteht am Ende jedes Jahres der um die Kapitalertragssteuer reduzierte Barwert des Zinsgewinns Z_n (siehe obige Erläuterung). Die Effektivverzinsung p_{eff} ergibt sich nun aus der Identität

"Einzahlungen insgesamt beim Ankauf" = "Auszahlungen insgesamt beim Verkauf", also

$$w_0 := W_0 + GA/100*W_0 = p_{eff}*(1-s/100)*a_{n,eff}$$
$$+(W_n-(GV/100)*W_n)*(1/q)^n =: w_1,$$

$$a_{n,eff} = (q^n-1)\ /\ (q^n*(q-1)),\quad q:=1+p_{eff}/100.$$

Die Effektivverzinsung läßt sich iterativ berechnen, indem man mit $p_{eff} = p$ beginnt und die folgende Überprüfung durchführt:

Fall a) $w_1 - w_0 > 0$:

> Ist $w_1-w_0 < \epsilon$, so ist p_{eff} die gesuchte Effektivverzinsung.
> Ist $w_1-w_0 \geq \epsilon$, so setze $p_{eff} := p_{eff} + p$, und berechne w_0 und w_1 für das erhöhte p_{eff}.

Fall b) $w_0 - w_1 > 0$:

> Ist $w_0-w_1 < \epsilon$, so ist p_{eff} die gesuchte Effektivverzinsung.
> Ist $w_0-w_1 \geq \epsilon$, so setze $p_{eff} := p_{eff} - p$, und berechne w_0 und w_1 für das reduzierte p_{eff}.

Kosten-Umsatz-Analyse : Es seien folgende Daten gegeben:

Lfd.-Nr.	Firma (Name)	Umsatz
1	Mayer Werkzeuge GmbH	112 397,24
2	Bauer Landmaschinen	55 672,20
3	Möller Pumpen	89 200,98
4	Kleinheimer Stadtwerke	205 732,87
5	High-Tech Forschungs A.G.	75 680,30
6	Hammermann	305 481,75
7	Schmidt Industrieanlagen	175 203,20
8	Grossmann Kleinteile OHG	291 312,16
9	Huber Fahrzeuge	93 600,10
10	Gansmann Dammpfwalzen	300 000,00

In einem *.com - File wird die Kunden-Umsatz-Tabelle nach der Größe des Umsatzes umgeordnet. Es wird ein Tableau der Form:

Rangziffer	Lfd.-Nr.	Kunde	Umsatz
1	6	Hammermann	305 481,75
...	...	...	...

erzeugt und eine Klassifikation der Kunden bzgl. der Umsatzgröße in drei Gruppen vorgenommen. Es wird

-> die Gruppe der sehr wichtigen Kunden in einer Tabelle ausgewiesen, die zusammen mindestens 50% des Gesamtumsatzes
   erreichen,

-> die Gruppe der wichtigen Kunden in einer Tabelle ausgewiesen, die zusammen mindestens weitere 30% des Gesamtumsatzes erreichen,

-> die Gruppe der unwichtigen Kunden ausgewiesen, die zum Restumsatz beitragen.

Wenn wir den Gesamtumsatz und die Gesamtzahl der Kunden jeweils auf 100 Prozent beziehen, läßt sich der Umsatz und die Anzahl der Kunden in kumulierter Form angeben.

Dynamische Investitionsplanung: Es ist einer vorgegebenen Anzahl von Investitionsalternativen eine bestimmte Menge an Ressourcen (Arbeitskräfte, Geld, Maschinen, Transportkapazitäten) so zuzuweisen, daß der erwartete Gesamtgewinn aus den Investitionen möglichst groß wird. Es sei

n : Anzahl der zur Verfügung stehenden Ressourcen-Einheiten (z.B. 1 Ressourcen-Einheit = 1 Mio. DM investiertes Kapital)

m : Anzahl der Investitionsprogramme oder Investitionsalternativen

x : Variable für die Anzahl der Ressourcen-Einheiten

$g(i,x)$: Erwarteter Gewinn, der aus dem Einsatz von x Ressourcen-Einheiten in die Investitionsalternative $i \in \{1,\ldots,m\}$ resultiert.

Eine wichtige Annahme ist, daß der erwartete Gewinn einer bestimmten Investitionsalternative unabhängig von der geplanten Investition in andere Investitionsprogramme ist. Außerdem seien keine Verstärkungseffekte möglich, d.h. der Gesamtgewinn ergibt sich aus der Summation der entsprechenden Einzelgewinne.

Das **dynamische Optimierungsprinzip** besteht nun darin, das Problem in Teilprobleme so zu zerlegen, daß man, ausgehend von einem Start-Teilproblem, dessen Lösung ermittelt, welche dann anschließend die Anfangsinformation für das nächste Teilproblem liefert. Dieser Lösungsprozeß erfolgt im Zuge einer Rückwärts- und Vorwärtsrechnung. Bezogen auf das Investitionsproblem sieht die **Rückwärtsrechnung** folgendermaßen aus:

1. Schritt: Als Teilprobleme fassen wir die Investitionsalternativen $i=1,\ldots,m$ auf und beginnen mit dem Start-Teilproblem m. Dies bedeutet, daß wir zunächst nur über den Einsatz des einzigen Investitionsprogramms m zu entscheiden haben:

$g(m,x)$: Wenn wir zunächst unterstellen, daß der Investitions-Return $g(m,x)$ der Alternative m hinsichtlich des Ressourcen-Einsatzes x monoton wachsend ist, so wird der maximale Return dann erreicht werden, wenn man alle verfügbaren Ressourcen in die Investitionsalternative m einsetzt.

$f(m,x)$: Bestmöglich zu erzielender Gewinn bei der ausschließlichen Investitionsaktivität m und dem Einsatz von x Ressourcen-Einheiten. Zu Beginn ist also zunächst aufgrund der oben erwähnten Monotonie von $g(m,x)$:

$$f(m,x) = g(m,x) \text{ für } x=0,1,\ldots,n.$$

$d(m,x)$: Anzahl x der eingesetzten Ressourcen-Einheiten in die Investitionsalternative m, also $d(m,x) = x$ für $x=0,\ldots,n$.

2. Schritt: Als nächstes Teilproblem betrachten wir die Investitionsalternative m-1, es seien also im Augenblick m-1 und m die einzigen Investitionsaktivitäten, auf welche die n Ressourcen-Einheiten zu verteilen sind. Beide Gewinnfunktionen $g(m-1,x)$ und $g(m,x)$ sind monoton wachsend in x, daher wäre es optimal, für m-1 und m die maximale Anzahl n an Ressourcen-Einheiten zu investieren. Dies ist natürlich nicht möglich, da auf beide Aktivitäten nur n Ressourcen-Einheiten zu verteilen sind. Wie kann man nun diese Verteilung vornehmen? Wir kennen bereits den optimalen Return der Aktivität m, nämlich $f(m,x)$ für jede investierte Menge x von Ressourcen-Einheiten. Es bleibt also lediglich zu überprüfen, welche Konstellation von $g(m-1,x)$ und $f(m,x)$, bezogen auf x, den maximalen Return ergibt:

$$\max_{z=0,\ldots,x} \; [g(m-1,x) + f(m,x-z)] \quad =: \; f(m-1,x)$$

Der optimale Investitionsertrag ist dann dasjenige $z=z^*$, welches das Maximum über alle Summenkonstellationen $g(m-1,x)+f(m,x-z)$ liefert, also $d(m-1,x) := z^*$. Zu beachten ist, daß die Maximierung für jedes x durchzuführen ist, und die zugehörigen Werte $f(m-1,x)$

und d(m-1,x) bis zur Durchführung der Vorwärtsrechnung zu speichern sind. Weiterhin ist nochmals ausdrücklich hervorzuheben, daß f(m-1,x) der optimale Return bei Einsatz von x Ressourcen-Einheiten für beide Investitionsalternativen m-1 und m ist.

3. und ff. Schritte: Es werden nun die Aktivitäten m-2, m-1 und m betrachtet, anschließend m-3, m-2, m-1 und m, bis wir schließlich bei der ersten Investitionsaktivität angelangt sind. Allgemein berechnen sich die optimalen Erträge f(i,x) für die Aktivitäten i,i+1,...,m für jedes 1,...,m-1 durch

$$f(i,x) := \max_{z=0,...,x} \; [\; g(i,z) + f(i+1,x-z)\;], \quad x=0,1,...,n$$

Derjenige z-Wert, welcher f(i,x) ergibt, ist die optimale Anzahl an Ressourcen-Einheiten, welche in die Investitionsaktivitäten i,i+1,...,m einzusetzen sind. Also d(i,x) := z-Wert, der f(i,x) liefert, x=0,...,n und i=1,...,m-1.

Die **Vorwärtsrechnung** erfolgt mit den folgenden Schritten:

1. Schritt: Aus f(1,x), x=0,...,n erhalten wir diejenige Anzahl x=x* an Ressourcen-Einheiten, für die f(1,x) maximal ist. d(1,x=x*) ist dann die optimale Anzahl Ressourcen-Einheiten, die in das erste Investitionsprogramm eingesetzt werden sollte.

2. Schritt: Es bleiben noch n-x* Ressourcen-Einheiten für die Aktivitäten 2,...,m zu verteilen. d(2,n-x*) ist dann die optimal einzusetzende Ressourcen-Menge in die Aktivität 2.

3. und ff. Schritte: Man fährt so fort, indem die jeweils verbleibende Restmenge r an Ressourcen-Einheiten in d(j,r), j=3,...,m eingesetzt wird und man aus den in der Rückwärtsrechnung abgespeicherten Werten die jeweils optimale Anzahl an einzusetzenden Ressourceneinheiten erhält.

12.5 Dynamische Optimierung mit PROLOG

Im anschließenden Prolog-Programm wird das im vorigen Abschnitt
ausgeführte Prinzip der Rückwärts- und Vorwärtsrechnung durch
Backtracking innerhalb der Prädikate 'opt_dauer' und 'suche' gezeigt. Der Aufbau der n Entscheidungsstufen besteht aus

```
-> der Grundstufe 0   : Startknoten
-> n-1 Zwischenstufen : Knotenebene 1 bis n-1
-> der Grundstufe n   : Zielknoten
```

und wird als gerichteter Graph zwischen Start- und Zielknoten
durch Fakten der Form

```
fakt("Anzahl der noch auszuführenden Entscheidungsstufen
       bis zum Zielknoten",
      "Bezeichnung erster  Knoten der gerichteten Kante",
      "Bezeichnung zweiter Knoten der gerichteten Kante",
      "Bewertung der gerichteten Kante")
```

in der Datenbank *.dba erfaßt:

```
DOMAINS
  STRLIST    = string*
  BEWERTG    = real
  BEW_LST    = BEWERTG*
  FILE       = ausg
  STUFE      = integer
DATABASE
  probltyp(symbol)
  stufen(STUFE)
  zielknoten(string)
  dat(STUFE,string,string,BEWERTG)
PREDICATES
  repeat
  fenster
  start
  schritt(integer)
  endd(integer)
  hilfe
  hole_wbas
  opt_belegung
  opt_dauer(BEWERTG,BEW_LST,BEWERTG)
  opt_dauer1(BEW_LST,BEWERTG)
  suche(STUFE,string,BEWERTG,BEWERTG,STRLIST,STRLIST)
  append(STRLIST,STRLIST,STRLIST)
  ausgabe(STRLIST)
  graph_gerichtet_zeigen
  fakten_loeschen
include "mencolor.pro"
GOAL
  start.
```

```
CLAUSES
  fenster :-
    makewindow(1,32,7," DYNAMISCHE OPTIMIERUNG ",0,0,25,80).
  start :- fenster,!,repeat, clearwindow,
  menu(5,40,80," AUSWAHLOPTIONEN ",
      [" Dynamische Optimierung  "," ",
       " Faktenbasis laden  "," ",
       " Hilfestellung  "," ",
       " ENDE  "],AUSWAHL), schritt(AUSWAHL), endd(AUSWAHL).
  endd(0). endd(7). schritt(0).
  schritt(1) :- openwrite(ausg,"dynopt.out"),
                writedevice(ausg), clearwindow,
  write("Von Knoten     Nach Knoten    Dauer/Kosten/Länge"),nl,
  write("----------     -----------    -------------------"),
  graph_gerichtet_zeigen, clearwindow, closefile(ausg),
  opt_belegung, fakten_loeschen, !.
  schritt(3) :- hole_wbas. schritt(5) :- hilfe.
  schritt(7) :- schritt(0).
  hilfe :- file_str("dynopt.hlp",HILFE), display(HILFE).
  repeat. repeat :- repeat.

  opt_belegung :- stufen(X),
                  findall(Bewertung,suche(X,_,0,Bewertung,[],_),
                  Bewertliste), opt_dauer1(Bewertliste,Minimum),
                  suche(X,_,0,Minimum,[],Optimal_liste),nl,
                  write("\nOptimaler Pfad :"),
                  write("\n--------- ----   "),
                  ausgabe(Optimal_liste), zielknoten(Z),
                  write("\n  -> Knoten: ",Z), nl,
                  write("\nBewertung = ",Minimum," Std./DM/Km"),
                  readchar(_), clearwindow.
  opt_dauer1(Bewertliste,Minimum) :-
      not(probltyp(max)), opt_dauer(1e12,Bewertliste,Minimum).
  opt_dauer1(Bewertliste,Minimum) :-
      probltyp(max), opt_dauer(-1e12,Bewertliste,Minimum).
  suche(0,ZK,Bewertung,Gesamt,Knotenliste,Optimalliste) :-
      zielknoten(ZX), ZK=ZX, Gesamt=Bewertung,
      Optimalliste=Knotenliste.
  suche(Anzahl,Knoten,Bewertung,Gesamt,Knotenliste,Optimalliste):-
      dat(Anzahl,Knoten,Knoten2,Dauer),
      append([Knoten],Knotenliste,Neuliste),
      Anzahl2=Anzahl-1, Bewertung2=Bewertung+Dauer,
      suche(Anzahl2,Knoten2,Bewertung2,Gesamt,Neuliste,
            Optimalliste).
  append([],L,L). append([X|L1],L2,[X|L3]) :- append(L1,L2,L3).
  opt_dauer(Min,[],Min).
  opt_dauer(Std,[K|R],Min) :-
      not(probltyp(max)), K<=Std, opt_dauer(K,R,Min).
  opt_dauer(Std,[K|R],Min) :-
      probltyp(Z), Z=max, K >= Std, opt_dauer(K,R,Min).
  opt_dauer(Std,[_|R],Min) :- opt_dauer(Std,R,Min).
  ausgabe([]).
  ausgabe([A|Rest]) :- ausgabe(Rest), nl,
      write("  -> Knoten: ",A).
  graph_gerichtet_zeigen :- dat(_,Von,Nach,Dauer), nl,
      writef("%18 %18 %4.4",Von,Nach,Dauer),
      write(" Std./DM/Km"), cursor(X,_), cursor(X,3),
      write(Von), cursor(X,21),write(Nach), cursor(X,42),
      writef("%4",Dauer),write(" Std./DM/Km"), fail.
  graph_gerichtet_zeigen.
```

```
hole_wbas :-
      makewindow(10,7,7," FAKTENBASIS LADEN ",10,10,10,60),
      dir("\proag","*.dba",DA), removewindow, consult(DA).
fakten_loeschen :- retract(_), fail. fakten_loeschen.
```

12.6 Lagerhaltung und Produktionsplanung

Vorgegeben sei ein Planungszeitraum mit N Perioden. In jeder Periode gebe es eine Nachfrage nach einem Gut. Es sei angenommen, daß die Zeitdauer für die Produktion des Gutes vernachlässigbar sei und in die weitere Betrachtung nicht einbezogen wird. Weiterhin gebe es die Möglichkeit, das Gut zu lagern, falls in einer Periode mehr produziert werden sollte, als die Nachfrage aufnehmen kann. Die Lagerkosten für die Lagerung des Gutes in Periode i sollen sich auf den Lagerbestand am Ende der Periode i beziehen. Der Lagerbestand am Ende von Periode i-1 zusammen mit der in Periode i produzierten Menge des Gutes sei während der gesamten Periode i verfügbar. Diese Annahme ist sicherlich häufig nicht zu erfüllen, aus Gründen einer wesentlich vereinfachten Formalisierung des Problems sei diese Annahme hier getroffen. Das Ziel ist, einen Produktionsplan zu erstellen, sodaß die gesamten Produktions- und Lagerkosten im Planungszeitraum möglichst gering werden. Außerdem ist zu berücksichtigen, daß die in jeder Periode gegebene Nachfrage nach dem Gut erfüllt werden kann, und der Lagerbestand am Ende des Planungshorizonts einen fest vorgegebenen Bestand des Gutes darstellt. (Z.B. könnte gefordert werden, daß am Ende des Planungszeitraums die gesamte Produktion aufgebraucht ist, d.h. der Lagerbestand am Ende von Periode N gleich Null ist). Die Lösung findet man mit Hilfe des dynamischen Optimierungsprinzips (Rückwärts- und Vorwärtsrechnung):

1. Schritt: Der Produktionsprozeß stehe im Augenblick am Beginn der Periode N und es sei eine bestimmte Menge des Gutes im Lager vorhanden. Da die Nachfrage für Periode N gegeben ist, kann die Produktion in Periode N so gewählt werden, daß am Ende der Periode N der gewünschte Ziel-Lagerbestand erreicht wird. Die Frage stellt sich hierbei nach sämtlichen Lagerbeständen, die in Periode N-1 überhaupt möglich sind. Diese Frage ist einfach zu beantworten:

Mindestens so groß wie der gewünschte Ziel-Lagerbestand in Periode
N und höchstens so groß wie die Nachfrage in Periode N. Um die
Rückwärtsrechnung durchzuführen, ist eine Formalisierung in der
folgenden Form günstig:

n   : Anzahl der Perioden des Planungszeitraums
b   : Lagerbestand (in ME des Gutes) zu Beginn des
          Planungszeitraums
e   : Lagerbestand (in ME des Gutes) am Ende des Planungszeit-
          raums
p(i,j): Produktionskosten während der Periode i für j Mengenein-
          heiten des Gutes. Falls in Periode i nichts produziert
          wird (j=0), seien die Produktionskosten gleich 0, (nur
          variable Kosten berücksichtigen)
l(i,j): Kosten für die Lagerung von j Mengeneinheiten in Periode i
d(i)   : Nachfrage (in ME) nach dem Gut in Periode i
K   : Lagerbestand zu Beginn der Periode n (Zur Vereinfachung
          sei angenommen, daß der Lagerbestand am Ende der Periode n
          gleich 0 ist). Dann fallen aufgrund der Annahme über die
          Lagerkosten in der Periode keine Kosten für die Lagerung
          an.
f(n,K): Produktions- und Lagerhaltungskosten für Periode n bei dem
          Lagerbestand K:

$$f(n,K) = \left[\begin{array}{ll} 0 & \text{für } K=d(n) \\[2mm] p(n,d(n)-K) & \text{für } K=0,1,\ldots,d(n)-1 \end{array} \right.$$

x(n,K): Optimal zu produzierende Menge (in ME) des Gutes
          zu Beginn von Periode n, bei dem vorhandenen
          Lagerbestand K:

$$x(n,K) = \left[\begin{array}{ll} 0 & \text{für } K=d(n) \\[2mm] d(n)-K & \text{für } K=0,1,\ldots,d(n)-1 \end{array} \right.$$

Wir können sämtliche Konstellationen in einer Tabelle wie folgt
zusammenstellen:

K	f(n,K)	x(n,K)
0	p(n,d(n))	d(n)
1	p(n,d(n)-1)	d(n)-1
2	p(n,d(n)-2)	d(n)-2
....	....	....
d(n)	p(n,0)	0

2. Schritt: Der Prozeß steht nun am Beginn der Periode n-1, d.h.
die Perioden n-1 und n stellen die beiden einzigen Teilprobleme im

Augenblick dar. Es stellt sich nun die Frage, wie zu Beginn von Periode n-1 die Produktionsmenge festzulegen ist, sodaß die gesamten Produktions- und Lagerhaltungskosten in den beiden Perioden n-1 und n minimal werden. Der Lagerbestand zu Beginn von Periode n-1 sei K. Dann sind wenigstens d(n-1) - K ME zu produzieren. Die maximale Anzahl von ME, die produziert werden muß, um am Ende von Periode n keinen Lagerbestand mehr zu haben, ist dann d(n-1) + d(n) - K. Die minimalen Produktions- und Lagerhaltungskosten f(n-1,K) ergeben sich dann aus der Überprüfung sämtlicher Produktions-mengen-Konstellationen zwischen d(n)-K und d(n-1)+d(n)-K :

Für K = 0,1,...,d(n-1)+d(n) ist

$$f(n-1,K) := \min_{z \in [\max(0,d(n-1)-K),\ d(n-1)+d(n)-K]} [p(n-1,z) + l(n-1,K+z-d(n-1)) + f(n,K+z-d(n-1)]$$

der Lagerbestand zu Beginn von Periode n zu bestimmen. Die optimal zu produzierende Menge x(n-1,K) in Periode n-1 ist derjenige Wert z für den f(n-1,K) unter dem angegebenen Restriktionsintervall minimal ist.

3. und ff. Schritte:

Für $K = 0,1,..., \sum_{j=i}^{n} d(i)$ sind die minimalen Kosten für

Produktion und Lagerhaltung

$$f(i,K) := \min_{z \in [\max(0,d(i)-K),\ \sum_{j=i}^{n} d(i)-K]} [p(i,z) + l(i,K+z-d(i)) + f(i,K+z-d(i)].$$

Lagerbestand zu Beginn von Periode i

Die optimale Produktion ist x(i,K) = "z-Wert, der f(i,K) minimiert".

Vorwärtsrechnung: Wenn wir den Lagerbestand zu Beginn des Planungshorizonts kennen, z.B. K=K*, sind f(1,K=K*) die minimalen Produktions- und Lagerkosten für den gesamten Planungszeitraum.

Die optimale Produktionsmenge für Periode 1 ist durch $x(1,K=K^*)$ bei der Rückwärtsrechnung bestimmt worden. Von $x(1,K=K^*)$ ziehen wir die Nachfrage $d(1)$ ab und erhalten den Lagerbestand zu Beginn von Periode 2. Hierfür sei die Schreibweise $K(2)$ gewählt. $x(2,K(2))$ wurde bei der Rückwärtsrechnung berechnet und gibt die optimale Produktion für die Periode 2 an: $K(3) := K(2) - d(2)$. Dann ist $x(3,K(n))$ die optimale Produktion in Periode 3. Dieser Prozeß wird fortgesetzt bis $x(n,K(n))$, die optimale Produktionsmenge in Periode n, erreicht ist.

12.7 Projektplanung

Methode des kritischen Pfades (CPM): Bei dieser Methode handelt es sich um ein rein deterministisches, tätigkeitsorientiertes Zeitplanungsverfahren zur Auffindung eines sogenannten kritischen Wegs, unter dem der zeitlängste Weg zwischen einem Start- und einem Endereignis zu verstehen ist. Die grundlegende Annahme ist, daß jedes Projekt sich derart in Teilaufgaben zerlegen läßt, daß bestimmte Tätigkeiten abgeschlossen sein müssen, bevor andere Aktivitäten ausgeführt werden können. Weiterhin sei die zeitliche Dauer jeder Tätigkeit durch eine Zeitschätzung hinreichend exakt bestimmt worden. Stochastische Einflüsse auf die Zeitdauern seien nicht berücksichtigt. Anschaulich ist jeder CPM-Netzplan als mathematischer Graph aufzufassen, wobei die symbolischen Ereignisse als Knoten und die Aktivitäten als Pfeile dargestellt werden.

Die Terminberechnungen erfolgen aus den zeitlichen Angaben und den Abhängigkeiten zwischen den Tätigkeiten eines CPM - Netzplans. Für jedes Ereignis und für jede Teilaufgabe lassen sich die folgenden Werte berechnen:

-> Der frühestmögliche Eintrittszeitpunkt $FZ(j)$ eines Ereignisses j

-> Der spätestzulässige Eintrittszeitpunkt $SZ(j)$ eines Ereignisses j

-> Der frühestmögliche Beginn einer Tätigkeit $FAZ(i,j)$ einer Tätigkeit (i,j)

-> Das frühestmögliche Ende FEZ(i,j) einer Tätigkeit (i,j)

-> Der spätesterlaubte Beginn SAZ(i,j) einer Tätigkeit (i,j)

-> Der spätesterlaubte Ende SEZ(i,j) einer Tätigkeit (i,j)

-> Die gesamte Pufferzeit GP(i,j) einer Tätigkeit (i,j)

-> Die freie Pufferzeit GP(i,j) einer Tätigkeit (i,j)

-> Die unabhängige Pufferzeit GP(i,j) einer Tätigkeit (i,j)

-> Die gesamte Pufferzeit GP(i) eines Ereignisses i, auch als Schlupf bezeichnet

Der Berechnungsprozeß beginnt mit einer Vorwärtsrechnung, in welcher zunächst der Projektstart festgelegt wird. Danach erfolgt die Berechnung der frühestmöglichen Eintrittstermine der übrigen Ereignisse und damit die Bestimmung des frühestmöglichen Beginns der einzelnen Vorgänge FAZ(i,j). Aus dem frühestmöglichen Zeitpunkt des Schlußereignisses resultiert die minimale Projektdauer.

12.8 Verfahren zur Auswahl von Produktideen

Das Spektrum für Verfahren der Auswahl von Produktideen reicht von den sogenannten kreativen Methoden (Synektik, Bionik, brainstorming, usw.) bis zu den quantitativen und qualitativen Methoden (Trendextrapolation, Delphi-Techniken, u.a.). Das grundlegende Problem ist, aus einer Vielzahl von Ideen diejenigen herauszufiltern, die dann bis zur Produktionsreife weiterentwickelt, oder zumindest bis zur nächsten Entscheidungsphase weiterverfolgt werden. Typische Entscheidungssituationen für eine bestmögliche Produktpolitik sind durch die Frage der

-> Auswahl von Produktideen
-> Gestaltung und Konkretisierung der Produktidee
-> Anpassung an technische und absatzwirtschaftliche Bedingungen
-> Einführung des entwickelten Produkts auf dem Markt
-> Ablösung eines bisherigen Produkts durch das neuentwickelte Produkt

charakterisiert. Zur Beantwortung dieser Fragen ist ein Kriterienkatalog aufzustellen, mit dem die Produktvorschläge einer Prüfung und Bewertung unterzogen werden können. Ein Ansatz für die Formalisierung dieser Problemstellung sieht folgendermaßen aus: Wenn wir die Produktideen als Zeilen, die Kriterien als Spalten, einer m x n - Matrix X auffassen, bei der ein Matrixelement $x(i,j)$ die Bewertung der Produktidee i unter dem Kriterium j darstellt, so könnte man die gewichteten Zeilensummen als Maßzahl für die Bewertung einer Produktidee nehmen:

$$B(i) = \sum_{j=1}^{n} g(j)\, x(i,j), \quad i=1,\ldots,m.$$

Eine praktische Schwierigkeit wäre die Bestimmung der Gewichte $g(j)$, $j=1,\ldots,n$, diese müssen die relative Bedeutung der Kriterien, so wie sie von einem Experten oder Gutachter eingeschätzt wird, widerspiegeln, zum andern können sie sich von Produkt zu Produkt stark unterscheiden. Von dieser Gewichtung hängt wesentlich ab, wie repräsentativ die Bewertungszahlen $B(i)$, $i=1,\ldots,m$, für die Eignung einer neuen Produktidee zur Entwicklung bis zur Marktreife sind. Diese Bewertung ist auch deswegen besonders schwierig, weil die Beurteilungskriterien für die einzelnen Entscheidungsträger unterschiedlich relevant sind. Vor einer möglichen Einbeziehung des Produkts in die Produktionsplanung sind die Produktionsmöglichkeiten, die Marktfähigkeit und das Wachstumspotential des Produkts zu prüfen.

Setzen wir voraus, daß die Punktbewertungsmatrix X und die Kosten $c(i)$ für die Produktion des auf der Produktidee i basierenden Produkts gegeben sind, so läßt sich das Produkt-Auswahlproblem als Aufgabe der binären linearen Optimierung formulieren:

$$\max \quad \sum_{i=1}^{n} B(i)\, z(i) \quad \text{unter den Restriktionen}$$

$$\sum_{j=1}^{n} c(i)\, z(i) \le E \quad (= \text{Verfügbare Mittel insgesamt}),$$

$$z(i)=1 \text{ oder } 0, \text{ falls die Produktidee i gewählt wird oder nicht, resp.}$$

Dies ist ein sog. Rucksack-Problem, es wird aber hier ein Algorithmus verwendet, der mehrere lineare Ungleichungen für die Bi-
närvariablen $z(i)$, $i=1,\ldots,n$, zuläßt. (siehe Lau (1986), 32 f.f.)

Die Eingabedatei für die Problemdaten hat den folgenden Aufbau:
```
   1. Datensatz (formatfrei):
            1. Parameter = Anzahl der Restriktionen (hier: 1)
            2. Parameter = Anzahl der Variablen insgesamt
            3. Parameter =  1,  falls Minimumproblem
                           -1,  falls Maximumproblem
   2. bis (m+1)-ter Datensatz (formatfrei):
            Jeweils eine Zeile der m x n - Koeffizientenmatrix A
   (m+2)-ter Datensatz (formatfrei):
            m x 1 - Koeffizientenvektor b
   letzte(r) Datensatz(sätze) (formatfrei):
            n x 1 - Koeffizientenvektor c.
```


12.9 Bedarfsrechnung im Produktionsprozeß

Wir betrachten zunächst nur zwei Endprodukte E1 und E2, die in einem Unternehmen hergestellt werden.


```
E1, E2 :        Endprodukte
Z1, Z2, Z3:     Zwischenprodukte für deren Produktion
a, b, c, d:     Rohstoffe (Produkte niedrigster Produktionsstufe,
                die nicht mehr im Unternehmen selbst hergestellt
                werden) die zur Verfügung gestellt werden müssen.
```


Wenn man weiß, wieviele Einheiten eines betrachteten Produkts direkt in ein Produkt der nachgelagerten Produktionsstufe eingehen,
so läßt sich bei Vorgabe einer gewünschten Anzahl von Endprodukten
ermitteln, welche Menge an Resourcen in der Anfangsstufe des Pro-
duktionsprozesses erforderlich ist. Hierzu ist die genaue Kenntnis
erforderlich, wie sich die Endprodukte aus den Zwischenprodukten
oder Halbfertigprodukten zusammensetzen. Stellt man den Übergang
eines Produkts vom Fertigungszustand X in den nächsten Produkti-
onszustand Y als gerichtete Kante dar, und gibt als Bewertung dieser Kante an, welche Anzahl an Einheiten von X direkt in die Produktion von Y eingehen, dann erhält man einen gerichteten Graphen,
der in der Bedarfsrechnung auch als Gozinto-Graph bezeichnet wird
(abgeleitet aus dem englischen "goes into"):

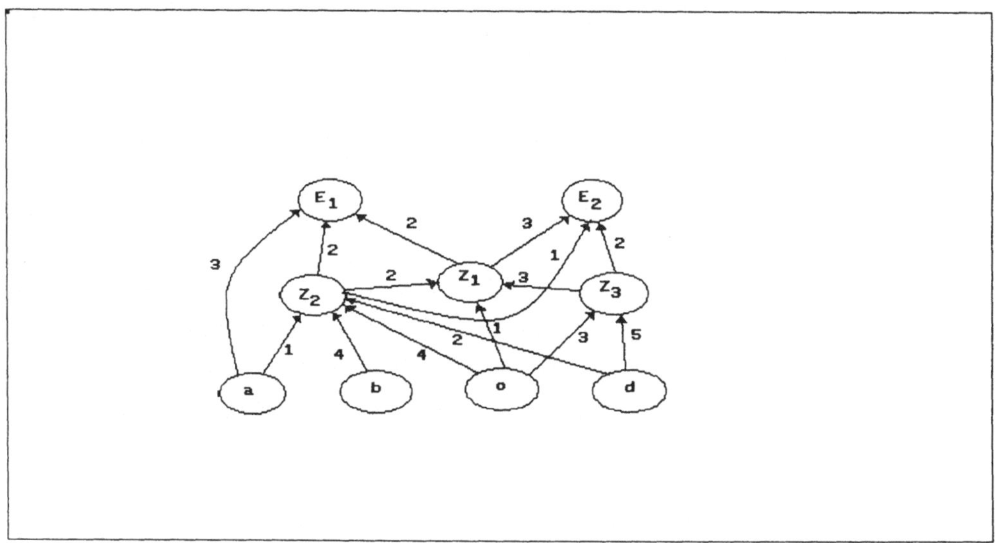

Abb. 95: Gozintograph für die Beispielrechnung

Jeder gerichtete Graph läßt sich als eine quadratische Matrix dar-stellen:

	E1	E2	Z1	Z2	Z3	a	b	c	d
E1	0	0	0	0	0	0	0	0	0
E2	0	0	0	0	0	0	0	0	0
Z1	2	3	0	0	0	0	0	0	0
Z2	2	1	2	0	0	0	0	0	0
Z3	0	2	3	0	0	0	0	0	0
a	3	0	0	1	0	0	0	0	0
b	0	0	0	4	0	0	0	0	0
c	0	0	1	4	3	0	0	0	0
d	0	0	0	2	5	0	0	0	0

Aus Spalte 1 liest man ab, daß in die Produktion von E1 insgesamt
3 Einheiten von a, 2 Einheiten des Zwischenprodukts Z2 und 2 Einheiten des Zwischenprodukts Z1 eingehen. Die Ressource c geht in
die Produktion von E1 nur indirekt über die Zwischenstufe Z1 ein.
Will man beispielsweise wissen, wieviele Einheiten von c indirekt
in E1 über genau einen Zwischenschritt eingehen, dann betrachtet
man zunächst die direkt in eine Einheit von E1 eingehenden Pro-
duktmengen, nämlich 2 Z1, 2 Z2 und 3 a. Jede Einheit dieser Produkte beinhaltet wiederum 1, 4 bzw. 0 Einheiten von c. Daher ist
die Anzahl der Einheiten von c, welche indirekt über einen

Zwischenschritt nach E1 gelangen, 1 x 2 + 4 x 2 + 0 x 3 = 10, das ist aber gerade das skalare Produkt (1 4 0) (2 2 3)', also das skalare Produkt der Zeile c mit der Spalte E1. Würde man die Matrix D^2 bilden, so wäre das Element an der Kreuzungsstelle von Zeile c und Spalte E1 gerade das skalare Produkt der beiden. Die Matrix D^2 gibt gerade jene Einheiten an, welche von einem Produkt X in ein anderes Produkt Y indirekt über genau einen Zwischenschritt eingehen. Analog beschreibt die Matrix D^3 den Rohstoffbedarf bei genau zwei Zwischenschritten. Allgemein gibt D^m an, wieviele Einheiten eines jeden Produkts über genau m-1 Zwischenschritte in die jeweiligen anderen Produkte pro Einheit eingehen.

Da der Fertigungsprozeß aus endlich vielen Schritten besteht, gibt es zu jeder Gozinto-Matrix D ein $n \in N$ so, daß $D^n = 0$ ist. Der Bedarf ergibt sich dann aus der Gesamtbedarfsmatrix $G = E + D + \ldots + D^{n-1}$. Für das Beispiel lautet die Gesamtbedarfsmatrix $G = E + D + D^2 + D^3$. Jede Zeile dieser Matrix gibt an, mit wievielen Einheiten das am Zeilenanfang angeführte Produkt in jeweils eine Mengeneinheit aller anderen Produkte eingeht. Will man nun eine bestimmte Anzahl der Endprodukte produzieren, etwa 150 ME von E1 und 50 ME von E2, so braucht man lediglich die Matrix G mit dem Spaltenvektor x = (150, 50, 0, ... ,0)' zu multiplizieren:

```
        E1,  E2,  Z1,     Z2,    Z3,     a,      b,      c,      d
Gx  = ( 150, 50, 450, 1250, 1450, 1700, 5000, 9800, 9750 )'
```

Die letzten vier Komponenten dieses Vektors geben den Rohstoffbedarf für das gewünschte Produktionsprogramm an, nämlich 1700 Einheiten a, 5000 Einheiten von b, 9800 Einheiten von c, und 9750 Einheiten von d. Mit dem folgenden Turbo-Pascal Programm läßt sich eine Gozinto-Matrix eingeben oder von Diskette einlesen, es wird die Gesamtbedarfsmatrix berechnet und der Ressourcenbedarf ausgewiesen. Der Programmkern wie auch die Ausführungen zur Bedarfsrechnung wurden dem Buch von Dorninger und Karigl (1988, siehe Literaturhinweise am Ende des Kapitels), entnommen. Das hier ausgewiesene Programm wurde von M. Wrede erstellt und stellt eine Erweiterung dar:

```pascal
PROGRAM bedarf;
USES crt;
CONST
  nmax            = 12;                {Maximale Anzahl Produkte}
TYPE
  vektor          = array[1..nmax] of real;
  matrix          = array[1..nmax,1..nmax] of real;
  bezvektor       = array[1..nmax] of string[3];
  str80           = string[80];
  str14           = string[14];
VAR
  n,                                  {Aktuelle Produktanzahl}
  i, j            : integer;
  y               : vektor;           {Bedarfsvektor           }
  d,                                  {Gozintmatrix            }
  g               : matrix;           {Gesamtbedarfsmatrix     }
  bez             : bezvektor;        {Produktbezeichnungen    }
  daten           : text;             {Eingabedatei            }
  ch              : char;

PROCEDURE summe(a,b : matrix; n : integer; var c: matrix);
VAR
  i,j             : integer;
BEGIN
  FOR i := 1 TO n DO
    FOR j := 1 TO n DO c[i,j] := a[i,j] + b[i,j];
END;

PROCEDURE produkt(a,b : matrix; n : integer; var c : matrix);
VAR
  i,j,k           : integer;
  s               : real;
BEGIN
  FOR i := 1 TO n DO
    FOR j := 1 TO n DO
      BEGIN
        s := 0;
        FOR k := 1 TO n DO s := s + a[i,k] * b[k,j];
        c[i,j] := s;
      END;
END;

FUNCTION isin(ch : char; s : str80) : BOOLEAN;
VAR
  t : integer;
BEGIN
  isin := false;
  FOR t := 1 TO length(s) DO
    IF s[t] = ch THEN isin := true;
END;

PROCEDURE fensterrahmen(sp1,ze1,sp2,ze2: INTEGER);
CONST
  eckeobenlinks   = #201;
  liniehorizontal = #205;
  eckeobenrechts  = #187;
  linievertikal   = #186;
  eckeuntenlinks  = #200;
  eckeuntenrechts = #188;
```

```pascal
VAR
  o : INTEGER;
BEGIN
  window(sp1-1,ze1-1,sp2+1,ze2+1);
  clrscr;
  window(1,1,80,25);
  gotoxy(sp1-1,ze1-1); write(eckeobenlinks);
  FOR o:= sp1 TO sp2 DO write(liniehorizontal);
  write(eckeobenrechts);
  FOR o := ze1 TO ze2 DO
    BEGIN
      gotoxy(sp1-1,o); write(linievertikal);
      gotoxy(sp2+1,o); write(linievertikal);
    END;
  gotoxy(sp1-1,ze2+1); write(eckeuntenlinks);
  FOR o := sp1 TO sp2 DO write(liniehorizontal);
  write(eckeuntenrechts);
  window(sp1,ze1,sp2,ze2);
END;

FUNCTION menu : char;
var
  ch : char;
begin
  clrscr;
  fensterrahmen(10,5,70,18);
  writeln;
  writeln(' Bedarfsdeckung in der Güterproduktion ');
  writeln;
  writeln(' L  Lesen einer Gozintomatrix aus einer Datei');
  writeln(' G  Eingabe einer Gozintomatrix');
  writeln(' A  Ausgabe der Gesamtbedarfsmatrix');
  writeln(' P  Eingabe eines Produktionsprogrammes');
  writeln(' R  Ausgabe des Rohstoffbedarfes');
  writeln(' E  Ende');
  writeln; writeln; write(' Wähle eine Option ! ');
  REPEAT
    ch := readkey;
    ch := upcase(ch);
  UNTIL isin(ch,'LGAPRE');
  window(1,1,80,25);
  menu := ch;
END;

PROCEDURE weiter;
VAR
  ch : char;
BEGIN
  gotoxy(24,23); highvideo;
  write('Weiter mit beliebiger Taste !  ');
  normvideo; ch := readkey;
END;

PROCEDURE eingabe(var n : integer; var bez : bezvektor; var d :
matrix);
VAR
  i, j, fehlercode : integer;
  name, help       : str14;
  antw             : char;
BEGIN
```

```pascal
  clrscr;
  REPEAT
    writeln('Zahl der Produkte/Zwischenprodukte/Vorprodukte');
    write(' Eingeben (maximal ',nmax,') : '); readln(help);
    val(help,n,fehlercode); writeln;
  UNTIL (fehlercode = 0) AND (n < nmax) AND (n > 0) ;
  clrscr;
  FOR i := 1 TO n DO
    BEGIN
      write('Name des ', i,'-ten Produktes eingeben : ');
      readln(bez[i]);
    END;
  clrscr;
  FOR i := 1 TO n DO
    BEGIN
      clrscr;
      FOR j := 1 TO n DO
        IF i = j THEN d[i,j] := 0
        ELSE
          BEGIN
            fehlercode := 0;
            write('Bedarf an ',bez[i],' für ',bez[j] ,' : ');
            REPEAT
              readln(help);
              IF length(help) > 0 THEN val(help,d[i,j],fehlercode)
                                  ELSE d[i,j] := 0;
            UNTIL fehlercode = 0;
          END
    END;
  clrscr; writeln;
  write('Soll der Gozintograph gespeichert werden (j/n) ? ');
  antw := readkey; writeln;
  IF upcase(antw) <> 'N' THEN
    BEGIN
      write('Namen der Datei eingeben (ohne Extension) : ');
      readln(name); IF length(name) = 0 THEN name := 'xx';
      name := 'b:'+ name + '.dat';
      assign(daten,name); rewrite(daten); writeln(daten,n);
      FOR i := 1 TO n DO writeln(daten,bez[i]);
      FOR i := 1 TO n DO
        FOR j := 1 to n DO write(daten,d[i,j]);
      writeln(daten); close(daten);
    END;
END;

PROCEDURE datei(VAR n : integer; VAR bez : bezvektor;
                VAR d : matrix);
{Lesen der Gozintomatrix von der Diskette}
VAR
  fehlercode, i, j          : integer;
  name                      : str14;
BEGIN
  clrscr;
  REPEAT
    writeln; writeln;
    writeln('Diskette in Laufwerk B einlegen ! '); writeln;
    write('Namen der Datei eingeben (ohne Extension) : ');
    readln(name); name := 'b:' + name + '.dat'; {$I-}
    assign(daten,name);
    reset(daten);   {$I+}
```

```pascal
      fehlercode := ioresult;
      IF fehlercode <> 0 THEN
        BEGIN
          writeln;
          writeln('Datei ist nicht im Laufwerk B ! '); writeln;
        END;
    UNTIL fehlercode = 0;
    clrscr; fensterrahmen(2,2,78,24); readln(daten,n); writeln;
    writeln(' Produkte : '); writeln; write(' ');
    FOR i := 1 TO n DO
      BEGIN
        readln(daten,bez[i]); write(bez[i]); write(', ');
      END;
    writeln; writeln; writeln(' Gozintomatrix :'); writeln;
    write('':4);
    FOR i := 1 TO n DO write(bez[i]:7); writeln;
    FOR i := 1 TO n DO
      BEGIN
        write(bez[i]:4);
        FOR j := 1 TO n DO
          BEGIN
            read(daten,d[i,j]); write(d[i,j]:7:1);
          END; writeln;
      END;
    close(daten); weiter; window(1,1,80,25);
END;

PROCEDURE berechnung(n : integer; d : matrix; var g : matrix);
{Berechnung der Gesamtbedarfsmatrix}}
VAR
  i, j          : integer;
  flag          : boolean;
  dd            : matrix;
  schritte      : integer;     {Anzahl der Zwischenschritte}
BEGIN
  FOR i := 1 TO n DO
    FOR j := 1 TO n DO
      IF i = j THEN dd[i,j] := 1
               ELSE dd[i,j] := 0;
  g := dd; schritte := 1;
  REPEAT
    produkt(dd,d,n,dd); flag := true;
    FOR i := 1 TO n DO
      FOR j := 1 TO n DO
        IF dd[i,j] <> 0 THEN flag := false;
    IF not flag THEN
      BEGIN
        summe(g,dd,n,g); schritte := schritte + 1;
      END;
  UNTIL flag;
END;

PROCEDURE ausgabe_g(n : integer; bez : bezvektor; g : matrix);
VAR
  i, j            : integer;
BEGIN
  clrscr; fensterrahmen(2,2,78,24); writeln;
  writeln(' Gesamtbedarfsmatrix G :');
  writeln(' ——————————————————————'); writeln; write('':4);
  FOR i := 1 TO n DO write(bez[i]:7); writeln;
```

```pascal
FOR i := 1 TO n DO
  BEGIN
    write(bez[i]:4);
    for j := 1 to n do write(g[i,j]:7:1); writeln;
  END;  weiter; window(1,1,80,25);
END;

PROCEDURE eingabe_p(n : integer; bez : bezvektor; g : matrix;
                    var y : vektor);
{Eingabe des Produktionsprogramms}
VAR
  i, j, fehlercode      : integer;
  x                     : vektor;   {Produktionsplan}
  help                  : str14;
BEGIN
  clrscr; fensterrahmen(2,2,78,24); writeln;
  writeln('                        Produktionsprogramm :');
  writeln('                        ─────────────────────'); writeln;
  FOR i := 1 TO n DO
    BEGIN
      x[i] := 0; write('':20,bez[i],' :   '); fehlercode := 0;
      REPEAT
        readln(help);
        IF length(help) > 0 THEN val(help,x[i],fehlercode)
                            ELSE x[i] := 0;
      UNTIL fehlercode = 0;
    END;
  FOR i := 1 TO n DO
    BEGIN
      y[i] := 0;
      FOR j := 1 TO n DO y[i] := y[i] + g[i,j] * x[j];
    END;
  window(1,1,80,25);
END;

PROCEDURE ausgabe_p(n : integer; bez : bezvektor; y : vektor);
{Ausgabe des Rohstoffbedarfs}
VAR
  i     : integer;
BEGIN
  clrscr; fensterrahmen(2,2,78,24); writeln;
  writeln('                        Rohstoffbedarf : ');
  writeln('                        ────────────────'); writeln;
  FOR i := 1 TO n DO writeln(y[i]:23:1,' Einheiten ',bez[i]);
  weiter; window(1,1,80,25);
END;

BEGIN
  FOR i := 1 TO nmax DO
    BEGIN
      bez[i] := ''; y[i] := 0;
      FOR j := 1 TO nmax DO
        BEGIN
          d[i,j] := 0; g[i,j] := 0;
        END;
    END;
  REPEAT
    ch := menu;
    CASE ch OF
      'L': BEGIN
```

```
              datei(n,bez,d); berechnung(n,d,g);
          END;
      'G': BEGIN
             eingabe(n,bez,d); berechnung(n,d,g);
          END;
      'A': ausgabe_g(n,bez,g);
      'P': eingabe_p(n,bez,g,y);
      'R': ausgabe_p(n,bez,y);
    END;
  UNTIL ch = 'E'; clrscr;
END.
```

12.10 Verfahren zur Maschinenbelegung

Probleme der Reihenfolgeplanung bei der Belegung eines Maschinenparks mit Teilaufträgen sind heute ein wichtiger Bestandteil der PPS-Systeme (Produktionsplanung und -steuerung). Insbesondere die Terminplanung auf die Auftragsbearbeitung ist nur mit großem Rechenaufwand möglich. Allerdings gibt es heute heuristische Methoden für die Durchführung der Kapazitäts- und Terminplanung, die auf einem "Trichter-Prinzip" oder auch first-in-first-out-Prinzip beruhen. Wir wollen uns hier mit der optimalen Reihenfolge bei der Abarbeitung von verschiedenen Aufträgen auf zwei oder mehr Maschinen befassen, wobei die Bearbeitungszeiten auf jeder der Maschinen unterschiedlich sein können.

Als Zielkriterium betrachten wir die Minimierung der Durchlaufzeit vom Beginn des ersten Auftrags auf der ersten Maschine bis zum Ende des letzten Auftrags auf der letzten Maschine. Es sei angenommen, daß die Bearbeitungszeiten eines einzelnen Auftrags auf jeder der Maschinen bekannt sei. Weiterhin wird ein Auftrag, der auf einer Maschine fertig ist, ohne Verweilzeit sofort auf der nächsten Maschine weiterbearbeitet, sofern diese frei ist. Ansonsten muß der Auftrag warten, bis diese nächste Maschine frei wird. Das Vorgehen für die Bestimmung einer Auftragsreihenfolge mit minimaler Gesamtdurchlaufzeit wird an einem Beispiel (Gillett (1976), S. 262 ff.) für zwei und drei Maschinen erläutert:

1. m Teile müssen zur Bearbeitung n Maschinen oder Arbeitsplätze durchlaufen (hier: m = 10, n = 2)

2. Die Bearbeitungszeiten $t(i,j)$, $i=1,\ldots,m$, $j=1,\ldots,n$ seien in der folgenden Tabelle zusammengestellt:

Teile \ Maschine	1	2
1	20	4
2	10	12
3	3	5
4	10	8
5	5	6
6	2	12
7	8	4
8	7	10
9	3	6
10	4	1
Σ	72 ZE	94 ZE =

ZE = Zeiteinheiten

Gesucht ist eine Permutation der Teile(Aufträge) derart, daß die gesamte Bearbeitungszeit an beiden Maschinen (Arbeitsplätzen) möglichst gering wird. Hierzu orientiert man sich an der kürzesten Bearbeitungszeit $t(i0,j0)$ der beiden Maschinen.

Fall 1: Die kürzeste Bearbeitungszeit fällt an der Maschine 1 an. Dann wird das zugehörige Teil sofort bearbeitet, d.h. das Teil i0 wird an den linken Rand der zu permutierenden Reihenfolge der Teile $1,\ldots,n$, geschoben.

Fall 2: Die kürzeste Bearbeitungszeit fällt an der Maschine 2 an. Dann wird das zugehörige Teil möglichst spät bearbeitet, d.h. das Teil i0 wird möglichst weit an den rechten Rand der zu permutierenden Reihenfolge der Teile $1,\ldots,n$, geschoben.

Fall 3: Falls mehrere kürzeste Bearbeitungszeiten an beiden Maschinen gegeben sind, so gibt es mehrere Reihenfolgen, die dem Zielkriterium genügen. Die Behandlung solcher Mehrdeutigkeiten ist in verschiedener Weise möglich, soll aber hier nicht weiter behandelt werden.

Wir wollen das Ausgangstableau der Bearbeitungszeiten in eine zeitliche Reihenfolge bringen und können daher das Tableau in folgender Form darstellen:

Teile	Maschine 1		Maschine 2		
	Start	Ende	Start	Ende	Wartezeit
1	0	20	20	24	20
2	20	30	30	42	6
3	30	33	42	47	0
4	33	43	47	55	0
5	43	48	55	61	0
6	48	50	61	73	0
7	50	58	73	77	0
8	58	65	77	87	0
9	65	68	87	93	0
10	68	72	93	94	0
Ende :			------------>	94	$\Sigma = 26$

Algorithmus: Suche die kleinste Bearbeitungszeit auf beiden
Maschinen, diese sei mit $t(i0,j0)$ bezeichnet.

   $j0 = 1$ (d.h. auf Maschine 1): Positioniere $i0$ am linken Rand
der Teile-Permutation.

   $j0 = 2$ (d.h. auf Maschine 2): Positioniere $i0$ am rechten Rand
der Teile-Permutation.

Sind mehrere $t(i0,j0)$ gleich, so gibt es verschiedene Reihenfolgen. Die Durchführung sieht wie folgt aus:

1. Schritt: $t(i0,j0) = 1$ für $i0 = 10$, $j0 = 2$ (also Maschine 2)
===> Teil $i0 = 10$ möglichst spät bearbeiten

2. Schritt: Teil $i0 = 10$ wird nicht mehr weiter berücksichtigt,
d.h. streiche Zeile $i0 = 10$ im Ausgangstableau.

3. Schritt: $t(i0,j0) = 2$ für $i0 = 6$, $j0 = 1$ (also Maschine 1)
===> Teil $i0 = 6$ möglichst früh bearbeiten

bisherige Reihenfolge	1 2 3 4 5 6 7 8 9 10
nach Schritt 3	6 10

4. Schritt: Streiche Zeile $i0 = 6$ im Ausgangstableau.

5. Schritt: $t(i0,j0) = 3$ für $i0 = 3$, $j0 = 1$, für $i0 = 9$, $j0 = 1$
===> Mehrdeutigkeit: zwei optimale Reihenfolgen

bisherige Reihenfolge	1 2 3 4 5 6 7 8 9 10
nach Schritt 5	6 3/9 10

Die weitere Anwendung des Algorithmus ergibt die folgenden optimalen Reihenfolgen:

Ursprüngliche Reihenfolge	1	2	3	4	5	6	7	8	9	10
Optimale Reihenfolgen	6	3	9	5	8	2	4	1	7	10
	6	9	3	5	8	2	4	1	7	10
	6	3	9	5	8	2	4	7	1	10
	6	9	3	5	8	2	4	7	1	10

Zugehöriger **Belegungsplan**:

	Maschine 1		Maschine 2		
Teile	Start	Ende	Start	Ende	Wartezeit
6	0	2	2	14	2
3	2	5	14	19	6
9	5	8	19	25	0
5	8	13	25	31	0
8	13	20	31	41	0
2	20	30	41	53	0
4	30	40	53	61	0
1	40	60	61	65	0
7	60	68	68	72	3
10	68	72	72	73	0
Ende :			------------> 73		Σ = 5
Zeitersparnis durch Permutation der Reihenfolge 1,2,...,10					21 ZE

Aufbau einer ASCII-Datei BSELEG2.DAT:

1. Datenzeile (Spalte 2 -79): Text für die Problemkennzeichnung
2. Datenzeile (formatfrei)   : Anzahl der Maschinen
3. bis (m+2)-te Datenzeile (formatfrei) : Bearbeitungszeit eines Teils auf den beiden Maschinen

Durchführung des Reihenfolgeproblems für drei Maschinen:

Maschine / Teile	1	2	3
1	20	4	14
2	10	12	5
3	3	5	4
4	10	8	9
5	5	6	1
6	2	12	7
7	8	4	10
8	7	10	4
9	3	6	3
10	4	1	12

Schritt 1: Führe das bisherige Reihenfolgeprinzip für Maschine 1 und 2 durch ===> bereits bestimmte optimale Reihenfolge für die Abarbeitung der Teile 1 bis 10.

Schritt 2: Betrachte Maschine 1 und zwei nun als "eine" Maschine mit der zuvor bestimmten optimalen Reihenfolgen-Anordnung ===> das Problem ist hierdurch auf ein Problem mit zwei Maschinen zurückgeführt, das mit dem oben angegebenen Algorithmus gelöst werden kann.

Eine rekursive Anwendung dieses Reduktionsprinzips bringt zwar häufig eine Verbesserung der Gesamtdurchlaufzeit, aber die Optimalität kann hierfür nicht gezeigt werden und ist nicht in jedem Falle richtig.

Zugehöriger **Belegungsplan**:

Teile	Maschine 1		Maschine 2			Maschine 3		
	Start	Ende	Start	Ende	WZ	Start	Ende	WZ
6	0	2	2	14	2	14	21	14
3	2	5	14	19	6	21	25	0
9	5	8	19	25	0	25	28	0
5	8	13	25	31	0	31	32	3
8	13	20	31	41	0	41	45	8
2	20	30	41	53	0	53	58	8
4	30	40	53	61	0	61	70	3
1	40	60	61	65	0	70	84	0
7	60	68	68	72	3	84	94	0
10	68	72	72	73	0	94	106	0
Ende :				------------->			106	¦ Σ=36

Durchführung des Algorithmus für Maschinen 1* und 3:

Die weitere Anwendung des Algorithmus ergibt die folgenden optimalen Reihenfolgen:

Bisherige Reihenfolge	6	3	9	5	8	2	4	1	7	10
Optimale Reihenfolge	10	3	9	7	6	1	4	2	8	5

Zugehöriger **Belegungsplan:**

| Teile | Maschine 1 | | Maschine 2 | | | Maschine 3 | | |
	Start	Ende	Start	Ende	WZ	Start	Ende	WZ
10	0	4	4	5	4	5	17	5
3	4	7	7	12	2	17	21	0
9	7	10	12	18	0	21	24	0
7	10	18	18	22	0	24	34	0
6	18	20	22	34	0	34	41	0
1	20	40	40	44	6	44	58	3
4	40	50	50	58	6	58	67	0
2	50	60	60	72	2	72	77	5
8	60	67	72	82	0	82	86	5
5	67	72	82	88	0	88	89	2
Ende :				------------>			89	Σ=20
Zeitersparnis:				------------>			17 ZE	

Aufbau eines ASCII-Datensatzes BELEG3.DAT :

1. Datenzeile (Spalte 2 -79): Text für die Problemkennzeichnung

2. Datenzeile (formatfrei) : Anzahl der Maschinen

3. bis (m+2)-te Datenzeile (formatfrei) : Bearbeitungszeit eines Teils auf den drei Maschinen

12.11 Bestimmung von Transportwegen mit unterschiedlichen Transportmitteln (Means-End-Analyse)

Die Means-End-Analyse ist ein Vorgehensprinzip zur allgemeinen Lösung von Problemen, das erstmals von der RAND Corp. in Santa Monica bei dem Versuch, ein allgemeines Problemlösungsmodul zu schaffen, verwendet wurde. Bei einer Problemlösung strebt man bestimmte Ziele ("Ends") an, deren Erreichung durch Einsatz bestimmter Mittel ("Means") ermöglicht werden soll.

Es sei ein hierarchisiertes Knotennetz betrachtet, in dem auf jeder Hierarchieebene ein bestimmtes Transportmittel zwischen zwei Knoten eingesetzt werden darf. Einem Beispiel bei Knauss (1988) folgend, seien für das anschließende Prolog-Programm die folgenden **Annahmen für die Knotenhierarchie** getroffen:

```
   1. Hierarchiestufe
      (Wurzelknoten)        : BRD

   2. Hierarchiestufe       : Bundesländer
                              (Baden-Württ.,..., Schleswig-Holstein)

   3. Hierarchiestufe       : Städte innerhalb des jeweiligen
                              Bundeslandes der 2. Stufe
                              (Stuttgart,...,Kiel)

   4. Hierarchiestufe       : Stadtbezirke innerhalb der
                              jeweiligen Stadt der 3. Stufe
                              (Stuttgart-Degerloch,...,Berlin-Zentrum)

   5. Hierarchiestufe       : Ortsangaben innerhalb der
                              Stadtbezirke der 4. Stufe
                              (Münsterplatz, SI, ...)
                              Dies sind die eigentlichen Knoten,
                              zwischen denen ein Weg gesucht
                              werden kann.
```

Annahmen über die verwendeten Transportmittel:

```
   2. Hierarchiestufe : Flugzeug
                        (zwischen Bundesländern)

   3. Hierarchiestufe : Bundesbahn
                        (zwischen Städten)
```

4. Hierarchiestufe : Spedition
                    (zwischen Stadtbezirken)

5. Hierarchiestufe : Kurierdienst
                    (zwischen den Orten/Knoten
                     eines Stadtbezirks)

Die Suche eines Transportwegs von einem Startknoten zu einem Zielknoten mit den jeweiligen Transportmitteln zwischen je zwei Knoten
des Weges erfolgt menügeführt durch Angabe des

   -> übergeordneten Knotens (Stadt)

   -> untergeordneten Knotens (Ortsangabe).

Der gesuchte Transportweg wird als tabellarische Liste in der Form


```
" Von_Knoten - Nach_Knoten (Transportmittel) "
```


ausgewiesen. Das anschließende Prolog-Beispielprogramm stellt eine
Erweiterung des Programms bei Knauss (1988) dar. Es soll die Mäch-
tigkeit von Prolog verdeutlicht werden, denn mit den folgenden
Prädikaten


```
mea(S,Z) :- umf(Z, S),!.
mea(S,Z) :- diff(S, Z, P1, P2, G),
            check(P1, P2, G, TRAPOMI, P3, P4), mea(S,P3),
            writef("%25 - %25 ( %10 )",P3,P4,TRAPOMI),nl,
            mea(P4, Z).
umf(A,A). umf(A,B) :- tm(B,C), umf(A,C).
diff(S,Z,P1,P2,G)   :- umf(P1,S), umf(P2,Z), tm(P1,G),
                       tm(P2,G),!.
check(P1,P2,G,M,P3,P4) :- trapomi(G,M), knoten(M,P1,P3),
                          knoten(M,P2,P4),!.
```


ist das Backtracking für die Suche des Transportwegs vollständig
realisiert. Fast der gesamte Aufwand in dem anschließenden Prolog-
Programm ist für die Benutzeroberfläche erforderlich. Zu Demon-
strationszwecken wurde die Faktenbasis bewußt nicht in eine separate Datei gestellt. Der Leser ist aufgefordert, die Datenbasis
nach dem vorgegebenen Schema zu erweitern und eine adäquate Datei-
enstruktur für den schnelleren Zugriff einzurichten:

```
DOMAINS
  KNOTEN     = string
  TRAMI      = string
  STRLIST    = string*
include "meamenu.pro"
include "mencolor.pro"
PREDICATES
  start
  endd(INTEGER)
  schr(INTEGER,KNOTEN)
  s(INTEGER,INTEGER,INTEGER,KNOTEN)
  zi(INTEGER,KNOTEN)
  mea(KNOTEN, KNOTEN)
  tm(KNOTEN, KNOTEN)
  trapomi(KNOTEN, TRAMI)
  umf(KNOTEN, KNOTEN)
  diff(KNOTEN, KNOTEN,KNOTEN, KNOTEN, KNOTEN)
  check(KNOTEN, KNOTEN, KNOTEN, TRAMI, KNOTEN, KNOTEN)
  knoten(TRAMI, KNOTEN, KNOTEN)
  repeat
  weiter
  fenster
GOAL
  set_up_window, fenster, start.
CLAUSES
  repeat.
  repeat :- repeat.
  weiter :- shiftwindow(6),clearwindow,
            write("\n\nWeitere Wegesuche ? (j/n) :  "),
            readchar(TT),TT<>'j'.
  fenster :-
    makewindow(1,32,7,"  TRANSPORTPLANUNG ",0,0,24,80),
    makewindow(3,48,7," HILFESTELLUNG / ERLÄUTERUNGEN ",
              4,4,18,72),
    file_str("mea.hlp",TX), display(TX),clearwindow,
    makewindow(6,104,0,"",24,0,1,80),
    makewindow(2,48,7," VORSCHLAG FÜR EINEN TRANSPORTWEG ",
              4,4,18,72),!.
  start :- fenster,!, repeat, shiftwindow(6),
    write("Wählen Sie mit Hilfe der Pfeiltasten und <RETURN> den
           Startknoten aus !"), shiftwindow(1), clearwindow,
    menu(3,3,64," STARTKNOTEN (ÜBERBEGIFF) ",
        [" Berlin ", " Bremen ", " Düsseldorf ", " Frankfurt ",
         " Freiburg ", " Hamburg ", " Hannover ", " Kiel ",
         " München "," Nürnberg ", " Saarbrücken ", " Stuttgart ",
         " Neu-Ulm "," "],AUSW), schr(AUSW,S),AUSW<>0,
    shiftwindow(6), clearwindow, write("Wählen Sie mit Hilfe der
    Pfeiltasten und <RETURN> den Zielknoten aus !"),
    shiftwindow(1),clearwindow,
    menu(3,3,80," ZIELKNOTEN (ÜBERBEGIFF) ",
        [" Berlin ", " Bremen ", " Düsseldorf ", " Frankfurt ",
         " Freiburg ", " Hamburg ", " Hannover ", " Kiel ",
         " München "," Nürnberg ", " Saarbrücken ", " Stuttgart ",
         " Neu-Ulm "," "],AWL), zi(AWL,Z),AWL<>0,
    shiftwindow(2), clearwindow, write("\nStartknoten: ",S),
    write("\nZielknoten : ",Z),nl,
    write("\n  Von_Knoten - Nach_Knoten (Transportmittel) :"),
    write("\n  ---------   ----------  ------------------ "),
```

```prolog
nl, mea(S,Z), weiter,!. endd(0).
schr(0,S) :- S=" ",write("\n\nSystem verlassen ? (j/n) "),
             readchar(T),T<>'j'.
schr(1,S) :- menu(3,40,104," STARTKNOTEN IN Berlin ",
                  [" Hardenbergplatz ", " Sperlingsgasse ",
                   " Kurfürstendamm "," Bahnhof Zoo "],AW),
                  s(1,1,AW,S),AW<>0,!.
schr(2,S) :- menu(3,40,104," STARTKNOTEN IN Bremen ",
                  [" Hafen ", " Roland "],AW), s(1,2,AW,S),
                  AW<>0,!.
schr(3,S) :- menu(3,40,104," STARTKNOTEN IN Düsseldorf ",
                  [" Altstadt ",AW),s(1,3,AW,S),AW<>0,!.
schr(4,S) :- menu(3,40,104," STARTKNOTEN IN Frankfurt ",
                  [" Frankfurter Hof", " BfG "],AW),s(1,4,AW,S),
                  AW<>0,!.
schr(5,S) :- menu(3,40,104," STARTKNOTEN IN Freiburg ",
                  [" Münsterplatz"," Europaplatz "],AW),
                  s(1,5,AW,S), AW<>0,!.
schr(6,S) :- menu(3,40,104,"  STARTKNOTEN IN Hamburg ",
                  [" Jungfernsteg "," St. Pauli "], AW),
                  s(1,6,AW,S),AW<>0,!.
schr(7,S) :- menu(3,40,104,"  STARTKNOTEN IN Hannover ",
                  [" Stadtbibliothek "],AW), s(1,7,AW,S),AW<>0,!.
schr(8,S) :- menu(3,40,104,"  STARTKNOTEN IN Kiel ",
                  [" Holstenstraße "," Stadthalle "],AW),
                  s(1,8,AW,S),AW<>0,!.
schr(9,S) :- menu(3,40,104,"  STARTKNOTEN IN München ",
                  [" Kaufingerstr. ", " Messeplatz ", " Stachus ",
                   " Theatinerstr. "," Nixdorf Computer ",
                   " Sendlinger Tor "],AW), s(1,9,AW,S),AW<>0,!.
schr(10,S) :- menu(3,40,104,"  STARTKNOTEN IN Nürnberg ",
                  ["Dürer-Haus"," Fränk. Schweiz "],AW),
                  s(1,10,AW,S),AW<>0,!.
schr(11,S) :- menu(3,40,104,"  STARTKNOTEN IN Saarbrücken ",
                  [" IWI/Univ."],AW), s(1,11,AW,S),AW<>0,!.
schr(12,S) :- menu(3,40,104,"  STARTKNOTEN IN Stuttgart ",
                  [" Rotebühlplatz "," Stgt.-Intern. "],AW),
                  s(1,12,AW,S),AW<>0,!.
schr(13,S) :- menu(3,40,104,"  STARTKNOTEN IN Neu-Ulm ",
                  [" Möbel-Mutschler "],AW),s(1,13,AW,S),AW<>0,!.
zi(0,Z) :- Z=" ",write("\n\nSystem verlassen ? (j/n) "),
           readchar(T),T<>'j'.

zi(1,Z) :- menu(3,40,80,"  ZIELKNOTEN IN Berlin ",
                [" Hardenbergplatz ", " Sperlingsgasse ",
                 " Kurfürstendamm ", " Bahnhof Zoo "],AWZ),
           s(2,1,AWZ,Z),AWZ<>0,!.

/* Die Menüführung für die Zielknoten verläuft analog wie für die
   Startknoten, das Prädikat s(...) erhält jetzt im ersten
   Argument die '2'. Auf die Darstellung der Zielknoten-Menüs
   mit den Regelköpfen zi(2,Z) bis zi(13,Z) wird daher verzichtet
*/
/*s(var_nr,schr_nr,opt_nr,Stringvariable) */
  s(1,1,1,S) :- S = "Hardenbergplatz".
  s(1,1,2,S) :- S = "Sperlingsgasse".
  s(1,1,3,S) :- S = "Kurfürstendamm".
  s(1,1,4,S) :- S = "Bahnhof Zoo".
  s(1,2,1,S) :- S = "Hafen".
  s(1,2,2,S) :- S = "Roland".
```

```
s(1,3,1,S)   :- S = "Altstadt".
s(1,4,1,S)   :- S = "Frankfurter Hof".
s(1,4,2,S)   :- S = "BfG".
s(1,5,1,S)   :- S = "Münsterplatz".
s(1,6,1,S)   :- S = "Jungfernsteg".
s(1,6,2,S)   :- S = "St. Pauli".
s(1,7,1,S)   :- S = "Stadtbibliothek".
s(1,8,1,S)   :- S = "Holstenstraße".
s(1,8,2,S)   :- S = "Stadthalle".
s(1,9,1,S)   :- S = "Kaufingerstr.".
s(1,9,2,S)   :- S = "Messeplatz".
s(1,9,3,S)   :- S = "Stachus".
s(1,9,4,S)   :- S = "Theatinerstr.".
s(1,9,5,S)   :- S = "Nixdorf Computer".
s(1,9,6,S)   :- S = "Sendlinger Tor".
s(1,10,1,S)  :- S = "Fränk. Schweiz".
s(1,11,1,S)  :- S = "IWI/Univ.".
s(1,12,1,S)  :- S = "Rotebühlplatz".
s(1,12,2,S)  :- S = "SI".
s(1,13,1,S)  :- S = "Möbel-Mutschler".
s(2,1,1,Z)   :- Z = "Hardenbergplatz".
s(2,1,2,Z)   :- Z = "Sperlingsgasse".
s(2,1,3,Z)   :- Z = "Kurfürstendamm".
s(2,1,4,Z)   :- Z = "Bahnhof Zoo".
s(2,2,1,Z)   :- Z = "Hafen".
s(2,2,2,Z)   :- Z = "Roland".
s(2,3,1,Z)   :- Z = "Altstadt".
s(2,4,1,Z)   :- Z = "Frankfurter Hof".
s(2,4,2,Z)   :- Z = "BfG".
s(2,5,1,Z)   :- Z = "Münsterplatz".
s(2,6,1,Z)   :- Z = "Jungfernsteg".
s(2,6,2,Z)   :- Z = "St. Pauli".
s(2,7,1,Z)   :- Z = "Stadtbibliothek".
s(2,8,1,Z)   :- Z = "Holstenstraße".
s(2,8,2,Z)   :- Z = "Stadthalle".
s(2,9,1,Z)   :- Z = "Kaufingerstr.".
s(2,9,2,Z)   :- Z = "Messeplatz".
s(2,9,3,Z)   :- Z = "Stachus".
s(2,9,4,Z)   :- Z = "Theatinerstr.".
s(2,9,5,Z)   :- Z = "Nixdorf Computer".
s(2,9,6,Z)   :- Z = "Sendlinger Tor".
s(2,10,1,Z)  :- Z = "Fränk. Schweiz".
s(2,11,1,Z)  :- Z = "IWI/Univ.".
s(2,12,1,Z)  :- Z = "Rotebühlplatz".
s(2,12,2,Z)  :- Z = "SI".
s(2,13,1,Z)  :- Z = "Möbel-Mutschler".


mea(S,Z)  :- umf(Z, S),!.
mea(S,Z)  :- diff(S, Z, P1, P2, G),
             check(P1, P2, G, TRAPOMI, P3, P4), mea(S,P3),
             writef("%25 - %25 ( %10 )",P3,P4,TRAPOMI),nl,
             mea(P4, Z).
umf(A,A).  umf(A,B)  :- tm(B,C), umf(A,C).
diff(S,Z,P1,P2,G)    :- umf(P1,S), umf(P2,Z), tm(P1,G),
                        tm(P2,G),!.
check(P1,P2,G,M,P3,P4) :- trapomi(G,M), knoten(M,P1,P3),
                        knoten(M,P2,P4),!.
trapomi("BRD","Flugzeug").
trapomi("Baden-Württemberg","Bahn").
trapomi("Bayern","Bahn").
```

```
  trapomi("Bremen","Bahn").
  trapomi("Hamburg","Spedition").
  trapomi("Hessen","Bahn").
  trapomi("Niedersachsen","Bahn").
  trapomi("Nordrhein-Westfalen","Bahn").
  trapomi("Saarland","Bahn").
  trapomi("Schleswig-Holstein","Bahn").

/* Städte und Stadtbezirke */
  trapomi("Berlin","Spedition").
  trapomi("Bremen","Spedition").
  trapomi("Düsseldorf","Spedition").
  trapomi("Frankfurt","Spedition").
  trapomi("Freiburg","Spedition").
  trapomi("Hamburg","Spedition").
  trapomi("Hannover","Spedition").
  trapomi("Kiel","Spedition").
  trapomi("Nürnberg","Spedition").
  trapomi("Saarbrücken","Spedition").
  trapomi("Stuttgart","Spedition").
  trapomi("München","Spedition").
  trapomi("Neu-Ulm","Express").
  trapomi("B-Tiergarten","Bote").
  trapomi("Berlin-Zentrum","Bote").
  trapomi("Bremen-Zentrum","Bote").
  trapomi("B-Tiergarten","Bote").
  trapomi("Düsseldorf-Zentrum","Bote").
  trapomi("Freiburg-Zentrum","Bote").
  trapomi("Frankfurt-Zentrum","Bote").
  trapomi("Hamburg-Zentrum","Bote").
  trapomi("St. Pauli","Bote").
  trapomi("Hannover-Zentrum","Bote").
  trapomi("Kiel-Zentrum","Bote").
  trapomi("München-Zentrum","Bote").
  trapomi("Messegelände","Bote").
  trapomi("Schwabing","Bote").
  trapomi("Nürnberg-Zentrum","Bote").
  trapomi("Saarbrücken-Zentrum","Bote").
  trapomi("Stuttgart-Zentrum","Bote").
  trapomi("S-Degerloch","Bote").

  knoten("Bote",X,X).
  knoten("Spedition","Berlin-Zentrum","Kurfürstendamm").
  knoten("Spedition","B-Tiergarten","Hardenbergplatz").
  knoten("Spedition","Bremen-Zentrum","Roland").
  knoten("Spedition","Bremen","Hafen").
  knoten("Spedition","Düsseldorf-Zentrum","Altstadt").
  knoten("Spedition","Frankfurt-Zentrum","BfG").
  knoten("Spedition","Freiburg-Zentrum","Münsterplatz").
  knoten("Spedition","Hamburg-Zentrum","Jungfernstieg").
  knoten("Spedition","Hannover-Zentrum","Stadtbibliothek").
  knoten("Spedition","St. Pauli","Reeperbahn").
  knoten("Spedition","Hannover-Zentrum","Stadtbibliothek").
  knoten("Spedition","München-Zentrum","Kaufingerstr.").
  knoten("Spedition","München-Zentrum","Sendlinger Tor").
  knoten("Spedition","München-Zentrum","Theatinerstr.").
  knoten("Spedition","München-Zentrum","Stachus").
  knoten("Spedition","Messegelände","Messeplatz").
  knoten("Spedition","Schwabing","Nixdorf Computer").
  knoten("Spedition","Nürnberg-Zentrum","Fränk. Schweiz").
```

```
   knoten("Spedition","Saarbrücken-Zentrum","IWI/Univ.").
   knoten("Spedition","Stuttgart-Zentrum","Rotebühlplatz").
   knoten("Spedition","S-Degerloch","SI").

   knoten("Spedition",X,X) :- tm(X,"Berlin").
   knoten("Spedition",X,X) :- tm(X,"Bremen").
   knoten("Spedition",X,X) :- tm(X,"Frankfurt").
   knoten("Spedition",X,X) :- tm(X,"Freiburg").
   knoten("Spedition",X,X) :- tm(X,"Hamburg").
   knoten("Spedition",X,X) :- tm(X,"Hannover").
   knoten("Spedition",X,X) :- tm(X,"Kiel").
   knoten("Spedition",X,X) :- tm(X,"München").
   knoten("Spedition",X,X)             :- tm(X,"Nürnberg").
   knoten("Spedition",X,X) :- tm(X,"Saarbrücken").
   knoten("Spedition",X,X) :- tm(X,"Stuttgart").
   knoten("Express",X,X)               :- tm(X,"Neu-Ulm").
   knoten("Spedition","Flugh. Bremen","Flugh. Bremen").
   knoten("Spedition","Flugh. Düsseldorf","Flugh. Düsseldorf").
   knoten("Spedition","Flugh. Frankfurt","Flugh. Frankfurt").
   knoten("Spedition","Flugh. HH-Fulsbüttel","Flugh. HH-
Fulsbüttel").
   knoten("Spedition","Flugh. H-Langenhagen","Flugh. H-
Langenhagen").
   knoten("Spedition","Flugh. Mnchn.-Riem","Flugh. Mnchn.-Riem").
   knoten("Spedition","Flugh. Nürnberg","Flugh. Nürnberg").
   knoten("Spedition","Flugh. Saarbrücken","Flugh. Saarbrücken").
   knoten("Spedition","Flugh. Stgt.-Echterdingen","Flugh. Stgt.-
Echterdingen").

   knoten("Bahn","Bremen","Hauptbahnhof Bremen").
   knoten("Bahn","Düsseldorf","Hauptbahnhof Düsseldorf").
   knoten("Bahn","Frankfurt","Hauptbahnhof Frankfurt").
   knoten("Bahn","Freiburg","Hauptbahnhof Freiburg").
   knoten("Bahn","Hamburg","Hauptbahnhof Hamburg").
   knoten("Bahn","Hannover","Hauptbahnhof Hannover").
   knoten("Bahn","München","Hauptbahnhof München").
   knoten("Bahn","Neu-Ulm","Hauptbahnhof Neu-Ulm").
   knoten("Bahn","Nürnberg","Hauptbahnhof Nürnberg").
   knoten("Bahn","Saarbrücken","Hauptbahnhof Saarbrücken").
   knoten("Bahn","Stuttgart","Hauptbahnhof Stuttgart").
   knoten("Bahn","Kiel","Hauptbahnhof Kiel").

   knoten("Flugzeug","Baden-Württemberg","Flugh. Stgt.-
Echterdingen").
   knoten("Flugzeug","Bayern","Flugh. Mnchn.-Riem").
   knoten("Flugzeug","Bayern","Flugh. Nürnberg").
   knoten("Flugzeug","Berlin","Flugh. Berlin-Tegel").
   knoten("Flugzeug","Bremen","Flugh. Bremen").
   knoten("Flugzeug","Hamburg","Flugh. HH-Fulsbüttel").
   knoten("Flugzeug","Hessen","Flugh. Frankfurt").
   knoten("Flugzeug","Niedersachsen","Flugh. H-Langenhagen").
   knoten("Flugzeug","Nordrhein-Westfalen","Flugh. Düsseldorf").
   knoten("Flugzeug","Saarland","Flugh. Saarbrücken").

   tm("Baden-Württemberg","BRD").
   tm("Bayern","BRD").
   tm("Berlin","BRD").
   tm("Bremen","BRD").
   tm("Hamburg","BRD").
   tm("Hessen","BRD").
```

```
tm("Niedersachsen","BRD").
tm("Nordrhein-Westfalen","BRD").
tm("Rheinland-Pfalz","BRD").
tm("Saarland","BRD").
tm("Schleswig-Holstein","BRD").

tm("Düsseldorf","Nordrhein-Westfalen").
tm("Frankfurt","Hessen").
tm("Freiburg","Baden-Württemberg").
tm("Hannover","Niedersachsen").
tm("Kiel","Schleswig-Holstein").
tm("München","Bayern").
tm("Neu-Ulm","Bayern").
tm("Nürnberg","Bayern").
tm("Saarbrücken","Saarland").
tm("Stuttgart","Baden-Württemberg").

tm("Flugh. Berlin-Tegel","Berlin").
tm("Flugh. Bremen","Bremen").
tm("Flugh. Düsseldorf","Düsseldorf").
tm("Flugh. Frankfurt","Frankfurt").
tm("Flugh. HH-Fulsbüttel","Hamburg").
tm("Flugh. H-Langenhagen","Hannover").
tm("Flugh. Kiel","Kiel").
tm("Flugh. Mnchn.-Riem","München").
tm("Flugh. Nürnberg","Nürnberg").
tm("Flugh. Saarbrücken","Saarbrücken").
tm("Flugh. Stgt.-Echterdingen","Stuttgart").

tm("Hauptbahnhof Bremen","Bremen").
tm("Hauptbahnhof Düsseldorf","Düsseldorf").
tm("Hauptbahnhof Frankfurt","Frankfurt").
tm("Hauptbahnhof Freiburg","Freiburg").
tm("Hauptbahnhof Hannover","Hannover").
tm("Hauptbahnhof Hamburg","Hamburg").
tm("Hauptbahnhof Kiel","Kiel").
tm("Hauptbahnhof München","München").
tm("Hauptbahnhof Neu-Ulm","Neu-Ulm").
tm("Hauptbahnhof Nürnberg","Nürnberg").
tm("Hauptbahnhof Saarbrücken","Saarbrücken").
tm("Hauptbahnhof Stuttgart","Stuttgart").

tm("B-Tiergarten","Berlin").
tm("Berlin-Zentrum","Berlin").
tm("Bremen-Zentrum","Bremen").
tm("Hafen","Bremen").
tm("Düsseldorf-Zentrum","Düsseldorf").
tm("Frankfurt-Zentrum","Frankfurt").
tm("Freiburg-Zentrum","Freiburg").
tm("Hamburg-Zentrum","Hamburg").
tm("St. Pauli","Hamburg").
tm("Hannover-Zentrum","Hannover").
tm("Kiel-Zentrum","Kiel").
tm("Kaufingerstr.","München-Zentrum").
tm("München-Zentrum","München").
tm("Messegelände","München").
tm("Schwabing","München").
tm("Möbel-Mutschler","Neu-Ulm").
tm("Nürnberg-Zentrum","Nürnberg").
tm("Saarbrücken-Zentrum","Saarbrücken").
```

```
  tm("Stuttgart-Zentrum","Stuttgart").
  tm("S-Degerloch","Stuttgart").

  tm("Kurfürstendamm","Berlin-Zentrum").
  tm("Hardenbergplatz","B-Tiergarten").
  tm("Bahnhof Zoo","B-Tiergarten").
  tm("Sperlingsgasse","Berlin-Zentrum").
  tm("Roland","Bremen-Zentrum").
  tm("Altstadt","Düsseldorf-Zentrum").
  tm("BfG","Frankfurt-Zentrum").
  tm("Frankfurter Hof","Frankfurt-Zentrum").
  tm("Münsterplatz","Freiburg-Zentrum").
  tm("Jungfernsteg","Hamburg-Zentrum").
  tm("Reeperbahn","St. Pauli").
  tm("Stadtbibliothek","Hannover-Zentrum").
  tm("Holstenstraße","Kiel-Zentrum").
  tm("Stadthalle","Kiel-Zentrum").
  tm("Sendlinger Tor","München-Zentrum").
  tm("Kaufingerstr.","München-Zentrum").
  tm("Theatinerstr.","München-Zentrum").
  tm("Stachus","München-Zentrum").
  tm("Messeplatz","Messegelände").
  tm("Nixdorf Computer","Schwabing").
  tm("Fränk. Schweiz","Nürnberg-Zentrum").
  tm("IWI/Univ.","Saarbrücken-Zentrum").
  tm("Rotebühlplatz","Stuttgart-Zentrum").
  tm("SI","S-Degerloch").
/* * * * * * * * * * * * * * * * * * * * * * */
```

12.12 Suche von günstigsten Verbindungen in Netzen (Reiserouten-Auskunft)

```
Es gibt in der Literatur verschiedene Fahrplan-Programme. Zum Bei-
spiel ist bei Herschel und Pieper ein Pascal-Programm ausgewiesen,
mit dem von einem Start- zu einem Zielbahnhof eine Reiseverbindung
ermittelt werden kann. Im folgenden wird eine Prolog-Version von
Fahrion und Dollanski angegeben, welche die Routenauswahl nach den
bestmöglichen Anschlußzeiten in den Knoten vornimmt und damit eine
zeitgünstigste Verbindung zwischen einem Start- und Zielknoten er-
mittelt. Dieser Aspekt der minimalen Zeitdauer für eine gesuchte
Verbindung ist in dem genannten Pascal-Programm nicht berücksich-
tigt.


DOMAINS
  strlist                = string*
  knoten, knoten         = string
  stunde,minute,nummer   = integer
```

```
  verbindung          =
v(knoten,stunde,minute,knoten,stunde,minute)
  verbindungsliste    = verbindung*
DATABASE
  kn_plan(knoten, stunde, minute, knoten, stunde, minute)
  knotennummer(nummer, knoten)
  günstigste_verbindung(stunde, minute, verbindungsliste)
include "mencolor.pro"
PREDICATES
  run
  hole_wbas
  fenster
  start
  schritt(integer)
  endd(integer)
  hilfe
  suche_verbindung(knoten,knoten,stunde,minute,verbindungsliste)
  eingabe(knoten,knoten,stunde,minute)
  ausgabe(verbindungsliste)
  vergleiche_verbindung(verbindungsliste)
  loesche_datenbank
  frueher_als(stunde,minute,stunde,minute)
  ankunftszeit(verbindungsliste,stunde,minute)
  member(verbindung,verbindungsliste)
  repeat
GOAL
  start.
CLAUSES
  fenster :-
    makewindow(1,32,7," Reiserouten - Auskunft ",0,0,25,80).
  start :- fenster,!, repeat, clearwindow,
    menu(5,20,80," AUSWAHLOPTIONEN ",
         ["  Faktenbasis laden   "," ",
          "  Weg mit frühestmöglichen Anschlüssen  "," ",
          "  Hilfestellung  "," ",
          "  ENDE  "], AW), schritt(AW), endd(AW).
      endd(0). endd(7). schritt(0).
      schritt(1) :- hole_wbas.
      schritt(3) :- repeat, run,
                    write("\nWeitere Verbindung (j/n)? "),
                    readchar(Ant), Ant='n', clearwindow,
                    loesche_datenbank, exit.
      schritt(5) :- hilfe.
      schritt(7) :- schritt(0).
  hilfe :- file_str("gg_zeit.hlp",HILFE), display(HILFE).
  repeat. repeat :- repeat.
  run :- retract(günstigste_verbindung(_,_,_)), fail.
  run :- eingabe(Start,Ziel,Std,Min),
         suche_verbindung(Start,Ziel,Std,Min,Liste),
         vergleiche_verbindung(Liste), fail.
  run :- günstigste_verbindung(_,_,Liste), ausgabe(Liste),!.
  run :- write("\nKeine Verbindung\n").
  suche_verbindung(Start,Ziel,Std,Min,Liste) :-
    kn_plan(Start,StartStd,StartMin,Ziel,ZiStd,ZiMin),
    frueher_als(Std,Min,StartStd,StartMin),
    Liste=[v(Start,StartStd,StartMin,Ziel,ZiStd,ZiMin)].
  suche_verbindung(Start,Ziel,Std,Min,Liste) :-
    kn_plan(Start,StStd,StMin,ZwischZiel,ZwZiStd,ZwZiMin),
    frueher_als(Std,Min,StStd,StMin),
    suche_verbindung(ZwischZiel,Ziel,ZwZiStd,ZwZiMin,Tail),
```

```
      Liste=[v(Start,StStd,StMin,ZwischZiel,ZwZiStd,ZwZiMin)¦Tail],
      not(member(v(Start,_,_,_,_,_),Tail)).
   eingabe(_,_,_,_) :- clearwindow, knotennummer(Nummer,Ort),
      writef("%-11 %2.2              ",Ort,Nummer), fail.
   eingabe(Start,Ziel,Std,Min) :-
      write("\n\nStartknoten : "), readint(StartNo),
      write("Zielknoten  : "),       readint(ZielNo),
      write("frühestmögliche Abfahrtsstunde : "),readint(Std),
      write("frühestmögliche Abfahrtsminute : "),readint(Min),
      nl,nl, knotennummer(StartNo,Start), knotennummer(ZielNo,Ziel).
   ausgabe([]).
   ausgabe(Liste) :-
      Liste=[v(Start,StStd,StMin,Ziel,ZiStd,ZiMin)¦Tail],
      writef("%-10.10 %2.2%1.1%2.2  %-10.10 %2.2%1.1%2.2\n",
      Start,StStd, ".",StMin,Ziel,ZiStd,".",ZiMin), ausgabe(Tail).
   vergleiche_verbindung(Liste) :-
      not(günstigste_verbindung(_,_,_)),
      ankunftszeit(Liste,Std,Min),
      asserta(günstigste_verbindung(Std,Min,Liste)),!.
   vergleiche_verbindung(Liste) :-
      ankunftszeit(Liste,AStd,AMin),
      günstigste_verbindung(AStd1,AMin1,_),
      frueher_als(AStd,AMin,AStd1,AMin1),
      retract(günstigste_verbindung(_,_,_)),
      assert(günstigste_verbindung(AStd,AMin,Liste)),!.
   loesche_datenbank :- retract(_), fail. loesche_datenbank.
   frueher_als(Std1,_,Std2,_)        :- Std1 <  Std2.
   frueher_als(Std,Min1,Std,Min2) :- Min1 <= Min2.
   ankunftszeit([v(_,_,_,_,Std,Min)],Std,Min).
   ankunftszeit([_¦Tail],Std,Min) :- ankunftszeit(Tail,Std,Min).
   member(Head,[Head¦_]).
   member(Element,[_¦Tail]) :- member(Element,Tail).
   hole_wbas :-
      makewindow(10,7,7," FAKTENBASIS LADEN ",10,10,10,60),
      dir("\proag","*.dba",DA), removewindow, consult(DA).
/* * * * * * * * * * * * * * * * * * * * * * * * * * * * * * * * * */
```

12.13 Lösung freier Traveling Salesman Probleme mit PROLOG

Bei M. Sommer (1988) ist ein Pascal-Programm ausgewiesen, das in einem Netzwerk von einem Startknoten K_i zu einem Zielknoten K_j eine kürzeste Route sucht, die alle Knoten des Netzes mindestens einmal enthält. Außerdem kann die Maximalanzahl der Berührungen eines Knotens durch Vorgabe einer Schranke festgelegt werden. Ist diese Schranke gleich 1, so hätte man ein freies Traveling Salesman Problem, stimmt der Start- mit dem Zielknoten überein, so erhält man das klassische Traveling Salesman Problem, dessen Lösung eine zyklische Permutation der Netzknoten ist. Nachfolgend wird

ein Prolog-Programm von Fahrion und Wrede ausgewiesen, mit dem gezeigt werden soll, wie elegant mit dem Prädikat 'weg' durch backtracking eine Lösung gefunden werden kann. Das Programm wurde mit
dem Beispiel-Verkehrsnetz bei M. Sommer getestet.

```
DOMAINS
  strlist = string*
  intlist = integer*
DATABASE
  verbindung(strlist,integer)
PREDICATES
  run
  kleiner(integer,integer,integer)
  listlaenge(intlist,integer)
  min(intlist,integer)
  knoten(string,string,integer)
  input(strlist)
  append(strlist,strlist,strlist)
  komp(strlist,strlist)
  member(string,strlist)
  erase
  weg(strlist,strlist,string,string,integer)
  suchknoten(string,string,integer)
  minimal(integer,integer)
  schreibliste(strlist)
  checkknoten(string,string,strlist)
  entferne(string,strlist,strlist)
GOAL
  makewindow(1,15,16," TRAVELING SALESMAN PROBLEM ",0,0,25,80),
  run.
CLAUSES
  run :- nl, write("  Bitte warten ... "), nl,
         STARTKNOTEN = "San Francisco",
         ZIELKNOTEN = "San Francisco",
         ZIELLIST = [STARTKNOTEN],
         input(STARTLIST), LAENGE = 0,
         weg(STARTLIST,ZIELLIST,STARTKNOTEN,ZIELKNOTEN,LAENGE),
         fail.
  run :- minimal(LAENGE,ZAHL),nl,
         write("  Laenge des kürzesten Weges : ", LAENGE),
         write("       Gefundene Wege : ", ZAHL), nl,nl,
         verbindung(LIST,LAENGE),
         schreibliste(LIST), erase.
  run :- nl, write("  Keine Route möglich ! "), nl.
  weg([],AUSLIST,ZIELKNOTEN,ZIELKNOTEN,LAENGE) :-
         assertz(verbindung(AUSLIST,LAENGE)),!.
  weg(EINLIST,AUSLIST,EINKNOTEN,ZIELKNOTEN,LAENGE) :-
         suchknoten(EINKNOTEN,NAECHSTERKNOTEN,LAENGE2),
         checkknoten(NAECHSTERKNOTEN,ZIELKNOTEN,AUSLIST),
         append(AUSLIST,[NAECHSTERKNOTEN],AUSLIST2),
         entferne(NAECHSTERKNOTEN,EINLIST,EINLIST2),
         LAENGE1 = LAENGE + LAENGE2,

weg(EINLIST2,AUSLIST2,NAECHSTERKNOTEN,ZIELKNOTEN,LAENGE1).
  suchknoten(K1,K2,L) :- knoten(K1,K2,L).
  suchknoten(K1,K2,L) :- knoten(K2,K1,L).
  checkknoten(ZIELKNOTEN,ZIELKNOTEN,_)    :- !.
```

```
  checkknoten(NAECHSTERKNOTEN,_,AUSLIST) :-
        not(member(NAECHSTERKNOTEN,AUSLIST)).
  minimal(K,ZAHL) :- findall(LAENGE,verbindung(_,LAENGE),LLIST),
                  listlaenge(LLIST,ZAHL), min(LLIST,K).
  min([X],X).
  min([K¦R],KLEINST) :- min(R,Z), kleiner(K,Z,KLEINST).
  kleiner(X,Y,X)    :- X < Y,!. kleiner(_,Y,Y).
  listlaenge([],0).
  listlaenge([_¦Rest],ZAHL) :-  listlaenge(Rest,ZAHL1), ZAHL =
ZAHL1 +1.
  schreibliste([]).
  schreibliste([Kopf¦Rest]) :- write("  ",Kopf), nl,
schreibliste(Rest).
  entferne(_,[],[]). entferne(K,[K¦R],L1)      :- !,
entferne(K,R,L1).
  entferne(X,[K¦L],[K¦L1]) :- entferne(X,L,L1).
  input(KLIST):- findall(KNOTEN,knoten(KNOTEN,_,_),K1LIST),
              findall(KNOTEN,knoten(_,KNOTEN,_),K2LIST),
              append(K1LIST,K2LIST,K3LIST), komp(K3LIST,KLIST).
  append([],L,L). append([X¦L1],L2,[X¦L3]) :- append(L1,L2,L3).
  komp([],[]) :- !.
  komp([K¦R],L1) :- member(K,R), !, komp(R,L1).
  komp([K¦R],[K¦L1]) :- komp(R,L1).
  member(X,[X¦_]). member(X,[_¦REST]) :- member(X,Rest).
  erase :- retract(_), fail. erase.
/* Verkehrsnetz-Beispiel (Quelle: M.Sommer(1987)) */
  knoten("San Francisco","San Rafael",18).
  knoten("San Francisco","Oakland",12).
  knoten("San Francisco","San Mateo",16).
  knoten("San Rafael","Richmond",19).
  knoten("Richmond","Oakland",7).
  knoten("Oakland","Hayward",18).
  knoten("San Mateo","Hayward",24).
  knoten("San Mateo","Palo Alto",11).
  knoten("Hayward","Fremont",8).
  knoten("Palo Alto","Fremont",15).
  knoten("Palo Alto","San Jose",14).
  knoten("Fremont","San Jose",14).
```

Lehrbücher und Literaturhinweise zu diesem Kapitel:

Chang Yih-Long, Sullivan R.S. (1986): Quantitative Systems for Business: QSB (Version 2.0, Diskette).

Dorninger/Karigl (1988): Mathematik für Wirtschaftsinformatiker, Springer Verlag, S. 109 -115.

Erikson W.J., Owen P.H. (1987): Computer Models for Management Science, 2. Aufl., Addison-Wesley (mit Diskette).

Gillett B.E. (1976): Introduction to Operations Research. A Computer-Oriented Algorithmic Approach. McGraw-Hill Series in Industrial and Management Science.

Hackstein R. (1984): Produktionsplanung und -steuerung. Ein Handbuch für die Betriebspraxis.

Hermann D. (1988): Probleme und Lösungen mit Turbo-Prolog. Vieweg Verlag, Braunschweig/Wiesbaden.

Herschel R., Pieper F. (1985): Pascal und Pascal-Systeme: Systematische Anwendung für den Anwender. Reihe Datenverarbeitung, 4. Auflage, R. Oldenbourg Verlag, München, Wien.

Hiellier F.S. (1986): Introduction to Operations Research. Holden-Day, Oakland, Cal.

Knauss W. (1987): Turbo-Prolog. Grundlagen, Programmiertechniken, Anwendungen. Carl Hanser Verlag, München.

Könke G. (1987): Lineare und stochastische Optimierung mit dem PC. Mit 40 BASIC-Programmbausteinen sowie vielen Beispielen. Teubner-Verlag, Stuttgart

Kramer F. (1987): Innovative Produktpolitik: Strategie - Planung - Entwicklung - Durchsetzung. Springer-Verlag, Berlin.

Runzheimer B. (1987): Operations Research. 1. Lineare Planungsrechnung und Netzplantechnik.

Sommer M. (1987): Informatik - Eine PC-orientierte Einführung. Mc-Graw-Hill Book Comp., Hamburg et al.

Ulrich E. (1987): Mehr-Depot-Tourenplanung. Minerva-Publikationen (Reihe: Wirtschaftsinformatik und quantitative Betriebswirtschaftslehre; 24).

13. Wissensbasierte Systeme: Ansätze und State of the Art

13.1 Was sind wissensbasierte Systeme?

Die Methoden und Instrumente der Künstlichen Intelligenz gewinnen zunehmend an Bedeutung in allen Bereichen von Forschung und Entwicklung. Nach Minsky (1966) ist Künstliche Intelligenz (Artificial Intelligence) "the science of making machines do things that would require intelligence if done by men". Die Entwicklung dieser Forschungsdisziplin geht bereits auf John von Neumann und Alan Turing zurück. Seit vielen Jahren gibt es in den USA einen Studiengang Künstliche Intelligenz. Erst in neuerer Zeit ist die Bedeutung dieser neuen Forschungsrichtung auch bei uns erkannt worden. KI-Zentren gibt es heute in Kaiserslautern, Hamburg, Saarbrücken und Karlsruhe, in Ulm ist ein Institut für wissensbasierte Anwendungen im Entstehen.

Im Jahre 1981 hatte das JIPDEC (Japan Information Processing Development Center) während einer internationalen Konferenz die Entwicklung der fünften Generation von Computer- und Software-Systemen angekündigt. In Zusammenarbeit acht großer Unternehmen in Japan (Fujitsu, Hitachi, Nippon Electric Corp., etc.) sollen bis 1990/91 neue Hardware-Architekturen und intelligente Softwaresysteme entstehen. Die Motivation für dieses vielerorts als Jahrhundertprojekt apostrophierte Vorhaben stützt sich auf der grundsätzliche Annahme, daß in den 90-er Jahren im Produktions- und Dienstleistungssektor die Anforderungen an Informationssysteme neue Standards der Hardware und Software verlangen. Komfortable, Endbenutzer-orientierte Systeme und natürlichsprachliche Systeme für die Ein-/Ausgabe von Bewegtbildern für die Spracherkennung, sind Inhalt des Projektrahmens. Die Leistungsfähigkeit der zukünftigen Maschinen werden nicht mehr in MIPS (Mega Instructions per Second, ausführbare Operationen pro Sekunde) gemessen, sondern die neue Maßeinheit sind LIPS (Logical Inference per Second, logische Schlußfolgerungen pro Sekunde). Programmgeneratoren für die automatisierte Programmerzeugung werden den Software-Entwicklungsprozeß beschleunigen, parallele Prozessor-Architekturen werden zu einer neuen Dimension an Rechengeschwindigkeit führen. Transputer und konnektionistische Ansätze werden es möglich machen, eine vorgegebene Problemstruktur hardwaremäßig anzupassen, indem in einem virtuellen Netzgitter von Prozessoren die Problemstruktur abgebildet wird. Große Anstrengungen werden hinsichtlich der Entwicklung automatischer Übersetzungssysteme unternommen. Hierbei wird eine Kombination herkömmlicher Dokumentationstechniken mit KI-Techniken angestrebt, mit einer Übersetzungsqualität von ca. 90 Prozent von derjenigen eines Dolmetschers.

Bei der traditionellen Programmierung müssen sämtliche algorithmischen Schritte in Programmanweisungen festgelegt und die Problemlösung bis ins Detail vorgeschrieben werden. Jeder Lösungsweg ist vorgezeichnet und bei einer Abweichung von diesem entsteht eine Fehlersituation. In neuerer Zeit sind innerhalb der Fachdisziplin Künstliche Intelligenz sogenannte wissensbasierte Systeme entwickelt worden, bei denen die Lösungswege nicht mehr explizit vorgegeben werden müssen. Das Wissen ist so zu strukturieren und aufzubereiten, daß eine gestellte Fragestellung erkannt und mit fest definierten Schlußregeln einer Lösung zugeführt werden kann. Das in diesem Sinne verstandene Wissen unterscheidet sich von der bisherigen reinen Datenabspeicherung dadurch, daß die unterschiedlichsten Beziehungen zwischen den Daten aufgebaut werden können.

Auf der Basis einer solchen Wissensverarbeitung (knowledge engineering) wurden in neuerer Zeit sogenannte Expertensysteme (expert systems) in verschiedenen Disziplinen entwickelt. Da der Begriff Expertensystem gerade von den Experten teilweise als diskriminierende Provokation und in gewisser Weise als arbeitsplatzgefährdende Konkurrenz empfunden wird, erscheint der Begriff 'Wissensbasiertes System' diesbezüglich neutraler. Jedenfalls ist es die propagierte Zielsetzung, daß diese Systeme in der Lage sein sollen, Aufgaben zu erfüllen, wie sie bisher nur Spezialisten oder Experten vorbehalten waren. Dies soll nicht falsch verstanden werden: Ein Expertensystem soll nicht etwa den Experten ersetzen, sondern eher als Hilfsmittel für den Experten und als Entscheidungshilfe für den Nichtexperten dienen.

Neben der Erfassung des Wissens über Tätigkeiten und Arbeitsabläufe im Unternehmen wird die Wissensverarbeitung zu einer verbesserten Wettbewerbsfähigkeit führen, da bei neuer Wissenszufuhr von außen die Reaktion auf veränderte Kundenbedürfnisse und und die hieraus resultierende Einleitung problemspezifischer Aktionen schneller erfolgen kann. Hierzu bieten die methodischen Möglichkeiten der Wissensverarbeitung neue Ansätze, um eine möglichst gute Planung, Steuerung und Kontrolle der Wissensströme innerhalb und zwischen Produktions- und Administrationsbereich zu erreichen.

Zwei wichtige Komponenten zeichnen ein Expertensystem aus: Das Fachwissen über einen betrachteten Problemkreis, die Expertise, ist in einer **Wissensbasis** aus Fakten und Regeln zu erfassen. Die **Schlußfolgerungen** , welche aus den Wissensfakten gezogen werden können, werden mit Hilfe eines Inferenzmechanismus, einer sogenannten Inferenzmaschine, erzeugt. Im Unterschied zur konventionellen Datenverarbeitung wird die algorithmische Sequenz der einzelnen Verarbeitungsschritte durch - in Regeln formulierten - Heuristiken dargestellt. Der Vorteil liegt darin, daß hochkomplexe Sachverhalte in Heuristiken zwar nur annäherungsweise erfaßt werden können, aber mit einem vergleichsweise geringen Aufwand brauchbare Lösungen gefunden werden.

Die Darstellung des Fakts orientiert sich am relationalen Datenbankansatz, daher kann ein Expertensystem auch als reines Datenbank-Abfragesystem fungieren. Eine Regel ist eine Wenn-Dann-Beziehung, mit einem Regelkopf und einem Regelrumpf, wobei der Regelrumpf aus einer logischen Verknüpfung verschiedener Aussagen bestehen kann. Die Kodierung von Beziehungen zwischen den Wissensfakten im Rahmen solcher Regeln erscheint zunächst sehr einfach, die praktische Darstellung von Regeln erweist sich aber insbesondere bei unterschiedlichen Abhängigkeiten zwischen den Regeln als äußerst schwierig.

Die Suche nach Lösungen kann man sich als Suche in einem aus sämtlichen Ausprägungsmöglichkeiten der Regel- und Faktenbeziehungen bestehenden Entscheidungsbaum vorstellen. Zwei unterschiedliche Strategien können für den Inferenzprozeß verwendet werden: Das Prinzip der Vorwärts- und Rückwärtsverkettung. Bei der Vorwärtsverkettung werden sämtliche Fakten aller den Entscheidungsprozeß berührenden Regeln, und die Regeln selbst, im Speicher gehalten. Danach werden sämtliche Fakten der Bedingungsteile festgestellt. Es wird ein Fakt ausgewählt und festgestellt, ob der implizierte Fakt bereits vorhanden ist. Falls dies nicht der Fall ist, wird der Fakt zur Faktenmenge hinzugenommen. Erzeugt die Implikation das Zielprädikat, so ist die Suche erfolgreich, sonst wird der beschriebene Prozeß wiederholt. Kann das Zielprädikat nicht erreicht werden, scheitert die Suche. Bei der Rückwärtsverkettung wird zunächst eine Regel selektiert und geprüft (matching), ob alle für das Zielprädikat vorhandenen Bedingungsteile erfüllt werden können. Ist dies der Fall, wird jedes Prädikat der Bedingungsteile als Zielprädikat aufgefaßt und in entsprechender Weise verfahren. Die Suche ist erfolgreich, wenn alle Bedingungsteile verifiziert werden können.

In Abschn. 7.8 wurde die logische Programmiersprache Prolog behandelt. Prolog ist für regelorientierte Systeme aufgrund der relationalen Struktur und der damit verbundenen Nähe zur relationalen Datenbank besonders geeignet. Außerdem unterscheidet sich diese Sprache von den klassischen Programmiersprachen dadurch, daß weniger die Ausführung der im Rahmen eines Algorithmus formulierten Anweisungen im Vordergrund steht, sondern die Inferenz, d.h. die Programmierung von Systemen, die Schlußfolgerungen ziehen können. Prolog ist eine "Was"-Sprache bei der der Anwender in Form von Fakten und Regeln formulieren muß, was das Anwendungssystem später leisten soll, während man bei traditionellen Programmiersprachen jeder mögliche Lösungsweg vorgedacht und programmiert werden muß.

Eine Regel wird in Prolog als eine Sequenz von Prozeduraufrufen aufgefaßt, deren Abarbeitungsreihenfolge der Prolog-Interpreter festlegt. Prolog erlaubt die sogenannte Unifizierung von Datenstrukturen. Darunter versteht man den Vergleich von vorhandenen Datenstrukturen mit der gesuchten Datenstruktur (pattern matching). Eine Regel wird im Prolog-Kontext auch als Klausel bezeichnet, ein Begriff aus der formalen Logik, welcher eine logische Aussage über einen bestimmten Sachverhalt ausdrückt. Der Prolog-Interpreter interpretiert eine Klausel als eine Anweisung, die als Befehl an das System, als Datensatz in der Faktenbasis, oder als Regel, verwendet werden kann. Die Anordnung der Klauseln in der Datenbasis ist insofern von Bedeutung, daß der Prolog-Interpreter die Klauseln in "naiver" Weise von oben nach unten durchsucht. Eine ungünstige Anordnung wirkt sich daher auf die

Zugriffs- und Suchgeschwindigkeiten aus, aus logischer Sicht jedoch können die Klauseln in beliebiger Reihenfolge angeordnet sein. Durch die Kopplung mit den Zugriffsmethoden relationaler Datenbanken wird diese naive Suche zukünftig jedoch wesentlich verbessert werden.

Die grundsätzliche Abarbeitung der Fakten in der Datenbasis von oben nach unten führt entweder dazu, daß eine Zielanfrage (goal) erfüllt werden kann, oder die vollständige Unifizierung scheitert. Das sukzessive Auflösen der Regeln und die Unifizierung (unification) der Fakten erfolgt nach einem rekursiven Rücksetzprinzip (backtracking), der Auflösungsprozeß wird als **Resolution** bezeichnet. Das Backtracking-Prinzip besteht bei diesem Auflösungsprozeß darin, daß stets eine Unifizierung mit der nächsten Regel oder dem nächsten Fakt mit demselben Funktor und gleicher Stelligkeit versucht wird. Findet der Prolog-Interpreter keine Klausel für die Zielanfrage mehr, so setzt der Algorithmus auf eine bereits erfolgreich überprüfte Klausel zurück, um von dort aus dann andere Klauseln zu suchen, welche eine erfolgreiche Unifizierung erlauben. Derjenige Knoten, auf den der Prolog-Interpreter zurücksetzt, wird als der zuletzt gültige Wahlpunkt (choice point) bezeichnet. Wichtig ist hierbei, daß alle Instanzierungen von Variablen, die seit dem letzten Wahlpunkt erzeugt wurden, beim Zurücksetzen wieder aufgehoben werden. Die Variablen sind dann wieder nicht-instanziert, und können neuen Werten zugewiesen werden. Die Instanzierung selbst ist typenlos, und kann mit jedem Term instanziert werden.

13.2 Diskussion verschiedener Ansätze für die Realisierung von wissensbasierten Systemen

Anhand eines ökonometrisch-statistischen Problem- und Datenhintergrunds soll hier zunächst eine Antwort auf die Frage gesucht gesucht werden, ob Prolog im Vergleich zu dem ebenfalls rekursions- und damit backtracking-fähigen Pascal besser ist. Hierzu sei die Pascal-Realisierung für ein einfaches Expertensystem angegeben, das eine flexible Erweiterung der Regelbasis erlaubt. Kann das Sy-

stem eine Benutzeranfrage nicht beantworten, so kann der Benutzer
die Wissensbasis erweitern, indem er den Bedingungs- und Aktionsteil der Regel eingibt. Das System ist also in gewisser Weise
"lernfähig" und wird bei der nächsten Benutzeranfrage die neu hin-
zugekommene Regel bereits berücksichtigen.

```pascal
PROGRAM experten_system_prinzip;
TYPE eintrag=RECORD
                    CASE endknoten        : boolean OF
                       true   : (vorschlag : string[60]);
                       false  :(frage      : RECORD
                                        zeile: string[60];
                                        ja, nein: integer;
                                    END)
                END;
VAR
    wiss_file: string[15];
    wiss_bas : FILE OF eintrag;

PROCEDURE lies_eintrag (nummer : integer; VAR teintr : eintrag);
  BEGIN
    seek(wiss_bas, nummer-1); read(wiss_bas, teintr);
  END;

PROCEDURE schreib_eintrag(nummer: integer; teintr: eintrag);
  BEGIN
    seek(wiss_bas, nummer-1); write(wiss_bas, teintr);
  END;

PROCEDURE startdialog;
  VAR teintr: eintrag;
  BEGIN
    clrscr;
    WITH teintr, frage DO
      BEGIN
        endknoten := false; writeln;
        write('Eingabe der ersten Fragestellung : ');
readln(zeile);
        ja:=2; nein:=3;
      END;
    schreib_eintrag(1, teintr);
    WITH teintr DO
      BEGIN
        endknoten:= true; writeln;
        writeln('Vorschlag des Systems bei Richtigkeit dieser
Frage ? : ');
        readln(vorschlag);
      END;
    schreib_eintrag(2, teintr);
    WITH teintr DO
      BEGIN
        endknoten:= true; writeln;
        writeln('Vorschlag des Systems bei Verneinung dieser Frage
? : ');
        readln(vorschlag);
      END;
```

```pascal
      schreib_eintrag(3, teintr);
   END;

PROCEDURE rahmen(sp,zei: integer);
   VAR  i : integer;
BEGIN
   clrscr; gotoxy(sp,zei); write('╔');
   FOR i:=sp TO 80-(sp+2) DO write('='); write('╗');
   gotoxy(sp,zei);
   FOR i:=zei TO 23 DO
     BEGIN gotoxy(sp,i+1); IF i<>19 THEN write('║') ELSE
write('╟'); END;
   gotoxy(sp,25); write('╚'); FOR i:=2 TO 78 DO write('=');
write('╝');
   FOR i:=zei TO 23 DO
     BEGIN gotoxy(79,i+1); IF i<>19 THEN write('║') ELSE
write('╢'); END;
   gotoxy(sp+1,20); FOR i:=sp TO 77 DO write('-');
END;

PROCEDURE startmenue;
   BEGIN
     gotoxy(15,8);
     writeln('E  X  P  E  R  T  E  N  S  Y  S  T  E  M');
     gotoxy(15,10);
     writeln('F Ü R    P R O B L E M S P E Z I F I S C H E');
     gotoxy(15,12); writeln('A N W E N D U N G E N   I N');
     gotoxy(15,14);
     writeln('Ö K O N O M E T R I E  U N D   S T A T I S T I K');
     gotoxy(15,22);
     write('Dateiname der Wissensbasis (z.B.: wbas2) : ');
     read(wiss_file); wiss_file := wiss_file+'.wbs';
     gotoxy(15,24);
     readln; clrscr; assign(wiss_bas, wiss_file);
     {$I-} reset (wiss_bas) {$I+};
     IF IOresult <> 0 THEN
       BEGIN
         rewrite(wiss_bas); startdialog;
       END;
   END;

FUNCTION janein : char;
   VAR c : char;
   BEGIN
     write(' (j/n) ? ');
     REPEAT read(c); c:=UPCASE(c) UNTIL c IN ['J','N'];
     writeln;  janein := c;
   END; {$A-}

PROCEDURE dialog(nummer: integer);
   VAR teintr, w_eintr : eintrag;
       nr1, nr2        : integer;
   BEGIN
     lies_eintrag(nummer,teintr);
     WITH teintr DO
       CASE endknoten OF
         true: BEGIN
                 endknoten:= false; writeln;
                 writeln('Vorschlag des Systems :  >>>
                     ',vorschlag,'  <<<.'); writeln;
```

```pascal
                      write('Wird Vorschlag akzeptiert? (j/n) : ');
                      CASE janein OF
                        'J': writeln(#10#13'Weiterhin viel Erfolg !');
                        'N': BEGIN
                                WITH w_eintr DO
                                  BEGIN
                                    endknoten := true; writeln;
                                    write('Welchen Vorschlag soll das
                                           System dann machen ? : ');
                                    readln(vorschlag); writeln;
                                  END;
                                nr1:= FILESIZE(wiss_bas)+1;
                                schreib_eintrag(nr1, w_eintr);
                                WITH w_eintr DO
                                  BEGIN
                                    endknoten:= true;
                                    vorschlag:= teintr.frage.zeile
                                  END;
                                nr2:= FILESIZE(wiss_bas)+1;
                                schreib_eintrag(nr2, w_eintr); writeln;
                                write('Welche weitere Frage soll das
                                       System stellen, ');
                                writeln('um den gerade eingegebenen');
                                writeln('Vorschlag von dem bisherigen
                                         Vorschlag'); writeln;
                                writeln('  *****  ', w_eintr.vorschlag,'
                                         *****'); writeln;
                                writeln('unterscheiden zu können : ');
                                readln(frage.zeile); writeln;
                                write('Ist der bisherige Vorschlag
                                       dennoch richtig ? (j/n) : ');
                                WITH frage DO
                                  CASE janein OF
                                    'J': BEGIN ja:= nr1; nein:= nr2; END;
                                    'N': BEGIN ja:= nr2; nein:= nr1; END;
                                  END;
                                  schreib_eintrag(nummer, teintr);
                             END;
                      END;
                 false: WITH frage DO
                           BEGIN
                             write(zeile);
                             CASE janein OF
                               'J' : dialog(ja);
                               'N' : dialog(nein);
                             END;
                           END;
               END;
        END;
   END;
BEGIN {Hauptprogramm}
  rahmen(1,3); startmenue;
  REPEAT
    clrscr;
    dialog(1); writeln; writeln;
    write('Weitere Vorschläge ? ')
  UNTIL janein='N'; close(wiss_bas);
END.
```

Dieser Ansatz hat Schwächen: Zum einen ist die Variabilität der Regelgestaltung sehr eingeschränkt, weil dem System die Formulierung der Fragestellung im Bedingungsteil, als auch die Antwortformulierung im Aktionsteil explizit vorgegeben werden muß. PASCAL unterstützt zwar die Rekursion, bei der sich eine Prozedur selbst mehrfach aufrufen kann, aber das Instanzierungsprinzip ist in Pascal nicht vorgesehen. Außerdem ist der Ansatz für den externen Update der Faktenbasis zu starr, denn beispielsweise muß bei einer gewünschten weiteren Verzweigung in einem Objektknoten der Frage-Antwort-Prozeß jeweils bis zu dem gewünschten Knoten durchgeführt werden.

Der Vorteil der direkten Pascal-Programmierung liegt in der sehr schnellen Ausführung der rekursiven Suche in solchen Entscheidungsbäumen, die einen sehr eng begrenzten Problemkreis charakterisieren. Beispielsweise kann die Klassifikation der Monatsdaten der Deutschen Bundesbank im Bedingungsteil der Regeln erfaßt werden, die Aktionsteile ergeben dann die von einem Benutzer gewünschten sechsstelligen Zeitreihenschlüssel. Diese Zeitreihenschlüssel können z.B. in einen getrennt vorhandenen SAS-Job als "Daten" eingegeben werden. Die gewünschten Zeitreihen werden dann vom Magnetband gezogen und in einer für die weitere Verarbeitung geeigneten Matrixform in einer Datei bereitgestellt.

Als nächstes stellt sich die Frage, ob die Rückfragen des Systems an den Benutzer (fachlichen Nichtexperten) explizit als Bedingungsteile im System zu speichern sind, und die Inferenzen (Schlußfolgerungen) über ein geeignetes Verkettungsprinzip erzeugt werden sollen? Anschließend werden auszugsweise die wichtigsten Regel- und Bedingungsfakten einer Objekthierarchie angegeben, wobei die Relation r(Regelnummer,Übergeordnetes_Objekt, Untergeordnetes_Objekt, Liste_der_Zeiger_auf_Regelprämissen) den Regelkopf, die Relation b(Bedingungsnummer,Prämissentext) den Regelrumpf darstellt. Das diese Fakten verarbeitende Prolog-Programm ist vom Typ eines Beispielprogramms der Turbo-Prolog Software. Wichtig ist das Prädikat CHECK, das den Weg (Liste der Bedingungszeiger) durch den Entscheidungsbaum festhält und die Inferenzkette bei einer Benutzerrückfrage aufbaut:

```
check( RNO, HISTORY, [BNO|REST] ):-
    ja(BNO), !, check(RNO, HISTORY, REST).
check( _, _, [BNO|_] ):- nein(BNO), !,fail.
check( RNO, HISTORY, [BNO|REST] ):- b(BNO,NCOND),
    fronttoken(NCOND,"not",_COND),frontchar(_COND,_,COND),
    b(BNO1,COND), notest(BNO1), !, check(RNO, HISTORY, REST).
check(_,_, [BNO|_] ):-
    b(BNO,NCOND),frontoken(NCOND,"not",_COND),
    frontchar(_COND,_,COND), b(BNO1,COND), ja(BNO1), !,fail.
check( RNO, HISTORY, [BNO|REST] ):- b(BNO,TEXT),
    inpq(HISTORY,RNO,BNO,TEXT), check(RNO, HISTORY, REST).
check( _, _, [] ).
.............
r(101,"Eingleichungsmodell","Regression",[1000,1020,1010])
r(104,"Regression","Verwenden Sie die TSP-Prozedur OLS",[1002])
r(100,"Modelltyp","Eingleichungsmodell",[1000,1010])
r(102,"Eingleichungsmodell","Regression",[1020,1010])
r(200,"Modelltyp","Mehrgleichungsmodell",[1010,1030])
r(300,"Modelltyp","Zeitreihen-Modell",[3000,3010,3020])
r(302,"Zeitreihen-Modell","Verwenden Sie FORECAST",[1002])
r(400,"Modelltyp","Datenbank-Operationen",[4000,4010,4020])
r(101,"Eingleichungsmodell","Regression",[1000,1020,1010])
b(1000,"Ihr Modell besteht nur aus einer Gleichung")
b(1010,"Sie wollen eine Regressionsanalyse durchführen")
b(1001,"Sie haben die SAS - Software zur Verfügung")
b(1002,"Sie haben die TSP - Software zur Verfügung")
b(1003,"Sie haben Ihre eigenen Zeitreihen")
b(1020,"Ihr Modell ist linear")
b(1030,"Ihr Modell hat mehr als eine Strukturgleichung")
b(3000,"Sie wollen mit Zeitreihen arbeiten")
b(3010,"Sie haben Ihr eigenes Modell")
b(3020,"Sie wollen Zeitreihen-Prognosen durchführen")
b(4000,"Sie wollen Datenbank-Operationen ausführen")
b(4010,"Ihre Daten sind bereits in der Datenbank vorhanden")
b(4020,"Sie wollen Daten in die Datenbank eingeben")
.............
.............
```

Dieser Ansatz erlaubt zwar eine übersichtliche Gestaltung des Entscheidungsbaums, aber aufgrund der expliziten Vorgabe der Fragestellungen des Systems an den Benutzer, und der textuellen Formulierung der Antworten, kann keine große Flexibilität hinsichtlich der Erfassung komplexer Fragen-/Antwortkataloge erreicht werden. Die Prolog-Programmierung bietet aber im Vergleich zur Pascal-Programmierung die Möglichkeit, den Unifizierungspfad abzuspeichern und bei Rückfrage dem Benutzer die "Deduktionskette" zu zeigen. Gerade bei sehr stark dialogorientierten Expertensystemen ist ein solches ."Geschichtsschreiber"-Prädikat wünschenswert, wenn beispielsweise bei nicht sofort einleuchtenden Inferenzschlüssen des Systems eine Begründung für die Schlußfolgerung angegeben werden kann. Auch für den Test größerer Regelsysteme kann die Darstellung der logischen Aussagenkette sinnvoll sein.

Welche Realisierungschancen bestehen für die Benutzereingabe auf der Basis einer **natürlichsprachlichen** Formulierung? Zur Beantwortung dieser Frage sei im folgenden ein relationales Schema einer Objekthierarchie mit ökonometrisch-statistischem Problemhintergrund und die Definition eines Grobschemas für eine natürlichsprachliche Benutzerschnittstelle angegeben. Dieser Ansatz kann für eng abgegrenzte Sachgebiete insbesondere auch als reines Query-System verwendet werden. Allerdings stoßen die Hauptspeicher- und externen Speichermöglichkeiten eines Mikrocomputers sehr schnell an Grenzen. Für realistische Anwendungen ist das Vorhandensein eines Großrechners unumgänglich. Der Mikrocomputer kann allenfalls die oberste Schale einer Benutzerschnittstelle repräsentieren. Hier soll dennoch die Leistungsfähigkeit einer sehr kompakten Prolog-Programmierung auf dem Mikrocomputer demonstriert werden. Die Objekthierarchie in der Faktenbasis ist durch das folgende Relationenschema

```
rel("Problemklasse",["klasse","Abk"])
rel("problem",["klasse","problem","abk","modell"])
rel("modell",["problem","modell","abk","periode","gleichungen",
    "stichprobe","spezifikation","jahr","typ","methode","land",
    "institution","literatur"])
rel("typ",["typ","abk"])
rel("methode",["typ","methode","abk","sas","software"])
rel("option",["methode","option","kurzbez","erklrg"])
rel("gleichung",["modell","gleichung","bezeichnung","variable",
    "parameter"])
rel("test",["methode","test","abk","literatur",
    "software"]).
```

definiert, wobei jede Relation aus einer Funktor-Bezeichnung und der in eckige Klammern geschriebenen Argumentenliste besteht. Für jeden Prädikattyp sei exemplarisch ein Fakt aus der Faktenbasis extrahiert:

```
klasse("Modellbildung","mod"),
problem("Modellbildung","Makroökonometrie","me","Modell der
        Deutschen Bundesbank"),
model("Makroökonometrie","Bundesbank Modell","Bundesbank",
    "vierteljährlich","197","n. vorh.","nichtlinear",1978,
    "Regression","n. vorh.","FRG","Deutsche Bundesbank,
    Frankfurt","Monatsberichte der Deutschen Bundesbank"),
```

```
model("Makroökonometrie","Wharton Modell", "Wharton", "jährlich",
      "83", "n. vorh.","linear",1968,
      "Regression","tsp","USA","Philadelphia","Klein L., Evans/
      Studies in Quantit. Economics"),
equation("IBM Modell",1,"Identität",["GNP","CONSUMPT","GOVERNMENT
      EXPENDITURES"],["0.75","0.39"]),
type("Regression",["OLS","RSQUARE","STEPWISE","NLIN"])
method("Regression","Gewöhnliche Methode der kleinsten
      Quadrate","OLS",["PROC REG DATA=database","MODEL dependent
      variables = independent variables"],["SAS"]),
option("STEPWISE",["forward","backward","maxr","minr","slstay",
    "include","start","stop"],["F","B","MAXR","MINR",
    "SLSTAY=value","INCLUDE=i","START=n","STOP=n"],["forward
    selection technique","backward elimination technique","max.
    improvement of R**2","min. improvement of R**2",
    "significance  level for staying in the model", "selection of
    s variables","stop when found best s variable
    of model"]),
test("RSQ","cptest","CP",["Mallows C.L. (1964): Some Comments on
    C(p). Technometrics, 15, 661-675"],["SAS"]).
```

Die natürlichsprachliche Komponente wird durch eine dreigliedrige
Schema-Relation, z.B. in der konkreten Ausprägung 'schema(spezifikation,des,Modells)' dargestellt. Die Klauseln des Systems umfassen eine Gruppe mit Regeln, welche die Beziehung zwischen Funktoren der Faktenbasis und den konkreten Ausprägungen der Faktenargu-
mente herstellen. Eine zweite Gruppe von Regeln stellt die Beziehung zwischen den natürlichsprachlichen Syntax-Elementen und den
entsprechenden Funktoren der Prädikate her. Diese Verbindungsre-
geln haben fünf Argumente. Die ersten drei definieren eine binäre
Relation zwischen den Syntaxelementen, das vierte und fünfte Argument stellen den Bezug zu den Fakten her. Es erfolgt eine Abprüfung (matching) sämtlicher Syntax-Bestandteile einer Benutzeranfrage mit den in der Faktenbasis abgelegten Tripeln von Wort-
ausprägungen der binären Relation. Exemplarisch sei dieser Zusammenhang an zwei Fällen gezeigt:

Objektname:	Klausel:

"modell"	`entity(modell,M) :-`
	`        modell(_,M,_,_,_, ...,_).`
	`link("Spezifikation",des,"Modells",SP,MOD):-`
	`        modell(_,MOD,_,_,_,SP,_,...,_)`

"test"	`entity(test,TEST) :- test(_,TEST,_,_,_).`
	`link("Literatur",ueber,"Tests",LIT,TEST):-`
	`        test(_,TEST,_,_,LIT_LIST),`
	`        ist_in_liste(LIT,LIT_LIST).`

Die Prolog Realisierung besteht aus drei Teilen, einem Modul für die Regeln, einem Parser-System für die Syntaxanalyse und einem Menü-Modul. Das Ausführungsmodul enthält eine Scanner-Regel, welche die textuelle Benutzeranfrage auf die relevanten Fakten in der Datenbasis ausfiltert, anschließend durchläuft der Prolog-Interpreter die Faktenbasis in der oben beschriebenen Weise. Das Expertenbefragungssystem enthält Information über:

PROBLEMKLASSEN (Makroökonometrische Modellierung mit den wichtigsten Schätzmethoden, vorgesehen sind Modelle und Methoden des Operations Research, das Wissen hierüber ist noch zu erfassen, vorgesehen sind auch die Einbeziehung von Modellen und Methoden zur Zeitreihenverarbeitung und von allgemeinen Datenbank-Operationen),

ÖKONOMETRISCHE MODELLE (Modellbezeichnung, Schätzzeitraum, Instition, Literatur, funktionale Form, u.a.),

METHODENTYPEN (Regression, Varianzanalyse, Diskriminanzanalyse usw.),

METHODEN (OLS, GLS, NLIN, u.a., mit Angaben zu Softwarepaketen, und expliziter Auflistung der erforderlichen SAS- und/oder TSP-Anweisungen),

OPTIONEN (mit den wichtigsten Optionen, welche für jede der Methoden möglich sind),

TESTS (mit Bezeichnung und Hinweisen auf Software und Literatur. Eine ausführliche Beschreibung für die Verwendung des Befragungssystems enthält die im Hauptmenü auswählbare Hilfestellung).

Auch wenn man auf den ersten Blick vielleicht von den natürlichsprachlichen Formulierungsmöglichkeiten etwas beeindruckt sein mag, ist diesem Ansatz für eine realistische Dimension keine allzu große Chance einzuräumen. Dies ist im wesentlichen darin begründet, daß ein Benutzer als Nichtexperte nicht die erforderlichen Kenntnisse hat, um mit den Fachtermini der Schätzverfahren umgehen zu können. Für den empirischen Wirtschaftsforscher aber, der die

Funktionsweise der Methoden kennt, aber nur gelegentlich mit den
ihnen arbeitet, kann dieses System eine wichtiges "Methoden-Ge-
dächtnis" und Wissensreservoir sein. Allerdings kann man zumindest
in diesem Entwicklungsstadium noch nicht von einem Expertensystem
sprechen, da es ja gerade eine wichtige Zielsetzung bei der Konzeption von Expertensystemen war, daß das Expertenwissen dem gelegentlichen Endbenutzer ohne Spezialkenntnisse zugänglich gemacht
werden kann.

Soll man dem Benutzer die Prädikate zusammen mit den Attributen in
einem geeignet aufbereiteten Verzeichnis mit der Option zur Auswahl eines Prädikats zeigen, und ihn dann zur Eingabe seiner gewünschten Attribute auffordern? Regeln zur Modellspezifikation und
-schätzung bestehen zur Zeit lediglich in der interaktiven Erzeugung eines Batch-Jobs für die Verwendung der SAS- und TSP-Soft-
ware, der File Transfer von den im IBM PC Netzwerk (s. Abschn.
10.7) zusammengeschlossenen Mikrocomputern zum Großrechner muß
noch vom Benutzer selbst durchgeführt werden, eine entsprechende
Menüführung ist bereits vorbereitet. Zu einem späteren Zeitpunkt
wird dieser Schritt der Hintergrund-Batch-Job-Bearbeitung im
Rahmen eines Command Files automatisiert.

Neben den bereits oben erwähnten Prädikaten sind noch für die
nachfolgend aufgeführten Prädikate, deren Bedeutung sich weitgehend aus der Funktor- und Attributbezeichnung selbst erklärt, weitere Regeln formuliert. Einige dieser Regeln (z.B. ridge_trace)
können erst aktiviert werden, wenn der für den Aufbau der Matrizen
erforderliche Matrix-Prozessor in das System integriert ist:

```
1  ---> klasse (NAME, ABK)
2  ---> problem(PROBL_KLASSE, NAME, ABK, MODELL)
3  ---> modell (PROBLEM, NAME, ABK, PERIODE, ANZ_GLEICH,
               STICHPR_ZEITRAUM,FUNKT-TYP,JAHR_D_ENTST,
               METH_TYPE, METHODE, LAND, INSTIT, LIT)
4  ---> typ (NAME, METH_LISTE)
5  ---> methode (METH_TYP, METH_NAME, METH_ABK,METH_PARAM,
               SOFTWARE)
6  ---> option (METH_ABK,NAME,KURZBEZ,ERKLG)
7  ---> gleichung(MODELL, GL_NR, GL_NAME,R2,DW,GL_TYP,GEBIET)
8  ---> gl_spez  (GL_NR, SPEZIFIK)
9  ---> gl_koeff (GL_NR, KOEFF, PARAM)
1  ---> test (METHODE, NAME, ABK, LITERATUR, SOFTWARE)
11 ---> spez_des_modells (MOD_NAME, GL_NR, GL_NAME,MOD_SPEZ,
               GL_TYP, PERIODE,METH_TYP, METH_NAME,
               METH_ABK, SAS_STMTS, SOFTW, PARAM,
```

```
                     KOEFF, R2, DW, GEBIET)
12  ---> spez_des_gebiets(GL_NR, GL_NAME, GEBIET)
13  ---> use_methode (GL_TYP, METH_TYP, METH_NAME, METH_ABK,
                      SAS_STMTS, SOFTW, GEBIET)
14  ---> meth_liste (METH_LIST, METH_TYP)
15  ---> finde_modell_spez (GL_NR, GL_NAME, MOD_SPEZ)
16  ---> finde_gl_typ(GL_NR,GL_NAME,GL_TYP)
17  ---> schaetzguete_von_gl(GL_NR, MOD_NAME,QUAL_STUFE)
18  ---> autoregressive_eigensch (GL_NR,ANZ_BEOB,FREIH_GRD,ALPHA,
                                  ANTWORT)
19  ---> user_input (ANZ_BEOB, FREIH_GRD, ALPHA)
20  ---> hildreth_lu (GL_NR, RHO, AUTOKORR)
21  ---> hilu_schtzg(EQ_NO, RHO)
22  ---> bestimme_modell_spez
23  ---> schaetze_mod_spez
24  ---> evaluiere_schtz_ergebnis
25  ---> erzeuge_tsp_job_hilu
26  ---> evaluiere_tsp_job_hilu
27  ---> mls_schaetzer(CONDITION)
28  ---> almon_lag (POL_GRD, BEOB, MAX_LAG)
29  ---> ridge_factor (N_BEOB, K, BETA_STD, U_EST, K_FARE)
30  ---> ridge_regression (ANTWORT, N_BEOB, K, BETA_STD, U_EST,
                          K_FARE)
31  ---> ridge_trace (N, BETA_STD, BETA1, ANTW
32  ---> gen_k (BETA, BETA1)
33  ---> add_k  /* dieses Prädikat berechnet X'X + kI
34  ---> normal_gln /* berechnet den Beta-Vektor for X'X + kI
35  ---> vgl_liste (LIST_1, LIST_2, ERGEB_LISTE)
36  ---> fetch_time_series (ZR_DBASE)
37  ---> sum_up (BETA, SUM)
38  ---> scal_prod (REALLIST, REALLIST, REAL)
```

Auszugsweise seien einige wenige Regeln gezeigt:

```
spez_des_modells(MOD_NAME,GL_NR,GL_NAME,MOD_SPEZ,GL_TYP,PERIODE,
                 METH_TYP,METH_NAME,METH_ABK SAS_STMTS,SOFTW,PARAM,
                 KOEFF,R2,DW,FIELD) :-
     gleichung(MOD_NAME,GL_NR,EQ_NAME,PERIODE,GL_TYP,GEB),
     gl_spez(GL_NR,MOD_SPEZ),
     gl_koeff(GL_NR,PARAM,KOEFF),
     methode(METH_TYP,METH_NAME,METH_ABK,SAS_STMTS,SOFTW),!.
spez_des_gebiets(GL_NR,GL_NAME,GEB) :-
     gleichung(_,GL_NR,GL_NAME,_,_,_,_,GEB).
finde_modell_spez(GL_NR,GL_NAME,MOD_SPEZ) :-
     gleichung(_,GL_NO,GL_NAME,_,_,_,_,_),
     gl_spez(GL_NR,MOD_SPEZ).
finde_gl_typ(GL_NR,GL_NAME,GL_TYPE) :-
     gleichung(_,GL_NR,GL_NAME,_,_,_,GL_TYP,_).
bestimme_modell_spez :- system("hierarch.exe").
schaetze_mod_spez :- ausgabe("tso_spez.lst").
evaluiere_schtz_ergebnis :- ausgabe("tso_r2.lst").
schaetzguete_von_gl(GL_NR,MOD_NAME,QUAL_STUFE) :-
     spec_of_model(MOD_NAME,EQ_NO,_,_,_,_,_,_,_,_,_,_,_,R1_2,DW,_),
     str_real(R2,R1), R1>0.9,str_real(DW,DW1),DW1>1.8,DW1<2.2,
     QUAL_STUFE="hoch",write("Gleichung Nr. ",EQ_NO,"Stufe=",
     QUAL_STUFE), fail.
```

```
autoregressive_eigenschaft(GL_NR,ANZ_BEOB,FG,ALPHA,ANTW) :-
    user_input(ANZ_BEOB,FG,ALPHA),ANZ_BEOB > 20,
    spez_des_modells(_,GL_NR,_,_,_,_,_,_,_,_,_,_,_,DW,_)
    str_real(DW,DW1),DW1>1.8,DW1<2.2,ANTW="keine Autokorrelation",
    write("Gleichung ",EQ_NO,": ",ANTW),!.
hildreth_lu(GL_NR,RHO,AUTOCORR) :-
    spez_des_modells(_,EQ_NO,_,_,_,_,_,_,_,_,_,_,_,DW,_),
    str_real(DW,DW1),DW1>1.6,DW1<1.8,RHO=0.3,
    autoregressive_eigenschaft(_,_,_,_,AUTOCORR).
    /* Die Klauseln müssen für die unterschiedlichen Fälle mehr-
       fach aufgeführt werden, da die Turbo-Prolog Version von
       Borland die "Oder"-Funktion nicht unterstützt, bei ande-
       ren Prolog-Versionen, insbesondere bei MPROLOG und dem
       der UNIX laufenden IF-PROLOG, sind beliebige Und/Oder-
       Verknüpfungen möglich. */
ridge_factor(N_BEOB,K,BETA_STD,U_EST,K_FARE) :-
    SCAL_PROD(BETA_STD,BETA_STD,R1),
    SCAL_PROD(U_EST,U_EST,R2),K_FARE=(1/R1)*(1/(N_BEOB-K))*R2.
ridge_regression(ANT,N_BEOB,K,BETA_STD,U_EST,K_FARE) :-
    ridge_trace(10,BETA_STD,BETA1,ANT),
    ridge_factor(N_BEOB,K,BETA_STD,U_EST,K_FARE).
ridge_trace(1,[],[],nein).
ridge_trace(N,BETA_STD, BETA1,A) :- N1=N-1,gen_k(BETA_STD,BETA1),
    vgl_liste(BETA_STD,BETA1, DIV),sum_up(DIV,VAL),VAL>1,A="nein",
    ridge_trace(N1,BETA1,BETA2,ANS1),ANS=ANS1.
hole_zeitreihe(TS_DBASE) :- TS_DBASE="vgr",system("tso_vgr.bat").
hole_zeitreihe(TS_DBASE) :- TS_DBASE="dbb",system("tso_dbb.bat").
scal_prod([],[],0).
scal_prod([L1|L2],[L3|L4],RESLT) :-
    R1=L1*L3, scal_prod(L2,L4,RES1), RESLT=R1 + RES1.
memb_typ(TYP,METH) :- typ(TYP,L),member(METH,L),
    write(METH),nl,fail.
```

Dieser Ansatz erweist sich für die weitere Entwicklung am vorteil-
haftesten. Die Hauptaufgabe liegt in der Wissenserfassung und in
einer geeigneten Strukturierung und Segmentierung der Wissensbasis. Die Kopplung mit Datenbanken, Sekundärindizierung und Datei-
Overlay-Strukturen ermöglichen zukünftig durchaus auch für den Mikrocomputer eine realistische Größenordnung der Faktenbasis. Mit
Fakten- und Regeleditoren lassen sich Annahmen in den Bedingungs-
teilen der Regeln schnell ändern. Bei der weiteren Entwicklung ist
auch die Einbeziehung vorhandener Methodensoftware zu berücksichtigen, auch kann die Eingabe der Zielanfragen durch eine entsprechende Menüführung ersetzt werden. Für größere Systeme wird die
Einbeziehung des Großrechners unausweichlich sein, hierzu muß versucht werden, die vorhandenen Übertragungsmöglichkeiten zwischen
dem Mikrocomputer-Netzwerk und dem Zentralrechner noch weiter zu
automatisieren. Es müßte dann möglich sein, die Aktivierung der
Schätzmethoden und die Interpretation der Ergebnisse durch das Regelsystem im Hintergrund durchzuführen.

Ob sich die im Rahmen des Fifth Generation Projekts Japans stark favorisierte KI-Sprache Prolog langfristig durchsetzen kann, insbesondere im Wettstreit mit der von den Amerikanern bevorzugten Sprache LISP, ist heute nur sehr schwer abzuschätzen. LISP hat Vorteile bei der Listenverarbeitung, Prolog fasziniert durch seine Nähe zu dem auch theoretisch sehr gut fundierten relationalen Ansatz. Es könnte eine Entwicklung eintreten, ähnlich derjenigen bei den Betriebssystemen auf Mikro- und Minicomputer-Ebene. Vor wenigen Jahren noch wurde UNIX als das klar dominierende Betriebssystem für die Zukunft apostrophiert, insbesondere im Vergleich zu MS-DOS. Heute zeichnet sich schon recht deutlich eine Art Koexistenz der beiden Systeme ab, und die Entwicklung sogenannter offener Netze ermöglicht sogar den Verbund von MS-DOS und UNIX-Rechnern. Zu einer ähnlichen Koexistenz könnte es auch langfristig zwischen Prolog und Lisp kommen, vielleicht wird sich der in gewissem Sinne prestigeabhängige und ehrgeizige Wettstreit von Japan und den USA um das richtige KI-Instrument in Zukunft entschärfen.

Bei den Überlegungen zum Entwurf von Expertensystemen sollte zugleich auch die Frage beantwortet werden, ob Prolog für derartige Anwendungen gegenüber der klassischen Programmierung wesentliche Vorteile liefern kann. Die Frage ist eindeutig zu bejahen, wenn man Prolog vornehmlich für die Festlegung des Entscheidungsmechanismus einsetzt. Dagegen sollten die bisher verwendeten Methoden, für die auch sehr leistungsfähige Software vorhanden ist, nicht in Prolog realisiert werden. Es sollte vielmehr versucht werden, wie bereits auch in Abschn. 12.1 gezeigt, die bestehende Software bei Bedarf in ein Prolog-Steuerungsmodul einzubinden. Dies erweist sich als sinnvolles Vorgehen, um das beim Aufbau einer relevanten Wissensbasis entstehende Umfangsproblem durch Dezentralisierung der Software-Module bewältigen zu können.

13.3 Strategisches Management im Marketing

In diesem Abschnitt sei eine Zwei-Ebenen-Architektur für ein Prolog-System gezeigt, in dem wichtige Funktionen strategischer Managemententscheidungen im Marketing-Bereich abgebildet werden. Sämtliche Erklärungskomponenten werden in separaten Dateien gehalten, und die Dateinamen werden in Listen geführt. Diese Listen können in einer spezifischen Inferenz-Situation sehr einfach rekursiv abgeprüft werden, weiterhin kann dem Benutzer die Inferenzkette mit inhaltlichen Erläuterungen gezeigt werden. Die Listendarstellung erlaubt einen hohen Grad an Übersichtlichkeit bei der Änderung/Aktualisierung der Wissenskomponenten.

```
/**********************************************/
/*    Strategisches Management im Marketing   */
/*    -------------  ----------  --  --------- */
/*       -> Zweiebenen - Architektur          */
/*                                            */
/*       -> Erklärungskomponenten in separaten */
/*          Dateien                           */
/*                                            */
/*       -> Erläuterung der Inferenzkette     */
/*                                            */
/*       Stand: 07.03.1988                    */
/*                                            */
/**********************************************/


DOMAINS
  int_lst          = integer*
  strlist          = string*
  vorschlag        = v(integer, real)
  v_liste          = vorschlag*
  dat              = string
DATABASE
  grp(integer, string, int_lst)
  grpausw(strlist)
  ebene1(integer, string, dat, string, real)
  ebene2(integer, integer, string, dat, real, v_liste)
  empfehlg(integer, string, dat)
  ant1(integer)
  ant2(integer)
PREDICATES
  erlaeut(dat)
  erlaeut1(dat)
  weiter
  w_esc
  ausfuehr
  grp_abfrage(integer, int_lst)
  eb_1(int_lst, integer, real)
  infrnz(integer, integer, integer)
  suche(integer, integer)
  in_liste(integer, int_lst, int_lst)
  in_liste(vorschlag,v_liste, v_liste)
  leer(v_liste)
  eb_2(integer, real, v_liste)
  loesg(v_liste, real)
  benu_ant(integer)
  loesche_sp
  start
  fr_syst(string)
```

```
 repeat
 schr(integer)
 lade_wiss_bas
 hilfe
 hol_wb(string)
GOAL
 start.
CLAUSES
 repeat.  repeat :- repeat.

 start :-  repeat,
   makewindow(1,88,7," PROBLEMANALYSE UND LOESUNGSVORSCHLAG",
             0,0,24,80),
   makewindow(6,104,0,"",24,0,1,80), shiftwindow(6),
   write(" Wählen Sie mit Hilfe der Pfeiltasten und <RETURN> eine
          der Optionen aus !"), shiftwindow(1),
   menu(5,40,32, "  AUSWAHLMENUE   ",
       ["  Regel- und Faktenbasis laden "," ",
        "  Hilfestellung "," ", "  Anfrage an das System ","   ",
        "  ENDE: <ESC> drücken "], AUSW), schr(AUSW), AUSW=0,!,
   removewindow.

 schr(0) :- write("\n\nSystem verlassen ? (j/n) "),
             readchar(T),T='j'.
 schr(1) :- lade_wiss_bas. schr(3) :- hilfe. schr(5) :- ausfuehr.
 hilfe :- file_str("sgf.hlp",HI), display(HI).

 lade_wiss_bas :- hol_wb(DATEI), consult(DATEI).

 hol_wb(D)  :-
    makewindow(10,112,112,"  LADEN EINER WISSENSBASIS   ",
              10,10,10,60),shiftwindow(10),
    dir("\proag","*.dba",D), shiftwindow(6), clearwindow,
    write("<RETURN>: Faktenbasis wählen   Pfeiltasten: auswählen
          ESC: Zurück"), shiftwindow(10), removewindow.

 ausfuehr :-
    grp_abfrage(GRP, EB_LST), nl, assert(ant1(GRP)), !,
    eb_1(EB_LST, SYM1, ALTWHR), nl, !, assert(ant2(SYM1)),
    eb_2(SYM1, NEUWHR, LOESLST),!,
    WAHRSCH = (1 - ALTWHR) * NEUWHR + ALTWHR,
    loesg(LOESLST, WAHRSCH), not(loesche_sp).

 ausfuehr :-
    shiftwindow(3), clearwindow,
    write("\n Keine Lösung gefunden, Wissensbasis erweitern !").

 loesg(LOESLST, GW) :- shiftwindow(1), clearwindow,
    makewindow(2,48,72," L Ö S U N G S V O R S C H L A G ",
              2,5,20,70), in_liste(v(NR,WHR), LOESLST, RLI),
    empfehlg(NR, TXT, DA),WAHRSCH = WHR * 100,
    write("\nMit der Wahrscheinlichkeit von ",WAHRSCH,
          " % : "), nl, write(" --> ",TXT), nl, leer(RLI),
    write("\nGesamtwahrscheinlichkeit dieses Lösungsvorschlags:",
         GW),nl,nl,weiter, erlaeut1(DA), shiftwindow(1),
    clearwindow.

 weiter :- shiftwindow(6), clearwindow, write("Weiter mit
          <RETURN>"), readln(_), clearwindow.
```

```prolog
w_esc :- shiftwindow(6), clearwindow,
  write("PgUp, PgDn, Pfeiltasten: Blättern im Text <ESC>:
        Weiter").

grp_abfrage(GRP, EB_LST) :- grpausw(GLST),
  makewindow(3,88,112," ANFRAGEN und/oder HINWEISE ",2,5,5,65),
  write("\n --> SGF - Analysen im Bereich Management und
        Marketing "),
  menu(10,10,48," PROBLEMBEREICHE ",GLST, GRP),
  grp(GRP,_,EB_LST), removewindow, shiftwindow(1), clearwindow.

eb_1(EB_LST,SYM,WHR) :- nl, in_liste(SYM, EB_LST, _),
  ebene1(SYM, FRAGE, DA,_, WHR), fr_syst(FRAGE), weiter,
  erlaeut(DA), fr_syst(FRAGE), benu_ant(ANR), infrnz(1, ANR, 0).
  erlaeut(DA) :- shiftwindow(7), removewindow, w_esc,
  makewindow(11,32,7," ERLÄUTERUNGEN ",3,10,18,67),
  shiftwindow(11), file_str(DA,TXT), display(TXT), removewindow.

erlaeut1(DA) :- w_esc,
  makewindow(12,52,112," HINWEISE ZUM LÖSUNGSVORSCHLAG ",
              13,0,11,80), shiftwindow(12), file_str(DA,TXT),
  display(TXT), removewindow.

eb_2(SYM1, WHR, LOESLST) :-
  ebene2(SYM1, SYM2, FRAGE, DA, WHR, LOESLST), fr_syst(FRAGE),
  weiter, erlaeut(DA), fr_syst(FRAGE), benu_ant(ANR),
  infrnz(2,ANR,SYM2).

fr_syst(FRAGE) :-
  makewindow(7,32,7," ANALYSE / FRAGEN DES SYSTEMS ",6,2,3,75),
  shiftwindow(7), write(" --> ",FRAGE," ?").

infrnz(_,1,_).
infrnz(STUFE,3,SYM2) :-
  makewindow(5,40,7," Inferenzkette ",10,3,14,75),
  suche(STUFE,SYM2), nl,
  write("<RETURN> drücken, anschließend obige Frage des Systems
        beantworten !"),
  readln(_), removewindow, benu_ant(ANR), infrnz(STUFE,ANR,SYM2).

suche(1,_) :-
  ant1(GRPNR), grp(GRPNR, ANTW2, SYMLI),
  write(" --> Ihre Anfrage war:  << ", ANTW2," >>,"), nl,
  write("     daher muss noch festgestellt werden, ob "), nl,nl,
  in_liste(SYM,SYMLI,_), ebene1(SYM,_,_,ANTW,_),
  write("        -> ", ANTW),nl, fail.

suche(2,SYM2) :-
  write("Aus Ihrer(n) Antwort(en) wurde bisher folgendes
        abgeleitet: "),nl, ant1(GRPNR), grp(GRPNR, ANTW2, _),
  write(" --> Ihre Anfrage war: ", ANTW2), nl,nl, ant2(SYM),
  ebene2(SYM,SYM2,TXT,_,_,LOESLST),
  in_liste(v(LOES,_),LOESLST,_), empfehlg(LOES,_,_),
  write("        Es wird versucht, Lösung Nr. ",LOES," zu
        überprüfen. "),nl,
  write("        Diese gilt, wenn\n     -> ",TXT),nl.
suche(_,_) :- nl.

benu_ant(ANR) :-
```

```
    menu(13,25,64,"  BENUTZERANTWORTEN  ",
              [" Diese Frage kann überwiegend bejaht werden ",
               " Diese Frage wird verneint ",
               " Begründung dieser Systemfrage (Inferenzkette) ",
               " "],ANR).

 in_liste(I,[I¦R],R).
 in_liste(I,[_¦L],RL) :- in_liste(I,L,RL).

 leer([]).
 loesche_sp :- retract(ant1(_)), retract(ant2(_)), fail.
```

In *.dba sind die Fakten abgelegt, von denen hier ein Ausschnitt gezeigt werden soll. Die Bedeutung der Attribute kann der obigen Prädikat- und Klauseldeklaration entnommen werden. Die Fakten 'ebene1' enthalten im ersten Argument die Nummer des Knotens auf der ersten Ebene, im zweiten Argument den Text der Frage, welche das System an den Benutzer stellt, im dritten Argument die Bezeichnung der Datei, welche Erläuterungen zu der Systemanfrage enthält, im vierten Argument den Text, welcher beim Zeigen der Inferenzkette ausgewiesen wird, und im letzten Argument eine Kennzahl (Wahrscheinlichkeitswert) für die Zuverlässigkeit der Aussage. Die Fakten 'ebene2' enthalten im ersten Argument die Nummer des Knotens auf der zweiten Ebene, im zweiten Argument den Text der Frage, welche das System an den Benutzer stellt, im dritten Argument die Bezeichnung der Datei, welche Erläuterungen zu der Systemanfrage enthält, im vierten Argument den Zuverlässigkeitsfaktor der Aussage, und im letzten Argument eine Liste von Lösungsvorschlägen der Form v(nr,wahrsch). Hierbei zeigt 'nr' auf das 1. Argument von 'empfehlung' und stellt damit die Verbindung zur Lösungskomponente im zweiten Argument von 'empfehlung' her. 'wahrsch' gibt in diesem Zusammenhang die Wahrscheinlichkeit an, mit der die Lösungskomponente in die Gesamtlösung aufgenommen wird:

```
grp(1,"  ROI-Analyse (Return on Investment) ",[1,2,3])
grp(2,"  Cashflow - Analyse ",[7,8,9,10,11,12])
grp(3,"  Stärke-/Schwäche-Analyse ",[1,2,3])
grp(4,"  Chancen-/Gefahren-Analyse ",[1,2,3])
grp(5,"  Umweltanalyse ",[1,2,3])
grp(6,"  Wettbewerbsanalyse ",[1,2,3])
grpausw([" ROI-Analyse (Return on Investment) "," Cashflow -
        Analyse "," Stärke-/Schwäche-Analyse "," Chancen-
        /Gefahren-Analyse "," Umweltanalyse ","
        Wettbewerbsanalyse "])
ebene1(1,"Marktattraktivität sollte überprüft werden","e1_1.hlp",
```

```
            "die Marktattraktivität noch ausreichend ist",0.9)
ebene1(2,"Analyse: Stärke der Wettbewerbssituation","el_2.hlp",
         "der Wettbewerbsposition noch entsprochen werden
          kann",0.9)
ebene1(8,"Analyse: Externe Faktoren für Cash-Verbrauch",
         "el_8.hlp", "externe Faktoren für den Cash-Verbrauch zu
          analysieren sind",0.99)
ebene1(12,"Analyse: Kapital- und Produktionsstruktur",
         "el_12.hlp","die Kapital- und Produktionsstruktur zu
          analysieren ist",0.85)
ebene2(1,1,"Verschlechterung des langfr. Marktwachstums erwartet",
         "e2_1_1.hlp",0.9,[v(1,0.4),v(2,0.6)])
ebene2(1,3,"Verbesserung des langfr. Marktwachstums erwartet",
         "e2_1_3.hlp",0.9,[v(1,0.2),v(3,0.8)])
empfehlg(2,"ist mit einem Rückgang des Gewinns in diesem SGF zu
          rechnen", "empf2.hlp")
empfehlg(3,"ist mit einem Gewinnanstieg in diesem SGF zu
rechnen","empf3.hlp")
empfehlg(7,"geht der ROI geringfügig zurück","empf7.hlp")
empfehlg(8,"geht der Exportrückgang auf die veränderte Wechsel-
          kursrelation zurück","empf8.hlp")
empfehlg(9,"ist die Attraktivität gegenüber Konkurrenzprodukten zu
          prüfen","empf9.hlp")
empfehlg(10,"ist eine Veränderung des Käuferverhaltens zu
          berücksichtigen","empf10.hlp")
```

Die erwähnten Erklärungskomponenten in den Dateien *.hlp seien exemplarisch für die Ebene 1 mit el_2.hlp, für die Ebene 2 mit e2_1_1.hlp und für die Lösungsvorschläge mit empf2.hlp gezeigt:


```
el_2.hlp:
*********
```

Die Stärke der Wettbewerbsposition ist im wesentlichen durch
 - den relativen Marktanteil zu den größten Konkurrenten
 - die relative Produktqualität
bestimmt. Was die Marktposition angeht, hat der Marktanteil im Vergleich zu den drei größten Wettbewerbern einen deutlich positiven Einfluß auf den ROI.
Der Einfluß des Marktwachstums auf den ROI ist in diesem Zusammenhang kaum festzustellen. Zu beachten ist, daß ein Geschäftsfeld (GF) mit hohem relativem Marktanteil i.a. einen hohen ROI erzielen.

Bei hoher Kapazitätsauslastung, aber mit niedrigem Marktanteil eines GF ist wichtig, daß die Kapazitätsauslastung zur entscheidenden Bestimmungsgröße wird.

Die Produktqualität kann den Einfluß auf den Marktanteil positiv wie negativ verstärken:
 - Fällt ein hoher Marktanteil mit einer hohen Produktqualität zusammen, so ist ein sehr hoher ROI - Wert zu erwarten.
 - Ein vergleichsweise schwacher Marktanteil kann durch eine hohe Produktqualität hinsichtlich des ROI kompensiert werden.

- Ein hoher Marktanteil liefert i.a. auch dann noch einen hohen ROI, wenn die Produktqualität geringer ist.

Der Marktanteil wird im wesentlichen auch durch die Be-
stellhäufigkeit determiniert:
- Bei einer hohen Bestelltätigkeit kann auch bei relativ
  geringem Marktanteil ein hoher ROI erzielt werden.
- Umgekehrt ist auch beobachtet worden, daß bei niedriger
  Bestelltätigkeit, aber bei hohem Marktanteil, der ROI
  hoch ist.
- Bei einem hohen relativen Marktanteil erlaubt ein hoher
  Wertschöpfungsanteil einen hohen ROI.
- Der ROI reduziert sich, wenn der Marktanteil des GF
  klein ist, auch eine deutliche Erhöhung der Aufwendungen
  für Marketing verbessert den ROI kaum.
- Ein möglicher konjunkturell bedingter Rückgang beeinträchtigt das Geschäftsfeld bei hohem Marktanteil weniger als bei einem nur geringen Marktanteil. Dagegen
  ist bei einem niedrigen Marktanteil und einer konjunkturell verschlechterten Situation ein Rückgang des ROI
  bis zu 15 % beobachtet worden !

e2_1_2.hlp:
****

Auch bei langfristigem Marktwachstum bleibt der
ROI bei einer Erhöhung um einen Prozentpunkt praktisch gleich.

empf2.hlp:
****

Wenn man einen Vergleich von Geschäftsfeldern anstellt, für die
einen Marktanteilsrückgang zu verzeichnen ist, bezogen auf die
Portfolio-Matrix etwa im Feld "Harvesters" und "Decliners", so
sind zwar die Auswirkungen auf den ROI unterschiedlich, aber es
ließen sich einige Kriterien herausfiltern, die eine Abgrenzung
der erfolgreichen von den weniger erfolgreichen Strategien
erlaubt.

"Decliners" haben einen geringeren relativen Marktanteil und
einen geringeren ROI und damit eine ungünstigere strategische
Ausgangsposition. Außerdem haben sie von den Portfolio-Feldern
den geringsten Preis bei i.a. relativ hohen direkten Kosten.
Dies führt zu Gewinneinbußen für Geschäftsfelder, die sich in
diesem Quadranten der Portfolio-Matrix befinden.

Die Untersuchung von Zeithaml und Frey (1984) kommt zu dem
Ergebnis, daß es gleichzeitig durchaus möglich ist, durch
Erzielung eines höheren Marktanteils auch eine Verbesserung der
Rentabilität und damit der Gewinnsituation zu erreichen. Hierzu
müssen allerdings Marktbedingungen vorliegen, die erlauben, daß
sich durch eine weitere Verbesserung der Produktqualität höhere
Preise durchsetzen und hierdurch höhere Gewinne erzielen lassen.

13.4 State of the Art

Wissensbasierte Systeme werden heute in allen Anwendungsbereichen eingesetzt. Aufgrund der relativ präzisen Abgrenzungsmöglichkeit des Wissens haben sie sich besonders im technischen und medizinischen Einsatz bewährt. Waterman gibt eine Zusammenstellung und Kurzcharakterisierung der bisherigen Entwicklungen im internationalen Bereich, der neueste Proceedings-Band über ein Expertensystem-Forum in Duisburg (Cremers, Geisselhardt, Hrsg. (1988)) zeigt, welche Anstrengungen bei uns unternommen werden.

Für die Rohstoffmarkt-Beratung wurde das System **COMEX** (=COMmodity EXpert) entwickelt, mit dem eine Trendvorhersage, die Interpretation von Informationen der Rohstoffmarkt-Börse, die Empfehlung interessanter Angebote, möglich ist. Bei diesem Entwicklungsprojekt sollten außerdem Erfahrungen gesammelt werden, inwieweit das Instrumentarium der Künstlichen Intelligenz ausreicht, um umfangreiche Massendaten qualitativer und quantitativer Art, etwa über Wetterbedingungen, Getreidequalität oder die Entwicklung des Welthandels, durchführen zu können. Es hat sich gezeigt, daß die komplexen Beziehungen zwischen den genannten Beziehungskomponenten noch nicht hinreichend gut auf das Prinzip 'Wissensdarstellung <--> Inferenz' abgebildet werden konnte. Auch die hierfür erforderlichen rechentechnischen Ressourcen und die nicht ausreichende Universalität der verwendeten KI-Sprache sind zu begrenzt. Das System **FOLIO** kann als erster Repräsentant einer Vielzahl von Expertensystemen für die Anlage- und Finanzberatung angesehen werden. Hierfür gibt es zwischenzeitlich bei uns fertige Systeme, die in München (Güntzer) und in Saarbrücken (Wahlster) entwickelt wurden. **TAX ADVISOR** wurde auf der Basis des medizinischen Diagnosesystems **EMYCIN** ebenfalls für die Anlageberatung, aber mehr unter steuerlichen Gesichtspunkten, entwickelt. Zu nennen ist das von der Westinghouse Electric Corp. entwickelte **IMS** (=Intelligent Management System, nicht zu verwechseln mit dem in der Großindustrie häufig eingesetzten IMS = Information Management System von IBM) zur Automatisierung der industriellen Fertigung, mit dem die Modellierung und Simulation der intelligenten Fabrik, der vielerorts propagierten "Fabrik der Zukunft", angestrebt wird. Primäre Zielsetzung ist die Erreichung einer besseren Effizienz bei der Maschinenbelegungsplanung durch Verbesserung der Leerlaufzeiten und des Materialdurchflusses. Das System verfügt über eine natürlichsprachliche Dialogkomponente.

In der Chemie erlaubt **DENDRAL** die systematische Analyse von Molekülstrukturen, GA1 die Analyse von DNA-Strukturen, **PROSPECTOR** wird in der Geologie zur Auswertung von Erdbohrungen eingesetzt. In der Mathematik lassen sich mit **MACSYMA** und **MATHLAB** symbolische Differentiation, Polynomfaktor-Zerlegung, unbestimmte Integration, Lösung von Differentialgleichungen mit symbolischen Koeffizienten, durchführen. Im Computer- und Elektronikbereich sind **R1,XCON,XSEL** Varianten eines von DEC entwickelten Expertensystems zur Konfiguration von Rechnersystemen (VAX 11/780), **COMPASS** unterstützt die Wartung von Telefonschaltsystemen, **CRITTER** und **PALLADIO** dienen zum Test von VLSI-Schaltkreisen.

Was die Entwicklung von wissensbasierten Systemen in der BRD angeht, wurde ein regelorientiertes Prolog-System für die Wartungsunterstützung von Funkeinrichtungen des Mobiltelefonnetzes der Deutschen Bundespost implementiert (Neeß). Für die Verhütung von Explosionen im Steinkohlebergbau wurde ein Expertensystem entwickelt, das die Überprüfung elektrischer Betriebsmittel auf Eigensicherheit ermöglicht (Cremers et al.). Am Krupp Forschungsinstitut in Essen wurde ein Expertensystem zur Konfigurierung einer Kunststoff-verarbeitenden Maschine entwickelt, welches kundenspezifische Vorgaben unterstützt und den Vorgang der Angebotserstellung beschleunigt (Fehsenfeld, Langer). Im Rahmen des Pilotsystems SICONFEX zur Betriebssystem-Konfiguration von Siemens-Rechnern vom Typ SICOMP/M ist das wissensbasierte System **CONSTRUCT** in Erprobung (Eich, Richter, Klinger, Salfeldt). Für die Auswahl und Bewertung von PPS-Systemen ist auf eine Systementwicklung an der Universität Dortmund hinzuweisen, die zur Unterstützung des Anwenders bei der Erstellung eines Anforderungskatalogs dient (Vojdani). Wissensbasierte Techniken werden für die Erfassung der Variantenvielfalt in der Stücklistenverarbeitung angewandt, wobei einzelne Stücklistenzeilen als Regeln aufgefaßt werden (Schmitgen).

Für die Herstellung und den Vertrieb von nachrichtentechnischen Produkten wurde am BBC-Forschungszentrum in Baden/Schweiz mit Hilfe der Expertensystem-Shell KEN ein System zur Konfiguration nachrichtentechnischer Geräte erstellt. Aufgrund einer Vielzahl von variablen Größen bezüglich des Frequenzbereichs, der Art der Datenübertragung und -verschlüsselung, läßt sich die Auslegung der Systeme bei unterschiedlichsten Verwendungsrestriktionen erreichen. Es ist hier nur eine Auswahl von heute real eingesetzten Expertensystemen aufgeführt, viele andere ließen sich nennen.

Die Literaturangaben am Ende des Kapitels liefern Hinweise zum heutigen Entwicklungsstand. Trotz der Vielzahl bereits vorhandener Systeme befindet sich die Entwicklung der wissensbasierten Systeme insgesamt noch im Anfangsstadium. In den nächsten Jahren ist aber mit einer verstärkten Penetration in alle diejenigen Bereiche zu rechnen, welche hohe Anforderungen an die Anwendungsentwicklung hinsichtlich Komplexitätsbewältigung und Software-Beutzerkomfort stellen.

13.5 Technologische und sozio-ökonomische Konsequenzen moderner Informationstechnologien.

Die modernen Informations- und Kommunikationstechnologien werden von weiten Teilen der Bevölkerung mit Rationalisierung der Betriebsorganisationen und dem hiermit möglicherweise einhergehenden Arbeitsplatzverlust in Verbindung gebracht. In zahlreichen Veröffentlichungen sind zu dieser Problematik eine Vielzahl von Standpunkten dargelegt worden. Um nur einige wenige aus der sehr kontrovers geführten Diskussion über die Auswirkungen der Computerisierung auf den Arbeitsmarkt herauszugreifen (siehe Henning and Munter (1985), S. 332 ff.): Das IAB (Institut für Arbeitsmarkt- und Berufsforschung, Nürnberg) hat festgestellt, daß die informationstechnologischen Veränderungen nur ein Prozent mehr Arbeitslosigkeit implizieren, und daß Veränderungen in anderen, konjunkturbedingten, Bereichen eine weit größere Arbeitslosigkeit zur Folge haben. Auch einem Bericht des DIW (Deutsches Institut für Wirtschaftsforschung, Berlin) folgend, läßt sich zwischen wachsendender Arbeitslosigkeit und zunehmender Produktivität kein korrelativer Zusammenhang herstellen, sondern eher umgekehrt haben Branchen mit einer niedrigen Produktivitätsrate eine höhere

Arbeitslosenquote. Wenn sich das Verhältnis von zur Zeit etwa 40 Rentner und Pensionäre auf 100 Erwerbstätige bis zum Jahre 2030 sich auf 72 zu 100 verschlechtern sollte, dann kann der Generationenvertrag langfristig seine Gültigkeit nur dann behalten, wenn es gelingt, die Produktivität drastisch zu steigern. Hierzu sind die folgenden Strategie-Alternativen möglich: Entweder auf gleichbleibendem Lohnniveau mehr zu arbeiten oder durch Einsatz neuer Produktions-, Informations- und Kommunikationstechnologien die erforderliche Produktivitätssteigerung zu erreichen und damit den ansonsten bevorstehenden Generationenkonflikt zu entschärfen. Aber der verstärkte Einsatz innovativer Computertechnologien trifft teilweise auf hohe Akzeptanzschwierigkeiten. Im Jahr 1983 wurde von der GMD (Gesellschaft für Mathematik und Datenverarbeitung) eine repräsentative Befragung durchgeführt, um die Einstellung der Bundesbürger zu den Auswirkungen des Computers auf Arbeitsplätze kennenzulernen. Ohne auf den detaillierten Aufbau des Fragenkatalogs näher einzugehen, sei aber auf das generelle Fazit hingewiesen, daß der Computer sehr stark mit Rationalisierung und Arbeitslosigkeit in Verbindung gebracht wird. Eine solche Befragung muß sehr differenziert gesehen werden, da die Beurteilung der Auswirkungen von Computern auf die Arbeitsplätze vor allem von der Erfahrung abhängt, die der einzelne im Umgang mit den neuen Technologien bereits erworben hat. Diejenigen, die regelmäßig mit Computern umgehen, beurteilen die Auswirkungen auf Arbeitsplätze im Durchschnitt wesentlich positiver als diejenigen, welche kaum über EDV-Erfahrungen verfügen. Im Vergleich zu anderen europäischen Ländern wie Frankreich oder Großbritannien ist die durchschnittliche Haltung zu den neuen Medien in der BRD am schlechtesten. Allerdings ist es auch für diejenigen Leute, die durch Rationalisierung und Automatisierung ihren Arbeitsplatz verloren haben, nur schwer zu glauben, daß moderne Informationstechnologien nicht zur Abschaffung der menschlichen Arbeitskraft führen, sondern im Gegenteil diese, allerdings mit einer höheren Qualifikation, zunehmend benötigen.

Was sind nun die voraussichtlichen Veränderungen und Auswirkungen, die durch den Einsatz von Expertensystemen in der Industrie, Öffentlicher Verwaltung, in Wissenschaft, Technik und im Ausbildungsbereich hervorgerufen werden? Expertensysteme können sich zu einem mächtigen Instrument hinsichtlich dem schnelleren Reagieren

auf immer rascher aufeinanderfolgende Veränderungen der Wettbe-
werbs- und Marktsituation entwickeln. Neben Wettbewerbsvorteilen
wird ein zunehmender Abbau der tayloristisch organisierten Pro-
duktions- und Verwaltungseinheiten den Trend zu Arbeitsplätzen
verstärken, die mehrere Funktionen gleichzeitig ausüben. Einige
Zahlen zeigen insgesamt die bisherige untergeordnete Bedeutung
wissensbasierter Anwendungen in der BRD. Von den insgesamt 2,3
Millionen Firmen haben mehr als 97 Prozent weniger als 50 Beschäf-
tigte. Nur durchschnittlich 9 Prozent der Beschäftigten in den
einzelnen Wirtschaftszweigen haben eigene Rechnersysteme. Ein
nennenswerter Einsatz von Expertensystemen kann, trotz der
zahlreichen bisherigen Entwicklungen, nicht vor 1990 erwartet werden. Das liegt vor allem an den sehr hohen Kosten für die Entwicklung anwendungsspezifischer Systeme, die - einer Prognose-Studie
von Diebold folgend - im Bereich zwischen DM 60 000 und DM 200 000
liegen werden. Einer Studie von A.D. Little zufolge wird im Jahre
1990 mehr als 1.25 Milliarden Dollar in die Entwicklung von Expertensystemen investiert werden. Diese, vielleicht zu optimistische
Prognose, liegt in der Annahme begründet, daß man in Zukunft mehr
über das Verhalten des Menschen in einer computerisierten Welt
weiß und bestimmte Akzeptanzbarrieren weitgehend abgebaut sind.

Am weitesten entwickelt, und bereits eingesetzt werden Expertensysteme im militärischen Bereich, etwa zur Flug- und Radarüberwa-
chung (Stakem (1981)), aber auch im F&E-Bereich und für die automatisiert ablaufenden Fertigungsvorgänge in der Produktionsgüter-
industrie. Im Bereich der Bürokommunikation werden wissensbasierte
Systeme wegen der vornehmlich Einzelfall-orientierten Arbeitspro-
zesse nur langsam vordringen. Inwieweit auch herkömmliche Software
durch moderne wissensbasierte Systeme verdrängt wird, kann zum
jetzigen Zeitpunkt nur schwer beurteilt werden, am wahrscheinlich-
sten ist aber ein integrative Einbindung der mit hohen Investiti-
onskosten behafteten herkömmlichen Software in die zukünftige intelligente Software. Hinzukommt, daß die Entwicklungswerkzeuge effizienter, und damit die traditionelle Software-Entwicklung billiger, wird. Diese Preis-Sensitivität könnte wegen der sehr hohen
Entwicklungskosten von Expertensystemen zu einem weniger raschen
Anwachsen des prognostizierten Expertensystembedarfs führen. Insgesamt ist es dennoch äußerst schwierig, aufgrund der rasanten
Hardware- wie Software-Entwicklung eine Prognose abzugeben, denn

diese Entwicklung ist in den letzten 30 Jahren fast immer unter-
schätzt worden. Beispielsweise glaubte man bei IBM im Jahre 1981
noch, daß die Mikrocomputer-Entwicklung einen ähnlichen Verlauf
wie die Großrechner-Entwicklung nehmen würde und das PC-Modell XT
bis 1990 Standard bleiben würde. Mit der AT-Serie mußte deren
Strategie aufgrund der zwischenzeitlichen Erfahrungen und dem zunehmenden Konkurrenzdruck mehrfach revidiert werden. Heute wird
allerdings mit der Serie PS/2 eine Palette von sehr leistungsfähigen Personalcomputern und Workstations angeboten, die unter dem
neuen Betriebssystem OS/2 laufen, welches einmal das
Leistungsspektrum von DOS und UNIX umfassen soll.

Die bereits mehrfach erwähnte Akzeptanzproblematik wird maßgeblich
die Lösung der hier angesprochenen Probleme beeinflussen. Was kann
ein Unternehmen tun, um in dem Spannungsfeld zwischen der Notwendigkeit zur Einführung moderner Systeme und den Berührungsängsten
der Mitarbeiter vor den neuen technologischen Möglichkeiten seine
Wettbewerbsfähigkeit zu erhalten? Eine entscheidende Rolle wird
hierbei zukünftig das Ausbildungsniveau und die Qualifikation
spielen. Qualifikation stellt zunehmend ein Humankapital dar, welches der entscheidende Wettbewerbsfaktor der Zukunft sein wird.
Die Wettbewerbsfähigkeit wird nur noch dann gewährleistet sein,
wenn die Unternehmen neben der erforderlichen Sach- und Finanzka-
pitalausstattung auch ein hohes innovatorisches Potential von
hochqualifizierten Mitarbeitern haben. Die Aus- und Weiterbildung
im DV-Bereich bedarf großer Anstrengungen, denn in den nächsten
Jahren werden etwa 65 Prozent aller in der BRD Beschäftigten Computerwissen benötigen. Es werden rund eine Million DV-Spezialisten
benötigt, etwa 4 Millionen müssen über gute bis sehr gute DV-
Kenntnisse verfügen, etwa 12 Millionen müssen einen Arbeitsplatzcomputer bedienen können. Voraussichtlich wird die gesamte Computerindustrie im Jahre 2000 wenigstens 40 Prozent der gesamten industriellen Wertschöpfung erzeugen. Wenn man bedenkt, daß heute
vielleicht erst 10 Prozent der Erwerbstätigen über Computerwissen
verfügen, so wird der hohe Bedarf an DV-Ausbildungsmöglichkeiten
deutlich. Auch wird bei der Durchführung innovativer Schritte notwendig, daß die bisher weitgehend autonomen DV-Spezialisten mehr
zu Informationsverarbeitern werden, der DV-Leiter mehr zum Infor-
mationsmanager, denn von ihrer Flexibilität wird es abhängen, wie
gut die Informationsverarbeitung und Kommunikation im gesamten Un-

ternehmen funktionieren wird. Gesamtgesellschaftlich gesehen, müssen besondere Anstrengungen unternommen werden, der Bevölkerung das Wissen und die Kompetenz zu vermitteln, um in der Diskussion über den sinnvollen Einsatz der Computer konstruktiv mitwirken zu können. Hiermit kann der manchmal geäußerten Sorge, daß große Bevölkerungskreise der kommenden Informationsgesellschaft mit Befremden und teilweiser Ablehnung gegenüberstehen, begegnet werden. Eine Industrienation wie die BRD muß wie die USA oder Japan an der Entwicklung von Schlüsseltechnologien mitwirken, denn in einem Land, das keine starke Computerindustrie besitzt, können auch andere Schlüsselindustrien nicht bestehen. Die Computertechnologie bildet gleichsam den Anfang der gesamten Technologiekette. Hinsichtlich der weiteren Informatisierung müssen wir mit den führenden Ländern mithalten, sonst können wir langfristig den erreichten Wohlfahrtsstandard nicht halten. Hierfür ist entscheidend, wie elastisch die Gesellschaft auf die neuen Herausforderungen hinsichtlich des sich vollziehenden Strukturwandels, des Umdenkens, des neuen Hinzulernens, generell des Anpassens an die Bedingungen einer modernen Informationsgesellschaft, reagiert. Das quantitative wie qualitative Wachstum, für das die Erkenntnis, daß wir es brauchen, nicht unumstritten ist, wird zukünftig maßgeblich durch eine weitere Wachstumskomponente verstärkt, welche von der Elastizität und der Bereitschaft der Gesellschaft, das Neue in positiver Weise aufzunehmen, abhängen wird.

Lehrbücher und Literaturhinweise zu diesem Kapitel:

Buchanan B.G., Shortliffe E.H. (1984): Rule-Based Expert Systems. Addison-Wesley, Reading Mass.

Clocksin W.F., Mellish C.S. (1981): Programming in Logic. Springer Verlag Berlin, Heidelberg, New York.

Cremers A.B., Geisselhardt W. (Hrsg., 1988): 2. Anwender-Forum Expertensysteme. Symposium an der Universität/Gesamthochschule Duisburg, 18./19.2.1988.

Fahrion R. (1986): Fifth Generation Techniques - Basic Principles And Economic Implications. In: Tagungsband (in japanischer Sprache) eines Symposiums der Universitäten Freiburg und Nagoya/Japan, 6.-10.Okt. 1986, Hrsg.: Kunihiro Joshima, ISBN 4-930689-88-0, S.195-206.

Gale W.A. (1986): Knowledge Based Knowledge Acquisition for Statistical Consulting Systems. In: Boose J.H., Gaines B. (Hrsg.): AAAI-Workshop: "Knowledge Acquisition for Knowledge Based Systems, Banff, Kanada.

Haefner K. (1984): Mensch und Computer im Jahre 2000 : Ökonomie und Politik für eine human computerisierte Gesellschaft. Birkhäuser Verlag, Basel, Boston, Stuttgart.

Harmon P., King D. (1986): Expertensysteme in der Praxis. Verlag Oldenbourg, München.

Henning R.-D., Munter H. (1985): Expertensysteme: Grundlagen, Entwicklungen, Anwendungen, Trends. Mathware-Verlag GmbH, Berlin.

Jackson P. (1986): Introduction to Expert Systems. Addison-Wesley Publishing Company, Wokingham, England.

Krallmann H. (1986): Expertensysteme im Unternehmen. Möglichkeiten - Grenzen - Anwendungsmöglichkeiten. Erich Schmidt Verlag, Berlin.

Retti J (1986): Artificial Intelligence. Leitfäden der Angewandten Informatik. Verlag Teubner, Stuttgart.

SAS User's Guide (1985): SAS Institute Inc., Cary, North Carolina.

Savory S. (1987): Expertensysteme: Nutzen für Ihr Unternehmen. Ein Leitfaden für Entscheidungsträger. Herausgegeben von S. Savory, Nixdorf Computer AG. R. Oldenbourg Verlag, München, Wien.

Schefe P. (1986): Künstliche Intelligenz - Überblick und Grundlagen. BI-Verlag, Mannheim, Wien, Zürich.

Schnupp P. (1987): Expertensystem-Praktikum. Springer Verlag, Berlin, Heidelberg.

Schnupp P.,Leibrandt U. (1986): Expertensysteme. Nicht nur für Informatiker. Springer Verlag Berlin, Heidelberg.

Schönsleben P. (1985): Flexible Produktionsplanung und -steuerung mit dem Computer. CW-Publikationen.

Turbo-Prolog (1986): Handbuch und Parser Software für natürlichsprachliche Systeme. Heimsoeth Software GmbH, München,

Waterman D.A. (1985): A Guide to Expert Systems. Addison-Wesley Publishing Company, Reading (Mass.).

14. Verzeichnis der Abbildungen

15. Indexregister